# 한국정부의
## 독도정책과 국제법

# 한국정부의
# 독도정책과 국제법

김명기 지음

한국학술정보

저자는 이 작은 책을 쓸 것인가의 작심을 위해 오랫동안 고민을 했다. 그것은 우리정부의 독도정책을 국제법의 입장에서 평가하는 것이 일본정부의 독도정책에 유리하게 반영되고, 결국 이는 우리정부에 대해 이적행위가 될 수도 있지 아니한가에 관한 고민이었다. 그러나 이제 이 작은 책을 출간하기로 작심한 것은 일본정부 당국이 한국정부의 독도정책에 관해 그 장단점을 저자보다 더 소상히 알고 있을 것이기 때문에 저자의 고민은 너무나 순진한 기우라고 뒤늦게 자각했기 때문이다.

출간하기로 작심한 후에 또 다른 고민이 저자의 뇌리 속에 찾아왔다. 그것은 책명에 관해서였다. 책명에 따라 독자들은 저자를 제2의 매국노라고 비난할 수도 있으리라는 예측을 해볼 수 있을 것이라는 노파심에 근거한 것이다. 우리정부의 독도정책을 국제법의 입장에서 비판하는 것은 결코 이적행위가 아니라 일본정부의 독도정책을 압도하여 우리정부 독도정책의 상대적 역량의 우월성을 견지하기 위함이다.

이 작은 책이 우리정부의 독도정책을 국제법의 관점에서 바로잡는 데 미호의 효과가 미쳤으면 하는 과욕을 가져본다.

『한국정부의 독도정책과 국제법』으로 책명을 정했다. 이 책의 내용은 물론『한국정부의 독도정책에 대한 국제법적 평가』이다. 그러나 이 책명은 일본에 대해 유리한 책이라는 선입관을 줄 수도 있기 때문에 고민 끝에 이 책의 책명을『한국정부의 독도정책과 국제법』으로 정했다. 위의 책명에 적합하기 위해서는 한국 독도정책의 목표를 설정하고, 이 목표를 달성하기 위한 기본정책을 설정하고, 이 설정된 기본정책을 달성하기 위한 전략계획순으로 논술하여야 할 것이 논리적이나, 저자에게는 정부의 독도정책에 관해 전략목표의 설정, 기본정책의 설정, 기본전략계획의 수립 등을 설계할 능력이 없으므로 우리정부의 독도정책을 '작위 정책'과 '부작위 정책'으로 양분하여 Part 2에서는 '작위 정책'에 관해 논급하고, Part 3에서는 '부작위 정책'에 대해 논급하기로 한다.

이 작은 책이 독도정책을 입안하고 결정하는 정책 당국에 대해 미호의 도움이 되고, 독도문제를 연구하는 학자의 연구 방향의 결정에 다소나마 참고가 되고, 한걸음 더 나아가 일반국민의 독도문제의 이해에도 작으나마 도움이 되었으면 하는 과욕을 가져본다.

한국의 독도 영유권은 물리력만에 의해 유지되는 것도 정신력만에 의해 유지되는 것도 결코 아니다. 주로 일본정부의 국제법 논리보다 앞서는 우리정부의 역사적 진실에 입각한 우월적 국제법 논리의 정립과 적용에 의해 유지된다고 본다.

정립된 국제법 논리에 역사학·지리학·정치학·국제관계학 등에 관련된 학문의 화합이 강조된다. 그러므로 무엇보다 학제연구의 필요성이 요구된다. 이 요구의 충족은 우리정부 당국의 정책에 의해 반영되어야 실현된다고 본다.

이 책은 Part 2인 책의 전반부에서 한국정부의 '작위 독도정책'을 국제법의 관점에서 기술하고, Part 3인 책의 후반부에서 한국정부의 '부작위 독도정책'을 국제법의 관점에서 검토·평가하기로 한다. 이 책의 내용은 대부분 한국정부의 독도정책을 국제법의 관점에서 직접 평가하는 형식이 아니라 주제에 관한 국제법을 개설하고 해당 주제의 결언(절의 결론)부분에서 한국정부의 독도정책을 연역적으로 평가하는 형식으로 구성되어 있다.

아직 한국에 한국정부의 독도정책을 전반적으로 평가 내지 비판하는 연구가 발표된 바 없으므로 이 책은 독창성을 갖는 것이라고 할 수 있으나 반면 선행연구와 비교해 볼 수 없다는 위험성을 안고 있음을 저자 스스로 용인하면서 과감히 이 작은 책을 출간하는 것은 이 책에 대한 독도연구학자, 전문가의 평가과정을 통해 한국의 독도정책을 입안·결정하는 당국에게 정책판단의 참고지침이 되도록 하기 위함이다. 저자의 독도연구에 도움을 준 독도조사연구학회, 대한국제법학회, 동북아역사재단 독도연구소, 영남대학교 독도연구소, 그리고 여러 독도연구·운동단체의 선생님들께 감사드리며, 시장성이 없는 것으로 예상되는 졸서를 오로지 애국애족의 숭고한 정신과 독도를 지키려는 투철한 신념으로 출판을 맡아주신 한국학술정보 채종준사장님께 감사와 경의를 표하며, 기획·편집·교정·출판에 수고해 주신 여러 선생님께도 감사의 뜻을 표한다. 몸이 불편한 저자의 집필을 도와준 아내에게도 감사의 뜻을 전한다.

-저자 씀-

## PART 4 | 결론

# PART 1

## 서론

이 연구에서 한국정부의 독도정책을 '작위 독도정책'과 '부작위 독도정책'으로 구분하여 연구하기로 한다.

전자는 한국정부가 무엇무엇을 하는 정책이고, 후자는 한국정부가 무엇무엇을 하지 아니하는 정책이다. 전자에 관해서는 무엇무엇을 하는 독도정책이 국제법의 관점에서 보아 부적절하거나 국제법 위반여부를 논급하기로 한다. 후자에 관해서는 무엇무엇을 하지 않는 독도정책이 국제법 위반여부의 문제가 아니라 한국의 국가이익에 반하느냐의 여부를 논급하기로 한다.

그리고 이 연구에서 독도'정책'이라 표시했지만, 이는 정책 이외에 주장·전략·견해·의견·입장 등을 포함하는 포괄적인 의미로 사용하기로 한다.

그리고 각 절마다 그 절의 결론인 '결언'에서 그 절에 관한 과제에 관해 정부 당국의 정책 대안을 제의하기로 한다.

이 책의 전반부인 Part 2에서는 한국정부의 '작위 독도정책'을 국제법의 관점에서 15개 항목을 15개 절로 편성하여 검토·평가하기로 하고, 후반부인 Part 3에서는 한국정부의 '부작위 독도정책'을 국제법의 관점에서 15개 항목을 15개 절로 편성하여 검토·평가하기로 한다. 따라서 이 책은 총 30개 항목(30개 절)으로 구성되어 있다.

이 연구에서 '작위 독도정책'은 무엇무엇을 하는 독도정책이고, '부작위 독도정책'은 무엇무엇을 하지 아니하는 독도정책이다.

즉, 전자는 작위를 내용으로 하는 독도정책이고, 후자는 부작위를 내용으로 하는 독도정책이다. 현실적으로 전자는 정책시행 후의 사후적 개념이고, 후자는 정책시행 전의 사전적 개념이다.

이 연구에서 '작위 독도정책'과 '부작위 독도정책'의 구분은 상대적인 구분에 불과하다. 경우에 따라 작위와 부작위의 구별이 상대적이고 부작위 정책을 현실적으로 시행하고 나면 작위 정책으로 변질되기 때문이다.

이 연구의 내용은 '독도정책'을 국제법의 관점에서 직접 논술하는 형식이 아니라 관계사항에 관한 일반적인 사항을 개관하고 이를 기초로 당해 사항의 결론에서 그에 대한 반국제법 여부를 검토하는 형식을 따르고 있다.

따라서 각 항목마다 '결언'에 이르기 전까지는 이 글이 한국정부의 독도정책을 평가하는 것이 아니라는 이해를 하기 쉬우나, 특정 독도정책이 국제법에 반하는 것이라는 결론을 도출하기 위한 연역적 방법의 귀결인 것이다. 그러므로 가능한 한 각 항목마다 관련 학설과 판례를 인용하기로 했다.

# PART 2

# 한국정부의 작위
# 독도정책과 국제법

전술한 바와 같이 '작위 정책'이란 우리정부의 정책 중 작위를 내용으로 하는 정책을 의미한다. 우리정부의 정책을 편의상 '작위 정책'과 '부작위 정책'으로 양분하여 제2장에서는 '작위 정책'에 관해 논급하고, 제3장에서는 '부작위 정책'에 관해 논급하기로 한다. '작위 정책'이 성질상 상위의 정책이고, '부작위 정책'이 그 하위의 정책인 것도 아니고, '작위 정책'이 선행 정책이고, '부작위 정책'이 후행 정책인 것도 아님은 전술한 바와 같다.

# 제1절 ｜ 독도의 한국 고유영토 여부

## Ⅰ. 서언

영토는 국가의 성립요소의 하나이다. 따라서 영토가 없는 망명정부는 국가가 아니다. 국가의 영토는 국가가 성립할 당시 국가의 성립과 동시에 그 국가 성립의 기초를 구성하는 영토와 국가가 성립된 이후에 그 국가가 선점·시효·정복·할양·첨부 등에 의해 사후적으로 취득한 영토로 대별할 수 있다. '취득영토'란 후자의 영토를 지칭하고, 전자는 국가의 성립에 의해 취득된 영토이지만 이를 취득영토라 하지 아니하고 '고유영토'라 부르는 것이 일반적이다.

독도는 신라 지증왕 13년(512년)에 우산국이 신라에 복속해온 이래 한국영토로 되었다. 복속은 오늘의 국제법상 개념에 의하면 '정복'에 해당되는 것이므로 이는 영토취득의 한 유형에 해당된다. 따라서 독도는 신라 지증왕 13년(512년) 이래 신라의 '취득영토'가 된 것이므로 신라가 국가로서 성립할 당시(기원전 57년)에 국가의 성립요소인 영토가 아니었으므로 이를 신라의 '고유영토'라고 할 수 있느냐의 문제가 제기된다.

일찍이 이한기 교수는 그의 학위논문 '한국의 영토'에서 독도는 일본의 고유영토인가의 문제를 제기한 바 있으나(제2장 제2절(-)) 독도는 신라의 고유영토인가의 문제에 관해서는 논급한 바 없다.

이 연구는 독도 영유권의 역사적 권원의 이론적 근거를 보다 정확히 정립하기 위하여 독도는 신라의 고유영토인가의 문제를 제기하기 위해 시도된 것이다.

이하 (ⅰ) 고유영토에 관한 일반적 고찰, (ⅱ) 고유영토의 용어에 관한 국제 판례, (ⅲ) 고유영토 용어에 관한 한일 간의 공식관행, (ⅳ) 한국정부의 독도 고유영토론 비판순으로 기술하고, (ⅴ) 결언에서 고유영토 용어에 관해 역사학자와의 논의를 제기하기로 한다.

## Ⅱ. 고유영토에 관한 일반적 고찰

### 1. 고유영토의 개념

#### 가. 고유영토의 의의

'고유영토(inherent territory)'를 정의한 국제협약은 물론, 국제회의의 협약안도 결의안도 없으며, 국제 판례도 없다. 국제 판례는 '본원적 권원(original title)'이라는 용어를 표시하고 있으나[1] 역시 '본원적 권원' 또는 '본원적 권원에 근거한 영토'의 개념을 정의한 바 없다.

'고유영토'의 개념을 정의하는 문제는 조약문의 해석 문제는 아니지만, 조약문의 해석은 통상적 의미(ordinary meaning)로 해석하여야 한다는 '조약법협약'의 규정을[2] 유추하여 '고유영토'의 개념을 정의할 때, 고유(inhere)는 '그 자신 이외의 다른 것이나 또는 다른 사람으로부터 주어지는 것이 아닌 것(not given from something or someone outside itself)',[3] '다른 것으로부터 받음이 없는 것(thing without receiving from other)',[4] '본디부터 저만이 갖고 있는 것', 즉 '본디부터 갖고 있는 특유한 것',[5] '타고난',[6] '무엇 안에 있는(existing in something)',[7] '시작부터(*ab initio*: from the beginning)'를 의미한다. 고유한 권리는 '실정법으로부터 독립하여 존재하는 권리(right exists independently from positive law)'[8]를 의미한다.

그러므로 '고유영토'는 '국가성립 시부터 갖고 있는 영토', '국가성립 시에 본래부터(*ab origin*)[9] 영유한 영토'로 국가성립 후에 취득에 의한(by gains) 영토와 구별된다. 즉, 존재하는 국가에 의한 영토주권 권원의 취득과 신생국의 탄생에 의한 영토주권 권원의 취득은 구별된다(a distinction to be made between the acquisition of title to territorial sovereignty by a existing state and the birth of a new state).[10]

요컨대, '고유영토'는 국가성립 시 그 국가의 성립기초를 구성하는 영토로 국가의 성립(국가의 승인)에 의해 취득되는 영토이다.[11]


## 나. 고유영토에 관련된 기술

고유영토의 의미에 관련된 국내의 기술을 보면 다음과 같다.


정치학대사전 편찬 위원회
정치학대사전에는 고유영토를 다음과 같이 정의하고 있다.

> 역사적으로 한 번도 타국의 영토가 된 적이 없는 자국의 영토를 의미하며, 영토분쟁에서 계쟁지역
> 에 대한 자국의 영유권(영역주권) 주장의 근거의 하나로 언급되는 것, 그러나 국제법상으로 역사적
> 으로 한 번도 타국의 영토가 된 적이 없는 자국 영토로 할양하는 것도 가능하여 고유영토를 법적

---

1) *Minquiers and Ecrehos* Case: ICJ, *Reports*, 1953, pp.53-57; *Western Sahara* Case: ICJ, *Reports*, 1975. pp.42-43; *Land, Island and Maritime Frontier Dispute* Case: ICJ, *Reports*, 1992, pp.564-565.

2) 제36조 제1항: '…문맥에 부여되는 통상적 의미에 따라 성실하게 해석되어야 한다.'

3) Henry Campbell Black, *Black's Law Dictionary* 5th ed. (St. Paul: West, 1979) p.704.

4) *Ibid*, p.703.

5) 네이버, 『국어사전』; 동아출판사, 「동아 프라임 국어사전」(서울: 동아출판사, 1987), p.166.

6) Sisa Yong O Sa, *Elite Royal English-Korean Dictionary* (Seoul:SSYOS, 1993), p.1329.

7) July Pearsall and Bill Trumbel, *Oxford English Reference Dictionary* (Oxford:Oxford University Press, 2002), p.725.

8) H. Kelsen, *The Law of the United Nations* (New York: Praeger, 1950), p.792.

9) Santiago Torres Bernardez, 'Territory, Acquisition', *EPIL*, Vol.10, 1987, p.496.

10) *Ibid.*, pp. 996-97.

11) G. von Glahn, *Law Among Nations,* 4th ed. (New York:MacMillan, 1981), p.315; Wesley L. Gould, *An International Law*(New York: Harper, 1957), p.350.

주장이라고 하기보다 정치적 주장으로서의 의미가 강하다고 할 수 있다.[12]

## 이한기 교수

이한기 교수는 고유영토에 관해 다음과 같이 기술하고 있다.

독도의 영유에 관하여 논하면서 이 점이 일본 고유영토라고 말하고 있다. 그러나「고유」라는 말의 정의는 하지 않고 있다.「제국 판도」라는 문서가 있는 것을 발견하였다. … 이 중에「고유의 영토」의 정의가 있다. 이것에 의하면 제국 고유의 영토는 신화에 있는 바와 같이 '본주, 사국, 談路島(담로도)이다.'라고 명백히 쓰여 있다. 1905년에 무주도를 선점했다는 국제법상 이론 위에 입각한 것을 보여줌으로써 독도에 대한 원시적 내지 역사적 권원의 존재를 스스로 부인하고 말았다. 사실 고유영토의 새삼스러운 영토 편입이란 자기모순이며 자신의 허구성을 스스로 노정한 것이며 …[13]

## 제성호 교수

제성호 교수는 고유영토를 다음과 같이 정의하고 있다.

일반적으로 고유영토 권한은 역사적으로 한 번도 타국의 영토가 된 적이 없는 국가영토 혹은 영토 취득 양태에 의하여 새로 취득한 것이 아닌 고유의 국가영토를 가리킨다. 고유영토를 근대국가성립 시기(서구의 경우 1648년 웨스트파리아 조약 체결 시점)와 연결 지어 생각하면 근대국가성립 시부터 갖고 있던 영토 혹은 근대국가성립 시에 본래부터(ob origin) 고유한 영토로서 국가성립 후에 취득에 의해(by gains) 확보한 영토와 구별된다. 그런데 '고유영토(inherent territory)'라는 개념에 대해 국제법상 확립된 혹은 일치된 견해는 존재하지 않는 것 같다. 또한 고유영토론에 대한 법적·체계적인 연구는 그리 많지 않은 것 같다. 이런 맥락에서 볼 때 고유영토/고유영토론에 대한 분석 및 고찰은 이론적 측면은 물론 실천적 측면에서도 매우 절실하며 또한 유용한 과제라고 하겠다.[14]

## 허영란 교수

허영란 교수는 고유영토를 다음과 같이 정의하고 있다.

고유영토론
근대적인 국경개념이 확립되기 이전인 전근대시기에 이미 독도에 대한 영유권이 성립되었다는 주장이다. … 전근대국가의 영유권 성격과 그 행사방식은 이러한 근대적 의미의 영유권과 동일한 것은 아니지만 근대 이전에 동아시아에서도 국경과 영토의 개념이 성립되어 있었다. 한국과 일본정부는 모두 독도에 대한 자국의 영유권이 근대 이전에 성립되어 있었다고 주장한다.[15]

## 박배군 교수

박배군 교수는 고유영토를 다음과 같이 정의하고 있다.

---

12) 정치학 대사전 편찬위원회「정치학 대사전」(서울: 아카데미 리서치, 2002), p.84.
13) 이한기,「한국의 영토」(서울: 서울대학교 출판부, 1969), pp.273-74.
14) 제성호, '독도와 고유영토론', 독도조사연구학회,「국제법상 독도연구의 정책 및 연구의 당면과제」, 2015.9.19, 동북아역사재단, p.158.
15) 허영란, '고유영토론', 한국해양수산개발원,「독도사전」(서울:한국해양수산개발원, 2011), p.28.

독도에 대한 영유의 근거가 이른바 본원적 권원(original title) 또는 역사적 권원(historic title)에 근거하고 있는 것으로서, 근대 국제법상의 영토취득의 양태에 의하여 새로이 취득한 것이 아닌 고유영토라고 하는 것이다.[16] 역사적 권원에 근거하여 이미 고유영토로서 영유하고 있는 …[17]

## 김병렬 교수

김병렬 교수는 역사적 권원은 고유영토론의 주장에 이용되는 것이라고 다음과 같이 기술하고 있다.

> 일반적으로 시원적 또는 역사적 권원은 다른 나라의 항의없이, 기억할 수 없는 오래전부터, 그 정확한 기원이나 유래가 불명한 가운데 해당 영토에 대한 주권을 가지고 있는 것으로 이해되고 있다. 고유영토론 주장에 주로 이용되는 논리이다.[18]

이상의 고유영토에 관련된 기술 중 제성호 교수의 '취득 양태에 의하여 새로 취득한 것이 아닌 고유의 국가영토', 허영란 교수의 '전근대시기에 이미 영유권이 성립된 … ', 김병렬 교수의 '기억할 수 없는 오래전부터 영토에 대한 주권을 갖고 있는 … ', 박배군 교수의 '근대 국제법상의 영토취득의 양태에 의하여 취득한 것이 아닌 … '등의 기술로 보아 고유영토란 근대국가 성립이전에 국가성립의 기초를 이루고 있는 영토로 국가성립 이후 새로이 취득한 취득영토와 구별되는 영토라고 정의할 수 있다고 본다.

## 다. 구별되는 개념

### (1) 취득영토와 구별

'고유영토'는 '취득영토(territory acquired by gains)'와 구별된다. 전자는 국가성립 시부터 국가의 성립 기초로 영유한 영토이며, 후자는 국가성립 이후 후속적으로 취득한 영토이다. 양자는 다음과 같은 점에서 구별된다. (ⅰ) 전자의 취득원인은 국가의 성립(국가의 승인)이나, 후자의 취득원인은 선점·시효·정복·할양·첨부 등이다. (ⅱ) 전자의 취득시기는 국가의 성립(국가의 승인) 시이나, 후자의 취득시기는 국가의 성립 이후이다.

### (2) 원시취득영토와 구별

'고유영토'는 '원시취득영토(original acquisition territory)'와 구별된다. 취득영토는 전주의 유무에 따라 원시취득영토와 승계취득영토(derivative acquisition territory)로 구분된다.[19] 전자는 전주가 없는 경우의 취득영토로 그 예로 선점(occupation)·첨부(accretion)·시효(prescription)·정복(subjugation)을 들 수 있고, 후자는 전주가 있는 경우의 취득영토로 그 예로 할양(cession)을 들 수 있다.[20]

---

16) 박배군, '독도에 대한 일본의 영유권 주장에 관한 일고', 「국제법학회논총」, 제50권 제3호, 2005, p.99.

17) 상기논문, p.100.

18) 김병렬, '권원', 한국해양수산개발원, 『독도사전』(서울:해양수산개발원, 2011), p.43.

19) 국내 민법상 전주가 없는 취득을 '원시취득'이라 하고, 전주가 있는 취득을 '승계취득'이라 한다. 그러므로 여기서 'original'을 '원시'로, 'derivative'를 '승계'로 각각 표기하기로 한다.

20) Robert Jennings and Arthur Watts (eds.), *Oppenheim's International Law*, 9th ed., Vol.1, (London: Longman, 1992), p.679; Kurt Schushnigg, *International Law* (Milwaukee: Bruce, 1959), p.151; Marjorie M. Whiteman, *Digest of International Law*, Vol.2 (Washington,

이 원시취득영토는 결국 '취득영토'의 일종이므로 이는 고유영토와 구별된다. 다음과 같은 점에서 고유영토와 원시취득영토는 구별된다. (ⅰ) 전자는 취득영토가 아니나, 후자는 취득영토이다. (ⅱ) 전자의 취득시기는 국가의 성립(국가의 승인) 시이나, 후자의 취득시기는 국가의 성립(국가의 승인) 이후이다. (ⅲ) 전자의 취득원인은 국가의 성립(국가의 승인)이나, 후자의 성립원인은 선점·첨부·시효 등이다.

### (3) 본원적 영토와 구별

'고유영토'는 '본원적 영토(original[21) territory)', 즉 '본원적 권원(original title)'에 기한 영토와 구별된다. 본원적 영토는 봉건적 권원(feudal title), 고전적 권원(ancient title) 등 역사적 권원(historical title)에 기한 영토를 말한다.[22)

'고유영토'와 '본원적 영토'는 다음과 같은 점에서 구별된다. (ⅰ) 전자에 대립되는 개념은 '취득영토'이나, 후자에 대립되는 개념은 '대체된 영토(superseded territory)', 즉 현대국제법에 의해 대체된 권원(superseded title)에 기한 영토이다. (ⅱ) 후자는 현대국제법 성립 이전의 권원에 기한 영토이나, 전자는 현대국제법 이전의 권원에 기한 영토인 것이 일반적이나, 그 이후의 권원에 기한 것일 수도 있다. (ⅲ) 전자는 반드시 현대국제법상 권원으로 대체를 요하는 것이 아니나, 후자는 현대국제법상 권원으로 대체되지 아니하면 현대국제법상 효력이 없다.[23)

### (4) 미숙권원 영토와 구별

'고유영토'는 '미숙권원 영토(inchoate title territory)'와 구별된다. 미숙의 권원(inchoate title)이란 특정 영토에 대한 발견을 하고 아직 그에 대한 실효적 지배를 하지 아니한 상태의 권원을 말한다.[24) 이 미숙의 권원에 대해서도 타국의 발견이나 선점이 허용되지 아니한다.[25) 고유영토는 미숙의 권원이 성립된 미숙의 영토와 구별된다. 전자는 완숙의 영토인데 반해, 후자는 미숙의 영토이다. 후자는 특정 영토에 대한 발견에 의해 성립되는 권원인데 반해, 전자는 반드시 발견에 의해 성립되는 권원이 아니다. 전자는 반드시 응고에 의해 권원으로 성립되는 것이 아니나, 후자는 응고(consolidation)되지 아니하면 권원으로 인정되지 아니한다.

---

D.C.: USGPO. 1963), pp. 1028-86; Malcolm N. Shaw, *International Law,* 4th ed. (Cambridge:Cambridge University Press, 1997), p.338; Ian Brownlie, *Principles of Public International Law,* 5th ed. (Oxford:Oxford University Press, 1998) pp.131-33; Milan Sahovic and William W. Bishop, 'The Authority of the State' in Max Sorensen (ed.), *Manual of Public International Law* (London: MacMiller, 1968), p.321; Bernardez, *supra* n.9. p.497; V. Lowe, *International Law* (Oxford: Oxford University Press, 2007), pp.140-44. 그러나 양자의 예에 관해서는 논자마다 약간의 차이가 있다.

21) 'original'은 두 가지 의미로 사용되고 있다. 그 하나는 'derivative'에 대립되는 개념이고(전주 19 참조) (Brownlie, *supra* n. 20, p.130), 다른 하나는 'modern'에 대립되는 개념이다(*ibid,* p.146). 여기서는 전자를 '원시(취득)'로 후자는 '본원적(권원)'으로 각각 표기하기로 한다.

22) *Ibid.*

23) Bernardez, *supra* n.9, p.499; David H. Ott, *Public International Law in the Modern World* (London: Pitman, 1987), p.109; Peter Malanzuk(ed.), *Akehurst's Modern Introduction to International Law, 7th* ed.(London: Routledge, 1987), p.155; G. Schwarzenberger and E.D. Brown, *A Manual of International Law,* 6th ed. (Milton: Professional, 1976), p.96; Brownlie, *supra* n. 20, p.129; P. C. Jessup, 'The Palmas Island Arbitration', *AJIL,* Vol.23 1928, pp.739-40; Shaw, *supra* n. 20, p.347; D, H, N, Jonson, 'Acquisitive Prescription in International Law', *BYIL,* Vol.27, 1950, p.232.

24) Kelsen, *supra n.8,* pp.214-15; Schwarzenberger and Brown, *supra* n.23, p.97; *Island Palmas* Case(1928): UN, *RIAA,* Vol.2, 1948, p.845.

25) Kelsen, *supra* n.8, pp.214-15.

## 2. 고유영토의 취득

### 가. 근대국가성립 이전

근대국가성립 이전에 있어서 고유영토의 취득은 본원적 권원(original title), 고전적 권원(ancient title), 봉건적 권원(feudal title)등 역사적 권원(historic title)의 취득에 의존한 것이다. 역사적 권원은 특정 영토에 대한 오래 전부터의 실효적 지배 즉 오래 전부터의 점유(possession from time immemorial) 즉 오래 전부터의 실효적 계속적 지배에 의해 성립되며,[26] 그 근거는 국제법의 성립 이전이므로 국제법이 아니라 역사적 사실 문제에 관한 일반적인 평판이나 의견(general repute or opinion as to matters of historic facts)[27]인 것이다. 그러므로 고유영토의 성립근거는 국제법이 아니라 일반적인 평판이나 의견인 것이다. 물론 근대국가 이전에도 국가와 국가 간에 규범이 존재했으며, 이를 국제법(국제관습법)이라고 관념한다면 근대국가 성립 이전에도 국제법에 의해 고전적 권원이 성립되었다고 볼 수도 있다.

### 나. 근대국가성립 이후

#### (1) 국가의 승인에 의한 고유영토의 취득이론

상술한 의미의 고유영토는 국가의 성립(국가의 승인)에 의해 국가의 탄생과 동시에 국가가 취득하게 되는 영토라는 것은 다음과 같이 학설에 의해 일반적으로 승인되어 있다.

#### (2) Robert Jennings와 Arthur Watts

Jennings와 Watt는 현존국가의 영토취득과 신생국가의 영토취득은 혼동되어서는 아니 되며, 신생국의 영토취득은 전통적 영토취득의 유형으로 설명될 수 없고 신생국의 국가승인과 동시에 그의 영토권원이 부여된다고 다음과 같이 기술하고 있다.

> 현존 국가와 국제공동체의 구성원에 의한 영토의 취득과 신생국가의 기초인 영토취득은 혼동되어서는 아니 된다.…신생국이 존재하게 되었을 때 그의 영토에 대한 권원은 영토취득의 전통적 '유형'으로 설명될 수 없다.…신생국 영토권원부여는 승인과 보다 관계되어 있다. 왜냐하면 비록 특별한 경계와 정확한 영토의 한계가 의심스럽거나 또는 분쟁이 있는 곳에서 상속과 영토의 법적 역사문제가 역시 포함되어 있다 할지라도 승인이 주어지자마자 신생국가의 영토는 국제법의 주체의 영토로 승인되기 때문이다.
>
> The acquisition of territory…by existing state and member of international community should not be confused,…with the foundation of a new state,…when a new state comes into existence its title to its territory is not explicable in terms of the traditional 'modes' of acquisition of territory.…the new state's territorial entitlement is more to do with recognition: for as soon as recognition is given, the new state's territory is recognized as the territory of a subject of international law, although questions of succession and of the legal history of the territory may also be involved where particular boundaries

---

26) Brownlie, *supra* n.20, p.146.

27) *Ibid.*

or the precise extent of the territory, are doubtful or disputed.[28]

## (3) Santiego Torres Bernardez

Bernardez는 국가의 본원적 영토주권의 문제와 후속적으로 증가한 영토주권의 문제는 기본적으로 차이가 있다고, 즉 기존국가에 의한 영토취득과 신생국의 탄생에 의한 영토취득은 구별된다고 다음과 같이 기술하고 있다.

> 국가의 본원적 영토에 대한 국가주권의 문제는 후속적으로 증가된 영토에 대한 주권의 문제와 기본적으로 다른 것이다.…따라서 현존국가와 신생국가에 의한 영토주권의 권원의 취득 간에는 후자의 창설에 대한 지배적 사정과 타 국가에 의한 신생국 승인의 선언적 또는 창설적 효과에 관해 채택된 입장에 무관하게 차이가 존재하는 것이다.
>
> The question of state's sovereign over its original territory is basically different from that of subsequent increase in that territory.…There is thus a distinction to be made between the acquisition of title to territorial sovereign by on existing state and the birth of a new state, independent of circumstances leading to the creation of the latter and of the position adopted with respect to the declamatory or constitutive effect of its recognition.[29]

## (4) James Crawford

Crawford는 국가 간의 영토취득에 관한 5개의 유형은 신생국가에 의한 영토취득에 적합하지 아니하다고 다음과 같이 기술하고 있다.

> 국가지위(필수적으로 영토의 취득을 포함하는)의 취득에 관한 규칙과 신생국가에 의한 영토취득을 포함하지 아니하는 영토취득의 전통적인 유형을 조정할 필요가 있다.… 토지의 이전에 관한 로마법 규칙으로부터 추론되는 5개의 영토취득 유형과 신생국가에 의한 영토취득은 이 형태에 적절하지 아니하다는 것이 명백하다.
>
> It is necessary to reconcile the rules relating to acquisition of statehood (which necessarily involves acquisition of some territory) with the traditional modes of acquisition of territory which do not include the acquisition of territory by new states.…five mode of acquisition of its territory, which were derived from Roman law rules relating to transfer of land.…it is clear the acquisition of territory by a new state does not fit into this pattern.[30]

## (5) Ian Brownlie

Brownlie는 권원은 신생국가의 수립과 승인에 관한 법적 절차의 결과로도 취득될 수 있다고 다음과 같이 기술하고 있다.

> 신생국이 존재하게 되었을 때 통상적인 분석은 권원이 어떻게 취득되느냐는 설명하지 아니한다. 신

---

28) Jennings and Watts, *supra* n. 20, p.677.

29) Bernardez, *supra* n.9, pp.496-97.

30) James Crawford, *The Creation of States in International Law*(Oxford: Clarendon, 1979), pp.396-97.

법인의 설립과 승인에 관한 절차의 법적 결과로 권원은 창설된다.

The usual analysis do not explain how title acquired when a new state comes into existence. Here title is created as a consequence of legal procedure relation to the establishment and recognition of new legal person.[31]

## (6) Malcolm N. Shaw

Shaw는 신생국의 영토취득 문제는 하나의 딜레마로, 이는 영토의 취득 견지에서보다 국가승인의 견지에서 접근해 왔다고 다음과 같이 기술하고 있다.

국제법상 신생국이 그 자신의 영토를 실질적으로 어떻게 취득하느냐의 문제는 하나의 난제이다.…
고전적 국제법상 한 신생국이 창설될 때까지 권원을 취득할 권한을 가진 존재는 법인으로 존재하지 아니한다. 영토권원 취득의 전통적 유형의 어느 하나도 영토권원의 취득 견지에서보다 승인의 견지에서 전통적으로 접근해 왔다.

The problem of how a state actually acquires its own territory in international law is a difficult one.… under classical international law, until a new state is created, there is no legal person in existence competent to hold title. None of traditional modes of acquisition of territorial title satisfactorily resolve the dilemma, the international community has traditionally approached the problem of new states in terms of recognition, rather than in terms of acquisition title to territory.[32]

## (7) Robert Y. Jennings

Jennings는 현존 국가의 영토이전과 신생국가의 등장에 의한 영토취득을 구분하여 전자에 관해서는 사법상 토지소유권 이전의 법이 유추적용되었으나 후자에 관해서는 주체의 출현에 착안해 왔다고, 즉 신생국가의 승인에 착안해 왔다고 다음과 같이 기술하고 있다.

현존 국가 간의 영토의 이전에 있어서…법은 토지소유권의 이전을 유추한 매력적인 사법에 주로 영향을 받아왔다. 그러나 신생국가의 등장의 경우 법은 영토주권의 영토 요소보다 신 주체의 출현에 주로 착안해 왔다.…그의 분쟁영토에 대한 권원의 승인을 의미하는 신생국가 승인의 대부분은 명백하게 아마도 그의 청구를 말살한다.

In transfers between existing states the law…has been inspired chiefly the seductive private law analogy of transfers of ownership in land. But where a new state arises the law has looked chiefly to the emergence of the new subject rather than the territorial element of territorial sovereignty.…A sufficient number of recognition of the new state clearly implying recognition of its title to the disputed territory would presumably destroy the claim.[33]

## (8) Peter Malanczuk

Malanczuk는 신생국가의 출현과 영토의 이전은 분리할 수 없으나 신생국가의 탄생은 전통적 영토취

---

31) Brownlie, *supra* n.20, p.130.

32) Shaw, *supra* n.20, p.335.

33) Robert Y. Jennings, *The Acquistion of Territory in International Law* (Dobbs Ferry: Occeana, 1963), pp.8.38.

득 유형에 적합하지 아니하다고 하여 간접적으로 신생국의 영토는 국가승인에 의해 취득되게 된다고 다음과 같이 기술하고 있다.

> 국가의 탄생과 영토의 이전은 분리할 수 없는 것이다.…국가는 그의 영토 내에 존재한다.…그러나 신생국가의 탄생은 전통적 영토취득의 유형목록에 적합하지 아니하다.
> The both of the state and the transfer of territory are inseparate. - a state is its territory.…but emergence of new states does not fit very well into the traditional list of modes of acquisition territory.[34]

신생국이 그의 성립의 기초인 영토의 취득은 일반적으로 영토취득의 주체가 없으므로 사실상 성립된 정부가 관할하는 영토에 대해 *imperium(임페리엄, 영역권)*을 취득하고 사실상 국가(*de facto* state)로 승인을 받고 그 후 조약에 의해 사실상 국가가 법률상 국가(*de jure* state)로 승인 받으면서 그 국가 성립의 기초인 영토를 취득하게 된다.

Herch Lauterpcht는 다음과 같이 기술하고 있다.

> 제1차 대전 이후에 성립된 신생국의 대부분은 조약에 의해 그들의 국경이 최종적으로 그어지기 전에 사실상 국가로 승인되었다.
> Most of the new states which rearose after First War were recognized *de facto* before their frontiers were finally laid dawn in the treaty.[35]

그러나 대부분의 국가는 근대 이전에 성립된 것이므로 그의 성립의 기초인 고유영토의 취득은 위와 같은 과정을 거쳐 취득되는 것은 물론 아니며, 역사적으로 국가로 성립됨과 동시에 그의 성립의 기초인 고유영토도 취득한 것으로 설명된다. 탈식민지의 경우도 종주국으로부터 분리되며 사실상 정부를 수립하여 국가성립의 기초인 영토에 대해 *imperium(영역권)*을 취득하고 독립국가로 승인됨과 동시에 영토에 대해 *dominium(영유권)*을 취득하게 되며[36] 이에는 *uti possidetis*의 원칙이 적용되게 된다.[37]

## 다. 국가의 승인에 의한 고유영토의 취득이론에 제기되는 제 문제

### (1) 영토취득의 주체문제

영토는 국가성립의 필수요소의 하나이다. 고유영토는 성립된 국가가 영유하는 바 그 국가성립 이전에는 영유의 주체가 없으므로 그 영토는 누구의 영유에 속하느냐의 문제가 제기된다. 즉, 새로 성립되는 국가가 창설되기 위해서는 영토를 영유하여야 하는 바 그 영토의 영유 주체는 누구인가? 국가로 성립하기 위해 영토를 영유하여야 하는 바 그 주체와 국가를 성립한 후 고유영토를 영유할 주체는 어떻

---

34) Malanczuk, *supra* n. 23, p.147.

35) Herch Lauterpcht, *Recognition in International Law* (Cambridge: Cambridge University Press, 1949), p.30.

36) J. Crawford, *The Creation of States in International Law* (Oxford: Clarendon, 1979), p.38; *Frontier Dispute* Case(1986); ICJ, *Reports*, 1986, pp.565-67; 김명기, 「독도의 영토주권과 권원의 변천」 (서울, 독도조사연구학회, 2012), pp.219, 255.

37) Gideon Boas, *Public International Law*, (Cheltenham: Edward Elgar, 2012), p.199.

게 구별되느냐의 논리적 문제가 제기된다.[38]

### (2) 국가 승인의 창설적 효과와 선언적 효과의 문제

고유영토를 영유하는 국가는 국가의 승인에 의해 비로소 국가로 인정되어 고유영토를 영유한다는 창설적 효과설(constitutive theory)과 국가의 승인에 의해 사실상 국가로 성립된 시점까지 소급하여 고유영토를 영유한다는 선언적 효과설(declaratory theory)의 대립 문제가 제기되게 된다.[39]

### (3) 원시취득과 승계취득의 문제

국가의 승인에 의해 영유하게 되는 고유영토는 취득영토의 원인은 아니지만 그 유형을 유추할 때 그것은 무주영토를 영유하는 원시취득(original acquisition)인가, 전 영유자가 있는 영토를 영유하는 승계취득(derivative acquisition)인가의 문제와 국가상속과 국가동일성의 문제가 제기된다.[40]

## III. 고유영토 용어에 관한 국제 판례

지금까지 영토분쟁에 있어서 국제재판소는 본원적 권원(original title), 역사적 권원(historical title), 태곳적 권원(ancient title) 등의 용어를 사용하여 이들 권원에 기한 영토를 인정해 왔으나 '고유영토'라는 용어를 사용해 오지 아니했다. 그것은 본원적 권원의 주체가 국가가 아닌 봉주인 경우, 국가가 상속된 경우, 국가가 분할된 경우, 국가가 병합된 경우 등의 어느 실체를 성립된 국가로 보고 그의 성립기초인 영토를 고유영토로 인정하기에 어려움이 있기 때문인 것으로 보인다. 본원적 권원에 기초한 영토를 인정하면서 고유영토라는 용어를 사용하지 아니한 국제 판례를 보면 다음과 같다.

### 1. *Minquiers and Ecrehos* Case(1953)

*Minquiers and Ecrehos* Case(1953)에서 영국은 Minquiers와 Ecrehos에 대한 '태곳적 권원(ancient title)'을 주장했고,[41] 프랑스는 노르망디 전체에 대한 프랑스 왕의 '본원적 봉건적 권원(original and feudal title)'을 주장했다.[42] 재판소는 프랑스의 본원적 봉건적 권원을 인정하면서도 동 권원은 대체 당시의 법에 의해 대체되지 아니하여 법적 효력을 발생하지 아니한다고[43] 판시했다.

동 사건에서 양 당사자와 재판소는 노르망디 대륙이 프랑스 왕에 의해 선점된 것이라는 이유에서인

---

38) J. G. Starke, 'The Acquisition of Title to Territory by Newly Emerged States', *BYIL*, Vol.41, 1965-66, pp.413-14.

39) *Ibid*, p.413.

40) *Ibid*, p.412.

41) ICJ, *Reports*, 1953, p.53.

42) ICJ, *Reports*, 1953, p.56.

43) ICJ, *Reports*, 1953, p.56.

지 '태곳적 권원', '본원적 권원'이라는 표현을 사용했으나 고유한 권원(inherent title) 또는 고유한 영토(inherent territory)라는 표현은 사용하지 아니한다.

## 2. *Land, Island and Maritime Frontier Disputed* Case(1992)

*Land, Island and Maritime Frontier Disputed* Case(1992)에서 양 당사자는 '태곳적 역사적 권원(ancient historical titles)'을 주장했다.[44] 재판소는 영국에 의한 국가권능 행사의 보다 강한 증거가 있다고 판시했다.[45] 그러나 본원적 혹은 역사적 권원(original or historic title)은 스페인왕국에 배타적으로 귀속된다고 판시했다.[46]

동 사건에서 양 당사자와 재판소는 '태곳적 권원(ancient title)', '역사적 권원(historical title)', '본원적 권원(original title)' 등의 용어를 사용했으나 '고유한 권원' 또는 '고유한 영토'라는 용어는 사용하지 아니했다.

## 3. *Territorial and Maritime Dispute in the Caribbean Sea* Case(2007)

*Territorial and Maritime Dispute in the Caribbean Sea* Case(2007)에서 온두라스는 역사적 기초(historical basis)에 근거한 전통적 경계선(traditional boundary line)의 확인을 요구했다.[47] 재판소는 전통적 경계선을 용인하지 아니했다.[48] 동 사건에서 역사적 기초에 근거한 '근본적 권원', '역사적 권원'에 해당되는 '전통적 경계선'이라는 용어는 사용되었으나 '고유한 경계선'이라는 표현은 사용되지 아니했다.

## 4. *Pedra Branca* Case(2008)

*Pedra Branca* Case(2008)에서 말레이시아는 '태고로부터(from time immemorial)' 조오르 왕국의 주권 하에 있었다고 주장했고,[49] 재판소는 Pedra Branca의 '역사적 권원(historical title)'은 말레이시아에 귀속되나 실효적 지배를 해온 싱가포르에 이전되었다고 판시했다.[50] 재판소는 판결문에서 Pedra Branca의 '본원적 권원(original title)'이란 용어를 사용했다.[51]

동 사건에서 당사자는 '역사적 권원(historical title)', '태고로부터(from time immemorial)'라는 용어를, 재판소는 '본원적 권원(original title)'이라는 용어를 각각 사용했으나 '고유한 권원' 또는 '고유한 영토'라는 용어는 사용하지 아니했다. 특히 말레이시아는 조오르 왕국이 존재한 이래(since the kingdom

---

44) ICJ, *Reports,* 1992, p.564.
45) ICJ, *Reports,* 1992, p.564.
46) ICJ, *Reports,* 1992, p.565.
47) ICJ, *Reports,* 2007, para.86.
48) ICJ, *Reports,* 2007, para.259.
49) ICJ, *Reports,* 2008, para.48.
50) ICJ, *Reports,* 2008, para.273.
51) ICJ, *Reports,* 2008, title 5.3.1.

came to existence) 조오르 왕국 영토의 한 부분이었다고 주장하면서도 '고유한 영토'라는 표현을 사용하지 아니했다.

## Ⅳ. 고유영토 용어에 관한 한일 간의 공식관행

독도 영유권에 관한 한일정부 간의 공식적인 관행은 한국정부도 독도를 한국의 '고유영토'라고 주장하지 아니하고 한국영토의 불가분의 일부(an integral part of Korean territory)라고 주장하고, 일본정부도 다케시마는 일본의 고유영토라고 주장하지 아니하고 일본영토의 불가분의 일부라고 주장해온 것이 지금까지의 관행이다.

한국이 독도를 고유영토라고 주장하지 아니하는 것은 신라 지증왕 13년(512년)에 우산국이 신라에 귀복해온 것은 정복에 의한 '취득영토'이지 신라가 국가로 성립할 당시에 성립의 기초인 영토라고 보기 어렵기 때문인 것으로 보이며, 일본이 다케시마를 고유영토라고 주장하지 아니하는 것은 일본이 성립할 때도 다케시마는 일본의 고유영토라고 주장할 수 없기 때문인 것으로 보인다.

구술서의 형식으로 한국정부와 일본정부 간에 교환된 독도 영유권에 관한 논쟁에 한국정부와 일본정부가 각기 표시한 독도의 영토 성격을 표시한 용어를 보면 다음과 같다.

### 1. 한국정부의 공식관행

#### 가. 한국정부견해(1)

1953년 9월 9일의 '한국정부견해(1)'에는[52] 독도는 '대한민국 영토의 일부(a part of the territory of the Republic of Korea)',[53] '한국영토의 불가분의 부분(an integral part of Korean territory)'[54]으로 표시되어 있고, '한국의 고유영토'라는 표현은 없다.

#### 나. 한국정부견해(2)

1954년 9월 25일의 '한국정부견해(2)'에는[55] 독도는 '한국영토의 일부(a part of Korean territory)',[56] '한국영토의 일부(a part of the territory of Korea)',[57] '한국영토의 불가분의 일부(an integral part of her territory)'[58]로 표시되어 있고, '한국의 고유영토'라는 표현은 없다.

---

52) The Korean Government, The Korean Government's Refutation of the Japanese Government's Views Concerning Dokdo('Takeshima') dated July 13, 1953 (September 9, 1953)

53) Para. Ⅰ.

54) Para. Ⅰ. d.

55) The Korean Government, The Korean Government's View Refuting The Japanese Government's View of the Territorial Ownership of Dokdo(Takeshima), as Taken in the Note Verbale No. 15/ As of Japanese Ministry of Foreign Affairs Dated February 10, 1954(September 25, 1954).

56) Para. Ⅰ. 3. b; para. I. 3. d.

57) Para. Ⅲ. 2.

## 다. 한국정부견해(3)

1959년 1월 7일의 '한국정부견해(3)'에는[59] 독도는 '한국영토의 불가분의 일부(an integral part of the Korean territory)'[60]로 표시되어 있고, '한국의 고유영토'라는 표현은 없다.

## 라. 한국정부의 항의

1962년 7월 13일의 '일본정부견해(4)'에 대한 1965년 12월 17일 '한국정부의 항의'에는[61] 독도는 '대한민국 영토의 불가분의 일부(an integral part of the territory of the Republic of Korea)'[62]로 표시되어 있으며 '한국의 고유영토'라는 표현은 없다.

이상에서 본 바와 같이 한국정부의 공식견해에는 독도는 '한국의 고유영토'라는 표현을 단 한 번도 사용한 적이 없다.[63]

## 마. 외교부의 홈페이지

최근에 한국 외교부는 그 홈페이지에서 '독도 영유권에 관한 기본 입장'을 '독도는 역사적, 지리적, 국제법적으로 우리 고유의 영토입니다. ⋯ '라고 선언하고 있다. 이는 최근 일본 외무성 홈페이지의 '독도는 역사적 사실에 비추어 보아도 또한 국제법상으로도 명백히 일본의 고유영토다.'라는 기술을 모방한 것인지 일본이 우리 한국의 기술을 모방한 것인지는 홈페이지에 일자가 명시되어 있지 아니하므로 확인할 수 없다.

## 2. 일본정부의 공식관행

### 가. 일본정부견해(1)

1953년 7월 13일 '일본정부견해(1)'에는[64] 다케시마는 '일본영토의 불가분의 일부(an integral part of her territory)',[65] '일본영토의 한 부분(a part of Japanese territory)'으로[66] 표시되어 있고, '일본의 고유

---

58) Para. III. 3.

59) The Korean Government, The Korean Government's Views Refuting the Japanese Government's Version of the Ownership of Dokdo dated September 20, 1956(January 7, 1959)

60) Para. II. (2); para. III. (2); para. VI; para. VII.

61) The Korean Government, The Korean Government's Compliments to the Ministry of Foreign Affairs of Japan and, with reference to the Note Verbale No. 228/ASN dated July 13, 1962(December 17, 1965).

62) Para. I.

63) 외교부가 1955년에 발간한 『독도문제 개론』에도 고유영토라는 용어는 전혀 기록된 바 없다. 「독도문제 개요」(서울: 외무부 정무국, 1955). 그러나 최근 외교부의 홈페이지 (http://www.mofa.go.kr/trad/keyissue/dokdo/basic/index.jsp?menu=m_30_40_10 (2015.10.11. 방문)) 에는 독도를 고유영토로 표시하고 있다.

64) The Japanese Government, Compliments to the Korean Mission in Japan and, with Reference to the Note of June 26, 1953(No. 186/A2) (July 13, 1953).

65) Para. 4.

66) Para. 7.

영토'라는 표현은 없다.

## 나. 일본정부견해(2)

1954년 2월 10일 '일본정부견해(2)'에는[67] 다케시마는 '일본영토의 한 부분(a part of the territory of Japan)'으로[68] 표시되어 있고, '일본의 고유영토'라는 표현은 없다.

## 다. 일본정부견해(3)

1956년 9월 20일 '일본정부견해(3)'에는[69] 다케시마는 '일본영토의 한 부분(a part of her territory)',[70] '일본영토의 한 부분(a part of Japanese territory)'[71]으로 표시되어 있고, 한국은 다케시마가 '한국영토의 고유한 일부(an inherent part of the Korean territory)'라는 것을 입증하여야 한다고[72] 표시하고 있다.

## 라. 일본정부견해(4)

1962년 11월 13일 '일본정부견해(4)'에는[73] 다케시마는 '일본의 고유영토(Japan's inherent territory)'로[74] 표시되어 있다. 일본정부가 다케시마가 '일본의 고유영토'라고 주장한 것은 이것이 처음이다.

이상에서 본 바와 같이 일본정부의 공식견해에는 '일본정부견해(4)'를 제외하고는 다케시마는 '일본의 고유영토'라는 표현을 한 바가 없다.

## 마. 다케시마 10포인트

2008년 3월 일본 외무성의 '다케시마 10포인트(10 Issues of Takeshima)' 중 어느 포인트 어느 항목에도 다케시마가 일본의 고유영토라는 기술, 주장은 없다. 또한 2009년 12월 일본 외무성의 '다케시마 문제의 개요(Outline of Takeshima Issues)' 중 어느 항목에도 다케시마는 일본 고유영토라는 기술, 주장은 없다.

위의 일본 외무성의 주장에 대한 동북아역사재단 독도연구소의 비판에는 일본 외무성이 '다케시마 10포인트'에서 다케시마는 일본의 고유영토라고 주장한다고 다음과 같이 기술하고 있다.

---

67) The Japanese Government, Views of the Japanese Government in Refutation of the Positive Taken by the Korean Government in the Note Verbale of the Korean Mission in Japan September 9, 1953 (February 10, 1954)

68) Para. 3.

69) The Japanese Government, The Japanese Government's Views on the Korean Government's Version of Problem of Takeshima dated September 25, 1954 (September 20, 1956)

70) Para. IV. (1).

71) Para. IV. (2).

72) Para. VII. (2).

73) The Japanese Government, The Japanese Government's Views on the Korean Government's Views of January 7, 1959 (July 13, 1962)

74) Para (1).

독도가 일본의 고유영토라고 하면서 1905년에 편입시켰다고 하는 것은 억지에 불과하다. 그 주장이 사실이라면 다른 고유영토에 대해서도 똑같은 편입조치를 해야 할 것이다.[75]

일본 주장의 의미가 고유영토론에 입각한 것으로 보인다 할지라도 '고유영토'라는 표시를 사용하지 아니한데 대해 '고유영토'라고 주장하는 것은 정확성이 없는 비판이라고 하지 아니할 수 없다.

또한 위 일본 외무성의 '다케시마 10포인트'에 대한 해양수산개발원 독도연구소의 비판인 '독도는 과연 일본영토인가?' 에서 '다케시마 10포인트'에서 일본 외무성이 다케시마는 일본의 고유영토라고 표시한 바 없음에도 불구하고 일본 외무성은 다케시마를 일본의 고유영토라고 주장한다고 다음과 같이 비판하고 있다.

이와 같이 일본 외무성의 독도 영유권 관련 공식입장은 고유영토론으로, 독도는 역사적 권원과 국제법적 근거에 의해 일본의 고유영토이며 … 일본의 고유영토론의 핵심은 독도 영유권이 17세기 울릉도 도해면허를 받은 이래 확립되었다는 것인데 … 고유영토론은 일본 학자 사이토 세이추에 의해 부인된 바 있다.[76]

### 바. 최근 일본 외무성 홈페이지

그러나 최근 일본 외무성 홈페이지에는 독도를 일본의 고유영토라고 다음과 같이 기술하고 있다.

독도는 역사적 사실에 비추어 보아도 또한 국제법상으로도 명백히 일본의 고유영토이다.[77]

이는 한국 외무부 홈페이지를 모방한 것인지 한국이 일본 홈페이지를 모방한 것인지는 홈페이지에 설정일자를 한국도 일본도 표시하고 있지 아니하므로 어느 나라가 상대방 홈페이지를 모방한 것인지 판단할 수 없다.


## V. 한국정부의 독도 고유영토론 비판

### 1. 비판 1: 역사적 권원의 국제법상 무효력과 효력 상실

역사적 권원을 현대국제법상 타당한 새로운 권원으로 대체하지 아니하면 현대국제법상 효력이 없으며, 역사적 권원은 대체된 이후에는 법적 효력을 상실하게 된다는 것은 판례와 학설에 의해 일반적으로 승인되어 있다. 그 판례와 학설을 보면 다음과 같다.

---

75) 동북아재단독도연구소, '일본 외무성의 독도 홍보팸플릿 반박문', '6. 1905년 시마네현 편입과 관련하여'

76) 해양수산개발원 독도연구소, '일본 외무성 홍보자료에 대한 비판', '일본주장에 대한 비판', '일본의 고유영토론은 성립하지 않는다.'

77) http://www.mofa.go.jp/mofaj/area/takeshima/index.html. 2015.10.11. 방문

## 가. 판례

### (1) *The Island of Palmas* Case (1928)

*The Island of Palmas* Case (1928)에서 Huber 중재관은 권리의 창조와 권리의 존속에 적용되는 법은 각기 다르다고 전제한 다음, 법의 존재에 적용되는 법은 법의 발전에 의해 요구되는 조건에 따라야 한다고 하여 역사적 권원의 대체라는 용어는 사용하지 아니했으나 다음과 같이 간접적으로 역사적 권원의 대체 필요성을 판시했다.

> 법적 사실은 그 사실과 같이 이는 현재의 법의 관점에서 평가되어야 한다. ··· 권리의 창조행위가 권리가 발생되는 때에 효력이 있는 법을 따라야 한다는 동일한 원칙은 권리의 존속, 다시 말해 권리의 계속적인 현시는 법의 발전에 의해 요구되는 요건을 따라야 한다는 것을 요구한다.
> A judicial fact must be appreciated in the right of the law contemporary with it, ···the same principle which subjects the act creative of a right to the law in force at the time the right arises, demands that existence of the right, in other words its continued manifestation, shall follow the conditions required by the evolution of law.[78]

### (2) *Minquiers and Ecrehos* Case (1953)

*Minquiers and Ecrehos* Case (1953)에서 국제사법재판소는 봉건적 권원은 대체 당시의 법에 따라 유효한 권원으로 변경되지 않으면 효력이 없다고 다음과 같이 판시하였다.

> 재판소의 의견으로는 본 건을 재판하기 위하여 그러한 역사적 논쟁을 해결할 필요가 없다. (···not necessary to solve these historical controversies). ···프랑스 왕이 Channel Island에도 고유의 봉건적 권원을 가졌었다 할지라도 그러한 권원은 1204년 및 그 이후의 사건의 결과 실효(失效)되었음이 분명하다. 그렇게 주장된 고유의 봉건적 권원은 대체 당시의 법에 따라 다른 유효한 권원으로 대체된 것이 아니면 오늘에 어떤 법적 효과도 발생하지 아니한다. 그 대체의 입증 책임은 프랑스정부에 있다.
> Such an alleged original feudal title could today produce no legal effect, unless it had been replaced by another title valid according to the law of the time of replacement. It is for the French Government to establish that it was so replaced.[79]

### (3) *Western Sahara* Case (1975)

*Western Sahara* Case (1975)의 권고적 의견에서 국제사법재판소는 권원의 전환 (transforming title)에 있어서 합의서의 기능을 다음과 같이 승인했다. 종전까지는 '권원의 대체'에 있어서 '실효적 지배'의 기능을 인정해온 것에 비해 특별한 의미를 갖는다. 동 권고적 의견은 다음과 같다.

> 그러한 영토의 사건에 있어서 주권의 취득은 무주지의 본원적 권원에 의한 무주지의 선점을 통해 일방적으로 영향을 받는 것으로 일반적으로 생각되지 아니했다. 그러나 지방적 지배자와 체결된 합

---

78) UN, *RIAA*, Vol.2, 1949, p.839.

79) ICJ, *Reports*, 1953, p.56.

의서를 통해 …그러한 합의서는 권원의 파생적 근거로서 인정되었고 무주지의 선점에 의해 취득된 본원적 권원이 아닌 것으로 인정되었다.

In the case of such territories the acquisition of sovereignty was not generally considered as effected unilaterally through the occupation of terra nullius by original title but through agreements concluded with local readers … such agreements … were regarded as derivative roots of title, and not original titles obtained by occupation of terra nullius.[80]

### (4) *Land, Island and Maritime Frontier Dispute* Case (1992)

*Land, Island and Maritime Frontier Dispute* Case (1992)에서 국제사법재판소는 *Minquiers and Ecrehos* Case (1953)의 판결을 인용하여 동 판결은 모든 고전적 권원이 단순히 무시되는 것이 아니라 대체되지 아니한 권원이 무시되고, 대체된 최근의 권원에 기초하여 재판한 것이라고 다음과 같이 판시한 바 있다.

이 사건에서 재판소는 고전적 권원을 단순히 무시하지 아니했고, 더 최근의 주권의 현시에 기초하여 재판한 것이다.

The Court in this case did not simply disregard the ancient titles and decide on a basis of more recent display of sovereignty.[81]

### (5) *Territorial and Maritime Dispute in the Caribbean Sea* Case (2007)

*Territorial and Maritime Dispute in the Caribbean Sea* Case (2007)에서 온두라스는 역사적 기초 (historical basis)에 근거한 전통적 경계선(traditional boundary line)의 확인을 요구했다. 재판소는 전통적 경계선을 용인하지 아니했다.[82] 전통적 경계선은 역사적 권원에 근거한 것이다.

### (6) *Pedra Branca* Case (2008)

*Pedra Branca* Case (2008)에서 말레이시아는 '태고로부터(forme time immemorial)' Pedra Branca는 조오르 왕국의 주권하에 있었다고 주장했고,[83] 재판소는 역사적 권원 (historical title)은 말레이시아에 귀속되나 실효적 지배를 해온 싱가포르에 권원이 이전되었다고 판시했다. 재판소는 판결문에서 역사적 권원(historical title)이란 용어를 사용했다. 이상 이외의 역사적 권원은 *Rann of Kuch Arbitration* (1968) 판결에서 인정되었다.[84]

이와 같이 국제사법재판소는 역사적 권원은 대체 당시에 유효한 법에 의해 대체되지 아니 하면 효력이 없고, 대체된 이후에는 역사적 권원은 법적으로 실효되게 된다고 판시했다.

---

80) ICJ, *Reports,* 1975, p.39.
81) ICJ, *Reports,* 1992, paras. 343-44.
82) ICJ, *Reports,* 2007, para.259.
83) ICJ, *Reports,* 2008, para.48.
84) *ILR,* Vol.50, p.494.

## 나. 학설

역사적 권원은 대체되지 아니하면 현대국제법상 효력이 없고, 대체된 이후에는 법적 효력이 없다는 것이 학설에 의해서도 일반적으로 수락되어 있다.

### (1) Gillian D. Triggs

Triggs는 *The Island of Palmas* Case에서 Max Huber 중재관의 판정을 인용하여 본원적 봉건적 권원은 그 후에 발전된 실효적 선점의 법에 따라 취득되게 된다고 하여 역사적 권원의 대체를 다음과 같이 기술하고 있다.

> 후속적인 국제재판소는 시제법에 관한 후버의 접근을 채택해 왔다. *Palmas Island* Case에서 후버 판사는 발견에 기초한 스페인 선행자의 권원은 네덜란드에 의한 실효적인 선점의 추후 행위에 우선할 수 없다는 것을 발견했다. 국제사법재판소는 *Minquiers and Ecrehos* Case에서 어떠한 본원적 봉건적 권원은 1204년 이후의 사건의 결과로서 소멸되었다. 그리고 그 권원은 실효적 선점의 관습법의 발전에 따라 후속적으로 취득되었다.
>
> Subsequent international tribunals have adopted the Huber approach to intertemporal law. In *Island of Palmas* Case, Judge Huber found that the prior Spanish title based on discovery could not prevail over the late acts of effective occupation by the Dutch. The ICJ in the *Minquiers and Eclehus* Case also Found that any original feudal title had lapsed as a consequence of events of after 1204 and that title was subsequently acquired in accordance with the developing customary law of effective occupation.[85]

### (2) Richard K. Gardiner

Gardiner는 *Island of Palmas* Case에서 Huber 중재관의 판정을 인용하고 권리의 창조와 권리의 존재 간에 기본적인 차이가 있다고 하면서, 국제법 규칙의 발전을 배경으로 한 사건의 연속적 고리 문제는 시제법의 원칙으로 해결할 수 없으며, 본원적 권원을 귀속시키는 계속적인 실효적 주장에 주목하여야 한다고 하며 다음과 같이 역사적 권원의 대체를 승인하고 있다.

> 이 원칙(시제법의)은 의미 있는 법적 효과를 갖는 행위는 그 행위가 야기된 때의 국제법 관점에서 판단되어야 한다고 한다. … 시제법은 한 특정 시간에 있어서 권리의 식별을 가능하게 하는 반면, 국제법의 발전적 규칙의 배경에 대해 주장되어온 계속적 사건의 연쇄가 있는 경우 문제를 해결하지 아니한다. … 본원적 권원이 계속적인 선점자에게 정확히 귀속될 수 있을 경우에 법적 지위는 안정적으로 보여줄 수 있다.
>
> This principle states that acts which have a significant legal effect must be judged in the light of international law at the time that they occurred while the intertemporal law may enable identification of rights at one particular time, it does not resolve the problem where there is a continuous chain of event to be asserted against a background of developing rules of international law. … where the original title can be correctly ascribed to the continuous occupant the legal position can be seen as secure.[86]

---

85) Gillan D. Triggs, *International Law* (Australia: Butterworth, 2006), p.225.

### (3) David H. Ott

Ott는 고전적 권원은 그 후의 역사적 발전에 의해 대체되게 될 경우 그 대체 전의 고전적 권원은 거의 의미가 없다고 하여 고전적 권원의 대체 필요성을 다음과 같이 논하고 있다.

> 고전적 권원과 그와 유사한 개념은 그들이 그 후의 역사적 발전의 효과에 의해 사실상 오랜 기간 대체되어온 영토에 대한 역사적 관련을 소홀히 한 청구의 기초를 의미할 경우, 이는 거의 의미가 없다는 것이다.
>
> Ancient title and similar concept are, however, less significant when they purport to base a claim on some distant historic connection with the territory which has in fact long been superseded by the effects of later historical developments.[87]

이와 같이 Ott는 고전적 권원이 그 후의 역사적 발전에 의해 대체되게 된 경우 이는 의미가 없는 것으로 되며, 대체된 권원이 의미를 갖게 된다고 하여, 고전적 권원은 역사적 발전에 따라 새로운 권원으로 대체되어야 권원으로 인정될 수 있다고 논하고 있다. 즉, 고전적 권원의 대체 필요성을 강조하고 있다.

### (4) Santiago Terres Bernardez

Bernardez는 역사적 권원의 평가는 그 권원이 발단된 때의 국제법에 의해 평가되어 왔다고 주장한다. 그러나 그는 다음과 같이 불소급의 원칙은 *Island of Palmas* Case (1928) 이후 제한되게 되었다고 하여, 즉 역사적 권원은 그 '권원 발생 당시의 법'이 아니라 그 권원의 '대체된 평가 당시의 법'에 의해 평가되게 된다고 하여 역사적 권원의 변경 필요성을 제의하고 있다.

> 역사적 권원에 대해 사례법은 시제법의 원칙을 적절히 고려할 필요성을 강조하고 있다. 이에 따르면 관계 권원의 평가는 권원이 주장된 발단의 시기에 효력이 있는 국제법의 기초 위에 이루어져야 한다. 그러나 이 불소급의 원칙은 Island of Palmas Case에서 Max Huber의 중재 판정에 의해 제한되게 되었다.
>
> For historic titles, case-law emphasizes the need to take due account of the intertemporal law principle, according to which the evolution or the title concerned should be made on the basis or international law in force. But this principle of non-retro active was qualified by may Huber, in has arbitral award concerning the Island of Palmas as follows:[88]

이와 같이 Bernardez는 역사적 권원의 평가는 그 권원이 발생할 당시의 국제법이라는 원칙이 변경되어, 역사적 권원은 평가 당시의 국제법상 권원으로 변경되어야 함을 제의하고 있다.

---

86) Richard K. Gardiner, *International Law* (London Longman, 2003), p. 177.

87) Ott, *supra* n. 23, p. 109.

88) Bernordez, *supra* n. 20, p.499.

## (5) Peter Malanczuk

Peter Malanczuk는 영토 권원의 타당성을 결정하는 법은 취득 순간에 효력이 있는 법이라고 하면서도, 이는 *Island of Palmas* Case이후 훼손되고 말았다고 하여, 고전적 권원은 발전된 법의 요건을 구비하여야 한다고 다음과 같이 논하고 있다.

> 영토의 취득을 지배하는 규칙은 세기를 거쳐 변화되어 왔다. 어느 시기의 법이 영토권원의 타당성을 결정하는 데 적용되어야 하는가? 그것은 주장되는 취득의 순간에 효력이 있는 법이다. 이는 법은 소급해서 적용될 수 없다는 일반원칙의 한 예에 불과하다. 그러나 이러한 견해는 *Palmas Island* Case에 의해 훼손되었다.
>
> The rules governing requisition of territory have changed over the century. This produces a problem of intertemporal law when century's law is to be applied to determine the validity of an acquisition of territory? The generally accepted view is that The validity of an acquisition of territory depended on the law in force at the moment of the alleged acquisition, this solution is really nothing more than an example of general principal that law should not be applied retro activity But the generally accept view has to some extent been undermined by the Island of Palms case the historical startings point of titles to territory is pre-legal sovereignty, that is, effective control of a territory by a price in his own name and with power to defend it.[89]

## (6) Georg Schwarzenberger와 E.D. Brown

Schwarzenberger와 Brown은 역사적 권원은 법 이전의 권원이라고 다음과 같이 논하고 있다.

> 영토권원의 역사적 출발점은 전(前)법적 주권이다. 즉 제후가 그 자신의 이름으로 영토를 방위할 권한을 갖고 영토에 대한 실효적 지배를 한 것이다.
>
> The historical starting point of titles to territory is pre-legal sovereignty, that is effective control of a territory by a prince in his own name and with power to defend it.[90]

위의 기술 중 '전(前)법적'이란 '전(前)국제법적'이라는 의미임은 물론이다. 위의 기술은 봉건적 권원 (feudal title)은 '국제법 이전의 권원'이라는 것이다. 이는 '국제법 이전의 권원'인 봉건적 권원은 국제법으로 평가할 수 없는 권원이라는 것을 의미하며, 이는 봉건적 권원은 '국제법 이후의 권원'으로 대체되지 않으면 국제법으로 평가될 수 없다는 것을 당연히 전제로 한 설명인 것이다. 요컨대, Schwarzenberger와 Brown은 봉건적 권원은 국제법적 권원으로 대체되어야 국제법상 효력이 있는 것으로 보고 있다.

## (7) Ian Brownlie

Brownlie는 역사적 권원에 적용될 법에 관해 시제법의 원칙에 따라 역사적 권원이 성립한 당시에 존재한 법이라는 원칙은 더 이상 유지될 수 없게 되었다고 다음과 같이 기술하고 있다.

---

89) Malanczuk, *supra* n. 23, p.155.

90) Schwarzenberger and Brown, *supra* n. 23, p.96.

많은 경우에 있어서 이 원칙은 작용할 수 없다. 즉, 그의 이론적 한계는 승인, 묵인, 금반언, 시효의 효과에 의해 감소하게 되었다.

In any case the principal cannot operate in a vacuum: its theoretical extent will in practice be reduced by the effect of recognition, acquiescence, estopper, prescription, the rule that abandonment is not to be presumed, and to general condition of the pleadings and evidence.[91]

이와 같이 Brownlie는 역사적 권원에 적용되어야 할 법은 그 권원이 성립할 당시의 법이라는 원칙은 승인, 묵인, 금반언에 의해 새로운 권원으로 변경된다는 것을 인정한 것이다. 즉, 역사적 권원은 승인, 묵인, 금반언 등의 권원의 근거(root)에 의해 오늘의 국제법상 다른 권원으로 대체되어야 법적 효력이 있음을 승인하고 있다.

이상의 주장 이외에 역사적 권원의 대체 필요성은 P. C. Jessup,[92] F.C. Wade,[93] R. Y. Jennings,[94] M. N. Shaw,[95] D. H. N. Johnson[96] 등에 의해 주장되고 있다.

대한제국시대에는 1900년 10월 '대한제국 칙령 제41호'에 의해 역사적 권원을 현대국제법상의 권원으로 권원의 대체를 이루었다.[97] 따라서 대한제국시대에 독도 영유권의 권원은 '대한제국 칙령 제41호'였다. 이와 같이 독도의 역사적 권원은 대한제국시대에 이르러 현대국제법상의 권원으로 대체 되게 되었다.

전술한 바와 같이 역사적 권원은 현대국제법상 권원으로 대체되게 되면 이는 법적 효력을 상실하게 된다.[98] 따라서 '대한제국 칙령 제41호'에 의해 대체된 역사적 권원은 1900년 10월 이전에는 독도 영유권의 권원으로 효력이 있었으나 1900년 10월 이후에는 그 효력을 상실하게 되었다. 그러므로 '오늘' 독도 영유권의 권원을 신라 이사부의 우산국 정복에 의한 역사적 권원에 있다고 주장할 수 없게 되고 만 것이다. 물론 이는 권원으로 주장할 수 없게 되었다는 의미이지 역사적 사실로의 주장을 할 수 없게 되었다는 의미는 아닌 것이다.

## 2. 비판 2: 실효적 지배에 우선불가의 고유영토론

고유영토론은 역사적 권원을 근거로 한 것이며, 특정 영토에 대한 역사적 권원은 그 특정 영토에 대한 실효적 지배에 의한 권원에 우선할 수 없다.[99] 그러므로 고유영토론이 즉 역사적 권원이 인정된다

91) Brownlie, *supra* n. 20, p. 129.

92) P. C. Jessup, 'The Palmas Island Arbitration', *AJIL*, Vol.22, 1928, pp.739-40.

93) E. C. Wade, *The Minquiers and Ecrehos* Case, Grotius Society transactions for year 1954, Vol.40, 1954, pp.98-99.

94) Robert Y. Jennings, *The Acquisition of Territory in International Law* (Dobbs Ferry: Oceana, 1963), pp.28-31.

95) Malcolm N. Shaw, *International Law*, 4th ed. (Cambridge: Cambridge University Press, 1997), p.347.

96) D. H. N. Johnson, 'Acquisitive Prescription in International Law', *BYIL*, Vol.27, 1950, p332.

97) 김명기, '대한제국 칙령 제41호에 의한 역사적 권원의 대체에 관한 연구', 독도조사연구학회, 『독도논총』, 제5권 제1·2 통합호, 2010, pp. 13-27.

98) *Supra* nn.78-96.

99) ICJ, *Reports*, 2008, para. 48; *Polmas Island* Case(1928); UN, *RIAA*, Vol.2, 1949, pp.867-71; *Legal status of Eastern Greenland* Case(1933); PCIJ, *Series A/B*, No.53, p.840; *Minquires and Ecrehos* Case (1953); ICJ, *Reports*, 1953, p.47; Boas, *supra* n.37, p.185; 김석현, '역사적

할지라도 이는 실효적 지배에 의한 권원에 우선할 수 없으므로 고유영토론을 주장하는 것은 즉 역사적 권원을 주장하는 것은 실효적 지배의 근거를 제시하는 것만 못하다. 따라서 고유영토론은 실효적 지배를 입증할 수 없는 경우에 차선책으로 고려될 수 있음에 불과한 것이다.

### 3. 비판 3: 신라의 우산국 정복에 의한 고유영토설의 자가당착

고유영토론은 역사적 권원을 기초로 한 것이다. 그리고 고유영토는 국가성립 당시 국가성립의 기초인 영토를 뜻한다. 그러므로 고유영토는 국가성립 후에 후속적으로 취득하게 되는 취득영토와 구별된다.[100]

신라 지증왕 13년에 이사부의 우산국 정복에 의한 신라의 역사적 권원의 성립은 우산국의 정복에 의해 취득된 것이며, 신라의 국가로서 성립 시 성립된 고유영토가 아니다. 그러므로 '신라 지증왕 13년에 우산국의 정복에 의해 독도는 한국의 고유영토가 되었다.'라는 기술은 자가당착적 오류이고 모순인 것이다. 물론 여기 '한국'을 통일신라, 고려, 조선, 대한제국 또는 대한민국으로 보면 독도는 고유영토로 되나, 삼국 신라로 보면 독도는 고유영토가 아니라 취득영토인 것이다.

### 4. 비판 4: 역사적 권원 이외의 권원 원용 불가

독도 고유영토론은 독도의 역사적 권원을 근거로 한 것이다. 이는 독도의 권원을 역사적 권원 이외의 권원을 원용할 수 없다. 예컨대, '대일평화조약' 제19조 (d)항의 규정에 의거하여 연합국과 일본이 한국의 독도 영토주권을 승인했다는 것을 독도 고유영토권으로는 그 권원을 원용할 수 없다는 문제가 제기된다. 제19조 (d)항의 규정에 의해 연합국과 일본이 한국의 독도 영토주권의 승인에 의한 한국의 독도 영토주권은 고유영토라고 설명될 수 없는 것이다.

또한 현상유보의 원칙(Principle of *uti possidetis*)에 따라 '대일평화조약'에 규정되지 아니한 사항은 '대일평화조약'이 체결당시에 현상대로 효력이 인정되어 'SCAPIN 제677호' 제3항의 규정에 따라 독도는 한국영토로 해석된다는 것을 독도 고유영토론으로는 설명될 수 없다.

## V. 결언

### 1. 요약 · 정리

상술한 바를 다음과 같이 요약정리하기로 한다.

가. '고유영토(inherent territory)'란 국가가 성립할 당시에 그 국가의 성립요소인 영토로, 이는 그 국

---

권원', 해양수산개발원, 『독도사전』 (서울: 해양수산개발원, 2011), pp.215-16)

100) Bernardez, *supra* n.9, pp.496-97.

가가 성립된 이후에 취득된 '취득영토(acquired territory)'와 구별된다. 국제 판례에도 본원적 권원(original title), 고전적 권원(ancient title), 봉건적 권원(feudal title) 등에 기초한 영토라는 표현이 사용되고 있으나 '고유영토'라는 표현은 사용되고 있지 아니하다. (단, 최근 홈페이지 제외)

나. 한일정부 간 독도 영유권에 관한 양국의 공식적 견해에도 '일본정부견해(4)'를 제외하고 '고유영토'라는 표현은 사용되고 있지 아니하다.

다. '고유영토'는 국가가 성립할 당시에 그 국가의 성립요소인 영토이므로 '신라 지증왕 13년(512년)에 우산국이 신라에 귀복해온 이래 독도는 신라의 고유영토로 되어 왔다.'는 표현은 잘못된 표현임이 분명하다.

라. 지증왕 13년(512년) 이전에 신라가 국가로 성립할 당시(기원전 57년) 우산국은 신라의 영토가 아니었기 때문이다. 우산국은 신라가 국가로 성립할 당시 그 국가성립의 기초인 '고유영토'는 아닌 것이다. 다만 통일신라(676년 성립)를 한국으로 보아 '독도는 통일신라 이후(676년 이후) 한국의 고유영토로 되어 있다.'는 표현은 적절한 것이 될 수 있다.

마. 물론 '독도는 통일신라의 고유영토였다.', '독도는 과거의 고유영토였다.', '독도는 조선의 고유영토였다.', '독도는 대한제국의 고유영토였다.' 그리고 '독도는 대한민국의 고유영토이다.'라는 표현은 기원전 57년에 수립된 '신라'가 아니라 '통일신라'를 고려가 승계하고, 고려를 조선이 승계하여 통일신라, 고려, 조선, 대한제국, 대한민국이 모두 국가로서 동일성과 계속성이 있는 것으로 볼 때, 이들 표현은 부적절한 것이라고 볼 수 없다. 그러나 '신라'를 통일신라가 승계한 것으로 볼 경우 독도는 '신라'의 고유영토가 아니었으므로 이상의 표현은 부당한 것으로 된다. 결국 '독도는 한국의 고유영토이다.'라고 하기 위해서는 한국은 기원전 57년에 '신라'에 의해 국가로 성립된 것이 아니라 676년에 '통일신라'에 의해 국가로 성립된 것으로 볼 경우만 가능한 것이다. 따라서 "'신라' 이래 독도는 한국의 고유영토이다."라는 표현은 부당한 표현이다.

## 2. 정책·대안

다음과 같은 제의를 하기로 한다.

국제법상 영토권원에 관한 새로운 추세인 '역사적 권원의 대체'의 흐름을 수용하여 독도 고유영토론을 추세에 맞게 수정한다.

고유영토보다 실효적 지배에 의한 영토가 우선적인 효력이 인정되므로 독도 고유영토론을 실효적 지배 영토론으로 과감히 정책 전환을 한다.

'대한제국 칙령 제41호'에 의해 독도에 대한 한국의 역사적 권원을 현대국제법상의 권원으로 새롭게 대체되었다는 법리에 따라 역사적 권원은 실효되었다는 점을 감안하여 오늘날 현대국제법상의 새로운 권원을 취득했다는 것을 정책에 반영한다.

신라의 우산국 정복에 의한 한국의 독도에 대한 역사적 권원을 취득하여 독도는 신라의 고유영토가 되었다는 자가당착적 표현을 수정한다.

# &lt;참고문헌&gt;

김명기, 『독도의 영토주권과 권원의 변천』, 서울, 독도조사연구학회, 2012.

_____, ‘대한제국 칙령 제41호에 의한 역사적 권원의 대체에 관한 연구’, 독도조사연구학회, 『독도논총』, 제5권 제1・
2 통합 호, 2010.

김병렬, ‘권원’, 한국해양수산개발원, 『독도사전』, 서울:해양수산개발원, 2011.

김석현, ‘역사적 권원’, 해양수산개발원, 『독도사전』, 서울: 해양수산개발원, 2011.

네이버, 『국어사전』; 동아출판사, 『동아 프라임 국어사전』, 서울: 동아출판사, 1987.

동북아역사재단 독도연구소, ‘일본 외무성의 독도 홍보팸플릿 반박문’, ‘6. 1905년 시마네현 편입과 관련하여’

박배근, ‘독도에 대한 일본의 영유권 주장에 관한 일고’, 『국제법학회논총』제50권 제3호, 2005.

이한기, 『한국의 영토』, 서울: 서울대학교 출판부, 1969.

외교부가 1955년에 발간한 『독도문제 개론』에도 고유영토라는 용어는 전혀 기록된 바 없다. 『독도문제 개요』, 서울:
외무부 정무국, 1955.

정치학 대사전 편찬 위원회 『정치학 대사전』, 서울: 아카데미 리서치, 2002.

제성호, ‘독도와 고유영토론’, 독도조사연구학회, 『국제법상 독도연구의 정책 및 연구의 당면과제』, 2015.9.19., 동북
아역사재단.

허영란, ‘고유영토론’, 한국 해양수산개발원, 『독도사전』, 서울:한국해양수산개발원, 2011.

해양수산개발원 독도연구소, ‘일본 외무성 홍보자료에 대한 비판’, ‘일본주장에 대한 비판’.

Bernardez Santiago Torres, ‘Territory, Acquisition’, *EPIL,* Vol.10, 1987.

Black Henry Campbell, *Black's Law Dictionary* 5th ed., St. Paul: West, 1979.

Boas Gideon, *Public International Law*, (Cheltenham: Edward Elgar, 2012) p.199.

Brownlie Ian, *Principles of Public International Law,* 5th ed., Oxford:Oxford University Press, 1998.

Crawford James, *The Creation of States in International Law,* Oxford: Clarendon, 1979.

Gardiner Richard K., *International Law*, London Longman, 2003.

Glahn G. von, *Law Among Nations,* 4th ed., New York:MacMillan, 1981.

Gould Wesley L., *An International Law,* New York: Harper, 1957.

ICJ, *Reports,* 1953.

___, *Reports,* 1975.

___, *Reports,* 1986.

___, *Reports,* 1992.

___, *Reports,* 2007.

___, *Reports,* 2008.

ILR, Vol.50, p.494.

The Japanese Government, Compliments to the Korean Mission in Japan and, with reference to the Note of June
26, 1953(No. 186/A2) (July 13, 1953).

_____, Views of the Japanese Government in Refutation of the Positive Taken by the Korean
Government in the Note Verbale of the Korean Mission in Japan September 9, 1953 (February 10, 1954).

_____, The Japanese Government's Views on the Korean Government's Version of Problem of
Takeshima dated September 25, 1954 (September 20, 1956).

_____, The Japanese Government's Views on the Korean Government's Views of January 7,
1959 (July 13, 1962).

Jennings Robert and Arthur Watts (eds.), *Oppenheim's International Law,* 9th ed, Vol.1, London: Longman, 1992.

Jennings Robert Y. *The Acquisition of Territory in International Law,* Dobbs Ferry: Oceana, 1963.

Jessup P. C., ‘The Palmas Island Arbitration’, *AJIL*, Vol.22, 1928.

J. G. Starke, ‘The Acquisition of Title to Territory by Newly Emerged States’, *BYIL,* Vol.41, 1965-66.

Jonson D, H, N, ‘Acquisitive Prescription in International Law’, *BYIL,* Vol.27, 1950.

Kelsen H., *The Law of the United Nations,* New York: Praeger, 1950.

The Korean Government, The Korean Government's Refutation of the Japanese Government's Views Concerning
Dokdo('Takeshima') dated July 13, 1953 (September 9, 1953).

_____, The Korean Government's View Refuting The Japanese Government's View of the Territorial Ownership of Dokdo(Takeshima), as Taken in the Note verbale No. 15/ As of Japanese Ministry of Foreign Affairs Dated February 10, 1954(September 25, 1954).

_____, The Korean Government's Views Refuting the Japanese Government's Version of the Ownership of Dokdo dated September 20, 1956(January 7, 1959).

_____, The Korean Government's Compliments to the Ministry of Foreign Affairs of Japan and, with reference to the Note Verbale No. 228/ASN dated July 13, 1962(December 17, 1965).

Lauterpcht Herch, *Recognition in International Law,* Cambridge: Cambridge University Press, 1949.

Lowe V., *International Law,* Oxford: Oxford University Press, 2007.

Malanzuk Peter (ed.), *Akehurst's Modern Introduction to International Law, 7th* ed., London: Routledge, 1987.

Ott David H., *Public International Law in the Modern World,* London: Pitman, 1987.

PCIJ, *Series A/B*, No.53.

Pearsall July and Bill Trumbel, *Oxford English Reference Dictionary,* Oxford:Oxford University Press, 2002.

Sahovic Milan and William W. Bishop, 'The Authority of the state' in Max Sorensen (ed.), *Manual of Public International Law,* London: MacMiller, 1968.

Schushnigg Kurt, von, *International Law,* Milwaukee: Bruce, 1959.

Schwarzenberger G. and E.D. Brown, *A Manual of International Law,* 6th ed., Milton: Professional, 1976.

Shaw Malcolm N., *International Law,* 4th ed., Cambridge: Cambridge University Press, 1997.

Sisa Yong o sa, *Elite Royal English-Korean Dictionary,* Seoul:SSYOS, 1993.

Triggs Gillan D., *International Law,* Australia: Butterworth, 2006.

UN, *RINA*, Vol.2, 1948.

Wade E. C., *The Minquiers and Ecrehos* Case, Grotius Society transactions for year 1954, Vol.40, 1954.

Whiteman Marjorie M., *Digest of International Law,* Vol.2, Washington, D.C.: USGPO, 1963.

http://www.mofa.go.jp/mofaj/area/takeshima/index.html. 2015.10.11. 방문

# 제2절 ┃ 울릉도에서 독도가 보이므로 독도는 한국영토

## Ⅰ. 서언

한국정부는 '독도는 역사적으로, 지리적으로 그리고 국제법적으로 한국의 고유영토'라고 주장한다. 그리고 독도가 지리적으로 한국의 고유영토인 근거로 '청명한 날 울릉도에서 독도가 육안으로 바라볼 수 있다.'는 사실과 그 사실이 『세종실록지리지』, 『동국여지승람』, 『만기요람』 등에 기록되어 있음을 든다.

한편 국제법상 '근접성의 원칙'은 도(島)의 영유권의 권원이 되지 못한다. 그럼에도 불구하고 한국정부는 '청명한 날 울릉도에서 독도가 바라보이며, 독도는 울릉도 주민이 울릉도의 속도로 인식하여 왔으므로 독도는 한국영토'라고 주장한다. 이러한 주장은 울릉도에서 독도가 청명한 날 바라볼 수 있다는 기록은 울릉도와 독도가 별개의 도라는 주장을 위해 시작된 것이지만, 지리적으로 울릉도에서 독도가 바라보이므로 독도는 한국의 고유영토라는 설명으로 귀결된다.

한국정부의 주장 중 더러는 울릉도에서 청명한 날 독도를 바라볼 수 있으므로 독도는 울릉도 주민의 생활터전이었다고 논하면서, 생활터전이었기 때문에 독도는 울릉도의 속도이며, 독도는 한국영토라고 명시하지 아니하고 '생활터전'이었다고만 주장하고 있다. 독도는 울릉도 주민의 생활터전으로 인식되어 왔으므로 독도는 울릉도의 속도이므로 독도는 한국영토라고 기술하지 아니하고 있다. 그 이유가 어디에 있든 불문하고 독도는 울릉도의 속도이므로 한국영토라고 명시하지 못하고 있다.

이 연구는 국제법상 인정되지 아니하는 '지리적 근접성의 원칙'에 입각한 한국정부의 주장을 국제법 관점에서 비판하기 위해 시도된 것이다. 한국정부의 독도정책당국이 국제법상 '지리적 근접성의 원칙'의 무지로 야기되는 정책적 과오를 겸허하게 자인하여 울릉도에서 독도가 보이므로 독도는 한국영토라는 정책을 적절한 시기에 적절하게 수정하여야 한다는 제의를 하기로 한다.

이 연구의 법사실적 기초는 법실증주의이며, 연구의 방법은 법해석론이나 결론에서 *lex ferenda*적 제의를 하기로 한다.

이하 '한국정부의 울릉도에서 독도가 보이므로 독도는 한국영토라는 주장', '국제법상 지리적 근접성의 원칙', '한국정부의 울릉도에서 독도가 보이므로 독도는 한국영토라는 주장에 대한 비판'순으로 논술하고, '결론'에서 대정부 정책제안을 하기로 한다.

## II. 한국정부의 '울릉도에서 독도가 보이므로 독도는 한국영토'라는 주장

### 1. 독도문제 개론

우리 외무부가 간행한 『독도문제 개론』에는 지리적으로 독도가 한국영토인 근거를 다음과 같이 기술하고 있다.

> 지리적으로 보아 독도는 일본 오끼도(隱岐島)에서 88理, 島根縣(시마네현) 境市에서 130理나 되는 원거리에 있고, 아국 울릉도에서 겨우 49理 밖에 안 되는 근거리에 있는 까닭에 일본이 독도를 강탈한 후에도 일본인보다 울릉도 주민이 더 많이 이 섬을 이용하였으며 이 까닭에 일본인들의 기록에 한국에 속하는 섬으로서 독도를 기재한 예가 허다하다.[1]

이 기술은 '울릉도에서 독도를 청명한 날 바라볼 수 있으므로 독도는 한국에 속하는 섬'이라는 주장이다. 국제법상 지리적 근접성의 원칙은 인정되지 아니하므로 이 기술은 국제법상 성립될 수 없는 것이다. 울릉도에서 독도를 바라볼 수 있으므로 독도는 울릉도의 속도라고 주장하기 위해서는 '유기적 전체(a simple organic whole)',[2] '법적 한 단위(in law a unit)',[3] '자연적 단일성(natural unity)',[4] 또는 '단일 물리적 단위(a single physical unit)'[5]를 구성하여 독도는 주도인 울릉도의 속도로 울릉도와 같이 독도는 한국영토다라고 주장하여야 할 것이다.

### 2. 한국정부의 견해1

'한국정부의 견해1'은 울릉도에서 독도가 바라보이므로 독도는 한국영토라고 다음과 같이 주장하고 있다.

> 한편 지리적으로 말하면, 울릉도에서 독도까지는 49해리이나 시마네현 오끼도(隱岐島)까지는 86해리이다. 울릉도에서 독도는 육안으로 청명한 날 볼 수 있다. 따라서 한국의 독도에 대한 계속적이고 실효적인 행정이 시행되었다.[6]

'울릉도에서 독도는 청명한 날 바라볼 수 있다. 따라서 한국의 독도에 대한 계속적이고 실효적인 행정이 시행되었다.'는 기술은 울릉도에서 독도를 바라볼 수 있으므로 독도 영유권이 한국에 귀속된다고

---

1) 외무부 우정국, 『독도문제 개론』(서울: 우정국, 1955), pp.23~24.

2) British MOFA, *British and Foreign State Paper*, Vol.99, 1904, p.930; Gerald Fitzmaurice, 'The Law and Procedure of the International Court of Justice, 1951-4, '*BYIL*, Vol.32, 1955-6, p.75; n.1; Ian Brownlie, *Principles of Public International Law*, 5th ed. (Oxford: Oxford University Press, 1998), p.147, n.154.

3) UN, *RLAA*, Vol.2, 1949, p.855.

4) ICJ, *Reports*, 1953, p.102.

5) ICJ, *Reports*, 1992, p.579, para. 281.

6) Korean Government's Refutation of the Japanese Government's View Concerning Dokdo(Takeshima) dated July 13, 1953 (September 9, 1953), III.

기술하지 아니하고 독도에 대한 행정을 수행했다고 기술하고 있으나 이에 앞서 '한국정부가 독도를 한국영토의 일부로 보아 실효적으로 지배'했다고 기술하고 있으므로 여기서도 독도를 한국영토의 일부로 보아 행정을 수행했다는 뜻이므로 이도 울릉도에서 독도를 바라볼 수 있으므로 독도는 한국영토라고 간접적으로 표시한 것이다. 이는 독도는 울릉도의 속도라는 의미이므로 독도는 울릉도의 속도라는 주장은 타당하나 그 근거가 울릉도에서 독도가 보인다는 주장이므로 이도 국제법상 지리적 근접성의 원칙은 부정되므로 이는 국제법상 성립될 여지가 없다. 울릉도에서 독도를 바라볼 수 있으므로 독도는 울릉도의 속도라고 주장하기 위해서는 '유기적 전체(a simple organic whole)',[7] '법적 한 단위(in law a unit)',[8] '자연적 단일성(natural unity)',[9] 또는 '단일 물리적 단위(a single physical unit)'[10]를 구성하여 독도는 주 도인 울릉도의 속도라고 주장하여야 할 것이다.

## 3. 한국정부의 견해2

'한국정부의 견해2'는 울릉도에서 독도를 바라볼 수 있으므로 독도는 울릉도의 속도라고 다음과 같이 기술하고 있다.

> 『세종실록지리지』와 『신증동국여지승람』에서 다음의 기사를 인용하고자 한다. 우산 무릉의 두 섬이 울진현의 정동쪽 해중에 위치하고 또 이 두 섬의 거리가 그리 원격이 아니기 때문에 일기가 청명한 때는 이 두 섬에서 서로가 망견할 수 있다(세종실록지리지).
> 우산도와 울릉도 이 두 섬은 울진현의 정동쪽 해중에 위치하며 운운(신증동국여지승람)…
>
> 상기 인용문과 같이 우산도와 무릉도(울릉도)의 두 섬은 울진현의 정동쪽 해중에 위치한 별도이다. 더욱이 두 섬은 서로 떨어져 있으나 과히 멀지 않기 때문에 보기가 청명한 때는 서로 망견할 수 있다. …
> 울릉도를 가리키는 죽도라는 명칭이 독도(울릉도의 부속도)의 명칭으로 지칭되었다. 이 사실은 학구적으로 논증한 바 있다.[11]

위의 '두 섬은 서로 떨어져 있으나 일기가 청명한 때는 서로 망견할 수 있다.'는 기술은 두 섬이 가까이 있으므로 독도는 울릉도의 속도라는 주장이다. 이러한 주장은 '독도(울릉도의 부속도)의 명칭으로 지칭되었다.'는 기술로 보아 실증된다.

요컨대 울릉도에서 청명한 날 독도를 바라볼 수 있으므로 독도는 한국영토라고 기술하지 아니하고 독도(울릉도의 부속도)를 울릉도의 부속도라고 표시하고 있다. 이는 '울릉도에서 독도를 바라볼 수 있으므로 독도는 한국영토다.'라는 기술보다 훨씬 논리적이다. 그러나 울릉도에서 독도를 바라볼 수 있으

---

7) British MOFA, *British and Foreign State Paper*, Vol.99, 1904, p.930; Fitzmaurice, *supra* n.2.; 'The Law and Procedure of the International Court of Justice, 1951-4, '*BYIL*, Vol.32, 1955-6, p.75; n.1; Brownlie, *supra* n.2., p.147, n.154.

8) UN, *RLAA*, Vol.2, 1949, p.855.

9) ICJ, *Reports*, 1953, p.102.

10) ICJ, *Reports*, 1992, p.579, para. 281.

11) The Korean Government's View Refuting the Japanese Government's View on the Territorial Ownership of Dokdo (Takeshima), as taken in the note verbale No 15/A2 of Japanese Ministry of Foreign Affairs dated February 10, 1954 (September 25, 1954), I. (1).

므로 독도는 울릉도의 속도라는 주장은 성립될 수 없는 것이다. 울릉도에서 독도를 바라볼 수 있으므로 독도는 울릉도의 속도라고 주장하기 위해서는 '유기적 전체(a simple organic whole)',[12] '법적 한 단위(in law a unit)',[13] '자연적 단일성(natural unity)',[14] 또는 '단일 물리적 단위(a single physical unit)'[15]를 구성하여 독도는 주 도인 울릉도의 속도라고 주장하여야 할 것이다.

## 4. 독도의 진실

동북아역사재단이 일본 외무성의 독도 홍보팸플릿의 반박을 위해 간행한 『독도의 진실』은 울릉도에서 독도를 육안으로 바라볼 수 있어서 울릉도 주민이 거주를 시작하면서부터 독도를 인식할 수 있었다고 다음과 같이 기술하고 있다.

> 독도는 울릉도에서 육안으로 바라볼 수 있어서 울릉도에 사람이 거주하기 시작한 때부터 인식할 수 있었다. 이러한 인식의 결과 세종실록지리지(1454년), 신증동국여지승람(1531년), 동국문헌비고 (1770년), 만기요람(1808년) 등 한국의 수많은 정부 관찬문서에 독도가 명확히 표시되어 있다.[16]

위의 '독도는 울릉도에서 육안으로 바라볼 수 있어서 울릉도에 사람이 거주하기 시작한 때부터 인식할 수 있었다. 이러한 인식의 결과 ⋯ 수많은 정부 관찬문서에 독도가 명확히 표시되어 있다.'라는 기술은 독도는 울릉도에서 바라볼 수 있어서 한국영토라고 기술하지 아니하고 인식할 수 있었다고 표시하고 있으나, '인식의 결과'는 발견의 결과는 될 수 있어도 선점의 결과는 물론, 실효적 지배의 결과도 될 수 없다.' 그 결과 관찬문서에 독도가 명확히 표시되어 있다.'라는 기술은 관찬문서에 독도가 명확히 기록되어 있으므로 독도는 한국영토라는 간접적 표현이다.

결국 위의 기술은 한국영토인 울릉도에서 독도를 바라볼 수 있으므로 독도는 한국영토라는 주장이다.

## 5. 대한민국의 아름다운 영토 독도

외교부가 간행한 『대한민국의 아름다운 영토 독도』는 울릉도에서 독도가 바라보이므로 이러한 지리적 특성으로 인해 독도는 울릉도의 일부로 인식되어 왔다고 다음과 같이 기술하고 있다.

> 독도에서 가장 가까운 우리나라 울릉도(독도로부터 87.4km)에서 맑은 날이면 육안으로 독도를 볼 수 있습니다. 이러한 지리적 특성으로 인하여 독도는 역사적으로 울릉도의 일부로 인식되어 왔습니다. 이러한 사실은 우리나라 고문헌을 통해서도 확인할 수 있는데, 예컨대 조선 초기 관찬서인 『세종실록지리지』(1454년)는 '우산(독도), 무릉(울릉도)은 서로 멀리 떨어져 있지 않아 날씨가 맑으면 바라

---

12) British MOFA, *British and Foreign State Paper*, Vol.99, 1904, p.930; Fitzmaurice, *supra* n.2.; 'The Law and Procedure of the International Court of Justice, 1951-4, '*BYIL*, Vol.32, 1955-6, p.75; n.1; Brownlie, *supra* n.2., p.147, n.154.

13) UN, *RLAA*, Vol.2, 1949, p.855.

14) ICJ, *Reports*, 1953, p.102.

15) ICJ, *Reports*, 1992, p.579, para. 281.

16) 동북아역사재단, 『독도의 진실』(서울: 동북아역사재단, 발행연도 불표시), p.3.

볼 수 있다.'고 기록하고 있습니다.[17]

위의 기술 중 '독도에서 가장 가까운 우리나라 울릉도(독도로부터 87.4km)에서 맑은 날이면 육안으로 독도를 볼 수 있습니다. 이러한 지리적 특성으로 인하여 독도는 역사적으로 울릉도의 일부로 인식되어 왔습니다.'라는 것은 독도가 울릉도에 가까우므로 독도는 한국영토라고 직접 기술한 것이 아니라 독도는 울릉도의 속도로 인식되었다라고 하고 있으나 그러한 인식만으로 독도는 울릉도의 속도라고 할 수 없으므로 이는 간접적으로 그러한 지리적 특성, 즉 맑은 날이면 울릉도에서 독도를 육안으로 바라볼 수 있으므로 독도는 한국영토이다는 뜻이다. 이는 여기 인용한 고문서와 그의 기록으로 보아 명백하다.

결국 위의 기술은 한국영토인 울릉도에서 맑은 날 독도를 볼 수 있으므로 독도는 한국영토라는 주장인 것이다.

## 6. 독도 바로 알기

동북아역사재단이 발간한 『독도 바로 알기』에는 '독도가 울릉도에서 보인다는 사실의 중요성'이라는 소제목하에 다음과 같이 기술하고 있다.

> 우리나라 울릉도에서는 맑은 날 육안으로 독도가 보이지만 오끼섬(隱岐島)에서는 보이지 않는다. 울릉도 석포와 도동의 독도전망대 등 여러 곳에서 맑은 날이면 독도가 관측된다. 울릉도에서 독도가 보인다는 사실은 중요하다. 울릉도에서 독도가 보이므로 울릉도 주민들은 예로부터 독도를 오가면서 어로활동을 했다. 이것은 독도가 울릉도 주민의 생활권역에 포함되었음을 의미한다.[18]

위의 '울릉도에서 맑은 날 육안으로 독도가 보인다는 사실은 중요하다. … 독도가 보이므로 울릉도 주민들은 예로부터 독도를 오가면서 어로활동을 했다. 이것은 독도가 울릉도 주민의 생활권역에 포함되어 있음을 의미한다.'는 기술은 울릉도에서 맑은 날 육안으로 독도가 보이므로 독도는 한국영토라고 기술하지 아니하고 독도는 울릉도 주민의 생활권역에 포함되어 있었다고 기술하고 있다. 독도가 울릉 주민의 생활권역에 포함된다는 기술은 독도는 울릉도의 속도라는 소박한 주장이다. 따라서 독도는 한국영토라는 간접적 주장인 것이다.

결국 위의 기술은 한국영토인 울릉도에서 맑은 날 독도를 바라볼 수 있으므로 독도는 한국영토라는 주장인 것이다. '독도가 울릉도 주민의 생활영역'이라는 기술을 좀 더 법적으로 표시했어야 할 것이다. 다음과 같이 '하나의 단순한 유기적 전체(a simple organic whole)',[19] '법적 한 단위(in law a unit)',[20] '자연적 단일성(natural unity)',[21] 또는 '단일 물리적 단위(a single physical unit)'[22]를 구성하여 독도는

---

17) 대한민국 외교부, 『대한민국의 아름다운 영토 독도』(서울: 외교부, 발행연도 불표시), p.5.

18) 동북아역사재단, 『독도 바로 알기』(서울: 동북아역사재단, 2011), p.11.

19) British MOFA, *British and Foreign State Paper*, Vol.99, 1904, p.930; Fitzmaurice, *supra* n.2.; 'The Law and Procedure of the International Court of Justice, 1951-4, '*BYIL*, Vol.32, 1955-6, p.75; n.1; Brownlie, *supra* n.2., p.147, n.154.

20) UN, *RLAA*, Vol.2, 1949, p.855.

주 도인 울릉도의 속도로 울릉도와 같이 독도는 한국영토이다라고 주장했어야 할 것이다.

## 7. 우리 땅 독도를 만나다.

동북아역사재단이 독도교육 참고자료로 간행한 『우리 땅 독도를 만나다』에는 독도가 우리 고유의 영토인 근거를 다음과 같이 기술하고 있다.

> 지리적으로 독도는 울릉도에 가까이 있어 육안으로 바라볼 수 있다. 예로부터 울릉도 주민들은 자연스럽게 독도를 울릉도의 부속도서로 인식하고 있었다. 『세종실록지리지』(1454년)는 '울릉도와 독도, 두 섬이 서로 거리가 멀지 않아 날씨가 맑으면 바라볼 수 있다.'고 하였다. 이를 증명하듯 울릉도에서 날씨가 맑은 날에 육안으로 보이는 섬은 독도가 유일하다.[23]

위의 '독도는 울릉도에 가까이 있어 육안으로 바라볼 수 있다. 예로부터 울릉도 주민들은 자연스럽게 독도를 울릉도의 부속도서로 인식하고 있었다.'는 기술은 독도는 울릉도에서 … 육안으로 바라볼 수 있으므로 독도는 한국영토이다라고 기술하지 아니하고 울릉도의 속도로 인식되어 왔다라고 기술하고 있다. 울릉도 주민들의 속도로 인식만 되고 국가기관이 실효적 지배를 하지 아니했다면 독도는 울릉도의 속도라고 주장하기 어려울 것이다. 울릉도 주민이 독도를 울릉도의 속도로 본다는 뜻은 결국 울릉도 주민이 독도를 한국영토로 인식해 왔다는 뜻이다. 그러나 독도는 울릉도의 속도라고 주장하기 위해서는 울릉도와 독도는 '유기적 전체(a simple organic whole)',[24] '법적 한 단위(in law a unit)',[25] '자연적 단일성(natural unity)',[26] 또는 '단일 물리적 단위(a single physical unit)'[27]를 구성하여 독도는 주 도인 울릉도의 속도로 울릉도와 같이 독도는 한국영토이다라고 주장했어야 할 것이다.

결국 위의 기술은 독도는 울릉도에 가까이 있어 육안으로 바라볼 수 있으므로 독도는 한국영토라는 간접적 주장인 것이다.

## 8. 교수·학습 과정안 및 학습지

동북아역사재단이 간행한 『교수·학습 과정안 및 학습지』는 독도와 울릉도는 서로 멀지 않아 날씨가 맑으면 바라볼 수 있다고 다음과 같이 기술하고 있다.

> 독도가 맑은 날이면 울릉도에서 육안으로 볼 수 있다. 이러한 지리적 특성으로 독도는 역사적으로

---

21) ICJ, *Reports,* 1953, p.102.

22) ICJ, *Reports,* 1992, p.579, para. 281.

23) 동북아역사재단, 『우리 땅 독도를 만나다』(서울: 동북아역사재단, 2011), p.38.

24) British MOFA, *British and Foreign State Paper,* Vol.99, 1904, p.930; Fitzmaurice, *supra* n.2.; 'The Law and Procedure of the International Court of Justice, 1951-4, '*BYIL,* Vol.32, 1955-6, p.75; n.1; Brownlie, *supra* n.2., p.147, n.154.

25) UN, *RLAA,* Vol.2, 1949, p.855.

26) ICJ, *Reports,* 1953, p.102.

27) ICJ, *Reports,* 1992, p.579, para. 281.

울릉도의 일부로 인식되어 왔다.

『세종실록지리지』(1454년)는 '우산(독도)과 무릉(울릉도) 두 섬이 현의 정동 바다 가운데 있다. 두 섬이 서로 거리가 멀지 않아 날씨가 맑으면 바라볼 수 있다. 신라 때에는 우산국이라 칭했는데 울릉도라고도 했다 한다.'라고 기록해, 울릉도에서 독도가 보인다는 사실과 우산도가 우산국 소속이었음을 밝히고 있다.[28]

'울릉도에서 독도가 보인다는 사실과 우산도가 우산국 소속이었음을 밝히고 있다.'는 기술은 울릉도에서 독도가 보이므로 독도는 우산국의 영토, 즉 한국영토라는 주장이다.

## 9. Dokdo: Korean Territory Since the 6th Century

동북아역사재단이 영문으로 간행한 *Dokdo: Korean Territory Since the 6th Century*에는 독도는 울릉도의 속도로 고려되어 있다고 다음과 같이 기술하고 있다.

It should be noted that Koreans have long considered Dokdo to be an associated dependency of Ulleungdo, a Korean island situated 87.4km to the northwest of Dokdo. Dokdo is readily visible from Ulleungdo in clear weather, and Ulleungdo residents have long sailed to Dokdo to fish in its waters. The 33 members of the voluntary Dokdo guard were all residents of Ulleungdo.[29]

'울릉도에서 청명한 날 독도를 바라볼 수 있다.'라는 기술은 울릉도에서 독도가 가까우므로 독도는 한국영토라는 간접적 주장이다. 울릉도 주민이 독도에서 어로 작업을 했다고 하는 사실만으로 독도가 울릉도의 속도라고 볼 수도 없고, 독도가 한국영토라고 단정할 수도 없다. 울릉도에서 독도를 청명한 날 바라볼 수 있으므로 독도는 울릉도의 속도라고 주장하나 독도와 울릉도는 '유기적 전체(a simple organic whole)',[30] '법적 한 단위(in law a unit)',[31] '자연적 단일성(natural unity)',[32] 또는 '단일 물리적 단위(a single physical unit)'[33]를 구성하여 독도는 주도인 울릉도의 속도로 울릉도와 같이 독도는 한국영토이다라고 주장했어야 할 것이다.

## III. 국제법상 지리적 근접성의 원칙

후술하는 학설에서 보는 바와 같이 학자에 따라 연속성의 원칙(principle of contiguity), 계속성의 원칙(principle of continuity) 또는 근접성의 원칙(principle of proximity) 등으로 표기되는 원칙을 여기서

---

28) 동북아역사재단, 『교수·학습 과정안 및 학습지』(서울: 동북아역사재단, 2013), p. 31.

29) Northeast Asian History Foundation, *Dokdo: Korean Territory Since the 6th Century* (Seoul: NEAHF, 2006), p.10.

30) British MOFA, *British and Foreign State Paper*, Vol.99, 1904, p.930; Fitzmaurice, *supra* n.2.; 'The Law and Procedure of the International Court of Justice, 1951-4, '*BYIL*, Vol.32, 1955-6, p.75; n.1; Brownlie, *supra* n.2., p.147, n.154.

31) UN, *RLAA*, Vol.2, 1949, p.855.

32) ICJ, *Reports*, 1953, p.102.

33) ICJ, *Reports*, 1992, p.579, para. 281.

는 이들 모두를 '근접성의 원칙'으로 표기하기로 한다. 국제법상 '근접성의 원칙'을 규정한 국제관습법은 물론 국제협약법도 존재하지 아니하므로 이 원칙을 학설과 판례로부터 추론할 수밖에 없다.

학설과 판례는 '국제사법재판소규정(Statute of the International Court of Justice)' 제38조 제1항 (d)의 규정에 의거하여 법칙결정의 보조적 수단(as subsidiary means for the determinations of rules of law)으로 인정되어 있기 때문이다. '법칙결정의 보조적 수단'이란 매우 불만스러운(highly unsatisfactory) 규정이지만,[34] '법칙'은 국제조약, 국제관습법 또는 법의 일반원칙을 뜻하며,[35] '결정의 보조적 수단'이란 법칙의 존재와 내용을 지정하는 수단(means of indicating the existence and content of rules of law),[36] 즉 적용하여야 할 법의 애매성을 명백히 하는 수단(means of clarifying ambiguities in the law which is to be applied)을[37] 의미하며, 제2차적 수단(secondary means)을 뜻하는 것이 아니라[38] 국제법의 간접적 법원(indirect source of international law)이란 의미인 것이다.[39] 이하 '근접성의 원칙'에 관한 학설과 판례를 보기로 한다.

## 1. 근접성의 원칙에 관한 학설

### 가. Gerald Fitzmaurice

Fitzmaurice는 지리적 근접성은 권원의 근거 또는 기초로 될 수 없으나 특수한 사정하에서 권원의 존재의 증거로는 될 수 있고, 하나의 실체 또는 자연적 단위는 전체로서의 실체 또는 자연적 단위의 모든 부분에 주권이 확대될 수 있다고 다음과 같이 기술하고 있다. 즉, 지리적 근접성의 원칙은 자연적 단위, 또는 전체로서의 실체에 의해 부정된다고 기술하고 있다.

> 한 주장 국가의 주권상 의심할 수 없는 다른 영토에 대한 분쟁영토의 지리적 근접성은 그 자체로는 권원의 실질적 근거 또는 기초가 될 수 없었다. 그러나 이는 간접적 효과를 가질 수 있다. 요컨대, 계속성 또는 근접성은 권원의 한 기초가 아니다. 그러나 특수한 사정하에서 권원의 존재의 증거를 제시할 수 있다. 근접성에 근거한 권원의 실질적 기초는 감정적, 경제적 또는 정치적인 것이며 ⋯ 법적인 것이 아니다.
>
> Geographical proximity of disputed territory to other territory indubitable under the sovereignty of a claimant state is or can ever in itself be an actual ground or basis of title. But it may have indirect effects. In short, contiguity or proximity is not a ground of title, but may in certain circumstances afford some evidence of its existence. The real basis of claims founded on proximity is sentimental, economic or political ⋯ not legal.[40]

---

34) E. Hambro, 'The Reasons behind the Decisions of International Court of Justice, 'Current Legal Problems, Vol.7, 1954, p.218.

35) Hans Kelsen, The Law of the United Nations(New York: Praeger, 1950), p.523; Sabatai Rosenne, The Law and Practice of the International Court of Justice, 3rd ed., Vol.4(Mague: Martinus, 1997), p.1607.

36) Michel Virally, 'The Source of International Law, 'in Max Sorensen(ed.), Manual of Public International Law(New York: Macmillan, 1968), p.150.

37) Hans-Jurger Schlochauer, 'International Court of Justice', EPIL, Vol.1, 1981, p.81.

38) Virally, supra n.36, p.152.

39) Robert Jennings and Arthur Watts(eds.), Oppenheim's International Law, 9th ed. Vol.1(London: Longman, 1992), p.41.

40) Fitzmaurice, supra n.2, p.72.

전체로서의 실체 또는 자연적 단위에 관해 한때 존재를 보여준 모든 부분에 확대되는 것으로 여겨질 수 있다는 원칙의 명백한 실례는 드물게 있을 수 있다.

There could scarcely be a clearer illustration of the principle that sovereignty, once shown to exist in respect of an entity or natural unity as a whole, may be deemed, in the absence of any evidence to the contrary, to extend to all parts of that entity or unity.[41]

### 나. C.H.M. Waldock

Waldock은 지리적 근접성은 권원의 독립된 근거가 아니라 실효적 선점의 한계 결정에 관련되어 있을 뿐이라고 다음과 같이 기술하고 있다.

지리적 근접성은 기타 지리적 고려와 더불어 명백한 관련성을 갖는다. 그러나 권원의 독립된 근거로서가 아니라 실효적 선점의 한계 결정을 돕는 사실로서이다.

Geographical proximity, together with other geographical considerations, is certainly relevant, but as a fact assisting the determination of limits of an effective occupation, not as an independent source of title., C.H.M. Waldock, 'Disputed Sovereignty in the Falkland Islands Dependencies'[42]

### 다. H. Lauterpacht

Lauterpacht는 *Palmas Island* Case(1982)에서 Huber 중재관의 판정을 인용하여 근접성의 원칙에 입각한 권원의 근거를 부정하고, 지리적 단위를 형성하는 영토의 선점은 전 지리적 단위의 실효적 지배로 되며, 도의 그룹이 법상 한 단위를 구성하는 경우 주도의 주권은 잔여 도에 확장된다고 다음과 같이 기술하고 있다. 이는 도의 한 그룹이 법상 한 단위로 구성한 경우 주도의 주권은 잔여 도에 확장된다는 것은 간접적으로 지리적 근접성의 원칙을 부정하는 것이다.

영해의 외측에 위치한 도가 *terra firma*(가장 가까운 본토 또는 고려할 만한 크기의 도)를 형성한다는 사실로부터 그 국가에 귀속된다는 효과에 대한 실정국제법 규칙의 존재로 제시하는 것이 불가능하다는 것을 중재관이 견지한 것은 사실이다. 그러나 … 중재관은 도의 한 그룹이 법상 한 단위를 형성할 수 있고 주요 부분의 운명이 잔여를 포함할 수 있다는 것을 수락했다. 그리고 그는 한 지리적 단위를 형성한 영토의 선점에 관해 최초의 단계에서의 충당은 전 단위에 확대되는 것으로 추정되어야 하는 효과를 실제로 견지했다.

The arbitrator, it is true, held that it is impossible to show the existence of a rule of positive international law to the effect that islands situated outside territorial waters should belong to a state from the fact that its territory forms the *terra firma*. However, one the arbitrator admitted that a group of islands may form in law a unit, and that the fate of the principal part may involve the rest and that he held in effect, with regard to occupation of territories which form a geographical unit, that the appropriation must be presumed, into initial stages, to extend to the whole.'[43]

---

41) , *Ibid.*, p.75.

42) *BYIL*, Vol.25, 1948, p.342.

43) H. Lauterpacht, 'Sovereignty over Submarine Area. *BYIL*, Vol.27, 1956, p.438.

## 라. K. Narayana Rao

Rao는 계속 이론은 기 부여된 권원을 대체할 수 없다고, 즉 연속은 권원의 근거가 될 수 없다고 다음과 같이 기술하고 있다.

> 국제법상 계속 이론의 존재에 관해 상당한 논쟁이 있다. 그러나 이 이론에 부여된 법적 권원을 대체하기를 호소하는 한도로 이를 지지하는 자는 없다. 따라서 고아(Goa)는 법적으로 포르투갈에 귀속된다. 인도연합은 연속의 근거로 고아를 법적으로 주장할 수 없다.
> There is considerable controversy as to the existence of the doctrine of contiguity in international law but none had ever supported this doctrine to the extent of invoking it to supersede a vested legal title. Since Goa legally belongs to Portugal, the India Union can not legally claim Goa on grounds of contiguity.[44]

## 마. Malcolm N. Shaw

Shaw는 지리적 주장은 선점 효과와 한계에 관련되어 있으나 권원의 기초로 될 수 없다고, 즉 지리적 주장은 그 자신 권원의 기초로 될 수 없고 실효적 지배의 한계를 정할 뿐이라고 다음과 같이 기술하고 있다.

> 지리적 주장은 역사를 통해 제기되어 왔다. … 그러나 그러한 주장은 선점 효과와 한계를 논함에 있어서 관련되어 있다할지라도 그들 자신이 권원의 기초로 될 수 없다.
> Geographical claims have been raised throughout history. … However such claims although relevant in discussing the effectivity and limits of occupation, are not able in themselves to found title.[45]

## 바. Robert Jennings

Jennings는 지리적 연속성은 실효적 선점을 추정하는 증거에 불과하고 그 추정은 반증에 의해 전복될 수 있다고 하여 연속성은 영토권원의 근거가 될 수 없음을 다음과 같이 기술하고 있다.

> 연속성은 실효적 선점의 일종의 추정을 야기하는 증거에 불과하다. … 그 추정은 경쟁적 주장자에 의한 주권소유의 더 좋은 증거에 의해 반박될 수 있다.
> Contiguity is no more than evidence raising some sort of presumption of effective occupation - a presumption that may be rebutted by better evidence of sovereignty possession by a rival claimant.[46]

## 사. Malanczuk

Malanczuk는 지리적 연속성은 영토의 법적 권원을 창설할 수 없으나 그것은 실효적 통제의 증거로

---

44) K. Narayana Rao, 'The Problem of Goa, 'Indian Yearbook of International affairs 1996,; 952, p.54.
45) Malcolm N. Shaw, International Law, 4th ed. (Cambridge: Cambridge University Press, 1997), p.355.
46) Robert Jennings, Acquisition of Territory in International Law(Dobbs Ferry: Oceana, 1963), p.73.

될 수 있다고 다음과 같이 기술하고 있다.

> 그러한 원칙(지리적 연속성의 원칙, 역사적 연속성의 원칙, 그리고 자결의 원칙)은 그들 자신에 의해 영토의 법적 권원을 창설할 수 없다. 팔마스섬 사건에서 중재관은 연속성의 원칙에 관해: 영해의 외측에 위치한 도가 그의 영토가 근접영토(가장 근접한 대륙 또는 고려할 만한 크기의 도)를 형성한다는 단순한 사실로부터 그 국가에 귀속된다는 효과에 대한 실정국제법 규칙의 존재를 제시하는 것은 불가능하다. 그러나 이는 그러한 원칙이고 법적 관련성을 가지지 아니한다는 것을 의미하지 아니한다. … 이 원칙은 주장 국가에 의한 효과적 통제의 증거를 이룰 수 있다.
>
> Such principles(principles) of geographical contiguity, of historical contiguity, and self-determination) cannot, by themselves, create a legal title to territory. In Island of Palmas case, the arbitrator said of the principle of contiguity: It is impossible to show the existence of a rule of positive international law to the effect that islands situated outside territorial waters should belong to a state from the mere fact that its territory forms the *terra firma*(nearest continent or island of considerable size …
>
> That does not mean, however, that such principles have no legal relevance. … may constitute evidence of effective control by a claimant state.[47]

### 아. Ian Brownlie

Brownlie는 지리적 이론(principles of continuity, contiguity and geographical unity)은 권원의 독립된 근거가 아니라 실효적 선점 원칙의 적용기법에 불과하다고 다음과 같이 기술하고 있다. 특히 도의 경우 계속의 개념은 도움이 되지 아니한다고 하여 조직적 또는 체계화된 주 도와 잔여 도의 법적 지위에 관해서 주도의 법적 지위는 잔여 도에 확장된다고 하고 있다. 이도 국제법상 근접성의 원칙을 부정하는 것이다.

> 지리적 이론은 권원의 독립된 근거가 아니라고 말하는 것은 아마도 진실이다.: 이들은 권원의 기타 다른 근거의 보조적 수단이다. 통상 실효적 선점의 근거이다. 결론적으로, 계속성의 원칙은 실효적 선점의 통상원칙의 적용기법에 불과하다고 말할 수 있다. 특히 도의 경우 계속의 개념은 도움이 되지 아니한다.
>
> It would probably be true to say that geographical doctrines are not independent roots of title: They are subsidiary to some other root of title, normally that of effective occupation. In conclusion it may be said that the principle of contiguity is little more than a technique in th e application of normal principles of effective occupation, in case of island in particular the notion of contiguity may be unhelpful.[48]

### 자. Santiago Torres Bernardoz

Bernardez는 *Palmas Island* Case(1928)에서 Huber 중재관의 판정을 인용하여 연속성은 영토권원 취득의 자동적 유형이 될 수 없고, 그것은 실효적 선점 원칙의 적용을 위한 한 기술에 불과하다고, 문제의 지역이 '조직적 전체'를 구성한 경우에 더욱 중요하다고 다음과 같이 기술하고 있다.

---

47) Peter Malanczuk(ed.), *Akehurst's Modern Introduction to International Law,* 7th ed.(London: Routledge, 1987), pp.157-58.

48) Brownlie, *supra* n.2, p.147.

팔마스섬 사건에서 Max Huber 중재관은 영토주권의 일방적이고 법에 의한 취득의 자동적 유형으로서 연속성을 배척했다. 오늘날 법학자의 대다수는 동일한 접근을 따른다.; 연속성은 실효적 선점 원칙을 적용하는 한 기술에 불과한 것으로 고려해 왔다. 따라서 연속성은 그 자체로는 권원을 형성할 수 없다. … 연속성은 문제의 지역이 '조직적' 또는 '개체화된' 전체를 형성할 경우 일반적으로 더욱 중요성을 수행한다.

Max Huber, in the Palmas Island Arbitration, rejected contiguity as an autonomous made of unilateral and *ipso jure* acquisition of territorial sovereignty. The majority of legal writers today take the same approach; some have consider reference to contiguity as amounting to little more then a 'technique' for applying the principle of effective occupation: Might not contiguity in itself therefore constitute title … contiguity will generally carry more weight when the area in question constitutes an 'organic' or 'individualized' whole.[49]

## 2. 근접성의 원칙에 관한 판례

### 가. *British Guiana Boundary* Case(1904)

*British Guiana Boundary* Case(1904)에서 중재관은 유기적 전체(organic whole)라는 개념을 설정하여 유기적 전체의 부분 점유를 유기적 전체에 대해 주권이 미친다고 다음과 같이 판시한 바 있다. 이는 영토의 연속성(contiguity) 또는 근접성(proximity)의 원칙을 부정한 것이다.

> 지역의 부분의 실효적 점유는 … 단순한 유기적 전체를 구성하는 지역의 주권에 대한 권리의 수여를 유지해올 수 있었다.
> The effective possession of part or region … may be held to confer a right to the sovereignty of the whole region which constitute a simple organic whole.[50]

### 나. *Palmas Island* Case(1928)

*Palmas Island* Case(1928)에서 Huber 중재관은 영해의 외측에 위치한 도가 그에 가장 가까운 대륙 또는 도에 귀속된다는 국제법 규칙은 존재하지 아니한다. 즉 지리적 근접성은 영토권원의 근거가 될 수 없다고 하면서, 다른 한편 도의 한 그룹이 한 단위로 인정될 경우 그중 주도의 운명을 잔여 도가 따른다고 다음과 같이 판시한 바 있다.

> 영해의 외측에 위치한 도가 그의 영토가 *terra firma* (가장 가까운 대륙 또는 고려할 만한 크기의 도)로 형성한다는 단순한 사실로부터 그 국가에 귀속된다는 효과에 대한 실정국제법 규칙의 존재를 제시하는 것은 불가능하다. 도의 한 그룹이 특수한 사정하에서 법상 한 단위로 간주될 수 있고, 그리고 주도의 운명이 잔여 도의 운명을 포함할 수 있는 것이 가능하다.
> It is impossible to show the existence of a rule of positive international law that islands situated outside territorial waters should belong to a state from the mere fact that its territory forms the *terra firma*(nearest continent or island of considerable size.[51] It is possible that a group of islands may under

---

49) Santiago Torres Bernardez, 'Territory, Acquisition', *EPIL*, Vol.10, 1987, pp.501-502.

50) UN, *RIAA*, Vol.11, 1961, p.21.; British MOFA, *supra* n.2, p.930; Brownlie, *supra* n.2, p.147, n.154.

certain circumstances be regarded as in law a unit, and that the fate of the principal may involve the rest.[52]

## 다. *Minquiers and Ecrehos* Case(1953)

*Minquiers and Ecrehos* Case(1953)에서 Levi Carneiro 재판관은 그의 개인적 의견에서 '자연적 단위'의 개념을 인정하고 Minquiers와 Ecrehos는 '자연적 단위'의 부분으로 Jersey의 속도라고 다음과 같은 의견을 표시한 바 있다. '자연적 단위'의 개념을 인정한 것은 지리적 근접성의 원칙을 부정한 것이다.

Minquiers와 Ecrehos는 본토보다 Jersey에 더 가깝다. 이들은 본토보다 Jersey에 소속된 것으로 간주되어야 한다. 이들 도서는 Jersey의 '자연적 단위'의 부분이었고 그렇게 연속되고 있다. 이러한 이유로 그들은 그 자신 군도(다도해)하에 영국에 보유되어 있다

The Minquiers and Ecrehos are closer to Jersey then the mainland. They must be regarded as attached to Jersey rather than to the mainland.[53] These islands were, continue to be, and part of the 'natural unity'. It is for this reason that they remained English under the archipelago itself.[54]

## 라. Case *Concerning Sovereignty over Certain Frontier Land*(1959)

Case *Concerning Sovereignty over Certain Frontier Land*(1959)에서 국제사법재판소 Armand-Ug의 판사는 '단위' 개념과 '거리' 개념을 인정하고 문제의 지역이 단위를 구성하지 아니하는 특수한 사정이 있다고 다음과 같은 견해를 표시한 바 있다.

영토적 계속의 원칙으로부터 폐쇄 영토가 훼손되었기 때문에 이들 모든 절차는 완전히 논리적이다. 반면에 제91지역과 제92지역은 어떻든 그들 자신이 한 단위를 구성하지 아니하기 때문에 그리고 그들 지역은 Baerle-Duc의 벨기에 폐쇄지로부터 상당히 멀리 떨어져 있기 때문에 Zondereygen의 제91지역과 제92지역의 특수사태는 한층 더 비정상적이다. 따라서 두 당사자가 1892년의 조약에 의해 정정을 원해 왔다는 것을 완전히 이해할 수 있다.

All this procedure was perfectly logical, since any enclave is a derogation from the principle of territorial contiguity, while the special situation of plots 91 and 92 of Zondereygen was even more abnormal, since they did not in any way constitute a unity in themselves and because they were fairly distant from the Belgian enclave of Baerle-Duc.[55] It is perfectly understandable therefore that the two parties should have wished to correct by the treaty of 1892.[56]

## 마. *Land, Island and Maritime Frontier Dispute* Case(1992)

*Land, Island and Maritime Frontier Dispute* Case(1992)에서 국제사법재판소는 한 도의 법적 지위와

---

51) UN, *supra* n.3, p.854.

52) *Ibid.*, p.855.

53) ICJ, *Reports*, 1953, p.102.

54) *Ibid.*

55) ICJ, *Reports*, 1959, p.257.

56) *Ibid.*

다른 도의 법적 지위가 일치하는, 즉 도의 단위성(unit)이 인정되는 경우가 있음을, 즉 도의 단위성(unit), 단일 그룹(single group) 또는 단일의 물리적 단위(single physical unit)가 인정되는 경우가 있음을 다음과 같이 간접적으로 인정하고 있다. 도의 단위성을 인정한 것은 도의 근접성의 원칙을 부정한 것이다.

> 재판부는 Meanguerra에 관해 이 점에 있어서 증거의 부존재로 그 도의 법적 지위가 다름 아닌 Meanguerra의 법적 지위와 일치되어올 수 있었다는 것이 가능하다고 생각하지 아니한다.
> As regards Meanguerra the Chamber does not consider it possible, in the absence of evidence on the point, that the legal position of that island could have been other than identical with that of Meanguerra.[57]

### 바. Case *Concerning Sovereignty over Pedra Branca*(2008)

Case *Concerning Sovereignty over Pedra Branca*(2008)에서 싱가포르는 Pedra Branca, Middle Rocks와 South Ledge로써 지리적으로 단일 그룹(single group)을 형성하고, 하나의 단일한 물리적 단위(a single physical unit)를 형성한다고 주장하고, *Palmas Island* Case(1928)의 도의 그룹(groups of islands)에서 주 도의 운명은 잔여 도의 운명을 포함한다는 판정을 인용하고,[58] 또한 *Land, Island and Maritime Frontier Dispute* Case(1982)의 한 도의 법적 지위가 다른 도의 법적 지위와 일치하는 경우가 있다는 판결을 인용했다.[59] 이러한 싱가포르의 주장에 대해 국제사법재판소는 이를 거부하지 아니하고 단일 그룹(single group), 도의 그룹(groups of Islands)을 인정하는 다음과 같은 판결을 한 바 있다. 도의 단일 그룹을 인정한 것은 근접성의 원칙을 부정한 것이다.

> Middle Rocks는 Pedra Branca의 법적 지위와 같은 법적 지위를 가져 왔다고 이해되므로 Middle Rocks에 대한 본원적 권원은 달리 증명되지 아니하는 한 말레이시아에 유보되어야 한다. 재판소는 싱가포르가 그러한 증명을 한 바 없음을 발견했다.
> Since Middle Rocks should be understood to have had the same legal status as Pedra Branca ⋯ original title to Middle Rooks should remain with Malaysia ⋯ unless proven otherwise, which the Court finds Singapore has not done.[60]

## IV. 지리적 근접성의 원칙에 관한 규칙과 동 규칙을 독도에서 적용 검토

### 1. 지리적 근접성에 관한 원칙

이상의 지리적 근접성에 관한 학설과 판례의 내용에 함축된 규칙을 다음과 같이 요약 정리해 볼 수

---

57) ICJ, *Reports,* 1992, p.579, para. 281.
58) ICJ, *Reports,* 2008, para. 280.
59) *Ibid.,* para. 281.
60) *Ibid.,* para. 290.

있다. 이는 근접성의 원칙(principle of proximity)을 구성하는 규칙(rules)인 것이다.

## 가. 규칙 1

지리적 근접성은 그 자체만으로 영토주권의 권원의 근거가 될 수 없다. 지리적 근접성 그 자체만으로 권원의 기초가 될 수 없다.[61]

## 나. 규칙 2

지리적 근접성은 반대의 증거가 없는 한 실효적 지배가 미치는 범위로 추정된다. 따라서 지리적 근접성은 실효적 지배의 간접적 증거이다.[62]

## 다. 규칙 3

지리적 근접성은 '유기적 전체(organic whole)',[63] '법상 한 단위(in law a unit)',[64] '자연적 단일성(natural unity)',[65] '단일성(a unity)', '법적 지위(legal position)',[66] '단일 그룹(single group)',[67] '도의 그룹(group of islands)',[68] '하나의 실체 또는 자연적 단위(an entity or natural unity)',[69] '조직적 또는 개별화된 전체(an organic or individualized whole)'[70]로 인정될 경우 특수 사정에 따라 주요 부분의 법적 지위는 다른 부분의 법적 지위에 확대되게 된다.[71]

## 2. 지리적 근접성에 관한 규칙을 독도에서 적용검토

### 가. 규칙 1의 적용 검토

지리적 근접성은 그 자체만으로 영토주권 권원의 근거로 될 수 없다. 따라서 독도가 울릉도에서 보

---

61) Fitzmaurice, *supra* n.2, p.72; Waldock, *supra* n.42, p.342; Rao, *supra* n.44, p.54; Shaw, *supra* n.45, p.355; Jennings, *supra* n.46, p.73; Malanczuk, *supra* n. 47, pp.157-58; Brownlie, *supra* n.2, p.147; Bernardez, *supra* n. 49, p.501; H, Lauterpacht, *supra* n.43 p.428; *Palmas Island* Case: UN, *RLAA*, Vol.2, 1949, p.854; *Pedra Branca* Case: ICJ, Reports. 2008, para. 280.

62) Fitzmaurice, *supra* n.2, p.72; Waldock, *supra* n.42, p.342; Shaw, *supra* n.45, p.355; Brownlie, *supra* n.2. p.147; Malanczuk, *supra* n.47, pp.157-58; Jennings, *supra* n. 46, p.73; Bernardez, *supra* n.49, p.501; Lauterpacht, *supra* n.43, p.425; *British Guiana Boundary* Case: *British and Foreign State Paper*, Vol.99, 1904, p.930(Lauterpacht. *supra* n. 43, p.426); *Palmas Island* Case: UN, *RLAA*, Vol.2, 1949, p.854, p.854(M. M. Whiteman, *Digest of International Law*, Vol.2(Washington, D.C.: USGPO, 1968), P.1058).

63) *Supra* n. 50.

64) *Supra* n. 52.

65) *Supra* n. 54.

66) *Supra* n. 57.

67) *Supra* n. 58.

68) *Supra* n. 58.

69) *Supra* n. 41.

70) *Supra* n. 49.

71) Fitzmaurice, *supra* n.2, p.72; Bernardez, *supra* n.49, p.503; Lauterpacht, *supra* n. 43, p.428; *British Guiana Boundary* Case: British MOFA, *British and Foreign State Paper*, Vol.99, 1904, p.930; *Palmas Island* case: UN, *RIAA*, Vol.2, 1949, p.855; *Minquiers and Ecrehos* Case: ICJ, *Reports*, 1953, p.102; Case *Concerning Sovereignty over Certain Frontier Land*: ICJ, *Reports*, 1959, p.257; *Land Island and Maritime Frontier Dispute* Case: ICJ, *Reports*, 1992, para. 281: *Pedra Branca* Case: ICJ, *Reports*, 2008, para.290.

인다는 사실, 독도가 울릉도에 근접되어 있다는 사실, 울릉도 주민이 독도를 한국영토라는 영토의식을 갖고 있었다는 사실만으로 독도 영토주권의 권원이 한국에 귀속된다고 주장할 수 없다.

### 나. 규칙 2의 적용 검토

지리적 근접성은 반증이 없는 한 실효적 지배가 미치는 범위로 추정된다. 따라서 울릉도에 대한 실효적 지배는 독도에 대한 실효적 지배로 추정된다. 그러므로 한국의 울릉도에 대한 실효적 지배는 같은 기간에 일본이 독도를 실효적으로 지배했다는 반증이 없는 한 독도에 대한 실효적 지배로 인정된다. 1900년 '대한제국 칙령 제41호'에 의한 울릉도에 대한 한국의 실효적 지배는 동 칙령상 '석도'가 독도를 의미하는 것이 아니라 할지라도 이와 관계없이 독도에 대한 한국의 실효적 지배로 인정된다. 그러므로 1905년 '시마네현 고시 제40호'로 무주지인 독도를 선점했다는 일본정부의 주장은 한국이 실효적 지배를 하고 있는 독도는 결코 무주지가 아니므로 성립의 여지가 없다.

### 다. 규칙 3의 적용검토

지리적 근접성은 '유기적 전체' 등으로 인정될 경우 특수한 사정에 따라 주요 부분의 법적 지위는 다른 부분의 지위에 확대되게 된다. 따라서 울릉도와 독도가 유기적 전체로 인정되므로 즉 독도는 울릉도의 속도이므로, 한국의 울릉도에 대한 영토주권의 권원은 독도에 대한 영토주권의 권원으로 확대된다.

울릉도가 한국영토이므로 울릉도와 '유기적 전체' 등을 구성한다는 실증이 요구된다. '유기적 전체' 등에 대한 정의 규정은 없으며, 이는 특수 사정 등을 고려, 결정되게 된다. 독도는 울릉도의 속도라는 지금까지의 연구로 족하나, 이로 만족할 것이 아니라 지리학적, 지질학적, 생태학적, 사회학적, 역사학적 등 제 분야의 학제적 연구가 요구된다.

## IV. 결언

결언으로 정부의 관계당국과 학회, 학자에게 다음의 권고 제의를 하기로 한다.

첫째로, 정부 관계당국에 독도에 관한 대일정책에 다음 사항의 반영을 검토할 것을 권고한다.

( i ) 1900년 '대한제국 칙령 제41호'에 규정된 '석도'는 독도를 지칭하는 것이지만 석도가 독도를 지칭하는 것이 아니라 할지라도 동 칙령에 의한 한국의 울릉도에 대한 실효적 지배는 독도에 대한 실효적 지배로 인정되므로(규칙 2) '석도'가 독도냐 아니냐의 논쟁은 법적으로 특별한 의미가 없다는 법리의 주장

( ii ) 1900년 '대한제국 칙령 제41호'에 의한 한국의 울릉도에 대한 실효적 지배는 독도에 대한 실효적 지배로 인정되므로(규칙 2), 일본이 1905년 '시마네현 고시 제40호'를 고시할 당시 무주

지인 독도를 일본이 선점했다는 일본정부의 주장은 위법·무효로 성립의 여지가 없다는 법리의 주장

(iii) 울릉도와 독도는 '단일의 유기적 실체'를 구성하므로 1951년 '대일평화조약' 제2조 (a) 항의 울릉도의 법적 지위는 독도의 법적 지위에 확대되어(규칙 3) 독도는 울릉도와 같이 일본의 포기 대상이라는 법리의 주장

둘째로, 독도관계 학회·학자에게 독도에 관한 연구에 다음 사항의 참작을 검토할 것을 제의한다.

( i ) 울릉도에 대한 실효적 지배는 독도에 대한 실효적 지배로 추정되므로(규칙 2), 한국의 독도에 대한 실효적 지배 사실 추급 연구 역량을 타 분야의 연구로 전환

( ii ) 울릉도와 독도가 '단일의 유기적 실체'를 구성하므로 울릉도의 권원은 독도의 권원으로 확대된다(규칙 3). 이를 더 확고히 하기 위해 울릉도와 독도가 '단일의 유기적 실체'를 구성한다는 심도 있는 지리학, 지질학, 생태학, 사회학, 해양학의 학제연구

## <참고문헌>

대한민국 외교부, 『대한민국의 아름다운 영토 독도』, 서울: 외교부, 발행연도 불표시.

동북아역사재단, 『독도의 진실』, 서울: 동북아역사재단, 발행연도 불표시.

_____, 『독도 바로 알기』, 서울: 동북아역사재단, 2011.

_____, 『우리 땅 독도를 만나다』, 서울: 동북아역사재단, 2011.

_____, 『교수·학습 과정안 및 학습지』, 서울: 동북아역사재단, 2013.

외무부 우정국, 『독도문제 개론』, 서울: 우정국, 1955.

Bernardez Santiago Torres, 'Territory, Acquisition', *EPIL*, Vol.10, 1987.

British MOFA, *British and Foreign State Paper*, Vol.99, 1904.

Brownlie Ian, *Principles of Public International Law*, 5th ed., Oxford: Oxford University Press, 1998.

Fitzmaurice Gerald, 'The Law and Procedure of the International Court of Justice, 1951-4, '*BYIL*, Vol.32, 1955-6.

Hambro E., 'The Reasons behind the Decisions of International Court of Justice, '*Current Legal Problems*, Vol.7, 1954.

ICJ, *Reports*, 1953.

__, *Reports*, 1959.

__, *Reports*, 1992.

__, *Reports*, 2008.

Jennings Robert, *Acquisition of Territory in International Law*, Dobbs Ferry: Oceana, 1963.

Jennings Robert and Arthur Watts(eds.), *Oppenheim's International Law*, 9th ed. Vol.1, London: Longman, 1992.

Kelsen Hans, *The Law of the United Nations*, New York: Praeger, 1950.

Korean Government, Korean Government's Refutation of the Japanese Government's view concerning Dokdo (Takeshima) dated July 13, 1953 (September 9, 1953), Ⅲ.

_____, The Korean Government's View Refuting the Japanese Government's View on the Territorial Ownership of Dokdo (Takeshima), as taken in the note verbale No 15/A2 of Japanese Ministry of Foreign Affairs dated February 10, 1954 (September 25, 1954), I. (1).

Lauterpacht H., 'Sovereignty over submarine Area', BYIL, Vol.27, 1956.

Malanczuk Peter(ed.), *Akehurst's Modern Introduction to International Law*, 7th ed., London: Routledge, 1987.

Northeast Asian History Foundation, *Dokdo: Korean Territory Since the 6th Century*, Seoul: NEAHF, 2006.

Rao K. Narayana, 'The Problem of Goa, '*Indian Yearbook of International affairs* 1996.

Rosenne Sabatai, *The Law and Practice of the International Court of Justice,* 3rd ed., Vol.4, Mague: Martinus, 1997.

Schlochauer Hans-Jurger, 'International Court of Justice', *EPIL,* Vol.1, 1981.

Shaw Malcolm N., *International Law,* 4th ed., Cambridge: Cambridge University Press, 1997.

Sorensen Max(ed.), *Manual of Public International Law,* New York: Macmillan, 1968.

UN, *RLAA,* Vol.2, 1949.

Virally Michel, 'The Source of International Law, 'in Max Sorensen(ed.), *Manual of Public International Law,* New York: Macmillan, 1968.

Waldock C.H.M., 'Disputed Sovereignty in the Falkland Islands Dependencies', *BYIL,* Vol.25, 1948.

# 제3절 ㅣ 지도의 증명력

## Ⅰ. 서언

오늘날 한국은 약 40명의 경찰경비대 인력이 독도에 주둔하며 독도를 점유에 의한 실효적 지배를 하고 있다. 한국의 조선시대 독도에 대한 실효적 지배는 지극히 미미한 것으로 대부분 울릉도에 대한 실효적 지배가 독도에 대한 실효적 지배로 보기 어려운 것이 아닌가의 의문이 제기된다. 본 연구는 이 문제에 대한 답을 제시하기 위해, 즉 조선의 독도에 대한 실효적 지배가 국제법상 실효적 지배로 인정된다는 법리를 정립하기 위해 기도된 것이다. 이 문제에 대한 답은 두 가지 측면에서의 접근이 가능하다. (ⅰ)그 하나는 주도인 울릉도에 대한 실효적 지배를 울릉도의 속도인 독도에 대한 실효적 지배로 인정된다는 측면이고, (ⅱ)다른 하나는 원거리·무인도에 대한 실효적 지배는 근거리·유인도에 대한 실효적 지배에 비해 관념적·상징적인 것이라는 측면의 접근이다. 이 연구는 후자의 접근방법에 관해 논급하기로 한다. 특히 일본정부는 1900년 10월 25일의 '대한제국 칙령 제41호'의 제정 당시 조선은 독도를 실효적으로 지배해온 바 없으므로 동 칙령 제23에 규정된 '석도'는 독도가 아니라고 주장하고 있다. 본 연구는 일본정부의 이러한 주장을 비판하는 것이 된다.

## Ⅱ. 지도의 증거능력과 증명력

### 1. 증거능력과 증명력의 의의

지도는 문서증거의 하나이다. 그러나 문서증거인 지도에 관해 국제소송법상 일반적인 규칙은 존재하지 아니한다.[1] 국내소송에 있어서 소송법은 증거(evidence)에 관해 '증거능력(admissibility of evidence)'과 '증명력(weight of evidence, probative value of evidence)'을 구별하여 규정하는 것이 일반적이다. '증거능력'은 증거가 사실인정의 증거로 사용될 수 있는 자격을 말하는 것으로 '증거능력이 있는 증거'란 재판소가 증거로 채택할 수 있는 증거를 말하며, 어떤 증거가 증거능력이 있느냐 없느냐는 소송법으로 규정하며 재판관의 자유판단에 의해 정해지는 것이 아닌 것이 일반적이다. 이에 반해 '증명력'은 증거

---

1) Fritz Münch, 'Maps', *EPIL*, Vol.10, 1987, p.296.

능력이 있는 증거를 전제로 그 증거가 사실을 증명하는 가치를 말하는 것으로 '증명력이 있는 증거'란 증거로서의 가치가 있는 증거를 뜻하며, 증명력은 증거능력과 달리 소송법으로 규정되는 것이 아니라 재판소의 자유판단에 일임되게 됐다. 이를 '자유심증주의(free appreciation of value rule)'라 한다.[2]

국내소송과 달리 국제소송에 있어서는 그 소송절차를 규정한 제 규정, 즉 '협정', '규정' 그리고 '규칙'은 증거에 관한 어떠한 규정도 두고 있지 아니할 뿐만 아니라, 증거능력과 증명력의 구별에 관한 규정도 물론 두고 있지 아니하다. '규정'과 '규칙' 이전에 국제소송에 있어서 증거법의 법전화 필요성이 주장된 바 있으나[3] '규정'과 '규칙'에 이는 반영되지 못하고 말았다. 이하 증거를 '증거능력'과 '증명력'으로 구분하여 개관해 보기로 한다.

첫째로, '증거능력'에 관해서 보건대, '규칙'에 증거능력에 관한 일반적 규정은 없다. 다만, '규칙'에 증거의 재판소에의 제출기한을 재판소가 명하도록 규정하고(제44조 제1항), 그 기한 이후에는 원칙적으로 증거를 제출할 수 없다고 규정하고 있으므로('규칙' 제56조 제1항),[4] 증거제출의 '시한적 제한'을 규정한 증거능력에 관한 규정을 두고 있을 뿐, 그 이외에 증거능력에 관한 어떠한 규정도 두고 있지 아니하다. 그러나 '규칙' 제57조의 규정은 단지 서면절차 종료 이후의 문서의 형식적 수락(formal admission of documents)에 관한 규칙이며, 그들 문서의 증거능력(admissibility as evidence)이나 증명력(probative value)에 관한 것이 아니라는 견해에[5] 의하면 '규칙'상 증거능력에 관해서 어떠한 규정도 없는 것으로 된다. 어느 견해에 의하든 재판소가 정한 제출기한 이전에 당사자는 모든 서면증거를 제출할 수 있고 또 재판소는 모든 증거를 자유롭게 채택할 수 있으므로 결국 모든 증거는 증거능력이 있다고 할 수 있다. 따라서 모든 지도는 그것이 (ⅰ) 공식지도(official maps)이든 비공식지도(unofficial maps), 즉 사적지도(private maps)이든, (ⅱ) 인증지도(authentic maps)이든 비인증지도(unauthentic maps)이든, (ⅲ) 당사자 지도(maps of the parties)이든 제3자 지도(maps of the third parties)이든 불문하고 서면증거로서 증거능력이 있는 것이다.

둘째로, '증명력'에 관해서 보건대, '규칙'에 증거의 증명력에 관해서는 어떠한 일반적인 규정도 특별한 규정도 전혀 없다. 따라서 재판소가 증거의 가치를 자유롭게 결정할 수 있음이 일반적으로 인정되어 있다.[6] 즉 국제소송상 증거의 가치(value of evidence)는 재판소의 완전한 평가(entire appreciation of the court)에 일임되어 있다.[7] 결국 모든 증거의 증명력은 재판소의 판단에 의해 결정되게 된다. 그러므로 모든 지도가 특정사실의 인정에 어느 정도의 가치가 있느냐는 '규정' 또는 '규칙'의 규정에 의하는 것이 아니라 재판소의 완전한 자유판단에 의하게 된다.

---

2) Henry Campell Black, *Black's Law Dictionary*, 5th ed.(St. Paul Minn.: West Publishing, 1979), pp.498-500, 1429, 146, 414, 836.

3) J.F.W., 'Rules of Evidence in International Proceedings, '*BYIL*, Vol.4, 1929, pp.220-21.

4) 서면절차 종결 이후 문서의 제출은 예외적 사정(exceptional circumstance)에서만 허용될 수 있고, '규정' 제48조의 규정에 엄격히 따라야 한다(Gerald Fitzmaurice, 'The Law and Procedure of the International Court of Justice, 1951-4, '*BYIL*, Vol.34, 1958, p.152).

5) Shabitai-Rosenne, *The Law and Practice od the International Court of Justice*, 1920-1996, 3rd ed., Vol.3(Hague: Martinus, 1997), p.1305.

6) Thirlway, Hugh, *International Customary Law and Codification*, Lediden: Sijhoff, 1972., p.58.

7) Rosenne, *supra* n.5, pp.1280-81.

## 2. 제1차적 증명력과 제2차적 증명력

증거에는 두 가지 형태(two types of evidence)가 있다. 그 하나는 '직접적 증거(direct evidence)', 즉 '제1차적 증거(primary evidence)'이고 다른 하나는 '간접적 증거(indirect evidence)', 즉 '제2차적 증거 (secondary evidence)'이며, 이를 '정황증거(circumstance evidence)'라고도 한다.[8] '직접적 증거'는 증명의 대상인 사실을 직접적으로 증명하는 증거이며 사실을 추리(inference) 또는 추정(presumption)없이 결정적으로 인정(conclusively establish)하는 증거이다.[9] '간접적 증거'는 증명의 대상인 사실을 간접적으로 증명하는 증거이다. 이는 특정사실의 존재 또는 부존재를 지적하는 정황의 연쇄를 증명하는 증거(proof of a chain of circumstances pointing to the existence or non-existence of certain facts)라 할 수 있다.[10] 전문증거(hearsay evidence)는 물론 제2차적 증거이다.[11] 제2차적 증거는 국내소송에 있어서만 인정되는 것이 아니라 국제소송에 있어서도 국제재판소의 판결에 의해 승인되어 있다. 즉, 국제소송에 있어서도 증거의 형태는 제1차적 증거와 제2차적 증거로 구분된다.[12]

국제소송에 있어서 '제1차적 증거'와 '제2차적 증거'의 구분은 증거능력의 구분이 아니라 증명력의 구분이다. 전술한 바와 같이 국제소송에 있어서 모든 증거는 재판소에 제출할 '시한적 제한' 이외에는 증거능력이 있고 또 국제소송에 있어서는 최상 증거의 규칙(the best evidence rule)[13]은 적용되지 아니하기 때문이다.[14] 요컨대, 국제소송에 있어서 '제1차적 증거'와 '제2차적 증거'의 구분은 증거능력, 즉 증거의 채택(admissibility)을 기준으로 한 구분이 아니라 증명력, 즉 증거의 가치(weight, value)를 기준으로 한 구분인 것이다.

따라서 '제2차적 증거'도 '제1차적 증거'와 같이 증거능력이 있는 것이다. 환언하면 정황증거는 그 자체로는 채택 불가능한 것이 아니다(circumstance evidence is not itself inadmissible).[15] *Corfu Channel Case*(1949)에서 국제사법재판소는 '간접적 증거는 모든 법제도에서 수락되어 있고 그의 사용은 국제판결에 의해 승인되어 있다(indirect evidence is admitted in all system of law, and its use is recognized by international decision).'라고 판시한 바 있다.[16]

그러므로 지도는 문서증거의 하나이며, 문서증거인 지도가 '제1차적 증거'냐 '제2차적 증거'냐의 문제는 '제2차적 증거'인 지도가 증거로 채택될 수 있느냐의 문제, 즉 증거능력의 유무의 문제가 아니라 증거로서 어느 정도의 가치가 있느냐의 문제, 즉 증명력의 문제인 것이다.[17] '제2차적 증거'인 지도는 증거로 채택될 수 있는 것이며 다만 '제1차적 증거'가 있는 경우 그보다 증거가치가 낮게 평가되거나

---

8) Black, *supra* n.2, pp.498-99.

9) *Ibid.*, p.414.

10) *Ibid.*, p.499.

11) *Ibid.*, p.649.; Rosenne, *supra* n.5, p.1090.

12) Rosenne, *supra* n.5, p.1086.; D.V. Sandifer, *Evidence before International Tribunals*, revised ed., (Chicago: Chicago University. Press, 1975), p.203.

13) '최상증거의 원칙'은 제2차적 증거의 채용을 금지하는 원칙을 말한다.(Black, *supra*n.2), p.146.

14) D.V. Sandifer, Evidence before International Tribunals, re ed(Chicago: Chigago University Press, 1975), p.203.

15) Rosenne, *supra* n.5, p.1086.

16) ICJ, *Reports*, 1949, p.18.

17) Sandifer, *supra* n.14, p.203; Rosenne, *supra* n.5, pp.1086-87.

또는 증거가치가 없는 것으로 평가되게 되는 것이다.[18]


## Ⅲ. 인증지도의 증명력

전술한 바와 같이 지도는 문서증거의 하나이고 모든 문서증거는 국제재판소에 제출되었을 때 '증거능력'이 있는 것이며, 그 '증명력'의 평가는 재판소의 자유판단에 의하게 된다. 국제소송법상 재판소의 증명력 판단에 관한 구체적인 명시적 규칙이 규정으로 성문화되어 있지 아니하다.[19]

재판소에 의한 증거에 대한 증명력의 판단은 결국 직접적 증거냐 간접적 증거냐의 판단으로 되고, 이 판단의 기준으로 학설과 판례에 의해 일반적으로 '인증성(authenticity)'과 '정확성(accuracy)'이 제시되고 있다.[20] 여기서는 인증성에 관해서만 기술하기로 한다.


### 1. 인증성의 의의

조약(treaties)과 재판(decisions)과 같은 법적 문서(legal instruments)에 부속되어 그 법적 문서와 불가분의 일부를 구성하는 지도는 직접적 증명력이 인정되고 그 이외의 지도는 간접적 증명력만이 인정되는데 불과하다. 이와 같이 법적 문서에 부속된 지도를 '인증지도(authenticated maps)'라 하고,[21] 이러한 지도의 특성을 '인증성(authenticity, authentic character)'이라 한다.[22] 이 '인증지도'에는 법적 문서의 불가분의 일부를 구성하는 지도뿐만 아니라 서명된 지도와 같이 지도 그 자체가 법적 문서인 지도도 포함된다.[23]


### 2. 인증지도의 증명력 효력

인증지도는 제1차적 증명력, 직접적 증명력을 가지나, 인증지도 이외의 지도는 제2차적 증명력, 간접적 증명력을 갖는데 불과하다.

---

18) Guenter Weissberg, 'Maps as Evidence in International Boundary Disputes: A Reappraisal, '*AJIL*, Vol.57, 1963, p.785.

19) J.F.W., *supra* n.3, pp.220-21.

20) 증명력 판단의 기준으로 '인증성(authenticity)', '정확성(accuracy)' 이외에 '원본성(originality)'이 논의되고(Sandifer, *supra* n.14, p.236), '공정성(impartiality)'이 논의된다(Charles Cheney Hyde, 'Maps as Evidence in International Boundary Disputes, '*A.J.IL*, Vol.27, 1933, p.314).

21) *Opinion and Award of Guatemala-Honduras Special Boundary Tribunal*, January 23, 1933, 9.8; Hyde, *supra* n.31, p.313; Weissberg, *supra* n.18, p.782.

22) *Monastery of Sant-Naum Advisory Opinion*, PCIJ, *Series B*, No.9, 1924, p.21; A. O. Cukwurah, *The Settlement of Boundary Disputes in International Law* (Manchester: Manchester University Press, 1967), p.219.

23) PCIJ, *Series B*, No.9, 1924, p.21; Weissberg, *supra* n.18, p.784.

## Ⅳ. 인증지도의 증명력을 인정한 국제 판례

### 1. 1914년의 Timor Island Arbitration

1914년 네덜란드는 '1904년 10월 1일의 포르투갈과 네덜란드 간의 경계조약에 부속된 지도에 표시된 경계가 양국의 경계'라고 주장했고, 포르투갈은 '조약에 표시된 실제 이름의 강 탈베그(Thalweg)가 양국의 경계'라고 주장했다.[24] 포르투갈은 그의 주장을 보충하기 위하여 Batavia가 제작한 사적 지도를 상설중재재판소에 제출했다. 이에 대해 동 재판소는 이 지도는 1904년에 혼합국경획정위원회에 의해 작성되고 서명된 공식지도와 증명력을 비교할 수 없다고 판시했다.[25] 동 판정은 혼합경계획정위원회가 작성, 서명되고 조약에 부속된 지도를 법적 문서(legal instrument)로 보아, 동 지도를 인증지도로 본 것이라 할 수 있다.

### 2. 1923년의 Jaworzina Advisory Opinion, Polish-Czechoslovakian Frontier Advisory Opinion

1923년 상설국제사법재판소는 '지도는 조약 및 재판의 문본과 독립하여 직접적 증거가 될 수 없다.' 면서 다음과 같은 권고적 의견을 표시했다.

> 지도 및 지도상의 해설기호는 조약 및 재판의 문본과 독립하여 결정적 증거로 인정될 수 없다.
> Maps and their tables of explanatory signs cannot be regarded as conclusive proof, independently of the text of treaties and decisions.[26]

위의 권고적 의견 중 (ⅰ) '조약 및 재판의 문본과 독립하여'란 '조약 및 재판의 문본과 별도로' 즉 '그 자체만으로'의 의미이므로 '조약 및 재판의 문본의 일부를 이루고 있지 아니하는 경우에는 그 자체만으로'라는 뜻이며, (ⅱ) '결정적 증거로 인정될 수 없다.'에서 '결정적 증거'란 '제1차적 증거', 즉 '직접적 증거'를 뜻하는 것이다.

따라서 위의 견해는 '인증지도'만이 '직접적 증거'로 인정된다는 의미인 것이다.

### 3. 1924년의 Monastery of Saint-Naoum, Advisory Opinion

1924년 상설국제사법재판소는 그의 권고적 의견에서 동 재판소에 제출된 지도에 대해 다음과 같이 '인증성'이 없는 지도의 증명력을 부인하는 권고적 의견을 표시했다.

---

24) Joseph H. Kaiser, 'Timor Island Arbitration', *EPIL*, Vol.2, 1981, p.275.

25) Arbitral Award Rendered in Execution of the Compromise Signed at Hague, April 3, 1913, between the Netherlands and Portugal Concerning the Subject of Boundary of a Part of their Possessions in the Island of Timor, *AJIL*, Vol.9, 1915, p.275.

26) Jawerzina, Advisory Opinion, PCIJ, *Series B*, No.8, 1923, pp.32-33.

그 지도가 런던의 결정을 표시한다고 주장된다. 그러나 이 지도에 표시된 경계선이 1913년 8월 11일 결정의 제1항 말미에 관한 것이라는 것을 수락한다 할지라도… 더 나아가 문제의 지도는 서명되지 아니하여 이의 인증성이 성립되지 아니하였다.

It is alleged that the map represents the decision of London, Even admitting, however, that the line marked on this map is that refereed to at the end of the first paragraph of the decision of August 11th 1913, … Moreover the map in question is unsigned and its authentic character is not established.[27]

위의 권고적 의견이 '공식성(official character)'이란 표현을 사용하지 아니하고 '인증성(authentic character)'이란 표현을 사용하여 문제의 지도가 인증지도가 아니므로 직접증거로 될 수 없다는 것이다. 특히 이 의견은 지도가 조약이나 재판에 부속되어 그 일부를 구성하는 경우만이 아니라 지도 자체에 서명이 있으면 그 지도는 인증지도로 된다는 것을 인정하고 있다는 점에 특색이 있다.

## 4. 1928년의 Palmas Island Arbitration

1928년 미국은 1000여 매의 지도를 팔마스섬 영유권의 증거로 제출했으나 중재관 Max Hurber는 '지도는 법적 문서에 부속된 경우 이외에는 영유권의 증거로 인정될 수 없다.'고 다음과 같이 판시한 바 있다.

지도는 오직 하나의 방증 -즉 바로 간접적 방증- 을 제공할 뿐이며, 법적 문서에 부속된 경우 이외에는 권리의 승인 또는 포기로 인정하는 문서로서 가치를 가지지 아니한다.

A map affords only an indication-and that a very indirect one-and, except when annexed to a legal instrument, has not value of such an instrument, involving recognition or abandonment of rights.[28]

위의 판정은 지도는 법적 문서에 부속되지 아니한 지도, 즉 인증지도 이외의 지도는 제2차적 증거에 불과하며, 인증지도만이 권원의 제1차적 증거, 즉 직접적 증거로 됨을 인정한 것이다.

## 5. 1933년의 Guatemala-Honduras Boundary Arbitration

1933년 특별경계재판소(Special Boundary Tribunal)는 다음과 같이 인증지도의 증명력을 인정하는 판결을 했다.

인증지도는 고려되어야 한다. 그러나 그러한 기술적인 자료일지라도 알려지지도 아니하고 행정력도 실질적으로 행사되지 아니하는 영토에 관계되었을 경우에는 거의 가치가 없다.

Authenticated maps are also to be considered, although such descriptive material is of slight value when it relates to territory of which little or nothing was known and in which it does not appear that any administrative control was actually exercised.[29]

---

27) *Monastery of Saint-Naoum, Advisory Opinion*, PCIJ, *Series B*, No.9, 1924, p.21.
28) *Palmas Island Arbitration*, AJIL, Vol.22, 1928, p.892.

위의 판결에는 '인증지도는 고려되어야 한다.'라고 간결하게 표시되어 있고 '고려되어야 한다.'는 의미가 무엇을 뜻하는지 명백하지 아니하나, '인증지도'라는 용어를 사용하고 있는 것으로 보아 직접증거로 인정하여야 한다는 의미로 해석된다.

## 6. 1986년의 Case Concerning the Frontier Dispute-Burkina Faso/Republic of Mali-

1986년 국제사법재판소는 지도는 공적 문본에 부속되어 그 일부를 구성하는 경우 이 외에는 부수적 증거(extrinsic evidence)로 이용될 수 있음에 불과하다고 다음과 같이 판시했다

> 지도는 단순한 정보일 뿐이다. … 지도는 영토권원일 수 없다. … 지도가 공적 문본에 부속되어 그 문본과 불가분의 일부를 형성하는 경우를 제외하고 지도는 단순한 부수적 증거일 뿐이다.
> Maps merely constitute information, … they cannot constitute a territorial title, …when maps are annexed to an official text of which they form on integral part. Except in this clearly defined case, maps are only extrinsic evidence.[30]

위의 판결은 공식문본에 부속되어 그 문본과 불가분의 일부를 구성하는 지도, 즉 인증지도 이외의 지도는 간접적 증거일 뿐이라고 표시하여 인증지도만이 직접적 증거로 인정된다는 점을 명시한 것이다.

## 7. 2002년의 Case Concerning Sovereignty over Pulau Ligitan and Pulau Sipadan

2002년 국제사법재판소는 1986년 국경분쟁사건(*Frontier Dispute-Burkina Faso l Republic of Mali-)*에서 국제사법재판소가 판시한 '지도는 공적 문본(official text)에 부속된 경우를 제외하고는 부수적 증거(extrinsic evidence)로 이용될 수 있음에 불과하다.'는 내용을 인용하고[31] 다음과 같이 판시했다.

> 요컨대, 1915년의 협정에 부속된 지도를 제외하고 당사자에 의해 제출된 지도 자료는 결정적인 것이 아니다.
> In sum, with the exception of the map annexed to the 1915 Agreement, the cartographic material submitted by the parties is inconclusive.[32]

위의 판결 중 '협정에 부속된 지도'란 인증지도를 의미하는 것이며 '결정적'이란 '직접적', '제1차적' 증거를 뜻하는 것이므로 결국 '인증지도'만이 직접적 증거, 제1차적 증거로 된다는 의미를 표시한 것이다.

---

29) *Guatemala-Honduras Boundary Arbitration, Opinion and Award of Guatemala-Honduras Special Boundary Tribunal,* January 23, 1933.9.8.

30) Case *Concerning the Frontier Dispute-Burkina Faso/Republic Mali*: ICJ, *Reports*, 1986, para.54.

31) Case *Concerning Sovereignty over Pulau Ligitan and Pulau Sipadan*: ICJ, *Reports*, 2002, para.88.

32) *Ibid*., para.272.

## 8. 2008년의 Case Concerning Sovereignty over Pedra Branca

2008년 당사자에 의해 근 100매의 지도가 제출되었다. 말레이시아는 '지도는 권원을 창출할 수 없으며(maps do not create title), 지도가 조약 내에 구체화되거나 국가 간 교섭에 사용된 경우(when incorporated in treaty or used in inter-state negotiation)를 제외하고는 인정될 수 있는 것이 아니'라고 주장했다.[33] 이에 대해 국제사법재판소는 이를 부정하는 어떠한 판단도 표시한 바 없고, 말레이시아 측 측량단장(Surveyor-General)이 제작한 지도와 싱가포르 정부(Government)가 제작한 지도는 '도서가 싱가포르의 관할하에 있음을 확인하는데 도움이 된다(tend to confirm).'라고 결론지었다.[34] '확인하는데 도움이 된다.'라고 표현하고 '확인된다.'라고 표현하지 아니한 것은 이들 정부기관이 제작한 지도를 '인증지도'로 보지 아니하고 따라서 제2차적 증명력을 인정한 것으로 보인다. 이는 말레이시아가 '지도가 조약 내에 구체화되거나 국가 간 교섭에 사용된 경우를 제외하고는 권원을 창출할 수 없다.'고 주장한데 대해 재판소가 반대의 판단을 표시한 바 없는 것으로 보아 명백하다.

요컨대, 동 사건에서 국제사법재판소는 인증지도 이외의 지도는 제2차적 증명력을 갖는데 불과하다는 종래의 판례를 재확인하는 뜻을 판시한 것이다.

## V. 지도의 증명력에 관한 한국정부의 기본 입장

한국정부는 인증지도에 한하여 제1차적 증명력이 있다는 취지의 선언이나 주장을 명시적으로 한 바 없다. 다만, 독도가 한국영토인 근거의 하나로 다음과 같은 지도를 열거하고 있을 뿐이다. 독도가 한국영토인 근거를 다음의 지도를 열거 설명하고 있으나 '이들이 인증지도이다 또는 아니다.'라는 기술은 전혀 하지 않고 있다. 이들 지도는 모두 인증지도가 아니므로 한국정부는 인증지도의 개념을 부인하고 있는 것이 한국정부의 기본입장이라고 할 수 있다.

### 1. 『우리 땅 독도를 만나다』

『우리 땅 독도를 만나다』에는 독도가 한국영토인 근거로 다음과 같은 기술을 열거하고 있다. 그러나 인증지도에 관한 언급은 전혀 없다.

팔도총도, 동국대전도, 조선전도, 아국총도, 해좌전도, 삼국접양도, 조선동해안도, 조선왕국전도, 조선동해안도[35]

---

33) Case *Concerning Sovereignty over Pedra Branca*: ICJ, *Reports*, 2008, para.270.

34) *Ibid.*, para.272.

35) 동북아역사재단, 『우리 땅 독도를 만나다』(서울: 동북아역사재단, 2012), pp 48~75.

## 2. 『독도 바로 알기』

『독도 바로 알기』는 독도가 한국영토인 근거로 다음과 같은 기술을 열거하고 있다. 그러나 인증지도에 관한 언급은 전혀 없다.

팔도총도, 동국지도, 아국총도, 해좌전도, 삼국접양지도, 조선전도, 기죽도약도[36]

## 3. 『동해와 독도』

『동해와 독도』는 독도가 한국영토인 근거로 다음과 같은 기술을 열거하고 있다. 그러나 인증지도에 관한 언급은 전혀 없다.

혼일강리역대국도지도, 조선일본유구국도, 여지도 중 강원도전도, 팔도지도, 강원도지도, 대동여지도, 죽도방각도, 기죽도약도[37]

## 4. *Dokdo: Korean Territory Since the 6th century)*

*Dokdo: Korean Territory Since the 6th century)*는 독도가 한국영토인 근거로 다음과 같은 기술을 열거하고 있다. 그러나 인증지도에 관한 언급은 전혀 없다.

대조선국전도, 강원도도, 팔도전도, 조선왕국전도[38]


# VI. 결언

## 1. 요약정리

상술한 바를 다음과 같이 요약·정리하기로 한다.

( i ) 지도의 증거능력과 증명력은 구별되는 개념이다. '증거능력'은 지도가 증거로 사용될 수 있는 자격을 의미하며, 증명력은 증거능력이 있는 증거에 대한 증거로서의 가치를 뜻한다. 서면절차가 종료된 이후에는 지도의 증거능력은 상실되게 되며, 인증지도만이 제1차적 증명능력을 갖는다.

( ii ) 인증지도란 조약 또는 재판과 같은 법적 문서에 첨부되어 법적문서의 일부를 구성하고 있는 지

---

36) 동북아역사재단, 『독도 바로 알기』(서울: 동북아역사재단, 2010), pp 37~45.

37) 동북아역사재단, 『동해와 독도』(서울: 동북아역사재단, 2014), pp 54~69.

38) North East Asian History Foundation, *Dokdo: Korean Territory Since the 6th century*(Seoul: NEAHF, 2006), pp 46~49.

도를 인증지도라 한다. '인증지도' 이외의 지도는 제2차적 · 간접적 증명력을 갖는데 불과하다.

(iii) 한국정부가 한국의 독도 영토주권의 근거로 제시하고 있는 지도는 입증가능한 제1차적 증거가 되지 아니한다.

(iv) 이 점에 관한 지리학자 · 역사학자 · 국제법학자의 한계 연구가 시급히 요청된다.

## 2. 정책대안의 제의

다음과 같은 정책대안을 제의하기로 한다.

( i ) 한국의 독도 영토주권에 관계한 지도 중 '인증지도'를 발굴하는 사업계획을 수립 추진한다.

(ii) 독도관련 지도에 관해 지도학자 · 사학자 · 국제법학자의 긴밀한 학재 연구를 추진하도록 독려하고 재정적으로 적극적인 지원을 한다.

(iii) 위 (ii)의 학재연구를 위해 지리학자 · 역사학자 · 국제법 정부담당자와 함께 컨소시엄을 형성한다.

(iv) 기 발견된 한국의 독도 영토주권에 관계된 지도를 심도 있게 분류 · 검토하여 인증지도 여부를 확인한다.

## <참고문헌>

동북아역사재단, 『우리 땅 독도를 만나다』, 서울: 동북아역사재단, 2012.

_____, 『독도 바로 알기』, 서울: 동북아역사재단, 2010.

_____, 『동해와 독도』, 서울: 동북아역사재단, 2014.

Arbitral Award Rendered in Execution of the Compromise Signed at Hague April 3, 1913, between the Netherlands and Portugal Concerning the Subject of Boundary of a Part of their Possessions in the Island of Timor, *AJIL*, Vol.9, 1915.

*AJIL*, Vol.22, 1928.

Black Henry Campell, *Black's Law Dictionary*, 5th ed, St. Paul Minn.: West Publishing, 1979.

Cukwurah A. O, *The Settlement of Boundary Disputes in International Law,* Manchester: Manchester University Press, 1967.

Fitzmaurice Gerald, 'The Law and Procedure of the International Court of Justice, 1951-4', *BYIL*, Vol.34, 1958.

*Guatemala-Honduras Boundary Arbitration, Opinion and Award of Guatemala-Honduras Special Boundary Tribunal*, January 23, 1933.9.8.

Hyde Charles Cheney, 'Maps as Evidence in International Boundary Disputes', *A.J.IL*, Vol.27, 1933.

ICJ, *Reports*, 1949.

___, *Reports*, 1986.

___, *Reports*, 2002.

___, *Reports*, 2008.

J.F.W., 'Rules of Evidence in International Proceedings', *BYIL*, Vol.4, 1929.

Kaiser Joseph H, 'Timor Island Arbitration', *EPIL*, Vol.2, 1981.

Münch Fritz, 'Maps', *EPIL*, Vol.10, 1987.

North East Asian History Foundation, *Dokdo: Korean Territory Since the 6th century,* Seoul: NEAHF, 2006.

PCIJ, *Series B*, No.9, 1924.

____, *Series B*, No.8, 1923.

_____, *Series B*, No.9, 1924.

Rosenne Shabitai, *The Law and Practice of the International Court of Justice*, 1920-1996, 3rd ed., Vol.3, Hague: Martinus, 1997.

Sandifer D.V, Evidence before International Tribunals, re ed, Chicago: Chicago University Press, 1975.

Weissberg Guenter, 'Maps as Evidence in International Boundary Disputes: A Reappraisal', *AJIL*, Vol.57, 1963.

# 제4절 | 독도 영토주권을 훼손한 한일어업협정

## I. 서언

우리나라 영토인 독도는 신라 지증왕 13년(512년) 이래 우리나라의 실효적 지배하에 있었다. 조선시대에 이르러 태종은 1416년에 독도에 대해 일시 공도정책(刷還政策)을 시행한 바 있으나 이는 실효적 지배를 포기한 것이 아니라 실효적 지배의 내용이 '공도의 보존'이었다. 더욱이 1900년 고종은 '칙령 제41호'를 공포하여 독도에 대한 우리나라의 실효적 지배를 현대국제법이 요구하는 요건을 충족하도록 하는 법적 조치를 완비했다.

그러나 러일전쟁에서 득세한 일본은 독도를 우리나라에 대한 침략의 거점으로 잡아 1905년 8월 22일 강박에 의해 '시마네현 고시 제40호(島根縣告示 第40號)'로 독도를 일본 영토로 편입시키는 불법적인 조치를 자행했다. 그리고 일본은 1910년 8월 22일 강박에 의해 '한일합방조약'을 체결하여 한반도와 같이 독도를 일본 영토로 불법적으로 병합시켰다. 그 결과 한국의 독도에 대한 영유권과 실효적 지배는 일시 중단되고 말았다.

그러나 1943년 11월 27일의 '카이로 선언'에 의해 일본으로부터 한국의 분리, 독립이 공약되었고 이는 1945년 7월 26일의 '포츠담 선언'에 의해 재확인되었다. '포츠담 선언'을 무조건 수락한 1945년 8월 15일의 일본의 '무조건 항복선언'을 문서화한 동년 9월 2일의 '무조건 항복문서'에 의해 독도는 한반도와 같이 일본으로부터 분리되게 되었다. 이는 동 항복문서의 시행조치인 1946년 1월 29일의 '연합군 최고사령부 훈령 제677호'에 의해 명시되었다.

1951년 1월 18일에 대한민국이 '인접해양주권에 관한 대통령선언'으로 평화선을 독도의 외측에 선정하자, 동월 28일에 일본은 독도 영유권이 일본에 귀속되어 있다는 내용의 항의를 해 옴으로써 독도 영유권 문제가 한일 간의 문제로 제기되게 되었고, 1954년 9월 25일에 일본은 이 문제를 국제분쟁으로 보고 이를 국제사법재판소에서 해결하자는 제의를 해왔으나 우리정부는 이 문제는 국제분쟁이 아니라는 이유로 일축했다.

1965년 6월 22일 한일 양국은 어두운 과거를 청산하고 한일국교정상화를 위한 '한일기본관계에 관한 조약'을 체결했다. 그리고 동 일자에 양국은 '한일어업협정'을 체결하여 양국 간의 어업발전과 선린 관계의 유지를 위해 상호 협력해 왔다. 그 후 1982년 12월 10일 '해양법에 관한 국제연합협약(이하 '유엔해양법협약'이라 한다.)'이 채택되고, 한국은 1996년 1월 29일에, 일본은 1996년 6월 20일에 각각 동 협약의 당사자로 가입하게 된다. 이에 따라 한국은 1996년 8월 8일에, 일본은 1996년 6월 14일에 각각 동 협약에 근거한 배타적 경제수역을 각각 선포하게 되었다.

이후 양국은 상호 중첩된 배타적 경제수역에 있어서 해양생산물자원의 합리적인 보존, 관리 및 최적 이용의 중요성을 인식하고 1965년의 '한일어업협정'을 기초로 하여 유지되어 왔던 양국 간 어업분야에 있어서의 협력관계를 더욱 발전시키기 위해, 중첩된 배타적 경제수역의 경계획정에 앞서 새로이 '대한 민국과 일본국 간의 어업에 관한 협정(이하 '신한일어업협정'이라 한다.)'을 체결했으며 동 협정은 1999 년 1월 22일에 양국 간의 비준서 교환에 의해 효력이 발생하게 되었다. (제16조 제1항).

이 '신한일어업협정'은 한일 양국 간 어업분야에 있어서의 협력관계를 더욱 발전시키고 한국의 수산 업 진흥과 국민경제의 발전에 크게 기여할 것으로 기대된다. 그러나 동 협정에는 한국의 독도에 대한 영유권 귀속에 의문을 갖게 하여 한국의 독도에 대한 영유권을 훼손하거나 또는 훼손할 위험성이 있는 몇몇 규정이 포함되어 있다.

'신한일어업협정'이 교섭 단계에 있는 기간에 이러한 문제점에 대한 지적과 비판은 한국의 국가이익 을 위해 바람직한 것이지만, 동 협정이 1999년 1월 12일 이미 효력을 발생한 오늘의 시점에서 이들 문제점에 대한 지적과 비판을 근거로 한, 동 협정의 개정 제의는 오히려 일본의 국가 이익에 합치되고 한국의 국가 이익에 배치될 수도 있다. 그러므로 이 글은 한국에게 불리하게 해석될 수도 있는 문제점 에 대한 해결 보완책의 강구를 촉구하는 데 그 의의를 두어 민족 자존심의 표상인 독도를 지키려는 것이다.

'신한일어업협정'은 독도의 영토, 영해, 배타적 경제수역을 훼손한 것이지만 여기서는 독도의 영토 훼손 여부에 관해서만 논하기로 한다. 그것은 연해, 배타적 경제수역은 결국 영토의 훼손여부에 의거한 것이기 때문이다. 이하 '분쟁의 존부문제', '불리한 배제로 인한 문제', '독도의 훼손문제'순으로 논급하 기로 한다.

이 글을 법실증주의에 입각한 것이고, 법 해석론을 기초로 한 입법론에 접근하려는 것이며, 독도 영 유권 보존을 제1차적 가치로 설정하고 기타의 정치적, 경제적, 외교적 국가 이익의 추구는 제2차적인 것으로 본 것이다.


## II. 분쟁의 존재 긍정 문제

### 1. 문제의 제기

우리정부는 의연히 독도 영유권에[1] 관한 한일 간의 문제를 분쟁(dispute)으로 보지 않는 입장을 견지 해 왔다. 그러나 '신한일어업협정'에 의하면 독도를 소위 중간수역 내에 위치하게 함으로써 (제9조 제1 항) 한국정부가 한일 간의 독도 영유권 문제(problem, issue)를 독도 영유권 분쟁(dispute)으로[2] 스스로

---

1) 여기서 '영유권'은 영유권(*dominium*)과 영역권(*imperium*)을 모두 지칭하는 의미로 사용하기로 한다.
2) 국제법상 '사태(situation)'가 발전하여 '분쟁(dispute)'으로 되며, 분쟁은 일방 당사자가 타방 당사자에게 특정의 요구를 하고, 타방 당사자

공식적인 묵인(acquiescence)을 한 것이 되어 한국의 독도 영유권이 훼손되지 않았나 하는 의문을 갖게 한다. 왜냐하면 독도 영유권 문제로 인해 한일 간의 배타적 경제수역의 경계를 획정할 수 없으므로 중간수역을 설정하게 되었다는 것을 부인할 수 없기 때문이다.

독도 영유권 문제가 영유권 분쟁으로 발전되게 되면 독도 영유권에 관한 한국과 일본의 독도에 대한 지위가 1대 1의 대등한 것이 되어 그만큼 한국의 독도에 대한 영유권이 훼손되는 결과를 가져오기 때문이다.[3]

독도 영유권이 한국에 귀속되어 있음은 엄연한 사실이므로 한일 간의 독도 영유권 문제는 국제법상 '분쟁'으로 될 수 없는 것이다. 우리정부의 일관된 입장도 독도 영유권 문제가 일본과의 분쟁 대상이 될 수 없다는 것이었다.

만일 이를 국제법상 분쟁으로 보게 되면 (i) 당연히 한국영토인 독도에서 일본과 대등한 입장에서 맞서는 것이 되고, (ii) 뿐만 아니라 국제연합의 회원국인 한일 양국은 이를 평화적으로 해결해야 할 '국제연합헌장'상의 의무를 지며(제2조 제3항, 제33조 제1항), (iii) 경우에 따라 국제연합총회 또는 안전보장이사회로부터 분쟁해결에 관한 권고를 받을 수 있게 된다(제11조 제2항, 제36조 제1항). 그리고 (iv) 한 걸음 더 나아가 '국제연합헌장'상 안전보장이사회가 그 분쟁을 평화에 대한 위협(the threat to the peace)으로 결정할 경우 국제연합으로부터 제재조치를 받을 수도 있게 된다(제40조 이하). 때문에 우리정부는 독도가 일본과의 관계에서 분쟁의 대상이 될 수 없다는 입장을 견지해 왔던 것이다.

1954년 9월 25일 일본정부는 독도 영유권에 관한 한일 간의 문제를 법적 분쟁이라고 보고 이를 국제사법재판소에 제소하자는 제의를 다음과 같이 해 왔다.

이 문제(issue)는 국제법의 기본원칙의 해석을 포함하는 영유권에 관한 분쟁(a dispute on territorial rights)이니만큼… 일본정부는 일본정부와 한국정부의 상호 합의에 의하여 이 분쟁(the dispute)을 국제사법재판소에 부탁할 것을 제의한다.[4]

상기 일본정부의 제의에 대해 우리정부는 1954년 10월 28일에 다음과 같이 이를 일축하는 내용의 항의를 한 바 있다.

독도문제(the Dokdo problem)를 국제사법재판소에 제소하자는 일본정부의 제의는 사법절차를 가장한 또 다른 허위의 시도에 불과하다. 한국은 독도에 대한 영유권을 갖고 있으며, 한국이 또한 국제재판에 의하여 그의 권리를 증명하여야 할 이유가 없다. …일본은 소위 독도 영유권 분쟁에 대해 한국과의 관계에서 일본을 대등한 지위로 놓으려고 시도하는 것이다(is attempting to place herself on the equal footing).[5]

---

가 그 요구를 거절할 때 존재하게 된다(Hans Kelsen, *The Law of the United Nations* (New York: Praeger, 1950), p.360). 상설국제사법재판소는 분쟁을 '법적 문제점 또는 사실에 관한 문제점에 대한 의견의 불일치'라 정의했다(P.C.I.J., *Series A*, No.21. 192 p.ll).

3) 이상면, '중간수역에 들어간 독도의 운명과 그 대책', 독도찾기운동본부, 「독도현장보고」(서울: 독도찾기운동본부, 2001), p.17.

4) 외무부, 「독도관계자료집(Ⅰ)」(서울: 외무부, 1977), pp.74-75.

5) 상계서, pp. 119-20.

이상과 같이 우리정부는 '신한일어업협정'을 체결하기 이전까지는 독도 영유권 문제를 일본과의 국제분쟁으로 보지 않는 입장을 취해 왔다.[6]

1965년의 '한일기본관계에 관한 조약', '한일어업협정' 체결 시 한국정부는 독도 영유권 문제에 있어 어떤 형식으로든 규정상으로 일본의 지위를 인정하는 것을 배제하였으며, '분쟁해결에 관한 교환 공문'에 독도문제에 관한 규정을 두자는 일본의 주장을 배격하였다. 1974년의 '한일대륙붕협정' 체결 시에도 한국정부는 이러한 입장을 견지해 왔다. 그러나 1999년의 '신한일어업협정'의 체결로 우리정부의 이러한 입장은 깨지고 말았다. 이제 일본이 다케시마를 찾을 법적 발판을 놓으려던 숙원은 꿈이 아니라 현실로 실현된 것이다.

## 2. 문제에 대한 논의

### 가. 정부의 견해

독도를 중간수역 내에 위치하게 함으로써 독도 영유권 문제가 한일 간의 국제분쟁으로 되는 것을 한국정부가 묵인하는 것으로 되어 결과적으로 독도 영유권에 관한 일본의 지위가 한국과 대등한 것으로 되고, 그만큼 독도에 대한 한국의 영유권이 훼손되는 결과를 가져올 수 있다는 점에 관해 우리정부는 어떠한 해설도 한 바 없다. 아마도 우리정부는 이 점을 다음과 같이 해설할지 모른다.

첫째로, 국제법상 분쟁의 존재 여부는 문제의 당사자에 의해 주관적으로 정해지는 것이 아니라 제3자에 의해 객관적으로 정해지는 것이며, 제3국은 이미 한일 간의 독도 영유권 문제를 분쟁으로 보고 있으므로 한국이 이를 분쟁이 아니라고 보는 것은 무의미한 것이다.

둘째로, '신한일어업협정'에 독도를 중간수역 내에 위치시켰을 뿐, 독도 영유권 문제를 한일 간의 분쟁으로 인정한다는 명문 규정이 없을 뿐만 아니라 그러한 묵인 효과를 인정하는 해석은 성립의 여지가 없다.

셋째로, '신한일어업협정' 제15조에서 '이 협정의 어떠한 조항도 어업문제 이외의 국제법상 문제에 관한 각 체약국의 입장을 해하는 것으로 간주되지 아니한다.'고 규정하고 있으므로 독도 영유권 문제가 국제분쟁으로 되어 한국을 해하는 것으로 되지 않는다.

### 나. 정부의 견해에 대한 이견

상기 우리정부와 가설적 견해에 대해 다음과 같은 이견이 제시될 수 있다.

첫째로, 국제법상 분쟁의 존재 여부는 제3자에 의해 정해질 수 있고 당사자에 의해 정해질 수도 있으나, 그 분쟁을 국제재판에 의해 해결하기 위해서는 당사자에 의해 분쟁으로 인정되어야 한다. 만일

---

6) 김영구, '국제법에서 본 동해 중간수역과 독도', 독도연구보전협회, 「독도 영유권 대토론회」1999. 10. 22, 프레스센터, pp.23-24.

제3자에 의해 분쟁으로 인정되어도 당사자의 어느 일방이 분쟁으로 보지 않으면 이는 제소합의 (compromise)에 이를 수 없으며 따라서 국제재판소는 이에 대한 관할권을 행사할 수 없기 때문이다. 그러므로 한국이 독도문제를 분쟁으로 보지 않는 것은 중요한 의미를 갖는다.

둘째로, 상기 첫째의 이유에 대한 이견을 제시해 보기로 한다. 독도 영유권 문제를 분쟁으로 본다는 명문의 규정은 없으나, 묵시적으로 그러한 효과를 인정하는 해석은 성립될 수 있는 것이다.

1969년의 '조약법에 관한 비엔나 협약(Vienna Convention on the Law of Treaties)'은 조약의 해석에 관한 보조적 수단으로(supplementary means of interpretation) 조약의 의미를 확인하기 위해, 또는 의미를 결정하기 위해 조약의 준비작업 및 조약체결 시의 사정 (preparatory work of the treaty and the circumstance)을 감안할 수 있다고 규정하고 있다(제32조 본문).[7]

'신한일어업협정'을 체결하기 위한 교섭 기간에 한국은 종래의 'EEZ 경계가 획정된 이후라야 협정 적용수역을 결정할 수 있는 것이므로 EEZ 경계획정 문제와 어업협정 개정의 협상은 동시에 연계하여 진행되어야 한다.'는 기본입장을 취하고 있었다. 그러나 1997년 3월 6일부터 영유권 문제와 어업 문제를 분리해서 타결하겠다는 입장을 표명했다.[8] 이는 한국이 한일 간에 독도 영유권 문제가 분쟁으로 되어 있음을 전제로 한 것이다. 따라서 이러한 '조약체결 시의 사정'을 고려할 때 한국은 중간수역 내에 독도를 위치시키는 '신한일어업협정'의 체결로 독도 영유권 문제가 한일 간의 영유권 분쟁의 존재를 묵인한 것이라는 해석을 가능하게 하는 것이다.[9]

셋째로, 상기 두 번째의 이유에 대한 이견은 후술(Ⅱ. 1. 나)하는 '신한일어업협정' 제15조의 해석에서 논급하기로 한다.

요컨대, 상술한 바와 같이 '신한일어업협정'이 중간수역을 설정하고 동 수역 내에 독도를 위치하게 함으로써 한국정부는 동 협정을 통해 독도 영유권 문제를 영유권 분쟁으로 묵시적으로 인정하는 것이 되며,[10] 그 결과 독도 영유권에 대한 한국의 지위와 일본의 지위가 대등한 것으로 되어[11] 그만큼 한국의 독도 영유권이 훼손되는 것으로 되어 있다.

---

7) Shabtai Rossenne, *Development in the Law of Treaties* (Cambridge: Cambridge University. Press, 1989), pp.236, 395-96) ; Ian Sinclair, *The Vienna Convention on the Law of Treaties*, 2nd ed. (Manchester: Manchester University. Press, 1984), pp.114-17 ; T. 0. Elias, *The Modern Law of Treaties* (New York: Oceana Publications, 1974), pp.79-84.

8) 외무부, 「보도자료」, 제97-83호.

9) 묵인(acquiescence)은 묵시적 동의의 근거(validity of tacit consent)가 되며 (I. C. MacGibbin, 'The Scope of Acquiescence in International Law', *B.Y.I.L.*, Vol.31, 1954, p.144), 해석의 요소(an element of interpretation)가 되고 금반언(an estoppel)의 기능을 한다(*ibid*, pp.146-47). 그러므로 중간수역 내에 독도를 위치시키는 '신한일어업협정'의 체결은 분쟁의 존재에 대한 해석의 요소가 되고, 차후 분쟁의 존재를 부정하는 행위를 할 수 없게 된다.

10) 분쟁이 존재하느냐 하는 것은 객관적으로 정해지는 것이므로(*I.C.J., Reports*, 1950, Interpretation of Peace Treaties, Advisory Opinion, p.74), 분쟁의 존재를 한국정부가 묵시적으로 인정한 것으로 되는 구체적 효과는 한국이 일본의 제소 제의를 거부할 수 있는 근거를 상실하게 되는 것이다.

11) 외무부, 전주 4, pp. 119-20.

## III. 배제조항의 설정

### 1. 문제의 제기

'신한일어업협정'은 '이 협정의 어떠한 규정도 어업에 관한 사항 외의 국제법상 문제에 관한 각 체약국의 입장을 해하는 것으로 간주되어서는 아니 된다.'라고 규정하고 있다(제15조).

이 배제조항(disclaimer)은 한국의 독도 영유권을 해하지 않는 조항으로 보이나, 일본 측에서 보면 일본의 다케시마에 대한 영유권을 해하지 않는 조항으로 되어 결국 이 조항은 독도를 실효적으로 지배하고 있는 한국의 독도에 대한 영유권을 훼손하는 결과를 가져오게 한 것으로 볼 수도 있다는 문제를 제기하고 있다.

### 2. 문제에 대한 논의

#### 가. 정부의 견해

상기 문제에 대해 우리정부는 (i) 협정의 명문 규정에 의해 '독도의 지위에 대해 영향이 없다.'고 하고,[12] (ii) '어업 이외의 다른 문제에 간접적으로 미치는 영향도 없도록 하기 위하여'라고 하고,[13] 또는 (iii) '어업협정상 수역의 분할 등에 있어서 추후 EEZ 경계획정에 간접적으로 영향을 미칠 가능성도 배제할 수 없으므로 이러한 영향을 사전에 차단하는 조항을 둠'[14]이라고 해설하고 있을 뿐, 동 조가 독도 영유권에 관해 일본에게 유리한 결과를 준 것이냐의 여부에 관해서는 아무런 언급이 없다.

#### 나. 정부의 견해에 대한 이견

제15조에 규정된 '어업에 관한 사항 외의 국제법상 문제'의 의미는 (i) '유엔해양법협약'상 배타적 경제수역에 대한 연안국의 권리인 어업 이외의 '비생물 자원의 탐사·개발·보존·관리를 위한 주권적 권리(제56조 제1항 a 전단)', '수력·조력·풍력 발전을 포함하는 경제적 탐사·개발을 위한 활동에 대한 주권적 권리(제56조 제1항 b 후단)', 그리고 '인공도·시설·구조물의 설치·사용에 대한 배타적 권리' 등의 문제를 뜻하는 것으로 해석될 수 있고, (ii) 배타적 경제수역의 기본인 영토 영유권, 기선, 배타적 경제수역을 갖는 섬인가의 여부 등의 문제를 뜻하는 것으로 해석될 수 있고, (iii) 배타적 경제수역과는 관계없는 양국 간의 2자, 다자간 조약상의 권리 등에 관한 문제를 뜻하는 것으로 해석될 수도 있고, (iv) 상기 (i), (ii)를 뜻하는 것으로 (iii)을 모두 포함하는 것으로 해석될 수도 있다.

상기 (i)의 해석에 의하면 독도 영유권 문제는 '어업에 관한 사항 외의 국제법상 문제'에 포함되지 않는 것으로 되며, (ii)의 해석에 의하면 독도 영유권 문제는 '어업에 관한 사항 외의 국제법상 문제'에

---

12) 외교통상부, 「신한일어업협정」, 1998. 11. 25, p.5 ; 신각수, '한일어업협정의 종합평가와 독도 영유권', 2002년 1월 28일, 한국해양수산개발원 주최 「한일어업협정과 독도에 관한 세미나」발표논문, p.15.

13) 외교통상부, 「신한일어업협정과 독도」, 1998. 11, p.2.

14) 외교통상부 조약국, 「한일어업협정 해설자료」, I, 1998. 11, p.11.

포함되는 것으로 된다. 우리정부의 해석은 (ii)의 해석에 따라 독도 영유권 문제는 '어업에 관한 사항 외의 국제법상 문제'에 포함되는 것으로 보고 있다.

우리정부는 제15조의 규정을 독도에 대한 우리의 입장을 해하지 않는 것으로 우리에게 유리한 조문이라고 한다.[15] 그러나 제15조의 규정을 일본 측에서 보면 독도의 실효적 지배를 하고 있지 못하면서도 독도 영유권이 일본에게 귀속된다는 일본의 입장을 묵인하는 것으로, 결국 일본에게 보다 유리한 규정인 것이다. 즉, 이 규정은 한국에게는 이(利)도 해(害)도 주지 않는 현상유지적 의미밖에 갖지 못하지만, 일본에게는 이(利)를 주는 현상변경적 의미를 갖는 것이다.[16]

요컨대, 결국 제15조의 규정은 독도 영유권에 관해 일본 측에게 비교 이익을 주어 그 결과로 한국의 독도 영유권이 그만큼 훼손되는 것으로 되었다는 해석이 가능할 수 있게 되어 있다.

## IV. 독도의 속도 지위 부정

### 1. 문제의 제기

독도는 울릉도의 속도이다. 그러나 '신한일어업협정'에 의하면 울릉도와 독도 중 독도만이 중간수역 내에 포함되어 있으므로(제9조 제1항) 독도와 울릉도는 국제법상 별개의 도서로 취급되게 되었다.

따라서 울릉도의 영유권이 한국에 귀속되어 있으므로 울릉도의 속도인 독도 영유권도 한국에 귀속된다는 이른바 '속도 이론'에 의한 독도에 대한 영유권 주장의 근거를[17] 상실하게 되는 결과를 초래한다는 문제가 제기된다.[18]

1951년의 '대일강화조약(대일평화조약)'에 일본으로부터 분리되는 한국영토가 명시되어 있는데 이 중에 울릉도는 포함되어 있으나 독도는 포함되어 있지 않다. 동 조약은 일본으로부터 분리되는 한국영토를 다음과 같이 규정하고 있다.

> 일본은 한국의 독립을 승인하고 제주도·거문도 및 울릉도를 포함하는(including the Island of Quelpart, Post Hamilton and Degalet) 한국에 대한 모든 권리·권원 및 청구권을 포기한다(제2조 a항).

상기 규정 중에는 울릉도는 포함되어 있으나 독도는 포함되어 있지 않다. 그러나 독도가 울릉도의 속도이므로 독도가 울릉도와 같이 일본으로부터 분리된 한국영토라는 우리의 논거는[19] '신한일어업협

---

15) 상게자료, p.11.

16) 이상면, 전게논문, 전주 3, p.18. 보다 유의해야 할 점은 한국정부는 제15조의 규정에 의해 일본정부의 독도 영유권 주장을 묵인하는 것으로 되고, 묵인은 일반 국제법상 영토 취득의 권원이 되므로(Georg Schwarzenberger, 'Title to Territory: Response to A Challenge, 'A.J.I.L., Vol.51, 1957, p.318), 결국 일본이 독도 영유권 취득의 권원이 될 수 있다는 점이다.

17) 김명기, '독도와 대일강화조약 제2조', 김명기 편, 『독도연구』(서울: 법률출판사, 1997), p.255.

18) 중간수역 내에 독도는 위치하고 있으며, 울릉도는 중간수역과 구별되는 배타적 경제수역 내에 위치하고 있기 때문이다. 속도가 주도의 부속도라는 문언상 언급이 없는 한, 주 도에 대한 주권의 행사가 속도에 대한 주권의 행사로 볼 수 없다는 국제 사법재판소의 판결 (I.C.J., Reports, 1953, p.71)에 유의해야 한다.

정'이 효력을 발생한 이후에는 더 이상 주장하기 어렵게 되었다. 뿐만 아니라, 「삼국사기」(三國史記) 열전(列傳) 이사부조(異斯夫條)에 신라 지증왕 13년(512년)에 이사부가 우산국을 정복하고 우산국이 신라에 귀복하여 왔다고 기록되어 있는 바, 여기 우산국의 영토는 울릉도와 그의 속도인 우산도(독도)가 포함된다는 것을 근거로 독도는 신라 지증왕 13년 이래 우리의 영토라는 주장도[20] 사실상 깨지게 된다. 그리고 조선 중종조(1531년)에 편찬된 「신동국여지승람」(新東國與地勝覽) 강원도 울진현조(권 45)에 '우산과 울릉은 원래 한 섬이라고 한다.'는 기록에 의해 인정된 역사적 사실을[21] 부정하는 결과를 가져오게 한다.

## 2. 문제에 대한 논의

### 가. 정부의 견해

이 점에 대한 우리정부의 해설은 아직 없다. 이는 우리정부가 이 문제를 문제로 파악하고 있지 못한 데 연유하는 것으로 보인다.

### 나. 정부의 해설에 대한 이견

상술한 바와 같이 이 점에 관해 우리정부는 어떠한 언급도 하지 않고 있으므로, 이에 대한 비판을 할 수 없음은 물론이다.

요컨대, '신한일어업협정'이 독도를 울릉도와 분리하여 독도만을 중간수역에 위치케 함으로써 독도는 울릉도의 속도라는 주장을 더 이상 할 수 없게 되어, '대일평화조약' 제2조에 열거된 '울릉도'에는 속도인 독도도 포함되어 독도가 동 조항에 의해 일본으로부터 분리된 것이라는 주장을 더 이상 할 수 없게 되어, 독도 영유권은 그만큼 훼손되게 되었다.

# V. 결언

상술한 바와 같이 '신한일어업협정'에는 한국의 독도에 대한 영유권을 훼손하거나 또는 훼손할 위험성이 있는 몇몇 조항이 있다. 과거의 국제사회에서 영토 취득의 주요 원인은 선점·정복·할양 등이

---

19) Myung-Ki Kim, *Territorial Sovereignty over Dokdo and International Law* (Claremont, California: Paige Press, 2000), p.128; 신용하, 「독도의 민족영토사 연구」(서울: 지식산업사, 1996), p.321 ; 이한기, 「한국의 영토」(서울: 서울대학교 출판부, 1969), p.269 ; 김명기, 「독도 영유권과 국제법」(서울: 투어웨이사, 1999), p.45 ; 1959년 1월 7일의 한국 측 구술서, 제17항.
   '대일강화조약'에서 독도가 누락되는 과정에 관해서는 김정호, '독도와 대일강화 조약 제2조의 체결 경위', 김명기 편, 「독도 특수연구」(서울: 법서출판사, 2001), pp.261-66 참조.

20) 김영개, '독도와 제2차 대전의 종료', 김명기 편, 전게서, 전주 17, p.218 ; 이훈, '조선 후기의 독도 영속시비', 한일관계연구회 편, 「독도와 대마도」(서울: 지성의 샘, 1996), pp.16-17 ; 김학준, 「독도는 우리 땅」(서울: 한줄기, 1996), p.49 ; 신용하, 전게서, 전주 19, pp.27-28 ; 김병렬, 「독도냐 다케시마냐」(서울: 다다미디어, 1996), pp.160-63 ; 1954년 9월 25일의 한국 측 구술서, 제1항 (1).

21) 이훈, 전주 20, p.20 ; 신용하, 전게서, 전주 19, pp.16-17 ; 김영주, '독도의 명칭', 김명기, 전게서, 전주 17, p.12 ; 1954년 9월 25일의 한국 측 구술서, 제1항 (1).

있으나, 오늘의 국제사회에서 영토취득의 주요 원인은 묵인(acquiescence)·승인(recognition) 그리고 금반언(estoppel)이다.[22] 묵인·승인·금반언의 반복으로 영토취득이 응고되어지는(consolidated) 것이다.[23]

우리정부는 '신한일어업협정'을 체결함에 있어서 어업과 기타의 경제적·외교적 이익에 제1차적인 가치를 부여하고, 독도 영유권에 제2차적인 가치를 부여하여 독도 영유권이 일본에 있다는 일본정부의 주장을 묵인·승인하거나 또는 이 묵인·승인에 의한 금반언의 효과로 한국의 독도에 대한 영유권이 훼손된다는 점을 간과하는 과오를 범했다. 이 과오를 합리화하려는 정부의 시책은 또다시 새로운 과오를 이중으로 범할 뿐인 것이다.

우리정부는 하루 속히 훼손되거나 훼손될 위험성이 있는 독도 영유권을 치유하기 위한 대책을 강구하여 국민의 여망에 따라 민족의 자존심인 독도를 영구히 보전해야 할 민족적 소명을 다 해야 할 것이다.

이미 '신한일어업협정'의 종료를 통고할 수 있는 시한인 2002년 1월 22일이 도래했다. 하루 속히 동 협정의 종료를 통고하여 훼손된 독도 영유권을 치유해야 할 것이다.[24]

## <참고문헌>

김명기, '독도와 대일강화조약 제2조', 김명기 편, 『독도연구』, 서울: 법률출판사, 1997.

_____, 『독도 영유권과 국제법』, 서울: 투어웨이사, 1999.

김병렬, 『독도냐 다케시마냐』, 서울: 다다미디어, 1996.

김영개, '독도와 제2차 대전의 종료', 김명기 편, 전게서

김영구, '국제법에서 본 동해 중간수역과 독도', 독도연구보전협회, 『독도 영유권 대토론회』1999. 10. 22, 프레스센터.

김정호, '독도와 대일강화 조약 제2조의 체결 경위', 김명기 편, 『독도특수연구』.서울: 법서출판사, 2001.

김학준, 『독도는 우리 땅』, 서울: 한줄기, 1996.

신각수, '한일어업협정의 종합평가와 독도 영유권', 2002년 1월 28일, 한국해양수산개발원 주최 「한일어업협정과 독도에 관한 세미나」발표논문.

신용하, 『독도의 민족영토사 연구』, 서울: 지식산업사, 1996.

외교통상부, 『신한일어업협정』, 1998. 11. 25.

외교통상부, 『신한일어업협정과 독도』, 1998. 11.

외교통상부 조약국, 『한일어업협정 해설자료』I, 1998. 11.

외무부, 『독도관계자료집(Ⅰ)』, 서울: 외무부, 1977.

이상면, '중간수역에 들어간 독도의 운명과 그 대책', 독도찾기운동본부, 『독도현 장보고』, 서울: 독도찾기운동본부, 2001.

이한기, 『한국의 영토』, 서울: 서울대학교 출판부, 1969.

이훈, '조선 후기의 독도 영속시비', 한일관계연구회 편, 『독도와 대마도』, 서울: 지성의 샘, 1996.

Brownlie Ian, *Principles of Public International Law*, 5th ed., Oxford: Clarendon, 1998.

_____, *The Rules of Law in International Affairs*, Hague: Martinus Nijhoff, 1998.

---

22) Shaw, *International Law,* 4th ed., Cambridge: Cambridge University Press, 1997. p.350 ; David H. Ott, *Public International Law in the Modern World* (London: Pitman, 1987, p.106 ; Akehurst, *supra* n.40, p:154 ; Ian Brownlie, *Principles of Public International Law*, 5th ed. (Oxford: Clarendon, 1998), pp. 156-59 ; MacGibbon, *supra* n.9, pp.152-62 ; Schwarzenberger, *supra* n.l6, p.318 ; A. L. W. Munkman, 'Adjudication and Adjustment', *B.Y.I.L*, Vol.47, 1972-1973, pp.45-46 ; Ian Browlie, *The Rules of Law in International Affairs* (Hague: Martinus Nijhoff, 1998), p.155.

23) Santiago Torres Bernardez, 'Territory, Acquisition', in *EPIL*, Vol.10, 1987; Brownlie, *supra* n.22, pp.162-63.

24) 독도 영유권이 훼손된 상태가 장기화되면 '실효성의 원칙'에 따라 한국은 영영 독도 영유권을 상실하게 되는 상황에 이를 수도 있게 된다.

Elias T. 0., *The Modern Law of Treaties*, New York: Oceana Publications, 1974.

I.C.J., *Reports*, 1950, Interpretation of Peace Treaties, Advisory Opinion.

Kelsen Hans, *The Law of the United Nations*, New York: Praeger, 1950,

Kim Myung-Ki, *Territorial Sovereignty over Dokdo and International Law,* Claremont, California: Paige Press, 2000.

MacGibbin I. C., 'The Scope of Acquiescence in International Law', *B.Y.I.L.*, Vol.31, 1954.

Munkman A. L. W., 'Adjudication and Adjustment', *B.Y.I.L*, Vol.47, 1972-1973.

Ott David H., *Public International Law in the Modern World,* London: Pitman, 1987.

P.C.I.J., *Series A*, No.21. 192.

Rossenne Shabtai, *Development in the Law of Treaties*, Cambridge: Cambridge Univ. Press, 1989.

Schwarzenberger Georg, 'Title to Territory: Response to A Challenge, '*A.J.I.L.*, Vol.51, 1957.

Sinclair Ian, *The Vienna Convention on the Law of Treaties*, 2nd ed., Manchester: Manchester Univ. Press, 1984.

Torres Bernardez Santiago, 'Territory, Acquisition', in *EPIL*, Vol.10, 1987.

# 제5절 | 독도를 기점으로 하지 않은 신한일어업협정
– 독도를 암석으로 본 정부의 주장 비판 –

## I. 서언

1965년에 이르러 1965년 6월 22일 한일 양국은 어두운 과거를 청산하고 한일 국교정상화를 위한 '한일기본관계에 관한 조약'을 체결했다. 그리고 동 일자에 양국은 '한일어업협정'을 체결하여 양국 간의 어업발전과 선린관계의 유지를 위해 상호 협력해 왔다. 그 후 1982년 12월 10일 '해양법에 관한 국제연합 협약(이하 '유엔해양법협약'이라 한다.)'이 채택되고, 한일 양국이 동 협약의 당사자로 가입함에 따라 양국은 동 협약에 근거한 배타적 경제수역을 각각 선포하게 되었다.

이에 따라 양국은 상호 중첩된 배타적 경제수역에 있어서 해양 생산물자원의 합리적인 보존·관리 및 최적 이용의 중요성을 인식하고 1965년의 '한일어업협정'을 기초로 하여 유지되어 왔던 양국 간 어업분야에 있어서의 협력 관계를 더욱 발전시키기 위해 중첩된 배타적 경제수역의 경계획정에 앞서 새로이 '대한민국과 일본국 간의 어업에 관한 협정(이하 '신한일어업협정'이라 한다.)'을 체결하였으며 동 협정은 1999년 1월 22일에 양국 간의 비준서 교환에 의해 효력을 발생하게 되었다(제16조 제1항).

그런데 동 협정에는 한국의 독도에 대한 영유권 귀속에 의문을 갖게 하여 한국의 독도에 대한 영유권이 훼손되거나 또는 훼손될 위험성이 있는 몇몇 규정이 포함되어 있다.

그중 가장 문제가 되는 것은 동 협정이 (i) 중간수역을 설정하고 독도를 이 중간수역 내에 위치시키고 있다는 것과 (ii) 동 협정이 독도를 기점으로 하지 않고 울릉도를 기점으로 하여 한국의 어업수역(협정수역)과 중간수역을 설정하고 있는 것이다. 이 두 개의 문제가 모두 독도에 대한 한국의 영유권을 훼손하고 있는 것이다.

이 글을 후자의 문제에 관한 우리정부의 주장을 비판해 보려는 것이다. 이하 (i) 문제의 제기, (ii) 우리정부의 주장, (iii) 유엔해양법상 암석에 관한 일반적 고찰, (v) 우리정부의 주장 비판순으로 논급하기로 한다.

## II. 문제의 제기

상술한 바와 같이 동 협정은 중간수역을 설정하고 있는 바, 이는 울릉도 이원 35해리에 위치하고 있다. 따라서 울릉도에서 35해리까지가 한국의 어업수역으로 규정되어 있다. 한국과 일본 양국이 각기

기 선포한 200해리의 배타적 경제수역이 동해의 전 수역에서 중첩되므로 양국은 '신한일어업협정'의 체결 협상과정에서 배타적 경제수역의 범위를 각각 35해리로 할 것과 배타적 경제수역의 기점을 한국은 울릉도로 하고, 일본은 오끼도(隱岐島)로 할 것에 합의를 보았다.[1]

한국 측의 기점을 독도로 하는 데 일본이 동의하면 중간수역을 설정할 필요도 없었고, 독도 영유권은 한국에 있는 것으로 확정되는 셈이 된다. 일본 측이 독도를 기점으로 하는 데 동의하지 않으므로 한국 측은 울릉도를 기점으로 한 것이다.

한국의 배타적 경제수역의 기점을 독도로 하지 않고 울릉도로 한 것은 한국이 독도 영유권을 포기한 것으로 해석될 가능성이 없지 않다. 장차 한일 배타적 경제수역의 경계획정에 있어서도 일본은 '신한일어업협정'의 선례를 따르자고 주장할 수 있을 것이며, 또 장차 독도 영유권 귀속 문제가 국제재판소에서 다투어지게 될 경우에도 일본이 이 선례를 근거로 독도 영유권이 한국에 귀속되지 않는 것이라고 주장할 가능성이 배제되지 않는다.


## III. 우리정부의 주장

동 협정이 독도를 기점으로 하지 않고 울릉도를 기점으로 한 것에 대해 우리정부는 다음과 같이 해설하고 있다.

첫째로, 울릉도를 기점으로 한 것은 독도 영유권을 포기한 것이 아니라, '유엔해양법협약'에서 섬은 배타적 경제수역을 가지나(제121조 제2항), 인간이 거주할 수 없거나 독자적으로 경제활동을 할 수 없는(cannot sustain human habitation or economic life of their own) 암석(rocks)은 배타적 경제수역을 갖지 아니한다고 규정하고 있는 바(제121조 제3항) 독도는 배타적 경제수역을 갖지 않는 암석인 것이다.[2]

둘째로, 독도를 배타적 경제수역을 갖지 않는 암석으로 보는 것이 '유엔해양법'상 명분과 실리 면에서도 유리한 것이다.[3]


## IV. 유엔해양법협약상 암석에 관한 일반적 고찰

### 1. 유엔해양법협약의 규정

'유엔해양법협약' 제121조는 '섬 제도(Regime of Islands)'라는 표제로 섬(islands)과 암석(rocks)에 관해 다음과 같이 규정하고 있다.

1. 섬은 만조 시에 수면 위에 있고, 바다로 둘러싸인 자연적으로 형성된 육지 지역이다.

---

1) 외교통상부, 「신한일어업협정과 해설자료」, 1998. 11., p.15.
2) 외교통상부, 「신한일어업협정과 독도」, 1998. 11. 25., p.6.
3) 외교통상부, 「신한일어업협정」, 1998. 11. 25., p.6.

2. 제3항에 규정된 경우를 제외하고, 섬의 영해, 접속수역, 배타적 경제수역 및 대륙붕은 기타 육지 영토에 적용 가능한 본 협약의 규정에 따라 결정된다.

3. 사람이 거주할 수 없거나 독자적인 경제활동을 지속할 수 없는 암석은 배타적 경제수역이나 대륙 붕을 가지지 아니한다.

위와 같이 '유엔해양법협약'은 사람이 거주할 수 없거나 독자적인 경제활동을 지속할 수 없는(cannot sustain human habitation or economic life of their own)섬을 '암석'으로 규정하고, 암석은 배타적 경제 수역이나 대륙붕을 가지지 않는다고 규정하고 있다. 동 제121조 제3항의 규정은 배타적 경제수역과 대륙붕의 예외 규정이다.[4]

## 2. 유엔해양법협약의 해석

'유엔해양법협약'상 암석의 정의 및 암석의 요건은 다음과 같이 해석된다. 그러나 암석의 정의 요건의 해석은 난제에 속한다.[5] 동 조 제3항 암석의 정의 요건은 일반 국제관습법이라고 볼 수 없다.[6]

암석은 다음과 같은 2개의 요건을 구비해야 한다.

### 가. 제1요건

동 협약 제121조 제3항의 암석은 제121조의 표제가 섬 제도 (Regime of Islands)로 표시된 바와 같이 동 조 제3항의 암석은 제1항에 규정된 섬의 특수 형태의 하나이므로 섬으로서의 요건을 구비해야 한다.[7] 전술한 바와 같이 동 조 제1항은 '섬은 만조 시에 수면 위에 있고, 바다로 둘러싸인 자연적으로 형성된 육지 지역이다.'라고 규정하고 있다. 따라서 동 조 제3항의 암석은 다음과 같은 섬의 일반적 요건을 구비해야 한다.

첫째로, 암석은 만조 시에 수면 위에 있어야 한다. 따라서 간조 시에만 수면 위에 있고 만조 시에는 수면 밑에 있는 지형물인 간출지(low tide elevations)는 암석이 아니다.[8] 그리고 간조 시에는 수면 밑에 있는 암초(reefs)도 암석이 아니다. 여기서 만조는 평균 만조, 즉 평균 고조를 뜻한다.[9]

둘째로, 암석은 바다로 둘러 싸여 있어야 한다. 따라서 일면이 육지에 붙어 있는 반도는 암석이 아니다.[10]

---

4) R. J. Duppy and Daniel Vignes (eds.), *A Handbook of the New Law of the Sea*, Vol.2 (Dordrecht: Martinus, 1991), p. 1053.

5) D.P.O'Connell, *The International Law of the Sea*, Vol.2(Oxford: Clarendon, 1984), p.732.

6) Duppy and Vignes, *supra*. n.4, p.1061.

7) B.KwiatKowska and A. H. Soons, 'Entitlement to Maritime Area of Rocks which cannot Sustain Human Habitation Economic Life of Their Own', *Netherlands Yearbook of International Law*, 1990, p.150.

8) Clive Ralph Symons, The *Maritime Zones of Islands in International Law*(Dordrecht: Martinus, 1979), pp. 42-43; D.W.Bowett, 'Islands', Rudolf Bernhardt(ed.), *EPIL*, Vol.11(Amsterdam: North-Holland, 1989), p.165.

9) R.D.Hodgson and R.Smith, 'The Informal Single Negotiating Text: A Geographical Perspectives', O.D.I.L., Vol.3, No.3, 1976, p.150.

셋째로, 암석은 자연적으로 형성되어야 한다. 따라서 등대와 같은 인공시설물이나 인공섬은 암석이 아니다.[11] '유엔해양법협약' 제60조 제8항은 "시설물이나 인공섬 및 구조물은 섬의 위치를 가지지 아니 한다.'라고 명문 규정을 두고 있다. 화산 폭발로 형성된 것은 자연적으로 형성된 것이다. 형성은 영구적인 것이어야 한다. 따라서 일시적으로 형성된 것은 암석이 아니다.[12]

넷째로, 암석은 육지 지역이어야 한다. 따라서 암석은 해안에 고착되어 있고 육지와 같은 성격을 가져야 하며 또한 영구성을 가져야 한다.[13] 여기서 영구성은 수평적 영구성과 수직적 영구성을 모두 포함하는 것이다. 전자는 수평적 위치의 영구성을 뜻하며 후자는 수직적 노출의 영구성을 뜻한다. 그러므로 육지 지역으로 볼 수 없는 빙산, 등대선, 그리고 죽마촌(stilt village)도 섬, 즉 암석이 아니다.[14]

### 나. 제2요건

제2요건은 일반적인 섬과 구별되는 암석 특유의 요건을 말한다. 제1조 제3항의 '암석'은 동 조 제1항의 요건 이외에 다음과 같은 특수 요건을 구비해야 한다. 이 특수 요건을 명확히 하는 것은

첫째로, 암석은 '사람이 거주할 수 없거나 독자적인 경제활동을 지속할 수 없어야 한다.'

(i) '사람이 거주할 수 없는'이란 사람이 거주하지 아니한(uninhabited)이 아니라 사람이 거주할 수 없는(uninhabitable)을 의미한다.[15] 이는 현재 사람이 거주하지 않지만 한때 사람이 거주했고, 앞으로 사람이 거주할 가능성이 있으면 지금 거주 가능한 것으로 인정된다. 즉, 과거에 거주 가능했으며 미래에 거주 가능한 것으로 인정된다.[16] 따라서 구아노(조분) 채취차 과거에 사람이 거주하였다면 현지 거주 가능한 것으로 된다.[17]

기술의 발달에 따라 어떤 섬도 거주 가능한 것으로 된다.[18] 조직적이고 안정적인 거주임을 요한다는 주장이 있으나 이는 일반적으로 수락되어 있지 않다. 사람의 거주는 항상 거주하는 것을 의미하는 것이 아니다. 따라서 사람의 거주는 어업을 위하여 정기적으로 이용하거나 피난처로 이용하거나 또는 계절적으로 이용하는 것을 포함한다.[19]

(ii) '독자적인 경제활동'은 과거에는 그리하지 않았으나 현재와 미래의 경제 수요의 변동, 기술적 혁신 또는 새로운[20] 인간 활동의 변화를, 그리고 능력이 개발되는 것을 의미한다. 독자적 경제활동은 자급자족을 의미하는 것이 아니나 계절적으로[21] 개발되거나 사용가능성이 있는 천연자원의

---

10) Gerald Fitzmaurice, 'Some Results of the General Conference in the Law of the Sea', *I.C.L.Q.*, Vol.8, 1959, p.85.

11) Symons, *supra* n.8, pp.37-41: Bowett, *supra* n.8, p.165.

12) Papadkis, The International Legal Regime of Artificial Islands(Leiden: Sijithoff, 1977), p.91.

13) *Ibid.*

14) Symons, *supra* n.8, pp.21-29.

15) Kwiatkwska and Soons, *supra* n.7, p.162.

16) *Ibid.*, pp.160-62.

17) M.Van Dyke, J.R.Morgan and J. Gurish, 'The Exclusive Economic Zone of the Northwestern Hawaiian Islands', *San Diego Law Review*, 1988, p.439.

18) Hodgson and Smith, *supra* n.9, p.231.

19) Jonathan I.Charney, 'Rooks that Cannot Sustain Human Habitation', *A.J.I.L.*, Vol.93, 1999, pp.863ff.

20) *Ibid.*

존재 필요성은 있어야 한다. 암석 위에 설치된 등대 또는 항해구조시설물은 해상운송의 가치 그 자체로는 경제생활을 할 수 있는 것으로 된다.[22]

(iii) '사람이 거주 가능한 또는(or) 독자적 경제활동'은 '또(and)'가 아니라 '또는 (or)'으로 해석된다.[23] 즉, 둘 중 하나를 충족하면 배타적 경제수역과 대륙붕을 가질 수 있다.[24]

둘째로, 암석은 그의 지질이 '암석'이어야 한다.

암석은 지질학적 개념이 아니다.[25] 그리고 암석은 그의 구조적 성분에 관계없이 모든 물리적 형상을 말한다.[26] 섬과 암석의 지질학적 차이는 없다.[27] 그러나 프랑스는 '암석은 지질학적 개념'이라고 주장하며 사호와 화산재로 구성된 Clipperton에 대해, 동 협약 제121조 제3항의 암석이 아니라고 하면서 동 섬의 주위에 배타적 경제수역을 선포한 바 있다.[28] 암석의 크기는 0.001 평방마일 이상이어야 한다는 주장[29] 내지 10 평방킬로미터라는 주장[30]이 있으나 암석의 크기에는 제한이 없다.

위와 같이 제121조 제3항의 규정은 해석된다. 제121조 제3항의 규정은 국제사회에서 일반적으로 수락되어 있지 않으나 위와 같이 해석될 수 있다.[31] 그러나 동 조 제3항의 규정은 실제 적용에 있어서 많은 어려움이 있다.[32] 동 조항의 해석에 관한 중재재판소의 판정은 제15절 참조

대부분의 암석 영유국은 그의 배타적 경제수역과 대륙붕을 넓게 확보하기 위해 암석을 섬이라고 주장하는 경향이 있으며 그로 인해 많은 국제 분쟁이 야기되고 있다.[33] 암석은 배타적 경제수역과 대륙붕의 경계획정에 고려되어 있기 때문에 영국은 북대서양에 위치한 고도인 Rockall섬에 대해 200해리 어업보존수역을 선포한 바 있다. 이에 대해 덴마크와 아일랜드는 영국에 대해 동 보존수역의 선포는 제121조 제3항의 규정을 위반한 것이라고 각기 항의한 바 있으며,[34] 멕시코는 태평양에 위치한 소도인 Clarion섬과 Guadalup섬에 대해 배타적 경제수역을 주장하여 이는 제121조 제3항의 위반이라는 문제를 제기하고 있고,[35] 브라질의 St. Peter 및 St. Poul섬,[36] 뉴질랜드의 L'Esperance와 노르웨이의 Jan

21) UN Office for Ocean affairs and Law of the Sea, The Law of the Sea: regime of Islands(New York: NO for OA, 1988), p.97.

22) E.D.Brown; 'The International Law of the Sea', Vol.1, 1994, pp.181-207.

23) Victor Prescott, 'The Uncertainties of Middleton and Elizabeth Reefs', Boundary and Security Bulletin, Vol.6, No.3, 1998, p.74.

24) Charney, *supra* n.19, p.863.

25) Kwiatkowska and Soons, *supra* n. 7, p. 153.

26) Aller Trost, The Contested Maritime and Territorial Boundaries of Malaysia-an International Law Perspective, 1998, p.62.

27) Kwiatkowska and Soons, *supra* n. 7, pp. 151-152.

28) 한국해양연구소, 「독도 생태계 등 기초 조사 연구」(서울:해양수산부, 2000) p.889.

29) A.D.Hudgson, 'Islands: Special and Normal circumstances:, in Gamble and Pontecorvo(ed.), Law of the Sea in the Emerging regime Oceans, 1974, pp.150-151.

30) O'connell, *supra* n.5, p.732, no.213.

31) Duppy and Vignes, *supra* n.4, p.1062.

32) J.duppy and Daniel Vignes(eds.), A Handbook of the New Law of the Sea, Vol.1, (Dordrecht: Martinus, 1991), p.497.

33) Ibid., p.471.

34) Geoffrey Marston, 'United Kingdom Materials on International Law', *BYIL.*, Vol.68, 1997, pp. 599-600 ; C. R. Simmons, 'The Maritime Zone of Islands in International Law(Dordrecht: Martinus, 1979)', pp. 117-18, 125-26: O'Connell, *supra* n. 5, p. 732.

35) Symmons, *supra* n. 8, pp. 125-26.

36) R. R. Churehill and A. V. Lowe, *The Law of the Sea* (Manchester: Manchester University Press, 1983), p. 36.

Mayen섬[37])도 위반이라는 분쟁의 대상이 되고 있다.


## V. 우리정부의 주장에 대한 비판

상기 정부의 주장에 대해서는 다음과 같은 반론을 제기해 볼 수 있다.

첫째로, 독도는 인간이 거주하고 독자적인 경제활동이 가능한 섬임에도 불구하고 이를 그렇지 않은 암석으로 본 것은 사실에 반한다.[38])

둘째로 동 협정에 독도가 인간이 거주하고 독자적으로 경제활동이 가능한 섬이 아니란 규정이 명시되어 있지 않는 한, 우리정부의 상기 주장은 성립의 여지가 없다. 국제법상 조약의 해석은 조약 체결 당시의 체약자의 의사를 명백히 해석하는 것이 아니라 조약을 체결할 당시 조약문의 객관적 의미를 명백히 하는 것('조약법에 의한 협약' 제31조 제4항)이기 때문이다.

동 협정상 독도는 인간이 살 수 없는 암석으로 본다는 규정이 없을 뿐만 아니라 그런 취지의 해석의 정서나 양해각서가 없으므로(체약자의 주관적 의사가 없으므로) 장차 독도의 실효적 지배가 강화된 이후에 독도는 인간이 거주할 수 있는 도서로 해석되게 되며, 따라서 독도는 배타적 경제수역을 갖는 도서로 되게 된다. 배타적 경제수역을 갖는 도서(독도)를 기점으로 하지 않고 울릉도를 기점으로 한 동 협정은 결국 한국의 독도 영유권이 없는 것으로 해석되게 된다.

셋째로, 독도를 '암석'으로 보는 것은 '유엔해양법협약' 제121조 제3항의 일반적 해석에 반한다. 독도는 제121조 제3항의 '암석'의 제1요건인 섬으로서의 요건을 모두 구비했으나 제2요건인 암석 특유의 요건을 구비하지 않은 것이 상기 (IV) '유엔해양법상 암석의 일반적 고찰'에 비추어 명백하다.[39])

넷째로, 전술한 바와 같이 섬의 영유국은 국익을 위해서 자국의 배타적 경제수역과 대륙붕의 범위를 확장하고 암석으로 보지 않는 것이 일반적인 추세이다. 우리정부의 주장은 이러한 일반적인 추세에 반한다.

다섯째로, 독도가 배타적 경제수역을 갖지 않는 암석으로 보는 것이 실리 면에서 유리하다는 주장은

---

37) Duppy and Vignes, *supra* n.4, vol.1, pp.335, 541-42.

38) 인간이 거주할 수 있는 가장 중요한 여건은 식수이다. 독도에는 1일 10드럼 정도의 담수가 나오며(정호기, '독도의 지리', 김명기 편, 『독도연구』(서울: 법률 출판사, 1997, p.50), 1953년 4월 21일 독도 의용수비대원 34명이 거주한 이래(김명기, 『독도 의용수비대와 국제법』(서울: 다물, 1998), pp.42-43), 현재 수십 명의 인원이 거주하고 있다(정선아, '독도의 호적, 주민등록 현황', 김명기 편, 『독도특수연구』(서울:법서출판사, 2001), p. 35 ; 나홍주, '한일어업협정의 문제점에 관한 고찰, 「한국해양법학회지」, 제22권 제2호, 2000, pp. 188-91). '유엔해양법협약' 제121조 제3항의 '인간의 거주'란 인간이 항상 거주하지 않아도 그 암석의 지형을 어업을 위하여 정기적으로 이용하거나, 피난처로 이용하거나, 또는 계절적으로 이용하는 것을 의미하며, '경제적 생활'이란 과거에는 그렇지 않았으나 현재와 미래에 경제적 수요의 변동, 기술적 혁신 또는 새로운 인간활동의 변화로 그러한 능력이 개발되는 것을 의미한다. 그리고 '인간의 거주'와 '경제적 생활'이라는 요건은 둘 중 하나만 충족하면 되는, 택일적인 사항이다(Jonathan I. Charney, 'Rocks That Cannot Sustain Human Habitation', *AJIL*. Vol.93, 1999, pp.863ff ; 나홍주, '인간의 거주를 지탱할 수 없는 암석에 관한 주해와 논평', 독도연구보전협회, 독도 영유권 대토론회, 「한일어업협정의 재개정 준비와 독도 EEZ 기선문제」, 2000. 9. 8., 프레스센터, pp. 1-23).

39) 독도는 '유엔해양법' 제121조 제3항의 '암석' 의 (i) 제1요건인 다음의 요건을 구비했으나
   ① 만조 시 수면 위에 있어야 한다.
   ② 바다로 둘러 싸여 있어야 한다.
   ③ 자연적으로 형성 되어야 한다.
   (ii) 제2요건인 다음의 요건 중 ①의 요건을 구비하지 못했다.
   ① 사람이 거주할 수 없거나 독자적인 경제활동을 할 수 없어야 한다.
   ② 지질이 암석이어야 한다.(전술 IV, 1, 2 참조)
   따라서 독도는 '암석'이 아니다.

부당한 것이다. 독도를 배타적 경제수역을 갖지 않는 암석으로 보아야 일본이 남해의 배타적 경제수역 내에 위치한 일본 영유의 많은 섬에 대해 일본이 배타적 경제수역을 갖는 섬이라고 주장할 수 없게 할 수 있다는 우리정부의 주장은 타당하지 않기 때문이다. 남해에 있는 일본 영유의 모든 섬이 독도와 똑같은 형태의 것이 아닐 뿐더러 어떤 섬이 암석이냐 아니냐는 개별적으로 정해지는 것이며 일괄적으로 정해지는 것이 아니다.

끝으로 우리정부가 독도를 암석으로 보는 것은 일본정부가 독도를 배타적 경제수역을 갖는 섬으로 보고 있다는 것을[40) 간과한 것이다.

## VI. 결언

상술한 바와 같이 '신한일어업협정'은 중간수역 내에 독도를 위치시키고 독도가 아니라 울릉도를 기점으로 하는 기본 구조로 규정되어 한국의 독도 영유권을 훼손하고 있다. 이들 제 규정은 장차 '금반언', '일본의 역사적 응고' 권한 주장의 근거를 제공하게 되며, 특히 한국의 독도에 대한 실효적 지배강화는 동 협정상 독도가 한국영토가 아니라는 해석을 가능하게 하고 있다.

우리정부는 '신한일어업협정'을 체결함에 있어서 어업과 기타의 경제적, 외교적 이익에 제1차적인 가치를 부여하고, 독도의 영유권에 제2차적인 가치를 부여하여 독도 영유권이 일본에 있다는 일본정부의 주장을 묵인, 승인하거나 또는 이 묵인, 승인에 의한 '금반언'의 효과로 한국의 독도에 대한 영유권이 훼손된다는 점을 간과하는 과오를 범했다. 이 과오를 합리화하려는 정부의 대책은 또다시 새로운 과오를 이중으로 범할 뿐인 것이다.

동 협정은 이 '협정은 발효하는 날로부터 3년간 효력을 가지며, 그 이후에는 어느 일방 체약국도 이 협정을 종료시킬 의사를 타방 체약국에 서면으로 통고할 수 있다.'고 규정하고 있으며(제16조 제2항 전단), 또한 '이 협정은 그러한 종료 통고가 있는 날로부터 6월 후에 종료하며, 그렇게 종료하지 아니하는 한 계속 효력을 가진다.'라고 규정하고 있다. 따라서 동 협정이 발효한 후 3년 후에 한국은 동 협정의 종료를 통고할 수 있다.

독도 영유권을 수호하기 위해 조속히 동 협정을 폐기하는 정부의 결단이 요구되고 있다. 이는 민족적 소명이며 국가적 당위인 것이다. 영토주권의 수호는 어떠한 정치적, 외교적, 경제적, 군사적 국익에도 우선하는 최고의 가치인 것이다.

---

40) 일본참의원 제136회 해양법 조약 등에 관한 특별위원회, 1996. 6. 4.

# <참고문헌>

김명기, 『독도연구』 서울: 법률 출판사, 1997.

_____, 『독도 의용수비대와 국제법』, 서울: 다물, 1998

_____, 『독도특수연구』, 서울:법서출판사, 2001.

나홍주, 『한국해양법학회지』, 제22권 제2호

외교통상부, 『신한일어업협정과 해설자료』, 1998. 11.

외교통상부, 『신한일어업협정과 독도』, 1998. 11. 25.

_____, 『신한일어업협정』, 1998. 11. 25.

정선아, 『독도의 호적, 주민등록 현황』

정호기, 『독도의 지리』

한국해양연구소, 『독도 생태계 등 기초 조사 연구』, 서울:해양수산부, 2000.

Brown A.D., 'Islands: Special and Normal circumstances:, in Gamble and Pontecorvo(ed.), Law of the Sea in the Emerging regime Oceans, 1974.

Brown aller, The Contested Maritime and Territorial Boundaries of Malaysia-an International Law Perspective, 1998.

Bowett D.W., 'Islands', Rudolf Bernhardt(ed.), *EPIL*, Vol.11, 1989.

Brown E.D., The International Law of the Sea, Vol.1, 1994.

Brown Geoffrey, 'United Kingdom Materials on International Law', *BYIL*., Vol.68, 1997.

Brown Jonathan I., 'Rocks That Cannot Sustain Human Habitation', AJIL. Vol.93, 1999.

Brown R. R. and A. V. Lowe, *The Law of the Sea*, Manchester: Manchester University Press, 1983.

Brown Victor, 'The Uncertainties of Middleton and Elizabeth Reefs', *Boundary and Security Bulletin*, Vol.6, No.3, 1998.

Brown J. and Daniel Vignes(eds.), *A Handbook of the New Law of the Sea*, Vol.1, Dordrecht: Martinus, 1991.

Connell D.P.O', *The International Law of the Sea*, Vol.2, Oxford: Clarendon, 1984.

Dyke M.Van, J.R.Morgan and J. Gurish, 'The Exclusive Economic Zone of the Northwestern Hawaiian Islands', *San Diego Law Review*, 1988.

Dyke Jonathan I., 'Rooks that Cannot Sustain Human Habitation', *AJIL*., Vol.93, 1999.

Duppy R. J. and Daniel Vignes (eds.), *A Handbook of the New Law of the Sea*, Vol.2 Dordrecht: Martinus, 1991.

Fitzmaurice Gerald, 'Some Results of the General Conference in the Law of the Sea', I.C.L.Q., Vol.8, 1959.

Hodgson R.D. and R.Smith, 'The Informal Single Negotiating Text: A Geographical Perspectives', *ODIL*., Vol.3, No.3, 1976.

Kowska B.Kwiat and A. H. Soons, 'Entitlement to Maritime Area of Rocks which cannot Sustain Human Habitation Economic Life of Their Own', *Netherlands Yearbook of International Law*, 1990.

Papadkis, *The International Legal Regime of Artificial Islands*, Leiden: Sijithoff, 1977.

Ralph Symons Clive, *The Maritime Zones of Islands in International Law*(Dordrecht: Martinus, 1979.

UN Office for Ocean affairs and Law of the Sea, *The Law of the Sea: regime of Islands*, New York: NO for OA, 1988.

# 제6절 | 헌법재판소의 한일어업협정 위헌확인청구에 대한 기각 이유
## - 독도 영유권을 중심으로 -

## Ⅰ. 서언

1998년 11월 28일에 일본 가고시마에서 '대한민국과 일본국 간의 어업에 관한 협정(이하 '신한일어업협정'이라 한다.)'이 한국과 일본의 대표 간에 서명되었다. 동 협정은 우리 헌법 제60조 제1항의 규정에 따라 1999년 1월 6일 국회의 비준동의를 얻어, 동년 1월 22일 '조약 제1477호'로 효력을 발생하게 되었다.

'신한일어업협정'은 다음과 같은 몇 가지 점에서 헌법 위반이 아닌가의 문제가 제기된다.

첫째로, 동 협정은 국회의 비준동의 의결을 함에 있어서 '헌법' 제49조와 '국회법' 제112조 제1항 및 제2항의 규정에 따라 과반수 찬성의 표결을 거쳐야 함에도 불구하고 그러한 표결 없이 의장이 가결선포를 하였으므로 동 국회의 동의 결의는 헌법 위반이 아닌가의 문제를 제기한다.

둘째로, 동 '협정의 합의의사록'은 국회의 비준동의를 얻어야 함에도 불구하고 동 의사록은 국회의 동의를 얻기 위해 국회에 상정조차 되지 않아 국회의 동의를 위한 결의를 거친 바 없으므로 '헌법' 제60조의 규정을 위반하여 헌법 위반이 아닌가의 문제를 제기한다.

셋째로, 동 협정은 우리나라 영토인 독도와 그 주변수역을 이른바 중간수역 안에 포함시켜 독도에 대한 우리나라의 배타적 지배권을 포기하여 이는 '헌법' 제3조를 위반한 것이 아닌가의 문제를 제기한다.

넷째로, 동 협정은 1965년의 '한일어업협정'에 비해 조업수역이 극히 제한됨에 따른 어획량의 감소로 인하여 우리 어민들에게 불이익을 주어 동 협정은 어민들의 '헌법' 제10조에 규정된 행복추구권, 제15조에 규정된 직업선택의 자유, 제23조에 규정된 재산권 등의 기본권을 침해하여 헌법 위반이 아닌가의 문제를 제기한다.

이에 1999년 3월 12일에서부터 23일 사이에 10여인의 청구인들이 '신한일어업협정'은 국민의 기본권을 침해하여 '헌법'을 위반한 것이라고 주장하여 헌법재판소에 헌법소원심판을 청구하게 되었다. 헌법재판소 전원재판부는 상기 심판청구를 병합 심리하여 2001년 3월 21일 상기 심판청구 중 일부는 각하하고 다른 일부는 기각하는 결정을 했다.

이 글은 '신한일어업협정'의 체결이 헌법 위반이 아닌가의 문제 중 상기 셋째의 문제, 즉 독도의 영토와 그 주변수역을 이른바 중간수역으로 설정하여 독도에 대한 우리나라의 배타적 지배권을 포기하는 결과를 가져왔는데 이것이 '헌법' 제3조를 위반한 것이 아닌가의 문제에 관해, 동 협정은 헌법을 위반한 것이 아니라는 헌법재판소 전원재판부의 청구기각이유에 대해서만 몇 가지 비판을 가해 보고자 한다.

이하 (i)사건의 개요와 심판의 대상, (ii)청구인의 주장, (iii)외교통상부장관의 의견과 헌법재판소의 청구기각 이유, 그리고 (iv)헌법재판소의 청구기각 이유에 대한 비판순으로 논하기로 한다.

이 글은 국제법 측면에서의 접근이며, 법실증주의를 기초로 한 것이며, 법 해석론에 입각한 것이다.

## II. 사건의 개요와 심판의 대상

### 1. 사건의 개요

'대한민국과 일본국 간의 어업에 관한 협정 비준 등 위헌 확인 사건(2004.2.21. 99헌 마 199, 142, 156, 160(병합) 전원재판부)'은 다음과 같은 4개의 사건을 병합한 사건이다.[1]

#### 가. 99헌 마 139 사건

이 사건 청구인은 '임호'이다.

충주에서 변호사 업무에 종사하고 있는 청구인은 '대한민국과 일본국 간의 어업에 관한 협정(1998.11.23.조약 제1477호로 체결되고 1999. 1. 22 발효된 것)'이 우리나라의 영토인 독도와 그 주변 영해를 공동관리 수역 안에 포함시켜 이에 대한 우리나라의 배타적 지배권을 배제함으로써 국민의 한 사람인 청구인의 행복추구권과 재산권을 본질적으로 침해하여 위헌이라고 주장하면서 1999. 3. 12 이 사건 헌법소원심판을 청구하였다.[2]

청구인은 어선 한백호의 선주로서 우리나라와 일본 사이의 해역에서 활오징어 채낚기 조업을 하는 자이며 어민들의 권익 수호를 위하여 전국적으로 조직된 전국어민총연합회 회장이다.

그런데 청구인은 1998. 11. 28. 일본국 가고시마에서 서명되고 1999. 1. 6. 제199회 임시국회 제6차 본회의에서 비준동의안이 가결되고 1999. 1. 22. 발효된 '대한민국과 일본국 간의 어업에 관한협정(조약 제1477호)'과 그 합의의사록이 헌법상 보장된 국민의 영토권, 행복추구권, 직업선택의 자유 및 재산권 등 청구인의 기본권을 침해하여 헌법에 위반된다고 주장하면서 1999. 3. 16. 이 사건 헌법소원심판을 청구하였다.[3]

#### 나. 99헌 마 156 사건

이 사건 청구인은 '장경우', '조은희', '신중대'이며, 대리인은 '정은봉' 변호사이다.

---

1) 헌법재판소 사무처, 「헌법재판소공보」, 제55호, 2001. 4. 20., p. 99.
2) 상계공보, p. 101.
3) 상계공보, p. 101.

청구인 장경우는 한나라당의 시흥지구당 위원장, 청구인 조은희는 한나라당 구로을 지구당 위원장, 청구인 신중대는 한나라당 당원이다. 청구인들은 1998. 11. 28. 일본국 가고시마에서 서명되고 1999. 1. 6. 제199회 임시국회 제6차 본회의에서 비준동의안이 가결되고 1999. 1. 22. 발효된 '대한민국과 일본국 간의 어업에 관한 협정(조약 제1477호)'이 헌법상 보장된 청구인들의 기본권을 침해하여 무효라고 주장하면서 1999. 3. 22. 이 사건 헌법소원심판을 제기하였다.[4]

### 다. 99헌 마 160 사건

이 사건 청구인은 '김태환', '김성룡', '김재기', '손현', '성복근', '최현규', '탁홍식', '정인봉'이며, 대리인은 '정인봉' 변호사이다.

청구인들은 어업에 종사하고 있는 자들로서 청구인 김태환은 전국 어민후계자 중앙연합회 4·5대 회장을 역임한 자이고, 청구인 김성룡은 전국 어민후계자 3대 회장, 강원도 유자망 연합회 회장을 역임한 자이며, 청구인 김재기는 전국 어민후계자 중앙연합회 감사를 지내고 있는 자이고, 청구인 손현은 전국 어민후계자 중앙연합회의 부회장, 청구인 성복근은 전국 어민후계자 중앙연합회의 경상남도 회장을 지내고 있는 자이며, 청구인 최현규는 속초수협의 이사, 청구인 황웅길은 속초수협의 소형채낚기 선주협회 이사, 청구인 탁홍식은 속초수협의 이사를 지내고 있는 자이며, 청구인 정인봉은 변호사로 활동하고 있다.

그런데 이들 청구인들은 '대한민국과 일본국 간의 어업에 관한 협정'이 헌법상 보장된 자신들 및 후손들의 영토에 관한 권리·행복추구권·평등권·자신들의 직업선택의 자유·재산권 등을 침해하여 헌법에 위반된다고 주장하여 1999. 3. 23. 이 사건 헌법소원심판을 청구하였다.[5]

### 2. 심판의 대상

이상 4개의 사건을 병합한 이 사건의 심판 대상은 '대한민국과 일본국 간의 어업의 관한 협정'이다.[6]

## III. 청구인의 주장

서언에서 언급한 바와 같이 상술한 여러 개의 청구 중에서 독도 영유권과 그 주변수역에 대한 우리나라의 배타적 지배권이 침해되었다는 점에 관해서만 청구인들의 주장을 살펴보기로 한다.

### 1. 99헌 마 139 사건

99헌 마 139 사건에서 청구인은, '신한일어업협정'을 체결하여 독도를 중간수역에 위치케 하여 우리

---

4) 상계공보, p. 101.
5) 상계공보, p. 101.
6) 상계공보, p. 101.

나라의 독도와 그 주변영해에 대한 배타적 지배권을 포기하였으며, 따라서 이는 우리나라의 영토주권을 포기한 것으로 이는 헌법 위반이라고 다음과 같이 주장하였다.

> 우리나라 헌법 제3조는 '대한민국의 영토는 한반도와 그 부속도서로 한다.'고 규정되어 있으므로 우리나라의 영토인 독도는 헌법과 하위 법령에 의하여 지켜져야 하며, 공무원들도 이를 지켜야 한다. 그럼에도 우리나라 정부는 1999. 1. 6. 일본과의 사이에 이 사건 협정을 체결하면서 독도를 중간수역으로 규정하여 독도와 주변영해에 대한 배타적 지배권을 포기하였다.
> 따라서 이 사건 협정은 우리나라의 영토주권을 포기하여 헌법에 위반된 것이며, 이로 인하여 청구인이 우리나라 국민으로서의 긍지와 자부심을 가지는 등 인간다운 생활을 할 권리, 행복추구권과 독도에 대한 재산권을 침해당하였다.

이와 같이 청구인은 '신한일어업협정'의 체결로 독도에 대한 영토주권이 포기되었고, 이에 따라 국민의 기본권인 인간다운 생활을 할 권리를 침해당하였다고 주장하였다.

## 2. 99헌 마 142 사건

99헌 마 142 사건에서 청구인은, 우리나라는 독도를 기점으로 하여 200해리 배타적 경제수역을 가지는 것임에도 불구하고 '신한일어업협정'이 독도 해역을 중간수역에 포함시켜 배타적 경제수역에 대한 국민의 주권과 영토권을 침해한 것이라고 다음과 같이 주장하였다.

> 우리나라는 당연히 독도를 기점으로 하여 200해리 배타적 경제수역을 가지는 것임에도 불구하고 이 사건 협정에서 독도해역을 중간수역에 포함시켜 한일 양국이 공동관리 하도록 하였으며, 또한 배타적 경제수역의 경계선은 대륙붕 및 그 상부 수역의 경계선과 동일한 것이므로 제주도 남쪽의 한일 대륙붕 공동개발수역의 어업수역은 그 전부를 우리나라와 일본의 공동수역으로 하여야 하는 것임에도 불구하고 이 사건 협정에서는 그중 일부에 대하여만 중간수역으로 정함으로써 영해 및 배타적 경제수역에 대한 국민의 주권과 영토권이 침해되었고, 나아가 경제적 기본권 및 직업선택의 자유가 침해되었다.

이와 같이 청구인은 '신한일어업협정'이 국민의 주권과 영토권을 침해하고 경제적 기본권과 직업선택의 자유를 침해하였다고 주장하였다.

## 3. 99헌 마 156 사건

99헌 마 156 사건에서 청구인들은, '신한일어업협정'이 우리나라의 영토인 독도를 중간수역에 포함시켜 독도에 대한 우리나라의 영유권을 포기한 것이라고 다음과 같이 주장하였다.

> 이 사건 협정은 우리나라 영토인 독도를 중간수역에 포함시켜 독도에 대한 우리나라 영유권을 포기하고 나아가 인근 어장을 포기하여 일본의 어민만을 보호하고 우리나라 어민의 권리를 박탈하여 우리 어민의 권리를 합리적인 근거 없이 제한하였으며 나아가 청구인들의 수산물에 의한 영양섭취를

불가능하게 함으로써 청구인들의 대한민국 국민으로서의 영토에 관한 권리, 국제조약 체결에 있어서의 외국에 대한 평등권, 국민으로서의 정당한 영양을 섭취할 수 있는 권리, 수산물을 섭취할 수 있는 행복추구권, 보건에 관한 정당한 보호를 받을 수 있는 권리, 청구인들의 자손들의 행복추구권을 침해하였다.

이와 같이 청구인들은 '신한일어업협정'이 우리나라의 독도에 대한 영유권을 포기했으며, 그에 따라 대한민국 국민으로서의 영토에 관한 권리, 국민으로서의 정당한 영양을 섭취할 권리, 수산물을 섭취할 수 있는 행복추구권 등이 침해되었다고 주장하였다.

## 4. 99헌 마 160 사건

99헌 마 160 사건에서 청구인들은, '신한일어업협정'이 독도를 중간수역에 포함시킴으로써 우리나라의 독도에 대한 영유권을 포기한 것이라고 다음과 같이 주장하였다.

이 사건 협정은 독도가 우리나라의 영토인 사실을 망각하고 독도를 중간수역에 포함시킴으로써 우리나라 영토의 일부인 독도 영유권을 포기한 것이기 때문에 대한민국 국민인 청구인들의 영토에 관한 권리를 침해하였을 뿐만 아니라, 외국과의 협상에서 아무런 준비도 없이 일방적으로 불리한 조항을 넣어서 후손의 영토에 대한 권리와 행복추구권을 침해하였다.
이 사건 협정은 제헌 헌법 이래 우리의 근본이념을 망각하고 일본에 대하여 저자세이고 치욕적인 자세를 취하였으며, 독도 영유권을 포기하고 나아가 어장을 포기하다시피 함으로써 일본에 대해 1910년의 경술국치 이래 가장 굴욕적인 자세를 취하였던 바, 이는 헌법 전문에 기재된 3.1 정신을 근본적으로 위배한 것이다.

이와 같이 청구인들은 '신한일어업협정'이 독도를 중간수역에 포함시킴으로써 우리나라의 독도에 대한 영유권을 포기하고, 따라서 대한민국 국민의 영토의 관한 권리, 후손의 영토에 대한 권리와 행복추구권을 침해하였을 뿐만 아니라, 헌법전문에 선언된 3.1 정신을 위배한 것이라고 주장하였다.

# IV. 외교통상부장관의 의견과 헌법재판소의 청구기각이유

## 1. 외교통상부장관의 의견

상기 청구인들의 주장에 대해 헌법재판소는 외교통상부에 이에 대한 의견을 요청한 것으로 보인다. 이 사건에 있어서 청구인들의 신청에 대해 헌법재판소의 각하·기각의 이유 중에 '외교통상부장관의 의견 요지'가 포함되어 있는 것으로 보아 그렇게 보인다.

'외교통상부장관의 의견 요지' 중에는 '신한일어업협정'과 독도 영유권 침해 여부에 관한 의견 이외에 국회의 비준동의 의결절차에 관한 의견, 국회의 비준동의 의결을 거치지 않은 합의의사록의 효력에 관한 의견, 국민의 기본권 침해 여부에 관한 의견 등이 포함되어 있다. 이 글에서는 독도 영유권 침해

여부에 관한 의견만을 살펴보기로 한다.

이에 관한 외교통상부장관의 의견 요지는 다음과 같다.

> 이 사건 협정은 배타적 경제수역의 경계획정이 미결된 상태에서 우선 잠정적인 어업체계를 수립하기 위하여 체결된 것이므로 독도 영유권 문제와는 무관하다. 또한 이 사건 협정은 영해 이원의 배타적 경제수역만을 대상으로 하기 때문에 독도가 동해 중간수역 안에 위치하고 있다 하더라도 독도와 그 영해는 중간수역에서 제외되므로 그 지위는 아무런 영향을 받지 아니한다.
> 또한, 헌법 제3조는 국민 개개인에게 영토에 대한 권리를 부여하지 않기 때문에, 이 사건 협정으로 인하여 헌법이 보장하는 독도에 대한 영토권이 침해될 소지가 없다.

이와 같이 외교통상부장관의 의견은 '신한일어업협정'은 잠정적인 어업체계를 수립하기 위한 것이므로 독도 영유권 문제와는 무관한 것이며, 동 협정은 영해 이원의 배타적 경제수역만을 대상으로 하는 것이므로 독도가 중간수역에 위치해 있어도 이는 독도 영유권에 아무런 영향을 미치지 아니한다는 것이다.

## 2. 헌법재판소의 청구기각 이유

헌법재판소가 청구인들의 심판 청구를 각하 또는 기각하는 이유는 심판 청구별로 여러 가지가 제시되어 있으나, 여기서는 독도에 대한 우리나라의 영유권과 국민의 영토권이 침해되었다는 청구인들의 심판 청구를 기각하는 이유만을 보기로 한다.

독도에 대한 영토권의 침해 여부에 대한 헌법재판소의 판단 이유는 (i) 배타적 경제수역과의 관계, (ii) 신한일어업협정과 영해와의 관계로 구분하여 제시되어 있다.

### 가. 배타적 경제수역과의 관계

'신한일어업협정'은 어업에 관한 협정으로 배타적 경제수역과는 직접적인 관련을 가지지 않고, 따라서 배타적 경제수역에 대한 국민의 주권과 영토주권은 침해된 것이 아니라고, 또한 우리나라 영토의 일부인 독도 영유권이 포기된 것이 아니라고 헌법재판소 재판부는 다음과 같이 판시하였다.

> 먼저 이 사건 협정과 배타적 경제수역과의 관계를 살펴보면 이 사건 협정의 명칭과 본문 및 부속서 각 항의 내용으로부터 알 수 있듯이 이 사건 협정은 '어업에 관한 협정'이라는 점이다. 따라서 배타적 경제수역의 경계획정 문제와는 직접적인 관련을 가지지 아니하여 이 점은 부속서 I 제1항이 '양 체약국은 배타적 경제수역의 조속한 경계획정을 위하여 성의를 가지고 계속 교섭한다.'고 규정하고 있는 점으로부터도 확인할 수 있다.[7]
> 또한… 중간수역은 한일 양국이 배타적 경제수역에 관한 합의가 없으면 각기 채택하도록 되어있는 각자의 중간선보다 양국이 각각 자국 측 배타적 경제수역 쪽으로 서로 양보하여 설정한 것으로서 중간수역의 설정에 있어서 어느 양국의 일방적인 양보로는 보이지 않고, 또한 상호 간에 현저히 균형을 잃은 설정으로는 보이지 않는다(우리나라의 배타적 경제수역법 제5조 제2항 및 일본의 배타적

---

7) 상계공보, p. 101.

경제수역 및 대륙붕에 관한 법률 제1조 제2항 참조).[8]

이상과 같이 재판부는 첫째로는 '신한일어업협정'은 '어업에 관한' 협정이므로 배타적 경제수역 문제와는 직접적인 관련을 가지지 아니하므로, 그리고 둘째로는 중간수역이 한국과 일본 간에 어느 일국의 일방적인 양보와 상호 간에 현저히 균형을 잃은 설정으로 볼 수 없으므로 배타적 경제수역에 대한 국민의 주권과 영토권을 침해한 것이 아니며, 또한 우리나라의 독도에 대한 영유권이 포기된 것이 아니라고 판단하여 청구인들의 주장은 이유 없다고 판시하여 청구를 기각하였다. 이러한 청구 기각의 이유는 전술한 외교통상부장관의 의견과 동일한 것이다.

### 나. 영해와의 관계

'신한일어업협정'은 배타적 경제수역을 직접 규정한 것이 아닐 뿐만 아니라, 배타적 경제수역이 설정되었다 할지라도 이는 영해를 제외한 수역을 의미하므로 중간수역 내의 독도 영유권 문제나 영해 문제는 동 협정과 무관한 것이라고 헌법재판소 재판부는 다음과 같이 판시하였다.

> 다음으로 이 사건 협정과 영해와의 관계를 살펴보면 해양법협약에서는 배타적 경제수역을 영해 밖에 인접한 수역으로서 영해 기선으로부터 200해리를 넘을 수 없도록 규정하고 있고(제55·57조 참조) 이에 따라서 한일 양국의 국내법에서도 동일한 취지의 규정을 두고 있다(우리나라의 배타적 경제수역법 제2조 제1항 및 일본의 배타적 경제수역 및 대륙붕에 관한 법률 제1조 제2항 참조). 따라서 이 사건 협정은 배타적 경제수역을 직접 규정한 것이 아닐 뿐만 아니라 배타적 경제수역이 설정된다 하더라도 영해를 제외한 수역을 의미하며, 이러한 점들은 이 사건 협정에서의 이른바 중간수역에 대해서도 동일하다고 할 것이므로 독도가 중간수역에 속해있다 할지라도 독도 영유권 문제나 영해 문제와는 직접적인 관계를 가지지 아니한 것이 명백하다 할 것이다.[9]

이상과 같이 재판부는 독도가 이른바 중간수역 내에 위치한다 할지라도 중간수역은 영해를 제외한 수역을 의미하는 것이 명백하므로 '신한일어업협정'에 의해 독도 영유권이나 영해가 침해된 것이 아니라고 판단하고 청구인들의 주장이 이유 없다고 판시하여 청구를 기각했다. 이러한 청구 기각의 이유는 전술한 외교통상부장관의 의견과 동일한 것이다.

## V. 헌법재판소의 청구기각 이유에 대한 비판

### 1. 배타적 경제수역과의 관계에 관한 청구기각 이유 비판

전술한 바와 같이 헌법재판소는 '신한일어업협정'과 배타적 경제수역과의 관계에서 청구기각 이유를

---

8) 상계공보, p. 101.

9) 상계공보, pp. 101-102.

다음 두 가지로 제시하고 있다.

## 가. 어업에 관한 협정

헌법재판소 재판부는 "… 이 사건 협정은 '어업에 관한' 협정이라는 점이다. 따라서 배타적 경제수역의 경계획정 문제와는 직접적인 관계를 가지지 아니하며… 독도가 중간수역에 속해 있다 할지라도 독도 영유권 문제나 영해 문제와는 직접적인 관계를 가지지 아니하는 것이 명백하다."10)라고 청구기각 이유를 제시하고 있다.

이와 같이 재판부는 '신한일어업협정'은 어업에 관한 협정이므로 배타적 경제수역과의 경계획정과 무관한 것이라고 판단하고 있으나 이는 다음 몇 가지 점에서 부당하다고 본다.

첫째로, '신한일어업협정'은 명문으로 중간수역의 외측에 경계를 둔 자국 측의 협정수역을 배타적 경제수역으로 간주한다는 규정을 두고 있다(제7조).11) 따라서 동 협정은 어업에 관한 협정이며 배타적 경제수역의 경제획정과 직접적인 관계가 없다는 이유는 성립될 수 없는 것이라 할 것이다.

둘째로, '신한일어업협정'은 중간수역에 속해 있는 독도의 배타적인 배타적 경제수역을 부정하고 있으므로(제9조 제1항, 부속서 Ⅰ)12) 동 협정이 어업에 관한 협정이며 배타적 경제수역의 경계획정과 직접적인 관계가 없다는 청구기각 이유는 부당하다 할 것이다.

한국과 일본 양국이 각기 기 선포한 200해리의 배타적 경제수역이 동해의 전 수역에서 중첩되므로 양국은 '신한일어업협정'의 체결 협정 과정에서 배타적 경제수역에서의 범위를 각각 35해리로 할 것과 배타적 경제수역의 기점을 한국은 울릉도로 하고 일본은 오끼도로 할 것에 합의를 보았다.13) 한국 측의 기점을 독도로 하는 데 일본이 동의하면 중간수역을 설정할 필요도 없었고, 독도 영유권은 한국에 있는 것으로 확정되는 셈이 된다. 일본 측이 독도를 기점으로 하는 데 동의하지 아니하므로 한국 측은 울릉도를 기점으로 한 것이다.14) 한국의 배타적 경제수역의 기점을 독도로 하지 않고 울릉도로 한 것은 한국이 독도 영유권을 포기할 것으로 해석될 가능성이 없지 않다. 장차 한일 간 배타적 경제수역의 경계획정에 있어서도 일본은 '신한일어업협정'의 선례를 따르자고 주장할 수 있을 것이며, 또 장차 독도 영유권 귀속 문제가 국제재판소에서 다투어지게 될 경우에도 일본이 이 선례를 근거로 독도 영유권이 한국에 귀속되지 않는 것이라고 주장할 가능성이 배제되지 않는다.15) 요컨대, '신한일어업협정'이 '어업에 관한' 협정이므로 배타적 경제수역의 경제획정과 무관하다는 재판부의 청구기각 이유는 부당한 것이라 할 것이다.

---

10) 상게공보, p. 102.

11) 헌법재판소의 결정문에는 '이 사건의 심판 대상은 대한민국과 일본국 간의 어업에 관한 협정(이하 '이 사건 협정'이라 한다.)이고, 그 내용은 별지와 같다.'라고 표시되어 있으며, 별지에는 (ⅰ) 동 협정, (ⅱ) 부속서 Ⅰ, (ⅲ) 부속서 Ⅱ, 그리고 (ⅳ) 합의의사록이 포함되어 있다. 그러나 (ⅳ)합의의사록은 심판의 대상인지 분명하지 않다. 왜냐하면 헌법재판소는 합의의사록은 조약이 아니라고 보고 있기 때문이다(p.108)

12) 헌법재판소의 결정문에 '영유권'과 '영토권'을 구분하고 있다. '영유권'은 국가의 영토에 대한 주권을 의미하며, '영토권'은 국민의 기본권 침해에 대한 권리 구제를 위한 전제 조건으로서의 영토에 대한 국민의 권리를 뜻한다(p. 109)

13) 헌법재판소 사무처, 전게공무, 전주1, p. 102.

14) 상게공보, p.102.

15) 상게공보, p.102.

## 나. 현저한 균형을 잃지 않는 협정

헌법재판소 재판부는 '… 중간수역의 설정에 있어서 어느 일국의 일방적인 양보로 보이지 않고, 또한 상호 간에 현저히 균형을 잃은 설정으로는 보이지 않는다.'[16]라고 청구기각 이유를 제시하고 있다.

이와 같이 재판부는 '신한일어업협정'이 설정한 중간수역은 한일 양호 간에 현저한 균형을 잃지 않는 것이라고 판단하고 있으나, 이는 다음과 같은 몇 가지 점에서 부당한 것으로 본다.

첫째로, '신한일어업협정'이 한국의 배타적 경제수역의 기점을 독도로 하지 않고 울릉도로 하고 일본의 배타적 경제수역의 기점을 오끼도로 하여 중간수역을 설정한 것은 한국 측의 일방적인 양보로 설정한 것이며[17] 이를 현저히 균형을 잃은 것으로 보이지 않는다고 재판부가 판단한 것은 부당함이 명백하다.

둘째로, '신한일어업협정'이 한일 간의 독도 영유권 '문제(problem, issue)'를 독도 영유권 '분쟁(dispute)'[18]으로 본 것은 한국 측의 일방적인 양보로 성립된 것이며 이를 현저히 균형을 잃은 것으로 보지 아니한다고 재판부가 판단한 것은 부당하다.

독도 영유권 문제가 영유권 분쟁으로 발전되게 되면 독도 영유권에 관해 한국과 일본의 독도에 대한 영유권이 훼손되는 결과를 가져오게 되기 때문이다.[19] 독도 영유권이 한국에 귀속되어 있음은 엄연한 사실이므로 한일 간의 독도 영유권 문제는 국제법상 '분쟁'으로 될 수 없는 것이다. 우리정부의 일관된 입장도 독도 영유권 문제가 일본과의 분쟁의 대상이 될 수 없다는 것이었다.

만일 국제법상 분쟁으로 보게 되면, ( i ) 당연히 한국영토인 독도를 일본과 대등한 입장에서 맞서는 것이 되고, (ii) 뿐만 아니라 국제연합의 회원국인 한일 양국은 이를 평화적으로 해결해야 할 '국제연합헌장'상의 의무를 지며(제2조 제3항, 제33조 제1항), (iii) 경우에 따라 국제연합총회 또는 안전보장이사회로부터 분쟁 해결에 관한 권고를 받을 수 있게 된다(제11조 제2항, 제36조 제1항). 그리고 (iv) 한 걸음 더 나아가 '국제연합헌장'상 안전보장이사회가 그 분쟁을 평화에 대한 위협(the threat to the peace)으로 결정할 경우에 국제연합으로부터 제재조치를 받을 수도 있게 된다(제40조 이하).

때문에 우리정부는 독도가 일본과의 관계에서 분쟁의 대상이 될 수 없다는 입장을 견지해 왔던 것이다. 1954년 9월 25일 일본정부는 독도 영유권에 관한 한일 간의 문제를 법적 분쟁이라고 보고 이를 국제사법재판소에 제소하자는 제의를 다음과 같이 해 왔다.

이 문제(issue)는 국제법의 기본원칙의 해석을 포함하는 영유권에 관한 분쟁(a dispute on the territorial rights)이니 만큼… 일본정부는 일본정부와 한국정부의 상호 합의에 의하여 이 분쟁(the dispute)을 국제사법재판소에 부탁할 것을 제의한다.[20]

---

16) 상계공보, p.103.

17) 상계공보, p.103. 이 이외의 외교통상부의 견해에 관해서는 ( i ) 외교통상부, 「신한일어업협정」, 1998. 11. 25, (ii) 외교통상부, 「신한일어업협정과 독도」, 1998. 11, (iii) 외교통상부 조약국, 「한일어업협정 해설자료」, 1998. 11. 참조.

18) 헌법재판소 사무처, 전주1, p. 109.

19) 상계공보, p. 109.

20) 상계공보, pp. 109-110

상기 일본정부의 제의에 대해 우리정부는 1954년 10월 28일에 다음과 같이 이를 일축하는 내용의 항의를 한 바 있다.[21]

> 독도문제(the Dokdo problem)를 국제사법재판소에 제소하자는 일본정부의 제의는 사법절차를 가장한 또 다른 허위의 시도에 불과하다. 한국은 독도에 대한 영유권을 갖고 있으며, 한국이 또한 국제재판에 의하여 그 권리를 증명해야 할 이유가 없다. …일본은 소위 독도 영유권 분쟁에 대한 한국과의 관계에서 일본을 대등한 지위로 놓으려고 시도하는 것이다(is attempting to place herself on the equal footing).

이상과 같이 우리정부는 '신한일어업협정'을 체결하기 이전까지는 독도 영유권 문제를 일본과의 국제분쟁으로 보지 않는 입장을 취해 왔다.[22]

1965년의 '한일기본관계에 관한 조약', '한일어업협정' 체결 시 한국정부는 독도 영유권 문제에 있어 어떤 형식으로도 규정상 일본의 지위를 인정하게 되는 것을 배제했으며, '분쟁해결에 관한 교환 공문'에 독도문제에 관한 규정을 두자는 일본의 주장을 배격했다. 1974년의 '한일 대륙붕협정' 체결 시에도 한국정부는 이러한 입장을 견지해 왔다. 그러나 1999년의 '신한일어업협정'의 체결로 우리정부의 이러한 입장은 깨지고 말았다. 이제 일본이 다케시마를 찾을 법적 발판을 놓으려던 숙원은 꿈이 아니라 현실로 실현된 것이다.

요컨대, '신한일어업협정'에 의해 중간수역이 설정되어 독도 영유권 문제가 독도 영유권 분쟁으로 인정되게 된 것은 우리 측의 일방적인 양보에 의한 것이며, 이는 현저하게 균형을 잃은 것이므로 재판부가 현저히 균형을 잃지 않은 것으로 판단한 것은 부당함이 명백하다 할 것이다.

## 2. 영해와의 관계에 관한 청구기각 이유 비판

전술한 바와 같이 헌법재판소 재판부는 '신한일어업협정과 영해와의 관계'에서 청구기각 이유를 다음 두 가지로 제시하고 있다.

### 가. 영해를 제외한 협정

헌법재판소 재판부는 '…이 사건 협정은 배타적 경제수역을 직접 규정한 것이 아닐 뿐만 아니라 배타적 경제수역이 설정된다 하더라도 영해를 제외한 수역을 의미하며, 이러한 점들은 이 사건 협정에서의 이른바 중간수역에 대해서도 동일하다고 할 것이므로…'[23]라고 표시하여 동 협정은 독도의 영해를 규율 대상에서 제외한 것이므로 독도는 영해를 보유한다고 판단하고 있다.

이와 같이 재판부는 '신한일어업협정'하에서도 독도는 영해를 보유한다고 판단하고 있으나, 이는 다

---

21) 상게공보, p. 109.

22) 나홍주, '한일어업협정의 문제점에 관한 고찰', 「한국해양학회지」, 제22권 제2호, 2000, p. 192.

23) 김영주, '신한일어업협정과 독도 영유권 훼손', 독도 조사연구학회, 독도탐사연구발표, 2001. 6. 6, 썬플라워호, p.6.

음과 같은 몇 가지 점에서 부당하다고 보아야 할 것이다.

첫째로, 도서가 영해를 갖는다는 것은 일반 국제법인 1958년의 '영해접속수역협약(제40조 제2항)'과 1982년의 '유엔해양법협약(제121조 제2항)'에 의해 인정해 오는 것이며, 독도의 주변수역이 중간수역으로 된다는 것은 특수 국제법인 '신한일어업협정'에 의하는 것이다. 전자는 일반법이고 후자는 특별법이며, 일반법과 특별법이 저촉될 경우는 '특별법 우선의 원칙(rule lex specialis derogant lege generali)'에 따라 후자가 우선적으로 적용되게 되므로[24] 독도는 중간수역만을 갖고 독도의 영해는 배제된다고 볼 수 있다.

둘째로, 현법재판소와 우리정부는 "'신한일어업협정'은 '이 협정은 대한민국의 배타적 경제수역(이하 '협정수역'이라 한다.)에 적용한다.'라고 규정하고 있으므로(제1조), 독도의 영해에 이 협정은 적용되지 않고 따라서 독도의 영해에 어떠한 영향을 주지 않는다"고 주장하고 있으나, '신한일어업협정'이 한국과 일본의 배타적 경제수역에서 중간수역을 배제하고 배타적 경제수역이 아닌 이 중간수역에 동 협정을 적용하는 것과 같이 배타적 경제수역이 아닌 독도의 영해에 대해 동 협정을 적용하는 것은 가능하다.[25]

셋째로, '신한일어업협정'은 '다음 각 목의 점을 순차적으로 직선으로 연결하는 선에 의하여 둘러싸이는 수역에 있어서는 부속서1의 제2항의 규정을 적용한다.'라고 규정하고 있다(제9조 제1항). 동 조항에는 이 수역을 부속서1의 제2항의 규정이 적용되는 수역과 동 규정이 적용되지 않는 수역을 구분하는 어떤 규정도 없으므로 이 수역에 부속서1의 제2항의 규정 적용이 배제되는 수역, 즉 영해가 있다고 볼 수 있다. 만일 이 수역 내의 영해에서 부속서1의 제2항의 적용을 배제하기 위해서는 그런 내용의 특별 규정이 있어야 하며 그러한 특별 규정이 없으므로 중간수역 내에 영해는 존재하지 않는다.

따라서, '신한일어업협정'에 의해 중간수역에 속하는 독도의 영해가 영향을 받지 않는다는 재판부의 청구기각 이유는 부당한 것이라 할 것이다.

## 나. 영유권을 제외한 협정

현법재판소 재판부는 '…독도가 중간수역에 속해 있다 할지라도 독도 영유권 문제나 영해 문제와는 직적접인 관계를 가지지 아니한 것이 명백하다 할 것이다.'[26]라고 판시하고 있다.

이와 같이 재판부는 '신한일어업협정'에 의해 독도가 중간수역에 속해 있다 할지라도 독도 영유권에는 아무런 영향이 없다고 판단하고 있으나, 이는 다음과 같은 몇 가지 점에서 부당하다고 보아야 할 것이다.

---

24) 외교통상부 조약국, 한일어업협정 해설자료 1998. 11, p.15; 김영구, '한일·한중어업협정의 비교와 우리의 당면과제', 국회해양포럼, 2001. 6. 20, 국회의원회관 소회의실, p. 45.

25) 김명기, '독도 영유권과 새 한일어업협정', 독도학회, 한일어업협정의 재개정 준비와 독도 EEZ 기선 문제, 2000. 9. 8, 한국 프레스센타, p. 7.

26) 상계논문, p. 7; 김영주, 전게논문, 전주23, p. 11.

첫째로, '신한일어업협정'에 의하면 울릉도와 독도 중 독도만이 중간수역 내에 포함되어 있으므로(제9조 제1항) 독도와 울릉도는 국제법상 별개의 도서로 취급되게 되었다. 따라서 울릉도의 영유권이 한국에 귀속되어 있으므로 울릉도의 속도인 독도 영유권도 한국에 귀속된다는 이른바 '속도 이론'에 의한 독도에 대한 영유권 주장의 근거[27]를 상실하게 되는 결과를 가져왔다.[28]

1951년 '대일강화조약'에서 일본으로부터 분리되는 한국영토가 명시되어 있으며 이 중에 울릉도는 포함되어 있으나 독도는 포함되어 있지 않다. 동 조약은 일본에서 분리되는 한국영토를 다음과 같이 규정하고 있다.

> 일본은 한국의 독립을 승인하고 제주도·거문도 및 울릉도를 포함하는(including the Island Quelpart, Post Hamilton and Degalet) 한국에 대한 모든 권리·권원 및 청구권을 포기한다(제2조 a항).

상기 규정 중에 울릉도는 포함되어 있으나 독도는 포함되어 있지 않다. 그러나 독도는 울릉도의 속도이므로 독도는 울릉도와 같이 일본으로부터 분리된 한국영토라는 우리의 논거[29]는 '신한일어업협정'이 효력을 발생한 이후에는 더 이상 주장하기 어렵게 되었다.

뿐만 아니라, 「삼국사기」(三國史記) 열전(列傳) 이사부조(異斯夫)에 신라 지증왕 13년(512년)에 이사부가 우산국을 정복하고 우산국이 신라에 귀복하여 왔다고 기록되어 있는 바, 여기 우산국의 영토는 울릉도와 그의 속도인 우산도(독도)가 포함된다는 것을 근거로 독도가 신라 지증왕 13년 이래 우리의 영토라는 주장[30]도 사실상 깨지게 된다. 그리고 조선 중종조(1531년)에 편찬된 「신동국여지승람」(新東國與地勝覽) 강원도 울진현조(권 45)에 '우산과 울릉은 원래 한 섬이라고 한다.'는 기록에 의해 인정된 역사적 사실[31]을 부정하는 결과를 가져오게 한다. 따라서 '신한일어업협정'에 의해 독도 영유권은 직접적인 관계를 가지지 않는 것이 명백하다는 재판부의 판단은 부당하다 할 것이다.

둘째로 재판부는 '신한일어업협정'에 의해 중간수역에 속해 있는 독도 영유권 문제는 어떠한 영향도 받지 않는다고 판단하고 있다. 이는 동 협정이 '이 협정의 어떠한 규정도 어업에 관한 사항 외의 국제법상 문제에 관한 각 체약국의 입장을 해하는 것으로 간주되어서는 아니 된다.'라는 규정(제15조)에 의거한 것으로 보인다. 우리정부도 제15조의 규정은 독도에 대한 우리의 입장을 해하지 않는 것으로 우리에게 유리한 조문이라고 한다.[32] 그러나 제15조의 규정을 일본 측에서 보면 독도를 실효적으로 지배하고 있지 못하면서도 독도 영유권이 일본에게 귀속된다는 일본의 입장을 묵인하는 것으로, 결국 일본에게 보다 유리한 규정인 것이다.[33] 즉 이 규정은 한국에게는 이(利)도 해(害)도 주지 않는 현상유지적

---

27) 헌법재판소 사무처, 전주 1, p. 109.

28) 김영구, 전주24, pp. 44-45.

29) 국제법상 '사태(situation)'가 발전하여 '분쟁(dispute)'으로 되며, 분쟁은 일방 당사자가 타방 당사자에게 특징의 요구를 하고 타방 당사자가 그 요구를 거절할 때 존재하게 된다(Hans Kelsen, *The Law of the United Nations* (New York: Praeger, 1950), p.360). 상설국제사법재판소는 분쟁을 '법적 문제점 사태는 사실에 관한 문제점에 대한 의견의 불일치'라 정의했다(*PCIJ.*, Series A. No.21, 1924, p. 11).

30) 이상면, '중간수역에 들어간 독도의 운명과 그 대책', 독도찾기운동본부, 「독도현장보고」(서울: 독도찾기운동본부, 2001), p. 17.

31) 외무부, 「독도관계자료집(1)」(서울: 외무부, 1977), pp. 74-75.

32) 상계서, pp. 119-20.

33) 이상면, 전주 30.

의미 밖에 갖지 못하지만, 일본에게는 이(利)를 주는 현상변경적 의미를 갖는 것이다.

요컨대, 결국 제15조의 규정은 독도 영유권에 관해 일본 측에게 비교 이익을 주어 그 결과로 한국의 독도 영유권이 그만큼 훼손되는 것으로 되었다는 해석이 가능할 수 있게 되어 있다. 따라서 재판부가 중간수역에 독도가 속해 있어도 독도 영유권 문제에 어떠한 영향을 주는 것이 아니라고 판단한 것은 부당한 것이라 할 것이다.

셋째로, 독도를 중간수역에 속하도록 하고 배타적 경제수역의 기점으로 보지 않은 것은 우리나라가 독도 영유권을 포기한 것으로 볼 수 있는 가능성을 배제시키지 못한다. 울릉도를 기점으로 한 것은 독도 영유권을 포기한 것이다. '유엔해양법협약'에서 섬은 배타적 경제수역을 가지나(제121조 제2항), 인간이 거주할 수 없거나 그 자신 경제활동을 할 수 없는(cannot sustain human habitation or economic life of their own) 암석은 배타적 경제수역을 갖지 아니한다고 규정하고 있는 바(제121조 제3항), 우리 정부는 독도가 배타적 경제수역을 갖지 않는 암석인 것으로 보고 있으나[34] 이는 사실에 반하고 부당한 판단이라 아니할 수 없다.[35]

## VI. 결언

'대한민국과 일본국 간의 어업에 관한 협정비준 등 위헌 확인 사건'에서 헌법재판소 전원재판부의 결정에는 ( i )국민의 영토에 관한 권리를 영토권이라 규정하여 헌법소원의 대상인 기본권의 하나로 간주하는 것은 가능한 것으로 판단한 점,[36] (ii)어민들이 종전에 자유로이 어로 활동을 영유할 수 있었던 수역에서 더 이상 자유로운 어로 활동을 영유할 수 없게 된 것은 직접 법령에 의해 기본권이 침해되는 것으로 판단한 점[37] 등이 포함되어 있다. 이는 헌법재판소가 국민의 기본권 신장을 위해 획기적이고 발전적인 결정을 한 것으로 높이 평가된다 할 것이다.

상술한 바와 같이 '신한일어업협정'에는 한국의 독도에 대한 영유권을 침해하거나 또는 침해할 위험성이 있는 몇몇 조항이 있다. 과거의 국제사회에서 영토 취득의 주요 원인은 선점·정복·할양 등이 있으나, 오늘의 국제사회에서 영토 취득의 주요 원인은 묵인(acquiescence)·승인(recognition) 그리고 금반언(estoppel)이다.[38] 묵인·승인·금반언의 반복으로 영토 취득은 응고되어지는(consolidated) 것이다.[39]

---

34) 김영구, '국제법에서 본 동해 중간수역과 독도', 독도연구보전협회, 독도 영유권대토론회, 1999. 10. 22, 프레스센터, pp. 23-24.

35) 김영구, 전주 23, p. 3; G. G. Fitzmaure, 'The Law and Procedure of International Court of Justice', *BYIL.*, Vol.33, 1957, pp. 236-38; Lord McNair, Law of Treaties (Oxford: Clarendon, 1961), p. 219; Georg Schwarzenberger and E. D. Brown, *A Manual of International Law*, 6th ed.(Milton: Professional Book, 1976), p. 131.

36) 환원하면 동 협정이 배타적 경제수역에만 적용되는 것이 아니라 '중간수역'에도 적용되므로 영해에도 적용된다는 해석이 가능한 것이다. 1839년 '영불어업협정'상 영해를 선으로 표시한 수역의 대안은 영유권이 인정되었고 영해를 선으로 표시하지 않는 수역의 대안은 무주지로 인정되었다는 점(I.C.J., *Reports*, 1953, pp. 66-67)에 유의해야 할 것이다.

37) 헌법재판소 사무처, 전주1, p. 110.

38) 김명기, '독도와 대일강화조약 제2조', 김명기 편, 『독도연구』(서울: 법률 출판사, 1997), p. 255.

우리정부는 '신한일어업협정'을 체결함에 있어서 어업과 기타의 경제적·외교적 이익에 제1차적인 가치를 부여하고, 독도 영유권에 제2차적인 가치를 부여하여, 독도 영유권이 일본에 있다는 일본정부의 주장을 묵인·승인하거나 또는 이 묵인·승인에 의한 금반언의 효과로 한국의 독도에 대한 영유권이 침해된다는 점을 간과하는 과오를 범했다. 이 과오를 합리화하려는 정부의 시책은 또 다시 새로운 과오를 이중으로 범할 뿐인 것이다.

우리정부는 하루 속히 훼손되거나 훼손될 위험성이 있는 독도 영유권을 치유하기 위한 대책을 강구하여 국민의 여망에 따라 민족의 자존심인 독도를 영구히 보전해야 할 민족적 당위의 실현을 다 해야 할 것이다.

헌법재판소가 독도 영유권을 침해하는 과오를 범한 정부의 정책을 시정하도록 하는 결정을 하지 못하고 정부의 의견을 그대로 인정, 수용하여 청구를 기각하는 결정을 한 것은 민족 자존심의 표상인 독도를 영구히 보존해야 할 민족적 소명을 다하지 못한 것으로 심히 유감이라 아니할 수 없다.

(판례월보사, 「쥬리스트」)

## <참고문헌>

김명기, "독도연구" 서울: 법률 출판사, 1997.

_____, "독도 영유권과 새 한일어업협정", 서울: 우리영토, 2007

_____, "독도와 대일강화조약 제2조", 「독도연구」

_____, "독도학회, 한일어업협정의 재개정 준비와 독도 EEZ 기선 문제", 2000.

김영구, "국제법에서 본 동해 중간수역과 독도", 독도본부, 2007.

김영주, "신한일어업협정과 독도 영유권 훼손", 「독도연구」, 1997

나홍주, "한일어업협정의 문제점에 관한 고찰", "한국해양학회지", 제22권 제2호, 2000.

독도찾기운동본부, "독도현장보고", 2001.

외무부, "독도관계자료집(1)", 1977.

외교통상부, "신한일어업협정", 1998.

외교통상부, "신한일어업협정과 독도", 1998.

외교통상부 조약국, "한일어업협정 해설자료", 1998.

이상면, "중간수역에 들어간 독도의 운명과 그 대책"

헌법재판소 사무처, "헌법재판소공보", 제55호, 2001.

Fitzmaure G. G., 'The Law and Procedure of International Court of Justice', *BYIL.*, Vol.33, 1957.

ICJ., *Reports,* 1953.

Kelsen Hans, *The Low of the United Nations*, New York: Praeger, 1950.

McNair Lord, *Law of Treaties*, Oxford: Clarendon, 1961.

Schwarzenberger Georg and E. D. Brown, *A Manual of International Law,* 6th ed., Milton: Professional Book, 1976.

---

39) 중간수역 내에 독도가 위치하고 있으며, 울릉도는 중간수역과 구별되는 배타적 경제수역 내에 위치하고 있기 때문이다. 속도가 주도의 부속도라는 문언상 언급이 없는 한, 주도에 대한 주권의 행사는 속도에 대한 주권의 행사로 볼 수 없다는 국제사법재판소의 판결(I.C.J. *Reports*, 1953, p. 71)에 유의해야 한다.

# 제7절 | 한국의 독도 영유권의 지리적 근거

## I. 서언

흔히 '독도는 역사적으로나 지리적으로나 국제법적으로나 한국영토다.'라고 한다. 이는 역사적 관점에서나, 지리적 관점에서나, 국제법적 관점에서나 독도는 한국영토라는 주장이다. 그중에서 '독도는 지리적으로 한국영토다.'는 근거에 관해서 우리정부는 독도와 울릉도 간의 거리는 87.4km이고 독도와 오끼도 간의 거리는 157.5km로 독도와 울릉도 간의 거리가 독도와 오끼도 간의 거리보다 가까우므로 독도는 울릉도와 같이 한국영토이다라고 주장하여 '지리적 근접성'을 독도가 한국영토인 지리적 근거로 제시하고 있다. 이 주장을 실증하기 위해 『세종실록지리지』와 『신증동국여지승람』의 '청명한 날 울릉도에서 독도를 바라볼 수 있다는 기록을 예외 없이 인용하고 있다.

그러나 국제법상 '지리적 근접성'이 영토주권의 근거로 될 수 없다는 것이 학설과 판례에 의해 일반적으로 승인되어 있다.

이 연구는 우리정부의 독도 영유권의 지리적 근거로 '지리적 근접'을 제시하고 있는 점을 비판하기 위해 시도된 것이다. 우리정부의 독도 영유권의 지리적 근거로 '지리적 근접'을 제시하는 것이 일본에 대한 것이든, 제3국에 대한 것이든 또 우리 국민에 대한 것이든 이는 시정되어야 하는 것이다. 특히 일본과 제3국에 대한 것일 때, 이들 국가로부터 이 주장은 국제법상 근거 없는 것이라는 비판을 면할 수 없을 것이므로 이는 조속히 시정되어야 한다고 본다.

## II. 국제법상 지리적 근접성의 원칙

### 1. 지리적 근접성의 원칙에 관한 학설과 판례

후술하는 학설에서 보는 바와 같이 학자에 따라 연속성의 원칙(principle of contiguity), 계속성의 원칙(principle of continuity) 또는 근접성의 원칙(principle of proximity) 등으로 표기되는 원칙을 여기서는 이들 모두를 '근접성의 원칙'으로 표기하기로 한다.

국제법상 '근접성의 원칙'을 규정한 국제관습법은 물론 국제협약법도 존재하지 아니하므로 이 원칙을 학설과 판례로부터 추론할 수밖에 없다.

학설과 판례는 '국제사법재판소 규정(Statute of the International Court of Justice)' 제38조 제1항 (d)의 규정에 의거하여 법칙결정의 보조적 수단(as subsidiary means for the determinations of rules of law)으로 인정되어 있기 때문이다. '법칙결정의 보조적 수단'이란 매우 불만스러운(highly unsatisfactory) 규정이지만,[1] '법칙'은 국제조약, 국제관습법 또는 법의 일반원칙을 뜻하며,[2] '결정의 보조적 수단'이란 법칙의 존재와 내용을 지정하는 수단(means of indicating the existence and content of rules of law),[3] 즉 적용하여야 할 법의 애매성을 명백히 하는 수단(means of clarifying ambiguities in the law which is to be applied)을[4] 의미하며, 제2차적 수단(secondary means)을 뜻하는 것이 아니라[5] 국제법의 간접적 법원(indirect source of international law)이란 의미인 것이다.[6]

이하 '근접성의 원칙'에 관한 학설과 판례를 보기로 한다.

## 가. 근접성의 원칙에 관한 학설

### (1) Gerald Fitzmaurice

Fitzmaurice는 지리적 근접성은 권원의 근거 또는 기초로 될 수 없으나 특수 사정하에서 권원의 존재 증거로는 될 수 있고, 하나의 실체 또는 자연적 단위는 전체로서의 실체 또는 자연적 단위의 모든 부분에 주권이 확대될 수 없다고 다음과 같이 기술하고 있다.

> 한 주장 국가의 주권상 의심할 수 없는 다른 영토에 대한 분쟁영토의 지리적 근접성은 그 자체로는 권원의 실질적 근거 또는 기초가 될 수 없었다. 그러나 이는 간접적 효과를 가질 수 있다. 요컨대, 계속성 또는 근접성은 권원의 한 기초가 아니다. 그러나 특수 사정하에서 권원의 존재 증거를 제시할 수 있다. 근접성에 근거한 권원의 실질적 기초는 감정적, 경제적 또는 정치적인 것이며 … 법적인 것이 아니다.
>
> Geographical proximity of disputed territory to other territory indubitable under the sovereignty of a claimant state is or can ever in itself be an actual ground or basis of title. But it may have indirect effects. In short, contiguity or proximity is not a ground of title, but may in certain circumstances afford some evidence of its existence. The real basis of claims founded on proximity is sentimental, economic or political … not legal.[7]
>
> 전체로서의 실체 또는 자연적 단위에 관해 한때 존재를 보여준 모든 부분에 확대되는 것으로 여겨질 수 있다는 원칙의 명백한 실례는 드물게 있을 수 있다.
>
> There could scarcely be a clearer illustration of the principle that sovereignty, once shown to exist in respect of an entity or natural unity as a whole, may be deemed, in the absence of any evidence to the contrary, to extend to all parts of that entity or unity.[8]

1) E. Hambro, 'The Reasons behind the Decisions of International Court of Justice, '*Current Legal Problems,* Vol.7, 1954, p.218.

2) Hans Kelsen, *The Law of the United Nations*(New York: Praeger, 1950), p.523; Sabatai Rosenne, *The Law and Practice of the International Court of Justice,* 3rd ed., Vol.4(Mague: Martinus, 1997), p.1607.

3) Michel Virally, 'The Source of International Law, 'in Max Sorensen(ed.), *Monnal of Public International Law*(New York: Macmillan, 1968), p.150.

4) Hans-Jurger Schlochauer, 'International Court of Justice', *EPIL*, Vol.1, 1981, p.81.

5) Virally, *supra* n.3, p.152.

6) Robert Jennings and Arthur Watts(eds.), *Oppenheim's International Law,* 9the ed. Vol.1(London: Longman, 1992), p.41.

7) Gerald Fitzmaurice, 'The Law and procedure of the International Court of Justice, 1951-4, '*BYIL*, Vol.32, 1955-6, p.72.

## (2) C.H.M. Waldock

Waldock은 지리적 근접성은 권원의 독립된 근거가 아니라 실효적 선점의 한계 결정에 관련되어 있을 뿐이라고 다음과 같이 기술하고 있다.

> 지리적 근접성은 기타 지리적 고려와 더불어 명백한 관련성을 갖는다. 그러나 권원의 독립된 근거로서가 아니라 실효적 선점의 한계 결정을 돕는 사실로서이다.
>
> Geographical proximity, together with other geographical considerations, is certainly relevant, but as a fact assisting the determination of limits of an effective occupation, not as an independent source of title.[9]

## (3) H. Lauterpacht

Lauterpacht는 *Palmas Island* Case(1982)에서 Huber 중재관의 판정을 인용하여 근접성의 원칙에 입각한 권원의 근거를 부정하고, 지리적 단위를 형성하는 영토의 선점은 전 지리적 단위의 실효적 지배로 되며, 도의 그룹이 법상 한 단위를 구성하는 경우 주도의 주권은 잔여 도에 확장된다고 다음과 같이 기술하고 있다.

> 영해의 외측에 위치한 도가 *terra firma*(가장 가까운 본토 또는 고려할 만한 크기의 도)를 형성한다는 사실로부터 그 국가에 귀속된다는 효과에 대한 실정국제법의 규칙의 존재로 제시하는 것이 불가능하다는 것을 중재관이 견지한 것은 사실이다. 그러나 … 중재관은 도의 한 그룹이 법상 한 단위를 형성할 수 있고 주요 부분의 운명이 잔여를 포함할 수 있다는 것을 수락했다. 그리고 그는 한 지리적 단위를 형성한 영토의 선점에 관해 최초의 단계에서의 충당은 전 단위에 확대되는 것으로 추정되어야 하는 효과를 실제로 견지했다.
>
> The arbitrator, it is true, held that it is impossible to show the existence of a rule of positive international law to the effect that islands situated outside territorial waters should belong to a state from the fact that its territory forms the *terra firma*. However, one the arbitrator admitted that a group of islands may form in law a unit, and that the fate of the principal part may involve the rest and that he held in effect, with regard to occupation of territories which form a geographical unit, that the appropriation must be presumed, into initial stages, to extend to the whole.[10]

## (4) K. Narayana Rao

Rao는 계속이론은 기 부여된 권원을 대체할 수 없다고, 즉 연속은 권원의 근거가 될 수 없다고 다음과 같이 기술하고 있다.

> 국제법상 계속이론의 존재에 관해 상당한 논쟁이 있다. 그러나 이 이론에 부여된 법적 권원을 대체하기를 호소하는 한도로 이를 지지하는 자는 없다. 따라서 고아는 법적으로 포르투갈에 귀속된다.

---

8) *Ibid.*, p.75.

9) C.H.M. Waldock, 'Disputed Sovereignty in the Falkland Islands Dependencies', *BYIL*, Vol.25, 1948, p.342.

10) H. Lauterpacht, 'Sovereignty over submarine Area', *BYIL*, Vol.27, 1956, p.438.

인도연합은 연속의 근거로 고아를 법적으로 주장할 수 없다.

There is considerable controversy as to the existence of the doctrine of contiguity in international law but none had ever supported this doctrine to the extent of invoking it to supersede a vested legal title. Since Goa legally belongs to Portugal, the India Union can not legally claim Goa on grounds of contiguity.[11]

### (5) Malcolm N. Shaw

Shaw는 지리적 주장은 선점의 효과와 한계에 관련되어 있으나 권원의 기초로 될 수 없다고, 즉 지리적 주장은 그 자신 권원의 기초로 될 수 없고 실효적 지배의 한계를 정할 뿐이라고 다음과 같이 기술하고 있다.

지리적 주장은 역사를 통해 제기되어 왔다. ⋯ 그러나 그러한 주장은 선점의 효과와 한계를 논함에 있어서 관련되어 있다 할지라도 그들 자신이 권원의 기초로 될 수 없다.

Geographical claims have been raised throughout history. ⋯ However such claims although relevant in discussing the effectivity and limits of occupation, are not able in themselves to found title.[12]

### (6) Robert Jennings

Jennings는 지리적 연속성은 실효적 선점을 추정하는 증거에 불과하고 그 추정은 반증에 의해 전복될 수 있다고 하여 연속성은 영토권원의 근거가 될 수 없음을 다음과 같이 기술하고 있다.

연속성은 실효적 선점의 일종의 추정을 야기하는 증거에 불과하다. ⋯ 그 추정은 경쟁적 주장자에 의한 주권 소유의 더 좋은 증거에 의해 반박될 수 있다.

Contiguity is no more than evidence raising some sort of presumption of effective occupation - a presumption that may be reputed by better evidence of sovereignty possession by a rival claimant.[13]

### (7) Peter Malanczuk

Malanczuk는 지리적 연속성은 영토의 법적 권원을 창설할 수 없으나 그것은 실효적 통제의 증거로 될 수 있다고 다음과 같이 기술하고 있다.

그러한 원칙(지리적 연속성의 원칙, 역사적 연속성의 원칙, 그리고 자결의 원칙)은 그들 자신에 의해 영토의 법적 권원을 창설할 수 없다. 팔마스섬 사건에서 중재관은 연속성의 원칙에 관해: 영해의 외측에 위치한 도가 그의 영토가 근접영토(가장 근접한 대륙 또는 고려할 만한 크기의 도)를 형성한다는 단순한 사실로부터 그 국가에 귀속된다는 효과에 대한 실정국제법 규칙의 존재를 제시하는 것은 불가능하다. 그러나 이는 그러한 원칙이고 법적 관련성을 가지지 아니한다는 것을 의미하지 아니한다. ⋯ 이 원칙은 주장 국가에 의한 효과적 통제의 증거를 이룰 수 있다.

Such principles(principles) of geographical contiguity, of historical contiguity, and self-determination)

11) K. Narayana Rao, 'The Problem of Goa, *Indian Yearbook of International affairs* 1996,; 952, p.54.

12) Malcolm N. Shaw, *International Law*, 4th ed. (Cambridge: Cambridge University Press, 1997), p.355.

13) Robert Jennings, *Acquisition of Territory in International Law*(Dobbs Ferry: Oceana, 1963), p.73.

cannot, by themselves, create a legal title to territory. In *Island of Palmas* case, the arbitrator said of the principle of contiguity: It is impossible to show the existence of a rule of positive international law to the effect that islands situated outside territorial waters should belong to a state from the mere fact that its territory forms the *terra firma*(nearest continent or island of considerable size ⋯ That does not mean, however, that such principles have no legal relevance. ⋯ may constitute evidence of effective control by a claimant state.[14]

## (8) Ian Brownlie

Brownlie는 지리적 이론(principles of continuity, contiguity and geographical unity)은 권원의 독립된 근거가 아니라 실효적 선점 원칙의 적용기법에 불과하다고 다음과 같이 기술하고 있다.

> 지리적 이론은 권원의 독립된 근거가 아니라고 말하는 것은 아마도 진실이다.: 이들은 권원의 기타 다른 근거의 보조적 수단이다. 통상 실효적 선점의 근거이다. 결론적으로, 계속성의 원칙은 실효적 선점의 통상원칙의 적용기법에 불과하다고 말할 수 있다. 특히 도의 경우 계속의 개념은 도움이 되지 아니한다.
>
> It would probably be true to say that geographical doctrines are not independent roots of title: They are subsidiary to some other root of title, normally that of effective occupation. In conclusion it may be said that the principle of continuity is little more than a technique in the application of normal principles of effective occupation, in case of island in particular the notion of contiguity may be unhelpful.[15]

## (9) Santiago Torres Bernardoz

Bernardez는 *Palmas Island* Case(1928)에서 Huber 중재관의 판정을 인용하여 연속성은 영토권원 취득의 자동적 유형이 될 수 없고, 그것은 실효적 선점 원칙의 적용을 위한 한 기술에 불과하다고, 문제의 지역이 '조직적 전체'를 구성한 경우에 더욱 중요하다고 다음과 같이 기술하고 있다.

> 팔마스섬 사건에서 Max Huber 중재관은 영토주권의 일방적이고 법에 의한 취득의 자동적 유형으로서 연속성을 배척했다. 오늘날 법학자의 대다수는 동일한 접근을 따른다.; 연속성은 실효적 선점의 원칙을 적용하는 한 기술에 불과한 것으로 고려해 왔다. 따라서 연속성은 그 자체로는 권원을 형성할 수 없다. ⋯ 연속성은 문제의 지역이 '조직적' 또는 '개체화된' 전체를 형성할 경우 일반적으로 더욱 중요성을 수행한다.
>
> Max Huber, in the Palmas Island Arbitration, rejected contiguity as an autonomous mede of unilateral and *ipso jure* acquisition of territorial sovereignty. The majority of legal writers today take the same approach; some have consider reference to contiguity as amounting to little more then a 'technique' for applying the principle of effective occupation: Might not contiguity in itself therefore constitute title ⋯ contiguity will generally carry more weight when the area in question constitutes an 'organic' ar 'individualized' whole.[16]

---

14) Peter Malanczuk(ed.), *Akehurst's Modern Introduction to International Law*, 7th ed.(London: Rout(edge, 1987), pp.157-58.

15) Ian Brownlie, *Principles of Public International Law*, 5th ed. (Oxford: Oxford University Press, 1998), p.147.

16) Santiago Torres Bernardez, 'Territory, Acquisition', *EPIL*, Vol.10, 1987, pp.501-502.

## 나. 근접성의 원칙에 관한 판례

### (1) *British Guiana Boundary* Case(1904)

*British Guiana Boundary* Case(1904)에서 중재관은 유기적 전체(organic whole)라는 개념을 설정하여 유기적 전체의 부분 점유를 유기적 전체에 대해 주권이 미친다고 다음과 같이 판시한 바 있다. 그러나 이는 영토의 연속성(contiguity) 또는 근접성(proximity)의 개념을 인정한 것은 아니다.

> 지역의 부분의 실효적 점유는 … 단순한 유기적 전체를 구성하는 지역의 주권에 대한 권리의 수여를 유지해올 수 있었다.
> The effective possession of part or region … may be held to confer a right to the sovereignty of the whole region which constitute a simple organic whole.[17]

### (2) *Palmas Island* Case(1928)

*Palmas Island* Case(1928)에서 Huber 중재관은 '영해의 외측에 위치한 도가 그에 가장 가까운 대륙 또는 도에 귀속된다는 국제법 규칙은 존재하지 아니한다. 즉 지리적 근접성은 영토권원의 근거가 될 수 없다.'고 하면서, 다른 한편 도의 한 그룹이 한 단위로 인정될 경우 그중 주도의 운명을 잔여 도가 따른다고 다음과 같이 판시한 바 있다.

> 영해의 외측에 위치한 도가 그의 영토가 *terra firma* (가장 가까운 대륙 또는 고려할 만한 크기의 도) 로 형성한다는 단순한 사실로부터 그 국가에 귀속된다는 효과에 대한 실정 국제법 규칙의 존재를 제시하는 것은 불가능하다.
> It is impossible to show the existence of a rule of positive international law that islands situated outside territorial waters should belong to a state from the mere fact that its territory forms the *terra firma*(nearest continent or island of considerable size.[18]
> 도의 한 그룹이 특수한 사정하에서 법상 한 단위로 간주될 수 있고, 그리고 주도의 운명이 잔여 도의 운명을 포함할 수 있는 것이 가능하다.
> It is possible that a group of islands may under certain circumstances be regarded as in law a unit, and that the fate of the principal may involve the rest.[19]

### (3) *Minquiers and Ecrehos* Case(1953)

*Minquiers and Ecrehos* Case(1953)에서 Levi Carneiro 재판관은 그의 개인적 의견에서 '자연적 단위'의 개념을 인정하고 Minquiers와 Ecrehos는 '자연적 단위'의 부분으로 Jersey의 속도라고 다음과 같은 의견을 표시한 바 있다.

> Minquiers와 Ecrehos는 본토보다 Jersey에 더 가깝다. 이들은 본토보다 Jersey에 소속된 것으로 간주

---

17) British and Foreign State Paper, Vol.99, 1904, p.930; Fitzmaurice, *supra* n.7, p.75, n.1;Brownlie, *supra* 15, p.147, n.154.

18) UN, *RIAA*, Vol.2, 1949, p.854.

19) *Ibid.*, p.855.

되어야 한다. 이들 도서는 Jersey의 '자연적 단위'의 부분이었고, 그렇게 연속되고 있다. 이러한 이유로 그들은 그 자신 군도하에 영국에 보유되어 있다.

The Minquiers and Ecrehos are closer to Jersey then the mainland. They must be regard as attached to Jersey rather than to the mainland.[20] These islets were, and continue to be, part of the 'natural unity'. It is for this reason that they remained English under the archipolage itself.[21]

### (4) Case *Concerning Sovereignty over Certain Frontier Land*(1959)

Case *Concerning Sovereignty over Certain Frontier Land*(1959)에서 국제사법재판소 Armand-Ug의 판사는 '단위' 개념과 '거리' 개념을 인정하고 문제의 지역이 단위를 구성하지 아니하는 특수한 사정이 있다고 다음과 같은 견해를 표시한 바 있다.

영토적 계속의 원칙으로부터 폐쇄 영토가 훼손되었기 때문에 이들 모든 절차는 완전히 논리적이다. 반면에 제91지역과 제92지역은 어떻든 그들 자신이 한 단위를 구성하지 아니하기 때문에 그리고 그들 지역은 Baerle-Duc의 벨기에 폐쇄지로부터 상당히 멀리 떨어져 있기 때문에 Zonderegen의 제91지역과 제92지역의 특수사태는 한층 더 비정상적이다. 따라서 두 당사자가 1892년의 조약에 의해 정정을 원해 왔다는 것을 완전히 이해할 수 있다.

All this procedure was perfectly logical, since any enclave is a derogation from the principle of territorial continuity, while the special situation of plots 91 and 92 of Zondereygen was even more abnormal, since they did not in any way constitute a unity in themselves and because they were fairly distant from the Belgian enclave of Baerle-Duc.[22] It is perfectly understandable therefore that the two parties should have wished to correct by the treaty of 1892.[23]

### (5) *Land, Island and Maritime Frontier Dispute* Case(1992)

*Land, Island and Maritime Frontier Dispute* Case(1992)에서 국제사법재판소는 한 도의 법적 지위와 다른 도의 법적 지위가 일치하는, 즉 도의 단위성(unit)이 인정되는 경우가 있음을, 즉 도의 단위성(unit), 단일 그룹(single group) 또는 단일의 물리적 단위(single physical unit)가 인정되는 경우가 있음을 다음과 같이 간접적으로 인정하고 있다.

재판부는 Meanguerra에 관해 이 점에 있어서 증거의 부존재로 그 도의 법적 지위가 다름 아닌 Meanguerra의 법적 지위와 일치되어올 수 있었다는 것이 가능하다고 생각하지 아니한다.

As regards Meangueria the Chamber does not consider it possible, in the absence of evidence on the point, that the legal position of that island could have been other than identical with that of Meanguerra.[24]

---

20) ICJ, *Reports*, 1953, p.102.

21) *Ibid.*

22) ICJ, *Reports*, 1959, p.257.

23) *Ibid.*

24) ICJ, *Reports*, 1992, p.579, para. 281.

(6) Case *Concerning Sovereignty over Pedra Branca*(2008)

Case *Concerning Sovereignty over Pedra Branca*(2008)에서 싱가포르는 Pedra Branca, Middle Rocks와 South Ledge는 지리적으로 단일 그룹(single group)을 형성하고, 하나의 단일한 물리적 단위(a single physical unit)를 형성한다고 주장하고, *Palmas Island* Case(1928)의 도의 그룹(groups of islands)에서 주도의 운명은 잔여 도의 운명을 포함한다는 판정을 인용하고,[25] 또한 *Land, Island and Maritime Frontier Dispute* Case(1982)의 한 도의 법적 지위가 다른 도의 법적 지위와 일치하는 경우가 있다는 판결을 인용했다.[26] 이러한 싱가포르의 주장에 대해 국제사법재판소는 이를 거부하지 아니하고 단일 그룹(single group), 도의 그룹(groups of Islands)을 인정하는 다음과 같은 판결을 한 바 있다.

> Middle Rocks는 Pedra Branca의 법적 지위와 같은 법적 지위를 가져 왔다고 이해되므로 Middle Rocks에 대한 본원적 권원은 달리 증명되지 아니하는 한 말레이시아에 유보되어야 한다. 재판소는 싱가포르가 그러한 증명을 한 바 없음을 발견했다.
> Since Middle Rocks should be understood to have had the same legal status as Pedra Branca ⋯ original title to Middle Rooks should remain with Malaysia ⋯ unless proven other wise, which the Court finds singapore has not done.[27]

## III. 우리정부 독도 영유권의 지리적 근거에 관한 주장

### 1. 독도문제 개론

우리 외무부가 간행한 『독도문제 개론』에는 지리적으로 독도가 한국영토인 근거를 다음과 같이 기술하고 있다.

> 지리적으로 보아 독도는 일본 오끼도에서 88哩, 島根縣(시마네현) 境市에서 130哩나 되는 원거리에 있고, 아국 울릉도에서 겨우 49哩 밖에 안 되는 근거리에 있는 까닭에 일본이 독도를 강탈한 후에도 일본인보다 울릉도 주민이 더 많이 이 섬을 이용하였으며 이 까닭에 일본인들의 기록에 한국에 속하는 섬으로서 독도를 기재한 예가 허다하다.[28]

위의 기술 중 '지리적으로 보아'라는 기술은 독도가 한국영토인 '지리적 근거는'이라는 의미이다. '독도는 오끼도에서 86리 ⋯ 울릉도에서 겨우 49리밖에 안 되는 근거리에 있는'이라는 기술은 독도는 울릉도에 근접해 있다는 지리적 근접성을 주장하는 것으로, 이는 국제법상 인정되지 아니하는 원칙의 주장으로 명백한 과오로 본다.

---

25) ICJ, *Reports*, 2008, para. 280.

26) *Ibid.*, para. 281.

27) *Ibid.*, para. 290.

28) 외무부 우정국, 「독도문제개론」, (서울:우정국, 1955), pp.23~24.

'일본인보다 울릉도 주민이 더 많이 이 섬을 이용했으며'라는 기술은 울릉도와 독도가 주 도와 속도를 구성하는 '유기적 전체(organic whole)',[29] '법상 한 단위(in law a unit)',[30] '자연적 단일성(natural unity)',[31] '법적 지위(legal position)',[32] '단일 그룹(single group)',[33] '도의 그룹(group of islands)',[34] '하나의 실체 또는 자연적 단위(an entity or natural unity)',[35] '조직적 또는 개별화된 전체(an organic or individualized whole)'[36]를 이룬다는 지리적 설명으로는 부족한 감이 없지 아니하다. 아니 지리적 설명으로는 되지 아니한다. 지리적으로는 '유기적 전체' 등을 형성한다는 근거의 설명이 없기 때문이다.

요컨대, 위의 기술은 지리적으로는 독도가 한국영토라는 근거로는 부족하다고 아니할 수 없다.

## 2. 대한민국정부의 견해 1

1953년 11월 13일 독도에 대한 일본정부의 견해에 대한 1953년 9월 9일의 한국정부의 견해(한국정부의 견해1)에는 다음과 같이 기술되어 있다.

> 다른 한편, 지리적으로 말하면, 독도에서 시마네현 오끼도까지는 86해리인데 반해 울릉도에서 독도까지는 단지 49해리이다. 울릉도에서 청명한 날 독도를 맨 눈으로 볼 수 있다. 따라서 한국은 독도에 대해 계속적이고 실효적인 행정을 했으며, 또한 독도로부터 일본이 결코 향유할 지위에 있지 아니한 울릉도까지의 비교적 짧은 거리로 추정되었다.
>
> On the other hand, geographically speaking, it is only 49 seamiles from Ulleungdo to Dokdo while 86 seamiles from Dokdo to Okishima of Shimane Prefecture, Dokdo can be seen even with naked eyes from Ulleungdo on fine days. Thus Korean's continuos and effective administration of Dokdo, also presupposed the comparatively shirt distance from the island to Ulleungdo, which Japan is by no means in a position to enjoy.[37]

위의 기술 중 '지리적으로 말하면'이란 뜻은 '독도가 한국영토인 지리적 근거는'이라는 의미이다.

'독도에서 오끼도까지는 86해리인데 반해 울릉도에서 독도까지는 49해리이다.'는 독도는 울릉도에 접해있다는 지리적 근접성을 주장하는 것으로, 이는 국제법상 인정되어 있지 아니한 원칙의 주장으로 명백한 과오로 본다.

'한국은 독도에 대한 계속적이고 실효적인 행정을 했으며'라는 기술은 한국이 독도에 대한 실효적 지배를 해왔다는 역사적 사실에 대한 주장이나, 이는 독도가 지리적으로 한국영토라는 근거로는 되지 못

---

29) British and Foreign State Paper, Vol.99, 1904, p.930; Fitzmaurice, Gerald Fitzmaurice, 'The Law and procedure of the International Court of Justice, 1951-4, 'BYIL, Vol.32, 1955-6, p.75, n.1; Brownlie, *supra* n.15, p.147, n.154.

30) UN, *RIAA*, Vol.2, 1949, p.855

31) ICJ, *Reports*, 1953, p.102.

32) ICJ, *Reports*, 1992, p.579, para. 281.

33) ICJ, *Reports*, 2008, para. 280.

34) ICJ, *Reports*, 2008, para. 280.

35) Gerald Fitzmaurice, 'The Law and procedure of the International Court of Justice, 1951-4, 'BYIL, Vol.32, 1955-6, p.75.

36) Santiago Torres Bernardes, 'Territory, Acquisition', *EPIL*, Vol.10, 1987, pp.501-502.

37) Korean Government's refutation of the Japanese Government's view concerning Dokdo(Takeshima) dated July 13, 1953 (September 9, 1953)

하며, 또 그것은 울릉도와 독도가 주도와 속도를 구성하는 '유기적 전체(organic whole)',[38] '법상 한 단위(in law a unit)',[39] '자연적 단일성(natural unity)',[40] '법적 지위(legal position)',[41] '단일 그룹(single group)',[42] '도의 그룹(group of islands)',[43] '하나의 실체 또는 자연적 단위(an entity or natural unity)',[44] '조직적 또는 개별화된 전체(an organic or individualized whole)'[45]를 이룬다는 설명으로는 되지 아니한다. 이들을 이룬다는 지리적 근접성 이외에 지리적 근거의 설명이 없다.

요컨대, 위의 지리적 근접성의 기술은 지리적으로 독도가 한국영토라는 근거로는 되지 못한다.

## 3. 대한민국정부의 견해 2

1954년 2월 1일의 일본정부의 견해에 대한 1954년 9월 28일의 한국정부의 견해 (한국정부의 견해2)에는 다음과 같이 기술되어 있다.

> 『세종실록지리지』와 『동국여지승람』에서 다음의 기사를 인용하고자 한다.
> 「우산,무릉 두 돌섬이 울진현의 정동쪽 해중에 위치되고, 또 이 두 섬의 거리가 그리 원격하지 아니하기 때문에 일기가 청명한 때에는 이 두 섬이 서로 망견할 수 있다」
> The following quotations ard hereby made from the books 'Seijong Shillok' and 'Shinjung Tongkuk Yoji Seungnam':
> 'The two islands of Woosan and Mooneung are located in the midst of the sea just in the eastern direction of this Prefecture and the distance of the two islands are not so far, and so when the weather is fine, these two islands can be seen from each other'.-- (Geographical Capter of Seijong Shillok).[46]
>
> 독도가 본래부터 울릉도에 속한 섬이며 또 지리적으로 울릉도에 속하는 것이 가장 합리적인 까닭이다.
> This is because Dokdo is an island attached to Ulneungdo and also because it is most reasonable from geographical point of view.[47]

위의 기술 중, 『세종실록지리지』와 『동국여지승람』의 인용문인 '두 섬의 거리가 그리 원격하지 아니하며 … 서로 바라볼 수 있다.'는 기술은 울릉도와 독도의 지리적 근접성을 주장하는 것으로 이는 국제법상 인정되지 아니하는 원칙의 주장이다. 또한 이는 독도 영유권의 지리적 근거로는 인정될 수 없는

---

38) *Supra* n.2.

39) *Supra* n.3.

40) *Supra* n.4.

41) *Supra* n.5.

42) *Supra* n.6.

43) *Supra* n.7.

44) *Supra* n.8.

45) *Supra* n.9.

46) The Korean Government's View Refuting the Japanese Government's View or the territorial Ownership of Dokdo (Takeshima), as taken in the note verbale No 15/A2 of Japanese Ministry of Foreign Affairs dated February 10, 1954 (September 25, 1954), I. (1)

47) *Ibid.* I. (2) d.

것이므로 이는 과오임이 명백하다고 본다.

'지리적으로 울릉도에 속하는 것이 가장 합리적'이라는 기술은 지리적으로 가장 합리적인 지리적 이유의 제시가 없으므로 이를 독도 영유권의 지리적 근거로 인정될 수 없는 것이다.

요컨대 상기 기술은 독도 영유권의 지리적 근거로 인정될 수 없다.

## 4. 대한민국정부의 견해 3

1956년 9월 20일의 일본정부의 견해에 대한 1959년 1월 7일의 한국정부의 견해 (한국정부의 견해3)에는 다음과 같이 기술되어 있다

> 독도는 역사적으로나 지리적으로나 분명히 한국영토인 울릉도와 불가분의 관계를 가진 운명공동체적 관계에 놓여온 곳이고, 역사적으로 지리적으로 한국영토의 불가분의 일부였다.
> Dokdo having maintained an inseparable relationship, and shared a common destiny, with Ulleungdo.[48]

위의 기술 중 '…지리적으로나'는 한국의 '독도 영유권의 지리적 근거'를 의미한다.

'독도는 … 울릉도와 불가분의 관계를 가진 운명공동체적 관계에 놓여온 곳이고'라는 기술은 울릉도와 독도가 주도와 속도를 구성하는 '유기적 전체(organic whole)',[49] '법상 한 단위(in law a unit)',[50] '자연적 단일성(natural unity)',[51] '법적 지위(legal position)',[52] '단일 그룹(single group)',[53] '도의 그룹(group of islands)',[54] '하나의 실체 또는 자연적 단위(an entity or natural unity)',[55] '조직적 또는 개별화된 전체(an organic or individualized whole)'[56]를 이룬다는 설명으로는 즉, 운명공동체적 관계를 형성하는 지리적 근거의 제시가 없다. 그러므로 이는 한국의 독도 영유권의 지리적 근거로 주장할 수 없는 것이다. 울릉도와 독도가 운명공동체를 이룬다는 것은 아주 적절한 표현이나 운명공동체를 이루는 지리적 근거의 설명이 없다. 그러므로 이는 한국의 독도 영유권의 지리적 근거로 될 수 없다고 본다.

## 5. 일본 외무성 독도홍보 팸플릿 반박문

2008년 일본 외무성의 '다케시마 10포인트'에 대한 동북아역사재단의 반박문에는 다음과 같이 기술되어 있다.

---

48) 한국정부의 견해 3.

49) *Supra* n.2.

50) *Supra* n.3.

51) *Supra* n.4.

52) *Supra* n.5.

53) *Supra* n.6.

54) *Supra* n.7.

55) *Supra* n.8.

56) *Supra* n.9.

독도는 울릉도에서 육안으로 볼 수 있어서 울릉도에 사람이 거주하기 시작한 때부터 인식할 수 있었다. 이러한 인식의 결과 세종실록지리지(1454년), 신증동국여지승람(1530), 동국문헌비고(1778년), 만기요람(1808년) 등 한국의 수많은 정부 관찬문서에 독도가 명확히 등재되어 있다.[57]

위의 기술 중 '독도는 울릉도에서 육안으로 볼 수 있어서'는 울릉도와 독도의 지리적 근접성을 주장한 것이나 국제법상 지리적 근접성은 영유권 결정의 근거로 되지 아니하므로 지리적 근접성을 한국의 독도 영유권의 지리적 근거로 제의될 수 없으므로 이는 과오라 아니할 수 없다고 본다.

'울릉도에 사람이 거주하기 시작한 때부터 인식할 수 있었다.'는 도의 존재의 인식 그 자체와 '일본보다 울릉도 주민이 더 많이 이 섬을 이용했으며'라는 기술은 울릉도와 독도가 주도와 속도를 구성하는 '유기적 전체(organic whole)',[58] '법상 한 단위(in law a unit)',[59] '자연적 단일성(natural unity)',[60] '법적 지위(legal position)',[61] '단일 그룹(single group)',[62] '도의 그룹(group of islands)',[63] '하나의 실체 또는 자연적 단위(an entity or natural unity)',[64] '조직적 또는 개별화된 전체(an organic or individualized whole)'[65]를 이룬다는 설명의 지리적 근거 제시가 없다.

요컨대, 위의 기술이 한국의 독도 영유권의 지리적 근거로의 제시로는 부족한 것이 명백하다고 본다.

## 6. 일본 외무성 독도 홍보자료에 대한 비판

한국해양수산개발원 독도연구소는 일본의 독도 홍보자료 '다케시마 10포인트'에 대한 비판을 다음과 같이 기술하고 있다.

이는 당시 일본인에게 다케시마(독도)가 마쓰시마(울릉도)의 부속도서로서 언제나 한 쌍으로 인식되고 있었다는 사실을 증명한다.[66]

위의 기술은 울릉도와 독도의 지리적 근접성을 주장하지 아니하고 울릉도와 독도가 주도와 속도의 관계에 있어 왔다고 하는 점만 기술하고 있다. '울릉도와 독도가 일본인보다 울릉도 주민이 더 많이 이 섬을 이용했으며'라는 기술은 울릉도와 독도가 주도와 속도를 구성하는 '유기적 전체(organic whole)',[67] '법상 한 단위(in law a unit)',[68] '자연적 단일성(natural unity)',[69] '법적 지위(legal position)',[70] '단일

---

57) 동북아역사재단 독도연구소, 「일본 외무성 독도홍보 팸플릿 반박문」, 2008년.

58) *Supra* n.2.

59) *Supra* n.3.

60) *Supra* n.4.

61) *Supra* n.5.

62) *Supra* n.6.

63) *Supra* n.7.

64) *Supra* n.8.

65) *Supra* n.9.

66) 동북아역사재단 독도연구소, 전주 57.

67) *Supra* n.2.

68) *Supra* n.3.

그룹(single group)',[71] '도의 그룹(group of islands)',[72] '하나의 실체 또는 자연적 단위(an entity or natural unity)',[73] '조직적 또는 개별화된 전체(an organic or individualized whole)'[74]를 이룬다는 지리적 설명이 없다.

우리정부의 다른 주장에 비해 비교적 강하게 표시되어 독도 영유권의 지리적 근거로 명백히 제시하고 있다.

그러나 독도가 울릉도의 '부속도'로 인정되고 '한 쌍'으로 인정되어온 지리적 근거의 제시가 없으므로 이는 한국의 독도 영유권의 '지리적 근거'로 주장될 수 없는 것이다.

## 7. 대한민국의 아름다운 영토 독도

외무부가 출간한『대한민국의 아름다운 영토 독도』에는 '2. 독도에 대한 지리적 인식과 역사적 근거'에서 다음과 같이 기술되어 있다.

> 독도는 지리적으로 울릉도의 일부로 인식되어 왔습니다. 독도에서 가장 가까운 우리나라 울릉도(독도로부터 87.4km)에서는 맑은 날이면 육안으로 독도를 볼 수 있습니다. 이러한 지리적 특성으로 인하여 독도는 역사적으로 울릉도의 일부로 인식되어 왔습니다.[75]

위의 기술 중 '독도에서 가장 가까운 우리나라 울릉도(독도에서 87.4km)에서 맑은 날이면 육안으로 바라볼 수 있습니다.'는 독도의 울릉도 근접성을 한국의 독도 영유권의 지리적 근거로 제시하는 것으로 보인다. 따라서 국제법상 지리적 근접성은 영토주권의 근거로 인정되지 아니하므로 이는 부적절한 것이라고 본다.

'이러한 지리적 특성으로 인하여 독도는 역사적으로 울릉도의 일부로 인식되어 왔습니다.'는 울릉도와 독도가 주도와 속도를 구성하는 '유기적 전체(organic whole)',[76] '법상 한 단위(in law a unit)',[77] '자연적 단일성(natural unity)',[78] '법적 지위(legal position)',[79] '단일 그룹(single group)',[80] '도의 그룹(group of islands)',[81] '하나의 실체 또는 자연적 단위(an entity or natural unity)',[82] '조직적 또는 개별화된 전체(an organic or individualized whole)'[83]의 지리적 근거의 제시가 없다.

---

69) *Supra* n.4.

70) *Supra* n.5.

71) *Supra* n.6.

72) *Supra* n.7.

73) *Supra* n.8.

74) *Supra* n.9.

75) 대한민국 외무부,「대한민국의 아름다운 영토 독도」(서울, 외교부, 연도 불표시), p.5.

76) *Supra* n.2.

77) *Supra* n.3.

78) *Supra* n.4.

79) *Supra* n.5.

80) *Supra* n.6.

81) *Supra* n.7.

82) *Supra* n.8.

단순히 지리적 근접성만을 근거로 울릉도와 독도는 그룹을 이룬다는 것은 미흡한 점이 없지 아니하다. '지리적 특성'이라는 표현은 적절하나 그 특성으로 근접성 이외의 근거는 제시가 없다.

## 8. 교수·학습 과정안 및 학습지

동북아역사재단이 출간한 「교수·학습 과정안 및 학습지」의 지리적 위치에서 다음과 같이 기술하고 있다.

> A(오끼도~독도 간의 거리)가 B(울릉도~독도 간의 거리)보다 70.1 km 더 멀다(독도는 오끼섬보다 울릉도에서 더 가깝다). 울릉도에서 독도는 보이지만 오끼섬에서는 독도가 보이지 않는다. 독도가 보이는 울릉도 주민들은 독도를 오고 가며 어로 활동을 하였다. 이는 독도가 울릉도 주민의 생활권역에 포함되어 있음을 의미한다.[84]

위의 기술 중 'A(오끼도~독도까지의 거리)가 B(울릉도~독도 간의 거리)보다 70.1 km 더 멀다(독도는 울릉도보다 오끼섬에서 더 멀다). / 독도는 오끼섬보다 울릉도에서 더 가깝다. 울릉도에서 독도는 보이지만 오끼도에서는 독도가 보이지 않는다.'는 것은 독도·울릉도의 지리적 근접성을 주장한 것이지만 이는 국제법상 근거로 주장할 수 없는 것이 명백하므로 독도 영유권이 한국에 귀속된다는 지리적 근거로 제시할 수 없음이 명백하다.

'울릉도 주민의 생활권역에 포함되어 있었음을 의미한다.'는 울릉도와 독도가 주도와 속도를 구성하는 '유기적 전체(organic whole)',[85] '법상 한 단위(in law a unit)',[86] '자연적 단일성(natural unity)',[87] '법적 지위(legal position)',[88] '단일 그룹(single group)',[89] '도의 그룹(group of islands)',[90] '하나의 실체 또는 자연적 단위(an entity or natural unity)',[91] '조직적 또는 개별화된 전체(an organic or individualized whole)'[92]를 이룬다는 설명으로는 부족한 감이 없지 아니하다. 그러나 이도 울릉도 주민의 생활권역에 포함되어 있었다는 사실의 지리적 실증이 부족하다고 본다.

요컨대, 위의 기술 중 지리적 근접의 주장은 국제법상 근거로 될 수 없으므로 이는 독도 영유권의 지리적 근접으로 제시할 수 없는 것이며, 독도가 울릉도 주민의 생활권역에 포함되어 있었다는 지리적 사실의 실증이 요한다고 보아 이도 한국의 독도 영유권의 지리적 근거로 부족한 감이 없지 아니하다.

---

83) *Supra* n.9.
84) 동북아역사재단. 「교수·학습 과정안 및 학습지」. (서울 동북아역사재단. 2013). p.6.
85) *Supra* n.2.
86) *Supra* n.3.
87) *Supra* n.4.
88) *Supra* n.5.
89) *Supra* n.6.
90) *Supra* n.7.
91) *Supra* n.8.
92) *Supra* n.9.

## 9. 우리 땅 독도를 만나다

동북아역사재단이 출간한『우리 땅 독도를 만나다』에는 한국의 독도 영유권의 지리적 근거를 다음과 같이 기술하고 있다.

독도는 지리적으로 울릉도에서 가까이 있어 육안으로 바라볼 수 있다. 예로부터 울릉도 주민들은 자연스럽게 독도를 울릉도의 부속도서로 인식하고 있었다.『세종실록지리지』(1454년)는 '울릉도와 독도, 두 섬이 서로 거리가 멀지 않아 날씨가 맑으면 바라볼 수 있다.'고 하였다. 이를 증명하듯 울릉도에서 날씨가 맑은 날에 육안으로 보이는 섬은 독도가 유일하다.[93]

위의 기술 중 '독도는 지리적으로'는 한국의 독도 영유권의 지리적 근거를 의미한다. '독도는 울릉도에서 가까이 있어 육안으로 바라볼 수 있다.'는 독도의 울릉도에의 근접성을 주장하는 것인데 국제법상 지리적 근접성의 원칙은 인정되지 아니하므로 이는 한국의 독도 영유권의 지리적 근거로 제시할 수 없음은 명백하다고 본다.

'예로부터 울릉도 주민들은 자연스럽게 독도를 울릉도의 부속도서로 인식하고 있었다.'도 울릉도와 독도가 주도와 속도를 구성하는 '유기적 전체(organic whole)',[94] '법상 한 단위(in law a unit)',[95] '자연적 단일성(natural unity)',[96] '법적 지위(legal position)',[97] '단일 그룹(single group)',[98] '도의 그룹(group of islands)',[99] '하나의 실체 또는 자연적 단위(an entity or natural unity)',[100] '조직적 또는 개별화된 전체(an organic or individualized whole)'[101]를 이룬다는 지리적 설명으로는 부족하다. 독도는 울릉도의 부속도서라는 기술은 적절한 것이나 독도가 울릉도의 부속도인 지리적 근거의 제시가 없다.

## 10. 독도 바로 알기

동북아역사재단이 출간한『독도 바로 알기』에는 울릉도에서 독도가 보인다고 다음과 같이 기술되어 있다.

우리나라 울릉도에서 맑은 날 육안으로 독도가 보이지만 일본 오끼섬에서는 보이지 않는다. … 울릉도에서 독도가 보이므로 울릉도 주민들은 예로부터 독도를 오가면서 어로 활동을 했다. 이것은 독도가 울릉도 주민의 생활권역에 포함되어 있음을 의미한다.[102]

---

93) 동북아역사재단.「우리 땅 독도를 만나다」(서울: 동북아역사재단. 2012), p.38
94) *Supra* n.2.
95) *Supra* n.3.
96) *Supra* n.4.
97) *Supra* n.5.
98) *Supra* n.6.
99) *Supra* n.7.
100) *Supra* n.8.
101) *Supra* n.9.
102) 동북아역사재단,「독도 바로 알기」(서울: 동북아역사재단, 2011), p.11.

위의 기술 중 독도 영유권의 지리적 근거라는 명시적 표현은 없지만 이는 독도 영유권의 지리적 근거로 제시한 것이다. '울릉도에서 맑은 날 육안으로 독도가 보인다.'는 것은 울릉도와 독도 간의 지리적 근접을 한국의 독도 영유권의 지리적 근거로 제시한 것이다. 그러나 지리적 근접은 그 자체로는 독립된 영토주권의 권원의 근거가 될 수 없으므로 이 표현은 한국의 독도 영토주권의 지리적 권원이 될 수 없다고 본다. 그러므로 이 주장은 한국의 독도 영토주권의 지리적 근거로 제시될 수 없는 것이다. '독도가 울릉주민의 생활권역에 포함된다.'라는 표현은 울릉도에서 독도가 육안으로 보인다는 사실만으로 독도가 울릉도 주민의 생활권역에 포함된다고 보는 것은 무리한 것이며, 독도가 울릉도 주민의 생활권역에 포함된다는 것은 울릉도와 독도가 주도와 속도를 구성하는 '유기적 전체(organic whole)',[103] '법상 한 단위(in law a unit)',[104] '자연적 단일성(natural unity)',[105] '법적 지위(legal position)',[106] '단일 그룹(single group)',[107] '도의 그룹(group of islands)',[108] '하나의 실체 또는 자연적 단위(an entity or natural unity)',[109] '조직적 또는 개별화된 전체(an organic or individualized whole)'[110]를 이룬다는 지리적 근거의 설명이 없다. 요컨대, 울릉도나 독도가 울릉도 주민의 생활영역을 이룬다는 지리적 근거의 제시가 요구된다. 울릉도 주민이 독도를 오가면서 어로 활동을 했다는 사실의 실증이 요구된다고 본다. 독도를 오가며 어로활동을 했다는 실증 없이 독도 영유권이 한국에 있다는 지리적 근거로 제시하기는 역시 무리라고 본다.

## 11. Dokdo Korean Territory Since 6th Century

동북아역사재단이 출간한 「6세기 이래 한국영토인 독도」(*Dokdo Korean Territory Since 6th Century*)에는 다음과 같이 기술되어 있다.

> 한국 사람들은 오랫동안 독도는 울릉도의 부속도로 생각해왔다. ⋯ 독도는 청명한 날 울릉도에서 볼 수 있다. 그리고 울릉도 주민들은 오랫동안 독도수역에서 어로작업을 위해 항해했다.
> Koreans have long considered Dokdo to be an associated dependency of Ulleungdo, ⋯ Dokdo is readily visible from Ulleungdo in clear weather, and Ulleungdo residents habe long sailed to Dokdo to fish in its waters.[111]

위의 기술은 '독도는 청명한 날 울릉도에서 볼 수 있다.'는 기술로 보아 한국의 독도 영유권의 지리적 근거를 제시한 것이다. '독도는 청명한 날 울릉도에서 볼 수 있다.'라는 표현은 울릉도와 독도의 근

---

103) *Supra* n.2.

104) *Supra* n.3.

105) *Supra* n.4.

106) *Supra* n.5.

107) *Supra* n.6.

108) *Supra* n.7.

109) *Supra* n.8.

110) *Supra* n.9.

111) Northeast Asian History Foundation, *Dokdo Korean Territory Since the 6th Century*(Seoul: Northeast Asian History Foundation, 2006), p.10.

접성을 한국의 독도 영유권의 지리적 근거의 하나로 제시한 것이다. 국제법상 지리적 근접성이 영토권원의 근거가 될 수 없으므로 이 주장은 한국의 독도 영유권의 지리적 근거로 제시될 수 없다고 본다.

'울릉도 주민들은 오랫동안 독도수역에서 어로작업을 위해 항해했다.'는 울릉도와 독도가 주도와 속도의 관계에 있다는 주장이다. 그러나 울릉도와 독도가 주도와 속도를 구성하는 '유기적 전체(organic whole)',[112] '법상 한 단위(in law a unit)',[113] '자연적 단일성(natural unity)',[114] '법적 지위(legal position)',[115] '단일 그룹(single group)',[116] '도의 그룹(group of islands)',[117] '하나의 실체 또는 자연적 단위(an entity or natural unity)',[118] '조직적 또는 개별화된 전체(an organic or individualized whole)'[119]를 이룬다는 지리적 설명이 없다. 독도 영유권이 한국에 귀속된다는 지리적 근거로 제시되기 위해서는 울릉도 주민이 독도의 수역이 아니라 독도에서 어로 작업을 했다는 역사적 사실과 정부가 이를 허용했다는 역사적 사실과 그의 지리적 근거의 실증이 요구된다고 본다.

## VI. 결언

이상에서 검토해 본 바와 같이 국제법상 지리적 근접성의 원칙은 영토주권의 권원의 근거로 인정되어 있지 아니하다는 것이 국제법상 일반적으로 승인되어 있다. 한국정부는 '독도는 역사적 지리적 국제법적으로 우리의 고유영토다.'는 기본입장을 표명하고 있음에도 불구하고 '지리적 근거'에 관해 '울릉도에서 독도가 육안으로 보인다.', '울릉도에서 독도까지의 거리가 오끼도에서 독도까지의 거리보다 가깝다.'는 것 이외에 한국의 독도 영유권의 지리적 근거에 관한 정부당국의 제시가 없다.

그런데 정부가 제시하는 '울릉도에서 독도가 육안으로 보인다.', '독도에서 울릉도까지의 거리는 87.4km이고, 오끼도에서 독도까지의 거리는 157.5km이므로 독도에서 울릉도까지의 거리가 가깝다.'는 등의 주장은 근접성 원칙의 적용 주장이나 국제법상 근접성 원칙은 영토주권의 권원의 근거로 인정되지 아니한다는 데 문제가 있다.

간혹 '울릉도에서 독도가 육안으로 보인다. 그러므로 독도는 울릉도 주민의 생활권에 속한다.'라고 하며 독도가 울릉도의 속도인 근거로 생활권을 제시한 것이 있으며 이는 「울릉도와 독도가 주도와 속도를 구성하는 '유기적 전체(organic whole)',[120] '법상 한 단위(in law a unit)',[121] '자연적 단일성(natural unity)',[122] '법적 지위(legal position)',[123] '단일 그룹(single group)',[124] '도의 그룹(group of

---

112) *Supra* n.2.

113) *Supra* n.3.

114) *Supra* n.4.

115) *Supra* n.5.

116) *Supra* n.6.

117) *Supra* n.7.

118) *Supra* n.8.

119) *Supra* n.9.

120) *Supra* n.2.

121) *Supra* n.3.

122) *Supra* n.4.

islands)',[125) '하나의 실체 또는 자연적 단위(an entity or natural unity)',[126) '조직적 또는 개별화된 전체 (an organic or individualized whole)'[127)를 이룬다는 설명으로는 인정될 수 없으며 근접성 외에 생활권을 형성한 지리적 특성의 제시가 요구된다. 울릉도와 독도의 지리적 특성으로 다음과 같은 사항을 추가할 수 있다고 본다. 예컨대 (ⅰ) 울릉도와 독도는 다 같이 화산도이나 오끼도는 화산도가 아니다. (ⅱ) 울릉도와 독도는 해산으로 연결되어 있으나 오끼도와 독도는 해산으로 연결되어 있지 아니하다. (ⅲ) 울릉도와 독도는 모두 조면암으로 형성되어 있으나 오끼도는 편무암으로 형성되어 있다.

정부 관계당국에 대해 다음과 같은 정책대안을 제의하기로 한다.

첫째로, 울릉도와 독도의 지리적 근접성을 그 자체로 한국의 독도 영유권의 권원의 근거로 주장해온 것을 울릉도와 독도가 주도와 속도를 구성하는 '유기적 전체(organic whole)',[128) '법상 한 단위(in law a unit)',[129) '자연적 단일성(natural unity)',[130) '법적 지위(legal position)',[131) '단일 그룹(single group)',[132) '도의 그룹(group of islands)',[133) '하나의 실체 또는 자연적 단위(an entity or natural unity)',[134) '조직적 또는 개별화된 전체(an organic or individualized whole)'[135)를 이룬다는 하나의 요인으로 보는 논리를 구성한다.

둘째로, 울릉도와 독도가 주도와 속도를 구성하는 '유기적 전체(organic whole)',[136) '법상 한 단위(in law a unit)',[137) '자연적 단일성(natural unity)',[138) '법적 지위(legal position)',[139) '단일 그룹(single group)',[140) '도의 그룹(group of islands)',[141) '하나의 실체 또는 자연적 단위(an entity or natural unity)',[142) '조직적 또는 개별화된 전체(an organic or individualized whole)'[143)를 이룬다는 지리적 사실을 실증적으로 제시한다.

---

123) *Supra* n.5.
124) *Supra* n.6.
125) *Supra* n.7.
126) *Supra* n.8.
127) *Supra* n.9.
128) *Supra* n.2.
129) *Supra* n.3.
130) *Supra* n.4.
131) *Supra* n.5.
132) *Supra* n.6.
133) *Supra* n.7.
134) *Supra* n.8.
135) *Supra* n.9.
136) *Supra* n.2.
137) *Supra* n.3.
138) *Supra* n.4.
139) *Supra* n.5.
140) *Supra* n.6.
141) *Supra* n.7.
142) *Supra* n.8.
143) *Supra* n.9.

셋째로, 울릉도와 독도가 주도와 속도를 구성하는 '유기적 전체(organic whole)',[144] '법상 한 단위(in law a unit)',[145] '자연적 단일성(natural unity)',[146] '법적 지위(legal position)',[147] '단일 그룹(single group)',[148] '도의 그룹(group of islands)',[149] '하나의 실체 또는 자연적 단위(an entity or natural unity)',[150] '조직적 또는 개별화된 전체(an organic or individualized whole)'[151]를 이룬다는 지리학적, 지질학적 논리를 도입하여 한국의 독도 영유권의 지리적 근거를 제시한다.

이와 같이 울릉도와 독도의 근접성이라는 지리적 근거 이외의 한국의 독도 영유권의 지리적 근거를 제시하여 한국의 독도 영유권의 지리적 근거를 완결한다.


## <참고문헌>

대한민국 외무부, 『대한민국의 아름다운 영토 독도』, 서울, 외교부, 연도 불표시.
동북아역사재단, 『교수·학습 과정안 및 학습지』, 서울 동북아역사재단. 2013.
_____, 『독도 바로 알기』, 서울 동북아역사재단, 2011.
_____, 『우리 땅 독도를 만나다』, 서울: 동북아역사재단. 2012.
동북아역사재단 독도연구소, 『일본 외무성 독도홍보 팸플릿 반박문』, 2008년.
외무부 우정국, 『독도문제 개론』, 서울: 우정국, 1955.
Bernardez Torres Santiago, 'Territory, Acquisition', *EPIL,* Vol.10, 1987.
Brownlie, Ian Brownlie, *Principles of Public International Law,* 5th ed. 1998.
British and Foreign State Paper, Vol.99, 1904.
Fitzmaurice Gerald, 'The Law and procedure of the International Court of Justice, 1951-4, *BYIL,* Vol.32, 1955-6.
Hambro E., 'The Reasons behind the Decisions of International Court of Justice, '*Current Legal Problems,* Vol.7, 1954.
ICJ, *Reports,* 1953.
___, *Reports,* 1959.
___, *Reports,* 1992.
___, *Reports,* 2008.
Jennings Robert and Arthur Watts(eds.), *Oppenheim's International Law,* 9the ed. Vol.1, London: Longman, 1992.
Jennings Robert, *Acquisition of Territory in International Law,* Dobbs Ferry: Oceana, 1963.
Kelsen Hans, *The Law of the United Nations,* New York: Praeger, 1950.
Lauterpacht H., 'Sovereignty over Submarine Area', *BYIL,* Vol.27, 1956.
Malanczuk Peter (ed.), *Akehurst's Modern Introduction to International Law,* 7th ed., London: Routledge, 1987.
Narayana Rao K., 'The Problem of Goa, '*Indian Yearbook of International Affairs* 1996.
Rosenne Sabatai, *The Law and Practice of the International Court of Justice,* 3rd ed., Vol.4, Mague: Martinus, 1997.
Schlochauer Hans-Jurger, 'International Court of Justice', *EPIL,* Vol.1, 1981.

---

144) *Supra* n.2.
145) *Supra* n.3.
146) *Supra* n.4.
147) *Supra* n.5.
148) *Supra* n.6.
149) *Supra* n.7.
150) *Supra* n.8.
151) *Supra* n.9.

Northeast Asian History Foundation, Dokdo: *Korean Territory Since the 6th Century*, Seoul: 2006.

Shaw Malcolm N., *International Law,* 4th ed., Cambridge: Cambridge University Press, 1997.

Torres Bernardes Santiago, 'Territory, Acquisition', *EPIL*, Vol.10, 1987.

UN, *RLAA,* Vol.2, 1949.

Virally Michel, 'The Source of International Law, 'in Max Sorensen(ed.), *Monnal of Public International Law,* New York: Macmillan, 1968.

Waldock C.H.M., 'Disputed Sovereignty in the Falkland Islands Dependencies', *BYIL,* Vol.25, 1948.

# 제8절 ㅣ 평화선의 소멸여부

## Ⅰ. 서언

1952년 1월 18일에 '국무원고시 제14호'로 선언한 인접해양에 대한 대통령 주권선언(이하 '인접해양 주권선언'이라 한다)으로 선포된 인접해양의 경계선 즉 '평화선'은 그 내에 독도를 포함하고 있다. 이는 광복이후 대한민국정부가 최초로 독도가 대한민국의 영토임을 대외적으로 선언한 것으로 독도 영유권의 보전을 위해 중대한 의의를 갖는다. 이에 대해 일본정부가 한국정부에 대해 외교문서를 통해 항의해 옴으로써 한일 간에 독도 영유권에 관한 외교논쟁이 시작되었다.

최근 일본정부는 소위 '다케시마 10 포인트'의 제8 포인트에서'…국제법에 반하는 소위 이승만 라인을 일방적으로 설정하고…그 라인 내에 다케시마를 포함시켰습니다.'라고 항의하고 있다.

'다케시마 10 포인트'에 대한 한국정부의 반박 중 제8 포인트에 대한 반박은 없다. 이는 (i)일본정부의 주장이 옳다는 뜻이기 때문에 아니면, (ii)'평화선'은 이미 실효되었으므로 이에 대한 항의가 불필요, 무의미하다는 뜻으로 해석될 수 있다. 일본정부의 주장이 옳다는 뜻은 아닐 것이므로 결국 한국정부가 아무런 반박을 하지 아니하는 것은 '평화선'은 이미 실효된 것으로 보기 때문인 것으로 보인다.

1965년의 '한일어업협정'에 의해 '인접해양주권선언'은 폐기되고 '평화선'도 폐기되고만 것인가? 또는 1996년의 '배타적 경제수역법'에 의해 '인접해양주권선언'은 폐기되고 따라서 '평화선'은 소멸되고만 것인가?

이 연구는 이에 대한 답을 도출하기 위해 시도된 것이다. 이하 (i)인접해양주권선언의 선언배경과 선언경위, (ii)인접해양주권선언의 명칭과 내용, (iii)인접해양주권선언에 대한 일본정부의 항의와 한국정부의 반박 항의, (iv)인접해양주권선언과 독도의 영토주권, (v)인접해양주권선언과 한일어업협정, 배타적 경제수역법순으로 기술하고, (vi) 결론에서 정부당국에 대해 정책대안을 제의하기로 한다.

## Ⅱ. 인접해양주권선언의 선언배경과 선언 경위

### 1. 인접해양주권선언의 선언배경

#### 가. 맥아더 라인의 철폐

전후 일본은 '맥아더 라인'에 의해 일본 어선의 '맥아더 라인' 외에서의 남획이 금지되고 따라서 일본

어선은 한국 어장에서의 어획이 금지되어 그 직접적인 효과로 한국 어장은 보호를 받을 수 있었다. 그러나 '대일평화조약(대일강화조약)'이 1951년 9월 8일에 서명되어 발효될 것이 예정되고 따라서 SCAP이 해체되고 '맥아더 라인'이 자동적으로 철폐될 것으로 예정되어 있어서 이에 대처하여 한국 어장을 보호하는 조치가 요구되고 있었다.

특히 1946년 6월 22일의 'SCAPIN 제1033호'는 일본 어선의 독도의 12해리 이내에 접근을 금지하고 있는 것이어서[1] '맥아더 라인'의 폐지는[2] 독도 영유권에도 지대한 영향이 미치도록 되어 있었으므로 '맥아더 라인'을 대체할 조치가 절실히 요구되는 상황이었다.[3]

### 나. 정전 회담의 진행

1950년에 발발한 한국전쟁은 중국의 참전으로 점차 확대, 치열화되고 정전회담의 진행은 전투를 더욱 극렬화하게 하고 있는 상황에서 그때까지 육전에만 참전해왔던 중공군이 언제 해상에서 침투할 것인지 예측하기 어려운 사정하에 항도 부산에 위치한 정부는 더더욱 해상방위를 하여야 할 당면 과제를 안고 있었다. 그러므로 어족자원의 보호보다는 국토방위에 더 높은 국익의 비중을 두어야 했었다. 공산세력의 연안침투방지가 일본어선의 연안침투보다 더 시급히 요청되는 상황이었다.[4]

## 2. 인접해양주권선언의 선언경위

### 가. 상공부 수산국의 어업관할구역안

최초로 해양주권선언의 초안은 상공부 수산국에서 기초한 것이었으며 당시 초안의 명칭은 '어업관할수역안'이었다. 이 초안은 순수하게 자원보호를 통한 항구적인 생산성을 유지하면서 일본 어선에 대해 우리나라 해안에서 어업을 제한하는 안이었다. 동 초안은 완성된 후 외무부로 이송되었다.[5]

### 나. 외무부의 독도 포함수정안

상공부에서 외무부로 이송된 '어업관할수역안'은 관할구역 내에 독도를 포함하여야 한다는 주장이 제기되어 '어업관할수역안'을 독도를 포함하는 것으로 수정되게 되었다. 상공부의 초안은 독도를 '평화선' 내에 포함시켜야 한다는 것을 의식하면서도 일본을 자극하지 아니하고 자원확보의 실리만을 목적으로 독도를 '평화선'에서 제외한 것이었다.[6] 독도를 포함한 수정안은 '변영태 추가안(卞榮泰追加案)'이

---

1) M. M. Whiteman, *Digest of International Law*, Vol.1 (Washington, D.C.: USGPO, 1965), p. 1185.

2) 맥아더 라인은 1952년 4월 25일 SCAP에 의해 폐지되었다. (*ibid*, p.1186).

3) 지철근, 「평화선」(서울: 범우사, 1979), p.124: 백봉흠, '현대 해양법의 방향에서 본 평화선의 법적 성격에 관한 고찰', 동국대학교 석사학위논문, 1965, p.111; Stuart Kaye, 'The Relevance of the Syngman Rhee Line in the Development of the Law of Sea', 동북아역사재단, 「평화선과 오늘의 합의」2012. 1. 18, 평화선 60주년 세미나 p. 4; 김영구, 「한국과 바다의 국제법」(서울:21세기 북스, 2004), p, 418.

4) 조윤수, '평화선은 어떻게 선포되었는가? 동북아역사재단, 전주3, p.55; 지철근, 전주3, p.128; '윤세원, '평화선' 한국정신문화연구원, 「한국민족문화대백과사전」(성남: 한국정신문화연구원, 1995), p.532.

5) 지철근, 전주3, p.119

6) 상게서, p.121.

라 한다.[7]

### 다. 국무회의의 결의

1951년 9월 7일에 개최된 임시국무회의에서 '어업관할수역안'은 의결되어 그 후 경무대에서 수정을 거쳐 1952년 1월 15일 국무회의에서 '대한민국 인접해양의 주권에 대한 대통령 선언'이 의결되어 1952년 1월 18일에 '국무원고시 제14호'로 선포되었다.[8]

### 라. 관보에 등재

국무회의의 의결을 거친 동 대통령 선언은 같은 날짜인 1952년 1월 18일에 관보에 '호외'로 등재되어 내외에 공포되었다.[9]

## III. 인접해양주권선언의 명칭과 내용

### 1. 인접해양주권선언의 명칭

인접해양주권선언의 정식 명칭은 '대한민국 인접해양의 주권에 대한 대통령 선언'이다. 양칙으로 '평화선 선언', '인접해양주권선언' 또는 '대한민국 인접해양주권선언'이라 한다.[10] 영문명칭은 'Republic of Korea Presidential Proclamation of Sovereignty over Adjacent Seas'이다.

### 2. 인접해양주권선언의 내용

동 선언은 전문과 4개 항으로 구성되어 있으며, 그 내용은 다음과 같다.

---

7) 상계서, p.121.

8) 상계서, p.169.

9) 1952년 1월 18일 「관보」, 호외.

10) 동 선언은 대통령 이승만이 서명하고,
　　　　국무총리 허정
　　　　외무부장관 변영태
　　　　국방부장관 이기붕
　　　　상공부장관 김훈이 부서했다.
　'평화선'이란 용어는 '인접해양 주권선언문' 상에 있는 용어가 아니다.
　'인접해양 주권선언'이 선포된 후 일본, 영국, 미국, 자유중국 등이 동 선언이 부당한 것이라는 비판적 태도를 표시해 옴에 따라 우리 정부는 1953년 2월 8일 성명을 발표하고 '한국이 인접해양에 관한 주권선언을 한 주 목적은 한일 양국의 평화 유지에 있다.'라고 해명하며 이때부터 '평화선'이란 용어가 사용되게 되었다(지철근, 전주3, p.172). 위의 성명 이후 이승만 대통령의 지시에 따라 '평화선'이란 용어가 사용되기 시작했으며(원용석, 「한일회담 14년」(서울: 삼화출판사, 1965), p.86) 일본과 미국에서는 이 대통령이 일방적으로 선언했다는 의미에서 '이승만 라인(Syngman Rhee Line)' 또는 '이 라인(Rhee Line)'이라는 이름이 사용되었다(오재연, 후주3, p.19). '평화선'이라는 용어가 최초로 지상에 사용된 것은 조선일보 1953년 9월 14일자 1면이었다(정인섭, 후주26, p.6). 이 대통령은 '평화선'은 한일 간에 평화를 가져오는 선이라 했다(Kaye, *supra* n.3, p.4). 이 대통령의 갈홍기 외부차관에 대한 평화선의 의미를 설명한 바 있다(박실, 「한국외교비사」, (서울: 기린사, 1979.)).

## 가. 전문: 근거와 목적

전문은 동 선언의 근거와 목적을 다음과 같이 선언하고 있다.

> 확정된 국제 선례에 의거하고 국가의 복지(福祉)와 방어를 영원히 보장하지 않으면 안 될 요구에 의하여 대한민국 대통령은 다음과 같이 선언한다.
>
> Supported by well-established international precedents and urged by the impelling need of safe guarding, once and for all, the interests of national welfare and defense, the President of the Republic of Korea hereby proclaims.[11]

이와 같이 동 선언의 근거는 '확정된 국제선례'에[12] 두고, 동 선언의 목적은 '복지'와 '방어'에 두고 있다. 방어는 전술(Ⅱ.1.나)한 바와 같이 공산세력으로부터의 방어와 일본으로부터의 방어를 포함한 것이었다.

## 나. 제1항: 대륙붕

제1항은 대륙붕을 다음과 같이 선언하고 있다.

> 대한민국정부는 국가의 영토인 한반도 및 도서의 해안에 인접한 해붕의 상하 및 내에 유지되고 또는 장래에 발견될 모든 자연자원 광물 및 수산물을 국가에 가장 이롭게 보호·보존 및 이용하기 위하여 그 심도 여하를 불문하고 인접해붕에 대한 국가주권을 보존하며 또 행사한다.
>
> The government of the Republic of Korea holds and exercises the national sovereignty over the shelf adjacent to the peninsular and insular coasts of the national territory, no matter how deep it may be,

---

11) Marjorie M. Whiteman, *Digest of International Law* Vol.4(Washington, D.C.: USGPO, 1965) P.531.

12) 1945. 9. 28: 미국의 공해의 특정수역에 대한 정책선언

　　　　1947. 6. 23: 칠레의 200해리 해양주권선언

　　　　1947. 8.　: 페루의 200해리 해양주권선언

　　　　1949.　　: 코스타리카의 200해리 해양주권선언 (Carl August Fleischer, 'Fisheries and Biological Resources', in Rene-Tean Dupuy and Daniel Vrgnes Leds.), *A Handbook on the new law of the Sea*, Vol.1(Dordrecht: Martinus, 1991), pp.1050-51: Ann L. Hollick, 'The origins of 200 mile offshore Zones', *AJIL*, Vol.71, 1977, pp.449-50; D.P.O'Conell, *The International Law of the Sea*, Vol.1 Oxford: Clarender: 1982), p.31).

　　<평화선 선포 이후 한국정부의 조치 (1952-1955)>

　　1952. 1. 18.: 한국정부 「대한민국 인접 해양의 주권에 대한 대통령의 선언」을 선언

　　1952. 1. 19.: 한국정부는 SCAP를 통하여 일본에 통고

　　1952. 1. 28.: 일본 외무성은 이것을 불인하는 구상서를 한국정부에 송부

　　1952. 2. 4.: 일본의 기선저인망 어선 大邦丸이 평화선을 침범하여 조업하다가 한국 경비정에서 발포된 총에 의해 선원 1인이 사망

　　1952. 2. 11.: 주한 미 대사가 한국이 선언한 것에 대한 불법성에 대하여 서간과 메모랜덤을 한국 외무장관에 전달

　　1952. 2. 13.: 한국 외무부가 주한 미 대사에 답변을 송부

　　1952. 4. 18.: 한국정부는 일본 외무성이 보낸 1월 28일의 구상서에 대한 견해를 전달

　　1952. 6. 11.: 주한 중화민국대사(대만)는 한국의 선언이 중화민국의 권리와 이해를 침해하고 있다고 한국정부에 전달

　　1952. 6. 26.: 한국의 외무부 차관은 중화민국 정부에 한국이 선포한 것은 중화민국의 권리와 이해를 침해하지 않을 것이라는 의견을 전달

　　1952. 10. 4.: 대통령 긴급명령 제12호로 '포획심판령'을 제정·공포하고 포획심판소 및 포획고등 심판소를 개설함

　　1953. 1. 12.: 주한 영국공사는 한국의 선언을 인정할 수 없다는 서간을 보냄

　　1953. 1. 28.: 한국정부는 영국정부에게 「해양주권선언」의 필요성인 어업 보호, 한일 간의 분쟁 방지라는 평화적인 목적 등으로 설득하는 내용의 서간을 보냄

　　1953. 9. 11.: 한국정부관계자는 공식적으로 「해양주권선언」을 「평화선」으로서 공식적으로 부르기 시작함

　　1953. 12. 12.: 한국정부는 「어업자원보호법(법령 298)」을 공포

　　1954. 5. 6.: 한국정부는 일본정부에 「어업보호법」을 통보

　　(출처: 외교안보연구원, 「한국의 어업자원보호법 공포에 관한 한·일 간의 분쟁」743, 41, 1953-1955, 460; 조윤수, 전주4, p.43.)

protecting, preserving and utilizing, therefore, to the best advantage of national interests, all the natural resources, mineral and marine, that exist over the said shelf, on it and beneath it, known, or which may be discovered in the future.[13]

위의 규정은 오늘의 '유엔해양법협약'상 대륙붕의 개념과는 정확하게 일치되는 개념은 아니나, '인접 해붕'이라는 표현으로 보아 대륙붕을 선언한 것이 명백하다.

### 다. 제2항: 어업보전수역

제2항은 어업보전수역을 다음과 같이 선언하고 있다. 이 어업보전수역을 '어업수역' 또는 '보전수역'이라 할 수도 있다.

대한민국정부는 국가의 영토인 한반도 및 도서의 해안에 인접한 해양의 상하 및 내에 존재하는 모든 자연자원 및 자연적 부를 보유·보호·보존 및 이용하는데 필요한 좌와 같이 한정된 연장해양에 관하여 심도 여하를 불구하고 인접해양에 대한 국가의 주권을 보지하며 또 행사한다. 특히 어족 같은 감소될 우려가 있는 자원 및 재부가 한국주민에게 손해되도록 개발되거나 또는 국가의 손상이 되도록 감소 혹은 고갈되지 않게 하기 위하여 수산업과 어획업을 정부의 감독하에 둔다.

The Government of the Republic of Korea holds and exercises the national sovereignty over seas adjacent to the coasts of the peninsular throughout and islands of the national territory, no matter what their depths may be throughout the extension, as here below delineated, deemed necessary to reserve, protect, conserve and utilize the resources and natural wealth of the Government supervision particularly the fishing marine hunting industries in order to prevent this exhaustible type of resources and natural wealth from being exploited to the disadvantage of the inhabitants of Korea, or decreased or destroyed to the detriment of the country.[14]

위의 규정은 대륙붕의 내용이라고 할 수도 있고 어업수역 또는 어업보존수역의 내용이라고 할 수도 있으나, '특히 어족 같은 감소될 우려가 있는…수산업과 어획업을'이라는 규정으로 보아 어업수역을 선언한 것으로 본다. 이는 오늘의 '유엔해양법협약'상 배타적 경제수역이라 할 수도 있다.

### 라. 제3항: 인접해양주권의 경계선

제3항은 인접해양주권의 경계선을 다음과 같이 규정하고 있다.

대한민국정부는 이로써 대한민국정부의 관할권과 지배권이 있는 상술한 해양의 상하 및 내에 존재하는 자연자원 및 자연적 부를 감독하며 또 보호할 수역을 한정할 좌에 명시된 경계선을 선언하며 또 유지한다.

이 경계선은 장래에 구명될 새로운 발견, 연구 또는 권익의 출현에 인하여 발생하는 신정세에 맞추어 수정할 수 있음을 겸하여 선언한다.

---

13) Whiteman, *supra* n.11, p.531.

14) *Ibid*, pp. 531-32.

대한민국의 주권과 보호하에 있는 수역은 한반도 및 그 부속도서의 해양과 좌의 제 선을 연결함으로써 경계선 간의 해양이다.

ㄱ. 함경북도 경흥군 우암령 고정으로부터 북위 42도 15분, 동경 130도 45분의 점에 이르는 선
ㄴ. 북위 42도 15분, 동경 130도 45분의 점으로부터 북위 38도 동경 132도 50분의 점에 이르는 선
ㄷ. 북위 38도 동경 132도 50분의 점으로부터 북위 35도 동경 130도의 점에 이르는 선
ㄹ. 북위 35도 동경 130도의 점으로부터 북위 34도 40분 동경 129도 10분의 점에 이르는 선
ㅁ. 북위 34도 40분 동경 129도 10분의 점으로부터 북위 32도 동경 127도의 점에 이르는 선
ㅂ. 북위 32도 동경 127도의 점으로부터 북위 32도 동경 124도의 점에 이르는 선
ㅅ. 북위 32도 동경 12도의 점으로부터 북위 39도 45분 동경 124도의 점에 이르는 선
ㅇ. 북위 39도 45분 동경 124도의 점으로부터 평안북도 용천군 신도열도 마안도 서단에 이르는 선
ㅈ. 마안도 서안으로부터 북으로 한,만 국경의 서단과 교차되는 직선

The Government of the Republic of Korea hereby declares and maintain the limes of demarcation, as given below, which shall define and delineate the zone of control and protection of the national resources and control of the Republic of Korea and which shall be liable to modification, in accordance with the circumstance arising from new discoveries, studies or interests that may come to light in future. The zone to be placed under the sovereignty and protection of the Republic of Korea shall consist of seas lying between the coasts of the peninsular and insular territories of Korea and the line of demarcation made from the continuity of the following lines:

a. from the highest peak of U-Am-Ryung, Kyung-Hung-Kun, Ham-Kyong Pukdo to the point (42°15'N-130°45'E)
b. from the point (42°15'N-130°45E) to the point (38°00'N-132°50'E)
c. from the point (38°00'N-132°50'E) to the point (38°00'N-130°00'E)
d. from the point (35°00'N-130°00'E) to the point (34°40'N-129°10'E)
e. from the point (34°40'N-129°10'E) to the point (32°00'N-127°00'E)
f. from the point (32°00'N-127°00'E) to the point (34°00'N-124°00'E)
g. from the point (32°00'N-124°00'E) to the point (39°45'N-124°00'E)
h. from the point (39°45'N-124°00'E) to the western point of Ma-An-Do, Son-Do-Yuldo, Yong-Chun-Kun, Pyungan Pukdo.
i. from the western point of Ma-An-Do to the point where a straight line drawn north meets with the western and of the Korean-Manchurian borderline.[15]

위의 경계선이 '평화선'인 것이다. 특히 위의 경계선 내에는 독도가 포함되어 있음에 유의하여야 한다. 경계선의 동측 끝을 북위 38° 동경 132°50'으로 함으로써 북위 33°1'18" 동경 131°52'22"에 위치하는 독도를 인접해양 내에 포함시키고 있다. 즉 '평화선' 내에 독도가 포함되어 있다. 이는 대한민국정부가 광복 이후 최초로 독도가 한국영토임을 공식적으로 표시한 것이다. '평화선'의 설정은 영토주권의 현시인 것이다. 특히 이 경계선은 신정세에 따라 수정, 변경할 수 있음을 명시하고 있다.

---

15) *Ibid*, p. 532

## 마. 제4항: 공해상의 자유항행 인정

제4항은 다음과 같이 공해상의 자유항행권을 인정하고 있다.

> 인접해양에 대한 본 주권의 선언은 공해상의 자유항행권을 방해하지 않는다.
> This declaration of sovereignty over the adjacent seas does not interfere with the right of free navigation on the high seas.[16]

이상의 규정은 대한민국이 인접해양과 공해상에 대륙붕과 어업보존수역을 설치했지만 이는 인접해양의 상부에 있어서 선박의 항행의 자유가 보장됨을 명시적으로 규정하고 있다.


# IV. 인접해양주권선언에 대한 일본정부의 항의와 한국정부의 반박 항의

## 1. 일본정부의 항의

### 가. 항의의 형식

한국정부의 '인접해양주권선언'의 발표에 관해 1952년 1월 28일 일본정부는 한국정부에 대해 공식적인 항의를 해왔다. 이 일본정부의 항의는 구술서(note verbale)의 형식으로 주일한국대표부에 전해왔다.[17]

### 나. 항의의 내용

일본정부의 항의의 내용은 다음과 같은 두 가지로 요약된다.

### (1) 공해 자유의 원칙에 저촉

대한민국의 '인접해양주권선언'은 공해 자유의 원칙에 저촉된다고 다음과 같이 항의해 왔다.

> 일본정부는 1952년 1월 18일 대한민국 대통령의 선언 내용을 국제적으로 오랫동안 확립되어온 공해 자유의 원칙에 전적으로 저촉되는 것으로 생각할 뿐만 아니라…
> The Japanese Government considers that the contents of the proclamation of the Present of the Republic of Korea of January 18, 1952 not only entirely incompatible with the long established principle of the freedom of the high seas…[18]

---

16) *Ibid.*

17) The Japanese Ministry of Foreign Affairs, Note Verbale of January 28, 1952.

18) *Ibid*, para. 2.

## (2) 독도에 대한 한국의 영역권 주장 부인

일본정부는 대한민국의 '인접해양주권선언'에 의한 대한민국의 독도에 대한 영유권의 주장을 인정할 수 없다고 다음과 같이 항의해 왔다.

> 이 선언에서 대한민국은 죽도 또는 리앙끄르암으로 알려진 일본해에 있는 도서에 대한 영유권을 갖는 것처럼 보이나 일본정부는 의문의 여지없이 일본영토에 대한 한국에 의한 그러한 가정 또는 주장을 인정하지 아니한다.
> In the proclamation the Republic of Korea appears to assume territorial rights over the islets in the Japan Sea known as Takeshima(otherwise known Liancourt Rocks), The Japanese Government does not recognize any such assumption or claim by the Republic of Korea concerning these islets, which are without question Japanese territory.[19]

위의 일본 정부의 주장은 첫째로, '공해 자유의 원칙에 위배'된다는 위의 주장은 동 선언 제4항의 '인접해양에 대한 본 주권의 선언은 공해상의 자유항행권을 방해하지 아니한다.'는 규정을 일부 간과한 것이고 상술한 (전주II) 국제관행에 반하는 것이다.

둘째로, '독도에 대한 한국의 영유권 주장 부인' 주장은 독도가 명백한 한국영토이므로 이는 성립의 여지가 없다.

## 2. 한국정부의 반박 항의

### 가. 반박 항의의 형식

'인접해양주권선언'에 대한 1952년 1월 28일 일본정부의 항의에 대하여 한국정부는 일본정부에게 1952년 2월 12일 이를 반박하는 항의를 공식적으로 제기했다.[20] 상기 한국정부의 반박 항의도 구술서의 형식으로 일본정부에 전달했다.

### 나. 반박 항의의 내용

#### (1) 확립된 국제선례에 따른 선언

한국정부의 반박 항의는 한국정부의 선언이 확립된 국제선례에 따른 선언이라고 다음과 같이 반박 항의했다.

> 1952년 1월 18일 대한민국 대통령 선언은 확립된 주권국가의 특권에 따라 행한 것이며… 미국, 멕시코, 아르헨티나, 칠레, 페루, 코스타리카, 사우디아라비아 등이 일방적 선언 또는 다른 성격의 방법으로 이미 행하여져 왔다.

---

19) *Ibid*, para. 5.

20) The Korean Government, Note Verbale to the Japanese Government of February 12, 1952.

The Proclamation of the President of the Republic of Korea of January 18, 1952, done in accordance with a fully established privilege of a sovereign nation⋯ the United States of America, Mexico, Argentina, Chile, Peru, Costa Rica, Saudi Arabia, etc, having already made, one after another, unilateral proclamations of more of less the same character.[21]

### (2) 독도에 대한 한국의 영유권 주장

한국정부의 반박 항의는 독도에 대한 영유권이 한국에 귀속된다고 다음과 같이 반박했다.

1949년 1월 29일의 SCAPIN 제677호에 의해 연합군 최고사령부가 이 섬을 일본으로부터 명백히 제외했고, 또한 동일한 섬을 '맥아더 라인' 밖에 두었으며, 이 사실들이 논쟁의 여지없이 이 섬에 대한 한국 측 주장을 인정하고 확인해 준다는 사실을 일본정부가 상기할 것을 희망할 뿐이다. Merely wishes to remind the Japanese that scap, by SCAPIN No.677 dated January 29, 1946, explicitly excluded the islets from the territorial possessions of Japan and that again the same islets have been left outside of the MacArthur Line, facts that endorse and confirm the Korean claim, which is beyond any dispute.[22]

## 3. 독도 영유권 논쟁의 계속

상기 1952년 1월 28일의 일본정부의 '인접해양주권선언'에 대한 항의와 1952년 2월 12일의 한국정부의 반박 항의에 의해 발단된 한일 간의 독도 영유권 문제에 대한 외교 논쟁은 그 후에도 계속되었다.

특히 일본정부는 1954년 9월 25일 독도 영유권 문제를 국제분쟁으로 보아 이를 국제사법재판소에 제소하여 해결하자고 제의해왔고,[23] 이에 대해 한국정부는 동년 10월 28일 이를 일축하는 항의를 일본정부에 전했다.[24]

이 이후에 수차례 걸친 항의 구술서가 양국 정부 간에 교환되어 독도 영유권에 관한 한일 간의 외교 분쟁이 계속되었다.[25]

## V. 인접해양 주권선언과 독도의 영토주권

전술한 바와 같이 상공부 수산국의 '어업관할구역안'은 동 구역 내에 독도를 포함하지 아니한 것이었다. 동 초안이 외무부에 이송되어 독도를 포함한다는 것으로 수정되어 이른바 '변영태 추가안'을 형성하게 되었다.[26] 그러나 동 추가안에도 독도를 명시하여 독도는 한국영토로 표기한 것이 없다. '인접해

---

21) *Ibid*, para. 1.

22) *Ibid*, para. 4.

23) The Japanese Ministry of Foreign Affairs, Note Verbale (No 158/A5) of September 25, 1954. para. 2.

24) The Korean Mission in Japan, Note Verbale of October 29, 1954, para. 2.

25) Myung-Ki Kim, *The Territorial Sovereignty over Dokdo in international law* (Claremont, CA: Paige Press, 2000), pp.32-36.

26) 지철근, 전주3, p.119.

양주권선언' 내에도 독도를 한국영토로 명시한 것은 없고 오직 제3항에서 독도를 '평화선' 내에 포함시키고 있을 뿐이다.[27) 그러나 다음과 같은 이유에서 동 선언은 대한민국이 독도 영유권을 주장하고 있는 것으로 해석된다.

첫째로, 동 선언 제1항과 제2항에 '국가의 영토인 한반도와 도서의 해안'이러고 규정하여 동 선언이 대한민국의 영토인 해안에 효력이 미침을 명시하고 있다. 따라서 동 선언은 대한민국의 영토인 한반도와 대한민국의 영토인 도서를 선언하는 것으로 볼 수 있으므로 이 규정 중 '도서'에 독도가 포함되는 것이므로 동 선언은 독도가 대한민국의 영토임을 선언한 것으로 볼 수 있다. 즉 동 선언은 대한민국의 영토인 한반도와 도서 인접해안의 주권을 선언한 것이므로 동 선언은 대한민국의 도서에 포함되는 독도가 대한민국의 영토임을 선언한 것으로 볼 수 있다.[28)

둘째로, 한편 동 선언에 대한 일본정부의 1952년 1월 28일자 일본정부의 항의에는 '죽도로 알려진 일본해에 있는 도서에 대한 영유권을 갖는 것처럼 보이나'라고[29) 하여 일본정부 스스로가 대한민국이 동 선언에 의해 독도 영유권을 갖는 것처럼 주장한다고 인정하고 있으며 또한 이 일본의 항의에 대한 대한민국의 1952년 2월 12일자 반박 항의도 일본의 그와 같은 주장을 부인하지 아니하고 이를 반박한 것은 일본정부와 한국정부가 동 선언에 의해 대한민국이 독도 영유권을 주장함을 합의한 것이라고 보아도 무리가 없다고 본다.

한국정부의 반박 항의에서 한국정부는 '인접해양주권선언'을 통하여 독도가 한국영토라는 주장을 한 바 없다고 반박한 바 없다.

## VI. 인접해양주권선언과 한일어업협정, 배타적 경제수역법

### 1. 인접해양주권선언과 한일어업협정

'인접해양주권선언'은 '한일어업협정'에 의해 실효되었는가? 따라서 평화선은 실효되었는가? 일본 외무성의 「다케시마 10포인트」의 제8포인트 제1항은 다음과 같이 기술하고 있다.

> 1952(쇼와27)년 1월 이승만 대통령은 '해양주권선언'을 발표하였는데, 이는 국제법에 반하는 소위 '이승만 라인'을 일방적으로 설정하고 이 라인 안쪽에 있는 광대한 구역에 대한 어업관할권을 일방적으로 주장함과 동시에 그 라인 내에 다케시마를 포함시키고 있습니다.

위의 일본 외무성의 주장에 대해 동북아역사재단 독도연구소의 「일본 외무성의 독도 홍보팸플릿 반박문」(2008), 외교통상부의 「독도홍보참고자료」(2012), 외교통상부의 「한국의 아름다운 섬, 독도」(발행

---

27) '인접해양주권선언', 제3항 ㄷ목

28) '대한민국의 영토인 한반도와 도서'는 대한민국의 영토인 한반도와 대한민국의 영토인 도서를 뜻하므로 도서인 독도가 대한민국의 영토임을 선언한 것이다.

29) The Japanese Ministry of Foreign Affairs, *supra* n.17, para. 5.

연도 미상), 그리고 외교통상부의 Dokdo: Korean Territory 'Basic Position of the Government of the Republic of Korea on Dokdo'에는 '이승만 라인'에 관한 언급이 없다.[30]

이는 오늘날 한국정부의 '평화선'이 폐지된 것으로 보는 것이 아닌가? '평화선'은 실효되었는가에 관한 견해를 보면 다음과 같다.

## 가. 한국정부의 견해(한일어업협정 체결당시)

한국정부는 '인접해양주권선언'은 '한일어업협정'에 의해 대체되었다고, 즉 '인접해양주권선언'은 '한일어업협정'의 체결에 의해 실효되었다고 다음과 같이 해석하고 있다.

> 1952년 1월 18일 평화선을 설정하고 일방적으로 취하여 오던 규제방식을 한일 양국 간의 합의에 의한 협정상의 규제방식으로 대체하여 이를 더욱 실효적으로 시행하기 위한 것이다. 이와 같은 견지에서 볼 때 이번 어업협정은 평화선 설정의 취지와 목적이 유지되고 있으며…[31]

## 나. 학설

학설도 모두 '한일어업협정'의 체결에 의해 '평화선'은 실효되었다고 다음과 같이 기술하고 있다.

> 12해리 어업전관수역을 설정하고 그 외곽의 공동규제수역에서는 기국주의에 입각한 단속에 합의함으로써 평화선은 사실상 종언을 고하게 되었다.[32]

> 평화선은 그 후 1965년 한일어업협정의 체결을 통해 실질적으로 역할을 종료하였다.[33]

> 한일어업협정이 체결된 이후 평화선은 실질적으로 그 효력을 잃게 되었으며 우리의 뇌리에서도 점차 사라지게 되었다.[34]

> 평화선은 1965년 6월 체결됨으로써 사실상 철폐되었다.[35]

> 실질적으로 존재하는 것도 아니고 법적으로 소멸된 것도 아닌 그런 상태에 있다.[36]

> 평화선은 1965년 6월 한일조약의 체결로 사실상 해체되었다.[37]

> 현재 평화선을 대체하고 있는 '신한일어업협정'에는 배타적 경제수역을 설정하고 동해와 남해에 한

---

30) 그러나 김명기,이동원 저 「일본 외무성 다케시마 문제의 개요 비판」(서울:독도군사연구학회/책과 사람들, 2010)에는 제8항에 관한 비판이 있다(pp.222-25). 이는 '평화선'이 유효한 것을 전제로 한 비판이다.

31) 대한민국정부, 「대한민국과 일본국 간의 조약 및 협정 해설」(서울: 대한민국정부, 1965), p.34.

32) 정인섭, '1952년 평화선 선언과 해양범위 발전', 「서울국제법연구」 제13권 제2호, 2006, p.22.

33) 이석우, '평화선', 한국해양수산개발원, 『독도사전』(서울:한국해양수산개발원, 2011), p.339.

34) 지철근, 전주3, p.7.

35) 윤세원, 전주4, p.532.

36) 박실, 「한국외교비사」(서울:기린사, 1979), p.288.

37) 박형규, '평화선', 「두산세계대백과사전」(서울:두산동아, 1997), p.577.

일공동관리수역을 두고 관리하도록 하였다.[38]

결국 평화선은 실질적으로 무력화되었고 한일협정의 체결과 함께 사망선고도 받지 못한 채 역사의 뒤안길로 허무하게 사라졌다.[39]

「평화선 선언」의 적용은 실질적으로 배제할 수 있게 되었다.[40]

상술한 바와 같이 '박실 선생'의 견해를 제외하고는 모두 한국정부의 견해와 같이 '평화선'을 소멸된 것으로 보고 있다.

### 다. 국제법상 규범의 저촉

'인접해양주권선언'과 '한일어업협정'의 법적 관계와 '인접해양주권선언'과 '배타적 경제수역법'의 관계는 국제법상 규범의 저촉관계(conflict of norms in international law)이므로 국제법상 규범의 저촉에 관해 개관하기로 한다.

### (1) 국제법상 규범의 저촉의 의의

'인접해양주권선언'과 '한일어업협정'의 관계는 국제법상 규범의 저촉(conflict of norm) 관계이다. 국제법상 규범의 저촉은 국제법상 한 규범이 다른 규범과의 관계에서 내용상의 상호저촉, 즉, 내용상 불가양립성(incompatibility)을 말한다.[41] 환언하면, 한 규범의 내용과 다른 규범의 내용이 상호저촉되는 것을 뜻한다.

### (2) 국제법상 규범이 저촉을 해결하는 원칙

국제법상 규범의 저촉을 해결하는 원칙으로 후법 우선의 법칙(lex posterior principle), 특별법 우선의 원칙(lex specialic principle), 상위법 우선의 원칙(lex hierarchic principle), 등이 있다.[42] '후법 우선의 원칙'은 선법에 저촉되는 후법이 우선하는 원칙이고, '특별법 우선의 원칙'은 일반법에 저촉되는 특별법이 우선되는 원칙이며, '상위법 우선의 원칙'은 하위법에 저촉되는 상위법이 우선하는 원칙이다. 이들 원칙은 상호불가분의 연관(inseparable link)을 갖고 있다.[43]

---

38) 위키백과

39) 오세연, '평화선과 한일협정', 「역사문제연구」 제14권, 2005, p.42.

40) 김영구, 전주3, p.418. 김 교수는 '평화선 선언'이 무효 또는 실효로 되었다고 하지 아니하고 적용이 배제되었다고 한다. 이는 「평화선 선언」은 유효하고 적용이 배제되었다는 뜻으로 보인다. 이는 국제법상 규범의 저촉의 효과로 우선 규범에 의해 우선당하는 규범은 무효로 되는 것이 아니고, 유효하고 적용만이 배제된다는 의미인 것으로 보인다.

41) Hans Kelsen, *Principles of International Law*, 2nd ed. (New York:Holt, 1967), p.502; G.Schwarzenbergen and F.P.Brown, *A Manual of International Law*, 6th ed. (Milton:Professional Books, 1976), p.131; W.Karl, 'Conflict between Treaties', *EPIL*, Vol.7, 1984, pp.467-68; J.Kammerhofer, *Uncertainty in International Law* (London:Routledge, 2011), p.141; M.Balkin, 'Deconstructive Practice and Legal Treaty', *Yale Law Journal*, Vol.96, 1987, pp.743-86; 김명기, 「국제법원론」 상 (서울:박영사, 1996), p.77.

42) I. Sinclair, *The Vienna Convention on the Law of Treaties*, 2nd ed. (Manchester:Manchester University Press, 1984), pp.436-53.

43) Karl, *supra* n.34, p.469.

### (3) 국제법상 규범의 저촉의 국제법상 체계

국제법상 규범의 저촉의 체계의 법적 관계, 즉 저촉의 효과에 관해 다음과 같이 견해가 나누어져 있다. 그 하나는 규범의 적용(application of norm) 문제로 보는 견해이고,[44] 다른 하나는 규범의 효력(validity of norm) 문제로 보는 견해이다.[45] '규범의 적용문제'로 보는 견해에 의하면 저촉을 해결하는 원칙에 따라 우선되는 규범이 적용되고 우선 당하는 규범은 적용이 배제되게 될 뿐이고 무효로 되는 것은 아니다.[46] 이에 반해 '규범의 효력문제'로 보는 견해에 의하면 규범의 저촉을 해결하는 원칙에 따라 우선되는 규범은 유효하고 우선당하는 규범은 무효로 되게 한다.

### (4) 인접해양주권선언과 한일어업협정의 저촉

'인접해양주권선언'은 '한일어업협정'의 체결로 실효되었는가? 즉, '평화선'은 '한일어업협정'의 체결로 소멸되고 말았는가? '한일어업협정'은 '인접해양주권선언'에 저촉된다. '한일어업협정'에는 '인접해양주권선언'을 무효로 한다는 명문규정이 없다. 그러면 '한일어업협정'과 '인접해양주권선언'의 저촉은 어떤 저촉유형에 해당하는가? '인접해양주권선언'은 세계 모든 국가에 대해 선언된 것이므로 이는 일반법이고, 이에 대해 '한일어업협정'은 한국과 일본과의 관계에만 적용되므로 특별법이라고 할 수 있다. 그러므로 양자의 저촉을 해결하는 원칙은 '특별법 우선의 원칙'이다. 즉 한국과 일본과의 관계에서만 '한일어업협정'이 '인접해양주권선언'에 우선하게 된다. 따라서 일본 이외의 국가와의 관계에서 '한일어업협정'이 우선하는 것이 아니므로 한국과 일본 이외의 국가와의 관계에서 '인접해양주권선언'은 그대로 적용하게 되고 일본과의 관계에서만 '한일어업협정'이 우선할 뿐이다. 즉, '평화선'은 일본과의 관계에서만 적용이 배제되거나 무효로 되는 것이며, 일본 이외의 국가와의 관계에서는 '평화선'은 적용이 배제되는 것도 무효로 되는 것도 아니다.

국제법상 규범의 저촉은 규범의 적용문제로 보는 것이 통설이므로 이 통설에 의할 때 일본과의 관계에서도 '평화선'은 실효된 것이 아니라 그래도 존속하는 것이다.[47] 이는 1965년의 '한일어업협정'과의 저촉이나 1998년의 '신한일어업협정'과의 저촉의 경우도 그 효과는 동일하다.

## 2. 인접해양주권선언과 배타적 경제수역법

'인접해양주권선언'은 1998년 8월 8일의 '배타적 경제수역법'에 의해 실효되었는가? '평화선'은 '배타적 경제수역법'의 시행으로 소멸되고 말았는가? '배타적 경제수역법'은 '인접해양주권선언'과 저촉된다. '배타적 경제수역법'에 '인접해양주권선언'은 무효화로 한다는 명문규정이 없다. 그러면 '배타적 경제수

---

44) T.D.Elias, *The Modern Law of Treaties* (Leiden:Sijithoff, 1974), p.54; Sinclair, *supra* n.42 p/84; Alina Kaczorowiska, *Public International Law*, 4th ed. (London:Routledge, 2010), p.116; Kammerhofer, *supra* n.34, pp.139, 141, 144; I.A.Shearer, *Starke's International Law*, 11th ed.(London:Buthlerworths, 1994), p.427; Martin Dixon, *Textbook on International Law*, 6th ed. (Oxford:Oxford University Press, 2007), p.76; G.D.Triggs, *International Law* (New York:Butlerworths, 2006), p.77; H. Lauterpacht(ed.), *Oppenheims' International Law*, Vol.1, 8th ed. (London:Longmans, 1955), pp.894-95.

45) I. Brownlie, *Principle of Public International Law*, 5th ed. (Oxford University Press, 1998), pp.627, 630.

46) Kammerhofer, *supra* n.34, p.139.

47) 그러므로 평화선 내에 위치한 독도는 1952년 이래 지금까지 한국의 국가주권의 현시하에 있는 것이다.

역법'과 '인접해양주권선언'의 저촉은 어떠한 저촉유형에 해당하는가? '인접해양주권선언'은 구법이고 '배타적 경제수역법'은 신법이라고 할 수 있다. 그러므로 양자의 저촉을 해결하는 원칙은 '신법 우선의 원칙'이다. 따라서 '배타적 경제수역법'이 '인접해양주권선언'에 우선하게 된다. 그 결과 '인접해양주권선 언'은 적용이 배제되거나 실효되게 된다. 국제법상 규범의 저촉은 규범의 적용문제로 보는 것이 통설이 므로 이 통설에 의한다면 '배타적 경제수역법'이 적용되고 '인접해양주권선언'은 적용이 배제될 뿐이므로 동 선언은 무효로 되는 것이 아니다. 따라서 '배타적 경제수역법'에 불구하고 '평화선'은 그대로 존속하는 것이다.[48)]

## VII. 결언

### 1. 요약

전술한 바와 같이 독도를 내포하는 '평화선'을 설정한 '인접해양주권선언'은 '한일어업협정'에 의해 대체되며 소멸한 것으로 보는 것이 한국정부의 입장이고, 한국의 다수 학자도 '평화선'은 소멸한 것으로 보는 것이 일반적이다. 그러나 국제법상 규범의 저촉이론에 의하면 '인접해양주권선언'은 '한일어업협정'에 의해 그의 적용이 배제되었을 뿐 그 자체는 실효된 것이 아니다. 일본정부는 최근에(2008년) '평화선'이 존치되어 있는 것을 전제로 한 항의를 해 오고 있다.

### 2. 정책대안의 제의

'한일어업협정'에 저촉되는 '인접해양주권선언'은 실효된 것이 아니라 적용이 배제되었을 뿐이므로 다음과 같은 제의를 하기로 한다.

첫째로, '평화선' 내에 독도가 위치해 있다는 것은 '인접해양주권선언'에 의한 독도 영토주권의 행사, 즉 1952년 이래 지금까지 한국의 독도에 대한 주권의 현시라고 일본정부에 대해 주장하는 방향으로, '평화선'이 소멸된 것을 전제로 하는 종래의 정책을 전환할 것이 요구된다.

둘째로, '다케시마 10포인트' 제8항에 대해 1952년 이래 지금까지 '평화선'이 실효된 것이 아니라는 것을 전제로 '평화선'의 국제법상 합법성에 따라서 독도 영토주권의 현시의 합법성을 강력히 주장할 것이 요구된다.

---

48) 그러므로 독도는 '배타적 경제수역법'에 불구하고 1952년 이래 지금까지 '인접해양주권선언'에 의한 '평화선' 내에 내재하고 있는 것이다.

# <참고문헌>

관보, 1952년 1월 18일.

김명기, 『국제법원론』상, 서울:박영사, 1996.

김명기,이동원 저 『일본 외무성 다케시마 문제의 개요 비판』, 서울:독도군사연구학회/책과 사람들, 2010.

김영구, 『한국과 바다의 국제법』, 서울:21세기 북스, 2004.

대한민국정부, 『대한민국과 일본국 간의 조약 및 협정 해설』, 서울: 대한민국정부, 1965.

동북아역사재단, 『평화선과 오늘의 합의』2012.

박실, 『한국외교비사』, 서울:기린사, 1979.

박형규, '평화선', 『두산세계대백과사전』, 서울:두산동아, 1997.

백봉흠, '현대 해양법의 방향에서 본 평화선의 법적 성격에 관한 고찰', 동국대학교 석사학위논문, 1965.

오세연, '평화선과 한일협정', 『역사문제연구』제14권, 2005.

외교안보연구원, 『한국의 어업자원보호법 공포에 관한 한·일 간의 분쟁』

원용석, 『한일회담 14년』, 서울: 삼화출판사, 1965.

윤세원, '평화선' 한국정신문화연구원, 『한국민족문화대백과사전』, 성남: 한국정신문화연구원, 1995.

이석우, '평화선', 한국해양수산개발원, 『독도사전』, 서울:한국해양수산개발원, 2011.

정인섭, '1952년 평화선 선언과 해양범위 발전', 『서울국제법연구』제13권 제2호, 2006.

조윤수, '평화선은 어떻게 선포되었는가?' 동북아역사재단, 『평화선과 오늘의 합의』, 2012.

지철근, 『평화선』, 서울: 범우사, 1979.


Balkin, M. 'Deconstructive Practice and Legal Treaty', *Yale Law Journal*, Vol.96, 1987.

Brownlie, I. *Principle of Public International Law*, 5th ed., Oxford University Press, 1998.

Dixon, Martin *Textbook on International Law*, 6th ed., Oxford: Oxford University Press, 2007.

Elias, T.D. *The Modern Law of Treaties,* Leiden: Sigthoff, 1974.

Fleischer, C.A., 'Fisheries and Biological Resources', in Rene-Tean Dupuy and Daniel Vrgnes (el.), *A Handbook on the new law of the Sea*, Vol.1, Dordrecht: Martinus, 1991.

Hollick, A.L., 'The origins of 200 mile offshore Zones', *AJIL*, Vol.71, 1977.

In Rene-Tean Dupuy and Daniel Vrgnes (ed.), *A Handbook on the new Law of the Sea*, Vol.1, Dordrecht: Martinus, 1991.

Kaczorowiska, Alina, *Public International Law*, 4th ed., London: Routledge, 2010.

Kammerhofer, J., *Uncertainty in International Law,* London: Routledge, 2011.

Karl, W., 'Conflict between Treaties', *EPIL*, Vol.7, 1984.

Kaye, Stuart, 'The Relevance of the Syngman Rhee Line in the Development of the Law of Sea'.

Kelsen, Hans, *Principles of International Law*, 2nd ed., New York: Holt, 1967.

Lauterpacht, H.(ed.), *Oppenheims' International Law*, Vol.1, 8th ed., London:Longmans, 1955.

Myung-Ki Kim, *The Territorial Sovereignty over Dokdo in international*, Claremont, CA: Paige Press, 2000.

O'Conell,, D.P., *The International Law of the Sea*, Vol.1 Oxford: Clarender: 1982.

Schwarzenbergen, G. and F.P.Brown, *A Manual of International Law*, 6th ed., Milton: Professional Books, 1976.

Shearer, I.A. *Starke's International Law*, 11th ed., London: Butlerworths, 1994.

Sinclair, I. *The Vienna Convention on the Law of Treaties*, 2nd ed., Manchester: Manchester University Press, 1984.

The Japanese Ministry of Foreign Affairs, Note Verbale (No 158/A5) of September 25, 1954.

The Japanese Ministry of Foreign Affairs, Note Verbale of January 28, 1952.

The Korean Government, Note Verbale to the Japanese Government of February 12, 1952.

The Korean Mission in Japan, Note Verbale of October 29, 1954.

Triggs, G.D. *International Law*, New York: Butlerworths, 2006.

Whiteman, M.M., *Digest of International Law* Vol.4, Washington, D.C.: USG PO, 1965.

＿＿＿＿＿＿, *Digest of International Law*, Vol.1, Washington, D.C.: USG PO, 1965.

# 제9절 | 한국정부의 독도의 역사적 권원 주장

## Ⅰ. 서언

'독도는 역사적·지리적·국제법적으로 한국의 고유영토이다.'라는 것이 한국정부의 독도 영유권에 관한 기본입장이다. 독도가 역사적으로 한국영토인 근거로 『삼국사기』의 기록을 인용하여 신라 지증왕 13년(512년) 이사부가 우산국을 정복하여 그 때부터 독도는 한국영토로 귀속된 것이므로 독도는 역사적으로 한국영토라는 것이 한국정부의 주장이다. 한국정부가 독도의 영토주권이 한국에 귀속된다는 주장을 할 경우 예외 없이 신라 지증왕 13년에 이사부의 우산국 정복에 의한 독도 영토주권의 취득에 의한 신라의 역사적 권원의 취득을 제시한다. 그러나 역사적 권원은 현대국제법에 의해 타당한 권원으로 대체되지 아니하는 한 현대국제법상 법적 효력이 없다는 것이 판례와 학설에 의해 일반적으로 승인된 국제관습법이다. 이와 같이 '역사적 권원의 대체'에 관한 국제관습법에 의하면 한국정부가 주장하는 한국의 독도 영토주권의 역사적 권원은 현대국제법에 의해 대체되지 아니하는 한 국제법상 독도 영토주권의 권원으로 법적 효력이 없는 것이다.

상술한 바와 같이 한국정부는 한국이 독도 영토주권의 역사적 권원을 제시하지만 이 역사적 권원의 대체에 관해서는 아무런 논급이 없다. 따라서 한국정부가 주장하는 독도 영토주권의 역사적 권원은 현대국제법에 의해 대체되지 아니하여 현대국제법상 법적 효력이 없는 것이다.

이 연구는 한국정부가 주장하는 독도 영토주권의 역사적 권원은 현대국제법에 의해 대체되지 아니하여 국제법상 효력이 없다는 것과 역사적 권원의 대체가 요구된다는 점을 지적하여 장차 독도 영유권의 역사적 권원을 주장하기 위해서는 역사적 권원의 대체 조치가 요구된다는 정책대안을 제의하기 위해 시도된 것이다.

이 연구의 법사상적 기조는 '법실증주의'이며 연구의 방법은 '법해석론적 접근'이다. 따라서 이 연구의 대상은 *lex ferenda*가 아니라 *lex lata*인 것이다.

이하 (ⅰ)역사적 권원의 대체, (ⅱ)역사적 권원의 대체를 승인한 판례, (ⅲ)독도의 역사적 권원의 대체 (ⅳ)한국정부의 독도의 역사적 권원 주장 내용과 이에 대한 비판순으로 논술하고 (ⅴ)결론에서 몇 가지 대정부 정책대안을 제시하기로 한다.

## II. 역사적 권원의 대체

### 1. 역사적 권원의 개념

#### 가. 권원의 의의

영토주권의 권원(title to territorial sovereignty)이란 타 국가에 대한 영토주권의 주장 근거(the validity of claims to territorial sovereignty against other states)를 의미한다.[1]

#### 나. 역사적 권원의 의의

영토에 대한 주권의 현시(display of sovereignty), 즉 실효적 지배(effective control)가 요구되는 것은 '권원의 대체(replacement of title)', '권원의 취득(acquisition of title)' 또는 '권원의 유지(maintenance of title)'를 위해서이다.

영토주권의 권원은 시간 경과의 축에서 구분해 볼 때, '현대국제법상 권원'과 그 이전의 '역사적 권원'으로 구분된다. 그중 역사적 권원(historical title)은 고전적 권원(ancient title), 본원적 권원(original title), 봉건적 권원(feudal title) 등 현대국제법 이전의 영토주권의 타당 근거를 말한다.

역사적 권원은 전 법적 주권(pre-legal sovereignty)의 권원 즉, 국제법 이전의 권원을 뜻한다.[2] 따라서 역사적 권원은 엄격한 의미에서 법적 권원이라 할 수 없다. 물론 역사적 권원이 성립할 당시에 타당한 현대국제법 이전의 규범도 국제법으로 관념하면 역사적 권원도 법적 권원이라 할 수 있으나 그것은 현대국제법상 권원이라고는 할 수 없다.

현대국제법은 1648년의 웨스트파리아 조약(Treaty of Westphalia) 이후에 성립된 것으로 보는 것이 일반적인 견해이므로[3] 결국 역사적 권원은 1648년 이전 근대국가성립 이전의 권원을 의미한다고 할 수 있다. 이는 특정 국가가 국가로서 성립한 이후에 후속적으로 증가된(subsequent increase) 권원과 구별된다.[4]

---

1) Ian Brownlie, *Principles of Public International Law*, 5th ed, (Oxford: Oxford University Press, 1998), p.121.

2) G. Schwarzenberger and E. D. Brown, *A Manual of International Law*, 6th ed. (Miton: Professional Book, 1972), p.96.

3) Stephan Verosta, 'History of Law of Nations, 1648 to 181' *EPIL*, Vol.7, 1984, pp. 160-62; B. S. Chimni, *International Law and World Order*(London: Sage, 1993), p.226 ; John Westlake, *International Law*(Cambridge:Cambridge University Press, 1895), p.59; Triggs, Gillan D. Triggs, *International Law*(Australia: Butterworth, 2006), p.10; D. P. O'Connell, 'A Cause Celebre in the History of Treaty Making, '*BYIL*, Vol.42, 1967, pp.71-90. ; Antonio Cassesse, *International Law*(Oxford: Oxford University Press, 2001), p.19.; John O'Brien, *International Law*(London: Cavendish, 2001), p.15 ; Turan Kayaglu, *Legal Imperialism*(Cambridge: Cambridge University Press, 2010), pp. 14, 27 ; Steven Wheatley, *The Democratic Legitimacy of International Law*(Oxford: Hart, 2010), p. 124 ; Leo Gross, 'The Peace of Westphalia 1648-1948, '*AIIL*, Vol.42, 1948, pp.20, 29 ; J. R. Strayer, *On the Medieval Origins of Modem State*(Princeton: Philadelphia University Press, 1979), pp.9-10 ; Mark W. Zocher, 'The Territorial Integrity Norm, 'in B. A. Simmons and R. H. Steinberg(eds.), *International Law and International Relations*(Cambridge; Cambridge University Press, 2006), p.260 ; Alind Kaczorowska, *Public International Law*, 4th ed. (London: Routledge, 2011), pp. 11-12 ; Rechard Joyce, 'Westphalia: Event, Memory, Myth, 'in F. Johns, R. Joyce and S. Papahuja (eds.), *Events: The Force of International Law*(London: Routledge, 2011), pp.55-56; Paul F. Diehl and Charlatte Ku, *The Dynamic of International Law*(Cambridge; Cambridge University Press, 2012), p.28.

4) Antonio Tores Bernordez, 'Territory, Acquisition', *EPIL*, Vol.10, 1987, p.498.

## 2. 역사적 권원의 대체의 개념

### 가. 권원 대체의 의의

시제법(時際法, intertemporal law)상 권리 획득시의 법과 권리 존재시의 법은 다른 것이 다. 권리 취득에 관해서는 그 취득 당시에 타당한 법이 적용되는 것이며 권리 존재에 관해서는 오늘날 평가 시에 타당한 법이 적용되는 것이다. '권원의 대체'란 역사적 권원을 현대국제법에 의해 타당한 다른 권원 (another title valid by modern International law)으로 대체(replacement)하는 것을 말한다.[5]

즉 역사적 권원이 그 후의 역사적 발전의 효과에 의해 대체(superseded)되는 것을 뜻한다.[6]

요컨대, 고전적 권원, 본원적 권원, 봉건적 권원 등 역사적 권원을 현대국제법에 의해 타당한 새로운 권원으로 변경하는 것을 역사적 권원의 대체라 한다. 이를 '권원의 교체(supersede of title)', '권원의 변경(change of title)' 또는 '권원의 변형(transformation of title)'이라고도 한다.

### 나. 권원의 대체와 구별되는 개념

권원의 대체는 새로운 권원을 취득하는 '권원의 취득'과 구별되고, 기 취득한 권원의 현상을 유지하는 '권원의 유지'와 구별된다.

## III. 역사적 권원의 대체를 승인한 판례

역사적 권원의 대체의 법이론을 승인한 판례를 보면 다음과 같다.

### 1. *The Island of Palmas Case* (1928)

*The Island of Palmas Case* (1928)에서 Huber 중재관은 권리의 창조와 권리의 존속에 적용되는 법은 각기 다르다고 전제한 다음, 법의 존재에 적용되는 법은 법의 발전에 의해 요구되는 조건에 따라야 한다고 하여 역사적 권원의 대체라는 용어는 사용하지 아니했으나 다음과 같이 간접적으로 역사적 권원의 대체 필요성을 판시했다.

> 법적 사실은 그 사실과 같이 이는 현재의 법의 관점에서 평가되어야 한다. …권리의 창조행위가 권리가 발생되는 때에 효력이 있는 법을 따라야 한다는 동일한 원칙은 권리의 존속, 다시 말해 권리의 계속적인 현시는 법의 발전에 의해 요구되는 요건을 따라야 한다는 것을 요구한다.
> A judicial fact must be appreciated in the right of the law contemporary with it, …the same principle which subjects the act creative of a right to the law in force at the time the right arises, demands that

---

5) ICJ, *Reports*, 1953, p.56.

6) David H. Ott, *Public International Law in the Modem World* (London: Pitman, 1987), p. 109.

existence of the right, in other words its continued manifestation, shall follow the conditions required by the evolution of law.[7]

## 2. *Minquiers and Ecrehos Case* (1953)

*Minquiers and Ecrehos Case* (1953)에서 국제사법재판소는 봉건적 권원은 대체 당시의 법에 따라 유효한 권원으로 변경되지 않으면 효력이 없다고 다음과 같이 판시하였다.

> 재판소의 의견으로는 본 건을 재판하기 위하여 그러한 역사적 논쟁을 해결할 필요가 없다(…not necessary to solve these historical controversies). …프랑스 왕이 Channel Island에도 고유의 봉건적 권원을 가졌었다 할지라도 그러한 권원은 1204년 및 그 이후의 사건의 결과 실효(失效)되었음이 분명하다. 그렇게 주장된 고유의 봉건적 권원은 대체 당시의 법에 따라 다른 유효한 권원으로 대체된 것이 아니면 오늘에 어떤 법적 효과도 발생하지 아니한다. 그 대체의 입증 책임은 프랑스정부에 있다. Such an alleged original feudal title could today produce no legal effect, unless it had been replaced by another title valid according to the law of the time of replacement. It is for the French Government to establish that il was so replaced.[8]

## 3. Western Sahara Case (1975)

*Western Sahara Case* (1975)의 권고적 의견에서 국제사법재판소는 권원의 전환 (transforming title)에 있어서 합의서의 기능을 다음과 같이 승인했다. 종전까지는 '권원의 대체'에 있어서 '실효적 지배'의 기능을 인정해온 것에 비해 특별한 의미를 갖는다. 동 권고적 의견은 다음과 같다.

> 그러한 영토의 사건에 있어서 주권의 취득은 무주지의 본원적 권원에 의한 무주지의 선점을 통해 일방적으로 영향을 받는 것으로 일반적으로 생각되지 아니했다. 그러나 지방적 지배자와 체결된 합의서를 통해 … 그러한 합의서는 권원의 파생적 근거로서 인정되었고 무주지의 선점에 의해 취득된 본원적 권원이 아닌 것으로 인정되었다.
> In the case of such territories the acquisition of sovereignty was not generally considered as effected unilaterally through the occupation of terra nullius by original title but through agreements concluded with local readers … such agreements … were regarded as derivative roots of title, and not original titles obtained by occupation of terra nullius.[9]

## 4. *Land, Island and Maritime Frontier Dispute Case* (1992)

*Land, Island and Maritime Frontier Dispute Case* (1992)에서 국제사법재판소는 *Minquiers and Ecrehos Case* (1953)의 판결을 인용하여 동 판결은 모든 고전적 권원이 단순히 무시되는 것이 아니라 대체되지

---

7) UN, *RIAA*, Vol.2, 1949, p.839.

8) ICJ, *Reports*, 1953, p.56.

9) ICJ, *Reports*, 1975, p. 39.

아니한 권원이 무시되고 대체된 최근의 권원에 기초하여 재판한 것이라고 다음과 같이 판시한 바 있다.

> 이 사건에서 재판소는 고전적 권원을 단순히 무시하지 아니했고, 더 최근의 주권의 현시에 기초하여 재판한 것이다.
> The Court in this case did not simply disregard the ancient titles and decide on a basis of more recent display of sovereignty.[10]

## 5. Territorial and Maritime Dispute in the Caribbean Sea Case (2007)

*Territorial and Maritime Dispute in the Caribbean Sea Case* (2007)에서 온두라스는 역사적 기초(historical basis)에 근거한 전통적 경계선(traditional boundary line)의 확인을 요구했다. 재판소는 전통적 경계선을 용인하지 아니했다.[11] 전통적 경계선은 역사적 권원에 근거한 것이다.

## 6. Pedra Branca Case (2008)

*Pedra Branca Case* (2008)에서 말레이시아는 '태고로부터(forme time immemorial)' Pedra Branca는 조오르 왕국의 주권하에 있었다고 주장했고[12] 재판소는 역사적 권원 (historical title)은 말레이시아에 귀속되나 실효적 지배를 해온 싱가포르에 권원이 이전되었다고 판시했다. 재판소는 판결문에서 역사적 권원(historical title)이란 용어를 사용했다. 국제사법재판소는 다음과 같이 말레이시아가 역사적 권원을 대체한 바 없다고 판시했다.

> 말레이시아는 동 도서들에 대한 역사적 권원을 어떻게 해서든지 제시할 수 있다. … 그러나 아무것도 하지 아니했다. 말레이시아는 그의 역사적 권원을 분명히 하지 아니했다.
> Malaysia could somehow shaw an historic title over the island, …whole Malaysia has done nothing … Malaysia had not made out its historic title.[13]

위의 판결에서 역사적 권원을 분명히 하지 아니했다는 것은 현대국제법상 권원으로 대체하지 아니했다는 의미이다. 이 이외에 역사적 권원은 Rann of Kuch Arbitration (1968)의 판정에서 인정되었다.[14]

이와 같이 국제재판소는 역사적 권원은 대체 당시에 유효한 법에 의해 대체되지 아니 하면 효력이 없고, 대체된 이후에는 역사적 권원은 법적으로 실효되게 된다고 판시했다. 역사적 권원은 현대국제법에 의해 대체되지 아니하면 법적 효력이 없으며, 또한 대체된 이후에 역사적 권원은 법적 효력이 없다는 것이 국제법상 '일반원칙(general principle)'으로[15] 설명된다. 국제법상 일반원칙은 국제관습법상 일

---

10) ICJ, *Reports*, 1992, paras. 343-44.

11) ICJ, *Reports*, 2007, para.259.

12) ICJ, *Reports*, 2008, para.48.

13) ICJ, *Reports*, 2008, para.123.

14) *ILR*, Vol.50, p.94.

반원칙이므로 이 연구에서는 국제관습법으로 보기로 한다.


## Ⅳ. 독도의 역사적 권원의 대체

### 1. 독도의 역사적 권원의 대체 요건

역사적 권원의 대체로 인정할 수 있는 권원은 다음과 같은 요건을 구비하여야 한다.

첫째로, 현대국제법상 권원으로 대체되는 것이므로 현대국제법이 성립되었다고 볼 수 있는 '1648년 이후'의 권원이어야 한다.

둘째로, 한국정부에 의한 독도에 대한 실효적 지배로 인정될 수 있는 권원이어야 한다.

셋째로, 가능하면 일본이 주장하는 실효적 지배일자(1905년 시마네현 고시)보다 앞선 권원이어야 한다.

### 2. 독도의 역사적 권원의 대체 권원

독도의 역사적 권원을 현대국제법상 권원으로 '권원의 대체'를 이룩했다고 고려될 수 있는 권원으로 다음과 같은 것을 상정해 볼 수 있다.

( i ) 1425년 세종의 우산무릉등처 안무사로 김인우를 임명하여 파견

(ii) 1454년 『세종실록지리지』의 편찬

(iii) 1808년 순조의 『만기요람』 편찬

(iv) 1882년 고종의 검찰사 이규원에 대한 지시

( v ) 1883년 고종의 동남제도개척사 김인우의 임명·파견

(vi) 1900년 고종의 '대한제국 칙령 제41호'의 재정·발표

(vii) 1905년 심흥택 보고서

(viii) 1952년 평화선 선언

(ix) 1953년 독도의용수비대 독도 수호

( x ) 1945년 항복문서

(xi) 1946년 연합군최고사령부 훈령 제677호

(xii) 1951년 대일평화조약

상기 ( i )과 (ii)는 첫째 요건(1648년 이후)을 구비하지 못했고,

(iii), (iv), ( v ) 그리고 (vi)은 첫째 요건(1948년 이후), 둘째 요건(실효적지배) 그리고 셋째 요건(1905년 이전)을 모두 구비했다.

---

15) Peter, Malanczuk, (ed.), Ak*ehurst's Modern Introduction to International Law*, 7th (London Routledge, 1987), p.155.

(vii), (viii) 그리고 (ix)는 첫째 요건(1648년 이후)과 둘째 요건(실효적지배)을 구비했으나 셋째 요건 (1905년 이전)을 구비하지 못했다.

(x), (xi) 그리고 (xii)는 한국에 의한 실효적 지배가 아니므로 둘째 요건을 구비하지 못했다.

세 개의 요건을 모두 구비한 (iii), (iv), (v) 그리고 (vi) 중 (iv)는 법령을 제정한 실효적 지배이고, 동 법령을 관보에 게재하여 세계만방에 공시한 것이므로, 국제법상 역사적 권원을 근대국제법상 권원 으로 '권원의 대체'를 이룩한 권원으로 채택하기로 한다.


## V. 한국정부의 독도의 역사적 권원 주장 내용에 대한 비판

### 1. 역사적 권원주장의 내용

한국정부는 국제관습법에 의해 인정되어 있는 '역사적 권원의 대체'를 수용하고 있지 아니하다. 즉, 한국정부는 독도의 권원에 관해 역사적 권원은 현대국제법에 의한 권원으로 대체되지 아니하는 한 현 대국제법상 효력이 없으며, 역사적 권원은 현대국제법에 의해 대체된 이후 현대국제법상 법적 효력이 없다는 '역사적 권원의 대체'의 국제관습법을 수용하고 있지 아니하다.

한국정부는 일반적으로 독도의 역사적 권원을 주장하면서 그의 대체에 관해서는 어떠한 주장도 한 바 없다. 이는 한국정부의 정책당국에 역사적 권원은 현대국제법에 의해 대체되지 아니하여 국제법상 효력이 없다는 '역사적 권원의 대체'의 국제관습법에 대한 부지의 소치로 본다. 물론 역사적 권원의 대 체 주장이 없어도 독도의 권원이 아니라 역사적 사실의 기술·주장으로서의 의미가 부정되는 것이 아 니며, 국제법상 효력이 부인될 뿐인 것이다.

한국정부가 신라의 신라 지증왕 13년에 우산국을 정복하여 취득한 독도의 역사적 권원을 주장해온 선례를 보면 다음과 같다.


### 가. 독도문제 개론

외무부가 간행한 『독도문제 개론』에는 『삼국사기』의 기록을 인용하여 지증왕 13년에 우산국을 항복 시켜 독도는 우리나라의 섬임에 두 말할 필요가 없다고 다음과 같이 기술하고 있다.

> 삼국사기에 신라 제23대 지증왕 13년(서기 512년)의 기록에 목우사자로서 우산국인을 항복시켰다
> 고 되어 있다. 이렇게 최초에는 국명으로 우산, 도명으로 울릉이라고 삼국사기에 기록되어 있다가
> 고려시대에 내려와서 울능, 의능, 우능, 익능 또는 무릉 등의 별칭이 있게 되었고 우리나라에 속한
> 섬임은 두 말할 것도 없다.[16]

---

16) 외무부, 『독도문제 개론』(서울:외무부 정무국, 1955), pp.7-8.

위의 기술에는 '역사적 권원'이라는 용어를 사용하고 있지 아니하나 위의 기술의 의미 내용은 신라의 이사부가 우산국을 항복시켜 독도의 영토주권의 역사적 권원이 신라에 귀속되었다는 역사적 권원의 주장으로 보인다. 그러나 역사적 권원의 대체에 관해서는 아무런 논급이 없다. 따라서 신라에 의해 취득된 역사적 권원은 오늘의 국제법상 법적 효력이 없는 것이다. 요컨대 위의 기술은 신라가 취득한 역사적 권원을 명확히 기록하지 아니했고 또 역사적 권원의 대체에 관해 아무런 논급이 없다. 위의 기록에 따르면 오늘의 국제법상 독도 영유권의 역사적 권원은 법적으로 효력이 없는 것이다.

### 나. 한국 외무부의 공식 견해인 '한국정부의 견해3'

'한국정부의 견해3'은 신라 지증왕 13년(512년)에 우산국이 신라에 귀속되었다고 다음과 같이 기술하고 있다.

> 이미 신라 지증왕 당시에 우산국이 신라에 귀속되었다는 사실과 그 우산국을 조선초기에 이르러서는 분명히 울릉, 우산 양도가 포괄적으로 인지되어 관찬지리지를 비롯한 기타 공사기록에 수록되었고, 따라서 울릉도의 우산도 즉 독도도 영역의 일부로 분명히 간주되어 있었다는 사실에 추호의 의문을 품을 여지가 없다.[17]

### 다. 일본 외무성의 독도홍보팸플릿 반박문

동북아역사재단이 공간한 '일본 외무성의 독도홍보팸플릿 반박문(2008년)'은 다음과 같이 신라의 독도에 대한 권원이 기록된 관찬문헌을 열거하여 독도가 한국영토임을 간접적으로 주장하고 있다.

> 독도는 울릉도에서 육안으로 바라볼 수 있어서 울릉도에 사람이 거주하기 시작한 때부터 인식할 수 있었다. 이러한 인식의 결과, 세종실록지리지(1454년), 신증동국여지승람(1530년), 동국문헌비고(1770년), 만기요람(1808년) 등 한국의 수많은 관찬문서에 독도가 명확히 표기되어 있다. 특히 동국문헌비고(1770년), 만기요람(1808년) 등에는 '울릉도와 우산도는 모두 우산국의 땅이며 우산도는 왜인들이 말하는 송도(松島)'라고 명백히 기록하고 있다. 송도는 당시 일본인들이 부르던 독도의 명칭이다.[18]

위의 기술 중 한국 독도의 역사적 권원이 신라 지증왕 13년에 성립되었다고 직설적으로 명시되어 있지 아니하나 열거된 관찬문헌의 내용에는 한국의 독도에 대한 역사적 권원이 신라 지증왕 13년에 이사부의 우산국 정복에 의해 수립되었다고 기록되어 있으므로 '역사적 권원'이란 용어는 명시적으로 사용하고 있지 아니하나 이는 독도의 권원이 신라시대에 성립되었음을 주장하는 것이므로, 결국 이는 독도의 역사적 권원을 주장하는 것이다. 그러나 여기서도 역시 역사적 권원의 대체에 관해서는 논급이 없으므로 독도의 역사적 권원 자체는 오늘의 국제법상 법적 효력이 없는 것이다.

---

17) The Korean Ministry of Foreign Affairs, The Korean Government's Views Reputing The Japanese Government's Version of the Ownership of Dokdo (September 24, 1956) (January 7, 1959).

18) 동북아역사재단 독도문제연구소, '일본 외무성의 독도홍보팸플릿 반박문(2008)', 제2항.

### 라. 독도 바로알기

동북아역사재단이 출간한 『독도 바로알기』에는 『삼국사기』의 신라 이사부가 우산국을 정복하여 신라가 해마다 토산물을 받아왔다는 기록을 인용하여 정확히는 아니나 독도에 대한 역사적 권원이 신라시대에 성립했음을 기술하고 있다.

> 독도에 대한 우리나라 최초의 기록은 『삼국사기』(1145년)이다. 여기에는 신라의 이사부(異斯夫)가 우산국(丁山國)을 복속시킨 내용이 기술되어 있다. 본래 삼국시대 이전에 울릉도와 독도는 우산국으로 불렸다. 삼국시대에 우산국 사람들이 신라 내륙까지 들어와 노략질을 벌이자, 신라의 이찬(伊飡) 이사부가 우산국을 정복하게 되었다. … 이사부가 계략을 써서 우산국 사람들을 복속시키고 해마다 토산물을 바치게 하였다.[19] … 512년 신라에 복속된 우산국은 918년 고려가 세워진 이후 고려의 지배를 받았다.[20]

위의 기술은 독도의 '역사적 권원'이라는 용어를 사용하고 있지 아니하나 그 의미 내용은 독도의 역사적 권원이 신라의 우산국 정복에 의해 성립되었다는 기술로 보인다. 그러나 위의 기술은 독도의 역사적 권원의 현대국제법에 의한 대체에 관해서는 아무런 언급이 없다. 따라서 오늘날 한국은 독도의 역사적 권원은 역사적 권원을 승계한 것에 불과하여 오늘의 국제법상 법적 효력이 없는 것이다.

요컨대, 『독도 바로알기』는 신라의 독도에 대한 역사적 권원의 성립에 관해 기술하고 있으나 그 '역사적 권원의 대체'에 관해 논급하고 있지 아니하다. 그러므로 이 역사적 권원은 오늘의 국제법상 법적 효력이 없는 것이다.

### 마. 우리 땅 독도를 만나다

동북아역사재단이 출간한 『우리 땅 독도를 만나다』에는 한국의 독도의 역사적 권원에 관해 다음과 같이 기술·주장되어 있다.

> 『삼국사기』(1145년 고려인종 23년) 권4의 지증왕조에는 하슬라주(何瑟羅州, 지금의 강릉지역)의 군주인 이사부(異斯夫)가 우산국(丁山國)을 복속하였다는 내용이 나온다. 『여지지(輿地志)』 등에서는 '울릉도 외 우산도(독도) 모두 우산국의 땅'이라고 하여 우산국에는 울릉도와 독도가 포함됨을 밝히고 있다. 이로써 우산국이 신라에 복속한 6세기부터 독도가 울릉도와 함께 우리 역사에 등장하는 것을 알 수 있다.

위의 기술 중 '… 우산국이 신라에 복속한 6세기부터 독도가 울릉도와 함께 우리 역사에 등장하는 것을 알 수 있다.'는 기술은 역사적 권원이라는 용어를 사용하지 아니하여 명확하지는 아니하나 독도의 역사적 권원이 한국에 있다는 주장으로 해석함에 무리가 없다고 본다.

그러나 『우리 땅 독도를 만나다』에는 독도의 역사적 권원의 대체에 관해서는 아무런 언급이 없다.

---

19) 동북아역사재단 『독도 바로알기』(서울: 동북아역사재단 2011), p.24.

20) 동북아역사재단, 전주17, p.25.

따라서 독도의 역사적 권원은 현대국제법상 권원으로 대체되지 아니하여 오늘의 국제법상 법적 효력이 없는 것이다.

## 바. 교수·학습 과정안 및 학습지

동북아역사재단이 출간한 『교수·학습 과정안 및 학습지』는 신라 지증왕 13년에 신라가 우산국의 항복을 받았다는 역사적 사실을 다음과 같이 기술하고 있다.

> 우산국은 동쪽 바다에 있는 섬으로 울릉도라고 하는데, 사방 백리의 땅이다. 지증왕 13년(512년)에 이찬 이사부가 하슬라 군주가 되어 … 우산국 사람들이 두려워서 모두 항복하였다. (삼국사기 지증왕 13년)[21]

위의 기술 역시 '역사적 권원'이라는 용어를 사용하고 있지 아니하나 위 기술의 전체의 의미 내용으로 보아 신라의 우산국 항복으로 신라가 독도의 역사적 권원을 취득했다는 의미로 해석된다. 그러나 이 역시 독도의 역사적 권원의 대체에 관해서는 아무런 언급이 없다. 따라서 독도의 역사적 권원은 오늘의 국제법상 법적 효력이 없는 것이다.

## 사. 대한민국의 아름다운 영토 독도

외무부가 간행한 『대한민국의 아름다운 영토, 독도』에는 『세종실록지리지』를 인용하고 6세기 초엽 (512년) 신라가 우산국을 복속하여 독도에 대한 통치역사는 신라시대까지 거슬러 올라간다고 다음과 같이 기술하고 있다.

> 조선 초기 관찬서인 『세종실록지리지』(1454년)는 울릉도(무릉)와 독도(우산)가 강원도 울진현에 속한 두 섬이라고 기록되어 있습니다. 또한 두 섬이 멀지 아니하여 청명한 날 바라 볼 수 있다고 기록하고 있습니다. 또한 두 섬이 6세기 초엽(512년) 신라가 복속시킨 우산국의 영토라고 기록하고 있으므로, 독도에 대한 통치역사는 신라시대까지 거슬러 올라갑니다.[22]

위의 기술에 '역사적 권원'이라는 용어를 사용하고 있지 아니하나 그의 의미 내용은 독도에 대한 역사적 권원을 주장하는 것으로 볼 수 있다. 그러나 역사적 권원의 대체에 관해서는 아무런 논급이 없으므로, 위의 역사적 권원은 오늘의 현대국제법상 법적 효력이 없는 것이다.

## 아. Dokdo

동북아역사재단이 영문본으로 출간한 Dokdo에는 지증왕 13년 (서기 512년)에 이사부의 우산국 정복에 의해 신라가 독도를 병합하였다고 다음과 같이 기술하고 있다.

---

21) 동북아역사재단 독도문제연구소 『교수·학습 과정안 및 학습지』(서울: 동북아역사재단, 2013), p.15.
22) 대한민국 외교부, 『대한민국의 아름다운 영토 독도』(서울: 외교부, 발행연도 불표시), p.6.

Korean title to Dokdo dates back to the 6th century.

According to the records of SamgukSagi, Korean sovereignty over the island was established with the incorporation of Usanguk into the Silla Kingdom, one of the three ancient kingdoms of Korea, in 512 A.D. SamgukSagi records that Isabu, a Silla government official, subjugated the island state in that year.[23]

위의 기술 중 '역사적 권원'이란 용어를 사용하고 있지 아니하나 그 의미 내용은 이사부가 우산도를 정복하여 신라가 독도에 대한 역사적 권원을 취득했다는 주장으로 보인다. 그러나 이 역사적 권원의 현대국제법에 의한 대체에 관해서는 아무런 논급이 없다.

역사적 권원은 현대국제법에 의해 대체되지 아니하면 법적 효력이 없으므로 위에 기술된 이사부의 우산국 정복에 의해 성립된 독도에 관한 역사적 권원은 오늘의 국제법상 법적 효력이 없는 것이다.

## 2. 역사적 권원 주장에 대한 비판

### 가. 비판1 : 역사적 권원 주장의 불명확성

전술한 바와 같이 한국정부는 독도 영토주권의 역사적 권원을 주장하면서 신라 지증왕 13년(512년) 신라의 이사부에 의한 우산국 정복에 의해 한국은 독도 영토주권의 역사적 권원을 취득했다고 기술하고 그 근거로『삼국사기』의 기록을 제시하여야 할 것이다.

그럼에도 불구하고 울릉도에서 독도를 청명한 날 바라볼 수 있다고『세종실록지리지』,『신증동국여지승람』,『동국문헌비고』등에 기록되어 있다고 기술하고,『만기요람』에 우산국의 땅은 우산도와 송도로 구성되어 있다고 기술하여 대부분 신라의 우산국 정복에 의한 독도의 역사적 권원의 취득을 직접적으로 명백히 기술하고 있지 아니하다.

비록 '역사적 권원'의 취득이라는 용어를 사용하지 아니한다 할지라도, 최소한 신라 이사부의 우산국 정복에 의해 신라는 512년 독도의 영토주권에 대한 역사적인 권원을 취득했다는 내용을 명확히 기술하여야 할 것이다.

### 나. 비판2 : 역사적 권원의 대체

역사적 권원은 현대국제법상 권원으로 권원의 대체를 이룩하지 아니하면 오늘날 국제법상 효력이 없으므로 역사적 권원의 주장을 위해서는 역사적 권원이 대체되었음을 논급하여야 함에도 불구하고 대부분의 정부의 주장에는 역사적 권원을 주장하면서 역사적 권원의 대체에 관해서는 논급이 없다. 그러므로 독도 영유권의 역사적 권원은 오늘날 법적 효력이 없는 것으로 되고 만다.

---

23) North East Asian Historic Foundation, *Dokdo*(Seoul:NEAHF, Published date non indicated), p.16.

# Ⅵ. 결언

## 1. 요약·정리

전술한 바를 다음과 같이 요약·정리하기로 한다.

( i ) 영토주권에 관한 역사적 권원은 현대국제법상 권원으로 권원의 대체를 이룩하지 아니하면 현대 국제법상 법적 효력이 없으며, 또한 현대국제법에 의해 대체된 이후에도 역사적 권원은 법적 효력이 없다는 것은 판례와 학설에 의해 국제관습법으로 일반적으로 승인되어 있다.

(ii) 한국의 독도 영토주권은 신라 지증왕 13년(512년) 이사부의 우산국 정복에 의해 신라의 역사적 권원이 성립되었다.

(iii) 한국정부는 한국의 독도 영토주권의 역사적 권원은 1900년 10월 25일 '대한제국 칙령 제41호'에 의거, 현대국제법상 권원으로 권원의 대체를 이룩했다.

(iv) 한국정부가 한국의 독도 영토주권을 수립한 것은 신라 지증왕 13년(512년)에 이사부의 우산국 정복에 의한 것이라고 역사적 권원을 주장하면서 그 역사적 권원의 대체에 관해서는 어떠한 주장도 한 바 없다.

## 2. 정책대안의 제의

정부관계당국에 대해 다음과 같은 정책대안을 제의하기로 한다.

( i ) 독도 영토주권의 역사적 권원을 주장할 때는 그 주장이 역사적 권원의 주장임을 명백히 표시한다. 특히 지리적 근거의 제시와 혼동하지 아니한다.

(ii) 역사적 권원을 주장할 경우에는 필히 '역사적 권원의 대체'에 관해 논급한다.

(iii) 한국의 독도 영토주권의 역사적 권원은 1900년 '대한제국 칙령 제41호'에 의거하여 대체되었음을 명백히 선언한다.

(iv) 역사적 권원의 대체에 관한 국제법학계와 역사학계의 학제연구를 행정적·재정적으로 적극 지원한다.

<참고문헌>

대한민국 외무부, 『독도문제 개론』, 서울: 외무부 정무국, 1955.
_____, 『대한민국의 아름다운 영토 독도』, 서울: 외교부, 발행연도 불표시.
동북아역사재단 독도문제연구소, '일본 외무성의 독도홍보팸플릿 반박문', 2008.
_____, 『교수·학습 과정안 및 학습지』, 서울: 동북아역사재단, 2013.
_____, 『독도 바로알기』, 서울: 동북아역사재단 2011.

Bernordez, Antonio Tores, 'Territory, Acquisition', *EPIL*, Vol.10, 1987.

Brownlie, Ian, *Principles of Public International Law*, 5th ed, Oxford: Oxford University Press, 1998.

Cassesse, Antonio, *International Law*, Oxford: Oxford University Press, 2001.

Chimni, B. S., *International Law and World Order*, London: Sage, 1993.

Diehl, Paul F. and Charlatte Ku, The *Dynamic of International Law*, Cambridge: Cambridge University Press, 2012.

Gross, Leo, 'The Peace of Westphalia 1648-1948, '*AIIL*, Vol.42, 1948.

ICJ, *Reports*, 1953.

___, *Reports*, 1975.

___, *Reports*, 1992.

___, *Reports*, 2007.

___, *Reports*, 2008.

*ILR*, Vol.50.

Joyce, Rechard, 'Westphalia: Event, Memory, Myth, 'in F. Johns, R. Joyce and S. Papahuja (eds.), *Events: The Force of International Law*, London: Routledge, 2011.

Kaczorowska, Alind, *Public International Law*, 4th ed., London: Routledge, 2011.

Kayaglu, Turan, *Legal Imperialism*, (Cambridge: Cambridge University Press, 2010.

The Korean Ministry of Foreign Affairs, The Korean Government's Views Reputing The Japanese Government's Version of the Ownership of Dokdo (September 24, 1956) (January 7, 1959).

Malanczuk, Peter, *Akehurst's Modern Introduction to International Law*, 7th, London Routledge, 1987.

North East Asian Historic Foundation, *Dokdo*, Seoul:NEAHF, Published date non indicated.

O'Brien, John, *International Law*, London: Cavendish, 2001.

O'Connell, D. P., 'A Cause Celebre in the History of Treaty Making, '*BYIL*, Vol.42, 1967.

Schwarzenberger, G. and E. D. Brown, A *Manual of International Law*, 6th ed, Miton: Professional Book, 1972.

Strayer, J. R., *On the Medieval Origins of Modem State*, Princeton: Princenton University Press, 1979.

Triggs, Gillan D., *International Law*, Australia: Butterworth, 2006.

UN, *RIAA*, Vol.2, 1949.

Verosta, Stephan, 'History of Law of Nations, 1648 to 181' *EPIL*, Vol.7, 1984.

Westlake, John, *International Law*, Cambridge:Cambridge University Press, 1895.

Wheatley, Steven, The Democratic Legitimacy of International Law, Oxford: Hart, 2010.

Zocher, Mark W., 'The Territorial Integrity Norm, 'in B. A. Simmons and R. H. Steinberg(eds.), *International Law and International Relations*, Cambridge: Cambridge University Press 2006.

# 제10절 ┃ 독도 영유권 강화사업

## Ⅰ. 서언

독도는 현재 독도경찰경비대의 주둔, 등대요원의 상주, 기타 시설물의 설치·관리 등 한국의 점유에 의한 실효적 지배하에 있다. 일본의 독도 영유권 주장에 대항하기 위해서는 이러한 현재의 실효적 지배를 보다 심도 있게 강화하여야 한다는 주장이 있고 또 정부당국이 이 실효적 지배강화사업을 대규모적으로 계획·추진하고 있는 것으로 알려져 있다.

언론보도에 의하면 독도에 '독도 영유권 강화사업'으로 동해해양과학기지 건립, 현장관리사무소 설치, 295m에 이르는 방파제 건설, 해양자원연구센터 건설, 체험마을 조성 그리고 어업민 숙소 증축 등 대규모 공사가 정부당국에 의해 계획·추진 중에 있으며, 이를 위한 관계 정부부처 간의 협조가 어렵게 진행 중에 있다(문화일보, 2011. 2. 14. '독도 영유권 강화사업 본격화'). 이 글은 정부당국에 의해 계획·추진 중에 있는 상기 대규모 공사가 독도 영토주권의 권원의 유지를 위한 실효적 지배의 강화라기보다 우리 영토인 독도의 이용개발의 강화로 보는 입장에서, 국제법상 독도에 대한 실효적 지배강화의 필요성이 있는 것인가를 검토해 보려는 것이다.

이하 (i)실효적 지배에 관한 일반적 고찰, (ii)독도 영유권 강화사업의 검토 순으로 기술하고, (iii)결언에서 정부당국에 대해 몇몇 정책대안을 제의하기로 한다.

## Ⅱ. 실효적 지배에 관한 일반적 고찰

### 1. 실효적 지배의 의의

영토에 대한 실효적 지배(effective control)란 주권국가가 특정 영토에 대해 배타적인 관할권을 행사하는 것을 말한다. 영토에 대한 배타적 관할권을 '영토주권'이라 한다. 따라서 영토에 대한 실효적 지배란 '영토주권의 행사'라 할 수 있다. 영토주권의 행사를 영토에 대한 통치권의 행사라고도 하므로 영토에 대한 실효적 지배를 '영토에 대한 통치권의 행사'라고 할 수 있다. 영토주권의 행사는 영토에 대한 주권의 시행으로 영토의 실효적 지배를 '영토주권의 현시(display of territorial sovereignty)' 또는 '국가권한의 현시(display of state authority)'라고도 한다.[1]

영토주권의 특성상 영토의 실효적 지배는 배타적 행사를 뜻한다. 그러나 특정 영토에 대해 경쟁적 권원 주장자가 있는 경우 그 실효적 지배는 반드시 배타적 행사를 뜻하는 것은 아니다. 경쟁적 권원 주장은 각기 상대적 권원만을 가지므로 실효적 지배도 완전 배타적인 것이 아니다. 따라서 상호적 지배는 상대적일 수밖에 없는 것이다.[2]

## 2. 실효적 지배의 방법

( i ) 실효적 지배를 하는 '국가기관을 기준'으로 다음과 같은 방법이 있으며, 모두 실효적 지배로 인정된다.

① 입법권의 행사방법으로는 법률의 제정, 조약체결, 동의 등이 있으며,

② 행정권의 행사방법으로는 건축허가, 매립면허, 출입국심사, 외교적 항의, 과세·징수, 조약의 체결 등이 있으며,

③ 사법권의 행사방법으로는 형사재판권의 행사, 민사재판권의 행사 등이 있다.

(ii) 실효적 지배를 하는 '성질의 기준'으로 다음과 같은 방법이 있으며, 모두 실효적 지배로 인정된다.

① 사실행위적 실효적 지배방법으로는 도로의 개설, 주택의 건축, 범인의 체포, 병력의 주둔, 국가원수의 방문 등이며,

② 법률행위적 실효적 지배방법으로는 법률의 제정, 건축의 허가, 납세의 고지, 형사재판, 조약의 체결·폐지, 외교적 항의 등이 있다.

(iii) 실효적 지배를 하는 '영역을 기준'으로 다음과 같은 방법이 있으며, 모두 실효적 지배로 인정된다.

① 영토에 대한 실효적 지배방법으로는 병력의 주둔, 출입국허가, 도로의 개설 등이 있으며,

② 영해에 대한 실효적 지배방법으로는 시추, 법률위반 선박나포, 어업수역설정 등이며,

③ 영공에 대한 실효적 지배방법으로는 비행금지구역설정, 강제착륙, 격추 등이 있다.

(iv) 실효적 지배를 하는 '점유를 기준'으로 다음과 같은 방법이 있으며, 모두 실효적 지배로 인정된다.

① 점유에 의한 실효적 지배방법으로는 병력의 주둔, 농장의 경영, 통신기지 설치와 요원의 상주, 화력의 배치 등이 있으며,

② 비점유에 의한 실효적 지배방법으로는 법률의 제정, 범인의 체포, 우표의 발행, 납세의 고지, 외교적 항의 등이 있다. 점유에 의한 실효적 지배방법이 주된 실효적 지배방법이지만, 실효적 지배방법은 그것에 한하는 것이 아니다.

---

1) Brownlie, *Principles of Public International Law*, 5th ed, (Oxford: Oxford University Press, 1998) pp, 138-139.; J. P. Grout and J. C. Braker, *Encyclopedic Dictionary of International Law*, 3rd ed. (Oxford: Oxford University Press, 2009), P.177; Malcolm N. Shaw, *International Law,* 4th ed. (Cambridge: Cambridge University Press, 1997) p.156.

2) Brownlie, *supra* n. 1, p. 137.

## 3. 실효적 지배의 필요성

### 가. 권원의 대체를 위한 필요성

#### (1) 권원 대체의 의의

권원의 대체(replacement of title)란 역사적 권원(historical title)을 현대국제법에 의해 타당한 다른 권원(another title valid by modern international law)으로 대체(replacement) 하는 것을 말한다.[3] 즉, 고전적 권원(ancient title), 원시적 권원(original title), 봉건적 권원(feudal title) 등 역사적 권원(historical title)을 오늘의 국제법상 권원으로 대체하는 것을 말한다.[4]

근대국제법 사회는 1648년 10월의 웨스트파리아 회의(Congress of Westphalia)를 그 시발점으로 하여 형성되었다. 이 회의는 중세 이래 존속하여온 유럽의 전통적인 봉건적 사회조직의 종말을 선언하고 근대국가로 형성되는 근대국제법 사회의 출발점을 제시했다.

이에 따라 근대국제법의 체계가 형성되어 근대국제법 체계의 형성 이전에 성립된 봉건적 권원은 오늘의 국제법상 권원으로 인정될 수 있느냐의 문제가 제기되는 것이다. 이 문제를 해결하기 위해 고전적 권원, 원시적 권원, 봉건적 권원 등 역사적 권원은 국제법상 권원으로 대체되어야 하며, 이 대체를 위해 그 권원의 객체인 영토에 대한 실효적 지배가 요구되게 된다.

#### (2) 권원의 대체 필요성을 인정하는 국제판결

영국과 프랑스 간의 *Minquiers and Ecrehos* Case(1953)에서 국제사법재판소는 역사적 권원의 변경, 즉 봉건적 권원은 대체 당시의 법에 따라 유효한 권원으로 변경되지 않으면 효력이 없다고 다음과 같이 판시한 바 있다.

> …프랑스 왕이 Channel Island에도 고유의 봉건적 권원을 가졌었다 할지라도 그러한 권원은 1204년 및 그 이후의 사건의 결과 실효(失效)되었음이 분명하다.
>
> 그렇게 주장된 고유의 봉건적 권원은 대체 당시의 법에 따라 다른 유효한 권원으로 대체된 것이 아니면 오늘에 어떤 법적 효과도 발생하지 아니한다. 그 대체의 입증 책임은 프랑스정부에 있다.
>
> Such an alleged original feudal title could today produce no legal effect, unless it had been replaced by another title valid according to the law of the time of replacement. It is for the French Government to establish that it was so replaced.[5]

이와 같이 국제사법재판소는 봉건적 권원은 대체 당시의 유효한 법에 의해 다른 권원으로 대체되지

---

3) David H. Ott, *Public International Law in the Modern World*(London: Pitman, 1987), p109.

4) Santiago Terres Bernardez, 'Territory Acquisition', *EPIL*, Vol.10, 1987, p499.; Ott, *supra* n.3, p.109,; Georg Schwarzenberger and E. D. Brown, *A Manual of International Law*, 6th ed.(Milton: Professional, 1976), p.96; Brownlie, *supra* n.1, p129; P.C. Jessup, 'The Palmas Island Arbitration', *AJIL*, Vol.22, 1928, pp.739-40.; E.C. Wade, 'The Minquiers and Ecrehos Case', Grotius Society transactions for year 1954, Vol.40, 1954, pp.98-99.; Robert Y. Jennings, *The Acquisition of Territory in International Law*(Dobbs Ferry: Oceana, 1963), pp.28-31.; Shaw, *supra* n.1, p.347; D.H.N. Johnson, 'Acquisitive Prescription in International Law', *BYIL*, Vol.27, 1950, p.332.

5) ICJ, *Reports*, 1953. p.56.

않으면 효력이 없다고 하여, 봉건적 권원의 변경 필요성을 강조했다. 역사적 권원이 발전된 법에 따라 대체되어야 한다는 취지는 *Island of Palmas* Case(1928),[6] *Western Sahara* Case(1975)[7]에서도 판시되었다.

## 나. 권원의 유지를 위한 필요성

### (1) 권원 유지의 의의

국제법상 영토권원의 유지(maintenance of title to territory)란 특정 영토에 대해 취득한 영토권원의 현상을 그대로 계속 보전(retention)하는 것을 말한다. 영토권원은 취득 못지않게 유지도 중요한 의미를 갖는다. 이를 유지하지 않으면 타국이 이에 대한 실효적 지배에 의해 그 특정 영토를 시효취득 또는 역사적 응고취득을 하게 되어 취득권원을 상실하게 되기 때문이다.[8] 그러므로 영토권원의 취득요건인 영토에 대한 실효적 지배(effective control)는 영토권원의 유지에도 요구된다.[9]

영토권원의 취득에 적용되는 법은 그 취득 당시에 효력이 있는 법이고, 영토권원의 유지에 적용되는 법은 그 유지 과정에서 발전된 법으로 보는 것이 일반적으로 승인되어 있다. 그리고 영토권원의 유지의 정도, 즉 실효적 지배의 정도와 그 기준은 그 영토권원의 유지 당시에 적용되는 법에 요구되는 사정에 따른 방법(manner corresponding to circumstances)으로 보는 것이 일반적으로 승인되어 있다.

### (2) 영토권원의 유지 필요성을 인정한 국제판결

*Island of Palmas* Case(1928)에서 Max Huber 중재재판관은 영토주권의 권원의 취득과 권원의 유지는 구별되며, 권원의 유지가 계속되어야 한다고 다음과 같이 판시했다.

> 영토주권이 어느 순간에 유효하게 획득된 권원을 확립하는 것으로 충분할 수 없다. 영토주권의 존재가 계속되어 왔고 존재했다는 것이 역시 증시되어야 한다.
> 권리의 창조와 권리의 존재 간에 구분이 있어야 한다. 권리의 창조 행위가 그 권리가 제기될 때 효력이 있는 법을 따르는 같은 원칙이, 권리의 존재, 즉 권리의 계속적인 발현이 법의 발전에 의해 요구되는 조건에 따라야 한다는 것을 요구한다.
> It cannot be sufficient to establish the title by which territorial sovereignty was validly acquired at a certain moment, it must be shown that territorial sovereignty has continued to exist and did exist.
> A distintion must be made between the creation of rights and the existence of rights. The same principle which subjects the act creative of a right to the law in force at the time the arises, demand that the existence of right, in other word its continued manifestation, shall follow the conditions required by the evolution of law.[10]

---

6) UN, *RIAA*, Vol.2, pp.829, 845.

7) ICJ, *Reports*, 1975, p.38-39.

8) Gerald Fitzmaurice, 'The Law and Procedure of the International Court of Justice, 1951-4', *BYIL*, Vol.32, 1955-6, p.66

9) Georg Schwarzenberger. 'Title to Territory: Response to Challenge', *AJIL*, Vol.51, 1957, pp.315-16;Ott, *supra* n.3, p.108. Shaw, *supra* n.4, p.156.; Fitzmaurice, *supra* n.8, p.66. Bernardez, *supra* n.4, p.499; Wade, *supra* n.4, pp.98-99; C.H.M. Waldock, 'Disputed Sovereignty in the Falk Islands Dependencies', *BYIL*, Vol.25, 1948, pp.337; A. L. W. Munkman, 'Adjudication and Adjustment - International Judicial Decision and Settlement of Territorial and Boundary Disputes', *BYIL*, Vol.46, 1972-73, pp.50, 103.

10) *Island of Palmas* Case(1928): UN, *RIAA*, Vol.2, p.845.

이와 같이 *Island of Palmas* Case에서 Huber 중재재판관은 기 취득된 권원도 권원의 계속적인 발현에 의해, 즉 실효적 지배에 의해 영토주권의 권원이 유지되어야 한다고 판시했다.

## 다. 권원의 취득을 위한 필요성

### (1) 권원 취득의 의의

영토에 대한 실효적 지배는 선점(occupation)과 시효취득(prescription)의 요건이고, 역사적 응고취득 (historical consolidation)의 요건이다.

역사적 응고(historical consolidation)란 영토(해양의 일부를 포함)에 대한 '증명된 오랜 사용(proven long use)'에 의해 상대적 권원(relative title)이 절대적 권원(absolute title)으로 응고되는 효과를 가져오는 영토취득의 한 방법을 말한다. 즉, 장기간 반복된 주권의 행사로 영토에 대한 권원을 취득하는 방법을 말한다.[11]

최근의 국제판결은 시효취득 또는 역사적 응고취득이라는 용어를 사용하지 아니하고 단순히 실효적 지배를 해온 국가에게 영유권이 귀속된다고 판시하는 것이 일반적이다. 권원의 취득을 위해 실효적 지배가 요구된다.[12]

요컨대, 특정 영토에 대해 선점, 시효취득 또는 역사적 응고취득을 위해 실효적 지배가 요구된다.

### (2) 권원의 취득 필요성을 인정한 국제 판결

*Minquiers and Ecrehos* Case(1953)에서 국제사법재판소는 당사자의 상대적 역량을 평가한다고 전제하고 계속적인 지배와 국가기능의 행사가 영국 측에 있다고 하여 다음과 같이 역사적 응고에 입각한 판결을 했다.

위에서 고려된 사실에 비추어 Ecrehos 주권에 대한 대립된 청구의 상대적 역량을 평가할 요구를 받은 재판소는 13세기 Ecrehos 도군(島群)이 영국 왕에 의하여 보유된 Channel Islands 봉토의 불가분의 부분으로 여겨졌고 그렇게 취급되었으며, 또한 그 도군이 14세기 초에 관할권을 행사했던 영국 왕의 지배하에 계속적으로 있었다는 것을 확인한다. 더 나아가 재판소는 영국 당국이 19세기와 20세기의 대부분 중에 이 도군에 대하여 국가 기능을 행사하였음을 확인한다. 프랑스정부는 이와 반대로 이 도군에 대하여 유효한 권원을 가지고 있다는 것을 증시하는 증거를 제출하지 않았다. 이러한 사정상 Ecrehos에 대한 주권은 영국에 속한다는 것을 결론짓지 않으면 안 된다.

The Court, being now called upon to appraise the relative strength of the opposing claims to sovereignty over the Ecrehos in the light of the facts considered above, finds that the Ecrehos group in the beginning of the thirteenth century was considered and treated as an integral part of the fief of the Channel. Islands which were held by the English King, who in the beginning of the fourteenth century exercised jurisdiction in respect thereof. The Court further finds that British authorities during the greater part of the nineteenth century and in the twentieth century have exercised state functions

---

11) Shaw, *supra* n.4, p.346.

12) Chareles de Visscher, *Theory and Reality in Public International Law*, P.E. Corbott trans. English Princeton: Princeton University Press, 1968), p.201. Shaw, *supra* n.4, p.346. Schwarzenberger, *supra* n.9, p.292.

in respect of the group. The French Government, on the other hard, has not produced evidence showing that it has any valid title to the group. In such circumstances it must be concluded that the sovereignty over the Ecrehos belongs to the United Kingdom.[13]

이 판결은 선점이나 시효에 의한 권원을 검토하지 않고, 계속적인 실효적 지배, 특히 점유에 착안하여 '상대적 역량(relative strength)'을 평가하는 역사적 응고의 이론을 원용한 것이다.[14]

## 4. 실효적 지배의 요건

### 가. 국가기관에 의한 지배

첫째로, 실효적 지배는 '국가기관'에 의하여 행해져야 한다.[15]

권원의 기초를 형성하는 지배는 그 국가 당국(the authority of the state)에 의한 것임을 요하고,[16] 국가 주권의 주장과 관계없는 순수한 개인적인 노력의 표현이 아닌 것(not a manifestation of purely individual effort unrelated to the states sovereign claims)이어야 한다.[17] 즉, 실효적 점유의 주체는 주권자로서 국가이어야 하며 그것은 그 국가기관에 의해 행해져야 하고, 그 국가의 국민이라 할지라도 사인(私人)이 행하는 실효적 점유는 그 국가의 점유로 인정되지 않는다.[18] 그러나 사인의 행위가 국가기관에 의해 사후적으로 추인되거나 국가기관의 협조 또는 허가하에 이루어진 경우는 국가기관의 행위로 인정될 수 있다.[19]

국가만이 '주권자로서 행동할 의사와 의지(the intention and the will to act as sovereign)'를 가질 수 있기 때문이다.[20] 여기의 국가는 국제적 인격자(international persons)로서의 국가이며, 사인이나 지방 당국은 이에 해당되지 않는다.[21] 즉 국가당국은 공적인(public) 것이어야 한다.[22] 실효적 지배는 주권의 사실상 행사(a de facto exercise of sovereignty)를 의미하는 것이기[23] 때문이다. Island of Palmas Case(1928)에서 Max Huber 판사는 실효적 지배는 '국가당국(state authority)'에 의한 주권행사가 요구된다고 판시한 바 있다.[24] 실효적지배가 국가기관에 의한 점유에 의해 성립된다는 점은 시효, 선점 그리고 역사적 응고가 국가기관에 의한 점유에 의해 성립된다는 점과 같다.[25]

---

13) ICJ, *Reports*, 1953, p.67.

14) Fitzmaurice, *supra* n.8, p.69.

15) Brownlie, *supra* n.1., p.159; Johnson, *supra* n.4, p. 344.

16) Shaw, *supra* n.1, p.291.

17) *Ibid.*

18) Johnson, *supra* n.4, p.344.

19) Shaw, *supra* n.1, pp.344-45

20) Johnson, *supra* n.4, pp.344-45.

21) *Ibid.*, p.345.

22) M, M, M, Wallace, *International Law* (London; Sweet and Maxwell, 1986), p.5.

23) *Ibid.*

24) Johnson, *supra* n.4, p. 345.

25) Shaw, *supra* n.1, p.291.

## 나. 영토에 대한 실효적 지배

둘째로, 실효적 지배는 '실효적'인 것임을 요한다.[26]

국가기관의 권한 행사는 입법권·행정권·사법권의 행사로 구분되나 실효적 지배의 성립요건의 하나인 실효적인 점유는 그 지역에 있는 주민에 대한 입법기관만의 권한 행사로 이루어질 수 없다. 즉 특정지역에 주재하는 자국민에게 적용될 국내입법만으로는 그 지역에 대한 점유가 실효적인 것이라고 인정될 수 없다. 왜냐하면 어떤 국가도 이 세계의 어느 곳에 있는 자국민에 대해서도 입법조치로 이를 규제할 수 있기 때문이다. 즉 어떤 국가도 공해상에 있거나 외국에 있는 자국민에게 적용될 법을 제정할 수 있기 때문이다.[27] 따라서 특정 영토에 거주하는 주민에 대해서가 아니라 그 영토에 대한 권원을 인정함에 충분한 영토 자체에 대한 주권의 행사가 있어야 한다.[28]

실효적 지배는 주로 행정권위의 행사로 이루어지며,[29] 그 영토에 대한 모든 주장을 해결해야 하는 것을 필요로 하지 않는다.[30] 그리고 어느 정도가 실효적인 것이냐는 사건의 모든 관련 사정(all the relevant circumstances of the case)에 의존하게 된다.[31] 그러한 관련 사정으로 문제된 영토의 특성, 만일 시효에 대한 반대가 있으면 그 주장 국가가 제기하는 반대 행위의 양, 그리고 이에 대한 국제적인 반응 등이 포함된다.[32]


## 다. 평화적·공적·계속적 지배

셋째로, 실효적 지배는 '평온·공적·계속적'인 것이어야 한다.

학자에 따라 평온, 즉 평화(peaceful)만을 요구하기도 하고,[33] 평온과 계속(continuous, continued, continuously)을 요구하기도 하고,[34] 평온·계속·공적(public)을[35] 요구하기도 한다.

*Island of Palmas* Case(1928)에서 Max Huber 판사는 실효적 지배란 국가 당국의 계속적이며 평화적인 행사(continuos and peaceful display of state authority)에 의한 주권의 행사라고 하면서 이러한 계속적이고 평화적인 영토주권의 표시가 실효적 지배의 요건의 하나라고 했다.[36]

*Eastern Greenland* Case(32)에서 재판소는 덴마크가 특별한 선점행위보다는 계속적이고 평화적인 국가권한을 행사했다는 사실에 근거하여 덴마크의 권원을 인정한 바 있다.[37]

---

26) Brownlie, *supra* n.1., p. 160.

27) Johnson, *supra* n.4., p.345.

28) *Ibid.*.

29) R.C. Hingoran;, *A Modern International Law* (New Delhi: IBM, 1978, R 46)

30) Shaw, *supra* n.1., p. 295.

31) *Ibid.*.

32) *Ibid.*.

33) Schwarzenberger and Brown, *supra* n.4., p. 98 그러나 Louter는 '평화'는 요건이 아니라고 한다(Johnson, *supra* n.4., p.345).

34) R. S. Chavan, *An Approach to International Law* (New Delhi: Sterling Publishers, 1983), p. 108: Shaw, *supra* n.1., p.295.

35) Wallace, *supra* n.22., p. 85; Wesley L. Gould, *An Introduction to International Law* (New York: Harper and Brothers Publishers. 1957), p. 356; Triggs, *International Law*, Australia: Butterworth, 2006., p.230.

36) Johnson, *supra* n.4., p. 345.

37) I.C.MacGibbon, 'Some Observations on the Part of Protest in international Law', *B.Y.I.L.*, Vol.30, 1953, p. 306, n.1.

그리고 *Venezuela-British Guiana Boundary Arbitration* Case (1899)에서 베네수엘라는 실효적 지배의 요건의 하나인 점유는 평화적인 것임을 요한다고 주장한 바 있다.[38] '평화적'의 의미는 다음 두 가지 측면 중 후자의 의미로 본다.

첫째, '평화적' 의미를 실효적 지배국의 측면에서 보면, 평화적(peaceful)이란 평화적 수단(peaceful means)을 의미하며, 평화적 수단은 국제평화를 위협하지 아니하는 수단(means not threaten international peace)을 뜻한다.[39] 그리고 국제평화는 국가와의 관계에서 힘의 부재의 조건(a condition of absence of force among states)으로,[40] 이는 국가가 간섭과 힘의 위협이나 행사를 삼가는 조건(a condition in which state … refrain from intervention and the threat or use of force)이다.[41]

'힘의 행사(use of force)'는 무력의 행사(use of armed force)에 한정되며, 경제력 또는 정치력의 행사는 이에 포함되지 아니한다.[42] 이는 강제적 행위(forceable action)를 뜻하며[43] '힘의 위협(threat of force)'은 실제적인 힘에의 호소(actual resort to force)를 뜻한다.[44] 따라서 평화적(peaceful)이란 점유가 힘에 의해 유지되는 경우(in case where possession was maintained by force)가 아니어야 한다는[45] 뜻이며, 무력의 행사, 즉 강제적 행위 또는 무력에의 호소에 의하지 아니하는 경우를 의미한다.[46]

둘째, 이해관계국의 측면에서 보면, '평화적'의 의미를 이해관계국의 측면에서 파악하는 것이 일반적인 견해이다.[47] 이 일반적인 견해에 의하면, 시효는 실효적 지배자의 '주권의 현시'보다 이 '주권의 현시'에 대한 이해관계국의 묵인의 측면이 실효적 지배이론의 기본적 원칙이라고 한다.[48] 1919년 '국제연맹규약', 1928년 '부전 조약', 그리고 1945년 '국제연합헌장' 이전에 있어서는 무력에의 호소가 허용되어 있었으므로, 정복자는 영토에 대한 권원을 취득하고 피정복자는 권원을 박탈당하는 것이 인정되었다.[49] 이 시대에 있어서 '평화적'이란 무력을 행사하지 아니하는 것을 뜻했다.

그러나 1919년 이후에는 무력의 행사가 금지되므로, '평화적'이란 이해관계국이 항의하지 아니하는 것, 즉 묵인을 뜻하게 되었다.[50] 항의하지 아니하는 것은 단순한 외교적 항의(diplomatic protest)를 하

---

38) *Ibid.*.

39) A. V. Thomas and A.J. Thomas, *Non-Intervention*(Dallas: Southern Methodis University Press, 1956), p.132.

40) Hans Kelsen, *The Law of the United Nations*(New York: praeger, 1950), p.19.

41) Krzysztof Skubiszewski, 'Peace and War', *EPIL*, Vol.4, 1982, p.75.

42) Albrecht Randelzhofer, 'Use of Force', *EPIL*, Vol.4, 1982, p.268;Anthony Clark and Robert J. Beck, *International Law and the Use of Force*(London: Routledge, 1993), p.36.

43) United Nations, GA Resolution 2131(xx), December21, 1965, paral(6).

44) Ian Brownile, *International Law and the Use of Force by States*(Oxford: Clarendon, 1963), pp.364-65.

45) Malcolm N. Shaw, *International Law*, 3rd ed. (Cambridge: Cambridge University Press, 1991), p.294.

46) *Pedra Branca* Case(2008)에서 싱가포르는 Pedra Branca에 안전과 방어, 양자를 위해(for the both security and defence) 군사 통신장비를 설치했고, 이의 운영과 유지를 위해 군 헬리콥터에 의한 장비의 수송을 포함한 시설을 공개적으로 설치했다. 동 사건에서 말레이시아는 싱가포르의 상기 행위의 성격에 관해 특히 평화적 행위의 성격에 관해 다투지 아니했고, 재판소는 중요한 것은 싱가포르의 행위가 주권자로서의 행위(act a tire de souver)에 있다고 강조했고, 싱가포르의 행위가 평화적이 아니라고 어떠한 판단도 표시하지 아니하고, 싱가포르의 행위에 의해 Pedra Branca의 영유권은 싱가포르에 있다고 판시했다. (ICJ, Judgement, 23 May 2008, paras. 247-48, 274). 또한 재판소는 싱가포르의 Pedra Branca 주위에서의 해군순찰과 훈련행위에 관해서도 그것이 평화적이 아니라는 어떠한 판단도 표시하지 아니하고, 싱가포르의 행위에 의해 Pedra Branca의 영유권은 싱가포르에 있다고 판시했다(*Ibid.*, paras.240-43, 274).

47) Johnson, *supra* n.4 p.345.; Brownlie, *supra* n.44 p.153; Shaw, *supra* n.4, p.345; H. Kelsen, *Principles of International Law*, 2nd ed.(New York: Holt, 1968). p.316.

48) Brownlie, *supra* n.44, p.153.

49) Johnson, *supra* n.4, p.346.

50) *Ibid.*.

지 아니하는 것을 뜻한다는 견해와[51] 외교적 항의에 후속하여 국제중재 또는 구제재판에 '제소(submission)'하거나 또는 국제연합총회나 안전보장이사회에 '제의(refer)'하지 아니하는 것을 뜻한다는 견해로[52] 구분되어 있다.

### 라. 관계국의 묵인

넷째로, 실효적 지배는 '관계 국가의 묵인'이 있어야 한다.[53]

그 근거는 실효적 지배의 이상은 주로 국제법 질서의 안정을 창조하는 데(in creating a stability of international order),[54] 즉 국제사회에 있어서 안정적 사회질서(a stable social order)[55]를 창조하는 데 있기 때문이다.

따라서 상당기간 동안 점유국가에 대한 관할권의 행사를 위협하는 거부가 없어야 한다(no objection threatening the exercise of jurisdiction by the state in possession).[56] 즉 취득 국가에 의한 실효적 지배는 상실 국가의 묵인이 따라야 할 것이 요구된다.[57] 이와 같이 실효적 지배에 의한 시효는 본원적인 점유자(original possessor)의 묵시 또는 묵인(toleration of acquiescence)이 유효한 권원을 허락하는 효과를 주는 것으로 인정되어야 한다.[58]

상술한 바와 같이 실효적 지배는 방해되지 않아야(to be uninterrupted)한다는 것은, 실효적 지배는 전(前) 주권자가 문제의 신(新) 국가에 대해 묵시적으로 동의(the implied consent of the former sovereign to the new state of affairs)하는 것에 기초한 것이라는 것을 의미하게 된다.[59]

실효적 지배의 요건의 하나인 묵인은 항의(protest)에 의해 깨지게 되어 실효적 지배는 중단되게 된다.[60] 그러나 실효적 지배의 진행을 중단시키는 항의의 의미에 관해 학자 간에 의견의 일치를 보지 못하고 있다.[61] 혹자는 소극적 묵인(negative acquiescence)에 대한 외교적 항의(diplomatic protests)로서 충분하다고 하고,[62] 또 다른 학자는 외교적 항의가 외교관계의 단절이나 분쟁을 중재에 부탁하여 해결하자는 제의와 같은 장차의 단계에 의해 지지되어야 한다고 주장하기도 하고,[63] 더러는 외교적 항의가 국제적 재판소에 제소되어야 한다고 주장하기도[64] 한다. 이와 같이 견해의 대립이 있으나 오늘의 다수설에 의하면 단순한 외교적 항의는 시효의 묵인을 능가할 만큼 충분한 것이 아니며 그 뒤에 후속적인

---

51) Shaw, *supra* n.1, p.292; I. C. MacGibbon, 'Some Observations on the Port of Protest in International Law', *BYIL*, Vol.30, 1953, p.306.

52) Johnson, *supra* n.4, p.346; Carl August Fleischher, 'Prescription', *EPIL*, Vol.10, 1987, p.329.

53) Shaw, *supra* n.1., p. 292.; Sberri Burr, *International Law*, 2nd ed.(st.p. 1. wwest, 2006), p. 22.

54) W.E, Hall, *International Law,* 6th ed. (Oxford: Clarendon, 1909). p. 119.

55) W. Levi, Eontermprary *International Law* (Boilder; Westview, 1979) D. 147.

56) D. G. Wilson, *International Law,* 9th ed. (New York Silver, 1935), p.115.

57) M, AKehurst, *A modern Introduction to International Law* (London: Allon, 1984), p.145.

58) Gould, *supra* n.35. p.356.

59) Shaw, *supra* n.1, p.291.

60) Levi, *supra* n.55, p.147.

61) Akehurst, *supra* n.57, p.294.

62) Shaw, *supra* n.1., p. 292; Akehurst, *supra* n.57., p. 145: MacGibbon, *supra* n.37, p.306.

63) Brownlie, *supra* n.1, p.161

64) Wallace, *supra* n.22, p.85.

조치가 따라야 한다고 한다.[65] 단순한 외교적 항의의 가치는 문제에 대한 국제여론에 주의를 환기하는 것일 뿐인 것이다.

다른 후속적인 조치가 따르지 않는 외교적 항의는 무용적인(useless) 것에 불과한 것이다.[66] 후속적인 조치로 1919년 이래로 국제연맹이나 상설국제사법재판소에 제의하는 것과 1945년 이래로 국제연합이나 국제사법재판소에 제의하는 것이 가능하다.[67] 그러므로 외교적 항의는 그 의미가 감소되었고 그것은 확실히 오늘의 실효적 지배 중단의 주요한 방법이 되지 못한다고 주장한다.[68]

따라서 실효적 지배 중단을 위해서는 무력적 개입(armed intervention), 국제중재재판소에의 제소, 국제연합총회 또는 안전보장이사회에의 제의 등이 요구된다.[69] 그러나 외교적 항의로 족하다는 것이 지금까지의 국제 관행이라고 할 수 있다.

여기 검토를 요하는 것은 실효적 지배의 중단을 위한 무력적 개입의 허용 여부이다. 현대국제법상, 특히 1928년의 '부전 조약(Kellogg-Briand Pact)'과 '국제연합헌장' 제2조 제4항의 규정상 시효 중단의 방법으로서 무력의 행사는 금지된다.[70]

## 5. 실존적 지배와 Critical Date

국제법상 분쟁의 판단시점인 변론종결일에 해당되는 국제법상 분쟁의 판단시점인 Critical Date는 실효적 지배의 효과와 밀접한 관계를 갖는다. Critical Date 이후의 실효적 지배는 원용할 수 없기 때문이다.[71] Critical Date는 분쟁이 결정화(crystallization)된 일자이며, 이는 분쟁 당사자 간의 합의로 정하며 분쟁당사자 간의 합의가 없는 경우 재판소가 이를 정한다.

원칙적으로 Critical Date 이후의 실효적 지배는 원용할 수 없으나, 예외적으로 Critical Date 이후 영유권의 (ⅰ)법적 지위의 개선 (improving legal position)이 아닌 방법,[72] (ⅱ) 전과 같은 점진적 발전 (develope gradually long before) 방법에 의한 실효적 지배는 원용할 수 있다. 그러므로 실효적 지배는 법적 지위의 개선이 아닌 방법이고, 점진적 발전을 위한 방법을 고려하여야 한다.[73]

---

65) Johnson, *supra* n.4., p.346.

66) *Ibid.*.

67) *Ibid.*.

68) *Ibid.*.

69) C. A. Fleischhauer, 'prescription', *EPIL*, Vol.10, 1987, p.329.

70) Shaw, *supra* n.1., p.292.

71) G. Fitzmaurice, 'The Law and Procedure of the International court of Justice, '*BYIL*, Vol, 32, 1955-56, pp. 21-24.

72) *Ibid.*, p.43.

73) *Ibid.*

# III. 독도 영유권 강화사업의 필요성 및 요건 검토

## 1. 실효적 지배강화의 필요성 검토

첫째로, '권원의 취득'의 필요성을 검토해 보건대, 독도는 신라 지증왕 13년(512년) 이래, 한국영토의 일부이므로 이를 취득할 필요는 없으므로 시효취득 또는 역사적 응고취득 등 권원의 취득을 위한 실효적 지배는 요구되지 아니한다. 독도는 한국영토라고 주장하면서 권원의 취득을 위해 실효적 지배를 강화한다는 것은 모순이 아닐 수 없다.

둘째로, '권원의 대체'의 필요성을 검토해 보건대, 신라 지증왕 13년에 신라가 우산국을 정복하여 취득한 독도의 역사적 권원은 1900년 10월 25일의 '대한제국 칙령 제41호'에 의해 현대국제법상의 권원으로 대체되었으므로 오늘날 독도 영유권의 '권원의 대체'는 요구되지 아니한다.

셋째로, '권원의 유지'의 필요성을 검토해 보건대, 독도 경비대의 주둔과 등대 설치운영 요원의 상주 등 점유에 의한 실효적 지배, 그리고 일본의 독도 영유권 주장에 대한 외교적 항의에 의한 현재의 실효적 지배로 일본에 의한 독도 시효취득 또는 역사적 응고취득을 배제하기에 충분하고, 독도를 실효적으로 점유하고 있는 한국의 상대적 역량이 독도를 점유하지 못하고 있는 일본의 상대적 역량에 월등히 우세하므로 '권원의 유지'를 위한 실효적 지배의 강화는 요구되지 아니한다. 원거리·무인도에 대한 실효적 지배는 점유를 요하는 것이 아니지만 현재 한국은 독도를 점유에 의한 실효적 지배를 하고 있다. 영토에 대한 주권의 현시는 근거리·유인도에 대한 실효적 지배에 원거리·무인도에 대한 실효적 지배는 동일한 것이 아니라는 것이 판례와 학설에 의해 승인되어 왔다.

이들 판례와 학설을 열거해 보면 다음과 같다.

## 2. 판례

### 가. *Palmas Island Case* (1928)

*Palmas Island Case*(1928)에서 중재관 Max Huber는 사람이 살고 있지 아니한 지역에는 발견만으로 실효적 지배가 있다고 볼 수 있다고 다음과 같이 판시했다.

> 그렇기 때문에 사람이 전혀 살지 못하는 곳이라는 사실을 통해서 볼 때 만일 영토가 점유하고 있는 국가에 의해 그곳을 처음 발견한 순간부터 점유취득이 완성되었으며 그 국가의 점유상태가 완전히 논금의 여지가 없다고 하는 의향이 있다고 인정된다면 그 점유는 그것으로서 완전한 것이 되는 것이다.
>
> Thus if a territory, by virtue of the that it was completely inhibited is from the first moment when the occupying state makes its appearance there of the accurate and undisputed disposition of that state, from the that moment the taking of possession must be considered as acceptable and the occupation is theory by completed.[74]

---

74) UN, *RIAA*, Vol.2, 1949, pp.829-890.

## 나. *Clipperton Island* Case (1931)

*Clipperton Island* Case (1931)에서 중재재판관은 무인도에 대한 실효적 지배는 통상의 경우와 동일한 것이 아니라고 다음과 같이 판시했다.

> 문제의 영토의 소유를 감소하는 선점국가에 의한 이 소유의 취득은 행위 또는 행위의 행사, 엄격히 말해 통상적인 경우에 연속으로 구성된다. 영토에 대한 배타적 권원에 있어서 … 따라서 한 지역이 완전히 거주하지 않는 사실에 의거, 선점국가가 그곳에 출현했을 순간부터 그리고 그 국가의 처분이 절대적이고 다툼이 없을 때에 그 순간부터 소유권 취득이 완성되고, 그에 따라 선점이 완결된 것으로 간주되어야 한다.
>
> This taking of possession consists in the act or series of acts, by which the occupying state reduces to its possession the territory in question and takes steps to exercise exclusive authority there. Strictly speaking, and in ordinary cases, that only takes place when the State established in the territory itself an organization capable of making its law respected. But there may be cases where it is unnecessary to have recourse to this method. Thus, if a territory, by virtue of the fact that it was completely uninhabited, is, from the first moment when the occupying state makes its appearance there, at the absolute and undisputed disposition of that state, from that moment the taking of possession must be considered as accomplished and the occupation is there by completed.[75]

## 다. *Eastern Greenland* Case (1933)

*Eastern Greenland* Case(1933)에서 상설국제사법재판소는 희소한 인구가 있는 또는 정확하지 아니한 지역에 대한 실효적 지배는 최소한의 것으로 재판소는 만족한다고 다음과 같이 기술하고 있다.

> 희소한 인구나 정착되지 아니한 타국이 우월적인 주장을 하지 아니하는 한 인구도 희박하고 정주자도 없는 지역에 관해서는 주권적 권리의 현실적 행사는 매우 적은 정도로 법원은 만족해 왔다.
>
> In many cases th tribunal has been satisfied with very little in the way of actual exercise of sovereign rights, provided that the other State could not make out a superior claim. This is particularly true in the case of claims to sovereignty over areas in thinly populated or unsettled countries.[76]

이상과 같은 판례와 동일한 취지의 판결이 다음 케이스의 판결에서도 선언되었다.

*Sovereignty of Pulau and pulau Sipadan* Case(2002)[77]
*Territorial and Maritime Dispute in the Caribbean Sea* Case (2007)[78]

---

75) UN, *RIAA,* Vol.2, 1949, pp.1105-1111.

76) PCIJ, *Series A/B,* No.53, p.46.

77) ICJ, *Reports,* 2002, p.625, para. 134.

78) ICJ, 2007, *Reports* para. 175.

## 3. 학설

### 가. John O'Brien

O'Brien은 무인지역에 대해 실효적 지배는 용이하다고 다음과 같이 기술하고 있다.

각종 군대가 있는 영토보다 불모의 영토에 대한 실효적 지배의 수립은 용이하다. 행사의 상대적 성격은 상설국제사법재판소의 *Eastern Greenland Case*에서 기탄없이 승인되었다.

It is easier to established effective control over barren inhabited territory than it is over territory where there are various armed faction. The relative nature of the exercise was candidly acknowledged by the permanent court of International Justice in the *Eastern Greenland* case.[79]

### 나. Peter Malanczuk

Peter Malanczuk는 실효적 지배는 상대적인 것이라고 다음과 같이 기술하고 있다.

실효적 지배는 상대적 개념이다. 이는 관련 영토의 성격에 따라 다른 것이다. 예컨대 사나운 부족, 부대의 주둔이 예상되는 영토보다 불모의 무인 영토에 대한 실효적 지배의 수립은 매우 용이하다. 전자가 아닌 후자의 경우 실효적 지배는 다른 의미에서 역시 상대적이다. 이는 *Eastern Greenland Case*에서 상설국제사법재판소에 의해 판시되었다.

Effective control is a relative concept, it varies according to the nature of territory concerned, It is, for instance much easier to uninhabited territory than over territory which is inhabited by fierce tribes; troops would probably have to be stationed in the territory in the latter case, but not in the former, Effective control is also relative in another scene, which was stressed by their permanent court of International Justice in the *Eastern Greenland* case.[80]

이상과 같은 학설과 동일한 취지의 학설이 다음 학자에 의해서 승인되었다.

C.H.M, Waldock,[81] L. McNair,[82] J. L. Brierly,[83] Von der Heydte,[84] W. E. Hall,[85] J. P. Grand and J. C. Barker,[86] Malcolm N. Shaw,[87] C. C. Hyde,[88] Kurt von Schuschnigg[89]

---

79) John O'Brien, *International Law*(London: Sydney, 2001), p209.

80) Peter Malanzuk(ed.), *Akehurst's Modern Introduction to International law* (London, Routledge, 1987), p, 149.

81) C.H.M, Waldock, 'Disputed Sovereignty in the Falkland Island Dependences, *BYIL*, Vol.25, 1948, pp.323-25.

82) L. McNair, *International Law Opinions*, Vol.1, (Cambridge, Cambridge University Press 1956), p.324.

83) J. L. Brierly, *The Law of Nations*, 6th ed., (London, Clarendon, 1963), p.164;

84) Von der Heydte, 'Discovery, Symbolic Annexation and Effectiveness in International Law', *AJIL*, Vol.29, 1935, p.463.

85) W. E. Hall *A Treatise on International Law*, 8th ed., (London, Clarendon, 1917), p.129.

86) J. P. Grand and J. C. Barker, *Encyclopedic Dictionary of International Law*, (Oxford:Oxford University Press, 2009), p.435.

87) Malcolm N. Shaw, *supra* n.1, pp.343-344.

88) C. C. Hyde, *International Law*, (London, Little Brown, 1945), p.336.

89) Kurt von Schuschnigg, *International Law*, (Milwaukee, Bruce, 1959), p.151.

독도는 원거리·무인도이므로 위에서 열거한 정도의 실효적 지배로 족한 것이다.

요컨대 '권원의 취득', '권원의 대체' 그리고 '권원의 유지'를 위해서도 현재의 실효적 지배 이상의 강화인 과잉적 실효적 지배는 불필요한 것으로 본다.

## 4. 실효적 지배강화의 요건 검토

동해해양과학기지 건립, 현장관리사무소 설치, 방파제 건설, 해양자원연구센터 건설 등 대규모 공사에 의한 실효적 지배의 강화는 모두 '국가기관의 행위일 것', '공적인 행위일 것' 그리고 '평화적 행위일 것'이라는 요건을 구비한 것은 검토의 여지가 없으나, '이해관계국의 항의가 없을 것'이라는 요건은 당연히 일본정부가 외교적 항의를 해올 것이 명백하므로 실효적 지배강화 조치는 지금까지의 국제관행에 의하면 이 요건을 충족한 것이 되지 못하게 된다. 그간 한국의 실효적 지배에 대해 일본정부는 수많은 외교적 항의를 해 왔으나 그중 중요한 사례만 보면 다음과 같다.

( i ) 평화선 선언에 대한 항의 (1952. 1. 28.)

(ii) 등대설치운영에 대한 항의 (1954. 9. 24.)

(iii) 독도대포설치에 대한 항의 (1954. 10. 21.)

(iv) 독도우표발행에 대한 항의 (1954. 11. 29.)

( v ) 독도경비대 상주에 대한 항의 (1957. 5. 8.)

(vi) 독도개발계획에 대한 항의 (1973. 4. 25.)

(vii) 독도접안시설공사에 대한 항의 (1996. 2. 9.)

요컨대, 독도에 각종 건축공사에 의한 실효적 지배강화에 대해 일본정부가 외교적 항의를 해올 것이 명백하고 그 외교적 항의로 이들 실효적 지배강화는 실효적 지배로서의 효력을 발생하지 못하게 되어 이들 실효적 지배강화는 무위(無爲)로 귀하고 만다. 따라서 일본정부의 외교적 항의에 의해 실효적 지배의 요건은 충족되지 못하는 것으로 되어 실효적 지배강화 조치는 국제법상 효력을 발생하지 못하게 된다.

## 5. 실효적 지배강화의 Critical Date의 검토

Critical Date가 건축공사 등 실효적 지배강화 조치 이전의 일자로 정해질 경우 실효적 지배강화 조치는 모두 무위(無爲)로 돌아가고 만다. Critical Date가 실효적 지배강화 조치행위 이후의 일자로 정해질 가능성은 극히 희박한 것으로 판단된다. 불행히 Critical Date가 실효적 지배강화 조치 이전의 일자, 예컨대, 평화선 선언에 대한 일본정부의 항의일인 1952년 1월 22일이라면 이 실효적 지배는 원용할 수 없다. 현재 추진 중에 있는 대규모 공사에 의한 실효적 지배강화 조치는 법적 지위의 개선을 위한 것이 아니고 또 점진적 발전을 위한 것이라고 보기에 어렵다고 본다. 따라서 추진 중에 있는 대규모 공사 등에 의한 실효적 지배강화 조치는 실효적 지배로서의 법적 효력이 없는 것으로 될 가능성이 높다고 본다.

## Ⅳ. 결언

현재 독도에서 추진 중에 있는 대규모 공사 등에 의한 실효적 지배강화 조치는 '권원의 취득', '권원의 대체' 그리고 '권원의 유지'를 위해 요구되지 아니한다. 이는 독도 영유권의 권원과 무관한 '독도의 이용·개발'을 독도 영유권의 '권원의 유지'의 이름으로 호도하여 추진하는 것이 아닌가 하는 의문을 갖게 한다.

설혹 실효적 지배강화 조치가 '권원의 유지'를 위해 요구된다 할지라도 이는 일본의 외교적 항의로 실효적 지배강화 조치는 무의로 귀하고 말게 되므로 결국 실효적 지배강화 조치는 요구되지 아니한다. 그러므로 정부 관계당국에 다음과 같은 정책건의를 하기로 한다.

( ⅰ) 독도의 실효적 지배강화가 '독도 영유권의 권원의 유지'를 위한 것인지, '독도의 이용·개발'을 위한 것인지 정책목표를 명확히 설정할 것. 특히 전자의 이름으로 후자를 시행하여 국민이 혼돈하지 않도록 할 것. 일반 국민은 독도 영유권의 권원의 유지를 위해 실효적 지배강화 조치가 당연히 요구되는 것으로 이해하고 있다. 독도의 이용·개발은 국내법의 과제이고, 이는 국제법의 한계 내에서 타당한 것이다.

( ⅱ) Critical Date를 이번의 독도의 실효적 지배강화 조치 이후의 일자로 정하는 국제법 논리, 그리고 Critical Date를 배제하는 논리를 개발할 것.

( ⅲ) Critical Date를 고려, 실효적 지배를 '법적 지위의 개선이 아닌'[90] '점진적 개선'[91]의 방법으로 추진할 수 있는 방안을 도출할 것.

( ⅳ) 독도 주변수역에서 일본의 실효적 지배, 따라서 독도에 대한 실효적 지배를 법적으로 인정한, '한일어업협정 (제9조, 부속서 I)'를 먼저 폐기하고, 독도에 대한 실효적 지배강화 조치를 추진할 것.

( ⅴ) 독도가 '문화재보호법'의 규정에 따라 '천연기념물 제336호(독도천연보호구역)'로 지정되어 있음을 고려하여 독도의 이용·개발을 최소한으로 할 것.

( ⅵ) 독도 유관 정부부처 간에 긴밀한 협조하에 실효적 지배 계획을 수립하고 추진할 것.

(ⅶ) 대규모 공사 등 실효적 지배강화 조치에 일본정부의 외교적 항의가 있는 것을 고려, 이에 대한 외교적 대책을 강구할 것.

South China Sea Case(2016)에서 '9만선' 내에서 중국의 대규모 간척사업과 인동도 등 대규모 건설행위는 행양법상 환경보존 의무와 오염방지 의무를 규정한 제192조와 제194조의 규정을 위반한 것이

---

90) See *supra* n.72.

91) See *supra* n.73.

라고 판정한 바 있음을 참작하여야 할 것이다.[92]

독도 영유권 문제는 건축 공사의 높이에 의해 해결되는 것이 아니라, 국제법상 법리 연구의 깊이에 의해 해결되는 것이다. 독도에 설치된 대형방파제는 일본정부의 한 장의 항의서에 의해 맥없이 무너지고, 100명의 주민 이주도 Critical Date에 의해 무위로 돌아가고 만다. 일본의 국제법리를 압도하는 한국의 국제법리만이 독도를 수호할 수 있음을 알아야 한다. 독도의 이용·개발의 타당성 여부는 이 글의 주제가 아니다. 독도 영유권은 결코 감성적·유형적 물리력에 의해 지켜지는 것이 아니라 이성적·무형적 논리력에 의해 유지되는 것이다.


## <참고문헌>

AKehurst M., A modern Introduction to International Law, London: Allon, 1984.

Beck, International Law and the Use of Force, London: Routledge, 1993.

Bernardez Santiago Terres, "Territory Acquisition", EPIL, Vol.10, 1987.

Brownlie Ian, Principles of Public International Law, 5th ed, Oxford: Oxford University Press, 1998.

Brownile Ian, International Law and the Use of Force by States, Oxford: Clarendon, 1963.

Brierly J. L., The Law of Nations, 6th ed., London, Clarendon, 1963.

Chareles de Visscher, Theory and Reality in Public International Law, P.E. Corbott trans. English Princeton: Princeton University Press, 1968.

Chavan R. S., An Approach to International Law, New Delhi: Sterling Publishers, 1983.

Fleischher Carl August, "Prescription," EPIL, Vol.10, 1987.

FleischhauerC. A., "prescription," EPIL, Vol.10, 1987.

Fitzmaurice Gerald, "The Law and Procedure of the International Court of Justice, 1951-4", BYIL, Vol.32, 1955-6.

Gould Wesley L., An Introduction to International Law, New York: Harper and Brothers Publisdhers. 1957.

Grout J. P. and J. C. Braker, Encyclopedic Dictionary of International Law, 3rd ed., Oxford: Oxford University Press, 2009.

Heydte Vonder, "Discovery, Symbolic Annexation and Effectiveness in International Law", AJIL, Vol.29, 1935.

Hall W.E. A Treatise on International Law, 8th ed., London, Clarendon, 1917.

Hall W.E., International Law, 6th ed., Oxford: Clarendon, 1909.

Hingoran R.C. ;, A Modern International Law (New Delhi: IBM, 1978, R 46)

Jennings Robert Y., The Acquisition of Territory in International Law, Dobbs Ferry: Oceana, 1963.

Johnson D.H.N., "Acquisitive Prescription in International Law", BYIL, Vol.27, 1950.

Jessup P.C., "The Palmas Island Arbitration", AJIL, Vol.22, 1928.

Kelsen Hans, The Law of the United Nations, New York: praeger, 1950.

Kelsen H., Principles of International Law, 2nded., New York: Holt, 1968.

Levi W. :, Eontermprary International Law, Boilder; Westview, 1979.

Munkman A. L. W., "Adjudication and Adjustment - International Judicial Decision and Settlement of Territorial and Boundary Disputes", BYIL, Vol.46, 1972-73.

McNair L., International Law Opinions, Vol.1, Cambidge, Cambridge University Press

MacGibbon I. C., "Some Observations on the Port of Protest in International Law," BYIL, Vol.30, 1953.

Malanzuk(ed) Peter, Akehurst's Modern Introduction to International law, London, Routledge, 1987.

O'Brien John, International Law(London: Sydney, 2001), p209.

Ott David H., Public International Law in the Modern World, London: Pitman, 1987.

---

92) PCA, Award, 2016, paras. 992, 993.

Wilson D. G., International Law, 9th ed., New York Silver, 1935.

Randelzhofer Albrecht, "Use of Force," EPIL, Vol.4, 1982, p.268; Anthony Clark and Robert

Schwarzenberger Georg and E. D. Brown, A Manual of International Law, 6th ed., Milton: Professional, 1976.

Schwarzenberger Georg. "Title to Territory: Response to Challenge", AJIL, Vol.51, 1957.

Skubiszewski Krzysztof, "Peace and War," EPIL, Vol.4, 1982.

Schuschnigg Kurt von, International Law, Milwaukee, Bruce, 1959.

Shaw Malcolm N., International Law, 4th ed., Cambridge: Cambridge University Press, 1997.

Thomas A. V. and A.J. Thomas, Non-Intervention, Dallas: Southern Methodis University Press, 1956.

Triggs, International Law, Australia: Butterworth, 2006.

United Nations, GA Resolution 2131(xx), December21, 1965, paral(6).

Waldock C.H.M., "Disputed Sovereignty in the Falk Islands Dependencies", BYIL, Vol.25, 1948.

Wade E.C., "The Minquiers and Echrehos Case", Grotius Society transactions for year 1954, Vol.40, 1954.

# 제11절 Ⅰ 다케시마 10포인트의 제6포인트 제7항

## Ⅰ. 서언

2008년 2월 일본 외무성은 '다케시마 문제를 이해하기 위한 10포인트(Pamphlet '10 Issue Takeshima', 이하 '다케시마 10포인트'라 한다)'를 공간하여, 1950년대 초반에 시작되어 1960년대 중반에 중지된 구술서를 통한 독도 영유권 문제에 관한 한일정부 간의 포괄적 논쟁의 재개를 제의해 왔다. 이른바 '다케시마 10포인트'는 온라인 및 오프라인의 수단에 의해 불특정다수인을 대상으로 국경을 초월하여 지구촌 모든 곳에 전파되고 있다. 일본 외무성의 의도는 주로 제3국과 그 국민을 대상으로 독도가 일본영토라는 국제여론을 주도하고 일본 국민에게 영토의식을 고취하려는 것으로 보이나, 한국에게 중요한 것은 '다케시마 10포인트'는 한국정부에 대해 독도 영유권 문제의 논쟁재개의 도전장의 의미를 갖는다는 것이다.

이에 대한 한국정부의 대응은 유감스러우나 소극적이다. 동북아역사재단의 '독도의 진실(The Truth of Dokdo, 2008)'이라는 이름의 비판과 한국해양개발원(KMI)의 '독도는 과연 일본영토였는가? 2008'이라는 이름의 비판이 공간되었으나, 이 양자는 모두 '다케시마 10포인트'를 현저하게 압도하는 수준의 것으로 보기 어렵고, '다케시마 10포인트'를 공간한 일본 외무성의 카운터 파트너인 우리 외교부는 이에 관해 어떠한 비판도 공간한 바 없다.

독도 영유권은 물리력에 의한 실효적 지배만으로 보전할 수 없고, 일본의 끈질긴 침략논리를 압도하는 역사적·국제법적 논리의 개발·정립이 선행되어야 한다고 본다.

'다케시마 10포인트'의 제6포인트는 1905년 시마네현 편입에 관한 주장이며, 제6포인트 제7항은 대한제국 칙령 제41호에 관해 기술하면서 동 칙령 전후에 조선이 독도를 실효적으로 지배했던 사실이 없다고 주장한다. 이 글은 이를 논박하기 위해 시도된 것이며, 이는 우리정부의 논박을 보완하기 위한 것이다.

## Ⅱ. 조선의 독도에 대한 실효적 지배

### 1. 대한제국 칙령 제41호 제정 공포 이전

'대한제국 칙령 제41호' 제2조의 규정상 독도가 울릉도의 속도라는 사실의 입증을 위해서는 시제법(時際法, intertemporal law)상 1900년 10월 25일 제정·공포된 '대한제국 칙령 제41호' 이전에 독도가 울릉도의 속도로 인정되어온 역사적 사실의 입증이 요구된다. '대한제국 칙령 제41호'가 제정·공포된 1900년 10월 25일 이전의 역사적 사실만이 동 칙령 제2조에 규정된 석도가 독도라는 해석의 기준이 되기 때문이다. 그러므로 독도가 울릉도의 속도라는 역사적 사실의 입증은 1900년 10월 25일 이전의 역사적 사실만이 입증이 요구된다. 이러한 역사적 사실을 보면 다음과 같다.

### 가. 세종의 우산무릉등처 안무사로 김인우 임명·파견 (1425년)

태종의 쇄환정책은 세종에 의해서 승계되었다. 세종은 태종이 임명했던 무릉등처 안무사(武陵等處按撫使)를 '우산·무릉등처 안무사(于山武陵等處按撫使)'로 개칭하고 임명하여 쇄환정책을 추진했다. 세종은 세종 7년(1425년) 8월에 김인우(金麟雨)를 '우산무릉등처 안무사'로 임명하여 군인 50명, 병기, 3개월분의 식량을 준비하여 울릉도에 도망하여 거주하고 있던 남녀 28명을 쇄환하여 오도록 명하였다.[1] 『세종실록』에는 '우산무릉등처 안무사' 김인우가 부역을 피해 본도(本島)에 피해간 남녀 20인을 수색하여 잡아 왔다고 다음과 같이 복명하였다는 기록이 있다.

우산무릉등처 안무사 김인우가 본토의 부역을 피해 간 남녀 20명을 수색하여 잡아와 복명하였다.
于山武陵等處按撫使金麟雨 搜捕本島避役男婦 二十人 來復命[2]

태종이 수토사로 임명한 '무릉등처 안무사'를 '우산무릉등처 안무사'로 개칭한 것은 안무사의 관할 구역이 무릉도(울릉도)에서 무릉도 및 우산도(독도)로 확대된 것을 의미하며, 또한 『세종실록』에 울릉도를 본도(本島)라고 기록하고 있는 것은 울릉도를 주 도로 보고 우산도를 그에 부속된 속도로 본 것이다. 따라서 세종대왕은 울릉도를 본도(주 도)로 보고 우산도를 주 도인 울릉도에 부속된 속도로 본 것이다. 이 이외에도 『세종실록』에는 울릉도를 본도로 기록한 곳이 여럿 있다.[3]

요컨대, 세종이 '무릉등처 안무사'를 '우산·무릉등처 안무사'로 개칭하여 임명·파견하고 울릉도를 '본도'라고 『세종실록』에 기록되어 있는 것은 울릉도를 주도로 보고 우산도(독도)를 속도로 본 것이며 이는 조선이 울릉도와 그 속도인 우산도를 실효적으로 지배한 것을 의미한다.

### 나. 세종실록지리지(1454년)

『세종실록지리지』는 세종의 명으로 맹사성(孟思誠), 권진(權軫), 윤회(尹淮) 등이 완성한 『신찬팔도지리지(新撰八道地理志)』를 수정, 보완하여 1454년(단종2년) 『세종실록』을 편찬할 때 부록으로 편입한 것이다. 모두 8책으로 전국 328개의 군현(郡縣)에 관한 인문지리적 내용을 담고 있다. 『세종실록지리지』에는 우산과 무릉 2도에 관해 다음과 같이 기록되어 있다.

---

1) 신용하, 『독도의 민족영토사연구』, (서울: 지식산업사, 1996), pp. 77-79; 임영정, 김호동, 김인우, 한국해양수산개발원, 『독도사전』, (서울: 한국해양수산개발원, 2011), p.51; 김명기, 『독도강의』, (서울: 독도조사연구학회, 2007), pp.59-60.

2) 『세종실록』, 세종 7년(1425년), 10월 을류조.

3) 『세종실록』, 세종 7년(1425년), 12월 계사조.

于山과 武陵의 2島가 縣[울진현]의 正東의 바다 가운데 있다. 2도가 서로 거리가 멀지 아니하며 날씨가 청명하면 가히 바라볼 수 있다. 신라시대에서는 우산국이라고 칭하였다. 一云하여 울릉도라고도 한다. 地의 方은 100리이다.[4]

위의 기록 중 '우산 무릉 2도가 … 신라시대는 우산국이라고 칭하였다.'는 우산·무릉 2도를 우산국이라는 '하나의 전체로서의 실체 또는 자연적 단위(one entity or natural unity as a whole)'[5] 또는 '하나의 지리적 단위(one geographical unity)'[6]로 본 것이며, '한편으로는 울릉도라고도 한다.'는 이 지리적 단위를 이루고 있는 2도서 중 울릉도를 주도로 본 것이며, 그러므로 우산도는 울릉도의 속도로 본 것이다.

따라서, 이는 또한 세종이 주도인 무릉(울릉도)과 그 속도인 우산(독도)을 실효적으로 지배했다는 근거로 된다.

### 다. 숙종의 삼척첨사(僉使) 장한상 울릉도 파견(1694년)

숙종은 숙종 20년(1694년) 삼척첨사 장한상(張漢相)을 울릉도에 파견하였으며 장한상 첨사는 숙종 20년 9월 19일 역관을 포함, 총 150명의 인원을 6척의 배에 승선하여 9월 20일에서 10월 3일까지 울릉도에 체류·검찰하고 10월 8일 귀환하여 조정에 지도와 함께 검찰 결과를 보고했다. 장한상 검찰은 울릉도를 검찰하는 과정에서 독도를 확인했다. 그 후 매3년마다 정기적으로 울릉도에 관원을 파견·시찰하고 결과를 조정에 보고하도록 했다.[7]

### 라. 순조의 만기요람(1808년)

『만기요람』은 국왕이 정무에 참고할 수 있도록 편찬된 재정과 군정에 관한 지침서이다. 이는 순조의 명에 따라 순조 8년(1808년) 서영보(徐榮輔)와 심상규(沈象奎) 등이 편찬한 것으로 동 요람은 '재정 편'과 '군정 편'으로 구성되어 있다. 동 요람 군정 편에는 다음과 같이 기술되어 있다.

여지지에 이르기를 울릉과 우산은 우산국의 땅이다. 우산국은 왜인이 말하는 송도이다.[8]

여기 '울릉도와 우산도는 우산국의 땅이다.'라는 것은 우산국이라는 '하나의 전체로서의 실체' 또는

---

4) 于山·武陵二島 在縣正東海中 二島相距不遠 風日淸明 則可望見 親羅時稱于山國一云鬱陵島 地方百里
  (『세종실록』, 권153, 지리지, 강원도 울진현조.); 이홍직, 『한국사대사전』, 상권, (서울: 교육도서, 1993), p.826.

5) G. Fitzmaurice, 'The Law and Procedure of the International Court of Justice, 1951-4', *BYIL*, Vol.32, 1955-6, p.75.

6) C. H. M. Waldock 'Disputed Sovereignty in the Folk Island Dependencies', *BYIL*, Vol.25, 1948, pp.344-45.

7) 김병렬, 『독도』 (서울: 다다미디어), 1997, pp.169-173; 유미림, '장한상의 울릉도 수토와 수토제의 추이에 관한 고찰', 『한국정치학회외교사논총』 제31집, 제11호, 2009; 손병기, 『고쳐 쓰는 울릉도와 독도』 (서울: 단대출판부, 2005), pp.53-54; 손승철, '울릉도 수토제', (서울: 한국해양수산개발원, 2011), 『독도사전』, pp.249-50; 국사편찬위원회, 『한국사』, 제52권, 제72권, 2013, p.125; 한국정신문화연구원, 「한국민족문화백과사전』(성남: 한국정신문화연구원, 1996), 제19권, p.310.

8) 與地志云鬱陵于山皆于山國地于山則倭稱謂松島也
  신용하, 전주1, 1996, p.28; 김명기, 전주1, 2007, p.55; 유미림, '만기요람', 『독도사전』, 2011, p.146; 교학사, 『한국사대사전』, 제3권, 2013, p.452; 국사편찬위원회, 전주7, 제32권, 2013, pp.222-228; 이홍직, 전주4, p.518.

자연적 단위(one entity or natural unity as a whole) 또는 '지리적 단위(geographical unit)'[9]를 뜻하는 것이며 이 실체 내에는 울릉도와 우산도만이 있으므로 지리적으로 양자 중 울릉도가 우산도보다 넓고 높으므로 울릉도가 주도이고 우산도가 울릉도의 속도인 것이다.

그러므로 순조의 명에 의해 편찬된 『만기요람』의 기록에 의해 울릉도는 주도이고 우산도는 울릉도의 속도인 것이다. 이는 순조가 주도인 울릉도와 그의 속도인 우산도(독도)를 실효적으로 지배한 근거이다.

### 마. 고종의 검찰사 이규원에 대한 지시 (1882년)

태종에 의해 수립되고 세종에 의해 추진된 쇄환정책과 수토정책은 고종에 이르러 폐기되게 된다. 고종이 울릉도에 대한 수토정책을 폐지하고, 울릉도를 재개척하기 위해 울릉도 검찰사 이규원(李奎遠)에게 다음과 같이 지시한 바 있다.

> 왕께서 가로되 혹은 칭하기를 우산도라 하고 혹은 칭하기를 송죽도라 하는 것은 모두 동국여지승람이 만든 바이다. 또한 송죽도라고 칭하는데 우산도와 더불어 3도가 되고, 모두 울릉도라고 통칭하기도 한다. 그 형편을 모두 검찰하라.[10]

이와 같이 고종이 우산도, 송도 그리고 울릉도를 모두 통칭하여 울릉도라고 한다고 했다. 즉 고종은 광의의 울릉도에 울릉도, 우산도 그리고 송도가 있고 이를 모두 합쳐서 울릉도라고 통칭(通稱)한다고 했다. 그 뜻은 우산도(독도)가 넓은 의미의 울릉도에 속한다는 것이므로, 환언하면 고종은 넓은 의미의 울릉도에는 주도인 울릉도와 그 속도인 우산도가 있다고 기술한 것으로 해석된다.

그러므로 고종은 울릉도 검찰사 이규원에게 울릉도와 울릉도의 속도인 우산도(독도)의 검찰을 지시한 것이다. 따라서 이는 우산도(독도)를 울릉도의 속도로 본 중요한 근거가 되고 또한 이는 고종이 주도인 울릉도와 그의 속도인 독도에 대한 실효적 지배를 한 근거가 된다.

### 바. 고종의 동남제도개척사로 김옥균 임명·파견 (1883년)

고종은 울릉도에 대한 쇄환정책을 폐지하고 울릉도를 재개척하였다. 적극적으로 울릉도를 개척하기 위해서 1883년 3월 16일 개화파의 영수 김옥균(金玉均)을 '동남제도개척사 겸 관포경사(東南諸島開拓使兼官捕鯨使)'에 임명하였다.[11]

여기서 주목할 것은 김옥균의 직함을 '울릉도개척사(鬱陵島開拓使)'라고 하지 않고 '동남제도개척사

---

9) Fitzmaurice, *supra* n. 5, p.75; Waldock, *supra* n. 6, p.344.

10) 上日 或稱芋山島 或稱松竹島 皆興地勝覽所製他 而又稱松竹島 與芋山島爲三島 通稱鬱陵島矣 其形使一體檢察
　　(『승정원일기』, 고종 19년(1882년) 4월 초7일 조; 양태진, 『독도연구문헌집』, (서울:경인문화, 1998, pp.198-199; 이태은, '울릉도검찰일기', 『독도사전』, p.246; 김명기, 전주1, pp.62~63쪽.; 한국정신문화연구원, 전주7, 제17권, p.722; 교학사, 전주8, 제7권, p.48.

11) 『승정원일기』, 고종 20년(1883년) 3월 16일 조; 손병기, 전주7, p.112; 신용하, 전주1, p.183; 임영정, '동남제도개척사, 『독도사전』, 2011, p.125; 국사편찬위원회, 『한국사』(서울: 국사편찬위원회, 2013), 제38권, p.100; 교학사, 전주8, p.242.

(東南諸島開拓使)'라고 한 사실이다. 직함에 '제도(諸島)'를 넣은 것은 국왕 고종이 울릉도뿐만 아니라 울릉도・죽도・우산도 3도 개척에 큰 관심을 가지고 있음을 나타낸 것으로 해석된다.

김옥균의 직함인 '동남제도개척사'의 '동남제도'에는 울릉도, 죽도, 독도가 포함되는 것으로 이 3개 도를 하나로 묶어 '동남제도'라 한 것은 이 3도를 포함하는 '동남제도'를 '하나의 전체로서의 실체 또는 자연적 단위(one entity or natural unity as a whole)' 또는 '지리적 단위(geographical unit)'로[12] 본 것이 며, 그중 지리적으로 가장 넓고 높은 울릉도가 주 도이므로 죽도와 독도는 울릉도의 속도인 것이다. 이렇게 보면 '동남제도개척사'는 주 도인 울릉도와 그의 속도인 독도에 대한 개척사인 것이다.

고종이 김옥균을 '동남제도개척사'로 임명한 것은 고종이 독도를 울릉도의 속도로 본 것이고 또한 이 는 조선이 울릉도와 그의 속도인 독도에 대한 실효적 지배를 한 증거로 된다.


## 2. 대한제국 칙령 제41조의 제정 공포 이후

영토의 실효적 지배는 계속됨을 요하므로[13] '대한제국 칙령 제41호'가 제정・반포된 이후의 독도에 대한 실효적 지배 사실의 입증도 동 칙령의 제정・반포된 당시의 실효적 지배에 연결되어 그 당시의 실효적 지배의 일부로 관념할 수 있으므로 동 칙령의 제정・반포 이후의 독도에 대한 실효적 지배의 역사적 사실을 보기로 한다.


### 가. 대한제국 칙령 제41호

대한제국 칙령 제41호는 동 칙령 이전으로 볼 수도 있고, 그 이후로 볼 수도 있다. 또 그 이전도 이 후도 아닌 것으로 볼 수가 있다. 그러나 이 연구에서는 대한제국 칙령 이후의 실효적 지배가 중요하기 때문에, 이를 대한제국 칙령 제41호 이후에 포함시킨다.


### (1) 심흥택 보고서

1905년 2월 22일 '시마네현 고시 제40호'에 의한 일본정부가 '선점'이라고 주장하는 독도 침탈행위 가 있은 후 1년이 경과한 1906년 3월 28일 시마네현 오끼도사 동문보(東文輔, 마즈마 분스케)와 사무 관 신전유태랑(神田由太郎, 긴다 요시타로) 일행이 울릉도 군수 심흥택(沈興澤)에게 '시마네현 고시 제 40호'에 의해 독도가 일본영토로 편입되었다는 사실을 구두로 통보해 왔다. 이에 대해 울릉군수 심흥 택은 다음날인 1906년 3월 29일 이 사실을 강원도 관찰사 서리 이명래(李明來)에게 보고했다. 이에 이 명래는 즉시 이 사실을 내부대신 이지용(李址鎔)에게 보고했다.[14] 심흥택 보고서의 내용은 다음과 같다.

---

12) Fitzmaurice, *supra* n. 5, p.75; Waldock, *supra* n. 6, p.344.

13) G. Schwarzenberger, 'Title to Territory: Response to Challenge', *AJIL*, Vol.51, 1957, pp.315-316; David H. Ott, *Public International Law in the Modern World*, (London: Pitman, 1987), p.108; Peter Malanczuk(ed.), *Archehurst's Modern Introduction to International Law*, 7th ed., (London: Rootledge, 1987), p.156; Malcom N. Shaw, *International Law*, 4th ed., (Cambridge: Cambridge University Press, 1997), p.156; Waldock, *supra* n. 6, p.337.

14) 김명기, 전주1, pp.88-89; 신용하, 전주1, pp.225-227; 임영정・허영란, '심흥택 보고서', 『독도사전』, 2011, pp.204-205.

本郡所屬 獨島가 在於本部外洋百餘里外이삽더니 本月初四日辰時量에 輪船一雙이 來泊于郡內道洞浦
而 日本官人一行이 到于官舍ㅎ야 自云獨島가 今爲日本領地故로 視察次來到이다 이온바 其一行則
日本島根縣隱岐島司東文輔及 事務官神西由太郞 稅務監督局長吉田平吾 分署長警部 影山巖八郞 巡査
一人 會議員一人 醫師技手各一人 其外隨員十餘人이 先問戶摠人口土地生産多少ㅎ고 且問人員及經費
幾許 諸般事務를 以調査樣으로 錄去이옵기 茲에 報告ㅎ오니 照亮ㅎ시믈 伏望等因으로 准此報告ㅎ
오니 照亮ㅎ시믈 伏望.

光武十年 四月二十九日

江原道觀察使署理春川郡守 李明來
議政府參政大臣 閣下[15]

위 보고서에 '本郡所屬(본군소속) 獨島(독도)'라고 기술되어 있는 바 '本郡'은 울릉군 즉 울릉도이므
로 '본군소속'은 울릉도 소속을 뜻한다. 그러므로 이는 울릉군수라는 대한제국의 국가기관이 독도는 울
릉도의 속도임을 표현한 것이다. 이는 독도는 울릉도의 속도이고 또한 울릉군수의 실효적 지배하에 있
음을 명시한 것이다.

요컨대, '심흥택 보고서'는 독도를 울릉도의 속도로 인정한 것이며, 또한 이는 대한제국에 의한 울릉
도와 독도에 대한 실효적 지배의 증거로 된다.

### (2) 이명래 보고서

강원도 관찰사 이명래의 보고서 내용은 울릉군수 심흥택의 보고서를 그대로 인용하고 있는데 다음
과 같다.

鬱島郡守 沈興澤 報告書 內開에 本郡所屬 獨島가 在於外洋 百餘里外이삽더니 本月初四日 辰時量에
輪船一雙이 來泊 于郡內道洞浦 而日本官人一行이 到于官舍ㅎ야 自云 獨島가 今爲日本領地故로 視
察次來到이다 이온바 其一行 則日本島根縣 隱岐島司 東文輔 及 事務官 神西田太郞 稅務監督局長 吉
田平吾 分署長 警部 影山巖八郞 巡査一人會議一人 醫師 技手各一人 其外 隨員 十餘人이 先問 戶摠
人口 土地生産 多少하고 且問 人員 及 經費 幾許 諸般 事務를 以調査樣으로 錄去아옵기 茲에 報告ㅎ
오니 熙亮ㅎ시믈 伏望.
광무십년 사월이십구일
강원도관찰서리 이명래
참정대신 각하[16]

위 이명래 보고서는 전기한 '심흥택 보고서'를 그대로 인용하고 있다. 물론 '本郡所屬 獨島(본군소속
독도)'라는 기술도 심흥택 보고서와 동일하다. 따라서 이것도 강원도 관찰사라는 대한제국의 국가기관
이 독도는 울릉도의 속도로 인정한 것이고 또한 이는 독도는 울릉도와 같이 대한제국의 실효적 지배하
에 있음을 명시한 것이다.

---

15) 심흥택 보고서, 『각 관할 도안』, 제1책, 보고서 호외.

16) 이명래 보고서, 『각 관할 도안』, 제1책, 광무 10년 4월 29일 조, 보고서 호외; 동북아역사재단, 『우리 땅 독도를 만나다』, (서울: 동북아
역사재단, 2012), p.83.

## III. 일본정부의 다케시마 10포인트 제6포인트 제7항의 규정

어찌되었든 설령 이 의문이 해결된다고 하더라도, 동 칙령의 공포 전후에 조선이 다케시마를 실효적으로 지배하였다는 사실은 없으며, 한국의 다케시마 영유권은 확립되지 않은 것으로 여겨집니다.

## IV. 선결적 과제

### 1. 실효적 지배 일반

제6포인트 제7항을 비판하기에 앞서 이 비판의 전제가 되는 '실효적 지배 일반'에 관해 고찰하기로 한다. 국가기관이 아닌 사적 단체인 대한국제법학회의 독도에 대한 연구조사 활동이 국제법상 대한민국의 독도에 대한 실효적 지배를 인정하느냐를 명백히 하기 위해 영토에 대한 실효적 지배에 관해 고찰하기로 한다.

#### 가. 실효적 지배의 의의

영토에 대한 실효적 지배(effective control)란 주권국가가 특정 영토에 대해 배타적인 관할권을 행사하는 것을 말한다. 영토에 대한 배타적 관할권을 '영토주권'이라 한다. 따라서 영토에 대한 실효적 지배란 '영토주권의 행사'라 할 수 있다. 영토주권의 행사를 영토에 대한 통치권의 행사라고도 하므로 영토에 대한 실효적 지배를 '영토에 대한 통치권의 행사'라고 할 수 있다. 영토주권의 행사는 영토에 대한 주권의 시행으로 이는 영토의 실효적 지배를 '영토주권의 현시(display of territorial sovereignty)' 또는 '국가권한의 현시(display of state authority)'라고도 한다.[17]

#### 나. 실효적 지배의 방법

(ⅰ) 실효적 지배를 하는 '국가기관을 기준'으로 다음과 같은 방법이 있으며, 모두 실효적 지배로 인정된다.
① 입법권의 행사방법으로는 법률의 제정, 조약체결, 동의 등이 있으며,
② 행정권의 행사방법으로는 건축허가, 매립면허, 출입국 심사, 외교적 항의, 과세·징수, 조약의 체결 등이 있으며,
③ 사법권의 행사방법으로는 형사재판권의 행사, 민사재판권의 행사 등이 있다.

(ⅱ) 실효적 지배를 하는 '성질의 기준'으로 다음과 같은 방법이 있으며, 모두 실효적 지배로 인정된다.

---

17) Ian Brownlie, *Principles of Public International Law*, 5th ed., (Oxford: Oxford University Press, 1998), pp.138-139; J. P. Grant and J. C. Barker, *Encyclopedic Dictionary of International Law*, 3rd ed., (Oxford: Oxford University Press, 2009), p.177; Shaw, *supra* n. 13, p.156.

① 사실행위적 실효적 지배방법으로는 도로의 개설, 주택의 건축, 범인의 체포, 병력의 주둔, 국가원수의 방문 등이 있으며,

② 법률행위적 실효적 지배방법으로는 법률의 제정, 건축의 허가, 납세의 고지, 형사재판, 조약의 체결·폐지, 외교적 항의 등이 있다.

### 다. 실효적 지배의 요건

#### (1) 국가기관에 의한 지배

첫째로, 실효적 지배는 '국가기관'에 의하여 행해져야 한다.[18]

권원의 기초를 형성하는 지배는 그 국가 당국(the authority of the state)에 의한 것임을 요하고,[19] 국가 주권의 주장과 관계없는 순수한 개인적인 노력의 표현이 아닌 것(not a manifestation of purely individual effort unrelated to the states sovereign claims)이어야 한다.[20] 즉, 실효적 점유의 주체는 주권자로서 국가이어야 하며 그것은 그 국가기관에 의해 행해져야 하고, 그 국가의 국민이라 할지라도 사인(私人)이 행하는 실효적 점유는 그 국가의 점유로 인정되지 않는다.[21] 그러나 사인의 행위가 국가기관에 의해 사후적으로 추인되거나 국가기관의 협조 또는 허가하에 이루어진 경우는 국가기관의 행위로 인정될 수 있다.[22]

국가만이 '주권자로서 행동할 의사와 의지(the intention and the will to act as sovereign)'를 가질 수 있기 때문이다.[23] 여기의 국가는 국제적 인격자(international persons)로서의 국가이며, 사인이나 지방당국은 이에 해당되지 않는다.[24] 즉 국가당국은 공적인(public) 것이어야 한다.[25] 실효적 지배는 주권의 사실상 행사(a *de facto* exercise of sovereignty)를 의미하는 것이기[26] 때문이다. *Island of Palmas Case*(1928)에서 Max Huber 판사는 실효적 지배는 '국가당국(state authority)'에 의한 주권행사가 요구된다고 판시한 바 있다.[27]

#### (2) 영토에 대한 지배

실효적 지배는 '실효적'인 것임을 요한다.[28]

국가기관의 권한 행사는 입법권·행정권·사법권의 행사로 구분되나 실효적 지배의 성립요건의 하나인 실효적인 점유는 그 지역에 있는 주민에 대한 입법기관만의 권한의 행사로 이루어질 수 없다. 즉

---

18) Brownlie, *supra* n. 17, p.159; D. H. N. Johnson, 'Acquisitive Prescription in International Law', *BYIL*, Vol.27, 1950, p.344.

19) Shaw, *supra* n.13, p.291.

20) *Ibid.*

21) Johnson, *supra* n. 18, p.344.

22) Shaw, *supra* n. 13, pp.344-345.

23) Johnson, *supra* n. 18, pp.344-345.

24) *Ibid.*, p.345.

25) M. M. M. Wallace, *International Law,* (London: Sweet and Maxwell, 1986), p.5.

26) *Ibid.*

27) Johnson, *supra* n. 18, p.345.

28) Brownlie, *supra* n. 17, p.160.

특정지역에 주재하는 자국민에게 적용될 국내입법만으로는 그 지역에 대한 점유가 실효적인 것이라고 인정될 수 없다. 왜냐하면 어떤 국가도 이 세계의 어느 곳에 있는 자국민에 대해서도 입법조치로 이를 규제할 수 있기 때문이다. 즉 어떤 국가도 공해상에 있거나 외국에 있는 자국민에게 적용될 법을 제정할 수 있기 때문이다.[29] 따라서 특정 영토에 거주하는 주민에 대해서가 아니라 그 영토에 대한 권원을 인정함에 충분한 영토 자체에 대한 주권의 행사가 있어야 한다.[30]

실효적 지배는 주로 행정권위의 행사로 이루어지며,[31] 그 영토에 대한 모든 주장을 해결해야 하는 것을 필요로 하지 않는다.[32] 그리고 어느 정도가 실효적인 것이냐는 사건의 모든 관련 사정(all the relevant circumstances of the case)에 의존하게 된다.[33] 그러한 관련 사정으로 문제된 영토의 특성, 만일 시효에 대한 반대가 있으면 그 주장 국가가 제기하는 반대 행위의 양, 그리고 이에 대한 국제적인 반응 등이 포함된다.[34]

### (3) 평화적·공연적 지배

실효적 지배는 '평온·공적·계속적'인 것이어야 한다. 학자에 따라 평온, 즉 평화(peaceful)만을 요구하기도 하고,[35] 평온과 계속(continuous, continued, continuously)을 요구하기도 하고,[36] 평온·계속·공적 (public)을[37] 요구하기도 한다.

*Island of Palmas* Case(1928)에서 Max Huber 판사는 실효적 지배란 국가 당국의 계속적이며 평화적인 행사(continuous and peaceful display of state authority)에 의한 주권의 행사라고 하면서 이러한 계속적이고 평화적인 영토주권의 표시가 실효적 지배의 요건의 하나라고 했다.[38]

*Eastern Greenland* Case(32)에서 상설국제재판소는 덴마크가 특별한 선점행위보다는 계속적이고 평화적인 국가권한을 행사했다는 사실에 근거하여 덴마크의 권원을 인정한 바 있다.[39]

### (4) 관계국의 묵인

실효적 지배는 '관계 국가의 묵인'이 있어야 한다.[40]

그 근거는 실효적 지배의 이상은 주로 국제법 질서의 안정을 창조하는 데(in creating a stability of

---

29) Johnson, *supra* n. 18, p.345.

30) *Ibid.*

31) R.C. Hingoran, *A Modern International Law,* (New Delhi: IBM, 1978), p.46.

32) Shaw, *supra* n. 13, p.295.

33) *Ibid.*

34) *Ibid.*

35) G. Schwarzenberger and E. D. Brown, *A Manual of International Law,* 6th ed. (Milton: Professional, 1976), p.98; 그러나 Louter는 '평화'는 요건이 아니라고 한다(Johnson, *supra* n. 18, p.345).

36) R. S. Chavan, *An Approach to International Law,* (New Delhi: Sterling Publishers, 1983), p.108; Shaw, *supra* n. 13, p.295.

37) Wallace, *supra* n. 25, p.85; Wesley L. Gould, *An Introduction to International Law,* (New York; Harper and Brothers Publishers, 1957), p.356; G. D. Triggs, *International Law,* (New York: Butlerworths, 2006), p.230.

38) Johnson, *supra* n. 18, p.345.

39) I. C. MacGibbon, 'Some Observations on the Part of Protest in international Law', *BYIL,* Vol.30, 1953, p.306.

40) Shaw, *supra* n. 13, p.292; Sberri Burr, *International Law,* 2nd ed., (St. Paul: West, 2006), p.22.

174  한국정부의 독도정책과 국제법

international order),[41] 즉 국제사회에 있어서 안정적 사회질서(a stable social order)[42]를 창조하는 데 있기 때문이다. 따라서 상당기간 동안 점유국가에 대한 관할권의 행사를 위협하는 거부가 없어야 한다 (no objection threatening the exercise of jurisdiction by the state in possession).[43] 즉 취득 국가에 의한 실효적 지배는 국가의 묵인이 따라야 할 것이 요구된다.[44] 이와 같이 실효적 지배에 의한 시효는 본원적인 점유자(original possessor)의 묵시 또는 묵인(toleration of acquiescence)이 유효한 권원을 허락하는 효과를 주는 것으로 인정되어야 한다.[45]

## 2. 실효적 지배의 필요성

### 가. 실효적 지배의 필요성

실효적 지배는 다음과 같은 필요성에 의해 요구되게 된다.

### (1) 권원 대체의 필요성

권원의 대체(replacement of title)란 역사적 권원(historic title)을 현대국제법에 의해 타당한 다른 권원 (another title valid by modern international law)으로 대체(replacement) 하는 것을 말한다.[46] 즉, 고전적 권원(ancient title), 원시적 권원(original title), 봉건적 권원(feudal title) 등 역사적 권원(historic title)을 오늘의 국제법상 권원으로 대체하는 것을 말한다.[47] 여기 오늘은 정확히는 대체 당시의 근대 또는 현대를 의미한다.

근대국제법 사회는 1648년 10월의 웨스트파리아 회의(Congress of Westphalia)를 그 시발점으로 하여 형성되었다. 이 회의는 중세 이래 존속하여온 유럽의 전통적인 봉건적 사회조직의 종말을 선언하고 근대국가로 형성되는 근대국제법 사회의 출발점을 제시했다. 이에 따라 근대국제법의 체계가 형성되어 근대국제법 체계의 형성 이전에 성립된 봉건적 권원은 오늘의 국제법상 권원으로 인정될 수 있느냐의 문제가 제기되는 것이다. 이 문제를 해결하기 위해 고전적 권원, 원시적 권원, 봉건적 권원 등 역사적 권원은 현대국제법상 권원으로 대체되어야 하며, 이 대체를 위해 그 권원의 객체인 영토에 대한 실효적 지배가 요구되게 된다.

---

41) W. E. Hall, *International Law,* 6th ed., (Oxford: Clarendon, 1909), p.119.

42) W. Levi, *Contemporary International Law,* (Boulder: Westview, 1979), p.147.

43) D. G. Wilson, *International Law,* 9th ed., (New York: Silver, 1935), p.115.

44) M, Akehurst, *A Modern Introduction to International Law,* (London: Allen, 1984), p.145.

45) Gould, *supra* n. 37, p.356.

46) Ott, *supra* n. 13, p.109.

47) Santiago Terres Bernardez, 'Territory Acquisition', *EPIL,* Vol.10, 1987, p.499; Ott, *supra* n. 13, p.109; Schwarzenberger and Brown, *supra* n. 35, p.96; Brownlie, *supra* n. 17, p.129; P.C. Jessup, 'The Palmas Island Arbitration', *AJIL,* Vol.22, 1928, pp.739-740; E.C. Wade, The Minquiers and Ecrehos Case, Grotius Society transactions for year 1954, Vol.40, 1954, pp.98-99.; Robert Y. Jennings, *The Acquisition of Territory in International Law,* (Dobbs Ferry: Oceana, 1963), pp.28-31; Shaw, *supra* n. 13, p.347; Johnson, *supra* n. 18, p.332.

### (2) 권원의 취득의 필요성

영토에 대한 실효적 지배는 선점(occupation)과 시효취득(prescription)의 요건이고, 역사적 응고취득(historic consolidation)의 요건이다. 역사적 응고(historic consolidation)란 영토(해양의 일부를 포함)에 대한 '증명된 오랜 사용(proven long use)'에 의해 상대적 권원(relative title)이 절대적 권원(absolute title)으로 응고되는 효과를 가져오는 영토취득의 한 방법을 말한다. 즉, 장기간 반복된 주권의 행사로 영토에 대한 권원을 취득하는 방법을 말한다.[48] 최근의 국제판결은 시효취득 또는 역사적 응고취득이라는 용어를 사용하지 아니하고 단순히 실효적 지배를 해온 국가에게 영유권이 귀속된다고 판시하는 것이 일반적이다. 권원의 취득을 위해 실효적 지배가 요구된다.[49]

요컨대, 특정 영토에 대해 선점, 시효취득 또는 역사적 응고취득을 위해 실효적 지배가 요구된다.

### (3) 권원의 유지의 필요성

국제법상 영토권원의 유지(maintenance of title to territory)란 특정 영토에 대해 취득한 영토권원의 현상을 그대로 계속 보전(retention)하는 것을 말한다. 영토권원은 취득 못지않게 유지도 중요한 의미를 갖는다. 이를 유지하지 않으면 타국이 이에 대한 실효적 지배에 의해 그 특정 영토를 시효취득 또는 역사적 응고취득을 하게 되어 취득권원을 상실하게 되기 때문이다.[50] 그러므로 영토권원의 취득요건인 영토에 대한 실효적 지배(effective control)는 영토권원의 유지에도 요구된다.[51]

영토권원의 취득에 적용되는 법은 그 취득 당시에 효력이 있는 법이고, 영토권원의 유지에 적용되는 법은 그 유지 과정에서 발전된 법으로 보는 것이 일반적으로 승인되어 있다. 그리고 영토권원의 유지의 정도, 즉 실효적 지배의 정도와 그 기준은 그 영토권원의 유지 당시에 적용되는 법에 요구되는 사정에 따른 방법(manner corresponding to circumstances)으로 보는 것이 일반적으로 승인되어 있다.

## 3. 주도의 법적 지위와 속도의 법적지위 동일의 원칙

'대한제국 칙령 제41호'에 의해 대한제국이 울릉도를 지배한 것은 울릉도의 속도인 독도를 지배하는 것으로 된다는 것을 주장하기 위해서는 먼저 '주도의 법적 지위와 속도의 법적 지위 동일의 원칙'이 국제법상 원칙임을 제시하여야 한다. 아직 동 원칙을 규정한 국제협약은 없으므로, 동 원칙을 승인한 학설과 판례를 보기로 한다.[52]

---

48) Shaw, *supra* n. 13, p.346.

49) Chareles de Visscher, *Theory and Reality in Public International Law,* P.E. Corbott trans. English, (Princeton: Princeton University Press, 1968), p.201; Shaw, *supra* n. 13, p.346; Schwarzenberger. *supra* n. 13, p.292.

50) Fitzmaurice, *supra* n. 5, p.66.

51) Schwarzenberger. *supra* n. 13, pp.315-316; Ott, *supra* n. 13, p.108; Shaw, *supra* n. 13, p.156; Fitzmaurice, *supra* n. 5, p.66; Bernardez, *supra* n. 47, p.499; Wade, *supra* n. 47, pp.98-99; Waldock, *supra* n. 6, pp.337; A. L. W. Munkman, 'Adjudication and Adjustment - International Judicial Decision and Settlement of Territorial and Boundary Disputes, '*BYIL*, Vol.46, 1972-73, pp.50-103.

52) 학설과 판례는 '국제연합헌장'의 일부를 구성하는 '국제사법재판소 규정'에 의거(국제연합헌장 제92조) 법칙결정의 보조적 수단으로 인정되어 있기 때문이다.

## 가. 학설

### (1) Gerald Fitzmaurice

Fitzmaurice는 '하나의 전체로서의 실체 또는 자연적 단위(an entity or natural unity as a whole)'의 개념을 설정하고, 이에 대한 주권은 이를 구성하는 모든 부분에 확대된다고 하여, 결국 주 도의 주권이 속도에 확대됨을 다음과 같이 인정하고 있다.

> 하나의 전체로서의 실체 또는 자연적 단위에 관해 일찍이 존재를 보여 준 주권은 반대의 증거가 없는 경우 그 전체로서의 실체 또는 단위의 모든 부분에 확대되는 것으로 여겨질 수 있다는 원칙의 명백한 실례는 가끔 있을 수 있다.
>
> There could be scarcely be a clearer illustration of the principle that sovereignty, once shown to exist in the respect of an entity or natural unity as a whole may be deemed, in the absence of any evidence to the contrary, to extend to all parts of that entity or unity.[53]

Fitzmaurice는 주도와 속도라는 용어를 사용하지는 아니했지만 '하나의 전체로서의 실체 또는 자연적 단위'의 '모든 부분'에 주권이 확대된다고 하여 주도와 속도의 모든 부분에 주권이 확대됨을 인정하고 있다.

### (2) C. H. M. Waldock

Waldook은 *Palmas Island* Case(1928)에서 Huber 중재관의 지리적 단위(geographical unit)의 주요 부분의 주권은 잔여 부분을 포함한다는 취지의 판정을 수용하면서 영토를 통한 주권의 표명이 요구된다고 다음과 같이 기술하고 있다.

> 하나의 지리적 단위를 형성하는 영토의 부분의 첫 병합에 관해 그 병합은 추정에 의해 그 전체 단위에 확대된다는 견해에 관한 Huber 중재관을 포함한 확실한 권위가 있다. … 권원이 주권의 계속적이고 오랜 현시에 의해 주장될 경우 주장된 영토를 통한 주권의 표명이 있어야 한다.
>
> There as certainly some authority, including that of Judge Huber for the view that, on first annexation of part of territories which form a geographical unit, the annexation extends by presumption to whole unit. … when title is claimed by a continuous and prolonged display of sovereignty, there must be some manifestation of sovereignty throughout the territory claimed.[54]

Waldock은 주 도와 속도라는 용어를 사용하지 아니했지만 '지리적 단위'를 형성하는 영토의 부분(주도)과 전체단위(속도 포함)의 개념을 인정하고 전자가 후자에 확대된다고 인정하고 있다. 다만 차후에 주권의 현시에 의한 주장에 대해서는 주권의 표명이 요구된다고 보고 있다.

---

53) Fitzmaurice, *supra* n. 5, p.75.

54) Waldock, *supra* n. 6, pp.344-345.

### (3) H. Lanterpacht

Lauterpacht는 *Palmas Island* Case(1928)의 판정을 인용하여 도서의 그룹이 '법적으로 한 단위(in law a unit)'를 구성할 경우, 주요 부분의 운명은 잔여 부분을 포함한다고 다음과 같이 기술하고 있다.

> 중재관은 도의 한 그룹이 법적으로 한 단위를 구성할 수 있고 주요 부분의 운명은 잔여 부분을 포함한다는 것을 용인한 것이다.
> The arbitrator admitted that a group of islands may form in law a unit, and that the fate of the principal part may involve the rest.[55]

이와 같이 Lauterpacht는 도의 그룹이 법적으로 한 단위를 구성할 수 있고, 그중 주요 부문의 운명은 잔여 부분을 포함한다고 하여 주도(주요 부분)의 운명은 속도(잔여 부분)의 운명을 포함한다는 것을 인정하고 있다.

### (4) Santiago Torres Bernardez

Bernardez는 '조직적 또는 개별화된 전체(organic or individualized whole)'로서의 지역의 개념을 설정하고, 그의 중요성이 있다고 다음과 같이 기술하고 있다.

> 연속성은 문제의 지역이 하나의 '조직적' 또는 '개별화된' 전체를 형성할 경우 일반적으로 더욱 중요성을 수행한다(*Guyana Boundary* Case; UN, *RLAA*, Vol.11, 1961. pp.21-22).
> Contiguity will generally carry more weight when the area in question constitutes an 'organic' or 'individualized' whole.[56]

Bernardez는 하나의 조직적 또는 개별화된 지역은 중요성은 갖는다고 기술하고 *Guyana Boundary* Case를 그의 근거로 제시하고 있다. *Guyana Boundary* Case에서 중재관은 유기적 전체(organic whole)를 구성하는 지역의 주권은 그 지역의 부분에 미친다고 판시했다. 그는 '하나의 조직적 또는 개별화된 지역'의 주권은 그 지역의 부분에 미친다고 하여 주 도와 속도라는 용어를 사용하지는 아니했지만 결국 '조직적' 또는 '개별화' 지역의 주권은 그 지역 내의 주 도와 속도에 미친다고 기술한 것이다.

### 나. 판례

### (1) *British Guiana Boundary* Case(1904)

*British Guiana Boundary* Case(1904)에서 중재관은 '유기적 전체(organic whole)'라는 개념을 설정하고 유기적 전체의 부분의 점유는 전체에 대해 주권이 미친다고 다음과 같이 판시한 바 있다.

---

55) H. Lauterpacht, 'Sovereignty over Submarine Area,' *BYIL*, Vol.27, 1950, p.428

56) Bernardez, *supra* n. 47, pp.501-502

지역의 부분의 실효적 점유는 … 단순한 유기적 전체를 구성하는 지역의 주권에 대한 권리의 수여를 유지해올 수 있었다.

The effective possession of part of region … may be held to confer a right to the sovereignty of the whole region which constitute a simple organic whole.[57]

위의 판시내용에 주도와 속도라는 용어를 사용하지 아니했지만 주도와 속도가 유기적 전체의 개념에 포섭될 수 있음을 승인한 것이다.

### (2) *Palmas Island* Case(1928)

*Palmas Island* Case(1928)에서 중재관 Huber는 도의 한 그룹이 '법상 한 단위(an unit)'를 구성할 수 있음을 인정하고 주도의 운명은 잔여 도를 포함한다고 다음과 같이 판시한 바 있다.

도의 한 그룹이 특수한 사정하에서 법상 한 단위로 간주될 수 있고, 주도의 운명이 잔여 도를 포함할 수 있는 것이 가능하다.

It is passible that a group of islands may under certain circumstances be regarded a in law an unit, and that the fate of the pricipal may involve the rest.[58]

상기 판정은 '주도(the principal)'와 '잔여 도(the rest)'의 용어를 사용하고 주도와 잔여 도, 즉 주도와 속도가 한 단위(an unit)를 구성할 경우 주 도의 운명에 속도는 따른다는 것을 명시했다.

### (3) *Minquiers and Ecrehos* Case(1953)

*Minquiers and Ecrehos* Case(1953)에서 Levi Carneiro 재판관은 그의 개인적 의견에서 도의 '자연적 단위(natural unity)'라는 개념을 설정하고 분쟁의 대상인 Minquiers와 Ecrehos는 '자연적 단위'의 부분으로 Jersey의 속도라고 다음과 같이 그의 의견을 표시한 바 있다.

Minquiers와 Ecrehos는 본토보다 Jersey에 가깝다. 그들은 본토보다 Jersey에 소속된 것으로 간주되어야 한다. 이들 도서는 Jersey의 자연적 단위의 부분이었고 그렇게 연속되고 있다. 이러한 이유로 그들은 그들 자신 군도하에 영국에 보유되어 있다.

The Minquiers and Ecrehos are closer to Jersey than the mainland. They must be regarded as attached to Jersey rather than to the mainland. These islets were, and continue to be part of the 'natural unity'. It is for this reason that they remained English under the archipelago itself.[59]

Carneiro 판사는 도의 '자연적 단위'의 개념을 설정하고 Jorsey를 주도로 보고 Minquiers와 Ecrehos를 속도로 보아, 주도인 영국의 영토 Jersey에 속도인 Minquiers와 Ecrehos는 귀속된다고 보았다.

---

57) British MOFA, *British and Foreign State Paper*, Vol.99, 1904, p.930; Fitzmaurice, *supra* n. 5, p.75.

58) UN, *RIAA*. Vol.2, 1949, p.855; Fitzmaurice, *supra* n. 5, p.74.

59) ICJ, *Reports*, 1953, p.102.

(4) *Land, Island and Moritime Frontier Dispute* Case(*1992*)

*Land, Island and Maritime Frontier Dispute* Case(1992)에서 국제사법재판소는 한 도의 법적 지위와 다른 도의 법적 지위가 일치될 수 있음을 인정하는 경우가 있음을 다음과 같이 판시했다.

> 재판부는 Meanguerra에 관해 이전에 있어서 증거의 부존재로 그 도의 법적 지위가 다름 아닌 Meanguerra의 법적 지위와 일치되어올 수 있었다는 것이 가능하다고 생각하지 아니한다.
> As regards Meanguerra the Chamber does not consider it possible, in the absence of evidence on the point, that legal position of that island could have been other than intial with that of Meanguerra,[60]

상기 판시내용에 한 도의 법적 지위와 다른 도의 법적 지위가 일치되는 경우가 있음을 인정했다. 이는 '단일 그룹(single group)' 또는 '단일의 물리적 단위(single physical unit)'의 존재를 긍정한 것으로 이러한 경우 주도와 속도의 법적 지위가 일치함을 인정한 것이다.

(5) Case *Concerning Sovereignty over Pedra Branca*(2008)

Case *concerning Sovereignty over Pedra Branca*(2008)에서 싱가포르는 Pedra Branca, Middle Rocks와 South Ledge는 지리적으로 단일 그룹(single group)을 형성하고, '하나의 단일한 물리적 단위(a single physical unit)'를 형성한다고 주장하고, *Land, Island and Maritime Frontier* Case(1992)에서 주 도의 운명은 잔여 도의 운명을 포함한다는 판정을 인용하고,[61] 또한 *Land, Island and Maritime Frontier* Case(1992)에서 한 도의 법적 지위와 다른 도의 법적 지위가 일치되는 경우가 있다는 판결을 인용했다.[62] 이러한 싱가포르의 주장에 대해 국제사법재판소는 이를 거부하지 아니하고 도의 단일 그룹(single group), 도의 그룹(groups of islands)을 인정하는 내용의 다음과 같은 판결을 했다.

> Middle Rocks는 Pedra Branca의 법적 지위와 같은 법적 지위를 가져 왔다고 이해되므로 … Middle Rocks에 대한 본원적 권원은 달리 증명되지 아니하는 한 … 말레이시아에 보유되어야 한다. 재판소는 싱가포르가 그러한 증명을 한 바 없음을 발견했다.
> Since Middle Rooks should be understood to have the same legal status as Pedra Branca … original title to Middle Rocks should remain with Malaysia … unless proven otherwise, which the Court finds Singapore has not done.[63]

상기 판결은 Pedra Branca와 Middle Rocks를 '하나의 단일한 물리적 단위(a single physical unit)'로 보고 전자를 주도, 후자를 속도로 보아 양자의 동일한 법적 지위를 인정한 것이다.

이상에서 고찰해 본 바와 같이 학설과 판례는 도의 한 그룹이 법적으로 하나의 실체를 형성할 경우

---

60) ICJ, *Reports,* 1992, p.281.

61) ICJ, *Reports,* 2008, p.280.

62) *Ibid.,* p.281.

63) ICJ, *Reports,* 2008, p.290.

특수한 사정하에 반대의 증거가 없는 한 그 실체의 모든 부분의 법적 지위의 동일성을 인정하고 있다. 즉, 주도와 속도의 법적 지위의 동일성을 인정하고 있다.

### 다. 주도와 속도의 명칭 불고려

주도와 속도의 동일의 원칙을 승인한 학설과 판례 모두 '주도'와 '속도'라고 용어를 사용하지 않을 뿐만 아니라 더더욱 '주도의 명칭', '속도의 명칭'에 무관하게 주도와 속도의 동일의 원칙을 인정하고 있다.[64] 따라서 울릉도의 속도인 독도의 명칭이 속도냐 독도냐를 불문하고 울릉도의 법적 지위와 그의 속도의 법적 지위는 동일한 것이다.

### 라. 주도의 법적 지위와 속도의 법적 지위 동일의 원칙에 울릉도와 그의 속도에의 적용

주도의 법적 지위와 속도의 법적 지위 동일의 원칙을 '대한제국 칙령 제41호' 제2조에 규정된 울릉도에 적용하면 울릉도와 '하나의 실체 또는 자연적 단위(an entity or natural unit)', '법적 한 단위(in law a unit)' 또는 '유기적 전체(organic whole)'를 형성하고 있는 독도는 울릉도와 같이 울릉군수의 관할 하에 있다.

## 4. 원거리 무인도에 대한 실효적 지배의 정도

근거리 · 유인도에 대한 일반적인 실효적 지배와 원거리 · 무인도에 대한 실효적 지배의 정도는 동일할 수 없는 것이다. 후자에 대한 실효적인 지배는 물리적 점유(physical holding)를 요하는 것이 아니다. 이는 판례와 학설에 의해 일반적으로 승인되어 있다.[65]

### 가. 판례

#### (1) *Palmas Island* Case (1928)

*Palmas Island* Case(1928)에서 중재관 Max Huber는 사람이 살고 있지 아니한 지역에는 발견만으로 실효적 지배가 있다고 볼 수 있다고 다음과 같이 판시 했다.

---

64) *Pedra Branca* Case(2008)에서 분쟁의 도서 명칭으로 포르투갈의 명칭인 'Pedra Branca'와 동 도의 말레이시아의 명칭인 'Pulau Batu Puteh'가 모두 사용되었으며, 명칭의 차이에 관해 재판소는 영유권 귀속에 관해 어떠한 판단도 표시한 바 없다(ICJ, Judgement, 23 May 2008, paras.16～17.).
또한, *Clipperton Island* Case(1931)에서 Clipperton섬이 어떤 이름으로 불리어지든 불문한다고 판시했다.
(*AJIL*, Vol.26, 1932, p.393).

65) 판례: *Edstern Greenland* Case(1933):PCIJ, *Series A/B*, No.53, 1933, pp.45-46; *Sovereignty of Pulau and pulau Sipadan* Case(2002):ICJ, *Report*s, 2002, p.625 para. 134; *Territorial and Maritime Dispute in the Caribbean Sea* Case (2007): ICJ, *Reports,* 2007, para. 175; *Clipperton Island Arbitration*(1931): UN, *RIAA*, Vol.2, 1949, pp.1105-1111.
학설: Waldock, *supra* n. 6, pp.323-325; L. McNair, *International Law Opinions*, Vol.1, (Cambridge: Cambridge University Press, 1956), p.324; J. L. Brierly, *The Law of Nations*, 6th ed., (London: Clarendon, 1963), p.164; Brownlie, *supra* n. 5, pp.133, 135; Malanzuk, *supra* n.13, p.149; Von der Heydte, 'Discovery, Symbolic Annexation and Effectiveness in International Law', *AJIL*, Vol.29, 1935, p.463; W. E. Hall, *A Treatise on International Law*, 8th ed., (London: Clarendon, 1917), p.129; Grant and Barker, *supra* n. 17, p.435; Shaw, *supra* n. 13, pp.343-344; C. C. Hyde, *International Law*, Little Brown, 1945, p.336; Kurt von Schuschnigg, *International Law*, (Milwaukee; Bruce, 1959), p.151.

그렇기 때문에 사람이 전혀 살지 못하는 곳이라는 사실을 통해서 볼 때 만일 영토가 점유하고 있는 국가에 의해 그곳을 처음 발견한 순간부터 점유취득이 완성되었으며 그 국가의 점유상태가 완전히 논급의 여지가 없다고 하는 의향이 있다고 인정된다면 그 점유는 그것으로서 완전한 것이 되는 것이다.

Thus if a territory, by virtue of the that it was completely inhibited is from the first moment when the occupying state makes its appearance there of the accurate and undisputed disposition of that state, from the that moment the taking of possession must be considered as acceptable and the occupation is theory by completed.[66]

## (2) *Clipperton Island* Case (1931)

*Clipperton Island* Case (1931)에서 중재재판관은 무인도에 대한 실효적 지배는 통상의 경우와 동일한 것이 아니라고 다음과 같이 판시했다.

문제의 영토의 소유를 감소하는 선점국가에 의한 이 소유의 취득은 행위 또는 행위의 행사, 엄격히 말해 통상적인 경우에 연속으로 구성된다. 영토에 대한 배타적 권원에 있어서 … 따라서 한 지역이 완전히 거주하지 않는 사실에 의거, 선점국가가 그곳에 출현했을 순간부터 그리고 그 국가의 처분이 절대적이고 다툼이 없을 때에 그 순간부터 소유권 취득이 완성되고 그에 따라 선점이 완결된 것으로 간주되어야 한다.

This taking of possession consists in the act or series of acts, by which the occupying state reduces to its possession the territory in question and takes steps to exercise exclusive authority there. Strictly speaking, and in ordinary cases, that only takes place when the State establishes in the territory itself an organization capable of making its law respected. But there may be cases where it is unnecessary to have recourse to this method. Thus, if a territory, by virtue of the fact that it was completely uninhabited, is, from the first moment when the occupying state makes its appearance there, at the absolute and undisputed disposition of that state, from that moment the taking of possession must be considered as accomplished and the occupation is there by completed…[67]

## (3) *Eastern Greenland* Case (1933)

*Eastern Greenland* Case(1933)에서 상설국제사법재판소는 희소한 인구가 있는 또는 정확하지 아니한 지역에 대한 실효적 지배는 최소한의 것으로 재판소는 만족한다고 다음과 같이 기술하고 있다.

희소한 인구나 정착되지 아니한 타국이 우월적인 주장을 하지 아니하는 한 인구도 희박하고 정주자도 없는 지역에 관해서는 주권적 권리의 현실적 행사는 매우 적은 정도로 법원은 만족해 왔다.

In many cases the tribunal has been satisfied with very little in the way of actual exercise of sovereign rights, provided that the other State could not make out a superior claim. This is particularly true in the case of claims to sovereignty over areas in thinly populated or unsettled countries.[68]

---

66) UN, *RIAA*, Vol.2, 1949, pp.829-890.

67) UN, *RIAA*, Vol.2, 1949, pp.1105-1111.

68) PCIJ, *Series A/B*, No.53, 1933, p.46.

이상과 같은 판례와 동일한 취지의 판결이 다음 케이스의 판결에서도 선언되었다.

*Sovereignty of Pulau and pulau Sipadan* Case(2002),[69]
*Territorial and Maritime Dispute in the Caribbean Sea* Case (2007)[70]

## 나. 학설

### (1) John O'Brien

O'Brien은 무인지역에 대해 실효적 지배는 용이하다고 다음과 같이 기술하고 있다.

각종 군대가 있는 영토보다 불모의 영토에 대한 실효적 지배의 수립은 용이하다.
행사의 상대적 성격은 상설국제사법재판소의 *Eastern Greenland* Case에서 기탄없이 승인되었다.
It is easier to established effective control over barren inhabited territory than it is over territory where there are various armed faction. The relative nature of the exercise was candidly acknowledged by the permanent court of International Justice in the *Eastern Greenland* Case.[71]

### (2) Peter Malanczuk

Malanczuk는 실효적 지배는 상대적인 것이라고 다음과 같이 기술하고 있다.

실효적 지배는 상대적 개념이다. 이는 관련 영토의 성격에 따라 다른 것이다. 예컨대 사나운 부족, 부대의 주둔이 예상되는 영토보다 불모의 무인 영토에 대한 실효적 지배의 수립은 매우 용이하다. 전자가 아닌 후자의 경우 실효적 지배는 다른 의미에서 역시 상대적이다. 이는 *Eastern Greenland* Case에서 상설국제사법재판소에 의해 판시되었다.
Effective control is a relative concept, it varies according to the nature of territory concerned, It is, for instance much easier to uninhabited territory than over territory which is inhabited by fierce tribes; troops would probably have to be stationed in the territory in the latter case, but not in the former, Effective control is also relative in another scene, which was stressed by the Permanent Court of International Justice in the *Eastern Greenland* Case.[72]

이상과 같은 학설과 동일한 취지의 학설이 다음 학자에 의해서 승인되었다.

C.H.M, Waldock,[73] L. McNair,[74] J. L. Brierly,[75] Von der Heydte,[76] W. E. Hall,[77] J. P. Grand

---

69) ICJ, *Reports*, 2002, p.625, para. 134.

70) ICJ, *Reports*, 2007, para. 175.

71) John O'Brien, *International Law* (London: Cavendish, 2001), p.209.

72) Malanzuk(ed), *supra* n. 13, p.149.

73) Waldock, *supra* n. 6, pp.323-25.

74) McNair, *supra* n. 65, p.324.

75) Brierly, *supra* n. 65, p.164.

76) Heydte, *supra* n. 65, p.463.

and J. C. Barker,[78] Malcolm N. Shaw,[79] C. C. Hyde[80]

독도는 원거리·무인도이므로 위에서 열거한 정도의 실효적 지배로 실효적 지배를 족한 것이다. 그러므로 원거리·무인도인 독도에 대한 실효적인 지배는 전술한 역사적 실효적인 지배로 족한 것이다.

### (3) Kurt Von Schushnigg

Schushnigg는 *East Greenland* Case의 판결문을 인용하면서 인구가 별로 없거나 정착되지 아니한 지역에서 주권의 현시는 발견만으로도 족하다고 다음과 같이 기술하고 있다.

인구가 희박하거나 정착되지 아니한 지역에서 그러한 주권을 행사하는 의도와 의사는 그러한 당국의 권원의 발견의 요구로 만족한다.
In the thinly populated of unsettled areas the intention and will to not as sovereign, and some actual exercise or display of such authority, will satisfy the required test for title.[81]

### (4) J. P Grant와 J. P Baker

Grant와 Baker는 *Clipper Island* Case의 판정을 인용하여 영토가 무거주지이거나 무거주 가능한 경우 당국의 현시가 요구되지 아니한다고 다음과 같이 기술하고 있다.

영토가 무거주이거나 무거주 가능한 경우 당국의 현시가 요구되지 아니한다.
When the territory is uninhabited or uninhabitable, less, it's needed by way of display of authority.[82]

## V. 한국정부의 다케시마 10포인트 제6포인트 제7항의 규정에 대한 비판

### 1. 동북아역사재단 독도연구소

동북아역사재단 독도연구소는 제6포인트 제7항에 관해 다음과 같이 비판하고 있다.

1947년 울릉도 개척민(홍재현)의 증언 및 1948년 독도폭격사건 등에서 보는 바와 같이 1905년 이전뿐만 아니라 그 후에도 독도는 계속해서 울릉도 주민들의 어로작업에도 이용되었다.[83]

위의 비판은 물론 홍보자료이긴 하지만 지나치게 간략하고 실효적 지배의 주체가 국가기관이 아닌

---

77) Hall, *supra* n. 41, p.129.
78) Grant and Barker, *supra* n. 17, p.435.
79) Shaw, *supra* n. 13, pp. 343-344.
80) Hyde, *supra* n. 65, p.336.
81) Schuschnigg, *supra* n. 65, p.151).
82) Grant and Baker, *supra* n. 17, p.435.
83) 동북아역사재단, 『독도의 진실』(서울: 동북아역사재단, 발행연도 불표시), p.7.

것으로 표시되어 있음은 유감이다.

## 2. 한국해양수산개발원 독도연구소

한국해양수산개발원 독도연구소는 제6포인트 제7항에 관해 다음과 같이 비판하고 있다.

> 우리나라는 1900년 대한제국 칙령 제41호를 반포할 때 이미 독도 영유권이 확립되었다고 보았기 때문에 관할구역과 명칭만을 명시한 것임.[84]

위의 비판도 동북아역사재단 독도연구소의 비판과 마찬가지로 지나치게 간략하고 제6포인트 제7항 자체에 대한 비판으로는 미흡한 점이 있다.

## 3. 외교부

외교부는 제6포인트 제7항에 관해 다음과 같이 비판하고 있다.

> 1905년 시마네현 고시에 의한 일본의 독도편입 시도 이전까지 독도가 일본영토라고 기록한 일본정부의 문헌이 없고, 오히려 일본정부의 공식문서들이 독도가 일본영토가 아니라고 명백히 기록하고 있는 사실을 통해 잘 알 수 있습니다.[85]

위의 비판도 외교부의 비판으로는 이것이 홍보자료이긴 하지만 지나치게 간략하고 제6포인트 제7항에 대한 비판으로는 미흡하다. 우리나라 정부가 독도를 실효적으로 지배한 증거의 제시로는 역시 미흡하다고 아니할 수 없다.

# VI. 다케시마 10포인트 제6포인트 제7항의 규정에 대한 비판

## 1. 비판 1: 사실점에 관한 비판

'다케시마 10포인트' 제6포인트 제7항은 '동 칙령의 공포 전후에 조선이 다케시마를 실효적으로 지배하였다는 사실은 없으며…'라고 주장하고 있으나 전술한 바와 같이 동 칙령 공포 전후에 조선이 독도를 실효적으로 지배한 사실이 있으므로 위 제7항의 주장은 사실에 반하는 허위의 주장임이 명백하다.

---

84) 한국수산개발원 독도연구소, www.kmire.Korea.

85) 외교부, 『대한민국의 아름다운 영토 독도』(서울: 외교부, 발행연도 불표시), p.8.

## 2. 비판 2: 법 규범점에 관한 비판

제6포인트 제7항은 '다케시마 영유권은 확립되지 아니한 것으로 여겨집니다.'라고 주장하고 있으나 전술한(Ⅲ, 4) 바와 같이 원거리·무인도에 대한 실효적 지배는 점유를 요하는 것이 아니므로 위 제7항의 주장이 위법한 것임은 논의의 여지가 없다.

전술한 바와 같이 또한 실효적 점유는 그 요건을 충족하여야 하는 바, 조선의 독도에 대한 실효적 지배는 국왕이 임명한 국가기관에 의한 것이므로 (ⅰ)실효적 지배는 국기기관에 의한 것임을 요한다는 요건을 충족하고, 평온·공적으로 행한 것이므로 실효적 지배는 평온·공적이어야함을 요한다는 요건을 구비했고, 위의 조선의 독도에 대한 실효적 지배에 대해 일본의 항의가 없었으므로 실효적 지배는 이해관계국의 항의가 없음을 요한다는 요건을 구비한 것도 검토의 여지가 없다. 그러므로 제7항에서 다케시마 영유권은 확립되지 아니한 것으로 여겨진다는 주장은 성립의 여지가 없는 것이다.

# Ⅶ. 결언

## 1. 요약정리

상술한 바를 다음과 같이 요약정리하기로 한다.

일본정부의 주장은 다음 두 가지 점에서 비판을 받을 만하다. 첫째로 일본정부의 주장은 역사적 사실에 반한다. 대한제국 칙령 제41호의 제정 공포 이전에도 조선은 정기적으로 관리를 울릉도 또는 독도에 파견하여 독도를 관할하였다. 둘째로 원거리 무인도에 대한 실효적 지배는 근거리 유인도에 대한 실효적 지배와 정도에 있어서 큰 차이가 있다. 다시 말해 영토에 대한 실효적 지배는 상대적인 것이다. 일본정부는 이점에 관해 아무런 주장이 없다.

요컨대 다케시마 10포인트 제6포인트 제7항의 주장은 역사적으로도 국제법적으로도 타당성이 없는 주장이다.

## 2. 정책대안의 제의

일본정부의 다케시마 10포인트에 대한 한국정부의 대응방안은 지나치게 열약하고 특성이 없다. 다케시마 10포인트가 제정·공포된 2008년부터 거의 10년이 지났지만, 뒤늦게라도 다케시마 10포인트 각 포인트마다 심도 있고 정확한 반론을 제기하여야 한다고 제의한다.

# <참고문헌>

교학사, 『한국사대사전』, 제3권, 2013.

국사편찬위원회, 『한국사』, 서울: 국사편찬위원회, 2013, 제38권.

국사편찬위원회, 『한국사』, 제52권, 제72권, 2013.

김명기, 『독도강의』, 서울: 독도조사연구학회, 2007.

김병렬, 『독도』, 서울: 다다미디어, 1997.

동북아역사재단, 『독도의 진실』, 서울: 동북아역사재단, 발행연도 불표시.

동북아역사재단, 『우리 땅 독도를 만나다』, 서울: 동북아역사재단, 2012.

『세종실록』, 세종 7년(1425년), 10월 을류조.

『세종실록』, 세종 7년(1425년), 12월 계사조.

『세종실록』, 권153, 지리지, 강원도 울진현조.

손병기, 『고쳐 쓰는 울릉도와 독도』, 서울: 단대출판부, 2005.

손승철, '울릉도 수토제', 서울: 한국해양수산개발원, 2011, 『독도사전』.

『승정원일기』, 고종 19년(1882년) 4월 초7일 조.

『승정원일기』, 고종 20년(1883년) 3월 16일 조.

신용하, 1996, 『독도의 민족영토사연구』, 서울: 지식산업사, 1996.

유미림, '장한상의 울릉도 수토와 수토제의 추이에 관한 고찰', 『한국정치학회외교사논총』 제31집, 제11호.

심흥택 보고서, 『각 관할 도안』, 제1책, 보고서 호외.

양태진, 1998, 『독도연구문헌집』, 경인문화.

외교부, 『대한민국의 아름다운 영토 독도』, 서울: 외교부, 발행연도 불표시.

유미림, '만기요람', 『독도사전』, 2011.

이명래 보고서, 『각 관할 도안』, 제1책, 광무 10년 4월 29일 조, 보고서 호외.

이태은, '울릉도검찰일기', 『독도사전』.

이홍직, 『한국사대사전』, 상권, 서울: 교육도서, 1993.

임영정, 2011, '동남제도개척사', 『독도사전』.

임영정, 김호동, 김인우, 한국해양수산개발원, 『독도사전』, 서울: 한국해양수산개발원, 2011.

임영정・허영란, '심흥택 보고서', 『독도사전』, 2011.

한국수산개발원 독도연구소, www.kmire.Korea.

한국정신문화연구원, 「한국민족문화대백과사전」, 성남: 한국정신문화연구원, 1996.


Akehurst, M., *A Modern Introduction to International Law,* London: Allon, 1984.

*AJIL*, Vol.26, 1932.

Bernardez, Santiago Terres, 'Territory Acquisition', *EPIL,* Vol.10, 1987.

Brierly, J. L., *The Law of Nations*, 6th ed., London; Clarendon, 1963,

British MOFA, *British and Foreign State Paper,* Vol.99, 1904.

Brownlie Ian, *Principles of Public International Law*, 5th ed., Oxford: Oxford University Press, 1998.

Burr, Sberri, *International Law*, 2nd ed., St. Paul; West, 2006.

Chavan, R. S., *An Approach to International Law,* New Delhi: Sterling Publishers, 1983.

Fitzmaurice, G., 'The Law and Procedure of the International Court of Justice, 1951-4', *BYIL*, Vol.32, 1955-6.

Gould, Wesley L., *An Introduction to International Law,* New York; Harper and Brothers Publishers, 1957.

Grant, J. P. and J. C. Barker, *Encyclopedic Dictionary of International Law*, 3rd ed., Oxford: Oxford University Press, 2009.

Hall, W. E. *A Treatise on International Law*, 8th ed., London; Clarendon, 1917.

_____, *International Law,* 6th ed., Oxford; Clarendon, 1909.

Heydte, Von der, 'Discovery, Symbolic Annexation and Effectiveness in International Law', *AJIL*, Vol.29, 1935.

Hingoran, R.C., *A Modern International Law,* New Delhi: IBM, 1978.

Hyde, C. C., *International Law*, Little Brown, 1945.

ICJ, *Reports,* 1953.

__, *Reports,* 1992.

__, *Reports,* 2002.

__, *Reports,* 2007.

__, *Reports,* 2008.

Jennings, Robert Y., *The Acquisition of Territory in International Law,* Dobbs Ferry; Oceana, 1963.

Jessup, P.C., 'The Palmas Island Arbitration', *AJIL,* Vol.22, 1928.

Johnson, D. H. N., 'Acquisitive Prescription in International Law', *BYIL,* Vol.27, 1950.

Lauterpacht, H., 'Sovereignty over Submarine Area', *BYIL,* Vol.27, 1950.

Levi, W. *Contemporary International Law,* Boulder; Westview, 1979.

MacGibbon, I. C., 'Some Observations on the Part of Protest in international Law', *BYIL,* Vol.30, 1953.

McNair, L., *International Law Opinions,* Vol.1, Cambridge; Cambridge University Press, 1956.

Malanczuk, Peter(ed.), *Archehurst's Modern Introduction to International Law,* 7th ed., London; Rootledge, 1987.

Munkman, A. L. W., 'Adjudication and Adjustment - International Judicial Decision and Settlement of Territorial and Boundary Disputes, '*BYIL,* Vol.46, 1972-73.

O'Brien, John, *International Law,* Sydney:출판사, 2001.

Ott, David H., *Public International Law in the Modern World,* London: Pitman, 1987.

PCIJ, *Series A/B,* No.53, 1933.

Schuschnigg, Kurt von, *International Law,* Milwaukee; Bruce, 1959.

Schwarzenberger, G., 'Title to Territory: Response to Challenge', *AJIL,* Vol.51, 1957.

Schwarzenberger, G. and E. D. Brown, *A Manual of International Law,* 6th ed., Milton: Professional, 1976.

Shaw, Malcom N., *International Law,* 4th ed., Cambridge; Cambridge University Press, 1997.

Triggs, G. D., *International Law,* New York: Butlerworths, 2006.

UN, *RIAA.* Vol.2, 1949.

Visscher, Chareles de, *Theory and Reality in Public International Law,* P.E. Corbott trans. English, Princeton: Princeton University Press, 1968.

Wade, E.C., The Minquiers and Ecrehos Case, Grotius Society transactions for year 1954, Vol.40, 1954.

Waldock, C. H. M. 'Disputed Sovereignty in the Folk Island Dependencies', *BYIL,* Vol.25, 1948.

Wallace, M. M. M., *International Law,* London; Sweet and Maxwell, 1986.

Wilson, D. G., *International Law,* 9th ed., New York; Silver, 1935.

# 제12절 ｜ 지리적 근접성의 원칙과 독도

## Ⅰ. 서언

독도가 지리적으로 한국영토라는 주장은 (ⅰ)『세종실록지리지』의 '于山武陵二島, … 二島相距不遠, 風日淸明, 則可望見(우산 무릉 두 섬이 … 거리가 멀지 아니하여 날씨가 맑으면 가히 바라볼 수 있다)' 라는 기록을 근거로 '울릉도에서 독도를 바라볼 수 있으므로 독도는 한국영토다.', '울릉도와 독도의 거리가 멀지 아니하므로 독도는 한국영토다.' 또는 '독도는 울릉도에서 육안으로 볼 수 있으므로 울릉도에 사람이 거주하기 시작한 때부터 독도를 인식할 수 있었으므로 독도는 한국영토다.'라는 주장, (ⅱ)울릉도의 고도와 독도의 고도 그리고 울릉도와 독도 간의 거리를 수학적으로 계산하여 울릉도에서 독도가 보인다는 수학적 증명을 근거로 '울릉도에서 독도가 보이므로 독도는 한국영토다.'라는 주장, (ⅲ)울릉도에서 독도까지의 거리는 87.4km로, 이는 오끼도에서 독도까지의 거리인 157.5km보다 가까우므로 '독도는 보다 가까운 거리에 있는 한국영토다.'라는 주장, 그리고 (ⅳ)거리의 관념 없이 '독도는 지리적으로 한국영토다.'라는 주장 등으로 구분된다. 독도가 지리적으로 한국영토라는 이러한 여러 주장은 국제법 측면에서 보면 유감이나 별 의미가 없다. 국제법상 지리적 근접성(geographical proximity) 그 자체가 영토 권원의 근거로 된다는 원칙·규칙은 없기 때문이다.

이 연구는 국내 지리학자·역사학자의 지리적으로 독도는 한국영토라는 그간의 연구를 부정하려는 것이 아니라 그간의 연구를 존중하면서 장차의 연구에 대해 국제법 측면의 고려를 제의해 보고 정부당국에 대해 몇 가지 정책건의를 제시해 보려 시도된 것이다.

이하 '지리적 근접성에 관한 학설과 판례', '국제법상 지리적 근접성에 관한 규칙의 독도에의 적용 검토'순으로 기술하기로 한다.

## Ⅱ. 지리적 근접성의 원칙에 관한 학설과 판례

후술하는 학설에서 보는 바와 같이 학자에 따라 연속성의 원칙(principle of contiguity), 계속성의 원칙(principle of continuity) 또는 근접성의 원칙(principle of proximity) 등으로 표기되는 원칙을 여기서는 이들 모두를 '근접성의 원칙'으로 표기하기로 한다. 국제법상 '근접성의 원칙'을 규정한 국제관습법은 물론 국제협약법도 존재하지 아니하므로 이 원칙을 학설과 판례로부터 추론할 수밖에 없다.

학설과 판례는 '국제사법재판소 규정(Statute of the International Court of Justice)' 제38조 제1항 (d)의 규정에 의거하여 법칙결정의 보조적 수단(as subsidiary means for the determinations of rules of law)으로 인정되어 있기 때문이다. '법칙결정의 보조적 수단'이란 매우 불만스러운(highly unsatisfactory) 규정이지만,[1] '법칙'은 국제조약, 국제관습법 또는 법의 일반원칙을 뜻하며,[2] '결정의 보조적 수단'이란 법칙의 존재와 내용을 지정하는 수단(means of indicating the existence and content of rules of law),[3] 즉 적용하여야 할 법의 애매성을 명백히 하는 수단(means of clarifying ambiguities in the law which is to be applied)을[4] 의미하며, 제2차적 수단(secondary means)을 뜻하는 것이 아니라[5] 국제법의 간접적 법원(indirect source of international law)이란 의미인 것이다.[6] 이하 '근접성의 원칙'에 관한 학설과 판례를 보기로 한다.

## 1. 근접성의 원칙에 관한 학설

### 가. Gerald Fitzmaurice

Fitzmaurice는 지리적 근접성은 권원의 근거 또는 기초로 될 수 없으나 특수 사정하에서 권원의 존재 증거로는 될 수 있고, 하나의 실체 또는 자연적 단위는 전체로서의 실체 또는 자연적 단위의 모든 부분에 주권이 확대될 수 없다고 다음과 같이 기술하고 있다.

> 한 주장 국가의 주권상 의심할 수 없는 다른 영토에 대한 분쟁영토의 지리적 근접성은 그 자체로는 권원의 실질적 근거 또는 기초가 될 수 없었다. 그러나 이는 간접적 효과를 가질 수 있다. 요컨대, 계속성 또는 근접성은 권원의 한 기초가 아니다. 그러나 특수 사정하에서 권원의 존재의 증거를 제시할 수 있다. 근접성에 근거한 권원의 실질적 기초는 감정적, 경제적 또는 정치적인 것이며 … 법적인 것이 아니다.
>
> Geographical proximity of disputed territory to other territory indubitable under the sovereignty of a claimant state is or can ever in itself be an actual ground or basis of title. But it may have indirect effects. In short, contiguity or proximity is not a ground of title, but may in certain circumstances afford some evidence of its existence. The real basis of claims founded on proximity is sentimental, economic or political … not legal.[7]
>
> 전체로서의 실체 또는 자연적 단위에 관해 한때 존재를 보여준 모든 부분에 확대되는 것으로 여겨질 수 있다는 원칙의 명백한 실례는 드물게 있을 수 있다.
>
> There could scarcely be a clearer illustration of the principle that sovereignty, once shown to exist in respect of an entity or natural unity as a whole, may be deemed, in the absence of any evidence to

1) E. Hambro, 'The Reasons behind the Decisions of International Court of Justice, 'Current Legal Problems, Vol.7, 1954, p.218.

2) Hans Kelsen, The Law of the United Nations(New York: Praeger, 1950), p.523; Sabatai Rosenne, The Law and Practice of the International Court of Justice, 3rd ed., Vol.4(Hague: Martinus, 1997), p.1607.

3) Michel Virally, 'The Source of International Law, 'in Max Sorensen(ed.), Monnal of Public International Law(New York: Macmillan, 1968), p.150.

4) Hans-Jurger Schlochauer, 'International Court of Justice', EPIL, Vol.1, 1981, p.81.

5) Virally, supra n.3, p.152.

6) Robert Jennings and Arthur Watts(eds.), Oppenheim's International Law, 9the ed. Vol.1(London: Longman, 1992), p.41.

7) Gerald Fitzmaurice, 'The Law and procedure of the International Court of Justice', 1951-4, BYIL, Vol.32, 1955-6, p.72.

the contrary, to extend to all parts of that entity or unity.[8]

## 나. C.H.M. Waldock

Waldock은 지리적 근접성은 권원의 독립된 근거가 아니라 실효적 선점의 한계 결정에 관련되어 있을 뿐이라고 다음과 같이 기술하고 있다.

> 지리적 근접성은 기타 지리적 고려와 더불어 명백한 관련성을 갖는다. 그러나 권원의 독립된 근거로서가 아니라 실효적 선점의 한계 결정을 돕는 사실로서이다
> Geographical proximity, together with other geographical considerations, is certainly relevant, but as a fact assisting the determination of limits of an effective occupation, not as an independent source of title.[9]

## 다. H. Lauterpacht

Lauterpacht는 *Palmas Island* Case(1982)에서 Huber 중재관의 판정을 인용하여 근접성의 원칙에 입각한 권원의 근거를 부정하고, 지리적 단위를 형성하는 영토의 선점은 전 지리적 단위의 실효적 지배로 되며, 도의 그룹이 법상 한 단위를 구성하는 경우 주 도의 주권은 잔여 도에 확장된다고 다음과 같이 기술하고 있다.

> 영해의 외측에 위치한 도가 *terra firma*(가장 가까운 본토 또는 고려할 만한 크기의 도)를 형성한다는 사실로부터 그 국가에 귀속된다는 효과에 대한 실정 국제법의 규칙의 존재로 제시하는 것이 불가능하다는 것을 중재관이 견지한 것은 사실이다. 그러나 … 중재관은 도의 한 그룹이 법상 한 단위를 형성할 수 있고 주요 부분의 운명이 잔여를 포함할 수 있다는 것을 수락했다. 그리고 그는 한 지리적 단위를 형성한 영토의 선점에 관해 최초의 단계에서의 충당은 전 단위에 확대되는 것으로 추정되어야 하는 효과를 실제로 견지했다.
> The arbitrator, it is true, held that it is impossible to show the existence of a rule of positive international law to the effect that islands situated outside territorial waters should belong to a state from the fact that its territory forms the *terra firma*. However, one the arbitrator admitted that a group of islands may form in law a unit, and that the fate of the principal part may involve the rest and that he held in effect, with regard to occupation of territories which form a geographical unit, that the appropriation must be presumed, into initial stages, to extend to the whole.[10]

## 라. K. Narayana Rao

Rao는 계속 이론은 기 부여된 권원을 대체할 수 없다고, 즉 연속은 권원의 근거가 될 수 없다고 다음과 같이 기술하고 있다.

> 국제법상 계속 이론의 존재에 관해 상당한 논쟁이 있다. 그러나 이 이론에 부여된 법적 권원을 대체

---

8) *Ibid.,* p.75.

9) C.H.M. Waldock, 'Disputed Sovereignty in the Falkland Islands Dependencies', *BYIL*, Vol.25, 1948, p.342.

10) H. Lauterpacht, 'Sovereignty over submarine Area', *BYIL*, Vol.27, 1956, p.438.

하기를 호소하는 한도로 이를 지지하는 자는 없다. 따라서 고아는 법적으로 포르투갈에 귀속된다. 인도연합은 연속의 근거로 고아를 법적으로 주장할 수 없다.

There is considerable controversy as to the existence of the doctrine of contiguity in international law but none had ever supported this doctrine to the extent of invoking it to supersede a vested legal title. Since Goa legally belongs to Portugal, the India Union can not legally claim Goa on grounds of contiguity.[11]

### 마. Malcolm N. Shaw

Shaw는 지리적 주장은 선점의 효과와 한계에 관련되어 있으나 권원의 기초로 될 수 없다고, 즉 지리적 주장은 그 자신 권원의 기초로 될 수 없고 실효적 지배의 한계를 정할 뿐이라고 다음과 같이 기술하고 있다.

지리적 주장은 역사를 통해 제기되어 왔다. ⋯ 그러나 그러한 주장은 선점의 효과와 한계를 논함에 있어서 관련되어 있다할지라도 그들 자신이 권원의 기초로 될 수 없다.

Geographical claims have been raised throughout history. ⋯ However such claims although relevant in discussing the effectivity and limits of occupation, are not able in themselves to found title.[12]

### 바. Robert Jennings

Jennings는 지리적 연속성은 실효적 선점을 추정하는 증거에 불과하고 그 추정은 반증에 의해 전복될 수 있다고 하여 연속성은 영토권원의 근거가 될 수 없음을 다음과 같이 기술하고 있다.

연속성은 실효적 선점의 일종의 추정을 야기하는 증거에 불과하다. ⋯ 그 추정은 경쟁적 주장자에 의한 주권소유의 더 좋은 증거에 의해 반박될 수 있다.

Contiguity is no more than evidence raising some sort of presumption of effective occupation - a presumption that may be reputed by better evidence of sovereignty possession by a rival claimant.[13]

### 사. Peter Malanczuk

Malanczuk는 지리적 연속성은 영토의 법적 권원을 창설할 수 없으나 그것은 실효적 통계의 증거로 될 수 있다고 다음과 같이 기술하고 있다.

그러한 원칙(지리적 연속성의 원칙, 역사적 연속성의 원칙, 그리고 자결의 원칙)은 그들 자신에 의해 영토의 법적 권원을 창설할 수 없다. 팔마스섬 사건에서 중재관은 연속성의 원칙에 관해: 영해의 외측에 위치한 도가 그의 영토가 근접영토(가장 근접한 대륙 또는 고려할 만한 크기의 도)를 형성한다는 단순한 사실로부터 그 국가에 귀속된다는 효과에 대한 실정국제법 규칙의 존재를 제시하는 것은 불가능하다. 그러나 이는 그러한 원칙이고 법적 관련성을 가지지 아니한다는 것을 의미하지 아

---

11) K. Narayana Rao, 'The Problem of Goa, *Indian Yearbook of International Affairs* 1996,; 952, p.54.

12) Malcolm N. Shaw, *International Law*, 4th ed. (Cambridge: Cambridge University Press, 1997), p.355.

13) Robert Jennings, *Acquisition of Territory in International Law*(Dobbs Ferry: Oceana, 1963), p.73.

니한다. … 이 원칙은 주장 국가에 의한 효과적 통제의 증거를 이룰 수 있다.

Such principles(principles) of geographical contiguity, of historical contiguity, and self-determination) cannot, by themselves, create a legal title to territory. In Island of Palmas case, the arbitrator said of the principle of continuity: It is impossible to show the existence of a rule of positive international law to the effect that islands situated outside territorial waters should belong to a state from the mere fact that its territory forms the *terra firma*(nearest continent or island of considerable size …

That does not mean, however, that such principles have no legal relevance. … may constitute evidence of effective control by a claimant state.[14)

### 아. Ian Brownlie

Brownlie는 지리적 이론(principles of continuity, contiguity and geographical unity)은 권원의 독립된 근거가 아니라 실효적 선점의 원칙의 적용기법에 불과하다고 다음과 같이 기술하고 있다.

> 지리적 이론은 권원의 독립된 근거가 아니라고 말하는 것은 아마도 진실이다.: 이들은 권원의 기타 다른 근거의 보조적 수단이다. 통상 실효적 선점의 근거이다. 결론적으로, 계속성의 원칙은 실효적 선점의 통상원칙의 적용기법에 불과하다고 말할 수 있다. 특히 도의 경우 계속의 개념은 도움이 되지 아니한다.
>
> It would probably be true to say that geographical doctrines are not independent roots of title: They are subsidiary to some other root of title, normally that of effective occupation. In conclusion it may be said that the principle of continuity is little more than a technique in the application of normal principles of effective occupation, in case of island in particular the notion of contiguity may be unhelpful.[15)

### 자. Santiago Torres Bernardoz

Bernardez는 *Palmas Island* Case(1928)에서 Huber 중재관의 판정을 인용하여 연속성은 영토권원 취득의 자동적 유형이 될 수 없고, 그것은 실효적 선점의 원칙의 적용을 위한 한 기술에 불과하다고, 문제의 지역이 '조직적 전체'를 구성한 경우에 더욱 중요하다고 다음과 같이 기술하고 있다.

> 팔마스섬 사건에서 Max Huber 중재관은 영토주권의 일방적이고 법에 의한 취득의 자동적 유형으로서 연속성을 배척했다. 오늘날 법학자의 대다수는 동일한 접근을 따른다.; 연속성은 실효적 선점의 원칙을 적용하는 한 기술에 불과한 것으로 고려해 왔다. 따라서 연속성은 그 자체로는 권원을 형성할 수 없다. … 연속성은 문제의 지역이 '조직적' 또는 '개체화된' 전체를 형성할 경우 일반적으로 더욱 중요성을 수행한다.
>
> Max Huber, in the Palmas Island Arbitration, rejected contiguity as an autonomous mede of unilateral and *ipso jure* acquisition of territorial sovereignty. The majority of legal writers today take the same approach; some have consider reference to contiguity as amounting to little more then a 'technique' for applying the principle of effective occupation: Might not contiguity in itself therefore constitute title … contiguity will generally carry more weight when the area in question constitutes an 'organic'

---

14) Peter Malanczuk(ed.), *Akehurst's Modern Introduction to International Law*, 7th ed.(London: Routledge, 1987), pp.157-58.

15) Ian Brownlie, *Principles of Public International Law*, 5th ed. (Oxford: Oxford University Press, 1998), p.147.

ar 'individualized' whole.[16]

## 2. 근접성의 원칙에 관한 판례

### 가. *British Guiana Boundary* Case(1904)

*British Guiana Boundary* Case(1904)에서 중재관은 유기적 전체(organic whole)라는 개념을 설정하여 유기적 전체의 부분 점유를 유기적 전체에 대해 주권이 미친다고 다음과 같이 판시한 바 있다. 그러나 이는 영토의 연속성(contiguity) 또는 근접성(proximity)의 개념을 인정한 것은 아니다.

> 지역의 부분의 실효적 점유는 … 단순한 유기적 전체를 구성하는 지역의 주권에 대한 권리의 수여를 유지해올 수 있었다.
> The effective possession of part or region … may be held to confer a right to the sovereignty of the whole region which constitute a simple organic whole.[17]

### 나. *Palmas Island* Case(1928)

*Palmas Island* Case(1928)에서 Huber 중재관은 영해의 외측에 위치한 도가 그에 가장 가까운 대륙 또는 도에 귀속된다는 국제법 규칙은 존재하지 아니한다. 즉 지리적 근접성은 영토권원의 근거가 될 수 없다고 하면서, 다른 한편 도의 한 그룹이 한 단위로 인정될 경우 그중 주 도의 운명을 잔여 도가 따른다고 다음과 같이 판시한 바 있다.

> 영해의 외측에 위치한 도가 그의 영토가 *terra firma* (가장 가까운 대륙 또는 고려할 만한 크기의 도)로 형성한다는 단순한 사실로부터 그 국가에 귀속된다는 효과에 대한 실정국제법의 규칙의 존재를 제시하는 것은 불가능하다.
> It is impossible to show the existence of a rule of positive international law that islands situated outside territorial waters should belong to a state from the mere fact that its territory forms the *terra firma*(nearest continent or island of considerable size.[18]
> 도의 한 그룹이 특수한 사정하에서 법상 한 단위로 간주될 수 있고, 그리고 주 도의 운명이 잔여 도의 운명을 포함할 수 있는 것이 가능하다.
> It is possible that a group of islands may under certain circumstances be regarded as in law a unit, and that the fate of the principal may involve the rest.[19]

### 다. *Minquiers and Ecrehos* Case(1953)

*Minquiers and Ecrehos* Case(1953)에서 Levi Carneiro 재판관은 그의 개인적 의견에서 '자연적 단위'의

---

16) Santiago Torres Bernardez, 'Territory, Acquisition', *EPIL*, Vol.10, 1987, pp.501-502.

17) British and Foreign State Paper, Vol.99, 1904, p.930; Fitzmaurice, *supra* n.7, p.75, n.1; Brownlie, *supra* n.15, 1998, p.147,

18) UN, *RLAA*, Vol.2, 1949, p.854.

19) *Ibid.,* p.855.

개념을 인정하고 Minquiers와 Ecrehos는 '자연적 단위'의 부분으로 Jersey의 속도라고 다음과 같은 의견을 표시한 바 있다.

> Minquiers와 Ecrehos는 본토보다 Jersey에 더 가깝다. 이들은 본토보다 Jersey에 소속된 것으로 간주되어야 한다. 이들 도서는 Jersey의 '자연적 단위'의 부분이었고 그렇게 연속되고 있다. 이러한 이유로 그들은 그 자신 군도하에 영국에 보유되어 있다.
> The Minquiers and Ecrehos are closer to Jersey then the mainland. They must be regard as attached to Jersey rather than to the mainland.[20] These islets were, and continue to be, part of the 'natural unity'. It is for this reason that they remained English under the archipolage itself.[21]

### 라. Case *Concerning Sovereignty over Certain Frontier Land*(1959)

Case *Concerning Sovereignty over Certain Frontier Land*(1959)에서 국제사법재판소 Armand-Ug의 판사는 '단위' 개념과 '거리' 개념을 인정하고 문제의 지역이 단위를 구성하지 아니하는 특수한 사정이 있다고 다음과 같은 견해를 표시한 바 있다.

> 영토적 계속의 원칙으로부터 폐쇄 영토가 훼손되었기 때문에 이들 모든 절차는 완전히 논리적이다. 반면에 제91지역과 제92지역은 어떻든 그들 자신이 한 단위를 구성하지 아니하기 때문에 그리고 그들 지역은 Baerle-Duc의 벨기에 폐쇄지로부터 상당히 멀리 떨어져 있기 때문에 Zonderegen의 제91지역과 제92지역의 특수사태는 한층 더 비정상적이다.
> All this procedure was perfectly logical, since any enclave is a derogation from the principle of territorial contiguity, while the special situation of plots 91 and 92 of Zondereygen was even more abnormal, since they did not in any way constitute a unity in themselves and because they were fairly distant from the Belgian enclave of Baerle-Duc.[22]
> 따라서 두 당사자가 1892년의 조약에 의해 정정을 원해 왔다는 것을 완전히 이해할 수 있다.
> It is perfectly understandable therefore that the two parties should have wished to correct by the treaty of 1892.[23]

### 마. *Land, Island and Maritime Frontier Dispute* Case(1992)

*Land, Island and Maritime Frontier Dispute* Case(1992)에서 국제사법재판소는 한 도의 법적 지위와 다른 도의 법적 지위가 일치하는, 즉 도의 단위성(unit)이 인정되는 경우가 있음을 즉 도의 단위성(unit), 단일 그룹(single group) 또는 단일의 물리적 단위(single physical unit)가 인정되는 경우가 있음을 다음과 같이 간접적으로 인정하고 있다.

> 재판부는 Meanguerra에 관해 이 점에 있어서 증거의 부존재로 그 도의 법적 지위가 다름 아닌

---

20) ICJ, *Reports*, 1953, p.102.

21) *Ibid.*

22) ICJ, *Reports*, 1959, p.257.

23) *Ibid.*

Meanguerra의 법적 지위와 일치되어올 수 있었다는 것이 가능하다고 생각하지 아니한다.

As regards Meangueria the Chamber does not consider it possible, in the absence of evidence on the point, that the legal position of that island could have been other than identical with that of Meanguerra.[24]

## 바. Case *Concerning Sovereignty over Pedra Branca*(2008)

Case *Concerning Sovereignty over Pedra Branca*(2008)에서 싱가포르는 Pedra Branca, Middle Rocks와 South Ledge는 지리적으로 단일 그룹(single group)을 형성하고, 하나의 단일한 물리적 단위(a single physical unit)를 형성한다고 주장하고, *Palmas Island* Case(1928)의 도의 그룹(groups of islands)에서 주도의 운명은 잔여 도의 운명을 포함한다는 판정을 인용하고,[25] 또한 *Land, Island and Maritime Frontier Dispute* Case(1982)의 한 도의 법적 지위가 다른 도의 법적 지위와 일치하는 경우가 있다는 판결을 인용했다.[26] 이러한 싱가포르의 주장에 대해 국제사법재판소는 이를 거부하지 아니하고 단일 그룹(single group), 도의 그룹(groups of Islands)을 인정하는 다음과 같은 판결을 한 바 있다.

Middle Rocks는 Pedra Branca의 법적 지위와 같은 법적 지위를 가져 왔다고 이해되므로 Middle Rocks에 대한 본원적 권원은 달리 증명되지 아니하는 한 말레이시아에 유보되어야 한다. 재판소는 싱가포르가 그러한 증명을 한 바 없음을 발견했다.

Since Middle Rocks should be understood to have had the same legal status as Pedra Branca ··· original title to Middle Rooks should remain with Malaysia ··· unless proven other wise, which the Court finds singapore has not done.[27]

## III. 지리적 근접성의 원칙에 관한 규칙과 동 규칙을 독도에서 적용 검토

### 1. 지리적 근접성에 관한 원칙

이상의 지리적 근접성에 관한 학설과 판례의 내용에 함축된 규칙을 다음과 같이 요약 정리해 볼 수 있다. 이는 근접성의 원칙을 (principle of proximity)을 구성하는 규칙(rules)인 것이다.

### 가. 규칙 1

지리적 근접성은 그 자체만으로 영토주권의 권원의 근거로 될 수 없다. 지리적 근접성 그 자체만으로 권원의 기초가 될 수 없다.[28]

---

24) ICJ, *Reports,* 1992, p.579, para. 281.

25) ICJ, *Reports,* 2008, para. 280.

26) *Ibid.,* para. 281.

27) *Ibid.,* para. 290.

28) Fitzmaurice, *supra* n.7, p.72; Waldock, *supra* n.9, p.342; Rao, *supra* n.11, p.54; Shaw, *supra* n.12, p.355; Jennings, *supra* n.13, p.73; Malanczuk, *supra* n. 14, pp.157-58; Brownlie, *supra* n.15, p.147; Bernardez, *supra* n. 16, p.501; H, Lauterpacht, *supra* n.10 p.428; *Palmas*

## 나. 규칙 2

지리적 근접성은 반대의 증거가 없는 한 실효적 지배가 미치는 범위로 추정된다. 따라서 지리적 근접성은 실효적 지배의 간접적 증거이다.[29]

## 다. 규칙 3

지리적 근접성은 '유기적 전체(organic whole)',[30] '법상 한 단위(in law a unit)',[31] '자연적 단일성(natural unity)',[32] '하나의 단일성(a unity)', '법적 지위(legal position)',[33] '단일 그룹(single group)',[34] '도의 그룹(group of islands)',[35] '하나의 실체 또는 자연적 단위(an entity or natural unity)',[36] '조직적 또는 개별화된 전체(an organic or individualized whole)'[37]로 인정될 경우 특수 사정에 따라 주요 부분의 법적 지위는 다른 부분의 법적 지위에 확대되게 된다.[38]

## 2. 지리적 근접성에 관한 규칙을 독도에서 적용검토

### 가. 규칙 1의 적용 검토

지리적 근접성은 그 자체만으로 영토주권의 권원의 근거로 될 수 없다. 따라서 독도가 울릉도에서 보인다는 사실, 독도가 울릉도에 근접되어 있다는 사실, 울릉도 주민이 독도를 한국영토라는 영토의식을 갖고 있었다는 사실만으로 독도의 영토주권의 권원이 한국에 귀속된다고 주장할 수 없다.

### 나. 규칙 2의 적용 검토

지리적 근접성은 반증이 없는 한 실효적 지배가 미치는 범위로 추정된다. 따라서 울릉도에 대한 실효적 지배는 독도에 대한 실효적 지배로 추정된다. 그러므로 한국의 울릉도에 대한 실효적 지배는 같은 기간에 일본이 독도를 실효적으로 지배했다는 반증이 없는 한, 독도에 대한 실효적 지배로 인정된

---

*Island* Case: UN, *RLAA*, Vol.2, 1949, p.854; *Pedra Branca* Case: ICJ, *Reports*, 2008, para. 280.

29) Fitzmaurice, *supra* n.7, p.72; Waldock, *supra* n.9, p.342; Shaw, *supra* n.12, p.355; Brownlie, *supra* n.15. p.147; Malanczuk, *supra* n.14, pp.157-58; Jennings, *supra* n. 13, p.73; Bernardez, *supra* n.16, p.501; Lauterpacht, *supra* n. 10, p.425; *British Guiana Boundary* case: British and Forelgn state Paper, Vol.99, 1904, p.930(Lauterpacht. *supra* n. 10, p.426); *Palmas Island* Case: UN, *RLAA*, Vol.2, 1949, p.854, p.854(M. M. Whiteman, *Digest of International Law*, Vol.2(Washington, D.C.: USGPO, 1968), p.1058).

30) *Supra* n. 17.

31) *Supra* n. 19.

32) *Supra* n. 21.

33) *Supra* n. 24.

34) *Supra* n. 25.

35) *Supra* n. 25.

36) *Supra* n. 8.

37) *Supra* n. 16.

38) Fitzmaurice, *supra* n.7, p.72; Bernardez, *supra* n.16, p.503; Lauterpacht, *supra* n. 10, p.428; British Guiana Boundary Kase: British and Foreign State Paper, Vol.99, 1904, p.930; *Palmas Island* Case: RIAA, Vol.2, 1949, p.855; *Minquers and Ecrehos* Case: ICJ, *Reports*, 1953, p.102; Case *Concerning Sovereignty over Certain Frontier Land*: ICJ, *Reports*, 1959, p.257; *Land Island and Maritime Frontier Dispute* Case: ICJ, *Reports*, 1992, para. 281: *Pedra Branca* Case: ICJ, *Reports*, 2008, para.290.

다. 1900년 '대한제국 칙령 제41호'에 의한 울릉도에 대한 한국의 실효적 지배는 동 칙령상 '석도'가 독도를 의미하는 것이 아니라 할지라도 이와 관계없이 독도에 대한 한국의 실효적 지배로 인정된다. 그러므로 1905년 '시마네현 고시 제40호'로 무주지인 독도를 선점했다는 일본정부의 주장은 한국이 실효적 지배를 하고 있는 독도는 결코 무주지가 아니므로 성립의 여지가 없다.

### 다. 규칙 3의 적용검토

지리적 근접성은 '유기적 전체' 등으로 인정될 경우 특수 사정에 따라 주요 부분의 법적 지위는 다른 부분의 지위에 확대되게 된다. 따라서 울릉도와 독도가 유기적 전체로 인정되므로 즉 독도는 울릉도의 속도이므로, 한국의 울릉도에 대한 영토주권의 권원은 독도에 대한 영토주권의 권원으로 확대된다.

울릉도가 한국영토이므로 울릉도와 '유기적 전체' 등을 구성한다는 실증이 요구된다. '유기적 전체' 등의 정의 규정은 없으며, 이는 특수 사정 등을 고려하여 결정되게 된다. 독도는 울릉도의 속도라는 지금까지의 연구로 족하나, 이로 만족할 것이 아니라 지리학적, 지질학적, 생태학적, 사회학적, 역사학적 등 제 분야의 학제적 연구가 요구된다.

## Ⅳ. 결언

결언으로 정부의 관계당국과 학회·학자에게 다음의 권고 제의를 하기로 한다.

첫째로, 정부의 관계당국에 독도에 관한 대일정책에 다음 사항의 반영을 검토할 것을 권고한다.

( i ) 1900년 '대한제국 칙령 제41호'에 규정된 '석도'는 독도를 지칭하는 것이지만, 석도가 독도를 지칭하는 것이 아니라 할지라도 동 칙령에 의한 한국의 울릉도에 대한 실효적 지배는 독도에 대한 실효적 지배로 인정되므로(규칙 2) '석도'가 독도냐 아니냐의 논쟁은 법적으로 특별한 의미가 없다는 법리의 주장

(ii) 1900년 '대한제국 칙령 제41호'에 의한 한국의 울릉도에 대한 실효적 지배는 독도에 대한 실효적 지배로 인정되므로(규칙 2), 일본이 1905년 '시마네현 고시 제40호'를 고시할 당시 무주지인 독도를 일본이 선점했다는 일본정부의 주장은 위법·무효로 성립의 여지가 없다는 법리의 주장

(iii) 울릉도와 독도는 '단일의 유기적 실체'를 구성하므로 1951년 '대일평화조약' 제2조 (a)항의 울릉도의 법적 지위는 독도의 법적 지위에 확대되어(규칙 3) 독도는 울릉도와 같이 일본의 포기의 대상이라는 법리의 주장

둘째로, 독도관계 학회·학자에게 독도에 관한 연구에 다음 사항의 참작을 검토할 것을 제의한다.

( i ) 울릉도에 대한 실효적 지배는 독도에 대한 실효적 지배로 추정되므로(규칙 2), 한국의 독도에

대한 실효적 지배의 사실 추급 연구역량을 타 분야의 연구로 전환

(ii) 울릉도와 독도가 '단일의 유기적 실체'를 구성하므로 울릉도의 권원은 독도의 권원으로 확대된다(규칙 3). 이를 더 확고히 하기 위해 울릉도와 독도가 '단일의 유기적 실체'를 구성한다는 심도 있는 지리학, 지질학, 생태학, 사회학, 해양학의 학제연구

## &lt;참고문헌&gt;

대한민국 외무부, 『대한민국의 아름다운 영토 독도』, 서울, 외교부, 연도 불표시.
동북아역사재단, 『교수·학습 과정안 및 학습지』, 서울 동북아역사재단. 2013.
_____, 『독도 바로 알기』, 서울 동북아역사재단, 2011.
_____, 『우리 땅 독도를 만나다』, 서울: 동북아역사재단. 2012.
동북아역사재단 독도연구소, 『일본 외무성 독도홍보 팸플릿 반박문』, 2008년.
외무부 우정국, 『독도문제 개론』, 서울시 우정국, 1955.

Bernardez Torres Santiago, 'Territory, Acquisition', *EPIL,* Vol.10, 1987.
Brownlie Ian, *Principles of Public International Law*, 5th ed., Oxford: Oxford University Press, 1998.
British and Foreign State Paper, Vol.99, 1904.
Fitzmaurice Gerald, 'The Law and procedure of the International Court of Justice, 1951-4, *BYIL,* Vol.32, 1955-6.
Hambro E., 'The Reasons behind the Decisions of International Court of Justice', *Current Legal Problems,* Vol.7, 1954.
ICJ, *Reports,* 1953.
___, *Reports,* 1959.
___, *Reports,* 1992.
___, *Reports,* 2008.
Jennings Robert and Arthur Watts(eds.), *Oppenheim's International Law,* 9th ed. Vol.1, London: Longman, 1992.
Jennings Robert, *Acquisition of Territory in International Law,* Dobbs Ferry: Oceana, 1963.
Kelsen Hans, *The Law of the United Nations,* New York: Praeger, 1950.
Lauterpacht H., 'Sovereignty over Submarine Area', *BYIL,* Vol.27, 1956.
Malanczuk Peter (ed.), *Akehurst's Modern Introduction to International Law,* 7th ed., London: Routledge, 1987.
Narayana Rao K., 'The Problem of Goa', *Indian Yearbook of International Affairs* 1996.
Rosenne Sabatai, *The Law and Practice of the International Court of Justice,* 3rd ed., Vol.4 Mague: Martinus, 1997.
Schlochauer Hans-Jurger, 'International Court of Justice', *EPIL,* Vol.1, 1981.
Seoul: Northeast Asian History Foundation, 2006.
Shaw Malcolm N., *International Law,* 4th ed., Cambridge: Cambridge University Press, 1997.
Torres Bernardes Santiago, 'Territory, Acquisition', *EPIL,* Vol.10, 1987.
UN, *RLAA,* Vol.2, 1949.
Virally Michel, 'The Source of International Law', in Max Sorensen(ed.), *Monnal of Public International Law,* New York: Macmillan, 1968.
Waldock C.H.M., 'Disputed Sovereignty in the Falkland Islands Dependencies', *BYIL,* Vol.25 1948.

# 제13절 | 대일평화조약과 한일어업협정의 저촉

## I. 서언

1951년의 '대일평화조약'은 '일본은 …제주도·거문도 및 울릉도를 포함하는 한국에 대한 모든 권리, 권원 및 청구권을 포기한다.'라고 규정하고(제2조 (a)항) 있는 바, 이에 대해 1998년의 '한일어업협정'은 독도 주변수역에 이른바 동해 중간수역을 설정하고(제9조), 이 수역에서 '기국주의'에 의해 한국의 주권행사가 제한되고 일본의 주권행사가 인정되어 있다(부속서 제 I ). 이는 '대일평화조약'의 규정에 의해 일본의 독도에 대한 권리, 권원 및 청구권이 포기되어 있는데 반하여 '한일어업협정'은 일본의 독도에 대한 권리를 인정하고 있는 것으로 이는 '대일평화조약'의 규정과 '한일어업협정'의 규정이 저촉되어 있는 것이다(이 저촉은 '대일평화조약'에 의해 독도 영유권이 한국에 귀속된다는 것을 전제로 한 것으로 이 전제에 관해서는 이 연구에서 논외로 하기로 한다). '대일평화조약'에 의해 일본의 독도에 대한 권리가 포기되었는데 대해 '한일어업협정'에 의해 일본의 독도에 대한 권리가 인정되어 있기 때문이다.

이 연구는 '대일평화조약'의 규정에 저촉되는 '한일어업협정'의 규정은 조약의 저촉원칙에 따라 적용이 배제된다는 법이론을 정립해보려 시도된 것이다. 이하 ( i )조약의 저촉에 관한 일반적 고찰, (ii)일당사자 공통 저촉조약의 후 조약 무효, (iii)한일어업협정의 무효검토순으로 기술하고, (iv)결론에서 정부당국에 대해 몇 가지 정책대안을 제의하기로 한다.

이 연구는 법실증주의에 입각한 *lex lata*의 해석론임을 여기 밝혀 두기로 한다.


## II. 조약의 저촉에 관한 일반적 고찰

### 1. 조약의 저촉의 개념

#### 가. 의의

조약의 저촉(conflict of treaties)이란 국제법의 저촉(conflict of international law)의 한 유형으로[1] 한 조약의 내용이 다른 조약의 내용과 상호 충돌되는 사태를 말한다. 즉, 한 조약과 다른 조약이 내용상

---

1) 국제법의 저촉에는 ( i )관습법과 관습법의 저촉, (ii)관습법과 조약의 저촉, (iii)조약과 조약의 저촉의 유형이 있다.

불가양립성(incompatibility)을 뜻한다.[2] 조약의 저촉의 발생원인은 국제사회에 중앙적 입법기관의 결여에 의한 분권적 국제입법에 의하여 국제법의 주체가 개별적으로 조약을 체결하는 데 있다. 개별 국가의 주권의 존재를 전제로 한 국제법 체계에서는 불가피한 현상일 수밖에 없다.[3] 그러나 이를 방치할 수 없으므로 일찍이 C. Rousseau는 조약 저촉의 해결과제는 '국제질서에 있어서 가장 긴급한 과제 중의 하나(task as one of the most urgent problem in the international order)이다.'라고[4] 기술한 바 있다.

## 나. 유형

### (1) 조약의 체약당사자 기준

(가) 체약당사자가 동일한 조약의 저촉[5]

예컨대, A·B를 당사자로 하는 X조약과 A·B를 당사자로 하는 Y조약의 저촉(A·B <X>: A·B <Y>)

(나) 체약 당사자가 상이한 조약의 저촉[6]

1) 제1유형

2개의 저촉되는 조약에 공통된 1개의 당사자가 있는 조약의 저촉, 예컨대, A·B를 당사자로 하는 X조약과 A·C를 당사자로 하는 Y조약의 저촉(A·B <X>: A·C <Y>)

2) 제2유형

2개의 저촉되는 조약에 공통된 2개 이상의 전부의 당사자가 공통되지 아니한 일부의 당사자가 있는 조약의 저촉, 예컨대, A·B를 당사자로 하는 X조약과 A·B·C·D를 당사자로 하는 Y조약의 저촉(A·B <X>: A·B·C·D <Y>)

3) 제3유형

2개의 저촉되는 조약에 공통된 당사자가 하나도 없는 조약의 저촉, 예컨대, A·B를 당사자로 하는 X조약과 C·D를 당사자로 하는 Y조약의 저촉 (A·B <X>: C·D <Y>)

---

2) Hans Kelsen, *Principle of International Law*, 2nd ed.(New York: Holt, 1967), p.502; G.Schwarzenberger and E. D. Brown, *A Manual of International Law*, 6th ed.(Milton: Professional Books, 1976), p.131; Wolfram Karl, 'Conflicts between Treaties; *EPIL*, Vol.7, 1984, pp.467-68; 김명기, 「국제법원론」(서울: 박영사, 1996), p.77.
  (Jorg Kammerhofer, *Uncertainty in International Law*(London: Routledge, 2010), p.141. 즉, 다른 규범에 대한 한 규범의 우선(privileging one norm over the other)을 의미한다(*Ibid.*, p.139; M. Balkin, 'Deconstructive Practice and legal Treaty; *Yale Law Journal*, Vol.96, 1987, pp.743-86).

3) Karl, *supra* n.2, p.468; C. W. Jenks, 'The Conflict of Law-Making Treaties.' *BYIL*, Vol.30, 1953, pp.402-403.

4) Quoted in Karl, *supra* n.2, p.468.

5) Schwarzenberger and Brown, *supra* n.2, p.131.

6) *Ibid*; 김명기, 전주2, p.81.

## (2) 조약의 체계 기준

　　(가) 신(후)조약과 구(전)조약의 저촉

　　(나) 일반조약과 특수조약의 저촉

　　(다) 상위조약과 하위조약의 저촉

　　(라) 동위조약과 동위조약의 저촉

　　(마) 강행조약과 임의조약의 저촉

　　(바) 국제조직조약과 국제조직구성국 조약의 저촉

## 2. 조약의 저촉의 조약법상 체계

조약의 저촉의 조약법상 체계에 관해 다음과 같이 견해가 나누어져 있다.

(i) 조약의 적용(application of treaties) 문제로 보는 견해[7]

(ii) 조약의 목적(objects of treaties) 문제로 보는 견해[8]

(iii) 조약의 해석·유효·개정·종료(interpretation, validity, revision, termination of treaties) 문제로 보는 견해[9]

(iv) 조약의 유효(validity of treaties) 문제로 보는 견해[10]

(v) 조약의 적용과 효력(application and effect of treaties)문제로 보는 견해[11]

조약의 저촉을 (i) 조약의 적용 문제로 보는 견해는 저촉되는 조약의 유효를, (ii) 조약의 목적문제로 보는 견해는 저촉되는 조약의 무효를, (iii) 조약의 해석·유효·개정·종료로 보는 견해는 해석·개정·종료의 경우는 저촉되는 조약의 유효를, 유효의 경우에는 저촉되는 조약의 무효를, (iv) 조약의 유효로 보는 견해는 저촉되는 조약의 무효를, (v) 조약의 적용과 효력의 문제로 보는 견해는 적용의 경우는 저촉되는 조약의 유효를, 효력의 경우는 저촉되는 조약의 무효를 각각 전제로 한 것이다.

요컨대, 저촉되는 조약의 무효를 전제로 하는 견해는 상기 (ii), (iii), (iv) 그리고 (v)의 견해라고 볼 수 있다.

## 3. 조약의 저촉 해결방법

조약의 저촉을 해결하는 방법의 원칙으로 다음과 같은 것이 있다.

(i) 위계의 원칙(hierarchic principle)

---

7) T.D. Elias, *The Modern Law of Treaties*(Leiden: Sijthoff, 1974), p.54; Ian Sinclair, *The Vienna Convention on the Law of Treaties,* 2nd ed.(Manchester; Manchester University Press, 1984), p.84; Alina Kaczorowiska, *Public International Law,* 4th ed. (London;Routledge, 2010), p.116.

8) Robert Jennings and Arthur Watts (eds.) *Oppenheim's International Law.* 9th ed., Vol.1(London: Longman, 1992), p.1214.

9) Karl *supra* n.2, p.468.

10) Michel Vinally 'Law of Treaties, 'in Max Sorensen(ed.), *Manual of Public International Law* (London: Macmillan, 1968), p.206.

11) Ian Brownlie, *Principle of Public International Law,* 5th ed.(Oxford: Oxford University Press, 1998), pp.627, 630.

(ii) 선법 우선의 원칙(lex prior principle)

(iii) 후법 우선의 원칙(lex posterior principle)

(iv) 특별법 우선의 원칙(lex specialis principle)

( v ) 자치적 적용의 원칙(autonomous operation principle)

(vi) 입법의사의 원칙(legislative intent principle)[12]

조약 저촉의 어떤 유형의 경우에 어느 원칙이 적용되고 2개 이상의 원칙이 경합된 경우 어떤 원칙이 우선하느냐의 원칙도 명확히 확립되어 있지 아니하며, 이들 원칙은 상호 불가분의 연관(inseparable link)를 갖고 있다.[13]

상술한 조약의 저촉 유형별로 조약의 저촉을 해결하는 원칙을 적용해 보면 다음과 같다.

(i) 체약당사자가 동일한 조약의 저촉(A・B <X>: A・B <Y>): 이 경우는 후법 우선의 원칙이 적용되게 된다(Y가 X에 우선).[14]

(ii) 체약당사자가 상이한 조약의 저촉: 제1유형(A・B <X>: A・C <Y>), 제2유형(A・B <X>: A・B・C・D <Y>), 제3유형(A・B <X>: C・D <Y>)별로 각기 적용하는 원칙이 상이하다.[15]

이 연구에서는 제1유형(A・B <X>: A・C <Y>) 즉, '일 당사자가 공통인 조약의 저촉'의 해결방법에 관해서만 검토하기로 한다. 한・일 간의 '을사보호조약'과 청・일 간의 '간도협약'은 제1유형(한・일 <을사보호조약>: 청・일 <간도협약>)에 해당되기 때문이다. 제1유형의 해결방법에 관하여 후 조약무효설,[16] 후 조약위법설,[17] 후 조약유효설[18]이 있으나 후 조약무효설이 다수설이고 판례라 할 수 있다.

## III. 일 당사자 공통 저촉조약의 후 조약 무효

여기 '일 당사자가 공통인 저촉조약(one common party to conflict treaties)'이란[19] '단 하나의 당사자가 공통인 충돌조약(conflict treaties with only one party in common)',[20] '분기 당사자를 가진 저촉조약(conflict treaties with divergent parties)'을[21] 말한다. 이는 전술한 조약의 저촉유형 중 당사자가 상이한 조약의 저촉 중 제1유형에 해당되는 저촉을 말한다. 예컨대, A・B를 당사자로 하는 X조약과 A・C를

---

12) Sinclair, *supra* n.7, p.96; Jenks, *supra* n.3, pp.436-453.

13) Karl, *supra* n. 2, p.469.

14) *Ibid.*, p. 470.

15) *Ibid.*, pp. 470-71.

16) H. Lawterpacht, 'The Covenant as High Law, '*BYIL*, Vol.17, 1936, pp.64-65.

17) Wesley Gould, *An Introduction to International Law*(New York: Harper and Brothers, 1957), p.326.

18) Kelsen, *supra* n.7, p.504.

19) Scharzenberger and Brown, *supra* n.2, p.131.

20) Karl, *supra* n.2, p.468; Jennings and Watts, *supra* n.8, pp.1214-15.

21) Karl, *supra* n.2, p.470; Virally, *supra* n.10, p.207.

당사자로 하는 Y조약의 저촉(A·B <X>: A·C <Y>)을 말한다. 즉, X조약과 Y조약에 있어서 A만이 공통인 X조약과 Y조약의 저촉을 뜻한다.

전술한 바와 같이 이 저촉의 경우 저촉되는 후 조약의 효력에 관해 학설이 나누어져 있으나 후 조약 무효설이 학설과 판례 그리고 관행이라 할 수 있다. 이에 관한 학설과 판례, 조약법협약안과 조약법협약 그리고 관행을 고찰해 보기로 한다.

## 1. 학설과 판례

### 가. 학설

#### (1) Gerald Fitzmaurice

Fitzmaurice는 A·C 간의 조약이 A·B 간의 전 조약에 저촉될 경우, 후 조약이 전 조약의 '직접적인 위반'을 수반하는 경우, 후 조약은 무효라고 다음과 같이 기술하고 있다.

> A국과 C국 간의 조약이 A국과 B국 간의 선조약에 저촉될 경우
> (a) …
> (b) 후 조약이 필연적으로 선조약의 직접적 위반을 수반할 경우 후 조약은 무효이다.
>
> Where a treaty between state A and C was inconsistent with an earlier treaty state A and B… the later treaty would be invalid only
> (a) …
> (b) the later treaty necessarily involved a direct breach of the earlier treaty)[22]

#### (2) H. Laeterpacht.

Laeterpacht는 선조약에 저촉되는 후 조약은 불가양립성의 한도에서 무효이고 집행할 수 없는 것이라고 다음과 같이 기술하고 있다.

> 동일 체약국 간의 조약이 아닌 선조약의 규정에 저촉되는 조약은 그들 서명국의 약간의 피해의 원인이 되는 선조약에 저촉되는 조약은 그와 같은 불가양립성의 한도에서 무효이고 국제재판소에서 집행할 수 없는 것이다.
>
> Treaties, other than those between the same contracting parties, which conflict with the provisions of previous treaties so as to cause injury to the interest of some of their signatories are to the extent of such incompatibility, invalid and unenforceable before international court.[23]

#### (3) L. McNair

McNair는 A국과 B국이 당사자인 조약과 A국과 C국이 당사자인 후 조약에 저촉되는 경우, 후 조약이 무표(null and void)로 되는 경우의 하나로 다음을 열거하고 있다.

---

22) Gerald Fitzmaurice, Third Report on the Law of Treaties, A/CN.4/115(1958), Arts, 18.19; Sinclair, *supra* n.7, p.94.

23) Lauterpacht, *supra* n.16, p.60.

전 조약에 의하여 A국가가 그의 조약 체결능력을 양도하거나 감축한 경우에 A국가가 그의 조약 체결능력의 부존재 또는 초과하에 체결된 후 조약

Where, by virtue of the earlier treaty state A surrendered or diminished its treaty-making capacity and the later treaty has been concluded by state A in absence, or in excess of its treaty-making capacity.[24]

이는 조약 체결능력이 없거나 또는 초과하여 체결된 조약은 무효라는 것이므로 B국가가 A국가에게 조약 체결능력을 선조약으로 부여하고 A국가가 그 조약 체결능력을 초과하여 체결된 조약이 무효라는 의미도 된다고 본다.

## (4) Robert Jennings와 Arthur Watts

Jennings와 Watts는 저촉되는 후 조약이 무효이고, 특히 보호조약의 경우 보호국이 보호조약에 의해 부여된 권한을 초과하여 체결된 조약은 무효라고 다음과 같이 기술하고 있다.

특정의 경우 약간의 신뢰의 조치로서 최소한 후 조약의 전 조약에 대한 불가양립성의 한도에서 후 조약이 무효라고 주장될 수 있다.

In certain cases it can with some measure of confidence be asserted that the later treaty is void, at least to the extent of its incompatibility with the earlier treaty:

전 조약이 국가의 조약 체결능력을 직접적으로 감축하고 후 조약이 그 국가에 의해 아직 유보되어 있는 조약 체결능력을 초과한 경우; 그러한 사태는 연방연합으로 진입하는 조약이나 피보호 상태를 수락하는 조약에 의한 국가에 의해 야기된다.

Where the earlier treaty has directly reduce the treaty making capacity of the state and the later treaty is in excess of the capacity (if any) still retained by the state; such a situation would occur in respect of state by treaty entering into a federal union or accepting protectorate status).[25]

## (5) Michel Virally

Virally는 선조약의 약속에 불일치하는 조약은 무효로 될 수 있다고 하면서 그 무효는 위법성에 근거한 것을 반드시 의미하지 아니한다고 다음과 같이 기술하고 있다.

당사자의 하나의 선약속에 불일치에 관한 조약이 무효로 될 수 있다는 논의는 그 조약무효의 근거가 위법하다는 것을 필수적으로 의미하지 아니한다.

The argument that a treaty may be void for inconsistency with a prior engagement of one if the parties does not necessarily involve that ground of its being so void is illegality.[26]

## (6) C. W. Jenks

Jenks는 일 당사자가 공통인 저촉조약의 해결 원칙은 선법 우선의 원칙이라고 다음과 같이 기술하고

---

24) L.McNair, *Law of Treaties* (Oxford:Clarendon, 1961)., p.221.

25) Jennings and Watts, *supra* n.8. pp.1214-1215.

26) Virally, *supra* n.10, p.207.

있다. 선법이 우선한다는 것은 후법의 무효를 간접적으로 함축한 것이라고 할 수 있다.

> 저촉의 해결을 위한 어떠한 규칙이 요구되는 한 선법 우선의 원칙은 아직 합리적이고 편리한 것이다.
> The lex prior principal may still be a reasonable and convenient one in so far as some rule for resolving the conflict is necessary.[27]

### (7) G. G. Wilson

Wilson은 타 국가와 저촉되는 제3국의 조약은 선조약이 우선한다고 다음과 같이 기술하고 있다. 선조약이 우선한다는 뜻은 후 조약이 무효라는 의미인 것이다.

> 다른 국가와 저촉되는 제3국과의 후 조약의 경우 선조약이 우선한다.
> In case a later treaty with a third conflicts with other state, the earlier treaty prevails.[28]

### (8) T. O. Elias

Elias는 선조약의 당사자와 후조약의 당사자가 동일한 조약의 저촉의 경우는 후 조약이 우선하나 선후 두 조약의 공통된 한 당사자가 있는 경우는 선조약이 우선 한다고 다음과 같이 기술하고 있다. 우선 당하는 조약은 무효라는 의미인 것이다.

> 선조약과 후 조약 양자의 당사자 간에 있어서는 후 조약이 우선한다. 그러나 선후 양 조약의 당사자인 국가와 선조약만의 당사자인 국가 간에 있어서는 선조약이 우선한다.
> Between two states that are parties to both the earlier and the later treaties, the later treaty prevails, but as between a state party to both treaties and a state party only the earlier treaty, the earlier treaty prevails.[29]

이상의 학설 이외에 후 조약이 무효라는 견해는 E. de Vattle,[30] W. E. Hall,[31] L. Oppenheim[32] 등에 의해 표시되어 왔다.

### 나. 판례

### (1) *Costa Rica vs. Nicaragua*(1916)

1916년 미국과 니카라과 간에 체결된 '브라이언·차모로 조약(Bryan -Chamorro Treaty)'은 99년간

---

27) Jenks, *supra* n.3, pp.444-445.

28) G.G.Wilson, *International Law*, 9th ed.(New York: Silver, 1935), p.222.

29) Elias, *supra* n.7, p.56.

30) E.de Vattle, *Droit des gens*, Book II, ch.12, §165.

31) W.E.Hall, *A Treaties on International Law*, 6th ed. (Oxford:Clarendon, 1909), p.334.

32) L. Oppenheim, *International Law*, Vol.1, 4th ed. (London: Longmans, 1926), p.713.;(Jorg Kammerhufer, *Uncertainty in International Law*(London: Routledge, 2011), p.167.

니카라과 영토를 횡단하여 폰세카(Fonseca) 만을 연결하는 해양운하의 건설권을 미국에 부여하는 규정을 두고 있다. 이는 니카라과와 코스타리카 간에 체결된 선조약의 규정을 위반한 것이었다. 이에 코스타리카와 엘살바도르는 중앙아메리카 재판소(Central American Court of Justice)에 제소했다.

재판소는 단순히 미국에 대해 관할권이 없다는 이유로 후 조약인 '브라이언·차모로 조약'이 선조약을 위반하여 무효(null and void)임을 확인했으나 무효라는 선언을 하지 아니했다.[33]

### (2) *Salvador vs. Nicaragua*(1917)

1916년 미국과 니카라과 간에 체결된 폰세카 만의 해군기지의 건설에 관한 '브라이언·차모로 조약'은 1917년에 체결된 폰세카 만에 있어서 엘살바도르의 공유권을 규정한 '중앙아메리카 국가 간 평화와 우호조약(Treaty of Peace and Amity among Central American States)'의 규정을 위반한 것이었다. 엘살바도르는 니카라과를 중앙아메리카 재판소에 제소했다.

재판소는 후 조약인 '브라이언·차모로 조약'은 선조약인 '중앙아메리카 국가 간 평화우호조약'을 위반하여 무효라는 이유를 다음과 같이 판시했다.

> 니카라과는-국제법에 의해 규정된 모든 가능한 수단을 다할-브라이언·차모로 조약 이전에 존재하는 법적 상태를 재수립하고 유지할 의무하에 있다.
> Nicaragua is under obligation—availing itself of all possible means provided by international law—to re-establish and maintain the legal status that existed prior to the Bryan-Chamorro Treaty.[34]

### (3) Jurisdiction of the European Commission of the Danube(1927)

1856년의 '파리 평화조약(Paris Peace Treaty)' 제15조는 '다뉴브와 그 하구(Danube and its Mouths)의 자유항행이 된다.' 하고 규정하고 있다. 다뉴브의 자유항행을 위해 특별 국제기관(Special International Organ)인 이자크챠(Isaktcha), 즉 유럽다뉴브위원회(European Danube Commission, 이하 'EDC'라 한다)가 창설되었다. 1919년의 '베르사유 평화조약(Peace Treaty of Versailles)'은 제1차 대전 이전에 EDC의 권한을 확인하고 독일의 으름(Ulm) 상원의 국제화를 확장했다.

1921년 7월 23일의 '다뉴브 한정정관 수립협약(Convention Establishing the Definitive of the Danube)', 즉 '다뉴브 한정정관(Definitive Statute of the Danube)'이 제정되었다. 동 규정에 의해 EDC의 권한이 확인되고 모든 항행가능한 하천의 권한은 으름(Ulm)에서 브라이라(Braila)까지 (fluvial Danube) 그리고 브라이라에서 흑해까지(maritime Danube) 확장되었다.

'베르사유 평화조약 제346조, 제348조 및 제349조'의 적용에 관해 분쟁에 발생했다. 루마니아 정부는 가라츠(Galatz)와 브라이라(Braila) 간의 운하의 자유항행을 부정했다. 이 분쟁은 국제연맹이사회에 회부되었고 사무총장은 1926년 12월 18일 이에 관한 권고적 의견을 상설국제사법재판소에 요구했다.[35] 1926년 12월 18일 이 문제는 '베르사유 평화조약'과 '다뉴브 정의규정'의 저촉문제로 재판소는

---

33) *AJIL*, Vol.11, 1917, p.228; H. Lauterpacht, 'The Covenant as High Law' *BYIL*, Vol.17, 1936, p.61; *BYIL*, Vol.30, 1953, p.42.
34) *AJIL*, Vol.11, 1917, p.719; *BYIL*, Vol.16, 1935, p.164; *BYIL*, Vol.17, 1936, p.61; *BYIL*, Vol.30, 1953, p.422.

'베르사유 조약과 한정정관 양자에 서명하고 비준한 본 분쟁에 관련된 모든 정부는 그들 간의 관계에 있어서 이의 규정의 어떤 것이 무효라고 주장할 수 없다.'고 판시했다.[36] 이는 '한정정관'에 서명하지 아니한 루마니아는 무효를 주장할 수 있다는 뜻이다. 즉 '베르사유 조약'과 '한정정관'의 저촉에서 전자에 저촉되는 후자는 '무효'라는 것을 간접적으로 인정한 것이다. 그러나 재판소는 EDC가 '한정정관' 체결 이후 장기간 가라츠(Galatz)와 브라이라(Braila)에 대해 권한을 행사해온 사실을 누구나 부인할 수 없다고 하고 또한 이는 전대부터 행사해온 것이므로 이에는 '전쟁 전 현상의 원칙(principle of status quo ante bellium)'에 따라 '베르사유 조약'에 대한 권한은 있다고 다음과 같이 판시했다.

전쟁 전 현상의 복구는 다뉴브에 관한 베르사유 조약의 규정과 그에 관한 한정정관의 규정을 지배하는 원칙이 마찬가지였다. 현행법상 EDC는 가라츠 이하의 구역과 마찬가지로 가라츠에서 브라이라 간의 해안구역에 대하여 동일한 권한을 갖는다.

The restoration of the status quo ante bellium was one of the leading principle of the provisions of the Treaty of Versailles concerning Danube as well as of those of the Definitive Statute.[37] Under the Law at present in forcr the EDC has the same powers on the maritime sector of the Danube from Galatz to Braila as sector below Galatz.[38]

### (4) Customs Regime between Germany and Austria (1931)

1931년 5월 19일 국제연맹 이사회는 상설국제사법재판소에 1931년 3월 19일의 '오스트리아·독일 의정서(Austrai-German Protocol)'에 의해 규정된 독일과 오스트리아 간의 관세연맹(Customs Union)이 1919년 9월 10일 연합국과 오스트리아 간의 평화조약인 '성 게르마인 평화조약(Saint Germain Peace Treaty)' 제88조와 동 평화조약의 의정서인 1922년 10월 4일 제네바에서 서명된 '의정서 I(Protocol I)'과 양립할 수 있느냐의 권고적 의견을 요청했다.[39] 양 합의서는 오스트리아에게 오스트리아의 독립을 약속하는 어떠한 행위도 자제할 의무를 부과하고 있다.[40] 오스트리아는 1922년 10월 4일의 '의정서 I'의 당사자이고 또한 1931년 3월 19일의 '오스트리아·독일 의정서'의 당사자이다. 이 양 의정서의 저촉유형은 '일 공통 당사자 저촉조약' 유형(A·B<X>:A·C<Y>)에 해당된다. 상설국제사법재판소는 1931년 9월 5일 1931년의 관세체제(customs regime)는 1922년의 의정서와 양립하지 아니한다는 다음과 같은 권고적 의견을 표시했다.

1931년 3월 19일의 의정서에 의해 기초와 원칙의 한계에 관해 독일과 오스트리아 간에 수립된 체제는 1922년 10월 4일 제네바에서 서명된 의정서 I과 양립하지 아니한다.

A regime established between Germany and Austria, on the basic and the limits of the principles laid down by the Protocol of March 19th 1031, would not be compatible with Protocol No.1 signed at

---

35) Jennings and Watts, *supra* n.13, p.578;PCIJ, *Series B* No.14, 1927, pp.8, 28.

36) PCIJ, *Series B*, No.14, 1927, p.23.

37) *Ibid.*, p.27.

38) *Ibid.*, pp.27, 69.

39) PCIJ, *Series A/B*, No.41, 1931, p.5.

40) *Ibid.*, p.38; Monika Vicheiling, 'Customs Regine between Germany and Austria', *EPIL*, Vol.2, 1984, p.69.

Genova on October 4th 1922.[41)

이 판결에서 '양립하지 아니한다(not be compatible)'는 것은 저촉되는 후 조약은 무효로 된다는 뜻으로 본다. 결국 후 조약인 '제네바의정서 I'은 무효인 것이다.

## (5) Oscar Chinn Case(1934)

영국인 Oscar Chinn은 벨기에의 식민지로 된 콩고에 하천 수송회사 'Unatra'를 설립했다. 당시 벨기에 국가가 반 이상의 주식을 보유하고 있었으며 'Unatra'의 수송률은 벨기에 정부의 인가를 받아야 했다. 1930년~1931년의 디플레이션으로 벨기에 정부는 'Unatra'의 통행량을 결정적으로 감축하는 조치를 취하게 되었다. 이에 손실을 보게 된 Chinn은 보상을 요구하게 되어 영국정부와 벨기에정부 간에 분쟁이 야기되어 1934년 4월 14일의 영국정부와 벨기에정부 간의 제소합의로 영국정부는 상설국제재판소에 벨기에정부의 조치가 국제법에 위반한 것이라는 제소를 했다.

1934년 12월 12일 재판소는 벨기에정부의 조치가 국제법에 저촉되지 아니한다고 판결했다. 재판소는 1919년 9월 10일의 '성 게르마인 협약(Convention of Saint-Germain)' 제5조의 규정에 근거한 것이었다. 물론 영국과 벨기에는 동 협약의 비준국이었다. 동 협약은 1885년 2월 22일에 모든 유럽국가와 미국이 서명한 '베를린 최종의정서(Berlin Final Act, Berlin General Act)'와의 저촉문제가 제기되게 된 것이다.

재판소는 동 협약과 동 의정서가 모두 유효하다는 것이었으나 반대의견을 표명한 Eysiga 재판관과 분리의견을 표명한 Schuking 재판관은 후 조약인 1919년의 '성 게르마인 협약'은 선조약인 1885년의 '베를린 최종의정서'에 저촉되어 무효라는 의견을 표명했다. 반대의견을 표명한 Eysiga 재판관은 '베를린 최종의정서'의 개정은 동 의정서의 모든 체약국의 동의로만 가능하다고, 따라서 모든 국가의 동의가 없는 '성 게르마인 협약'은 무효이며 그 이유를 다음과 같이 주장했다.

> 베를린 의정서는 다수의 국가 간에 다수의 계약관계를 창설하지 아니한다. … 이는 만장일치 수정법을 의미하지 아니한다. 그러나 이는 정관과 헌법에 의해 하나의 체제로서 콩고지역을 규정한다. 이 체제는 불가분의 전체를 형성하고 수정될 수 있으나 이는 모든 체약 당사국의 합의를 요한다. The General Act of Berlin does not create a number of contractual relations between a number of states, …it does not constitute a just dispositium, but it provides the Congo Basin with a regime, a statute, a constitution. This is regime, which forms on indivisible whole, may be modified, but for this the agreement of all contracting powers is required.[42)

M. Schucking 재판관은 그의 분리의견(separate opinion)에서 무효는 상대적이고 무효를 주장할 때까지는 유효한 것이라고 다음과 같이 기술했다.

---

41) PCIJ, *Series A/B,* No. 41, 1931, p.53.
42) PCIJ, *Series A/B* No. 63, 1934, pp.133-134.

무효는 오직 상대적인 것이다. 즉 그들 서명국 간에 있어서는 유효한 것이다. … 그럼에도 불구하고 신협약은 그의 참여에 초대되지 아니한 국가가 그들의 권리를 주장하는 단계를 취할 때까지 계속 합법적이고 유효한 것이다.

The nullity is only relative to say they are valid in relations between their signatories…the new convention continues nevertheless to be legal and valid, until such time as the powers which were not invited to participate in it take steps to assert their rights.[43]

이상에서 고찰해 본 바와 같이 일 공통당사자 저촉조약에서 (A・B<X>:A・C<Y>) 선조약에 저촉되는 후 조약은 무효라는 것이 학설과 판례에 의해 일반적으로 승인되어 있다.


## 2. 조약법협약안과 조약법협약

### 가. 하버드 조약법협약안(1938)

'하버드 국제법연구소의 조약법협약안(Harvard Research in International Law, Draft Convention on the Law of Treaties)'은 제3국과의 선조약상의 의무에 후조약상의 의무가 저촉될 경우 선조약상의 의무가 우선한다고 다음과 같이 규정하고 있다.

일 국가가 타 국가와의 조약에 의해 부담한 의무가 제3국과의 선조약에 의해 부담한 의무에 저촉될 경우, 선조약에 의해 부담한 의무가 후 조약에 의해 부담한 의무에 우선한다.

If a state assumes by a treaty with another state on obligation which is in conflict with an obligation which it has assumed by an earlier treaty with a third state, the obligation assumed by earlier treaty takes priority over the obligation assumed by the later treaty.[44]

위의 규정에서 우선한다(takes priority over)는 것은 결과적으로 후 조약이 무효라는 의미를 함축하고 있는 것이다.

### 나. 조약법에 관한 비엔나 협약(1969)

조약법에 관한 비엔나 협약(Vienna Convention on the Law of Treaties, 이하 '조약법협약'이라 한다) 제30조 제2항은 '조약이 선조약 또는 후조약에 따를 것을 명시하고 있거나 또는 선조약 또는 후조약과 양립하지 아니하는 것으로 간주되지 아니함을 명시하고 있는 경우에는 그 다른 조약의 규정이 우선한다.'라고 규정하여 양립조항이 있는 경우에는 그에 따를 것을 규정하고 있으나 양립조항이 없는 경우에는 규정을 두고 있지 못하다. 제30조 제4항(b)는 다음과 같이 규정하고 있다.

양 조약의 당사국과 어느 한 조약의 당사국 간에는 그 양국이 다 같이 당사국인 조약 그들 상호 간의 권리의무를 규율한다.

---

43) *Ibid.*, p. 87.

44) *AJIL*, Vol.29, 1935, Suppl. p.1044; *BYIL*, Vol.30, 1953, p.442.

As between a state party to both treaties and a state party to only one of the treaties, the treaty to which both state are parties governs their mutual right, and obligations.

이 규정은 조약은 제3자에 대해 영향을 주지 아니한다는 원칙(제34조)을 확인한 것에 불과하다.[45] 이는 선조약에 저촉되는 후 조약이 위법 또는 무효이냐의 문제를 해결하지 못한 것이다.[46] 제30조 제5 항은 다음과 같이 규정하고 있다.

다른 조약에 다른 국가에 대한 어느 국가의 의무와 조약 규정이 양립하지 아니하는 조약의 체결 또는 적용으로부터 그 어느 국가에 대하여 야기될 수 있는 책임문제를 침해하지 아니한다.
Without prejudice…to any question of responsibility which may rise for a state from the conclusion or application of a treaty the provisions towards another state under another treaty.

동 규정은 '책임문제를 침해하지 아니한다.'라고만 규정하였을 뿐, 후 조약이 '위법' 또는 '무효'라고 규정하고 있지 아니하다.[47] 동 조의 규정은 많은 점에서 전적으로 만족스러운 것이 아니다(in many respects not entirely satisfactory).[48]

요컨대, '조약법협약'은 일 공통 당사자 저촉의 경우 (A·B<X>:A·C<Y>) 선조약에 저촉되는 후 조약의 '무효'를 명시적으로 규정하고 있지 아니하나 후 조약의 체결 또는 적용에 대한 책임을 규정하고 있다. 그러나 책임문제가 배제되지 아니하는 원인으로서 후 조약의 '무효'가 배제되는 것은 아니다. 즉 후 조약이 무효이므로 책임문제가 배제되는 것이 아니라는 의미를 묵시적으로 표시하고 있다.

## IV. 한일어업협약의 무효 검토

### 1. 학설·판례에 의한 무료

상술한[49] 바와 같이 일 당사자 공통인 저촉 조약에서 후 조약은 학설·판례에 의하여 무효이다. 이에 따르면 선조약인 일본을 공통 당사자로 하는 '대일평화조약'에 저촉되는 후 조약인 '한일어업협정'은 무효이다.

### 2. 조약법협약에 의한 무효

1969년의 '조약법협약'은 1980년에 발효했으므로, 1999년의 '한일어업협정'에 '조약법협약' 제4조에

---

45) Karl *supra* n.7, p.470.
46) *Ibid.*
47) *Ibid.*, p.471.
48) Sinclair, *supra* n.7, p.98.
49) *Supra* IV. 1. 가. 나.

규정된 불소급의 원칙에 따라 '한일어업협정'에 '조약법협약'은 적용되지 아니한다. 그러나 '조약법협약'은 관습법을 성문화한 것이므로 동 협약의 체약당사국이 아닌 국가에 대해서는 동 협약이 관습법으로 적용될 수 있다는 견해에 의하면[50] 동 협약은 관습법으로 '한일어업협정'에 적용될 수 있다.

'조약법협약'은 일 당사자 공통인 저촉 조약에 관해 선조약에 저촉되는 후 조약은 무효라고 명시하지 아니하고 후 조약 당사자의 '책임문제'가 해제되지 아니한다라고 규정하고 있으므로[51] 책임문제가 후 조약의 '무효'를 전제로 한 것이라고 하여 '한일어업협정'의 '무효'를 주장할 수도 있고, 책임 문제가 위법을 전제로 한 것이라고 하여 '한일어업협정'의 위법성을 주장할 수도 있다. 물론 무효·위법을 별론으로 하고 책임의 해제방법인 원상회복, 손해배상, 진사 등을 요구할 수도 있다.

요컨대, '조약법협약'에 의해 후 조약의 무효가 명시적으로 배제되어 있지 아니하므로 한국은 일본에 대해 '한일어업협정'의 무효를 주장할 수 있다고 본다.


## V. 결언

첫째로, 상술한 바를 다음과 같이 요약하기로 한다.

(ⅰ) '일 당사자가 공통인 저촉 조약(A・B<X>:A・C<Y>)'에서 선조약(X)에 저촉되는 후 조약(Y)은 무효라는 것이 학설·판례·관행에 의해 일반적으로 승인되어 있다.

(ⅱ) 후 조약인 '한일어업협정'은 선조약인 '대일평화조약'에 저촉된다. 특히 '한일어업협정' 제9조는 '대일평화조약' 제2조 (a)항에 저촉된다. 따라서 '대일평화조약'에 저촉되는 '한일어업협정'은 무효이다.


둘째로, 정부 관계당국에 대해 다음과 같은 정책대안을 제의하기로 한다.

(ⅰ) '한일어업협정'은 '대일평화조약'에 저촉되어 무효라는 학계의 연구를 주도적으로 추진·지원하고 그 연구결과를 정책에 적극적으로 반영한다.

(ⅱ) '대일평화조약'에 저촉되는 '한일어업협정'은 무효이므로 '대일평화조약' 제21조의 '한국은 본 협약의 제2조, 제4조, 제9조 및 12조의 이익을 향유할 권리를 가진다.'라는 규정에 의해 한국은 일본에 대해 '한일어업협정'의 무효를 주장할 수 있으며, 이에 따라 '한일어업협정' 제15조의 '이 협정의 어떠한 규정도 어업에 관한 사항 이외의 국제법상 문제에 관한 각 체약국의 입장을 해하는 것으로 간주되어서는 아니 된다.'의 규정에 의거하여 일본이 독도 영유권 주장을 할 수 있었으나, 한국은 '한일어업협정'의 무효를 주장하여 일본은 더 이상 독도 영유권을 주장할 수 없게 된다. 독도에 관한 정부의 정책당국은 이를 근거로 일본은 독도 영유권 주장을 할 수 없는 것이

---

50) Sinclair, *supra* n. 7, p.9; Shabatai Rosenne, 'Vienna Convention on the Lae of Treaties', *EPIL*, Vol.7, 1984, p.528; Brownlie, *supra* n.16, p.608;*Namibia* case(1917): ICJ, *Reports*, 1971, p.47.
51) '조약법협약' 제30조 제5항; 전술 Ⅳ. 2. 4

라는 것을 대일본 독도정책에 반영한다.

(iii) '대일평화조약' 제21조의 '한국은 본 협약의 제2조, 제4조, 제9조 및 제12조의 이익을 향유할 권리를 가진다.'는 규정에 의거하여 한국은 '한일어업협정'의 무효를 주장할 수 있으며, 이에 의거하여 '한일어업협정'에 의한 중간수역에서 기국주의에 의해 추적권이 금지되어 왔으나 (부속서 제2항 가목) '한일어업협정'의 무효로 중간수역에서 추적권이 인정됨을 정책에 반영한다.

(iv) 조약의 저촉문제로 '한일어업협정' 제16조 제2항에 의거하여 동 협정의 전부의 폐기 통보 없이 상기 (ii)와 (iii)의 효과를 정책에 반영 한다.


## <참고문헌>

김명기, 『국제법원론』, 서울:박영사, 1996.

ASIL, *AJIL*, Vol.11, 1917.

Balkin M., '*Deconstructive Practice and legal Treaty*'; *Yale Law Jounal*, Vol.96, 1987.

Brownlie Ian, *Principle of Public International Law*, 5th ed., Oxford: Oxford University Press, 1998.

*BYIL*, Vol.30, 1953.

Elias T.D., *The Modern Law of Treaties,* Leiden: Sijthoff, 1974.

Gould Wesley, *An Introduction to International Law,* New York: Harper and Brothers, 1957.

Hall W.E., *A Treaties on International Law*, 6th ed., Oxford:Clarendon, 1909.

Jennings Robert and Arthur Watts, (eds.), *Oppenheim's International Law*. 9th ed., Vol.1, London: Longman, 1992.

Kaczorowiska Alina, *Public International Law*, 4th ed., London;Routledge, 2010.

Kammerhufer Jorg, *Uncertainty in International Law,* London: Routledge, 2011.

Karl Wolfram, 'Conflicts between Treaties; *EPIL*, Vol.7, 1984.

Kammerhofer Jorg, *Uncertainty in International Law*, London: Routledge, 2010.

Kelsen Hans, *Principle of International Law*, 2nd ed., New York: Holt, 1967.

Lawterpacht H., 'The Covenant as High Law', *BYIL*, Vol.17, 1936.

Lauterpacht H., 'The Covenant as High Law' *BYIL,* Vol.17, 1936.

McNair L., *Law of Treaties*, Oxford:Clarendon, 1961.

Michel Vinally 'Law of Treaties, 'in Max Sorensen(ed.), *Manual of Public International Law*, London: Macmillan, 1968.

Oppenheim L., *International Law*, Vol.1, 4th ed., London: Longmans, 1926.

PCIJ, *Series A/B*, No.41, 1931.

Rosenne Shabatai, 'Vienna Convention on the Law of Treaties', *EPIL*, Vol.7, 1984.

Schwarzenbeger G. and E. D. Brown, *A Manual of International Law*, 6th ed., Milton: Professional Books, 1976.

Sinclair Ian, *The Vienna Convention on the Law of Treaties,* 2nd ed., Manchester: Manchester University Press, 1984.

Vattle E.de, *Droit des gens*, Book Ⅱ.

Wilson G.G., *International Law*, 9th ed., New York: Silver, 1935.

# 제14절 ┃ 대일평화조약과 한일기본관계조약의 저촉

## Ⅰ. 서언

1945년 8월 15일 일본은 라디오 방송을 통해 '항복선언(Declaration of Surrender)'을 했고, 9월 2일 이를 성문화하기 위한 '항복문서(Instrument of Surrender)'의 서명이 있었다. 일본의 항복으로 일본을 점령한 미국이 대일평화조약의 교섭·체결에 주역을 담당했다.

한국은 대한민국임시정부 시절부터 한국이 대일평화조약의 교섭·체결을 위해 초청될 것을 미 국무부에 요청했으나 이는 모두 거절되고 말았다. 따라서 한국은 '대일평화조약'의 당사국이 되지 못하고 동 조약에 대해 제3자의 지위에 머물러 있게 되었다. 그러나 동 조약 제21조는 '한국은 동 조약 제2조, 제4조, 제9조 그리고 제19조의 이익을 향유할 권리가 있다는 규정에 의해 한국도 동 조약 몇몇 조항의 이익을 향유할 권리를 갖게 되었다.

동 조약 제21조의 규정에 의거하여 한국이 이익을 향유할 권리가 있고 동 조약 제2조 (a)항은 다음과 같이 규정하고 있다.

> 일본은 한국의 독립을 승인하고, 제주도·거문도 및 울릉도를 포함하는 한국에 대한 권리·권원 및 청구권을 포기한다.

위의 '한국의 독립을 승인하다.'라는 규정을 이하 '독립승인 조항'이라 하고, '권리·권원 및 청구권을 포기한다.'는 규정을 '권리포기 조항'이라 하기로 한다.

'독립승인 조항'은 일본이 승인하기 직전까지 한국은 비독립국이고 한국이 비독립국가인 근거는 1910년의 '한일합방조약'이 유효하다는 것이다. 따라서 한국이 '대일평화조약' 제2조의 이익을 향유한다는 것은 '한일합방조약'이 '대일평화조약'이 체결되기 직전까지 유효함을 묵시적으로 승인한 것으로 된다.

다른 한편 1965년 일본과의 국교정상화를 위해 체결한 '한일기본관계조약' 제2조는 다음과 같이 규정하고 있다.

> 1910년 및 그 이전에 대한제국과 대일본국 간에 체결된 조약 및 협정은 이미 무효임을 확인한다.

위의 규정 중 '이미 무효'는 원천적으로 무효이므로 '한일합방조약'은 1910년 8월 22일 무효인 것으로 된다.

따라서 '대일평화조약'은 '한일합방조약'이 '대일평화조약'을 체결하기 직전까지 유효한 것으로 된다는 것과 '한일기본조약' 제2조는 '한일합방조약'이 원초적으로 1910년부터 무효인 것으로 된다는 두 개의 명제는 상호 각각 저촉되게 된다.

이 연구는 이 저촉의 해결을 위해 한국정부가 취하여야 할 조치를 구명하기 위해 시도된 것이다.

이하 '대일평화조약 제2조', '한일기본관계조약 제2조', '대일평화조약과 한일기본관계조약의 저촉'순으로 기술하고 '결론'에서 정부관계당국에 대해 몇 가지 정책대안을 제의하기로 한다.

## II. 대일평화조약 제2조 (a)항

### 1. 대일평화조약 제2조 (a)항의 규정

1951년 48개 연합국과 일본 간에 체결된 '대일평화조약'[1] 제2조 (a)항은 다음과 같이 규정하고 있다.

> 일본은 한국의 독립을 승인하고, 제주도 · 거문도 및 울릉도를 포함하는 한국에 대한 모든 권리 · 권원 및 청구권을 포기한다.
> Japan recognizing the independence of Korea and renounces all right, title and claim to Korea including the islands of Quelpart, Port Hamilton and Dagelet.

### 2. 대일평화조약 제2조 (a)항의 한국에 대한 적용

#### 가. 대일평화조약 제21조의 규정

한국은 대한민국임시정부 시절부터 대일평화조약의 교섭 · 체결에 참가할 수 있도록 초청해줄 것을 미 국무부에 요청했으나[2] 이는 거절되었고, 대한민국정부도 대한민국임시정부와 같은 요청을 미 국무부에 했으나 역시 거절되고 말았다.[3] 따라서 한국은 '대일평화조약'의 체약당사국이 되지 못하고 동 조약의 제3자의 지위에 머물러 있게 되었다. 그러나 동 조약 제21조는 조약이 한국에 대해 적용되는 조항을 다음과 같이 규정하고 있다.

> 한국은 동 조약 제2조, 제4조, 제9조 및 제12조의 이익을 향유할 권리를 가진다.

동 제21조의 규정에 의해 한국은 동 조약 제2조 (a)항의 이익을 향유할 권리를 갖는다. 동 조약 제2

---

1) L. V. Aduard, *Japan: From Surrender to People*(New York: Praeger, 1954), pp. 103-104.

2) US Department of State, Office Memorandum: Japanese Peace Settlement and State of War with Japan, June 20, 1949.

3) 1951년 1월 4일 장면 주미대사의 서한(Korean Embassy in Washington D.C., A Letter to Dean Acheson(Secretary of State from John M. Chang)

조 (a)항의 규정은 상기한 바와 같다.

## 나. 조약법협약 제36조 제1항의 규정

'조약법협약'은 제3자에 대한 권리부여에 관해 다음과 같이 규정하고 있다.

① 조약의 당사국이 제3국 또는 제3국이 속하는 국가의 그룹 또는 모든 국가에 대하여 권리를 부여하는 조약 규정을 의도하며 또한 그 제3국이 이에 동의하는 경우에는 그 조약의 규정으로부터 제3국에 권리가 발생한다. 조약이 달리 규정하지 아니하는 한 제3국의 동의는 반대의 의사표시가 없는 동안 있는 것으로 추정된다.

① A right arises for a third State from a provision of a treaty if the parties to the treaty intend the provision to accord that right either to the third state, or to a group of state which it begins, or to all states, and the third State assents thereto. Its assent shall be presumed so long as the contrary is not indicated, unless the treaty otherwise provides.(제36조 제1항).[4]

위의 규정에 따라 권리를 부여받은 국가의 동의는 조약에 달리 규정하지 아니하는 한 제3국의 동의는 반대의 의사표시가 없는 동안 있는 것으로 추정된다. 동 조의 규정에 의한 제3국의 권리는 조건부권리(conditional right)이다.[5]

동 조의 규정에 의해 한국은 '대일평화조약' 제21조에 따라서 제2조의 이익을 향유한다는 선언을 한 바 없으나 '대일평화조약' 제21조 이익을 향유할 권리가 추정된다.

## 3. 대일평화조약 제2조 (a)항의 해석

### 가. 독립승인 조항

(1) 한일합방조약 유효의 묵시적 승인

(가) 1952년 4월 28일까지 승인

'대일평화조약' 제2조 (a)항 전단은 '일본은 한국의 독립을 승인하고(Japan recognizing the independence of Korea)'라고 규정하고 있다. 이는 동 조약이 효력을 발생한 1952년 4월 28일까지 한국은 비독립상태에 있었음을 전제로 한 것이다. 따라서 한국이 동 조항의 이익을 향유할 의사표시를 하는 것은 '한일합방조약'이 '1952년 4월 28일'까지 유효함을 묵시적으로 승인하는 것이 된다. 왜냐하면

( ⅰ ) 조약의 효력발생 시점은 그 조약에 달리 규정하지 아니하는 한 그 조약이 성립하는 시점이며 엄격하게는 발효시점에 소급해서 적용되지 아니하는 것이 조약법의 원칙이기 때문이다.[6] '조약법협약'

---

4) 제36조의 규정은 조약이 직접 제3국에 부여한 권리와 저촉된다.

5) Werner Morvay, 'Peace Treaty with Japan', *EPIL*, Vol.4, 1982, p 128.

6) Ian Sinclair, *The Vienna Convention on The Law of Treaties*(Manchester: Manchester University Press, 1984), pp.85-87; E.T. Elias, *The Modern Law of Treaties*(Leiden: Sijithoff, 1974), p.46-49; Stepehn Allen, *International Law*(London: Pearson, 2013), pp.42-43; Martin Dixon, *International Law*(Oxford: Oxford University Press, 2013), pp.66-67; Andrew B. Hollis(ed.) *The Oxford Guide to Treaties*(Oxford: Oxford University Press, 2012), pp.699-702; John P. Grant and J. Craig Barker(eds.), *Encyclopediac Dictionary of International Law*,

제28조는 동 조약의 불소급적용에 관하여 다음과 같이 규정하고 있다.

> 별도의 의사가 조약으로부터 나타나지 아니하거나 또는 달리 확정되지 아니하는 한 그 조약의 규정
> 은 그 발효 이전에 당사국에 관련하여 발생한 행위나 사실 또는 없어진 사태에 관하여 그 당사국을
> 구속하지 아니한다.
> Unless a different intention appears from the treaty or is otherwise established, its provisions do not
> bind a party in relation to any act or fact which took place or any situation which ceased to exist
> before the date of the entry into force of the treaty with respect to that party.

따라서 '대일평화조약'은 동 조약이 발효한 1952년 4월 28일 이전에 소급하여 적용되지 아니한다. 그러므로 '대일평화조약' 제2조 (a)항에 의해 일본이 한국의 독립을 승인한 일자 1952년 4월 28일 직전까지 한국은 비독립상태에 있었고 따라서 '한일합방조약'은 1952년 4월 27일까지 유효한 것으로 묵시적으로 추정된다.

(ii) '독립승인 조항'은 '승인하며(recognizing)'라고 규정하고 '승인했으며(recognized)'로 규정하고 있지 아니하다. 따라서 1952년 4월 28일이 한국의 독립을 승인한 일자이며 따라서 1952년 4월 28일까지 '한일합방조약'은 유효한 것으로 추정된다.

(나) 묵시적 승인의 추정

'대일평화조약'에 의해 한국의 독립이 1952년 4월 28일에 승인되고 따라서 '한일합방조약'이 1952년 4월 28일까지 유효한 것으로 추정되는 것은 한국이 '대일평화조약' 제21조, 따라서 제2조 (a)항의 이익을 향유하는데 동의의 의사표시를 한 바 없으나 '조약법협약' 제36조 제1항에서 조약의 제3국이 동의의 의사표시를 하지 아니해도 그 제3국이 반대의 의사표시를 할 때까지 동의의 의사표시를 한 것으로 추정되기 때문이다. 요컨대 '대일평화조약' 제2조 (a)항의 규정이 한국에 대해 효력이 있고 따라서 '한일합방조약'이 1952년 4월 28일까지 유효한 것으로 '추정'되는 것은 '조약법협약' 제36조 제1항의 규정에 의한 것이다.

나. 권리포기 조항

(1) 한일합방조약 유효의 묵시적 승인

(가) 1952년 4월 28일까지 승인

---

3rd(Oxford: Oxford University Press, 2009), p.615; Robert Jennings and Arthur Watts(eds.), *Oppenheim's International Law*, Vol.1, 9th ed., (London: Longman, 1992), p.1234-1335, 1238-39; David H. Ott, *Public International Law in the Modern World*(London: Pitman, 1987), p.194; Malcolm Shaw, *International Law*, 4th ed., (Cambridge: Cambridge University Press, 1997), p.650; Werner Levi, *Contemporary International Law: A Concise Introduction, Boulder*(Colorado: Westview, 1979), p.225; Paul Reuter, *The Modern Law of Treaties*(London: Pinter, 1989), pp.51-55; Hans Kelsen, *Principles of International Law*, 2nd ed, (New York: Holt, 1967), p.493; Gerhard von Glah, *Law among Nations*, 4th ed.(New York: Macmillan, 1981), p.493-94; Gerog Schwarzenberger and E.D. Brown, *A Manual of International Law*, 6th ed.(Milton: Professional Books, 1976), p.130; *Marrommotis Concession* Case(1924): PCIJ, *Series A*, No.2(1924), p.34; *Phosphates in Morocco* Case1938: PCIJ, *Series A/B* No.24, (1938), p.24; 김명기, 「국제법원론 上」(서울: 박영사, 1969), p.894-95.

'대일평화조약' 제2조 (a)항 후단은 '일본은 한국에 대한 … 모든 권리·권원 및 청구권을 포기한다(Japan renounces all right, title and claim).'라고 규정하고 있다. 이 '권리포기 조항'은 1952년 4월 28일까지 일본이 권리·권원 및 청구권을 갖고 있었음을 인정하고 있다. 왜냐하면 갖고 있는 권리·권원 및 청구권은 포기할 수 있는 것이며 갖고 있지 아니한 권리 등은 포기할 수 없는 것은 자명한 일이기 때문이다. 따라서 이 '권리포기 조항'도 1952년 4월 28일까지는 '한일합방조약'이 유효했음을 의미한다. 그리고 이도 '조약법협약' 제36조 제1항의 규정에 의해 한국이 승인한 것으로 추정된다. 이는 '독립승인 조항'의 경우와 동일하다.

(나) 묵시적 승인의 추정

독립 승인 조항의 경우와 같다.


## III. 한일기본관계조약 제2조

### 1. 한일기본관계조약 제2조의 규정

1954년 한일 국교정상화 과정에서 한일 간에 체결된 '한일기본관계조약' 제2조는 다음과 같이 규정하고 있다.

> 1910년 8월 22일 및 그 이전에 대한제국과 대일본제국 간에 체결된 모든 조약 및 협정이 이미 무효임을 확인한다.

위의 규정에 따라서 1910년 8월 22일에 한일 간에 체결된 '한일합방조약'은 '이미 무효'임이 확인되었다.

### 2. 한일기본관계조약 제2조의 해석

'한일기본관계조약' 제2조는 '1910년 8월 22일 및 그 이전에 한일 간에 체결된 조약 및 협정이 이미 무효이다.'라고 규정하고 있다. 동 조에 규정된 '이미 무효'의 의미에 관해 한국정부와 일본정부의 해석이 대립되어 있다.

### 가. 한국정부의 해석

한국정부는 '이미 무효'를 '당초부터 무효'라고 해석하고 있다. 따라서 1910년 8월 22일에 체결된 '한일합방조약'은 1910년 8월 22일에 소급하여 그때부터 무효라고 한다.[7] 따라서, 1910년에서 1945년까

---

7) 대한민국정부, 「대한민국과 일본국 간의 조약 및 협정해석」(서울: 대한민국정부, 1965), p.11; 대한민국정부, 「한일회담백서」(서울: 대한민국정부, 1964), p.19.

지 일본의 한국에 대한 지배는 법적 근거가 없는 위법한 지배가 된다.

### 나. 일본정부의 해석

한국정부의 '이미 무효'를 '당초부터 무효'라는 해석에 대해 일본정부는 1948년 8월 15일 한국정부가 수립된 때부터 무효라고 해석한다.[8] 따라서 '한일합방조약'은 1948년 8월 15일부터 무효라고 주장한다. 이 주장에 의하면 1910년부터 1945년까지 일본의 한국지배는 국제법상 유효한 '한일합방조약'에 근거한 것으로 합법적인 지배로 된다.

## Ⅳ. 대일평화조약 제2조 (a)항과 한일기본관계조약 제2조의 저촉

이와 같이 '대일평화조약' 제2조 (a)항에 의하면 '한일합방조약'이 '대일평화조약'이 체결·발효한 1952년 4월 28일이 무효라는 해석과 '한일기본관계조약' 제2조에 의하면 '한일합방조약'이 원천적으로 무효로 되어 1910년 8월 22일부터 무효라는 해석은 상호 충돌된다.[9] 이 상호 충돌되는 해석을 피하기 위해 '한일합방조약'이 1910년 8월 22일부터 무효라는 후자의 해석은 그대로 유지하고 1952년 4월 28일부터 '한일합방조약'이 무효라는 전자를 해석을 배제하도록 하는 한국정부의 조치가 요구된다.

## Ⅴ. 결언

결론으로 다음과 같은 두 가지 조치를 정부관계당국에 제의하기로 한다.

### 1. 한일기본관계조약에 대한 조치

'한일기본관계조약' 제2조의 '이미 무효'의 해석에 관해 '이미 무효'는 '원천적으로 무효'로 해석된다는 내용의 '해석의정서'를 한일 간에 체결하여 1910년 이래 1945년까지 일본의 한국지배의 합법성을 배제하는 조치를 하여야 할 것이다. 물론 일본이 이 '해석의정서'의 체결에 반대할 것이다. 한국은 다각적인 외교역량을 다하여 '이미 무효'는 '원천적으로 무효'라는 내용의 '해석의정서'를 체결하여 민족적인 과제를 해결하여야 할 것이다.

### 2. 대일평화조약에 대한 조치

'대일평화조약' 제21조의 규정에 의한 동 조약 제2조 (a)항에 의거하여 '한일합방조약'이 1952년 4월

---

8) S. Oda, 'The Normalization of Relation Between Japan and The Republic of Korea', *AJIL*, Vol.61, 1967, pp.40-41.

9) 이는 엄격한 의미로는 '조약의 저촉'이 아니라, '조약의 해석의 저촉'이다.

28일부터 무효라는 효과를 배제하기 위해 '조약법협약' 제36조 제1항에 의거하여 '대일평화조약' 제21조의 이익을 향유한다는 선언을 하면서 '대일평화조약'의 어떠한 규정도 '한일합방조약'이 1952년 4월 28부터 무효로 해석되지 아니한다는 내용의 '해석선언'을 하여야 할 것이다.

상기 '1' 및 '2' 양자는 모두 역사를 바로잡는 민족적 당위이며, 보편적 정의를 실현하는 대한민국의 소명이다.[10]

## <참고문헌>

### 국내문헌

김명기, 『국제법원론 上』, 서울: 박영사, 1969.
대한민국정부, 『대한민국과 일본국 간의 조약 및 협정해석』, 서울: 대한민국정부, 1965.
대한민국정부, 『한일회담백서』, 서울: 대한민국정부, 1964.

### 외국문헌

Aduard, L. V., *Japan: From Surrender to People,* New York: Praeger, 1954.

Allen, Stepehn *International Law,* London: Pearson, 2013.

Dixon, Martin, *International Law,* Oxford: Oxford University Press, 2013.

Elias, E.T., *The Modern Law of Treaties,* Leiden: Sijithoff, 1974.

Grant, John P. and J. Craig Barker(eds.), *Encyclopedic Dictionary of International Law*; 3rd, Oxford: Oxford University Press, 2009.

Glah, Gerhard von, *Law among Nations,* 4th ed., New York: Macmillan, 1981.

Hollis, Andrew B.(ed.), *The Oxford Guide to Treaties,* (Oxford: Oxford University Press, 2012.

Jennings, Robert and Arthur Watts(ed.), *Oppenheim's International Law*, Vol.1, 9th ed., London: Longman, 1992.

Kelsen, Hans *Principles of International Law*, 2nd ed., New York: Holt, 1967.

---

10) '한일기본관계조약'이 체결되어 근 반세기가 경과한 오늘까지 동 조약 제2조의 '이미 무효' 문제를 해결하지 못한 정부가 '독도 영유권 문제', '정신대 문제'를 논하는 것은 기본적인 문제를 해결하지 못하고 그로부터 파생되는 지엽적인 문제부터 해결하려 하는 태도는 전후가 전도된 것이다.

# 제15절 | 남중국해 중재판정을 통해 본 독도문제

## Ⅰ. 서언

1982년 '유엔해양법협약(the United Nations Convention on the Law of the Sea: UNCLOS, 이하 '해양법협약'이라 한다)'이 발효된 이후 남중국해에서 중국정부(the Government of the People's Republic of China, 이하 '중국'이라 한다)와 관련 해양국가 정부 간에 '해양법협약'의 해석과 적용에 관한 크고 작은 분쟁이 연속되어 왔다.

2013년 1월 22일 필리핀정부(the Government of the Philippines, 이하 '필리핀'이라 한다)는 중국의 동의 없이 일방적으로 중국을 상설중재재판소(the Permanent Court of Arbitration: PCA, 이하 '중재재판소'라 한다)에 제소했다.

2015년 10월 29일 중재재판소는 필리핀이 제소한 15개 청구취지 중 7개 청구취지에 관해 관할권이 있고 나머지 청구취지에 관해서는 본안심리에서 판정하기로 하는 관할권에 관한 판정을 했고, 2016년 7월 12일 중재재판소는 대부분의 청구취지를 용인하는 본안판정을 했다.

특히 관할권판정에는 중국의 역사적 권원을 부정하고 이를 역사적 권리에 부과하라고 하여 중재재판소 관할권이 있다고 판정했고, 본안판정에서는 '해양법협약' 제121조 제3항에 관해 해양지역은 자연적 능력(natural capacity)이라고 판정했고 '인간의 거주'는 '안정적 인간공동체(stable community of the people)'를 전제로 한 것이라고 판정했다.

중재재판소의 판정 중 중국의 역사적 권원을 부정한 판정과 배타적 경제수역과 대륙붕을 갖는 암석은 '안정적 인간공동체'를 의미한다는 판정이 한국의 독도 영유권에 심각한 영향을 주는 것이므로 이에 관해 한국정부(이하 '한국'이라 한다)는 일본정부(이하 '일본'이라 한다)가 독도에 관해 중재재판소에 일방적으로 제소할 경우에 대비하는 제 조치를 취하여야 한다는 의미를 부여한다.

왜냐하면 한국도 독도 영유권에 관해 역사적 권원을 주장하고 있다. 그러므로 첫째로 중재재판소의 관할권에 관한 판정 중 중국의 역사적 권원을 부정한 바, 한국도 독도 영유권에 관해 역사적 권원을 주장하고 있으므로 이는 일본이 독도에 관해 중재재판소에 일방적으로 제소할 경우 한국의 역사적 권원이 부정되고 중재재판소에 관할권이 인정될 수 있으므로 이는 한국의 독도 영토주권에 심각한 영향을 주는 것이며, 둘째로 중재재판소의 본안판정 중 해양지형은 '자연적 능력'이라고 판시한 바, 독도는 500톤급 선박에 접안할 수 있는 선착장이 건설되어 있으므로 독도는 자연적 능력을 상실한 것이며, '인간의 거주'는 안정적 인간공동체를 의미한다고 판시한 바, 독도에 거주하고 있는 40명의 경찰경비대와 3명의 등대요원 등은 안정적 인간공동체가 아니므로 독도는 배타적 경제수역과 대륙붕을 창출하는 해양지형이라고 볼 수 없게 되므로 중재재판소의 판정은 한국의 독도 영토주권에 심각한 영향을 준다.

이하 '사건의 개요', '관할권판정', '본안판정', '독도 영유권에 주는 효과'순으로 논급하고, '결론'에서 정부당국에 대한 정책대안을 제의하기로 한다.

## II. 사건의 개요

### 1. 개설

필리핀은 2013년 1월 22일 중국을 상대로 남중국해에서의 필리핀과 중국 간의 분쟁을 '해양법협약' 제7부 부속서에 의거하여 연계된 중재재판소에 제소했고, 중재재판소는 2015년 10월 28일 관할권에 관해 판정을 했고, 2016년 7월 12일 본안에 관해 필리핀의 승소 판정을 내렸다. 관할권의 판정은 청구취지 전부에 관해 일괄적·단일적 판정을 한 것이 아니라 청구 취지별로 판정을 했다.[1]

### 2. 상설중재재판소와 해양법협약

중재재판소는 1899년에 체결하고 1907년에 개정된 '국제분쟁의 평화적 해결에 관한 헤이그협약(Hague Convention on the Pacific Settlement of International Disputes)'에 의해 설립된 재판소로 이는 '해양법협약'에 의해 설립된 것이 아니라 '해양법협약'의 분쟁해결 규정에 의해 연계되어 있는 것이다.

### 3. 필리핀의 청구취지

필리핀의 청구취지는 단일의 것이 아니라 15개 사항에 달하는 방대한 것이었다. 그 청구취지 15개 사항은 다음과 같다.

(i) 제1청구취지: 중국의 남중국해에서의 해양 권원들은 '해양법협약'에 의해 명시적으로 허용되는 것을 넘어서 확대될 수 없다.

(ii) 제2청구취지: 소위 '9단선'에 의해 포함되는 남중국해 해역에 대한 중국의 주권적 권리, 관할권 및 '역사적 권리'에 대한 중국의 주장은 '해양법협약'에 반하며 '해양법협약'에 의해 명시적으로 허용되는 중국의 해양 권원들의 지리적 및 실체적 한계를 초과하는 한 법적 효과가 없다.

(iii) 제3청구취지: 스카보러 숄은 배타적 경제수역이나 대륙붕에 대한 어떠한 권원도 발생시키지 않는다.

---

1) PCA, Arbitral Tribunal, Arbitration between the Republic of the Philippines and the People's Republic of China, Fourth *Press Release*, 22 April, 2015, pp.1-11.

(iv) 제4청구취지: 미스치프 암초, 세컨드 토마스 숄 및 수비 암초는 영해, 배타적 경제수역 또는 대륙붕을 발생시키지 않는 간조 노출지이며, 선점 및 기타 유형에 의해 영유할 수 있는 지형이 아니다.

(v) 제5청구취지: 미스치프 암초와 세컨드 토마스 숄은 필리핀의 배타적 경제수역 및 대륙붕의 일부이다.

(vi) 제6청구취지: 가벤 암초와 멕케난 암초(휴스 암초 포함)는 영해, 배타적 경제수역 또는 대륙붕에 관한 권원을 발생시키지 않는 간조 노출지이지만, 그 저조선은 남이트와 신코웨 각각의 영해 기선을 결정하기 위해 사용될 수 있다.

(vii) 제7청구취지: 존슨 암초, 콰테론 암초 및 피어리 크로스 암초는 배타적 경제수역 또는 대륙붕에 관한 어떠한 권원도 발생시키지 않는다.

(viii) 제8청구취지: 중국이 배타적 경제수역과 대륙붕의 생물 및 무생물 자원에 관한 필리핀의 주권적 권리의 향유와 행사를 방해한 것은 위법이다.

(ix) 제9청구취지: 중국이 자신의 국민 및 선박으로 하여금 필리핀의 배타적 경제수역 내 생물자원 이용을 방지하지 못한 것은 위법이다.

(x) 제10청구취지: 중국이 스카보러 숄에서 전통적 어업활동을 방해함으로써 필리핀 어부들의 생계유지를 못하게 한 것은 위법이다.

(xi) 제11청구취지: 중국은 스카보러 숄, 세컨드 토마스 숄, 콰테론 암초, 피어리 크로스 암초, 가벤 암초, 존슨 암초, 휴스 암초 및 수비 암초에서의 해양환경을 보호하고 보전할 '해양법협약'상의 의무를 위반하였다.

(xii) 제12청구취지: 미스치프 암초에 대한 중국의 선점과 건설 활동은,

    (a) 인공섬, 시설물 및 구조물에 관한 '해양법협약' 규정들을 위반하였다.

    (b) '해양법협약'상 해양환경을 보호하고 보전할 중국의 의무를 위반하였다.

    (c) '해양법협약'을 위반하여 시도된 영유는 위법행위를 구성한다.

(xiii) 제13청구취지: 중국은 스카보러 숄 부근에 항행하는 필리핀 선박과 심각한 충돌 위험을 야기하는 위험한 방식으로 자신의 법집행 선박을 운영함으로써 '해양법협약'상의 의무들을 위반하였다.

(xiv) 제14청구취지: 2013년 1월 중재재판 개시 이후, 중국은 다음과 같이 위법하게 분쟁을 악화시키고 확대시켜 왔다.

    (a) 세컨드 토마스 숄의 수역 및 인근에서 필리핀의 항행의 권리를 방해한다.

    (b) 세컨드 토마스 숄에 배치된 필리핀 인력의 순환 및 재보충을 방해한다.

    (c) 세컨드 토마스 숄에 배치된 필리핀 인력의 건강 및 복지를 위협한다.

    (d) 미스치프 암초, 콰테론 암초, 피어리 크로스 암초, 가벤 암초, 존슨 암초, 휴스 암초 및 수비 암초에서의 준설, 인공섬 건설 및 건축 활동을 수행한다(2015년 11월 30일 최종 청구취지에서 추가).

(xv) 제15청구취지: 중국은 '해양법협약'상 필리핀의 권리와 자유를 존중하고, 남중국해에서의 해양

환경 보호 및 보전에 관한 것을 포함해서 '해양법협약'상 의무를 이행하고, 그리고 '해양법협약'상 필리핀의 권리와 자유에 대해 상당한 주의(due regard)를 하면서 남중국해에서 자신의 자유와 권리를 행사해야 한다(2016년 10월 29일 관할권판정 후 수정).[2]

## 4. 중국의 판정거부

중재재판소의 관할권판정과 본안판정에 대해 중국은 부정적인 입장을 표명해 왔다.

## 5. 강제 관할권 포기 선언

피고국인 중국은 '해양법협약'상 강제관할권 포기선언을 했다. 그러나 중재재판소는 중국이 '9단선' 내의 해역과 지형에 대해 주장하는 것은 역사적 권원이 아니라 역사적 권리에 불과하다고 판시하여 관할권을 행사했다.

## 6. 사건의 특색

### 가. 일방적 제소

'남중국해사건'은 필리핀이 중국의 사전 동의 없이 일방적으로 제소했고 제소 이후에도 중국의 동의 없이 중재재판소가 관할권을 행사했다.

### 나. 청구취지의 다수성

일반적으로 국제분쟁이 국제재판에 부하여질 경우 청구취지(submissions)는 단일인 것이지만 '남중국해사건'에서는 청구취지가 15개에 달한다. 따라서 중재재판소는 15개의 청구취지마다 관할권의 유무를 판정하고 또한 각 청구취지마다 본안판정을 했다. 실질적으로 이는 15개 사건의 병합제소이고 병합판정이라고 볼 수 있다.

### 다. 강제관할 배제선언

중국은 '해양법협약' 제287조 제1항에 근거한 강제관할 배제선언을 했으나 중재재판소는 필리핀의 청구취지가 역사적 권원에 해당되지 아니한다는 이유로 배제선언의 범위를 축소하는 판정을 했다.

### 라. 소송절차 불참

중국은 중재재판소의 관할권이 없다고 주장하고 소송절차에 공식적으로 불참하고 또한 중재재판소

---

2) *Ibid*, pp.5-6; PCA, *Press Release*, 12 July, 2016, p.5.

의 판정에도 승복하지 아니한다고 선언했다.

### 마. 역사적 권원의 부정

'해양법협약' 제121조 제3항의 새로운 해석 제시

중국은 9단선 내의 해역에 대한 역사적 권원을 주장했으나, 중재재판소는 그것은 역사적 권원이 아니고 역사적 권리에 불과하다고 판정했다.

### 바. '해양법협약' 제121조 제3항의 규정에 대한 분석적 해석

'해양법협약' 제121조 제3항의 규정을 심도 있고 예리하게 분석적으로 해석하는 판정을 했다. 이는 한국의 독도의 법적지위에 중차대한 영향을 주고 있다.

## III. 관할권판정

### 1. 중국의 중재재판소의 관할권 부정

2013년 1월 22일 필리핀의 '남중국해에서의 해양관할권에 관한 분쟁'을 중재재판소에 일방적으로 제소한 것은 '해양법협약'이 중재재판소에 강제적 관할권을 부여하고 있기 때문이다.

필리핀의 일방적 제소에 대해 중국은 2013년 8월 1일 필리핀이 중재재판소에 일방적으로 제소한 중재를 수락하지 아니하고, 또한 중재절차의 진행을 거부한다는 내용의 구술서(note verbale)를 중재재판소에 송부했다.[3] 필리핀은 중재재판소의 절차명령에서 정한 기한 내에 준비서면(memorial)을 제출했지만 중국은 답변서(counter memorial)의 제출기한인 2014년 12월 7일에 '필리핀이 제기한 남중국해에서의 관할권 문제에 관한 중국정부의 성명서(position paper)'를 발표했다.[4] 중국은 동 '성명서'에서 중재재판소의 관할권(jurisdiction)과 수리자격(admissionability)을 부정했다. 중재재판소는 중국의 성명서를 중재재판소의 선결적 항변으로 인정하고 본안심리에 들어가기 전에 재판소의 관할권에 관해 심의 판정했다.[5]

필리핀의 15개 청구취지에 대한 관할권판정 전부를 여기서 논급할 수 없어서 한국의 독도영토주권에 관계된다고 보이는 관할권에 관해서만 요약 기술하기로 한다.

---

3) PCA, Arbitral Tribunal Arbitration between the Philippines and China, First *Press Release*, 27 August, 2013.

4) The Government of the People's Republic of China, Position Paper on the Matter of Jurisdiction in the South China Sea Arbitration Initiated by the Republic of the Philippines, 7 December, 2014.

5) PCA, Arbitral Tribunal, Arbitration between the Republic of the Philippines and the People's Republic of China, Fourth *Press Release*, 22 April, 2015; PCA, *supra* n.2, 2016, pp.4-7.

## 2. 해양법협약상 관할권에 관한 일반적 규정

남중국해사건을 이해하기 위해서 '해양법협약'상 분쟁해결에 관한 일반적 규정을 개괄하기로 한다.

### 가. 강제적 관할권의 선택·결정

'해양법협약'의 체약국은 서명·비준·가입 시 또는 그 이후 언제든지 '해양법협약'의 해석 및 적용에 관한 분쟁의 해결을 위하여 다음의 네 가지 사법적 절차 중 하나 또는 그 이상을 선택함을 서면으로 선언한다(제287조 제1항).

( i ) 국제해양법재판소

(ii) 국제사법재판소

(iii) 중재재판소

(iv) 특별중재재판소

'해양법협약' 체약국은 위의 선택 선언이 없으면 중재재판을 선택한 것으로 간주한다(제287조 제3항). '해양법협약' 체약국인 분쟁당사국이 동일한 사법적 절차를 선택한 경우는 그 사법적 절차에 의한다(동 제4항). 그러나 분쟁 당사국이 서로 다른 사법적 절차를 선택한 경우는 중재재판절차에 회부된다(동 제5항).

### 나. 강제절차의 적용배제선언

'해양법협약'의 체약당사국은 서명·비준·가입 시나 그 후 언제든지 다음 세 가지 분쟁에 관하여는 강제적 분쟁해결절차를 수락하지 아니한다는 것을 서면으로 선언하여 강제절차를 배제할 수 있다(제289조).

( i ) 해양경계획정 및 역사적 만이나 권원에 관한 분쟁(제298조 제1항 (a))

(ii)군사활동에 관한 분쟁(동 (b))

(iii) 유엔 안전보장이사회가 유엔헌장에 따른 기능을 행사함에 관한 분쟁(동 (c))

### 다. 중재재판소에의 부탁

중재재판에 분쟁이 부탁되는 경우는 다음과 같은 세 가지 경우이다.

( i ) 분쟁당사자가 분쟁해결절차로 중재재판에 합의한 경우(제280조)

(ii) 분쟁당사국의 일방이 중재재판을 서면선언으로 선택한 경우(제287조 제1항(c))

(iii) 분쟁당사국이 강제적 방식을 선택하지 아니하여 중재재판을 선택한 것으로 간주되는 경우(동 제3항)

(iv) 분쟁당사국이 서로 다른 강제적 방식을 선택한 경우(동 제5항)

### 라. 중재재판소의 구성

모든 '해양법협약' 체약국은 4명의 중재관을 유엔 사무총장이 유지하는 중재관 명부에 등재토록 한다(제7부속서 제2조 제1항).

분쟁당사자가 중재개시를 통고한 때에는 위의 중재재판관 명부 중에서 자국의 국적을 가진 중재관 1명을 선임하여 통보한다. 상대방은 중재개시 통보를 받은 날로부터 30일 이내에 이 중재관 명부에서 자국 국적을 가진 중재관 1명을 선임한다. 기간 내에 선임하지 아니하는 경우에는 국제해양재판소 소장이 이를 선임한다(동 제3조 c).

분쟁당사국은 위의 중재관 외에 제3국의 국적을 가진 3명을 위의 중재관 명부에서 상호 합의하여 선임한다. 중재개시를 통고한 후 60일 이내에 분쟁당사국이 이를 선임하지 아니하는 경우는 국제해양재판소 소장이 이를 임명한다(동 제3조 d).

### 마. 결석·기권

중재재판의 결석이나 기권은 중재재판소의 의결에 장애가 되지 아니한다(동 제9조).

### 바. 중재재판절차

중재재판절차는 전적으로 '해양법협약' 중재재판에 관한 제7부속서의 규정에 따라 진행된다. 분쟁당사자 간에 달리 합의하지 아니한 경우 중재재판소는 당사자에게 진술하고 입장을 제시할 완전한 기회를 보장하는 독자적 절차를 결정하여야 한다(동 제5조).

### 사. 중재재판의 판정의 효력과 상소

중재재판소의 판정은 분쟁당사국을 기속한다. 분쟁당사국의 사전합의가 없는 한 상소는 인정되지 아니한다(동 제11조).

## 3. 중재재판소의 관할권 인정 판정

중재재판소는 2015년 10월 29일 필리핀의 15개 사항의 청구취지에 관해 7개 청구취지에 관하여는 관할권이 있다고 판정하고 나머지 8개 청구취지에 관하여는 본안판정 시 관할권의 유무를 판정하기로 유보하는 판정을 했다. 제15청구취지에 관하여는 관할권의 유무 판정이 불필요하다고 판정하고, 제14 청구취지에 관하여는 동 청구취지 (a)~(c)에 관하여는 관할권을 부정하고 (d)에 관하여는 관할권을 인정했다.[6]

중국은 외교부 성명을 통해 본 사건의 본질을 남중국해의 도서의 영유권 분쟁과 해양경계획정 문제이므로 '해양법협약'은 도서의 영유권 분쟁을 규율하지 아니하고, 중국은 2006년에 해양의 경계획정 등

---

6) PCA, *supra* n.2, 2016, pp.4-7.

의 사안에 대한 강제관할권 배제 선언을 한 바 있으므로 중재재판소는 관할권이 없다고 주장했다.[7] 중국은 성명서 이외에 주장이나 증거물을 제출한 바 없으므로 중재재판소는 중국의 주장은 동 성명서에 의거한 것이라고 판정했다.

중재재판소는 필리핀의 청구가 중국과의 해양경계를 획정해 달라는 것이 아니라 중국이 남중국해에서 주장하고 있는 해역에 대한 권원의 존부와 범위에 대한 판단을 요구한 것이라고 보고 중재재판소 또한 해양경계에 대한 판단을 하지 아니할 것이므로 중재재판소는 관할권을 갖는다고 판시했다.[8] 중재재판소는 필리핀의 청구취지별로 관할권의 판단을 표시했다.

## IV. 본안판정

필리핀의 15개 청구취지에 대한 본안판정은 전부를 논급할 수 없어서 한국의 독도 영토주권에 관계되는 본안에 관해서만 간략히 기술하기로 한다.

### 1. 9단선 내의 수역에 대한 역사적 권원

#### 가. 필리핀의 제2청구취지

필리핀의 제2청구취지는 '소위 9단선에 의해 포함되는 남중국해역에 대한 주권적 권리 및 관할권 그리고 '역사적 권리'에 대한 중국의 주장이 '해양법협약'에 반한다는 것이고 '해양법협약'상 중국에게 명시적으로 용인된 해양권원의 지리적 및 실질적 한계를 초과한 법적 효력이 없는 것이다.'라고 주장되어 있다. 동 제2청구취지는 '역사적 권원'으로 주장되어 있지 아니하고 '역사적 권리'로 표기되어 있다.

#### 나. '해양법협약'의 역사적 권원에 관한 규정

'해양법협약'은 '역사적 권원'에 관해 중재재판소에 관할권이 없다고 다음과 같이 규정하고 있다.

'해양법협약'의 체약당사국은 서명·비준·가입 시나 그 후 언제든지 다음 세 가지 분쟁에 관하여는 강제적 분쟁해결절차를 수락하지 아니한다는 것을 서면으로 선언하여 강제절차를 배제할 수 있다(제298조).

( i ) 해양경계획정 및 역사적 만이나 권원에 관한 분쟁(동 제1항 (a))

해양경계획정과 관련된 제15조, 제74조 및 제83조의 해석이나 적용에 관한 분쟁 또는 역사적 만 및 권원과 관련된 분쟁. 다만, 이러한 분쟁이 이 협약 발효 후 발생하고 합리적 기간 내에 당사자 간의 교섭에 의하여 합의가 이루어지지 아니하는 경우, 어느 한 당사자의 요청이 있으면

---

7) The Government of the People's Republic of China, *supra* n.4, paras. 57-75.

8) PCA, The Republic of Philippines v. The People's Republic of China, Award on the Merits, 12 July, para. 157, 2016.

이러한 선언을 행한 국가는 그 사건을 제5부속서 제2절에 따른 조정에 회부할 것을 수락하여야 하나, 육지영토 또는 도서영토에 대한 주권이나 그 밖의 권리에 관한 미해결분쟁이 반드시 함께 검토되어야 하는 분쟁은 이러한 회부로부터 제외된다.

(ii) 군사활동(비상업용 업무를 수행중인 정부 선박과 항공기에 의한 군사활동 포함)에 관한 분쟁 및 주권적 권리나 관할권의 행사와 관련된 법집행활동에 관한 분쟁으로서 제297조 제2항 또는 제3항에 따라 재판소의 관할권으로부터 제외된 분쟁(동 제1항(b))

(iii) 국제연합 안전보장이사회가 국제연합헌장에 따라 부여받은 권한을 수행하고 있는 분쟁. 다만, 안전보장이사회가 그 문제를 의제로부터 제외하기로 결정하는 경우 또는 당사국에게 이 협약에 규정된 수단에 따라 그 문제를 해결하도록 요청한 경우에는 그러하지 아니하다(동 제1항(c)).

### 다. 중재재판소의 판정

중재재판소는 '해양법협약' 제298조 제1항 (a)(1)에 규정된 관할권의 예외는 역사적 권원(historic title)에 한정하는 것으로 역사적 권리(historic rights)는 포함되지 아니하는 것이며 중국이 남중국해에 대해 주장하는 것은 '역사적 권원'이 아니라 '역사적 권리'이므로 중재재판소는 이에 대해 관할권이 있다고 보았다.[9] 중재재판소는 '해양법협약' 제298조 제1항 (a)(1)의 입법취지가 역사적 권원에 관한 분쟁에 관해서만 관할권의 예외를 규정한 것이며 이는 역사적 권리에까지 확장해석할 수 있는 것은 아니라고 해석했다.[10]

중재재판소는 중국이 9단선 내의 석유 및 어업에 대한 권리를 주장한 것은 역사적 권원의 주장이 아니라 역사적 권리의 주장이라고 보았다.[11] 따라서 9단선에 근거한 중국의 9단선 내에서의 관할권 주장은 '해양법협약'의 위반이고 그러므로 그것은 법적 효력이 없는 것이라고 판시했다.[12]

그러므로 중국이 주장하는 9단선의 역사적 권원에 대해서 중재재판소는 역사적 권원의 근거, 권원의 대체 그리고 대체 이후 실효적 지배에 관한 판단을 하지 아니하고 단순히 역사적 권원이 아니라 역사적 권리라고 판정한 것은 역사적 권원의 본질에 관한 중재재판소의 공정한 실질적 심사가 행하여지지 아니했다는 비판을 면할 수 있다고 본다.

## 2. 해양지형에 관한 법적 지위

### 가. 필리핀의 청구취지

필리핀의 제3청구취지는 '스카보러 숄은 배타적 경제수역과 대륙붕에 대한 권원을 생성하지 아니함'이라고 주장하고 있고, 제7청구취지는 '죤슨 리프, 쿠아르레론 리프 및 피어리 크로스 리프의 배타적

---

9) *Ibid.*, paras. 209-214.

10) *Ibid.*, para. 226.

11) *Ibid.*, paras. 208-114.

12) *Ibid.*, paras. 277-278.

경제수역과 대륙붕에 대한 권원을 생성하지 아니함'이라고 주장하고 있다.

### 나. '해양법협약'의 해양지형에 관한 규정

해양지형에 관한 '해양법협약'의 규정은 다음과 같다.

#### (1) 섬 제도

( i ) 섬이라 함은 바닷물로 둘러싸여 있으며, 밀물일 때에도 수면위에 있는, 자연적으로 형성된 육지 지역을 말한다(제121조 제1항).

(ii) 제3항에 규정된 경우를 제외하고는 섬의 영해, 접속수역, 배타적 경제수역 및 대륙붕은 다른 영 토에 적용 가능한 이 협약의 규정에 따라 결정한다(동 제1항, 2항).

(iii) 인간이 거주할 수 없거나 독자적인 경제활동을 유지할 수 없는 암석은 배타적 경제수역이나 대 륙붕을 가지지 아니한다(제121조 제3항).

#### (2) 간조 노출지

( i ) 간조 노출지는 썰물일 때에는 물로 둘러싸여 물 위에 노출되나 밀물일 때에는 물에 잠기는 자연 적으로 형성된 육지지역을 말한다. 간조 노출지의 전부 또는 일부가 본토나 섬으로부터 영해의 폭을 넘지 아니하는 거리에 위치하는 경우, 그 간조 노출지의 저조선을 영해기선으로 사용할 수 있다(제13조 제1항).

(ii) 직선기선은 간조 노출지까지 또는 간조 노출지로부터 설정할 수 없다. 다만, 영구적으로 해면 위에 있는 등대나 이와 유사한 시설이 간조 노출지에 세워진 경우 또는 간조 노출지 사이의 기 선설정이 일반적으로 국제적인 승인을 받은 경우에는 그러하지 아니하다(제7조 제4항).

#### (3) 암초

환초 상에 위치한 섬 또는 가장자리에 암초를 가진 섬의 경우, 영해의 폭을 측정하기 위한 기선(이하 '영해기선'이라 함)은 연안국이 공인한 해도상에 적절한 기호로 표시된 암초의 바다쪽 저조선으로 한다 (제6조).

### 다. 암석에 관한 중재재판소의 판정

중재재판소는 제121조 제3항의 규정에 관해 종래 학설의 주장은 구구각각으로 분리되어 있으나 중 재재판소는 제121조 제3항의 규정을 세분하여 심도 있게 구체적으로 정리하는 판정을 했다. 이로써 그 간 난립되어 있던 학설을 종합적으로 정리했다고 볼 수 있다. 중재재판소의 판정내용을 개관하면 다음 과 같다.

## (1) 지형

지형의 크기는 지형의 법적 성질을 결정하는 결정적 요소도 관련요소도 아니다.[13] 해양지형의 거주가능성과 독자적 경제활동 유지가능성은 실제로 거주하고 독자적 경제활동의 유지보다 그 지형이 객관적으로 거주가능하고, 독자적 경제활동의 유지가능성을 의미하는 것이다.[14] 따라서 해양지형의 거주가능성이나 경제활동 유지에 관한 지위를 개선하기 위한 의도로 외부적인 증축이나 변경을 하지 않은 자연적 능력(natural capacity)에 근거하여야 한다.[15]

## (2) 인간의 거주

'인간의 거주'란 인간이 그 지형에서 살 수 있기 위해 필요한 모든 요소들이 요구되고, 단지 생존하기 위해서가 아니라 그 지형에서 살기 위해 인간의 생명과 생활에 충분히 유익한 조건이 요구되는 것이다.[16] 만조 시 노출된 해양지형의 그 지질학적, 지형학적 특징은 제121조 제3항의 분류와 관계없다.[17]

'인간의 거주'는 단기적이어서는 아니 되고 주민들이 그 지형에서 살고 있는 자연적 주민에 해당하고 그 지형의 배타적 경제수역 자원의 수익자임이 보호되어야 한다. 그리고 '인간의 거주'란 그 지형에서 집을 두고 계속적으로 살고 있는 안정적인 인간공동체(stable community of people)가 존재하는 것으로 이해되어야 하고 그러한 공동체가 반드시 대규모일 필요는 없으나, 여러 개인들이나 가족군락이면 충분하고, 유랑인들이 정기적 또는 상시적으로 거주하는 것도 인간 거주에 해당된다.[18] 어민들이 일시적으로 거주하는 것은 그 기간이 길어도 인간 거주의 요건을 구비하지 못한다.[19]

인간공동체가 유지된 적이 없는 해양지형은 인간의 거주를 유지하기 위한 능력을 가지지 아니한다.[20] 도에 주둔하고 있는 군대 또는 정부인력들은 외부의 물자공급에 의존하는 경향이 크고 그 지형 자체의 경제활동에 의해 유지된다고 볼 수 없기 때문에 이는 '인간의 거주'에 해당되지 아니한다.[21]

## (3) 독자적 경제활동

'독자적인 경제활동'은 공동체의 물적 자원을 개발하고 규율하는 것이며, 경제활동은 단순한 자원의 존재로는 충분하지 아니하고 그 자원을 이용·개발·분배하기 위한 일정 수준의 민간 활동이 요구되는 것이다. 인간공동체가 무기한 그 지형에서 생활할 수 있는 충분한 물, 음식, 주거지가 존재하고 해양지형의 능력의 평가에 기여하는 중요한 요소이다.[22]

'독자적인 경제활동'이라는 용어는 인간의 거주요건과 연결된 것이고 대부분 병존하는 것이다.[23] 경

---

13) *Ibid.*, paras. 521-538.

14) *Ibid.*, para. 483.

15) *Ibid.*, para. 541.

16) *Ibid.*, para. 489.

17) *Ibid.*, para. 540.

18) *Ibid.*, para. 542.

19) *Ibid.*, para. 618.

20) *Ibid.*, para. 548.

21) *Ibid.*, para. 620.

22) *Ibid.*, para. 546.

제활동이란 해양지형에 거주하면서 집을 두고 있는 주민의 일상생활과 생계를 의미하며, 경제생활은 그 해양지형 자체의 주변에서 이루어지도록 지향하여야 하고 그 지형 주변의 영해나 해저에만 집중해서는 아니 된다.

전적으로 외부의 자원에 의존하거나 현지 주민의 관여 없이 채취할 경우의 대상으로 해양지형을 이용하는 경제활동은 경제활동으로 인정될 수 없다.[24]

인간 거주 가능성 또는 독자적 경제활동을 유지할 수 있는 해양지형의 능력은 사안별로 접근방식에 의해 평가되어야 한다.[25]

독자적인 경제활동의 요건이 충족되려면 외부 자원의 투입에 의존하거나 현지 주민들의 개입이 없는 채취활동이 아니라 해양지형 자체가 독자적인 경제활동을 지속할 수 있는 능력을 가지고 있어야 한다.[26]

제121조 제3항은 아주 작은 지형을 이용하여 해역에 대한 권리와 관할권을 과도하게 주장하는 것을 방지하기 위한 역할을 한다.[27]

인간의 거주가능성 또는 독자적 경제활동의 유지는 어느 하나로 요건을 충족하는 것이다.[28]

위의 중재재판소의 섬과 암석의 구분에 관한 판시사항은, 법의 해석은 입법자의 의도를 명백히 하는 것이 아니라 법의 현재의 객관적인 의미를 명백히 하는 것이라는 입장에서 볼 때, 전자에 근거한 것이 많다는 비판이 가하여질 수 있다.

## 3. 간척과 인공도 건설, 타국의 어업활동 규제

### 가. 필리핀의 제11청구취지

필리핀의 제11청구취지는 '중국은 스카보러 숄, 세컨드 토마스 숄, 콰테론 암초, 피어리 크로스 암초, 가벤 암초, 존슨 암초, 휴스 암초 및 수비 암초에서의 해양환경을 보호하고 보전할 협약상의 의무를 위반하였음.'

### 나. '해양법협약'의 규정

#### (1) 해양환경 보호의무

각 체약국은 해양환경을 보호하고 보전할 의무를 진다고 다음과 같이 규정하고 있다.

각 국은 해양환경을 보호하고 보전할 의무를 진다(제192조).

---

23) *Ibid.*, para. 543.
24) *Ibid.*, para. 543.
25) *Ibid.*, para. 546.
26) *Ibid.*, para. 624.
27) *Ibid.*
28) *Ibid.*, para. 495.

(2) 해양환경 오염 방지조치의 의무

(3) 해양환경 오염의 방지, 경감 및 통제를 위한 조치

각 국은 개별적으로 또는 적절한 경우 공동으로, 자국이 가지고 있는 실제적인 최선의 수단을 사용하여 또한 자국의 능력에 따라 모든 오염원으로부터 해양환경 오염을 방지, 경감 및 통제하는 데 필요한 이 협약과 부합하는 모든 조치를 취하고, 또한 이와 관련한 자국의 정책을 조화시키도록 노력한다 (제194조 제1항).

(4) 제194조 해양환경 오염의 방지, 경감 및 통제를 위한 조치

이 부에 따라 취하여진 조치는 매우 희귀하거나 손상되기 쉬운 생태계, 고갈되거나 멸종의 위협을 받거나 위험에 처한 생물종 및 그 밖의 해양생물체 서식지의 보호와 보존에 필요한 조치를 포함한다 (제194조 제5항).

### 다. 중재재판소의 판정

중재재판소는 중국의 간척과 인공도 등의 건설행위가 주변의 해양생태계에 심각하고 회복 불가능한 피해를 야기했다는 사실에 주목하고 이는 해양법협약상 체약국의 환경보호 조항을 위반한 것이라고 판시했다.[29]

중국이 최근 대규모 매립과 남사군도 7개 지형에서 인공도 건설로 산호초 환경을 심각하게 손상·훼손시켰고, 멸종위기에 있는 바다거북, 산호, 대왕조개를 대규모로 채취하였고, 중국당국이 환경훼손 행위를 인지하고 있었음에도 불구하고 이를 중지시키지 아니한 것은 해양법협약 제192조와 제194조의 규정을 위반한 것이라고 판시했다.[30][31]

# V. 역사적 권원에 관한 판정

## 1. 관할권과 역사적 권원

### 가. 필리핀의 제2청구취지와 준비서면

### (1) 필리핀의 제2청구취지

필리핀의 제2청구취지는 중국의 9단선 내의 해역과 해역지형물에 관해 역사적 권리(historic right)를

---

29) *Ibid.*, para. 993.

30) *Ibid.*

31) *Ibid.*, para. 992.

행사하고 있으며, 이는 '해양법협약'상 위법한 것이라 다음과 같이 주장하고 있다.

소위 '9단선'에 의해 포함되는 남중국해 해역에 대한 주권적 권리 및 관할권, 그리고 '역사적 권리'
에 대한 중국 주장은 해양법협약에 반하는 것이고 해양법협약상 중국에게 명시적으로 허용된 해양
권원의 지리적 및 실질적 한계를 초과하는 한 법적 효력이 없다.
China's claims to sovereign rights jurisdiction, and to 'historic rights', with respect to the maritime
areas of the South China Sea encompassed by the so-called 'nine-dash line' are contrary to the
Convention and without lawful effect to the extent that they exceed the geographic and substantive
limits of China's maritime entitlements expressly permitted by UNCLOS.

이와 같이 필리핀의 제2청구취지는 중국이 남중국해의 '9단선' 내에 포함된 해역에 대해 중국은 주
권적 권리, 관할권, 그리고 역사적 권리(sovereign rights jurisdiction, and to 'historic rights')를 행사하고
있으며 역사적 권원(historic title)은 행사하고 있는 것이 아니라고 한다.[32]

## (2) 필리핀의 준비서면

해양법협약 제298조의 역사적 권원(historic title)에는 역사적 권리(historic right)는 포함되지 아니하
며, 중국이 '9단선' 내에서 행사하는 것은 역사적 권리이며 역사적 권원이 아니다.[33] 중국은 남중국해
에서 '해양법협약' 규정에 의거하여 역사적 권리를 갖지 못한다.[34]

필리핀은 그의 제2청구취지에서 중국은 남중국해에서 역사적 권리를 행사한다고 규정하고 중국이
역사적 권원을 갖는 것이 아니라고 기술하고 있지 아니다. 그러나 준비서면은 중국이 '역사적 권원'
을 가지지 아니한다고 주장하고 있다. 중국이 '역사적 권원'을 가지지 아니한다고 주장하면서 역사적
권리의 정의, 역사적 권리의 현대국제법에 의한 대체, 대체 이후 역사적 권리의 법적효력상실 등에 관
해서는 아무런 논급이 없었다.

## 나. 중국의 Position Paper와 구술서

## (1) 중국의 Position Paper

필리핀의 위의 주장에 대해 중국은 Position Paper를 통해 필리핀의 주장은 남중국해에 위치한 여러
해양지형에 대한 영토주권에 대한 것이며 해양경계획정의 본질적 부분을 형성하는 것으로 이 분쟁은
해양법협약의 해석과 적용에 관한 분쟁이 아니며, 해양경계에 관한 분쟁은 중국의 강제관할권 배제선
언에 의해 중재재판소의 관할권이 없다고 주장했다.[35]

---

32) PCA, The Republic of Philippines v. The People's Republic of China, Award on the Merits, 12 July 2016., para.112.

33) Memorial, para.7.128.

34) *Ibid.*, para.7.129, para.191.

35) Position Paper, paras.57-75.

(2) 구술서

(가) 2009년 5월 7일 UN 사무총장에 대한 구술서

2009년 5월 7일 UN 사무총장에 대한 구술서는 중국은 남중국해에 대해 불가양의 주권을 갖고 있다고 다음과 같이 기술되어 있다.

> 중국은 남중국해와 그 인접수역의 도서에 대해 불가양의 주권을 갖고 있다. 그리고 관련수역과 해상과 해저지하에 대해 주권적 권리와 관할권을 행사하고 있다. 이상의 입장은 중국정부에 의해 계속적으로 격려해 왔고, 이는 국제사회에 의해 널리 알려져 있다.[36]
> Based on this record, the Philippines questions how China could have historic rights in an area 'over which it had so little involvement or connection that most of the features had no Chinese names.

중국은 위 구술서에서 남중국해에 대해 불가양의 주권(indisputable sovereignty)을 갖고 있다고 주장하고 있으며 그 주권의 내용이 무엇인지 명백히 표시하고 있지 아니하다.

(나) 2011년 4월 14일 UN 사무총장에 대한 구술서

2011년 4월 14일 UN 사무총장에 대한 구술서도 2009년 5월 7일의 구술서와 동일한 입장이 반복되었다. 다만 위의 사실이 충분한 역사적 법적 증거에 의해 지지된다(supported abundant historical and legal evidence)는 주장이 추가되어 있다.[37]

동 구술서에 '역사적'이란 표현이 추가되었으나 그것이 역사적 권원인지 역사적 권리인지 또는 또 다른 의미인지 명확하지 아니하다. 중국의 이러한 입장은 다른 외교문서에도 반복되었다.[38]

다. 중재재판소의 판정

중재재판소는 중국은 역사적 권리의 성격과 범위를 명확히 표시하지 아니하고 있다고 판단했다.[39] 그럼에도 불구하고 중재재판소는 남중국해에서 필리핀과 중국의 분쟁은 '역사적 권리'에 관한 분쟁이라고 판시했다.[40]

중재재판소는 '9단선'에 관한 제1청구취지와 제2청구취지에 대해 관할권이 있다고 판정했다. 중재재판소는 '해양법협약' 제298조 제1항 (a)(i)이 규정한 관할권의 예외는 역사적 권원(historical title)에 관한 분쟁에 한정하는 것으로, 중국이 남중국해에서 주장하고 있는 권리와 중국해 해역에 대해 행사하고 있는

---

36) Note Verbale from the Permanent Mission of the People's Republic of China to the United Nations to the Secretary-General of the United Nations, No.CML/17.2009(7 May 2009)(Annex 191); Note Verbale from the Permanent Mission of the People's Republic of China to the United Nations to the Secretary-General of the United Nations, No.CML/18.2009(7 May 2009)(Annex 192); PCA, *supra* n.1., para.182.

37) Note Verbale from the Permanent Mission of the People's Republic of China to the United Nations to the Secretary-General of the United Nations, No.CML/8.2011(14 April 2011)(Annex 201); PCA, *supra* n.1., para.185.

38) *Ibid.*, para.186.

39) *Ibid.*, para.180.

40) *Ibid.*, para.171.

권리는 역사적 권원에 미치지 못하는 역사적 권리에 불과한 것이므로 이는 '해양법협약' 제298조 제1항 (a)(i)에 규정된 역사적 권원이 아니므로 중재재판소는 이 사건에 관해 관할권을 갖는다고 판시했다.[41]

중재재판소는 남중국해의 '9단선' 내에서 중국의 역사적 권리, 주권적 권리 또는 관할권 주장은 '해양법협약'에 위반된다고 판시했다.

## 2. 본안과 역사적 권원

중재재판소는 중국이 남중국해에서 주장하는 권리는 '해양법협약' 제298조 제1항 (a)(i)에 규정된 역사적 권원이 아니라 '9단선' 내의 남중국해에서의 생물 및 무생물 자원에 대한 역사적 권리에 불과한 것이라고 판시했다.[42]

따라서 중재재판소는 중국의 남중국해에서의 역사적 권원의 유무를 판단하지 아니하고 '9단선' 내에서의 중국의 역사적 권리의 유무만을 검토하여 중국은 '해양법협약'에 가입과 동시에 이 수역에서의 역사적 권리는 '해양법협약'에 의해 대체되었다고 판시했다.[43]

따라서 중국이 '해양법협약'의 당사국이 된 이후 역사적 권리는 '해양법협약'에 의해 대체되어 효력을 상실하게 된 것이므로 중국은 '해양법협약'에 저촉되는 중국의 역사적 권리의 주장은 위법한 것으로 되게 된다.

중재재판소가 중국의 역사적 권원을 부정하면서 역사적 권원에 적용되는 권원의 대체를 역사적 권리에 유추적용한 것과 역사적 권리의 대체의 이유를 제시하지 아니한 것도 비판의 대상이 된다고 본다.

## 3. 관할권판정의 이유와 본안판정의 이유

중재재판소의 관할권판정과 본안판정에는 그 이유가 판시되어 있지 아니하다. 다음과 같은 내용에서 축출된 이유가 판시되어야 한다고 본다.

관할권판정의 이유와 본안판정의 이유 없이 주문만을 표시한 것은 역사적 권원의 본질을 회피한 것으로 판단된다. 따라서 다음과 같은 내용으로 역사적 권원에 관한 이유가 보완되어야 한다고 본다.

## VI. 일본정부의 일방적 제소

'남중국해사건'에서 중재재판소의 판정이 사법적 재판(judicial decision)이라는 이름의 법원의 하나로 실제적으로 독도에 적용되는 많은 판정내용 중 이 연구에서는 일본정부(이하 '일본'이라 한다)가 독도에 관해 국제재판소에 제소하여 위 판정이 독도에 적용되는 판정내용을 보기로 한다. 특히 일본은 '남중국해사건'의 중재재판에 소송참가국(observer state)으로 대표 4명을 파견하여[44] '남중국해사건'의 중재판정

---

41) *Ibid.*, paras. 209, 214.

42) *Ibid.*, para.229.

43) *Ibid.*, para.262.

과정의 전말을 실질적으로 파악했으므로 한국의 독도 영토주권에 관해 제소 여부의 정책결정을 위한 충분한 여건을 파악했다고 보이므로 적절한 시기에 독도에 관해 중재재판소에 제소할 소송전략을 수립했을 것으로 예측된다. 그러므로 일본은 독도에 관해 다음과 같이 국제재판소에 제소할 것으로 예측된다.

## 1. 제소방식: 일방적 제소

일본은 한국이 독도에 관한 제소에 제의를 거절하여 제소 합의가 이루어지지 아니할 것으로 믿고 있으므로 일본은 일반적 제소의 방식을 선택할 것으로 예측된다. 국제사법재판소에의 제소도 '해양법협약'에 연계된 중재재판소에서의 제소도 일방적 제소를 각각 인정하고 있기 때문이다. 국제사법재판소의 일방적 제소에 관해서는 후술하기로 한다.

## 2. 제소 재판소: 중재재판소에의 제소

전술한 바와 같이 국제사법재판소에의 제소는 일방적 제소가 허용되나 제소 후 분쟁당사자 간의 명시적 합의(compromise) 또는 묵시적 합의(*forum prorogatum*)가 있어야 국제사법재판소의 관할권이 성립된다. 국제사법재판소의 경우 '국제사법재판소 규정'이나 '국제사법재판소 규칙' 어디에도 제소의 방식에 제한 규정이 없으며 일방적 제소를 금지한다는 규정이 없다. 특히 '국제사법재판소 규정' 제36조 제1항에 일방적 제소를 금지한다는 규정이 없으므로 국제사법재판소는 분쟁당사자의 일방적 제소를 인정해온 것이 국제사법재판소의 관행이다.[45] 그러나 분쟁당사자의 일방적 제소 이후 분쟁당사자 간의 명시적 합의(compromise) 또는 소송절차에의 참여와 같은 묵시적 합의(*forum prorogatum*)가 있는 경우 국제사법재판소는 그 분쟁에 관해 관할권을 행사해온 것이 국제사법재판소의 관행이다.[46]

그러나 '해양법협약'에 규정된 중재재판소의 경우는 '해양법협약'이 명문으로 일방적 제소를 인정하고 있으므로('해양법협약' 제287조 제1항 c) 제소의 전후를 불문하고 분쟁당사자 간의 합의가 없어도 중재재판소의 관할권은 성립한다.[47]

그러므로 일본은 독도문제에 관해 한국과의 합의 없이도 일방적 제소가 가능한 중재재판소에 제소할 것으로 예측된다.

## 3. 청구의 취지: 독도의 해양법상 법적지위 확인 청구취지

독도의 영토주권확인과 해양경계의 획정 청구취지는 '해양법협약' 제298조의 규정에 의해 중재재판

---

44) PCA, *supra* n.8, para. 70.

45) 국제사법재판소규정 제36조 제1항은 제소의 방식에 관해 아무런 제한 규정이 없기 때문이다. Hans-Jurgen Schlochuer, 'International Court of Justice', *EPIL*, Vol.1, 1981, p.96; Ian Brownlie, *Principles of Public International Law*, 5th ed., Oxford: Oxford University Press, 1998. p.724.

46) Schlochuer, *supra* n.33, p.82.

47) '해양법협약' 제287조 제1항 c의 규정은 강세적 관할권(compulsory jurisdiction)을 규정한 것이며, 이는 '남중국해사건'에서 중재재판소의 판정에 의해 확인되었다.

소에 관할권이 없으므로 일본은 독도의 해양법상 법적지위 즉, 독도가 해양지형이고, 배타적 경제수역과 대륙붕을 창출하는 섬인가의 여부의 확인 청구취지에 관해서 '해양법협약'상 중재재판소는 관할권을 갖고 또한 그 확인만으로 일본은 독도에 관해 차선의 국익은 보장받을 수 있기 때문이다. 즉, 독도가 배타적 경제수역과 대륙붕을 창출하지 못하는 '해양법협약' 제121조 제3항의 암석으로 판정될 경우, 한일 간의 배타적 경제수역의 경계 획정에 있어서 독도가 기산점이 될 수 없게 되기 때문이다.

'남중국해사건'에 있어서 중재재판소의 판정기준에 의하면 대형 선착장이 구축되어 있는 독도는 객관적인 자연적 능력(natural capacity)[48]을 가진 해양지형으로 보기 어렵고, 독도에 거주하는 경찰경비대, 등대요원의 거주는 안정적 인간공동체(stable community of people)[49]의 거주라고 보기 어렵고, 독도의 영해와 해저에만 의존하는[50] 독도주민의 활동은 독자적 경제활동으로 보기 어렵다. 그러므로 독도는 배타적 경제수역과 대륙붕을 창출하지 아니하는 암석이라고 중재재판소는 판정할 것으로 보인다.

## 4. 청구의 원인: 역사적 권원 청구원인

일본은 한국의 중재재판소의 관할권 배제선언의 효력을 제각하기 위해 한국정부가 독도에 대한 역사적 권원을 주장하고 있으나 그것은 역사적 권원에 미급한 역사적 권리에 불과 하다는 청구원인으로 중재재판소의 관할권의 존재를 주장할 것으로 예측된다.

그러므로 한국은 독도의 역사적 권원에 관한 심도 있고 확실한 역사적 권원의 성립과 대체 그리고 대체 이후 실효적 지배에 관한 입증을 준비하여야 할 것이다.

## 5. 법적 효과의 내용

'남중국해사건'은 서론에서 언급한 바와 같이 필리핀의 15개 청구취지에 대한 중재재판소의 판정이므로 이는 해양법 전반에 걸친 방대한 내용으로 구성되어 있다. 이 연구에서는 한국의 독도 영토주권에 관련된 사항만을 요약정리해 보기로 한다.

물론 '남중국해사건'에 대한 중재재판소의 판정 내용이 아직 많은 사법적 재판에 의해 확인·반복되어 있는 것이 아니고 이와 반대되는 사법적 재판이 형성될 수도 있을 것이나 지금으로는 그러한 가능성은 없다고 본다. 왜냐하면 서로 상충되는 내용의 사법적 재판이 형성된 실례는 거의 없기 때문이다.

### 가. 중재재판소의 관할권판정

'해양법협약' 제289조의 규정에 의해 중국은 중재재판소의 강제적 관할권을 배제하는 선언을 했다. 그럼에도 불구하고 중재재판소는 관할권이 배제되는 역사적 권원에 관해 중국이 주장하는 역사적 권원을 그것이 역사적 권원이 아니라 역사적 권리에 불과하다는 필리핀의 주장에 따라 중국의 관할권 배제

---

48) PCA, *supra* n.8, para. 541.

49) *Ibid.*, para. 542.

50) *Ibid.*, para. 543.

선언에도 불구하고 중재재판소는 관할권이 있다고 판정하고 관할권을 행사했다.[51]

한국도 2006년 4월 18일에 '해양법협약' 제289조의 규정에 의거하여 강제적 관할권을 배제하는 선언을 했다. 한국은 독도에 관해 역사적 권원을 주장해 왔다.[52]

그러므로 일본이 한국이 주장하는 독도에 대한 역사적 권원을 그것이 역사적 권원이 아니라 역사적 권리에 불과하다고 주장하여 중재재판소에 일방적으로 제소할 경우 중재재판소는 이를 용인하여 관할권을 행사할 수 있을 것이다. 그러므로 '남중국해사건'에 대한 중재재판소의 판정은 독도 영유권에 중대한 영향을 준다.

그러므로 한국정부는 이에 대비하여 한국이 주장하는 독도 영유권의 역사적 권원에 관해, 그 근거, 현대국제법에 의한 역사적 권원의 대체 그리고 대체 이후 배타적 실효적 지배의 근거를 명확히 확보하여 이에 대비하여야 할 것이다.

## 나. 중재재판소의 본안판정

### (1) 배타적 경제수역과 대륙붕을 갖는 암석의 요건: 자연적 능력

'남중국해사건'에서 중재재판소는 배타적 경제수역과 대륙붕을 갖는 암석의 요건으로 '자연적 능력(natural capacity)'을 제시했다.[53] 따라서 외부적 증축이나 변경을 가한 지형은 배타적 경제수역이나 대륙붕을 갖는 암석으로 인정될 수 없다.

한국의 독도에는 1997년 11월 7일에 500톤급 선박이 접안할 수 있는 독도선착장이 완공되어 있다.[54] 이 선착장이 건설된 독도는 '자연적 능력'의 해양지형으로 볼 수 없으므로 이 선착장으로 인해 독도는 배타적 경제수역과 대륙붕을 갖는 암석으로 인정될 수 없게 된다. 이 효과를 배제하기 위한 대책방안은 없다고 본다. 그러므로 '남중국해사건'에 대한 중재재판소의 판정은 한국의 독도의 법적 지위에 중대한 영향을 주어 이 판정에 의하면 한국과 일본 간의 배타적 경제수역의 한계는 독도를 기점으로 할 수 없게 된다.

### (2) 배타적 경제수역과 대륙붕을 갖는 암석의 요건: 안정적 인간공동체

'남중국해사건'에서 중재재판소는 배타적 경제수역과 대륙붕을 갖는 암석의 요건인 '인간의 거주'를 안정적 인간공동체(stable community of peoples)라고 판시했다. 따라서 안정적 인간공동체를 형성하지

---

51) *Ibid.*, 2016, pp. 206-214.

52) 외무부, 『독도문제 개론』 (서울:외무부 정무국, 1955), pp. 7-8.
The Korean Ministry of Foreign Affairs, The Korean Government's Views Reputing The Japanese Government's Version of the Ownership of Dokdo (September 24, 1956) (January 7, 1959).
동북아역사재단 독도문제연구소, '일본 외무성의 독도홍보팸플릿 반박문', 2008, 제2항.
동북아역사재단 『독도 바로알기』, (서울: 동북아역사재단, 2008), p.24.
동북아역사재단, 앞의 책, p.25.
동북아역사재단 독도문제연구소 『교수・학습 과정안 및 학습지』(서울: 동북아역사재단, 2013), p.15.
대한민국 외교부, 『대한민국의 아름다운 영토 독도』(서울: 외교부, 발행연도 불표시), p.6.
동북아역사재단, 「한일 역사 속의 우리 땅 독도」(서울: 동북아역사재단, 2017), pp.23-24.
North East Asian Historic Foundation, *Dokdo*(Seoul:NEAHF, Published date non indicated), p.16.

53) PCA, 2016, *supra* n.8, para. 541.

54) 선착장 전경: 동북아역사재단 「우리 땅 독도를 만나다」(서울:동북아역사재단, 2012), p.132.

아니한 인간의 거주는 인간의 거주로 인정되지 아니한다.[55]

현재 독도에는 다음과 같은 인원이 거주했거나 거주하고 또는 상징적 거주를 하고 있다.

( i ) 최종덕: 1965년 3월부터 울릉도 주민으로, 도동어촌계 1종 공동어장 수산물 채 취를 위해 독도에 거주하면서 어로활동을 했으며, 1968년 5월 시설물을 건축했다. 1981년 10월 14일 최초로 독도(당시 주민등록지: 경상북도 울릉군 울릉읍 도동리 산 67번지)에 주민등록을 했으며 1987년 9월 23일 사망할 때까지 독도에 거주했다.

(ii) 조준기: 최종덕의 사위로 장인의 뜻을 이어 부인과 같이 독도에 거주했다. 1991년 2월 9일 최종덕의 뒤를 이어 독도(당시 주민등록지: 경상북도 울릉군 울릉읍 도동리 산 63번지)에 주민등록을 했고 1994년 3월 31일 강원도 동해시로 전출했다.

(iii) 김성도: 1991년 11월 17일 부인 김신열과 함께 독도에 주민등록을 했다. 매년 11월부터 5월까지 어로활동을 위해 거주해 왔으나 1997년 11월 이후 거주하지 않고 있다.

(iv) 송재욱: 최초로 독도에 호적을 옮겼으며 가족은 호주를 포함하여 5인이다. 최초의 호적 등재일은 1987년 11월 2일이고 최초의 호적지는 최초 등재일 당시 독도리 산 30번지이다.

( v ) 황백현: 1999년 일본인의 독도 호적등재 보도 이후 독도유인화 운동본부가 결성되었다. 위 운동본부 의장 황백현이 독도에 호적을 옮겼으며, 가족은 호주를 포함하여 6인이다. 호적 등재일은 1999년 11월 3일이고 호적지는 독도리 산 30번지이다. 그 이후 100여 가구 400여 가족이 독도에 호적을 옮겼다.

(vi) 독도 경비대원과 독도 등대요원: 40명의 독도 경비대원이 2개월마다 40명씩 교대근무를 하고 있으며, 6명의 독도 등대요원이 3명씩 2교대 근무를 하고 있다.[56]

이들은 '안정적 인간공동체'를 형성하고 있다고 볼 순 없으므로 이들의 독도 거주는 '해양법협약' 제121조 제3항에 규정된 '인간의 거주'로 인정되지 아니한다. 따라서 한국은 독도에 '인간이 거주'하므로 독도는 배타적 경제수역과 대륙붕을 갖는 암석이라고 주장할 수 없는 것이다.

### (3) 배타적 경제수역과 대륙붕을 갖는 암석의 요건: 군인, 공무원 제외

'남중국해사건'에서 중재재판소는 군대나 공무원의 주둔은 일시적인 것이므로 '인간의 거주'에 해당하지 아니하다고 판시했다.[57]

독도에는 경찰경비대원 40명, 등대요원 3명, 울릉군소속 공무원 등이 거주하고 있으나[58] 이들은 '인간의 거주'에 해당되지 아니하여 한국은 이를 근거로 독도는 배타적 경제수역과 대륙붕을 갖는 암석이라고 주장할 수 없는 것이다.

---

55) PCA, 2016, *supra* n.8, para. 618.

56) 동북아역사재단, 전주 52, p.114.

57) PCA, *supra* n.8, para. 620.

58) 동북아역사재단, 전주 52, p.114.

### (4) 간척과 인공도 건설의 위법성 판정

'남중국해사건'에서 중재재판소는 중국의 간척과 인공도의 건설은 '해양법협약' 제192조의 해양환경 보호의무와 동 협약 제194조의 오염방지의무를 위반한 것이라고 판시했다.[59]

한국이 독도선착장을 건립한 것은 해양환경보전 의무와 오염방지 의무를 위반한 위법행위이다. 그러므로 한국이 선착장을 건설한 것은 '해양법협약' 제192조와 194조를 위반한 것이다.

이상에서 검토해 본 바와 같이 '남중국해사건'에 관한 중재재판소의 판정은 관할권의 측면에서나 본안의 측면에서나 한국의 독도 영토주권에 대해 한국에 대해 불리한 여건을 조성하고 있다.

특히 일본은 한국의 동의 없이 중재재판소에 일방적으로 제소할 가능성이 크고, 한국의 강제적 관할권 배제선언의 효과를 배제하기 위해 특히 한국의 역사적 권원을 부정하기 위한 제 방책을 강구할 것이며, 청구의 취지는 독도의 배타적 경제수역 내에서 해양법상 분쟁을 발생시키고 독도의 해양법상 지위, 즉 독도가 배타적 경제수역과 대륙붕을 갖는 암석인가의 판단을 구할 가능성이 높다고 본다. 만일 중재재판소로부터 독도는 배타적 경제수역과 대륙붕을 가지지 아니하는 암석으로 판정을 받을 경우, 한일 간의 배타적 경제수역의 경계기점을 독도를 기점으로 할 수 없게 되어 한국이 입는 피해는 중차대한 것이다.

그러므로 정부당국은 사전에 일본과의 해양법상 분쟁의 발생을 기피하고 사후적으로 재판과정에 적극 참여하고 일본정부의 준비서면(memorial)에 대한 답변서(counter memorial)를 준비하여 중재재판소로부터 불이익한 판정을 받는 일이 없도록 총력을 경주 하여야 할 것이다.

## Ⅶ. 결언

이상에서 검토해 본 바와 같이 '해양법협약'상 제287조에 의거하여 관할권 배제선언을 해도 해양경계획정, 군사문제, 영토적 권원 이외의 사항에 관해 중재재판소에 관할권이 있으며, 또한 이들 개념은 좁은 의미로 해석되며, 특별히 역사적 권원은 좁은 의미로 해석되어 중재재판소의 강제적 관할권은 넓게 인정된다는 것이 중재재판소의 판정이다.

'해양법협약' 제121조 제3항의 암석이 되기 위한 요건은 인간이 거주할 수 있는 것은 외부적 변경을 가하지 아니한 자연생태에서의 암석의 능력인 것이고 또한 군대나 공무원의 주둔은 '인간 거주'의 요건을 구비한 것으로 인정되지 아니한다. 인간 거주는 계속적으로 살고 있는 '안정적인 인간공동체'임을 요한다. 인간 거주는 현실적으로 인간이 거주함을 요하는 것이 아니라 객관적으로 거주 가능한 지역임을 요한다. 그것은 외부적 증축이나 변경을 하지 아니한 자연적 능력에 근거한 것이어야 한다.

간척이나 인공도의 건설을 '해양법협약'상 환경보전 의무의 위반이고 오염방지 조치의 위반이다.

일본정부는 독도가 '해양법협약' 제121조 제3항의 인간이 거주 가능한 암석이냐의 확인을 청구취지로 하는 일방적 제소를 중재재판소에 제소했을 때 그것이 인간이 거주할 수 있는 도가 아니라는 판정

---

59) PCA, *supra* n.8, para. 993.

이 있게 되면 독도는 배타적 경제수역과 대륙붕을 가질 수 없게 되므로 한일 배타적 경제수역의 경계획정은 크나큰 변화를 받게 된다는 점을 유의하여야 한다.

그러므로 정부당국에 대한 다음과 같은 정책대안을 제의하기로 한다.

첫째로, '해양법협약' 제287조에 근거한 관할권 배제선언을 했어도 일본정부는 해양경계획정, 독도 영유권, 역사적 권원 이외의 영역에서, 예컨대, 독도 근해에서 해양과학조사, 독도 거주인원에 의한 해양환경조사, 독도의 섬 여부의 확인조사 등을 청구취지로 하는 일방적 제소를 중재재판소에 제기할 가능성이 있으므로 이에 대한 대책방안을 강구하여야 한다. 사전적 방안으로 이러한 제 분야에서 일본과의 분란발생을 방지하여야 한다.

둘째로, 일본정부는 강제적 관할권이 인정되지 아니하는 국제사법재판소에 제소하는 것보다 강제적 관할권이 인정되는 해양법협약상 중재재판소에 일방적으로 제소할 가능성이 있다. 그리고 일본정부는 독도의 영토주권에 관한 청구취지가 아니라 독도의 법적지위에 관한 청구취지로 제소할 것으로 예측된다. 그러므로 한국정부는 독도의 자연적 능력을 해치는 건축을 하지 아니하여야 하고, 안정적 인간공동체에 반하는 인위적인 유인도화 정책을 기피하여야 할 것이다.

셋째로, 독도에 대한 역사적 권원에 관한 세밀하고 확실한 이론과 실제에 기록한 권원을 정비·정리하여야 한다.

넷째로, 독도에 상주하는 경찰경비대와 등대 근무요원의 거주는 '인간의 거주'에 해당되지 아니하므로 이들의 예를 들어 독도는 인간이 거주가능한 도라는 주장을 배제하고 1년에 몇 만 명의 관광객이 독도를 방문한다는 것 또한 같다. 독도에 접안시설은 자연생태가 아니므로 이를 근거로 독도는 인간이 거주 가능하다는 주장도 점차 변경하여야 한다. 독도마을의 건립계획 독도유인도화 계획도 신중히 재검토하여야 한다.

다섯째로, 독도에 입도지원센터의 건립은 해양오염방지와 환경보존의무에 반한다는 점을 고려, 재검토하여야 한다.

여섯째, 한국정부 당국은 학자·전문가·실무담당 공무원으로 구성되는 '남중국해사건' 연구팀을 조직하여 동 사건이 한국에 미치는 영향과 대책에 관한 연구를 추진하고 이를 독도정책에 단계적으로 반영하여야 할 것이다.

한국의 독도에 대한 실효적 지배는 '권원의 유지'를 위한 것으로 현재의 실효적 지배로 족하므로 독도의 실효적 지배를 강화하는 명분으로 독도의 자연생태에 변경을 가하는 것은 독도의 권원의 유지를 위해 아무런 도움이 되지 아니하므로 독도의 실효적 지배를 강화하는 명분을 부한 독도의 자연생태의 변경은 한국이 독도 영토주권 권원의 유지에 백해무익한 것이라는 점이 남중국해사건의 중재재판소의 판정에 의해 명백히 확인·선언되었음을 알아야 한다.

# \<참고문헌\>

동북아역사재단 독도문제연구소, '일본 외무성의 독도홍보팸플릿 반박문', 2008.

_____, 『교수·학습 과정안 및 학습지』, 서울: 동북아역사재단, 2013.

동북아역사재단 『독도 바로알기』, 서울: 동북아역사재단, 2008.

_____, 『우리 땅 독도를 만나다』, 서울:동북아역사재단, 2012.

_____, 『한일 역사 속의 우리 땅 독도』, 서울: 동북아역사재단, 2017.

대한민국 외교부, 『대한민국의 아름다운 영토 독도』, 서울: 외교부, 발행연도 불표시.

외무부, 『독도문제 개론』, 서울:외무부 정무국, 1955.


Brownlie, Ian, *Principles of Public International Law*, 5th ed., Oxford: Oxford University Press, 1998.

Government of the Republic of China, Position Paper on the Matter of Jurisdiction in the South China Sea Arbitration Initiated by the Republic of the Philippines, 7 December, 2014.

_____, Note Verbale from the Permanent Mission of the People's Republic of China to the United Nations to the Secretary-General of the United Nations, No.CML/17.2009(7 May 2009)(Annex 191).

_____, Note Verbale from the Permanent Mission of the People's Republic of China to the United Nations to the Secretary-General of the United Nations, No.CML/18.2009(7 May 2009)(Annex 192).

_____, Note Verbale from the Permanent Mission of the People's Republic of China to the United Nations to the Secretary-General of the United Nations, No.CML/8.2011(14 April 2011)(Annex 201).

The Korean Ministry of Foreign Affairs, The Korean Government's Views Reputing The Japanese Government's Version of the Ownership of Dokdo(September 24, 1956) (January 7, 1959).

North East Asian Historic Foundation, *Dokdo,* Seoul:NEAHF, Published date non indicated.

PCA, Arbitral Tribunal Arbitration between the Philippines and China, First *Press Release*, 27 August, 2013.

\_\_\_\_, Arbitral Tribunal, Arbitration between the Republic of the Philippines and the People's Republic of China, Fourth *Press Release*, 22 April, 2015.

\_\_\_\_, Arbitral Tribunal, Arbitration between the Republic of the Philippines and the People's Republic of China, Fourth *Press Release*, 22 April, 2015.

\_\_\_\_, The Republic of Philippines v. The People's Republic of China, Award on the Merits, 12 July 2016.

Schlochuer, Hans-Jurgen, 'International Court of Justice', *EPIL*, Vol.1, 1981.

PART 3

한국정부의 부작위
독도정책과 국제법

# 제1절 ㅣ 일본정부에 의한 한국의 독도 영토주권의 승인

## I. 서언

1951년 9월 8일 샌프란시스코 평화회의에서 48개 연합국과 일본 간에 '대일평화조약(Peace Treaty with Japan)'이 체결되었다. 한국은 동 조약의 체약당사자가 되지 못하고 동 조약의 제3자의 지위에 머물러있게 되었으나 동 조약 제21조는 '… 한국은 동 조약 제2조, 제4조 그리고 제12조의 향유할 권리가 있다.'라고 규정하고 있다.

동 조약에 의해 한국에 대한 효력이 인정되는 동 조약 제2조 (a)항은 '일본은 한국의 독립을 승인하고, 제주도·거문도 및 울릉도를 포함하는 한국에 대한 모든 권리·권원 및 청구권을 포기한다.'라고 규정하여 독도는 일본의 포기대상으로 명시적으로 열거되어 있지 아니하다. 한국정부는 동 조항을 해석함에 있어서 독도는 일본의 포기 대상으로 된다고 해석하고, 일본정부는 독도는 일본의 포기 대상이 아니라고 해석한다.

한국이 독도는 일본이 포기한 한국영토라는 종래의 주장은 ( i )독도는 울릉도의 속도라는 '속도설', 'SCAPIN 제677호설', '항복문서설' 등이 있으나 이 연구는 이에 추가하여 일본이 '대일평화조약' 제19조 (d)항의 규정에 의해 일본이 독도를 한국영토로 승인한 것이라는 '승인설'을 주장하기 위해 시도된 것이다.

이하 '영토주권승인에 관한 일반적 고찰', '일본정부에 의한 한국의 독도 영토주권의 승인', '독도 영토주권 승인의 법적 효과'순으로 기술하고 '결론'에서 대정부 정책대안을 제의하기로 한다.

## II. 영토주권 승인에 관한 일반적 고찰

### 1. 영토주권의 승인의 의의와 주체

#### 가. 영토주권 승인의 의의

영토주권의 승인(recognition of territorial sovereignty)이란 국제법의 주체가 특정 국가의 특정 영토에 대한 영토주권의 존재를 인정하는 행위로,[1] 국제법상 일반적인 승인과 같이 영토주권의 '승인'도 타 국가와의 관계에서 제기되는 어떤 사실이나 사태의 수락(acceptance of any fact situation),[2] 즉 특별한 사태를 수락하는 적극적인 행위(a positive act acception)를 의미한다.[3] 따라서 승인은 존재하는 사실의 선언(declaratory of an existing fact)을 하는[4] 일방적 법률행위(unilateral transaction)이다.[5] 그러므로 영토주권의 승인은 특정 영토에 대해 특정 국가에 영유권이 존재한다는 사실 또는 사태를 인정하는 적극적 일방적 법률행위라 할 수 있다. 영토주권의 승인은 그 자체는 영토취득의 유형(a mode of acquisition)이 아니지만,[6] 영토권원의 타당성을 확립할 목적을 위한 적절한 방법(a suitable means for the purpose of establishing the validity for a new territory title)이다.[7] 영토주권의 승인은 영토주권을 대상으로 한 것이지만 그 실질적 효과면에서 보면 영토주권의 권원의 승인으로 이는 영토주권의 권원의 근거(root of title)가 된다.[8]

엄격하게는 영토주권(territorial sovereignty)은 영토(territory), 영토권원(territorial title), 영토권원의 근거(root of territorial title) 등과 구별된다. 영토는 국가의 성립요소인 육지지역, 영토주권은 영토에 대한 국가의 주권, 영토권원은 영토주권의 타당근거, 영토권원의 근거는 영토권원의 기초인 근거(예: 할양조약, 기타 형태의 합의, 포기, 조정, 묵인, 승인 등)를 각각 뜻한다.

영토주권의 승인은 '영토권원의 승인(recognition of title to territory)',[9] '영토 내 권리의 승인(recognition of rights in the territory)',[10] '영토의 승인(recognition of territorial title)',[11] '영토적 권원의 승인(recognition of territorial title)',[12] '영토취득의 승인(recognition of acquisition of territory)'[13]과 구별된다. 그러나 이 연구에서는 이들 모두를 그 영토주권의 승인(광의)으로 보기로 한다.

영토주권의 승인을 영토 분쟁에서 결정을 도출하는 '원칙(principle)'[14]으로 보기도 하고, 그 '기준(criteria)'[15]으로 보기도 한다. 영토주권의 승인은 영토에 관한 분쟁을 전제로 한 것이 아니며 국제연합 총회에 대한 한국의 독도 영토주권의 승인은 한일 간에 독도 영유권 문제가 제기되기 전에 있었다.

---

1) Ian Brownlie, *Principle of Public International Law*, 5th ed., (Oxford: Oxford University Press, 1998), pp.156-157.

2) Robert Jennings and Arthur Watts (eds.), *Oppenheim's International Law*, 9th ed., Vol.1, (London: Longman 1992), p.127.

3) Malcolm N. Shaw, *International Law*, 4th. ed., (Cambridge: Cambridge University Press, 1997), p.50.

4) H. Lauterpact, *Recognition in International Law*, (Cambridge: Cambridge University Press, 1948), p.6.

5) Georg Schwazenberger and E.D. Brown, *A Manual of International Law*, 6th ed. (Milton: Professional Books, 1976), p.140; Werner Levi, *Contemporary International Law* (Boulder: Westview, 1979), p.214; Brownlie, *supra* n.1, p.642; Shaw, *supra*, n.3, p.95; Jochen Abr. Frowein, 'Recognition', *EPIL*, Vol.10, 1987, p.341; Vaughan Lowe, *International Law*(Oxford: Oxford University Press, 2007), p.160: Gerhard von Glahn, *Law Among Nations*, 9th ed. (London: Longman, 2009), p.145; John P. Grant and J. Craig Barker, *Encyclopediac Dictionary of International Law*, 3rd ed. (Oxford: Oxford University Press, 2009), pp.502~503.

6) Peter Malanczuk, (ed.), *Akehust's Modern Introduction to International Law*, 7th ed. (London: Routledge, 1987), p.154.

7) Schwazenberger and Brown, *supra*, n.5, p.97.

8) Brownlie, *supra* n.1, pp.131-32.

9) Schwazenberger and Brown, *supra*, n.5, p.603.

10) *David* H. Ott, *Public International in the Modern World*, (London: Pitman, 1987), p.107.

11) Shaw, *supra* n. 3, p.938.

12) Malanczuk, *supra* n. 6, p.938.

13) Marijorie M. Whiteman, *Digest of International Law*, Vol.2, (Washington D.C.: USGPO, 1963), p.1.

14) Shaw, *supra* n. 3, p.350 Ott, n.10, p.107.

15) A. L. W. Munkman, 'Adjudication and Adjustment- International Judicial Decision and Settlement of Territorial and Boundary Disputes', *BYIL*, vol.45, 1972-1973, pp.95, 105.

### 나. 영토주권의 승인 주체

국제법상 승인의 주체는 국제사회의 기존 구성원(already existing member of the community)으로[16] 국제법 인격자(international legal person)이다.[17] 영토주권을 승인하는 주체는 영토주권의 승인으로 영토주권을 상실하게 되는 국가(losing state)인 것이 일반적이나, 제3국도 영토주권 승인의 주체가 될 수 있다.[18] 묵인의 주체는 영토주권을 상실하게 되는 국가뿐이라는 점이 영토주권의 승인과 영토주권의 묵인의 차이점의 하나이다.[19] 국제연합이 국제법상 승인의 주체가 될 수 있느냐에 관해서는 논의가 있으나, 전술한 바와 같이 승인의 주체는 국제사회의 기존 구성원이고, 국제법 인격자이다.[20] 국제연합은 국제사회의 중요한 구성원의 하나이고, 국제법 인격자이므로 승인의 주체가 될 수 있다.[21] 이는 '헌장'의 규정에 의한 것이 아니라 일반 국제법에 의한 것이다. 1948년 12월 12일 국제연합총회의 결의 제195호(III)로 대한민국정부를 승인하고, 1971년 10월 25일 국제연합총회의 결의 제2758호(XXVI)로 중화인민공화국 정부를 중국의 대표정부로 승인한 것은 국제연합이 승인의 주체가 될 수 있음을 실증한 것이다.[22]

## 2. 영토주권의 승인의 방법과 효과

### 가. 영토주권 승인의 방법

영토주권의 승인은 명시적 성명의 형태(form of an express statement)의 방법에 의할 수도 있고, 묵인으로부터 추론(inferred from acquiescence)되는 방법에 의할 수도 있다.[23] 명시적 성명은 일방적 명시적 선언(unilateral express declaration)의 방법에 의할 수도 있고 조약의 규정(treaty provision)의 방법에 의할 수도 있다.[24] 영국에 의한 Jan Mayen섬에 대한 노르웨이의 영토주권의 승인은 전자의 방법의 한 예이며,[25] *East Greenland* Case(1933)에서 상설국제사법재판소가 덴마크와 다른 국가들 간의 조약이 Greenland에 대한 덴마크의 영토주권의 승인의 증거가 된다고 판시한 것은 후자의 방법의 한 예이다.[26]

### 나. 영토주권의 승인의 효과

영토주권의 승인은 국제법상 일방적 법률행위로 법적 구속력(legal binding force)을 갖는다.[27] 그 법

---

16) Lauterpact, *supra* n. 4, p.7.

17) Shaw, *supra* n. 3, p.296.

18) Brownlie, *supra* n. 1, p.157; Shaw, *supra* n.3, p.351; Malanczuk, *supra* n. 6, p.155.

19) Brownlie, *supra* n. 1, p.157.

20) Shaw, *supra* n. 3, p.63; Jenning and Watts, *supra* n.2, p.18; Malanczuk, *supra* n.6, p.92; Ott, *supra* n.10, p.76; Frowein, *supra* n.5, p.276; ICJ, *Reports*, 1949, p.179.

21) Schwazenberger and Brown, *supra* n.5, p.63; Frowein, *supra* n.5, pp.343-44; Rosalyn Higgins, *The Development of International Law through the Political Organs of the United Nations* (Oxford: Oxford University Press, 1963), pp.131-32.

22) Jennings and Watts, *supra* n. 2, pp.181-82; 김명기, 「국제법원론」상, (서울: 박영사, 1996), p.125.

23) Malanczuk, *supra* n. 6, p.154.

24) Brownlie, *supra* n. 1, p.157.

25) *AJIL*, Vol.27, 1993, Supp., p.902.

26) *PCIJ*, *Series A/B*, No.53(1933), pp.51-52.

27) Wilfried Fiedler, '*Unilateral Acts in International Law*', *EPIL*, Vol.7, 1984, p.520.

적 구속력의 근거는 '약속은 지켜야 한다(*pacta sunt serevanda*)'의 원칙의 적용에서 찾기도 하고, 금반언 (estoppel)의 원칙과 신의성실(good faith)의 원칙에서 찾기도 한다.[28] 국제연합총회 안전보장이사회의 결의는 원칙적으로 법적 구속력이 없으나 법적 효과를 갖는다. 법적 구속력과 법적 효과는 구별함을 요한다. 이에 관해서는 결론에서 논술하기로 한다.

### (1) 금반언의 효과

영토주권의 승인은 금반언의 효과를 발생한다.[29] 따라서 영토주권의 승인국은 승인 이후 그 승인에 저촉되는 주장 또는 승인과 모순되는 주장으로부터 배척된다.

### (2) 영토권원의 타당성 확립 효과

영토주권의 승인은 영토 권원의 취득에 대단히 중요한 증거(prove of great importance in the acquisition of title of territory)가 된다.[30] 따라서 영토취득에 대단히 중요한 역할을 한다.[31] 즉 영토주권의 승인은 영토권원의 타당성을 확립한다(establishing validity of territorial title).[32]

### (3) 영토권원의 응고효과

영토주권의 승인은 의심스러운 권원을 명백한 권원으로 전환하여(turn a doubtful title into good one),[33] 보다 좋은 상대적 권원(better relative title)을 제공하여[34] 상대적 권원(relative title)이 절대적 타당성(absolute validity)을 갖게 되어[35] 영토권원의 응고(consolidation of title to territory)의 결과를 가져오게 된다.[36]

## III. 대일평화조약 제19조 (d)항

### 1. 제19조 (d)항의 규정

'대일평화조약' 제19조 (d)항은 일본은 점령기간 중 점령당국이 발한 지령의 효력을 승인한다고 다음

---

28) *Ibid.* 영토주권의 승인을 인정한 판례는 다음과 같다. *Eastern Greenland* Case(1933): PCIJ, *Series A/B*, No.53, pp. 51-54; *Minquior and Ecrehos* Case(1953): ICJ, *Reports*, 1953, p.67; *Certain Frontier Land* Case(1959): ICJ, *Reports*, 1959, pp. 227~231; *Land Island and Maritime Frontier* Case(1992): ICJ, *Reports*, 1992.p.351; *Libia/Chard* Case(1994): ICJ, *Reports*, 1994. p.35.

29) Malanczuk, *supra* n.6, p.154; Schwarzenberger and Brown, *supra* n. 5, p.97; Brownlie, *supra* n. 1, p.158; Shaw, *supra* n. 3, pp.351-52; *Eastern Greenland* Case(1933): PCIJ, *Series A/B*, No.53, 1933, pp.68-69.

30) Shaw, *supra* n. 3, p.351; Brownlie, *supra* n. 1, p.158; Gerald Fitzmaurice, Third Report on the Law of Treaties, A/CN.4/115(1958), Arts, 18.19, pp.60-61.

31) Malanczuk, *supra* n. 6, p.154.

32) Georg Schwarzenberger, 'Title to Territory Response to Challenge', *AJIL*. Vol.51, 1957, p.323.

33) J. G. Starke, *Introduction to International Law*, 9th ed. (Butterworth: Littlebrown, 1984) p.148.

34) Ott, *supra* n.10, p.107.

35) Schwarzenberger and Brown, *supra* n. 5, p.99.

36) *Ibid.*

과 같이 규정하고 있다.

(d) 일본은 점령기간 동안, 점령당국의 지시에 따라 또는 그 지시의 결과로 행해졌거나 당시의 일본 법에 의해 인정된 모든 작위 또는 부작위 행위의 효력을 인정하며, 연합국 국민들에게 그러한 작위 또는 부작위 행위로부터 발생하는 민사 또는 형사책임을 묻는 어떤 조치도 취하지 않는다.

(d) Japan recognizes the validity of all acts and omissions done during the period of occupation under or in consequence of directives of the occupation authorities or authorized by Japanese law at that time, and will take no action subjecting Allied nationals to civil or criminal liability arising out of such acts or omissions.[37]

## 2. 제19조 (d)항의 해석

위의 규정 중 '점령기간 동안(during the period)'이란 1945년 8월 15일 '항복선언(Declaration of surrender)' 이후 '대일평화조약'이 효력을 발생한 1952년 4월 28일까지의 기간이다. '점령당국(occupation authority)'은 SCAP을 의미하며 '지령(directives)'은 그 명칭과 형식을 불문하고 SCAP이 일본정부에 하락한 일체의 지시를 뜻한다.

따라서 1946년 1월 29일 SCAP이 발한 '연합군최고사령부 훈령 제677호(SCAPIN No.677, 이하 'SCAPIN 제677호'라 한다)'와 1946년 6월 22일 SCAP이 발한 '연합군최고사령부 지령 제1033호 (SCAPIN No.1033, 이하 'SCAPIN 제1033호'라 한다)'가 포함됨은 물론이다.

'일본은 … 승인한다.'는 것은 일본이 법적 효력을 '대일평화조약'상 48개 연합국에 대해 법적으로 승인한다는 의미이다.

## IV. SCAPIN 제677호와 SCAPIN 제1033호

### 1. SCAPIN(연합국최고사령부 훈령) 제677호

#### 가. 내용

##### (1) SCAPIN 제677호의 제목

'일본으로부터 특정 주변지역의 정치적·행정적 분리(Governmental and Administrative Separation of Certain Outlying Area from Japan)'[38]

(i) 이 제목은 일본으로부터 특정 주변지역의 '정치적·행정적(Governmental and Administrative)'인 것으로 한정적으로 규정하고 있다. '정치적·행정적' 분리란 관할권(jurisdiction)의 분리, 즉 *imperium(임페리엄, 영역권)*의 분리를 의미하며, 영토(territory), 주권(sovereignty) 또는 영토주권

---

37) UN, *UNTIS*, Vol.136, 1952, p.47.

38) Mariorie M., Whiteman, *Digest of International Law*, Vol.3(Washington, D.C.: USGPO, 1964), p.499.

(territorial sovereignty) 즉 *dominium(도미니엄, 영유권)*을 뜻하는 것이 아니다. 이는 전쟁 중 교전 점령자는 점령영토의 영토주권(territorial sovereignty)을 취득하지 아니한다는 교전점령법상의 원칙을 표시하고 있는 것이다.

(ii) 이 제목은 일본으로부터 분리되는 객체를 지역(area)으로 규정하고 있다. 지역은 관할영역(control sphere), 즉 *imperium(임페리엄)*을 의미하며 영토, 주권 또는 영토주권 즉 *dominium(도미니엄)*을 뜻하는 것이 아니다. 이로써 전쟁 중 교전자는 점령영토의 영토주권을 취득하지 아니한다는 교전점령법상의 원칙을 표시하고 있는 것이다.

요컨대, 'SCAPIN 제677호'의 제목으로 보아 독도의 *dominium(도미니엄)*의 분리라는 주장은 근거 없는 주장인 것이다.

### (2) SCAPIN 제677호 제3항

제3항은 다음과 같이 규정하고 있다.

> 이 지령에서 일본이라 함은 일본 4대도(북해도, 본주, 구주 및 사국) 및 약 1,999의 인접 제 소도를 포함한다고 정의된다. 상기 인접 제 소도는 대마도 및 북위 30도 이북의 유구(남서)제도(구지도 제외)를 포함하나 다음 제도를 포함하지 아니한다. (a)울릉도, 리앙끄르암(죽도), 제주도(b) ⋯ and (c) ⋯
> For the purpose of this directive, Japan is defined to include the main islands of Japan (Hockkaido, Honshu, Kyushu and Shikoku) and the approximately 30˚ North Latitude(excluding Kuchinoshima Island); and excluding (a)Utsyo(ullung) Island, Liancourt Rocks(Take Island and Quelpart(Saishin or Cheju Island, (b) ⋯ and (c) ⋯'[39]

(i) 동 항은 정의의 대상을 '일본(Japan)'으로 규정하고, 일본영토(territory of Japan), 일본의 주권(sovereignty of Japan) 또는 일본영토주권(territorial sovereignty of Japan)으로 즉 일본의 *dominium(도미니엄)*으로 규정하고 있지 아니하다. 그러므로 여기 '일본'은 일본의 *imperium(임페리엄)*을 뜻하는 것으로 해석된다.

(ii) 동 항은 '정의된다(is defined)'라고 규정하고, 영토(territory), 주권(sovereignty) 또는 영토주권(territorial sovereignty)으로 구성된다라고, 즉 영유권으로 구성된다고 규정하고 있지 아니하다.

요컨대, 동 제3항의 규정으로 보아 동 지령에 의해 독도의 *dominium(도미니엄)*이 분리되었다는 주장은 근거 없는 주장인 것이다.

### 나. 성격

이상 'SCAPIN 제677호'의 내용에서 고찰해 본 바와 같이 'SCAPIN 제677호'는 일본영토를 점령한 점령국 군사령관의 전쟁종료 전, 즉 평화조약 체결 전의 점령영토의 행정에 관한 지령이다. 그것은 점령영토의 *dominium(도미니엄)*에 관한 지령이 아니라 *imperium(임페리엄)*에 관한 지령이다. 이는 'SCAPIN

---

39) *Ibid.*

제677호'의 어느 항에도 점령 영토를 지역(area)으로 표시하고 영토(territory), 주권(sovereignty) 또는 영토주권(territorial sovereignty)으로 표시하지 아니한 것으로 보아 명백하다.

요컨대, 'SACPIN 제677호'는 '영토불가양의 원칙'을 적용한 *imperium(임페리엄)*에 관한 지령이라는 성격을 갖는다.

## 2. SCAPIN(연합국최고사령부 훈령) 제1033호

SCAPIN 제1033호는 독도에 관해 다음과 같이 규정하고 있다.

> b. 일본인의 선박 및 승무원은 금후 북위 37도 15분, 동경 131도 53분에 있는 리앙끄르岩(獨島,독도)의 12해리 이내에 접근하지 못하며 또한 同島(동도)에 어떠한 접근도 하지 못한다.
>
> b. Japanese vessels and crews shall not come within the area nearer than 12 miles of Takeshima situated at 37° 15' N., 131° 53' E., nor shall they have any access to the islands.[40]

이는 연합국이 한국의 독도 영토주권을 승인한 것이다. '대일평화조약' 제19조 (d)항의 규정에 의해 일본은 한국의 독도 영토주권을 승인한 것이다.

## V. 일본정부에 의한 한국의 독도 영유권의 승인

### 1. 명시적 승인

이와 같이 'SCAPIN 제677호' 제3항은 독도를 일본의 정의에서 배제한다고 명문규정을 두고 있다. '대일평화조약'[41] 제19조 (d)항은 'SCAPIN 제677호'의 효력은 일본이 승인한다고 규정하고 있으므로 결국 일본은 '대일평화조약'에 서명함으로써 한국의 독도 영토주권을 명시적으로 승인한 것이다. 이는 명시적인 승인이고 또 일방적 의사표시에 의한 것이 아니라 48개 연합국과 체결한 '대일평화조약'이라는 조약에 의한 것이므로 더욱 그 의미가 큰 것이다.

### 2. 체약 당사국에 대한 승인

물론 이는 일본이 '대일평화조약'의 체약당사국에 대한 승인이고 동 조약의 체약 당사국이 아닌 한국에 대한 승인이 아니다. 그러나 동 조약 제21조의 규정에 의거하여 한국은 동 조약 제2조의 이익을 향유할 권리(shall be entitle to the benefits of Articles)가 인정되므로, 한국은 동 조약 제2조의 해석결과인 일본에 의한 한국의 독도 영토주권의 48개 연합국에 대한 승인 효과의 이익을 향유할 '반사적 이익'이 아니라 '권리'를 가진다.[42]

---

40) USNARA/DC/S SCAPIN File Room 600-1

41) UN, *UNTIS*, Vol.136, 1952, pp.45-64.

## VI. 일본정부에 의한 한국의 독도 영토주권 승인의 법적 효과

일본정부에 의한 한국 독도 영토주권의 승인의 효과를 '적극적 효과'와 '소극적 효과'로 구분하여 기술하기로 한다.

### 1. 적극적 효과

여기 '적극적 효과'는 일본이 한국의 독도 영토주권 승인에 의해 일반적으로 인정되는 효과를 말한다. 'Ⅱ. 영토주권승인에 관한 일반적 고찰'에서 논급한 바와 같이 영토주권승인은 다음과 같은 효과가 인정된다.

#### 가. 금반언의 효과

영토주권의 승인은 금반언의 효과가 발생한다.[43] 따라서 한국의 독도 영토주권을 승인한 일본은 이 승인에 저촉되거나 모순되는 주장으로부터 배제된다. 그것은 국제법상 '법의 일반원리 원칙'에 반한 위법한 행위로 된다.

#### 나. 영토권원의 타당성 확립 효과

영토주권의 승인은 영토권원의 타당성을 확립한다.[44] 따라서 한국의 독도 영토주권의 타당성을 확립하는 효과가 인정된다.

#### 다. 영토권원 응고의 효과

영토주권의 승인은 의심스러운 권원은 명백한 권원으로 전환하여 상대적 권원을 보다 좋은 상대적 권원으로 인정하는 효과가 인정된다.[45] 따라서 일본의 독도에 대한 상대적 권원보다 한국의 독도에 대한 상대적 권원을 강화하는 효력이 인정된다.

### 2. 소극적 효과

소극적 효과는 상기 적극적 효과의 부정에 의해 발생하는 효과를 말한다. 일본은 '대일평화조약 제19조 (d)항의 규정에 의한 한국의 독도 영토주권을 승인했으므로 일본정부가 한국의 독도 영토주권을 부인하는 것은 다음과 같이 위법한 것이다.

---

42) 동 조약 제21조 에 '권리를 가진다(shall be entitle)'라고 명문으로 규정하고 있기 때문이다.

43) *Supra* n.29.

44) *Supra* n.30.

45) *Supra* n.36.

## 가. 대일평화조약 제19조 (d)항의 위반

일본의 '대일평화조약'에 의한 한국의 독도 영토주권 승인의 효과를 부정하고 독도의 영토주권은 일본에 귀속된다는 주장을 하면 '대일평화조약' 제19조 (d)항의 규정을 위반하는 것으로 됨은 검토의 여지가 없다. 물론 이는 동 조약의 체약당사국인 48개 연합국에 대한 동 조약의 위반이나 동 조약 제21조의 규정에 의한 동 조약 제2조의 이익을 향유할 '권리'를 가진 한국에 대한 동 조약의 위반으로 된다.

## 나. 대일평화조약 제5조 (a)항의 (ii)의 위반

'대일평화조약' 제5조 (a)항의 (ii)는 다음과 같이 규정하고 있다.
일본은 특히 다음과 같은 의무가 있다.

> (ii) 일본의 국제적인 관계에서, 어떤 나라의 영토보전이나 정치적인 독립을 해하건, 어떤 식으로든 유엔의 목적에 상반되는 위협이나 군사력의 행사를 금하는(자제하는) 의무
> (ii) To refrain in its international relations from the threat or use of force against the territorial integrity or political independence of any State or in any other manner inconsistent with the Purposes of the United Nations;

일본이 한국의 독도 영토주권을 승인하고 이를 부정하는 것은 '대일평화조약' 제5조 (a)항 (ii)의 규정을 위반한 것임은 논의의 여지가 없다.

## 다. 국제연합헌장 제1조 제2항의 위반

'국제연합헌장' 제1조 제2항은 국제연합의 목적[46]의 하나로 우호관계의 촉진에 관하여 다음과 같이 규정하고 있다.

> 제 민족의 평등권 및 자결의 원칙의 존중에 기초하여 국가 간의 우호관계를 발전시키며, 세계평화를 강화하기 위한 기타 적절한 조치를 취한다.
> To develop friendly relations among nations based on respect for the principle of equal rights and self determination of peoples, and to take other appropriate measures to strengthen universal peace.

일본이 한국의 독도 영유권을 승인하고 이를 부정하는 것은 '국제연합헌장' 제1조 제2항을 위반한 것이 명백하다.

## 라. 국제연합헌장 제2조 제4항의 위반

'국제연합헌장' 제2조 제4항은 국제연합의 원칙(principle)[47]의 하나로 타국의 영토보전과 독립의 존

---

46) 국제연합의 목적은 국제연합이 취하여야 할 지침(direction)을 의미한다(L. M. Goodrich, E.Hambro, *Charter of the United Nations*, (Boston:World Peace Foundation, 1949) p.22.).

중에 관하여 다음과 같이 규정하고 있다.

> 모든 회원국은 그 국제관계에 있어서 다른 국가의 영토보전이나 정치적 독립을 저해하거나 또는 국제연합의 목적과 양립하지 아니하는 어떠한 기타 방식으로도 무력의 위협이나 무력의 행사를 삼간다.
> All Members shall refrain in their international relations from the threat or use of force against the territorial integrity of political independence of any state, or in any other manner inconsistent with the Purposes of the United Nations.

일본이 한국의 독도 영토주권을 승인하고 이를 부정하는 것은 '국제연합헌장 제2조 제4항을 위반하는 위법행위인 것이다.

### 마. 한일기본관계조약 전문의 위반

'한일기본조약' 전문은 다음과 같이 규정하고 있다.

> 대한민국과 일본국은 양국 국민관계의 역사적 배경과 선린관계와 주권상호존중의 원칙에 입각한 양국 관계의 정상화에 대한 상호희망을 고려하며, 양국의 상호복지와 공통이익을 증진하고 국제평화와 안전을 유지하는데 있어서 양국이 국제연합헌장의 원칙에 합당하게 긴밀히 협력함이 중요하다는 것을 인정하며, 또한 1951.9.8. 샌프란시스코 시에서 서명된 일본국과의 평화조약의 관계규정과 1948.12.12. 국제연합총회에서 채택된 결의 제195호(III)를 상기하며, 본 기본관계에 관한 조약을 체결하기로 결정하여, 이에 다음과 같이 양국 간의 전권위원을 임명하였다.

일본이 한국의 독도 영토주권을 승인하고 독도의 영토주권이 일본에 귀속된다고 주장하는 것은 '한일기본조약' 전문을 위반한 것이 명백하다.

### 바. 금반언의 원칙의 위반

금반언의 원칙은 선행행위와 저촉·모순되는 후행행위를 금지하는 원칙을 말한다.[48] 금반언의 원칙의 법적 성질에 관해서는 논의가 있으나 법의 일반원칙(general principle of law)으로 보는 것이 일반적이다.[49] '국제사법재판소 규정' 제38조 제1항 (c)는 법의 일반원칙을 재판의 준칙으로 규정하고 있다. 따라서 '법의 일반원칙'은 '국제사법재판소 규정'상 국제법의 법원인 것이다.[50] 그러므로 '금반언의 원칙'을 위반하는 것은 국제법의 법원의 하나인 '법의 일반원칙'을 위반하는 것이며, 그것은 국제법의 법원 즉, 국제법을 위반하는 것이 된다. 일본정부가 1951년 9월 8일 '대일평화조약'에 서명함으로써 동

---

47) 이는 국제연합의 회원국과 국제연합의 행동의 기준 (standard of conduct)을 의미한다(L. M. Goodrich, E.Hambro and A. P. Simons, *Charter of the United Nations*, 3rd ed.(New York:Columbia University Press, 1969) p.36.).

48) Henry C. Black, *Black's Law Dictionary*. 5th ed. (St. Paul Minn. West, 1979), p.494; D. W. Bowett, 'Estoppel before International Tribunals and It's Relations to Acquiescence', *BYIL*, Vol.33, 1957, p.181; J.P.Grant and J.C. Barker, *supra* n. 5, p.198.

49) Lord Mcnair, *The Law of Treaties* (Oxford:Clarendon, 1961), p.485; H.Lauterpacht, *International Law*, Law of Peace, Part. 1 (Cambridge:Cambridge University Press, 1975), p.257; Grant and Barker, *supra* n.48, p.198.

50) Gideon Boas, *Public International Law* (Cheltham: Edward Elgar, 2012), p.102.

조약 제19조 (d)항의 규정에 의해 'SCAPIN 제677호' 제3항의 효력을 승인하여 한국의 독도 영토주권을 승인하고 이 승인에 반하는 일본의 독도 영토주권을 주장하는 것은 '금반언의 원칙'을 위반한 것임은 검토의 여지가 없으며, 따라서 이는 국제법을 위반한 것이다.

영토주권의 승인은 금반언의 효과가 발생한다.[51] 일본이 한국의 독도 영토주권을 승인하고 이 승인과 모순·저촉되는 행위를 즉 독도 영토주권이 일본에 귀속된다고 주장하는 것은 금반언의 원칙에 반한다. 이는 국제법상 '법의 일반원칙'을 위반하는 위법행위로 된다.


### 사. 평화공존의 원칙 위반

#### (1) 평화공존의 의의

평화공존(peaceful coexistence)은 마르크스주의 학자들에 의해 선호된 20세기 동서 간에 적용하는 국제법상 원칙의 하나이다.[52] 오늘에는 동서 간의 차이를 넘어 정치적 또는 경제적 이데올로기의 차이가 있는 국가들이 공존하는 권리를 갖는다(states of differing political or economic ideologies have right to coexist).[53]는 원칙을 의미한다. 이는 (i) 동서 간의 관계뿐만 아니라 다른 차이의 국가 간에서 적용된다[54]는데 오늘날 의미가 있고, (ii) 공존의 권리가 있다는데 의미가 있다.

1956년 8월 27일 ILA 제47차 총회는 평화공존을 위한 모든 국가의 권리(Right of every nation and every state to peaceful existence)에 관한 성명을 발표한 바 있다.[55] 이에 뒤이어 1957년 12월 21일 국제연합총회는 모든 국가는 존재할 권리가 있다고 다음과 같이 결의한 바 있다.

> 모든 국가는 존재할 권리 그리고 그들의 존재를 보호하고 보존할 권리를 갖는다.
> Every state has the right to exist and right to protest and preserve its existence.[56]

그러므로 모든 국가는 평화공존의 권리가 있는 것이다.

*Lotus* Case에 상설국제사법재판소의 판결과 Palmas Island Arbitration 단독중재관 Huber의 판정에서 평화공존에 관한 판시가 있었다.[57] Edward Mcwhinney는 평화공존을 다음과 같이 기술하고 있다.

> 세계 공공질서의 생존가능한 제도가 안정되어야 한다는 실효적인 정치-군사 균형의 실존적 조건 또는 연속체이다.

---

51) *Supra* n.29.

52) P.Grant and Barker, *supra* n.5, p.459.

53) *Ibid.*

54) Robert Jennings and Athur Watts(eds.), *Oppenheims International Law*, 9th ed.(London: Longman, 1992), p.2009

55) on 27 August 1956, ILA 47th Conference, Statement pp.39-42: M. W. Whiteman, *Digest of International Law*, Vol.5, 1965, p.116.

56) J. G. Starke, *Introduction to International Law*, 9th ed., Butterworth: Littlebrown, 1984. p.115

57) November 21, 1957, UNGA Res: Whiteman, *supra* n.38, p.87.

Existential condition or continuum of effective political-military equilibrium upon which any viable system of world public order must rest.[58]

이 기술은 평화공존을 '정치·군사적 균형'의 안전조건으로 보고 있다는 것이다.

### (2) 평화공존의 내용

평화공존은 5개의 원칙으로 구성되어 있으며, 그중 첫째의 원칙은 '다국의 영토보전과 주권의 상호 존중(Mutual respect for each other's territorial integrity and sovereignty)'[59]이다. 이는 1957년 12월 14일의 국제연합총회의 결의(GA Re.1236(XII))에 의해 채택되었다.[60] 그리고 1955년 4월 인도네시아 반둥에서 아프리카·아시아회의 '최종 공동선언'에서 채택되었고,[61] 1962년 7월 9일 '라오스의 중립선언'에서 채택되었으며, 1963년 5월 '아프리카연합기구 헌장(Charter of the Organization of African Unity)'에서 채택되었다.[62] 이 원칙은 1970년 국제연합총회가 채택한 '우호관계 선언' 중 헌장에 따라 협조하여야 할 국가의 의무(the duty of states to cooperate with one another in accordance with)에 포함되어 있다.[63]

### (3) 평화공존의 법적성격

이 원칙은 80여 문건에서 채택되어 있다.[64] '평화공존'은 국제법상 원칙(Principle of international law)이며,[65] 이 원칙은 많은 국가에 의해 수락되어있다.[66] '국제연합헌장(Charter of the United Nations)'과 부전 조약(Treaty for the Renunciation of War)을 보상하는 기능을 한다.[67]

### (4) 일본의 독도 영토주권 주장에의 평화공존의 원칙 적용

(i) 일본과 한국은 정치적·경제적 이데올로기의 차이가 있다고 보아도 무리가 아니므로 한일 간에 평화적 공존의 원칙이 적용될 수 있으며,

(ii) 한일 간에 평화공존이 적용되므로 한국은 평화공존을 주장할 '권리'가 있다.

따라서 일본정부가 한국정부에 대해 주장하는 것은 평화공존의 제1원칙인 '영토보전과 주권존중'에 반하는 것이므로 따라서 한국정부는 일본정부에 대해 평화공존의 원칙에 반한다고 주장할 수 있다.

---

58) Edward Mcwhinney, 'Coexistence', *EPIL*, Vol.9, 1886.

59) 1954년 중국과 인도 간의 '티베트에 관한 조약' 전문(J. G. Starke, *supra* n.56, p.108)

60) Stark, *supra* n.56, p.108: Whiteman, *supra* n.38, p.115.

61) Stark, *supra* n.56, p.108.

62) *Ibid.*

63) *Ibid*, p.109.

64) Ian Brownlie, *International Law and the Use of Force by States*(Oxford: Clarendon, 1963), pp.123-126.

65) Edward Mcwhinney, *supra* n.58, p.24.

66) Brownlie, *supra* n.64, p.119.

67) *Ibid.*

# VII. 결언

첫째로 상술한 바를 다음과 같이 요약하기로 한다. (i) 영토주권의 승인은 학설과 판례에 의해 일반적으로 승인되어 있다. (ii) '대일평화조약' 제19조 (d)항은 '일본은 점령기간 중 점령당국이 취한 지령의 효력을 승인한다.'라고 규정하고 있고, 점령기간 중 점령 당국이 발한 지령 중에는 독도를 일본영토에서 배제한 'SCAPIN 제677호'가 포함된다. 따라서 일본은 동 조약을 통해 한국의 독도 영토주권을 명시적으로 승인한 것이다. (iii) 영토주권의 승인은 금반언의 효과가 발생하므로, 일본은 한국의 독도 영토주권의 승인과 대립·모순되는 어떠한 조치도 취할 수 없다. 또한 한국의 독도 영토주권을 부정하는 일본의 조치는 '대일평화조약' 제19조 (d)항과 제5조 (a)항을 위반하는 것이며, '국제연합헌장' 제1조 제2항, 제2조 제4항 그리고 '한일기본관계조약' 전문을 위반하는 것이다.

둘째로, 다음과 같은 정부대안을 제의하기로 한다.

(i) 일본정부가 한국이 독도를 불법점거하고 있다는 주장에 대해 일본이 1951년 9월 8일의 '대일평화조약' 제19조 (d)항의 규정에 의해 한국의 독도 영토주권을 명시적으로 승인했으므로 이 승인에 반하는 일본의 독도 영토주권의 주장은 '대일평화조약'을 위반한 것이라는 주장을 대일정책에 반영할 것을 검토·시행 한다.

(ii) '대일평화조약'의 당사국인 48개 연합국에 대해 일본이 '대일평화조약'을 위반하며 독도 영유권을 주장하고 있다는 사실을 홍보할 것을 검토·시행한다.

(iii) 일본정부가 '대일평화조약'을 위반하여 독도의 영토주권을 주장하는 것은 '국제연합헌장'의 위반이라는 것을 국제연합회원국에 홍보할 것을 검토·시행한다.

<참고문헌>

김명기, 『국제법원론』상, 서울: 박영사, 1996.

ASIL, *AJIL*, Vol.27, 1993.

Black Henry C., *Black's Law Dictionary*, 5th ed., St. Paul Minn: West, 1979.

Boas Gideon, *Public International Law*, Cheltham: Edward Elgar, 2012.

Bowett D. W., 'Estoppel before International Tribunals and It's Relations to Acquiescence', *BYIL*, Vol.33, 1957.

Brownlie Ian, *Principle of Public International Law*, 5th ed., Oxford: Oxford University Press, 1998.

_____, *International Law and the Use of Force by States*, Oxford: Clarendon, 1963.

Fiedler Wilfried, 'Unilateral Acts in International Law', *EPIL*, Vol.7, 1984.

Frowein Jochen Abr., 'Recognition', *EPIL*, Vol.10, 1987.

Glahn Gerhard von, *Law Among Nations*, 9th ed., London: Longman, 2009.

Goodrich L. M. and E. Hambro, *Charter of the United Nations*, Boston: World Peace Foundation, 1949.

Grant John P. and J. Craig Barker, *Encyclopedic Dictionary of International Law*, 3rd ed., Oxford: Oxford University Press, 2009.

Higgins Rosalyn, *The Development of International Law through the Political Organs of the United Nations*,

Oxford: Oxford University Press, 1963.

ICJ, *Reports*, 1953.

___, *Reports*, 1992.

Jennings Robert and Athur Watts (eds.), *Oppenheims International Law*, 9th ed., London: Longman, 1992.

Lauterpacht H., *International Law, Law of Peace*, Part. 1, Cambridge:Cambridge University Press, 1975.

___, *Recognition in International Law*, Cambridge, Cambridge University Press, 1948.

Levi Werner, *Contemporary International Law*, Boulder: Westview, 1979.

Lowe Vaughan, *International Law*, Oxford: Oxford University Press, 2007.

Malanczuk Peter, (ed.), *Akehust's Modern Introduction to International Law*, 7th ed., London: Routledge, 1987.

Mcwhinney Edward, 'Coexistence', *EPIL*, Vol.9, 1886.

Mcnair Lord, *The Law of Treaties*, Oxford:Clarendon, 1961.

Munkman A. L. W., 'Adjudication and Adjustment- International Judicial Decision and Settlement of Territorial and Boundary Disputes', *BYIL*, Vol.45, 1972-1973.

Ott David H., *Public International in the Modern World*, London: Pitman, 1987.

PCIJ, *Series A/B* No.53, 1933.

Schwarzenberger Georg, 'Title to Territory Response to Challenge', *AJIL.* Vol.51, 1957.

Schwazenberger Georg and E.D. Brown, *A Manual of International Law*, 6th ed., Milton: Professional Books, 1976.

Shaw Malcolm N., *International Law*, 4th. ed., Cambridge: Cambridge University Press, 1997.

Starke J. G., *Introduction to International Law*, 9th ed., Butterworth: Littlebrown, 1984.

UN, *UNTIS*, Vol.136, 1952.

Whiteman Marijorie M., *Digest of International Law*, Vol.2, Washington D.C.: USGPO, 1963.

___, *Digest of International Law*, Vol.3, Washington, D.C.: USGPO, 1964.

___, *Digest of International Law*, Vol.5, Washington, D.C.: USGPO, 1965.

# 제2절 | 대일평화조약의 독립승인 조항과 권리포기 조항

## I. 서언

'대일평화조약' 제2조 (a)항은 '일본은 한국의 독립을 승인하고, 제주도·거문도 및 울릉도를 포함한 한국에 대한 모든 권리·권원 및 청구권을 포기한다.'라고 규정하고 있다. 동 조항에서 일본의 포기 대상으로 독도가 열거되어 있지 아니하므로 독도는 일본영토라는 것이 일본정부의 주장이고, 독도는 포기의 대상으로 열거되어 있지 아니해도 울릉도의 속도인 독도는 울릉도와 같이 일본의 포기 대상이므로 독도는 일본에서 분리된 한국영토라는 것이 한국정부의 주장이다.

그러나 '독립을 승인한다.'라는 규정(이하 '독립승인 조항'이라 한다)과 권리를 포기한다는 규정(이하 '권리포기 조항'이라 한다)이 함축하고 있는 법적 의미에 관해서는 한일 양국이 모두 논외로 해온 것이 현실이다. 그러나 '일본이 한국의 독립을 승인한다.'는 의미는 동 조약이 체결되기 전에 한국은 비독립 국가의 지위에 있었음을 의미하고 한국이 비독립 국가의 지위에 있었던 것은 그 원인인 '한일합방조약'이 유효했음을 함축하고 있는 것이다. 그리고 '일본이 한국의 권리 등을 포기한다.'라는 의미는 동 조약이 체결되기 전에 일본이 한국의 권리·권원 등을 갖고 있었음을 의미하고 일본이 권리·권원 등을 갖고 있음은 그 원인인 '한일합방조약'이 유효했음을 함축하고 있는 것이다.

한국은 '대일평화조약'의 체약 당사국이 아니므로 '대일평화조약'을 체결할 당시에 '독립승인 조항'과 '권리포기 조항'의 설정에 관해 어떠한 이의도 제기할 수 있는 처지에 있지 아니했으며, 동 조약 체결 후에 동 조약 제21조의 규정에 의해 상기 '독립승인 조항'과 '권리포기 조항'을 포함한 동 조약 제2조가 한국에 적용됐을 뿐이다. 즉, 한국은 '한일합방조약'이 유효한 것으로 묵시적으로 승인한 상기 '대일평화조약' 제2조 (a)항에 '조약법에 관한 비엔나협약(the Vienna Convention on the Law of Treaties, 이하 '조약법협약'이라 한다)' 제36조 제1항의 규정에 의거하여 동의한 것으로 추정되어 있다. 결국 '대일평화조약' 제2조 (a)항은 1910년의 '한일합방조약'이 유효한 것으로 추정되어 1910년 이래 일본의 한국지배는 법적으로 유효한 것으로 묵시적으로 승인한 것으로 추정된다.

한국은 '대일평화조약' 제2조 (a)항의 이익을 받기로 동의하는 의사표시를 한 바 없으나 '조약법협약' 제36조 제1항의 규정에 의거하여 동의한 것으로 추정되어 동 조약 제2조 (a)항이 주는 이익을 받으므로 동시에 '한일합방조약'이 유효했다는 불이익의 효과도 받는다.

이 연구는 '대일평화조약' 제2조가 '한일합방조약'이 유효했음을 묵시적으로 승인하고 있다는 문제점을 제시하기 위해 기도된 것이다. 제기되는 문제점에 대한 해결방안은 개략적인 방향만을 제시해 보기로 한다.

1965년의 '한일기본관계조약'은 1910년 그 전에 한일 간에 체결된 조약은 이미 무효라고 규정하고 있다. '이미 무효'에 관해 한국정부는 1910년 당초부터 무효라고 주장하고 일본정부는 1948년부터 무효라고 주장한다. 일본정부는 한국정부의 주장에 대해 "한국정부는 '대일평화조약'에서 '한일합방조약'이 1910년 당초부터 무효가 아니라고 묵시적으로 승인했다"고 주장해올 것이다.

이하 대일평화조약 초안상 '독립승인 조항과 권리포기 조항', '대일평화조약의 한국에 대한 효력 규정', '조약법협약의 제3자에 대한 권리부여 규정', '대일평화조약에 조약법협약의 적용' 그리고 '독립승인 조항과 권리포기 조항의 한일기본관계조약의 저촉'순으로 논술하기로 한다.


## II. 대일평화조약 초안상 독립승인 조항과 권리포기 조항

'대일평화조약'의 여러 초안에 규정된 '한국의 독립을 승인한다.'와 '권리를 포기한다.'는 규정을 살펴보면 다음과 같다.


### 1. 미국초안

1945년 9월 2일 '항복문서(the Instrument of Surrender)'의 서명 후, 주 점령국(principal occupying power)인 미국이 '대일평화조약'의 체결에 주요 역할(main part)을 담당했다.[1] 미국초안은 외교 교섭과정을 거쳐 작성되었고 샌프란시스코 평화회의(San Francisco Peace Conference)는 오직 기록적 기능(merely a recording function)만을 했다.[2] 1951년 7월 3일 미국과 영국에 의해 준비된 초안에 기초하여 1951년 9월 8일 샌프란시스코 평화회의에서 '대일평화조약'이 체결되었다.[3]


### 가. 제1차 미국초안

'제1차 미국초안(1947년 3월 20일)'은[4] 제1조에서 일본영토에 관해 규정하고, 제4조에서 한국영토에 관해 규정하고 있다. 제4조는 '일본은 … 한국에 대한 권리·권원 … 을 포기한다(Japan renounces all rights and titles …).'라는 규정을 두고 있다. 그러나 '일본은 한국의 독립을 승인한다(Japan recognizes the independence of Korea).'는 규정을 두고 있지 아니했다. 물론 '한일합방조약은 무효이다.'라는 규정도 두고 있지 아니했다.

---

1) Werner Morvay, 'Peace Treaty with Japan', *EPIL*, Vol.4, 1982, p.125.

2) *Ibid.*

3) Marjorie M. Whiteman, *Digest of International Law*, Vol.3(Washington, D.C.: USGPO, 1964), p.530.

4) US Department of State, from Dean G. Acheson(Under Secretary of State) to General MacArthur(The Supreme Commander for the Allied Powers), 'Memorandum: Outline and Various Sections of Draft Treaty(March 20, 1947)', Attached Draft(March 19, 1947); 신용하, 「독도 영유권 자료의 탐구」, 제3권(서울: 독도연구보전협회, 2000), pp.284-87; 김병렬, 「독도」(서울: 다다미디어, 1998), pp.418-22; 이석우, 「일본영토분쟁과 샌프란시스코 평화조약」(인천: 인하대학출판부, 2003), pp.127-28.

## 나. 제2차 미국초안

'제2차 미국초안(1947년 8월 5일)'은[5] '제1차 미국초안'과 같이 제1조에서 일본영토에 관해 규정하고, 제4조에서 한국영토에 관해 규정하고 있다. '제2차 미국초안'도 일본은 한국의 권리·권원을 포기한다는 규정을 두고 있으나(제4조) '일본은 한국의 독립을 승인한다.'는 규정을 두고 있지 아니했다.

## 다. 제3차 미국초안

'제3차 미국초안(1948년 1월 2일)'은[6] '제2차 미국초안'과 같이 제1조에서 일본영토에 관해 규정하고, 제4조에서 한국영토에 관해 규정하고 있다. '제3차 미국초안'도 '제1차 미국초안'과 같이 '일본은 한국에 대한 권리를 포기한다.'는 규정을 두고 있다(제4조). 물론 '한국의 독립을 승인한다.'는 규정은 없다.

## 라. 제4차 미국초안

'제4차 미국초안(1949년 10월 13일)'은[7] '제3차 미국초안'과 같이 제1조에서 일본영토에 관해 규정하고, 제4조에서 한국영토에 관해 규정하고 있다. '제4차 미국초안'은 '권리의 포기'에 관해서 '제3차 미국초안'과 동일한 것이었다. 물론 '일본은 한국의 독립을 승인한다.'는 규정은 있다.

## 마. 제5차 미국초안

'제5차 미국초안(1949년 11월 2일)'은[8] '일본은 한국의 모든 권리·권원 등을 포기한다.'는 규정은 '제4차 미국초안'과 동일하다.

## 바. 제6차 미국초안

'제6차 미국초안(1949년 12월 29일)'[9] 제6조는 독도를 한국영토로 열거하고 있지 않다. '제1차 미국초안'에서 '제5차 미국초안'까지 독도를 일본영토에서 배제하고 한국영토로 규정해 왔으나, '제6차 미국초안'에서 '일본영토조항(제3조)'에서 독도를 일본영토에 포함시키고, '한국 영토조항(제6조)'에서 독도를 한국영토로 열거하지 않는 규정을 두고 있다. 이는 시볼트의 '독도는 일본영토'라는 기망행위에 의거한 미국의 오판에 기인한 것이다. '제6차 미국초안'도 '일본이 한국에 대한 권리·권원 등을 포기한다.'는 '제4차 미국초안'의 경우와 같다.

---

5) US Department of State, from Hugh Borton(Acting Special Assistant to the Director, Office of Far Eastern Affairs) to Charles E. Bohlen(Counselor of the Department of State), 'Office Memorandum: Draft Treaty of Peace for Japan(August 6, 1947)'; 신용하, 전주 4, pp.287-90; 김병렬, 전주 4, pp.442-26; 이석우, 전주 4, pp.128-29.

6) US Department of State, 'Office Memorandum: Background of Draft of Japanese Peace Treaty(January 30, 1948)'; 신용하, 전주 4, pp.290-93; 김병렬, 전주 4, pp.426-29; 이석우, 전주 4, pp.50. 53-54.

7) US Department of State, 'Office Memorandum: Attached Draft(August 14, 1949)'; 신용하, 전주 4, pp.293-96; 김병렬, 전주 4, pp.429-33.

8) US Department of State, 'Commentary on Treaty of Peace with Japan(November 2, 1949)'; 신용하, 전주 4, pp.297-300; 김병렬, 전주 4, pp.433-36; 이석우, 전주 4, pp.130-32.

9) US Department of State, 'Draft Treaty of Peace with Japan on December 29(December 29, 1949)'; 신용하, 전주 4, pp.313-15; 김병렬, 후주 10, pp.448-51; 이석우, 후주 10, pp.134-35.

### 사. 제7차 미국초안

'제7차 미국초안(1950년 8월 7일)'은[10] 일본영토에 관한 규정과 한국영토에 관한 규정을 모두 삭제했다. 즉, '제6차 미국초안'의 '일본영토조항(제3조)'과 '한국 영토조항(제6조)'을 모두 삭제했다. '제7차 미국초안'에서 '일본은 한국에 대한 권리 등을 포기한다.'는 규정이 삭제됐다.

### 아. 제8차 미국초안

'제8차 미국초안(1950년 9월 11일)'은[11] '제7차 미국초안'과 같이 일본영토에 관한 규정과 한국영토에 관한 규정을 모두 삭제했다. 다만 제4장 제4항에서 일본은 한국의 독립을 승인한다고 규정하고 있다. 동 제4항의 규정은 다음과 같다.

> 일본은 한국의 독립을 승인한다. 그리고 일본과 한국과의 관계는 한국에 대한 국제연합총회와 안전보장이사회의 결의에 기초한다.
> Japan recognizes the independence of Korea and will base its relation with Korea on the resolutions of the United Nations General Assembly and Security Council with respect to Korea.

이와 같이 '제8차 미국초안'은 '일본영토조항'과 '한국의 영토조항'을 모두 삭제했다. 따라서 독도에 관한 규정은 실종되고 말았다. '제8차 미국초안'에서 '일본은 한국의 권리·권원 등을 포기한다.'는 조항은 부활되었다. '제8차 미국초안'은 '일본은 한국의 독립을 승인한다.'는 조항을 처음으로 두었다.

### 자. 제9차 미국초안

'제9차 미국초안(1951년 3월 29일)'은[12] '제8차 미국초안'과 같이 '일본영토조항'도 '한국의 영토조항'도 모두 규정하지 않았다. 따라서 독도에 관한 규정은 찾아볼 수 없게 되고 말았다. '제9차 미국초안'에서 '일본은 한국에 대한 … 권리 등을 포기한다.'라는 조항은 '제8차 미국초안'과 같이 규정하고 있다.

## 2. 영국초안

미 국무부가 평화조약초안을 준비하고 있는 동안 그의 주 협상당사자인 영연방 실무단(Commonwealth Japanese Treaty Working Party)은 독자적인 초안을 작성하여 영연방 구성국에게 회람했다.[13]

---

10) US Department of State, 'Memorandum by John F. Dulles(Special Assistant to the Secretary of State): Japanese Treaty(August 9, 1950)'; 신용하, 독도 영유권 자료의 탐구, 제3권(서울: 독도연구보전협회, 2000), pp.317-19; 김병렬, 독도(서울: 다다미디어, 1998), pp.453-56; 이석우, 일본영토분쟁과 샌프란시스코 평화조약(인천:인하대학출판부, 2003), pp.138-39; 김명기, 「독도 영유권과 대일평화조약」(더욱; 우리영토, 2007), pp.44.

11) US Department of State, 'Memorandum to Dean G. Acheson(Secretary of State)' from John F. Dulles(Special Assistant to Secretary of State)(September 11, 1950); 신용하, 전주 4, pp.319-21; 김병렬, 전주 4, pp.459-61; 이석우, 전주 4, pp.139.

12) US Department of State, 'Memorandum: Provisional Draft of Japanese Peace Treaty(March 17, 1951)'; 신용하, 전주 4, pp.324-26; 김병렬, 전주 4, pp.469-71; 이석우, 전주 4, pp.140-41.

13) Whiteman, *supra* n.3, p.530.

### 가. 제1차 영국초안

'제1차 영국초안(1951년 2월 28일)'은[14] 일본영토에 관해 제6항에 규정하고, 한국에 관해 제7항에 각각 규정하고 있다. '제1차 영국초안'은 제7항에서 '일본의 한국에 대한 권리 등을 포기한다.'는 규정을 두고 있다.

### 나. 제2차 영국초안

'제2차 영국초안(1951년 3월)'은[15] 일본영토에 관해 제1조 제6항에 한국의 권리·권원 및 이익에 관해 제2조 제7항에 각각 규정하고 있다. '제2차 영국초안'은 '제1차 영국초안'과 동일한 규정을 두고 있다.

### 다. 제3차 영국초안

'제3차 영국초안(1951년 4월 7일)'은[16] 일본영토에 관해 제1조에, 한국의 권리·권원 및 이익의 포기에 관해 제2조에 각각 규정하고 있다. '제3차 영국초안'은 '일본은 한국에 대한 권리 등을 포기한다.'라고 제2조에 규정을 두고 있다.

## 3. 영미 합동초안

### 가. 제1차 영미 합동초안

'제1차 영미 합동초안(1951년 5월 3일)'은[17] 독립된 '일본영토조항'을 두지 않고 제2조에 '한국 영토조항'을 규정하고 있다. '제1차 영미 합동초안'은 '일본은 한국에 대한 권리 등을 포기한다.'라고 제2조에 규정을 두고 있다.

### 나. 제2차 영미 합동초안

'제2차 영미 합동초안(1951년 6월 14일)'은[18] '일본은 한국에 대한 권리 등을 포기한다.'라고 제2조 (a)항에 두고 있다. 그리고 '일본은 한국의 독립을 승인한다(Japan recognizing the independence of Korea)'는 규정을 두고 있다(제2조 (a)항).

---

14) 신용하, 전주 4, pp.333-335; 김병렬, 전주 4, pp.446-69.

15) United Kingdom, '2nd Draft of Japanese Peace Treaty', 신용하, 전주 4, pp.335-39; 김병렬, 전주 4, pp.471-75.

16) United Kingdom, 'Provisional Draft of Japanese Peace Treaty(April 7, 1951)'; 신용하, 전주 4, pp.339-44; 김병렬, 전주 4, pp.476-81; 이석우, 전주 4, pp.141-42.

17) Joint United States-United Kingdom Draft Prepared During. The Discussion in Washington(May 3, 1951); 신용하, 전주 4, pp.348-50; 김병렬, 전주 4, pp, 486-88; 이석우, 전주 4, p.142.

18) Revise United Stats-United Kingdom Draft of a Japanese Peace Treaty(June 14, 1951); 신용하, 전주 10, pp.354-57; 김병렬, 전주 4, p.497-501; 이석우, 전주 4, pp.143-44.

### 다. 제3차 영미 합동초안

'제3차 영미 합동초안(1951년 7월 3일)'[19]은 '제2차 영미 합동초안' 제2조 (a)항과 동일하게 '일본은 한국에 대한 권리 등을 포기한다.'라고 규정하고 있다(제2조 (a)항).

### 라. 제4차 영미 합동초안

'제4차 영미 합동초안(1951년 7월 20일)'[20]은 '제3차 영미 합동초안' 제2조 (a)항과 동일하게 '일본은 한국의 권리 등을 포기한다.'라고 규정하고 있다(제2조 (a)항).

### 마. 최종초안

샌프란시스코 평화회의에서 제출된 '최종초안(1951년 8월 13일)'은[21] '제4차 영미 합동초안'과 완전히 동일한 것이며, 물론 '제4차 영미 합동초안' 제2조 (a)항과 '최종초안' 제2조 (a)항도 완전히 동일한 것으로, 이는 독도 영유권은 한국에 있는 것으로도, 일본에 있는 것으로도 명시적으로 규정하지 않은 것이다.

이 '최종초안'은 '제3차 영미 합동초안(1951년 7월 3일)'과 미세한 차이가 있음에 불과하므로 샌프란시스코 평화회의에 제출된 평화조약안은 '제3차 영미 합동초안'에 기초한 것이라 할 수 있다.[22]

'일본은 한국의 … 권리 등을 포기한다.'는 조항은 '제1차 미국초안'에서부터 시작되고, '일본은 한국의 독립을 승인한다.'라는 규정은 '제8차 미국초안'에서부터 시작되었다. 동 조항은 그 후 중단되었다가 '제2차 영미 합동초안'에서 부활되었다. 그러나 어느 초안에도 '한일합방조약은 무효이다.'라는 규정은 없다.

최종안에는 '일본은 한국에 대한 권리 … 등을 포기한다.'라는 규정과 '일본은 한국의 독립을 승인한다.'는 규정을 두고 있을 뿐이다.

## III. 대일평화조약의 한국에 대한 효력 규정

'대일평화조약' 제21조는 동 조약의 제3자에 대한 효력에 관해 다음과 같이 규정하고 있다.

> 본 조약 제25조의 규정에도 불구하고 중국은 제16조 및 제24조 (가) 2의 이익을 향유할 권리를 가지며, 한국은 본 조약의 제2조·제4조·제9조 및 제12조의 이익을 향유할 권리를 가진다.

---

19) US Department of State, 'Draft Japanese Peace Treaty(July 3, 1951)'; 이석우, 전주 4, p.144.

20) US Department of State, 'Draft Treaty of Peace with Japan(July 20, 1951)'; 이석우, 전주 4, pp.144-45.

21) Japanese Peace Conference, San Francisco, California, September, 1951, 'Treaty of Peace(August 13, 1951)'.

22) Whiteman, *supra* n.3, p.530.

Notwithstanding the provisions of Article 25 of the present Treaty, China shall be entitled to the benefits of Articles 10 and 14(a)2; and Korea to the benefits of Articles 2, 4, 9 and 12 of the present treaty.

한국에 적용되는 '대일평화조약' 제2조는 다음과 같이 규정하고 있다.

'일본은 한국의 독립[23]을 승인하고, 제주도·거문도 및 울릉도를 포함한 한국에 대한 권리·권원 및 청구권을 포기한다.'의 이익을 향유할 권리를 가진다.

## IV. 조약법협약의 제3자에 대한 권리부여 규정

'조약법협약'은 제3자에 권리부여에 관해 다음과 같이 규정하고 있다.

① 조약의 당사국이 제3국 또는 제3국이 속하는 국가의 그룹 또는 모든 국가에 대하여 권리를 부여하는 조약규정을 의도하며 또한 그 제3국이 이에 동의하는 경우에는 그 조약의 규정으로부터 제3국에 권리가 발생한다. 조약이 달리 규정하지 아니하는 한 제3국의 동의는 반대의 의사표시가 없는 동안 있는 것으로 추정된다.

A right arises for a third State from a provision of a treaty if the parties to the treaty intend the provision to accord that right either to the third state, or to a group of States which it begins, or to all states, and the third State assents thereto. Its assent shall be presumed so long as the contrary is not indicated, unless the treaty otherwise provides. (제36조 제1항).

위의 규정에 따라 권리를 부여받은 국가의 동의는 조약에 달리 규정하지 아니하는 한 제3국의 동의는 반대의 의사표시가 없는 동안 있는 것으로 추정된다. 동 조의 규정에 의한 제3국의 권리는 제3국의 동의의 의사표시를 조건으로 하는 조건부 권리(conditional right)이다.[24]

## V. 대일평화조약에 조약법협약의 적용

### 1. 조약법협약의 시간적 적용범위

#### 가. 규정

'조약법협약'은 그의 시간적 적용범위에 관해 불소급의 원칙을 다음과 같이 규정하고 있다.

---

23) 한국은 '대일평화조약'의 당사자로서의 지위에서 배제되고, 제3자로서 제21조의 권리가 부여되었다. 동 조약상 의무가 부과되는 규정은 없다.
24) Werner Morvay, 'Peace Treaty with Japan', *EPIL*, Vol.4, 1982, p128.

협약은 그 발효 후에 국가에 의하여 체결된 조약에 대해서만 그 국가에 대하여 적용된다.
The Convention applies only to treaties which are concluded by States after the entry into force of the present Convention with regard to such states.(제4조).

이와 같이 동 협약 제4조는 동 협약이 발효된 이후에 체결된 조약에 관하여서는 즉, 1980년 1월 27일 이후에 체결된 조약에만 동 협약이 적용된다고 불소급의 원칙을 규정하고 있다. 그러나 학설은 동 조에 의한 '불소급의 원칙'을 부정하고 있다.

### 나. 학설

'조약법협약' 제4조의 불소급의 원칙의 규정에도 불구하고 대부분의 학자는 동 협약 발효 전에 즉 1980년 1월 27일 전에 체결된 조약에도 동 협약이 적용된다고 논하고 있다.

### (1) Shabtai Rosenne

Rosenne는 '조약법협약'의 대부분은 현존 국제관습법을 성문화한 것이므로 불소급 규정의 법적 효과는 별 것이 아니라고 다음과 같이 기술하고 있다.

> 협약의 대부분은 아마도 현존하는 관습국제법을 법전화한 것이므로 이 불소급 규정의 효과는 별 것이 아니다.
> Since most of the convention probably codification of existing customary International Law, the effect of this non-retroactivity provision may not be great.[25]

Rosenne은 동 협약 제4조의 규정에도 불구하고 동 협약이 효력을 발생한 1980년 1월 27일 이전에 체결된 조약에도 동 협약이 작용된다고 보고 있다.

### (2) Ian Sinclair

Sinclair는 '조약 및 협약'은 현존하는 관습법을 성문화한 것이므로 협약은 협약의 규정에도 불구하고 협약 발효일 이전에 소급하여 적용될 수 있다고 다음과 같이 논하고 있다.

> 협약은 현존하는 관습법의 선언으로 간주되므로 협약은 협약과 독립하에 적용될 수 있다.
> Convention may be regarded as declaratory of pre-existing customary law and therefore applicable independently of the Convention.[26]

Sinclair도 동 협약이 발효한 1980년 1월 27일 이전에 체결된 조약에도 동 협약이 적용된다고 논하고 있다. 즉, 불소급의 원칙을 부정하고 있다.

---

25) Shabtai Rosenne, 'Vienna Convention on the Law of Treaties' *EPIL*, Vol.7, 1984, p.528.

26) Ian Sinclair, *The Vienna Convention on the Law of Treaties*, 2nd ed.(Manchester: Manchester University Press, 1984, p.12.

## (3) Alina Koczorowska

Koczorowska도 '조약법협약'에 규정된 관습법은 동 협약이 발효되기 이전에 체결된 조약에 동 협약이 적용된다고 다음과 같이 논하고 있다.

> 관습법을 규정한 조약법협약의 규정은 조약법협약이 발효되기 이전에 체결된 조약에 적용된다.
> The provisions of the VCLT which embody customary law will apply to treaties concluded before the entry into force of the VCLT.[27]

## (4) Sarah Williams

Williams도 '조약법협약'은 소급적 적용을 허용하지 아니하나 국제사법재판소는 소급적 적용을 해오고 있다고 다음과 같이 논하고 있다.

> 조약법협약의 시간적 적용범위에 관한 조항에 있어서 조약법협약은 소급적 적용을 허용하지 아니한다. 그러나 국제사법재판소는 조약법협약이 발효 이전에 채택된 조약에 대해 협약의 규정을 적용해 왔다.
> In terms of its temporal application, the VCLT does not allow for retrospective application, although the International court of Justice has applied its provisions to treaties adopted before its entry into force.[28]

Williams는 '조약법협약'이 발효 이전에 체결된 조약에 대해 국제사법재판소가 '조약법협약'의 규정을 적용해 왔다고 하여 동 협약은 동 협약의 발효 이전에 체결된 조약에 적용된다고 논하고 있다.

## (5) Anthony Aust

Aust는 국제재판소가 '조약법협약'을 국제관습으로 보고 있다는 것을 근거로 소급효 금지의 규정에도 불구하고 동 협약은 협약 이전의 조약에 적용된다고 다음과 같이 논하고 있다.

> 조약법협약은 국제사법재판소(그리고 국제 및 국내재판소와 법정)에 의해 거의 모든 점에 관습국제법을 기술하는 문안으로 인정된다. 협약은 소급적 효력을 가지지 아니함에도 불구하고(제4조) 실제적인 목적을 위하여 협약은 조약에 관한 국제관습법의 권위적 서술이다. 그러므로 수년간 협약 이전의 조약을 포함하는 조약에 적용될 수 있다.
> The Convention is regarded by the International Court of Justice(and other international and national courts and tribunals) as in almost all respects stating customary international law, Despite the Convention not having retroactive effect(Article4), for practical purposes the convention is nevertheless an authoritative statement of customary international law on treaties and so can be applied to treaties including those which pre-date the Convention by many years.[29]

---

27) Alina Koczorowska, *Public International Law*, 4th ed. London: Routledge, 2010), p.89.

28) Alexander Orakheashivili and Sarah Williams(eds.), *40 Year of Vienna Convention on the Law of Treaties* (British Institute of International Law and Comparative Law, 2010), p. xiv.

이와 같이 Aust는 '조약법협약'은 국제관습법의 기술이므로 동 협약의 효력 발생 이전의 조약에 적용된다고 한다.

## (6) Rebeca M. M. Wallace

Wallace는 '조약법협약'은 확립된 규칙을 규정하고 있으므로 동 협약은 동 협약 이전의 합의에 적용될 수 있다고 다음과 같이 기술하고 있다.

조약법협약은 하나의 협약으로서 소급적 효력을 가지지 아니한다. 그러나 동 협약은 확립된 규칙을 규정하고 있으므로 동 협약 이전의 합의에 적용될 수 있다.

The Convention as a Convention, does not have retroactive effect. However, because it spells out established rules, the Convention may be applied to agreements pre-dating the Convention.[30]

이와 같이 Wallace는 '조약법협약'은 기 확립된 규칙을 규정하고 있으므로 동 협약은 동 협약을 소급하여 적용된다고 한다.

## 2. 대일평화조약에의 조약법협약의 적용

### 가. 한일합방조약 유효의 묵시적 승인

#### (1) 1952년 4월 28일까지 승인

'대일평화조약' 제2조 (a)항 전단은 '일본은 한국의 독립을 승인하고(Japan recognizing the independence of Korea)'라고 규정하고 있다. 이는 동 조약이 효력을 발생한 1952년 4월 28일까지 한국은 비독립상태에 있었음을 전제로 한 것이다. 따라서 한국이 동 조항의 이익을 향유할 의사표시를 하는 것은 '한일합방조약'이 '1952년 4월 28일'까지 유효함을 묵시적으로 승인하는 것이 된다. 왜냐하면 (ⅰ)조약의 효력 발생 시점은 그 조약에 달리 규정하지 아니하는 한 그 조약이 성립하는 시점이며 엄격하게는 발효 시점에 소급해서 적용되지 아니하는 것이 조약법의 원칙이기 때문이다.[31] '조약법협약' 제28조는 동 조약의 불소급적용에 관하여 다음과 같이 규정하고 있다.

29) Antony Aust, *Handbook of International Law* (Cambridge: Cambridge University Press, 2010), p.50.

30) Rebeca M. M. Wallace, *International Law*, 4th ed.(London: Tomson, 2005), pp.253-54.

31) Sinclair, *supra* n.26, pp.85-87; T.O. Elias, *The Modern Law of Treaties*(Leiden: Sijithoff, 1974), p.46-49; Stepehn Allen, *International Law*(London: Pearson, 2013), pp.42-43; Martin Dixon, *International Law*(Oxford: Oxford University Press, 2013), pp.66-67; Andrew B. Hollis(ed.) *The Oxford Guide to Treaties*(Oxford: Oxford University Press, 2012), pp.699-702; John P. Grant and J. Craig Barker(eds.), *Encyclopedic Dictionary of International Law*, 3rd(Oxford: Oxford University Press, 2009), p.615; Robert Jennings and Arthur Watts(eds.), *Oppenheim's International Law*, Vol.1, 9th ed., (London: Longman, 1992), p.1234-1335, 1238-39; David H. Ott, *Public International Law in the Modern World*(London: Pitman, 1987), p.194; Malcolm Shaw, *International Law*, 4th ed., (Cambridge: cambridge University Press, 1997), p.650; Werner Levi, *Contemporary International Law: A Concise Introduction*, Boulder(Colorado: Westview, 1979), p.225; Paul Reuter, *The Modern Law of Treaties*(London: Pinter, 1989), pp.51-55; Hans Kelsen, *Principles of International Law*, 2nd ed, (New York: Holt, 1967), p.493; Gerhard von Glahn, *Law among Nations*, 4th ed.(New York: Macmillan, 1981), pp.493-94; Gerog Schwarzenberger and E.D. Brown, *A Manual of International Law*, 6th ed.(Milton: Professional Books, 1976), p.130; *Marrommotis Concession* Case(1924): PCIJ, *Series A*, No.2(1924), p.34; *Phosphates in Morocco* Case(1938): PCIJ, *Series A/B* No.24, (1938), p.24; 김명기, 「국제법원론 上」(서울: 박영사, 1969), p.894-95.

별도의 의사가 조약으로부터 나타나지 아니하거나 또는 달리 확정되지 아니하는 한 그 조약의 규정은 그 발효 이전에 당사국에 관련하여 발생한 행위나 사실 또는 없어진 사태에 관하여 그 당사국을 구속하지 아니한다.

Unless a different intention appears from the treaty or is otherwise established, its provisions do not bind a party in relation to any act or fact which took place or any situation which ceased to exist before the date of the entry into force of the treaty with respect to that party.

따라서 '대일평화조약'은 동 조약이 발효한 1952년 4월 28일 이전에 소급하여 적용되지 아니한다. 그러므로 '대일평화조약' 제2조 (a)항에 의해 일본이 한국의 독립을 승인한 일자는 1952년 4월 28일 직전까지 한국은 비독립상태에 있었고 따라서 '한일합방조약'은 1952년 4월 27일까지 유효한 것으로 묵시적으로 추정된다.

(ii)'독립승인 조항'은 '승인하며(recognizing)'라고 규정하고, '승인했으며(recognized)'로 규정하고 있지 아니하다. 따라서 1952년 4월 28일이 한국의 독립을 승인한 일자이며 따라서 1952년 4월 28일까지 '한일합방조약'은 유효한 것으로 추정된다.

## (2) 묵시적 승인의 추정

'대일평화조약'에 의해 한국의 독립이 1952년 4월 28일에 승인되고 따라서 '한일합방조약'이 1952년 4월 28일까지 유효한 것으로 추정되는 것은 한국이 '대일평화조약' 제21조, 따라서 제2조 (a)항의 이익을 향유하는데 동의의 의사표시를 한 바 없으나, '조약법협약' 제36조 제1항은 조약의 제3국이 동의의 의사표시를 하지 아니해도 그 제3국이 반대의 의사표시를 할 때까지 동의의 의사표시를 한 것으로 추정되기 때문이다. 요컨대 '대일평화조약' 제2조 (a)항의 규정이 한국에 대해 효력이 있고 따라서 '한일합방조약'이 1952년 4월 28일까지 유효한 것으로 '추정'되는 것은 '조약법협약' 제36조 제1항의 규정에 의한 것이다.

## 나. 권리포기 조항

### (1) 한일합방조약 유효의 묵시적 승인

#### (가) 1952년 4월 28일까지 승인

'대일평화조약' 제2조 (a)항 후단은 '일본은 한국에 대한 … 모든 권리·권원 및 청구권을 포기한다 (Japan renounces all right, title and claim)'라고 규정하고 있다. 이 '권리포기 조항'은 1952년 4월 28일까지 일본이 권리·권원 및 청구권을 갖고 있었음을 인정하고 있다. 왜냐하면 갖고 있는 권리·권원 및 청구권을 포기할 수 있는 것이며, 갖고 있지 아니한 권리 등은 포기할 수 없는 것은 자명한 일이기 때문이다. 따라서 이 '권리포기 조항'도 1952년 4월 28일까지는 '한일합방조약'이 유효했음을 의미한다. 그리고 이도 '조약법협약' 제36조 제1항의 규정에 의해 한국이 승인한 것으로 추정된다. 이는 '독립승인 조항'의 경우와 동일하다.

(나) 묵시적 승인의 추정

상술한 독립승인 조항의 경우와 같다.

## Ⅵ. 독립승인 조항 및 권리포기 조항의 한일기본관계조약의 저촉

1965년 한일국교정상화 시 체결된 '한일기본관계조약' 제2조는 다음과 같이 규정하고 있다.

> 1910년 8월 22일 및 그 이전에 대한제국과 대일본제국 간에 체결된 모든 조약과 협정 이 이미 무효임을 확인했다.

위의 규정 중 '이미 무효'의 의미에 한하여 대한민국정부는 '당초부터 무효'라고 해석하는데[32] 반하여 일본정부는 1945년부터 무효라고 해석한다.[33] '합일합방조약'이 유효한 것으로 인정되는 '독립승인 조항'과 '권리포기 조항'은 '한일기본관계조약'에 대한 한국정부의 주장(당초부터 무효)에 저촉된다. 일본정부는 한국정부가 조약법협약 제36조 제1항의 규정에 의해 '대일평화조약'의 규정에 동의한 것, 즉 '독립승인 조항'과 '권리포기 조항'에 '한일기본관계조약'의 '이미 무효'를 '당초부터 무효'라고 주장하는 것은 모순으로 이를 금반언의 원칙에 반한다고 주장해올 수 있다. 그러므로 '독립승인 조항'과 '권리포기 조항'의 적용 배제를 위한 한국정부의 대책이 요구된다.

## Ⅶ. 결언

'대일평화조약' 제21조는 '한국은 본 조약의 제2조, 제4조, 제9조 및 제12조의 이익을 향유할 권리를 가진다.'라고 규정하고, 동 조약 제2조는 '일본은 한국의 독립을 승인하고, 제주도 · 거문도 및 울릉도를 포함한 한국에 대한 모든 권리 · 권원 및 청구권을 포기한다.'라고 규정하고 있다.

'조약법협약' 제36조 제1항은 '조약의 당사국이 제3국에 권리를 부여하는 조약의 규정은 제3국이 이에 동의하는 경우 … 그 조약의 규정으로부터 제3국의 권리가 발생한다.'라고 규정하고 '제3국의 동의는 반대의 의사표시가 없는 동안 있는 것으로 추정된다.'라고 규정하고 있다.

'조약법협약' 제4조는 동 협약은 소급해서 적용될 수 없다고 규정하고 있으며 학자와 판례는 동 협약은 소급해서 적용될 수 있음을 승인하고 있다. 따라서 1951년에 체결된 '대일평화조약'에 1969년에 채택된 '조약법협약'은 적용되게 된다.

'대일평화조약' 제2조에 규정된 '독립승인 조항'은 동 조약이 체결되기 전에 한국의 법적 지위는 비

---

32) 대한민국정부, 「대한민국과 일본국 간의 조약 및 협정 해설」(서울; 대한민국정부, 1965), p.11; 대한민국정부, 「한일 회담 백서」(서울; 대한민국정부, 1964), p.19.

33) Oda, 'The Normalization of Relation Between Japan and the Republic of Korea' *AJIL*, Vol.61, 1967, pp.40-41.

독립국임을 전제로 한 것이고, 한국의 비독립국임을 전제로 한 것은 그의 법적 근거인 '한일합방조약' 의 유효를 전제로 한 것이다. 따라서 '독립승인 조항'은 '한일합방조약'이 유효함을 묵시적으로 승인한 것이다. '권리포기 조항'도 동 조약이 체결되기 전에 일본이 권리 등을 갖고 있었다는 전제로 한 것이며, 일본이 권리 등을 갖고 있었음과 그의 법적 근거인 '한일합방조약'이 유효함을 묵시적으로 승인한 것이다. 결국 이 '한일합방조약'이 유효함은 '조약법협약' 제36조의 규정에 의거하여 한국이 '대일평화조약' 제2조의 규정에 동의한 것으로 추정된 결과이다. 한국정부는 이 '한일합방조약'이 유효한 것으로 추정되는 '조약법협약' 제36조 제1항의 효과를 배제하기 위한 조치를 취함을 요한다.

그러한 조치로 해석선언(interpretive declaration) 또는 해석유보(interpretive reservation)를 들 수 있다. 양자 중 어느 것이 대한민국의 국익에 더 적합한 것이냐는 별도의 연구를 요하는 중요한 당면과제 중의 하나이다.

## <참고문헌>

김명기, 『독도 영유권과 대일평화조약』, 서울:우리영토, 2007.
_____, 『국제법원론 上』, 서울:박영사, 1969.
김병렬, 『독도』, 서울:다다미디어, 1998.
대한민국정부, 『대한민국과 일본국 간의 조약 및 협정 해설』서울; 대한민국정부, 1965.
_____, 『한일 회담 백서』서울; 대한민국정부, 1964.
신용하, 『독도 영유권 자료의 탐구』, 제3권. 서울: 독도연구보전협회, 2000.
이석우, 『일본영토분쟁과 샌프란시스코 평화조약』. 인천:인하대학출판부, 2003.

Allen, Stephen, *International Law*.London: Pearson, 2013.
Bernhardt, 'Interpretation in International Law', *EPIL.*, Vol.7, 1984.
Brownlie, Ian, *Principles of Public International Law*, 5th ed., Oxford: Oxford University Press, 1998.
Dixon, Martin, *International Law*, Oxford: Oxford University Press, 2013.
Elias, T. O., *The Modem Law of Treaties, Leiden: Sijthoff*, 1974.
Fiedler, Wilfried, 'Surrender', *EPIL.*, Vol.4, 1982.
Grant John P. and J. Craig Barker(eds.), *Encyclopedic Dictionary of International Law*, Oxford: Oxford University Press, 2009.
Glahn Gerhard von, *Law among Nations*, 4th ed, New York: Macmillan, 1981.
PCIJ, *Series A*, No.7, 1926. *German Interests in Polish Uper Silesia* Case.
_____, *Series B*, No.6, 1923. *German Settlers in Poland* Case.
_____, *Series A*, No.2, 1924. *Marrommotis Concession* Case.
_____, *Series A/B* No.24, 1938. *Phosphates in Morocco* Case.
Hollis, Duncan A., *Oxford Guide to Treaties*. Oxford: Oxford University Press, 2012.
Jenning and Watts(eds.), L. *Oppenheim, International Law*, Vol.1, 8th ed., London: Longman, 1992.
Jones, F. C., H. Borton and B. R. Pearn, U. S Department of State, *In Quest of Peace and Security, Selected Documents on American Foreign Polic*y, *1941-1951* Washington, D. C.: USGPO, 1951.
_____, *Survey of International Affairs*, The Far East, 1924-1946, London: Oxford University Press, 1955.
Langsam, Walter L., *Historic Documents of World War II*, Westpoint: Green wood, 1985.
Levi Werner, *Contemporary International Law: A Concise Introduction*, Boulder: Westview Press, 1979.
Libyalchad Case(1994), ICJ, *Reports*, 1994.
Kelsen Hans, *Principles of International Law*, 2nd ed, New York: Holt, 1967.

Koczorowska, Alina, *Public International Law*, 4th ed., London iRoutledge, 2010.

Myung-Ki Kim, *The Korean War and International Law,* Claremont, CA: Paige Press, 1991.

_____, *Territorial Sovereignty over Dokdo and International Law,* Claremont, CA: Paige Press, 2000.

Morvay, Werner, 'Peace Treaty with Japan', *EPIL*, Vol.4, 1982.

O'Connell, D. P., *International Law*, Vol.1, 2nd ed. 1970.

_____, 'Legal Aspects of the Peace Treaty with Japan', *BYIL*, Vol.29, 1952.

_____, 'The Status of Formosa and the Chinese Recognition Problem' *AJIL*, Vol.50, 1956.

Oda, 'The Normalization of Relation Between Japan and the Republic of Korea' *AJIL*, Vol.61, 1967.

Orakheashivili, Alexander and Sarah Williams(eds.), *40 Year of VCLOT,* British Institute of International Law and Comparative Law, 2010.

Ott, David H., *Public International Law in the Modem World,* London: Pitman, 1987.

Oxford University. Digest of United States Practice in International Law 2009.

*Qater V. Bahrain* Case, 1994, ICJ, *Reports*, 1994.

Reuter, Paul, *Introduction to the Law of Treaties,* London: Pointer, 1989.

Rosenne, Shabtai, 'The Effect of Sovereignty upon Municipal Law', *BYIL*, Vol.27, 1950.

_____, 'Vienna Convention on the Law of Treaties' *EPIL*, Vol.7, 1984.

Schwarzenberger, Georg, *International Law: The Law of Armed Conflict*, Vol.2, London : Stevens, 1968.

Schwarzenberger Gerog and E.D. Brown, *A Manual of International Law*, 6th ed., Milton: Professional Books, 1976.

Shaw, Malcolm N., *International Law,* 4th ed., Cambridge: Cambridge University Press, 1997.

Sinclair, Ian, *The Vienna Convention on the Law of Treaties*, 2nd ed., Manchester: Manchester University Press, 1984.

Starke, J. G., *Introduction to International Law*, 9th ed., London: Butterworth, 1984.

Thirlway, Hugh, *International Customary Law and Codification,* Lediden: Sijhoff, 1972.

United States, Department of State *Bulletin* Vol., Washington, D. C.: USGPO, 1943, U. S. Department of State.

UN, *UNTS* Vol.163.

U. S., Senate Committee on Foreign Relations, *A Decade of American Policy; Basic Documents, 1941-1949*, Washington, D. C.: U. S. Government Printing Office, 1950.

Wallace, Rebeca M. M., *International Law*, 4th ed., London: Tomson, 2005.

Warburg, J. P., *The United State in the Postwar World,* New York; Atheneum, 1966.

Whiteman, Marjorie M., *Digest of International Law*, Vol.3, Washington, D.C.: USGPO, 1964.

# 제3절 | 대일평화조약의 해석선언의 청원

## I. 청원의 취지

대한민국은 다음과 같은 선언을 한다는 행정조치를 구함.

대한민국은 1951년의 '대일평화조약'의 어떠한 규정도 1910년의 '한일합방조약'이 원천적으로 무효가 아닌 것으로 해석되지 아니한다는 것을 조건으로 '대일평화조약' 제21조의 규정에 동의한다는 해석선언을 한다.

## II. 청원의 원인

'대일평화조약' 제21조의 '… 한국은 본 조약의 제2조, 제4조, 제9조 및 제12조의 이익을 향유할 권리를 가진다.'는 규정은 '조약법협약' 제36조 제1항의 '조약의 당사국이 … 제3국에 대하여 권리를 부여하는 조약규정에 … 제3국이 이에 동의하는 경우에는 그 제3국의 규정으로부터 제3국에 대하여 권리가 발생한다. … 제3국의 동의는 반대의 표시가 없는 동안 있는 것으로 추정한다.'는 규정에 의거하여 대한민국에 '대일평화조약' 제21조의 권리부여 규정이 적용되는 상태에 있다. 여기서 1951년의 '대일평화조약'에의 1969년의 '조약법협약'이 소급하여 적용될 수 있느냐의 문제에 관해서 검토하기로 한다.

첫째로, '조약법협약'의 시간적 적용범위에 관한 규정

'조약법협약'은 그의 시간적 적용범위에 관해 불소급의 원칙을 다음과 같이 규정하고 있다.

> 협약은 그 발효 후에 국가에 의하여 체결된 조약에 대해서만 그 국가에 대하여 적용된다.
> The Convention applies only to treaties which are concluded by States after the entry into force of the present Convention with regard to such states.(제4조).

이와 같이 동 협약 제4조는 동 협약이 발효된 이후에 체결된 조약에 관하여서는 즉, 1980년 1월 27

일 이후에 체결된 조약에만 동 협약이 적용된다고 불소급의 원칙을 규정하고 있다. 그러나 학설은 동 조에 의한 '불소급의 원칙'을 부정하고 있다.

둘째로, '조약법협약'의 시간적 적용범위에 관한 학설

'조약법협약' 제4조의 불소급의 원칙 규정에도 불구하고 대부분의 학자는 동 협약 발효 전에 즉 1980년 1월 27일 전에 체결된 조약에도 동 협약이 적용된다고 논하고 있다.

## (1) Shabtai Rosenne

Rosenne는 '조약법협약'의 대부분은 현존 국제관습법을 성문화한 것이므로 불소급 규정의 법적 효과 는 별 것이 아니라고 다음과 같이 기술하고 있다.

> 협약의 대부분은 아마도 현존하는 관습국제법을 법전화한 것이므로 이 불소급의 규정의 효과는 별 것이 아니다.
> Since most of the convention probably codification of existing customary International Law, the effect of this non-retroactivity provision may not be great.[1]

Rosenne은 동 협약 제4조의 규정에도 불구하고 동 협약이 효력을 발생한 1980년 1월 27일 이전에 체결된 조약에도 동 협약이 작용된다고 보고 있다.

## (2) Ian Sinclair

Sinclair는 '조약 및 협약'은 현존하는 관습법을 성문화한 것이므로 협약은 협약의 규정에도 불구하고 협약 발효일 이전에 소급하여 적용될 수 있다고 다음과 같이 논하고 있다.

> 협약은 현존하는 관습법의 선언으로 간주되므로 협약은 협약과 독립하에 적용될 수 있다.
> Convention may be regarded as declaratory of pre-existing customary law and therefore applicable independently of the Convention.[2]

Sinclair도 동 협약이 발효한 1980년 1월 27일 이전에 체결된 조약에도 동 협약이 적용된다고 논하고 있다. 즉, 불소급의 원칙을 부정하고 있다.

## (3) Alina Koczorowska

Koczorowska도 '조약법협약'에 규정된 관습법은 동 협약이 발효되기 이전에 체결된 조약에 동 협약

---

1) Shabtai Rosenne, 'Vienna Convention on the Law of Treaties' *EPIL*, Vol.7, 1984, p.528.

2) Ian Sinclair, *The Vienna Convention on the Law of Treaties*, 2nd ed(Manchester: Manchester University Press, 1984), p.12.

이 적용된다고 다음과 같이 논하고 있다.

> 관습법을 규정한 조약법협약의 규정은 조약법협약이 발효되기 이전에 체결된 조약에 적용된다.
> The provisions of the VCLT which embody customary law will apply to treaties concluded before the entry into force of the VCLT.[3]

## (4) Sarah Williams

Williams도 '조약법협약'은 소급적 적용을 허용하지 아니하나 국제사법재판소는 소급적 적용을 해오고 있다고 다음과 같이 논하고 있다.

> 조약법협약의 시간적 적용범위에 관한 조항에 있어서 조약법협약은 소급적 적용을 허용하지 아니한다. 그러나 국제사법재판소는 조약법협약이 발효 이전에 채택된 조약에 대해 협약의 규정을 적용해왔다.
> In terms of its temporal application, the VCLT does not allow for retrospective application, although the International court of Justice has applied its provisions to treaties adopted before its entry into force.[4]

Williams는 '조약법협약'이 발효 이전에 체결된 조약에 대해 국제사법재판소가 '조약법협약'의 규정을 적용해왔다고 하여 동 협약은 동 협약이 발효 이전에 체결된 조약에 적용된다고 논하고 있다.

## (5) Anthony Aust

Aust는 국제재판소가 '조약법협약'을 국제관습으로 보고 있다는 것을 근거로 소급효 금지의 규정에도 불구하고 동 협약은 협약 이전의 조약에 적용된다고 다음과 같이 논하고 있다.

> 조약법협약은 국제사법재판소(그리고 국제 및 국내재판소와 법정)에 의해 거의 모든 점에 관습국제법을 기술하는 문안으로 인정된다. 협약은 소급적 효력을 가지지 아니함에도 불구하고(제4조) 실제적인 목적을 위하여 협약은 조약에 관한 국제관습법의 권위적 서술이다. 그러므로 수년간 협약 이전의 조약을 포함하는 조약에 적용될 수 있다.
> The Convention is regarded by the International Court of Justice(and other international and national courts and tribunals) as in almost all respects stating customary international law, Despite the Convention not having retroactive effect(Article4), for practical purposes the convention is nevertheless an authoritative statement of customary international law on treaties and so can be applied to treaties including those which pre-date the Convention by many years.[5]

이와 같이 Aust는 '조약법협약'은 국제관습법의 기술이므로 동 협약의 효력 발생 이전의 조약에 적용

---

3) Alina Koczorowska, *Public International Law*, 4th ed. London iRoutledge, 2010), p.89.

4) Alexander Orakheashivili and Sarah Williams(eds.), *40 Year of VCLOT* (British Institute of International Law and Comparative Law, 2010)

5) Antony Aust, *Handbook of International Law* (Cambridge: Cambridge University Press, 2010), p.50.

된다고 한다.

### (6) Rebeca M. M. Wallace

Wallace는 '조약법협약'은 확립된 규칙을 규정하고 있으므로 동 협약은 동 협약 이전의 합의에 적용될 수 있다고 다음과 같이 기술하고 있다.

> 조약법협약은 하나의 협약으로서 소급적 효력을 가지지 아니한다. 그러나 동 협약은 확립된 규칙을 규정하고 있으므로 동 협약 이전의 합의에 적용될 수 있다.
> The Convention as a Convention, does not have retroactive effect. However, because it spells out established rules, the Convention may be applied to agreements pre-dating the Convention.[6]

이와 같이 Wallace는 '조약법협약'은 기 확립된 규칙을 규정하고 있으므로 동 협약은 동 협약을 소급하여 적용된다고 한다.

## 1. 원인 1

'대일평화조약' 제21조의 규정에 의거하여 대한민국에 대해 권리가 인정되는 동 조약 제2조 (a)항은 '일본은 한국의 독립을 승인하고, 제주도·거문도 및 울릉도를 포함하는 한국에 대한 권리·권원 및 청구권을 포기한다.'라고 규정하고 있다. 이 규정 중 '한국의 독립을 승인한다.'는 규정은 동 승인을 하기 전까지 대한민국이 비독립의 상태에 있었음을 전제로 한 것이며, 이는 '한일합방조약'이 유효했음을 의미하는 것이다. 그리고 이 규정 중 '권리는 포기한다.'는 규정은 동 포기를 하기 전까지 일본이 한국에 대한 권리·권원·청구권을 갖고 있었음을 전제로 하는 것이며, 이는 '한일합방조약'이 유효했음을 의미하는 것이다. 그러므로 대한민국이 위의 제2조 (a)항의 규정에 동의하는 것으로 추정되는데 반대의 표시를 하지 아니하는 것은 결국 대한민국이 '한일합방조약'이 유효했음을 묵시적으로 승인하는 것이 된다.

## 2. 원인 2

'대일평화조약' 제14조 (a)항은 '일본의 전쟁 중에 발생한 손해 및 고통에 대하여 연합국에 손해를 지불하여야 함을 승인한다.'라고 규정하고, 제25조는 '연합국의 1국이 아닌 어떠한 국가에 대하여 여하한 권리·권원 또는 이익이 부여되는 것이 아니다.'라고 규정하고 있다. 따라서 연합국이 아닌 대한민국에 대하여 일본은 손해 및 고통에 대한 손해배상책임이 부정되어 있다.[7] 이도 '한일합방조약'이 유효

---

6) Rebeca M. M. Wallace, *International Law*, 4th ed.(London: Tomson, 2005), pp.253-54.

7) 그러나 '청구권 협정'에 의해 한국이 수수한 무상 3억불은 실질적으로 배상이라는 것이 정부의 견해이다(제6대 국회 제52회 「한일조약과 제 협정 비준동의심사 특별위원회 회의록」1965.8.5., p.19).
그러나 이 정부의 견해에 의하면 정신대 피해자에 대한 손해배상 그리고 강제징용자에 대한 손해배상 등을 오늘날 청구할 수 있다는 문제가 제기된다. 그러므로 이 정부의 견해에 대해서는 정신대 피해자에 대한 손해배상 그리고 강제징용자에 대한 손해배상은 포함되지

했음을 전제로 한 것이다. 그러므로 대한민국이 그에 대해 '대일평화조약'의 적용에 동의한 것으로 추정되는 효과를 묵인하는 것은 '한일합방조약'의 유효함을 묵시적으로 승인하는 것이다.

## 3. 원인 3

'대일평화조약'이 교섭·체결되는 과정에서 연합국의 주축국인 미국은 다음과 같이 주장한 바 있다.

> 1910년 조약에 의한 일본의 한일합방은 미국을 포함하는 거의 모든 국가에 의해 승인되었고, 1948년까지 한국국가 또는 한국정부는 일반적으로 승인되지 아니했다. 한국에 있어서 일본 법제에 대한 저항은 지방화, 내란화되었다.
> The Japanese annexation of Korea by treaty in 1910 was recognized by all most countries, including US, and no general recognition was given by Korean state or government until 1948. Resistance to Japanese rule within Korea was restricted to localized or brief disorders.[8]

이는 '대일평화조약'의 해석에 있어서 '한일합방조약'이 유효했다고 해석될 수 있는 '준비작업(*travaux preparatories* of a treaty)'이 될 수 있다.[9]

## 4. 원인 4

상기한 바와 같이 '한일합방조약'이 유효라고 하는 것은 일제의 한국에 대한 식민통치가 합법적이라는 것이며 그것은 일제의 한국에 대한 식민통치에 대해 한국이 일본에 대하여 어떠한 책임도 물을 수 없다는 것이다. '한일기본관계조약(1965)' 제2조의 '이미 무효'의 의미에 관해 이는 '원초적으로 무효'를 의미한다는 한국정부의 견해[10]에 반하는 것이다. 이는 1910년에서 1945년까지 일본의 한국에 대한 식

---

아니했다고 하는 단서가 첨부되어야 할 것이다.

8) US Department of State, Division of Research for Far East, *Participation of the Republic of Korea in the Japanese Peace Settlement*, December 12, 1999.

9) '조약의 준비 작업'은 '조약법협약' 제32조의 규정에 따라 해석이 보충적 수단이 된다. 해석의 보충적 수단을 승인한 판례를 보면 다음과 같다.
　　Case *concerning the competence of the ILO to Regulate Agricultural Labor*(1922): PCIJ, *Series B*, No.2, 1922, p.41.
　　*Lotus* Case(1927): PCIJ, *Series A*, No.10, 1927, pp.16-17.
　　Case *concerning the Jurisdiction of European Commission of the Danube*(1927): PCIJ, *Series B*, No.14, 1927, p.32.
　　Case *relative to the Treatment of Polish nationals in Danzig*(1932): PCIJ, *Series A/B*, No.44, 1932, p.33.
　　*Light Houses* Case(1934): PCIJ, *Series A/B*, No.62, 1934, p.13.
　　Case *of Reservation to the Genocide Convention*(1951): ICJ, *Reports*, 1951, p.22.
　　*Ambatielos* Case(1952): ICJ, *Reports*, 1952, p.45.
　　*Iranian Oil* Case(1952): ICJ, *Reports*, 1952, pp.117-118.
　　*Minquiers* Case(1953): ICJ, *Reports*, 1953, p.87.
　　*Rights of United States Nationals in Morocco* Case(1952): ICJ, *Reports*, 1952, p.176.
　　*United Nations Administrative Tribunal* Case(1954): ICJ, *Reports*, 1954, p.47.
　　*Itary V.Federal Republic of Germany* Case(1959): *ILR*, 29, pp.412, 459-460.
　　*Certain Expenses* Case(1962): ICJ, *Reports*, 1962, p.156.
　　*North Sea Continental Shelf* Case(1969): ICJ, *Reports*, 1969, p.33.
　　*Fisheries Jurisdiction* Case(1973): ICJ, *Reports*, 1973, pp.9-10.
　　*Western Sahara* Case(1975): ICJ, *Reports*, 1975, p.31.
　　*Young Loan Arbitration* Case(1980): *ILR*, 95, pp.544-545.

10) 대한민국정부, 「한일회담백서」(서울, 대한민국정부, 1965), p.19.

민지배의 합법성을 긍정하는 것이고, 또한 그의 불법성을 전제로 한 정신대원의 피해, 강제징용의 피해 등을 포함한 식민통치에 의한 한국의 피해 구제의 법적 근거를 상실하게 하고 만다.

## 5. 원인 5

한일합방조약의 유효를 반복하여 묵시적으로 승인하는 것은 이른바 '후속적 관행(subsequential practice)'으로 되며[11] 이후 '한일합방조약'의 원초적 무효를 주장할 수 없게 되고 만다.

### <참고문헌>

대한민국정부, 『한일회담백서』(서울, 대한민국정부, 1965)
제6대 국회 제52회 『한일조약과 제 협정 비준동의심사 특별위원회 회의록』1965.8.5.

Alina Koczorowska, *Public International Law*, 4th ed. London; Routledge, 2010.
Alexander Orakheashivili and Sarah Williams(eds.), *40 Year of VCLOT*, British Institute of International Law and Comparative Law, 2010.
Antony Aust, *Handbook of International Law*, Cambridge: Cambridge University Press, 2010.
Gerald G. Fitzmaurice, 'The Law and Procedure of the International Court of Justice: Treaty Interpretation and Certain other Treaty Points', *BYIL*, Vol.28, 1951.
Ian Sinclair, *The Vienna Convention on the Law of Treaties*, 2nd ed, Manchester: Manchester University Press, 1984.
ICJ, *Reports*, 1951.
___, *Reports*, 1952.
___, *Reports*, 1953.
___, *Reports*, 1954.
___, *Reports*, 1962.
___, *Reports*, 1969.
___, *Reports*, 1973.
___, *Reports*, 1975.
PCIJ, *Series A*, No.10, 1927.
___, *Series B*, No.14, 1927.
___, *Series A/B*, No.44, 1932.
___, *Series A/B*, No.62, 1934.
Rebeca M. M. Wallace, *International Law*, 4th ed., London: Tomson, 2005.
Shabtai Rosenne, 'Vienna Convention on the Law of Treaties' *EPIL*, Vol.7, 1984.
US Department of State, Division of Research for Far East, Participation of the Republic of Korea in the Japanese Peace Settlement, December 12, 1999.

---

11) Gerald G. Fitzmaurice, 'The Law and Procedure of the International Court of Justice: Treaty Interpretation and Certain other Treaty Points', *BYIL*, Vol.28, 1951, p.9.

# 제4절 I 대일평화조약 제19조 (d)항

## I. 서언

1945년 8월 6일 히로시마에 역사적인 원자폭탄이 투하되었다. 3일 후인 8월 9일 나가사키에 또다시 원자폭탄이 투하되었다. 8월 15일 일본 천황은 라디오 방송을 통해 '항복선언(Declaration of Surrender)' 을 했고, 이를 문서화하기 위한 '항복문서 (Instrument of Surrender)'의 서명이 1945년 9월 2일에 연합 국과 일본 간에 있었다. 동 '항복문서'를 법문화하기 위한 '대일평화조약(Peace Treaty with Japan)'이 샌 프란시스코 평화회의에서 1951년 9월 8일 48개 연합국과 일본 간에 서명되었다. 한국은 대일평화교섭 에 참가하도록 초청해 줄 것을 미 국무부에 요청했으나 거절되어 '대일평화조약'의 체약당사자가 되지 못했다. 따라서 한국은 동 조약의 제3자의 지위에 머물러있게 되고 말았다. 그러나 동 조약 제21조는 한국이 동 조약 제2조, 제4조, 제9조, 및 제12조의 이익을 향유할 권리가 있다고 규정하여 한국은 이들 조항의 이익을 향유할 권리를 가진다.

한편 연합국이 점령기간 동안 행한 지령 등을 일본이 승인한다고 규정한 동 조약 제19조 (d)항은 한 국이 향유할 권리가 있는 것으로 규정되어 있지 아니하다. 따라서 한국은 동 조약 제19조 (d)항에 관해 완전한 의미의 제3자의 지위에 머물러있다. 동 제19조 (d)항의 규정에 의해 1946년 1월 29일에 연합군 최고사령부가 일본정부에 하달한 '연합군최고사령부 훈령 제677호(SCAPIN NO.677)'의 효력을 연합 국과 일본이 승인한 것이며, 동 훈령 제3항은 독도는 일본영토에서 제외된다고 규정하고 있다. 따라서 연합국과 일본은 한국의 독도 영토주권을 승인한 것이다.

이 연구는 '대일평화조약' 제19조 (d)항의 규정에 의해 연합국과 일본이 한국의 독도 영토주권을 승 인한 것이라는 법리를 정립하기 위해 시도된 것이다. 또한 한국정부는 '대일평화조약' 제19조 (d)항의 규정에 의해 연합국과 일본이 한국의 독도 영토주권을 승인한 것이므로 독도는 한국영토라는 주장을 일본정부에 대해 한 바 없으므로(The Korean Ministry of Foreign Affairs, 1953; The Korean Ministry of Foreign Affairs, 1954; The Korean Ministry of Foreign Affairs, 1959) 이 승인을 근거로 독도정책을 전면적으로 전환하여야 한다는 점을 제의하기 위해 시도된 것이다.

## Ⅱ. 대일평화조약 제19조 (d)항의 규정

'대일평화조약' 제19조 (d)항은 일본은 점령당국이 점령기간에 행한 지시와 그에 따른 효력을 승인한다고 다음과 같이 규정하고 있다.

(d)일본은 점령기간 동안, 점령당국의 지시에 따라 또는 그 지시의 결과로 행해졌거나 당시의 일본 법에 의해 인정된 모든 작위 또는 부작위 행위의 효력을 인정하며, 연합국 국민들에게 그러한 작위 또는 부작위 행위로부터 발생하는 민사 또는 형사책임을 묻는 어떤 조치도 취하지 않는다.

(d) Japan recognizes the validity of all acts and omissions done during the period of occupation under or in consequence of directives of the occupation authorities or authorized by Japanese law at that time, and will take no action subjecting Allied nationals to civil or criminal liability arising out of such acts or omissions.

위의 '점령기간 동안 점령당국의 지시에 따라 … 행하여진 행위의 효력을 인정하며 …(recognizes the validity of act … done during the period of occupation directives of the occupation authorities)'의 규정 중 '점령당국의 지시(directives of the occupation authorities)'의 규정 중에는 동 조약이 효력을 발생할 당시에 폐기된 것도 포함되는 것인지의 의문이 제기될 수 있으나 단순히 '점령기간 동안 점령 당국의 지시(during the period of occupation directives of the occupation authority)'로 규정하고 있으므로 동 조약이 효력을 발생할 당시에 폐기된 것도 포함된다고 본다. 그러한 지시로 이른바 '맥아더 라인'에 관한 다음과 같은 지시를 들 수 있다.

( ⅰ ) 1946년 6월 22일의 SCAPIN 제1033호
( ⅱ ) 1947년 12월 23일의 SCAPIN 제1033/1호
( ⅲ ) 1949년 6월 30일의 SCAPIN 제1032/2호
( ⅳ ) 1949년 9월 19일의 SCAPIN 제2046호
( ⅴ ) 1949년 10월 10일의 SCAPIN 제2050호
( ⅵ ) 1951년 1월 13일의 SCAPIN 제2050/1호
(ⅷ) 1950년 5월 11일의 SCAPIN 제2097호[1]

이들은 1952년 4월 25일 SCAPIN으로 폐기되었다.[2] 이상의 모든 SCAPIN이 독도를 인가된 어로구역 내에 위치시킬 것이다. 이는 연합군최고사령부가, 즉 연합국이 독도를 일본영토가 아니라 한국영토인 것으로 묵시적으로 승인한 것이다.

위의 SCAPIN 중 1946년 6월 22일의 SCAPIN 제1033호 제3항은 독도를 명시하여 독도의 12해리 이내의 수역에 일본어선은 접근하지 못한다고 규정하고 있다.

---

1) M. M. Whiteman, *Digest of International Law*, Vol.4 (Washington, D.C.: USGPO, 1965), p.1185.
2) *Ibid*, p.1186.

1952년 4월 28일에 SCAPIN에 의해 폐지되지 아니한 SCAPIN으로 1946년 1월 29일의 SCAPIN 제677호를 들 수 있다. SCAPIN 제677호 제3항은 독도를 일본의 정의에서 제외하고 있다. 이에 관해서는 후술하기로 한다.

## III. 대일평화조약 제19조 (d)항의 한국에 대한 효력

### 1. 대일평화조약상 한국에 대한 효력

'대일평화조약' 제21조는 한국은 동 조약의 체약당사국이 아니나 한국에 대해 적용되는 조항을 다음과 같이 규정하고 있다.

> …한국은 본 조약의 제2조, 제4조, 제9조, 및 제12조 이익을 받을 권리를 가진다.
> …Shall be entitle … Korea to the benefits of Articles 2, 4, 9, and 12 of the present treaty.

위의 한국에 적용되는 조항을 규정한 제21조에는 제19조 (d)항이 포함되어 있지 아니하다. 따라서 제19조 (d)항에는 '조약법협약' 제36조 제1항은 적용되지 아니한다. 동 조항은 다음과 같이 규정하고 있다.

> 조약의 당사국이 제3국 또는 제3국이 속하는 국가의 그룹 또는 모든 국가에 대하여 권리를 부여하는 조약규정을 의도하며 또한 그 제3국이 이에 동의하는 경우에는 그 조약의 규정으로부터 그 제3국에 대하여 권리가 발생한다. 조약이 달리 규정하지 아니하는 한 제3국의 동의는 반대의 표시가 없는 동안 있는 것으로 추정된다.
> A right arises for a third State from a provision of a treaty if the parties to the treaty intend the provision to accord that right either to the third State, or to a group of States to which it belongs, or to all States, and the third State assents thereto. Its assent shall be presumed so long as the contrary is not indicated, unless the treaty otherwise provides.

제19조 (d)항은 한국에 적용되는 조항이 아니므로 위의 규정에 적용하지 아니한다. 다만 '조약법협약' 제34조는 조약은 제3국에 대하여 의무도 권리도 창설하는 것이 아니다라고 규정한 조항만이 적용될 뿐이다. 제34조는 다음과 같이 규정하고 있다.

> 조약은 제3국에 대하여 그의 동의 없이는 의무 또는 권리를 창설하지 아니한다.
> A treaty does not create either obligations or rights for a third State without its consent.

요컨대, 한국은 '대일평화조약' 제21조의 규정에 의하여 부진정 제3국의 지위에 있으나 제21조에 규정된 이외의 조항에 관하여는 진정 제3국의 지위에 있는 것이다. 따라서 제19조 (d)항은 48개 연합국과 일본과의 관계에서만 적용되는 것이며 한국은 그 적용의 반사적 이익을 받을 수 있음에 불과한 것이다. 물론 제19조 (d)항 제2조의 문맥으로 해석되므로 일본이 연합국에 대해 한국의 독도 영유권을 승인하는 효력은 제2조의 규정에 의거한 것으로 보아 제21조의 규정에 의거하여 이는 한국에 대해 권리를 가지는 것(shall be entitle Korea to the benefits)으로 관념할 수도 있다고 본다.

## 2. 일반 국제법상 한국에 대한 효력

일반 국제법상 영토주권의 승인은 절대적 효력(즉 *erga omnes*)이 인정된다.

### 가. *Legal Status of Eastern Greenland* Case(1933)

국가 승인, 정부 승인 그리고 교전단체의 승인은 승인국과 피승인국, 피승인정부 그리고 피승인 교전단체와의 관계에서만 승인의 효력이 발생하며 승인하지 아니한 국가와의 관계에서는 승인의 효력이 발생하지 아니한다. 즉 승인의 효력은 상대적(relative)이다.[3] 그러나 영토주권의 승인은 모든 국가와의 관계에서 발생한다. 즉 영토주권의 승인의 효력은 절대적(absolute)이다. 이는 *Eastern Greenland* Case(1933)에의 상설국제사법재판소에 의해 다음과 같이 판시된 바 있다.

> 영토권원의 승인의 효과는 그러한 권원의 상대성을 증명하는 데 끝나지 아니하고 그러한 권원의 절대성을 만드는 수단을 제공한다.
> The impact of recognition on territorial title does net exhaust itself in proving the relativity of such titles and offering a means of making such titles absolute.[4]

이와 같이 동 case에서 상설국제사법재판소는 영토권원의 승인은 절대적 효력이 있다고 판시했다. M. W. Whiteman이 이 판례를 인용하고 있으므로[5] 그도 영토권원의 승인의 효력은 절대적인 것으로 보고 있다고 보아도 무리가 없다고 본다.

### 나. 금반언의 효과에 의한 절대적 효력

영토주권의 승인은 금반언의 효과가 발생하며 금반언의 효과는 특정승인·표시를 신뢰한 모든 국제법의 주체에게 발생하므로, 결국 영토주권의 승인은 금반언의 효과를 거쳐 절대적 효력이 발생한다.[6]

---

3) Ian Brownlie, *Principals of Public International Law*, 5th ed.(Oxford: Oxford University Press), p. 87; Greg Schwavzenbergor and E. D. Brown, *A Manual of International Law*, 5th ed. (Milton: Professional Books, 1976), pp.57-58; Georg G. Wilson, *International Law*, 9th ed. (New York: Silbor, 1935), p.55.

4) PCIJ, *Series A/B*, No.35, 1933, p.68.

5) M. W. Whiteman, *Digest of International Law*, Vol.2(Washington, D.C.: USGPO, 1963), p.1083.

6) Schwavzenbergor and Brown, *supra* n.3, p.99..

# IV. 대일평화조약 제2조 (a)항과 제19조 (d)항의 관계

## 1. 대일평화조약 제2조 (a)항의 규정

'대일평화조약' 제2조 (a)항은 다음과 같이 규정하고 있다.

> (a) 일본은 한국의 독립을 승인하고, 제주도·거문도 및 울릉도를 포함하는 한국에 대한 모든 권리·권원 및 청구권을 포기한다.
> (a) Japan recognizing the independence of Korea, renounces all right, title and claim to Korea, including the islands of Quelpart, Port Hamilton and Dagelet.

동 조항에 일본이 표기하는 도서로 독도가 규정되어 있지 아니하다. 그러므로 일본정부는 동 조항에 포기의 대상으로 독도가 열거되어 있지 아니하므로 독도는 일본영토라고 주장하고, 한국정부는 독도가 울릉도의 속도이므로 울릉도와 같이 일본이 포기한 도서로 한국영토라고 주장한다. 동 조항을 해석함에 있어서 '통합의 원칙(principle of integrate)'에 의해 해석할 때 동 조약 제19조 (d)항의 규정에 따라 독도는 한국영토로 해석되게 된다.

## 2. 통합의 원칙

### 가. 통합의 원칙을 채택한 조약법협약의 규정

#### (1) 제31조 제1항의 규정

'조약법협약' 제31조 제1항은 조약의 해석에 있어서 통합의 원칙에 따라 해석하여야 한다고 다음과 같이 규정하고 있다.

> 조약은 조약문의 문맥 및 조약의 대상과 목적으로 보아, 그 조약의 문맥에 부여되는 통상적 의미에 따라 성실하게 해석되어야 한다.
> A treaty shall be interpreted in good faith in accordance with the ordinary meaning to be given to the terms of the treaty in their context and in the light of its object and purpose.

#### (2) 제31조 제2항의 규정

그리고 제31조 제2항은 문맥의 범위를 다음과 같이 규정하여 조약은 통합의 원칙에 따라 해석하여야 한다고 역시 통합의 원칙을 규정한 것이다.

> 조약의 해석 목적상 문맥은 조약문에 추가하여 조약의 전문 및 부속서와 함께 다음의 것을 포함한다.
> (a) 조약의 체결에 관련하여 모든 당사국 간에 이루어진 그 조약에 관한 합의
> (b) 조약의 체결에 관련하여 그 또는 그 이상의 당사국이 작성하고 또한 다른 당사국이 그 조약에

관련되는 문서로서 수락한 문서

The context for the purpose of the interpretation of a treaty shall comprise, in addition to the text, including its preamble and annexes:

(a) Any agreement relating to the treaty which was made between all the parties in connection with the conclusion of the treaty;

(b) Any instrument which was made by one or more parties in connection with the conclusion of the treaty and accepted by the other parties as an instrument related to the treaty.

### (3) 제31조 제3항의 규정

또한 제31조 제3항은 문맥과 함께 참작하여야 할 사항으로 추후의 관행에 관해 다음과 같이 규정하고 있다.

문맥과 함께 다음의 것이 참작되어야 한다.
(a) 조약의 해석 또는 그 조약규정의 적용에 관한 당사국 간의 추후의 합의
(b) 조약의 해석에 관한 당사국의 합의를 확정하는 그 조약 적용에 있어서의 추후의 관행

There shall be taken into account, together with the context:

(a) Any subsequent agreement between the parties regarding the interpretation of the treaty or the application of its provisions;

(b) Any subsequent practice in the application of the treaty which establishes the agreement of the parties regarding its interpretation;

### (4) 조약법협약의 대일평화조약에의 적용

여기서 '조약법협약'이 효력을 발생하기 전에 체결·발효된 '대일평화조약'에 적용되느냐의 시제법의 문제를 검토하기로 한다.

### (가) 조약법협약의 규정

'조약법협약'은 그의 시간적 적용범위에 관해 불소급의 원칙을 다음과 같이 규정하고 있다.

협약은 그 발효 후에 국가에 의하여 체결된 조약에 대해서만 그 국가에 대하여 적용된다. (제4조).
The Convention applies only to treaties which are concluded by States after the entry into force of the present Convention with regard to such states.

이와 같이 동 협약 제4조는 동 협약이 발효된 이후에 체결된 조약에 관하여서는 즉, 1980년 1월 27일 이후에 체결된 조약에만 동 협약이 적용된다고 불소급의 원칙을 규정하고 있다. 그러나 학설은 동 조에 의한 '불소급의 원칙의 적용'을 부정하고 있다.

(나) 학설

'조약법협약' 제4조의 불소급의 원칙의 규정에도 불구하고 대부분의 학자는 동 협약 발효 전에 즉 1980년 1월 27일 전에 체결된 조약에도 동 협약이 적용된다고 논하고 있다.

### 1) Shabtai Rosenne

Rosenne는 '조약법협약'의 대부분은 현존 국제관습법을 성문화한 것이므로 불소급 규정의 법적 효과는 별 것이 아니라고 다음과 같이 기술하고 있다.

> 협약의 대부분은 아마도 현존하는 관습국제법을 법전화한 것이므로 이 불소급의 규정의 효과는 별 것이 아니다.
> Since most of the convention probably codification of existing customary International Law, the effect of this non-retroactivity provision may not be great.[7]

Rosenne은 동 협약 제4조의 규정에도 불구하고 동 협약이 효력을 발생한 1980년 1월 27일 이전에 체결된 조약에도 동 협약이 적용된다고 보고 있다.

### 2) Ian Sinclair

Sinclair는 '조약법협약'은 현존하는 관습법을 성문화한 것이므로 협약은 협약의 규정에도 불구하고 협약 발효일 이전에 소급하여 적용될 수 있다고 다음과 같이 논하고 있다.

> 협약은 현존하는 관습법의 선언으로 간주되므로 협약은 협약과 독립하에 적용될 수 있다.
> Convention may be regarded as declaratory of pre-existing customary law and therefore applicable independently of the Convention.[8]

Sinclair도 동 협약이 발효한 1980년 1월 27일 이전에 체결된 조약에도 동 협약이 적용된다고 논하고 있다. 즉, 불소급의 원칙의 적용을 부정하고 있다.

### 3) Alina Koczorowska

Koczorowska도 '조약법협약'에 규정된 관습법은 동 협약이 발효되기 이전에 체결된 조약에 동 협약이 적용된다고 다음과 같이 논하고 있다.

> 관습법을 규정한 조약법협약의 규정은 조약법협약이 발효되기 이전에 체결된 조약에 적용된다.
> The provisions of the VCLT which embody customary law will apply to treaties concluded before the

---

7) Shabtai Rosenne, 'Vienna Convention on the Law of Treaties', *EPIL*, Vol.7, 1984, p.528.
8) Ian Sinclair, *The Vienna Convention on the Law of Treaties*, 2nd ed.(Manchester: Manchester University Press, 1984), p.12.

entry into force of the VCLT.[9]

## 4) Ora Kheashivili and Sarah Williams

Ora Kheashivili와 Williams도 '조약법협약'은 소급적 적용을 허용하지 아니하나 국제사법재판소는 소
급적 적용을 해오고 있다고 다음과 같이 논하고 있다.

> 조약법협약의 시간적 적용범위에 관한 조항에 있어서 조약법협약은 소급적 적용을 허용하지 아니한다.
> 그러나 국제사법재판소는 조약법협약이 발효 이전에 채택된 조약에 대해 협약의 규정을 적용해 왔다.
> In terms of its temporal application, the VCLT does not allow for retrospective application, although
> the International court of Justice has applied its provisions to treaties adopted before its entry into
> force.[10]

Williams는 '조약법협약'이 발효 이전에 체결된 조약에 대해 국제사법재판소가 '조약법협약'의 규정
을 적용해왔다고 하여 동 협약은 동 협약이 발효 이전에 체결된 조약에 적용된다고 논하고 있다.

## 5) Anthony Aust

Aust는 국제재판소가 '조약법협약'을 국제관습으로 보고 있다는 것을 근거로 소급효 금지의 규정에
도 불구하고 동 협약은 협약 이전의 조약에 적용된다고 다음과 같이 논하고 있다.

> 조약법협약은 국제사법재판소(그리고 국제 및 국내재판소와 법정)에 의해 거의 모든 점에 관습국제
> 법을 기술하는 문안으로 인정된다. 협약은 소급적 효력을 가지지 아니함에도 불구하고(제4조) 실제
> 적인 목적을 위하여 협약은 조약에 관한 국제관습법의 권위적 서술이다. 그러므로 수년간 협약 이
> 전의 조약을 포함하는 조약에 적용될 수 있다.
> The Convention is regarded by the International Court of Justice(and other international and national
> courts and tribunals) as in almost all respects stating customary international law, Despite the
> Convention not having retroactive effect(Article4), for practical purposes the convention is nevertheless
> an authoritative statement of customary international law on treaties and so can be applied to treaties
> including those which pre-date the Convention by many years.[11]

이와 같이 Aust는 '조약법협약'은 국제관습법의 기술이므로 동 협약의 효력발생 이전의 조약에 적용
된다고 한다.

## 6) Rebeca M. M. Wallace

Wallace는 '조약법협약'은 확립된 규칙을 규정하고 있으므로 동 협약은 동 협약 이전의 합의에 적용

---

9) Alina Koczorowske, *Public International Law*, 4th ed. 'London: Routledge, 2010', p.89.

10) Alexander Ora Kheashivili and Sarah Williams(eds.), *40 Year of VCLOT* (British Institute of International Law and Comparative Law, 2010), p.100.

11) Antony Aust, *Handbook of International Law* (Cambridge: Cambridge University Press, 2010), p.50.

될 수 있다고 다음과 같이 기술하고 있다.

> 조약법협약은 하나의 협약으로서 소급적 효력을 가지지 아니한다. 그러나 동 협약은 확립된 규칙을 규정하고 있으므로 동 협약 이전의 합의에 적용될 수 있다.
> The Convention as a Convention, does not have retroactive effect. However, because it spells out established rules, the Convention may be applied to agreements pre-dating the Convention.[12]

이와 같이 Wallace는 '조약법협약'은 기 확립된 규칙을 규정하고 있으므로 동 협약은 소급하여 적용된다고 한다.

### (2) 통합의 원칙을 승인한 학설

통합의 원칙은 조약의 해석 원칙으로 학설에 의해 일반적으로 승인되어 있다.

### (가) E. T. Elias

Elias는 '조약법협약' 제27조의 4개의 요소는 통합된 전체 또는 독립된 전체로서 적용된다고 하여 통합의 원칙을 다음과 같이 강조하고 있다.

> 이 조(제27조)의 4개의 주요 요소는 통합된 전체 또는 독립된 전체로서 적용되어야 하는 것이다. … 문맥이란 단어의 사용을 통합적 체계를 강조하기 위해 디자인된 것이다.
> The four main elements of this Article … to be applied as an integrated of independent whole. The use of the word 'context' in the three paragraphs of the Article is designed to emphasize this integrates scheme.[13]

### (나) Gideon Boas

Boas는 '조약의 전체(treaty as a whole)'에 효과를 주는 해석이 선호되어야 한다고 하여 '통합의 원칙'을 다음과 같이 주장하고 있다.

> 조약에 있어서 모든 규정에 효과를 주는 해석이 선호되어야 한다.
> The interpretation giving effect to every provision in the treaty is to be preferred.[14]

### (다) Clive Parry

Parry는 '통합의 원칙'을 다음과 같이 인정하고 있다.

---

12) Rebaca M. M. Wallace, *International Law*, 4th ed. (London: Tomson, 2005), pp.253-54.
13) E. T. Elias, *The Modern Law of Treaties*(Leiden: Sijfoff, 1972), p.74.
14) Gideon Boas, *Public International Law*(Cheltenham: Edward Elgar, 2012), pp.64-65.

조약의 해석에 있어서 어떤 조약문도 공정하게 그리고 전체로서 읽어야 하고, 조약문의 조항도 전체의 문맥으로 읽어야 한다.

Any text must be read fairy and as a whole, clause in it must be read entire context.[15]

### (라) Ian Sinclair

Sinclair는 '통합의 원칙'을 다음과 같이 강조하고 있다.

조약의 문언은 물론 전체로서 읽어야 한다. 누구도 단순히 하나의 항, 하나의 조, 하나의 절, 하나의 장, 또는 하나의 부에만 집중할 수는 없다.

The text of the treaty must of course be read as a whole. One can not simply concentrate on a paragraph, a article, a section, a chapter, of a part.[16]

### (마) Hugh Thirlway

Thirlway는 조약은 그의 대상, 목적, 원칙과 함께 전체로 해석되어야 한다고 하여 다음과 같이 '통합의 원칙'을 인정하고 있다.

조약은 전체로서 해석되어야 한다. 그리고 그들의 선언되거나 명백한 대상, 목적, 그리고 원칙도 참고하여 해석되어야 한다.

Treaties are to be interpreted as a whole, and with reference to their declared or apparent objects, purposes and principles.[17]

### (바) Gerald Fitzmaurice

Fitzmaurice는 다음과 같이 '통합의 원칙'을 인정하고 있다.

조약은 전체로서 해석되어야 한다. 그리고 특정의 부, 장, 절 역시 전체로서 해석되어야 한다.

Treaties are to be interpreted as a whole. Particular parts, chapters, or sections also as a whole.[18]

### (사) Lord McNair

McNair는 '통합의 원칙'을 다음과 같이 표시했다.

조약은 전체로 읽지 않으면 안 되고, 조약의 의미는 단순히 특정의 구에 따라 결정되어지지 않는다는 것은 자명한 일이다.

---

15) Clire Parry, 'The Law of Treaty' in, Max Sorensen(ed.), *A Manual of International Law*(New York: Macmillan, 1968), p.211.

16) Sinclair, *supra* n.4, p.127.

17) Hugh Thirlway, 'The Law and Procedure of the International Court of Justice, 190-1989', *BYIL*, Vol.62, 1997, p.37.

18) Gerald Fitzmaurice, The Law and Procedure of the International Court of Justice, 1951-4: Treaty Interpretation and Other Treaty Points', *BYIL*, Vol.33, 1957, p.211.

It is obvious that the treaty must be read as a whole, and that its meaning is not to be determined merely upon particular phrases.[19]

## (아) Rudolf Bernhardt

Bernhardt는 다음과 같이 '통합의 원칙'을 주장하고 있다.

단어는 격리되면 정확히 이해하기 어려운 것이며, 오히려 관련된 조약문의 문맥 속에서 보지 않으면 안 된다. … 이러한 체계해석은 보편적으로 승인되어 있다.

In the context of the relevant text, words can hardly be correctly understood in isolation instead they have to be seen in the context of the relevant text. … Systematic interpretation seems to be universally recognize.[20]

## (3) 통합의 원칙을 승인한 판례

'통합의 원칙'은 조약의 해석원칙의 하나로서 국제·국내 재판소의 판결에 의해 승인되어 왔다.

### (가) *Competence of the ILO to Regulate Agricultural Labour* Case(1922)

*Competence of the ILO to Regulate Agricultural Labour* Case(1922)에서 상설국제재판소는 다음과 같이 '통합의 원칙'을 인정하는 판결을 한 바 있다.

문맥은 제기된 문언이 있는 조약의 조항이나 절뿐만 아니라 전체로서의 조약의 문맥이다.

The context is not merely the article or section of the treaty in which the term occurs but also the context of the treaty as a whole.[21]

### (나) *South-West Africa* Case(1950)

*South-West Africa* Case(1950)에서 de Visscher 국제사법재판소 판사는 다음과 같이 '통합의 원칙'을 인정하는 판시를 했다.

조약의 조항은 전체로서 고려되지 않으면 안 된다는 것은 승인된 해석의 규칙이다. … 이 규칙은 국제연합헌장과 같은 헌법적 성격의 조약의 조약문의 해석에 특별히 적용될 수 있다. …

It is an acknowledge rule of interpretation that treaty clauses must not only be considered as a whole. … this rule is particularly applicable to the interpretation of a text of a treaty of a constitutional character like the United Nations Charter. …[22]

---

19) McNair, *The Law of Treaties*(Oxford: Clardon, 1961), pp.381-82.

20) Bernhardt Rudolf, 'Interpretation in International Law', *EPIL*, Vol.7, 1984, p.318.

21) PCIJ, *Series B*, Nos.2 and 3, 1922, p.23.

22) ICJ, *Reports*, 1950, p.187.

(다) *Peace Treaties* Case(1950)

*Peace Treaties* Case(1950)에서 국제사법재판소의 Read 판사는 다음과 같이 '통합의 원칙'을 인정했다.

조약은 전체로서 읽혀지지 않으며 조약의 의미는 단순히 특정의 구절로만 결정되어서는 아니 된다. ···
Treaty must be read as a whole. ··· its meaning is not to be determined merely particular phrase. ···[23]

(라) *Morocco* Case(1952)

*Morocco* Case(1952)에서 국제사법재판소는 다음과 같이 '통합의 원칙'을 인정하는 판결을 한 바 있다.

전체로서 고려된 Algeciras Act의 제5장의 ··· 제 규정은 결정적인 증거 ··· 등을 제시하지 아니한다.
The provisions of ··· chapter Ⅴ of the Act of Algeciras considered as a whole, do not afford decisive
evidence ··· etc.[24]

(마) *Ambatielos* Case(2nd Phase, 1953)

*Ambatielos* Case(2nd Phase, 1953)에서 국제사법재판소는 다음과 같이 '통합의 원칙'을 승인하는 판결
을 하였다.

그 선언을 전체로서 읽는 것은 그 견해 ··· 등을 확인한다.
A reading of the Declaration as a whole confirms the view ··· etc.[25]

(바) *Eck v. Unite Arab Airlines* Case(1964)

*Eck v. Unite Arab Airlines* Case(1964)에서 미국 제2지방법원(뉴욕)(US. Second District Court(New
York)은 다음과 같이 '통합의 원칙'을 선언한 바 있다.

법원은 조약을 조약 전체로서, 그의 역사에 따라 검토하는 것, 그리고 특별히 조약이 해결하기를 의
도했던 문제들을 고찰하는 것은 정상적인 절차라고 결정한다.
Decided that the proper procedure to examine the treaty as a whole along with its history and
particular, to look into the problems which it was intended to solve.[26]

이상의 판결 이외에 특히 *South-West Africa* Case(1950)[27]와 *Western Sahara* Case(1975)[28]에서 넓은

---

23) ICJ, *Reports*, 1950, p.235.
24) ICJ, *Reports*, 1950, p.209.
25) ICJ, *Reports*, 1950, p.30.
26) ICJ, *Reports*, 1950, p.227.
27) ICJ, *Reports*, 1950, p.336.
28) ICJ, *Reports*, 1950, p.26.

의미의 체계해석을 위한 '통합의 원칙'을 승인하는 판결이 있었다.[29] 요컨대, '통합의 원칙'은 판례에 의해 일반적으로 인정되어 왔다.

따라서 '대일평화조약' 제2조 (a)항을 해석함에 있어서 '조약법협약' 제36조 제1항 및 제2항의 규정에 따라, 그리고 '대일평화조약' 제19조 (d)항의 문맥에 따라 신의성실하게 해석하여야 한다. 즉, '대일평화조약' 제2조 (a)항은 동 조항만으로 해석하는 것이 아니라 동 조약을 전체로(as a whole) 보아 해석하여야 하고, 제19조 (d)의 규정도 함께 보아 해석하여야 하므로 '대일평화조약' 제2조 (a)항과 동 조약 제19조 (d)항은 '조약법협약' 제36조에 의해 해석상 연계되어 있다.

## V. 대일평화조약 제2조 (a)항의 제19조 (d)항에 의거한 해석

'대일평화조약' 제2조 (a)항을 해석함에 있어서 '조약법협약' 제31조에 규정된 '통합의 원칙'에 따라 동 조약 제19조 (d)항의 규정에 비추어 해석할 때, 제19조 (d)항의 규정 중 '일본은 점령기간 중 점령당국의 지령에 의거하여 in consequence of directives of the occupation authorities'의 규정 중 지령에는 독도 영유권과 관련되어 있는 중요한 지령으로 'SCAPIN 제1033호'와 'SCAPIN 제677호'를 들 수 있다.

### 1. SCAPIN 제1033호

'SCAPIN 제1033호'는 일본선박과 인원은 독도의 12해리 이내에 접근하지 못한다고 다음과 같이 규정하고 있다.

> (b) 일본의 선박이나 인원은 금후 리앙끄르암(북위 37도 15분 동경 131도 53분)의 12해리 이내에 접근하지 못하며 또한 동 도에 어떠한 접근도 하지 못한다.
>
> (b) Japanese vessels or personnel there of will not approach close then 12miles to Liancourt(37°15' North Latitude 131°53' Est latitude)nor have any contact with said island).[30]

'대일평화조약' 제19조 (d)항에 의거하여 일본이 'SCAPIN 제1033호'의 효력을 승인한 것은 한국의 독도영토주권을 승인한 것이다. 따라서 '대일평화조약' 제2조 (a)항에 일본이 포기하는 도서로 독도가 명시되어 있지 아니해도 독도는 일본이 승인한 한국영토로 해석된다.

### 2. SCAPIN 제677호

'SCAPIN 제677호' 제3항은 독도는 일본의 정의에서 제외된다고 다음과 같이 규정하고 있다.

---

29) Thirlway, *supra* n.17, pp.31-32.

30) SCAPIN, File room 600-1.

3. 본 지령의 목적상 일본은 일본의 4개 도서(홋카이도, 혼슈, 큐슈 및 시코쿠)와 대마도를 포함한 약 1, 000개의 인접한 보다 작은 도서들과 북위 30도의 북쪽 유구(난세이) 열도(구찌노시마 도서 제외)로 한정되며, (a) 우쓰료(울릉)도, 리앙끄르 암석(다케시마, 독도) 및 퀠파트(사이슈 또는 제주도), (b) 북위 30도 이남 유구(난세이) 열도(구찌노시마 섬 포함), 이즈, 난포, 보닌, (오가사와라) 및 화산(오시가시 또는 오아가리) 군도 및 파레스 벨라(오기노도리), 마아카스(미나미도리) 및 간지스(나까노도리) 도서들과 (c) 구릴(지시마) 열도, 하보마이(수우이쇼, 유리, 아까유리, 시보쓰 및 다라쿠 도서들 포함하는 하포마쓰 군도)와 시고탄도를 제외한다.

3. For the purpose of this directive, Japan is defined to include the four main islands of Japan (Hokkaido, Honshu, Kyushu and Shinkoku) and the approximately 1, 000 smaller adjacent islands, including the Tsushima Islands and the Ryukyu (Nansei) Islands north of 30°North Latitude (excluding Kuchinoshima Island), and excluding (a) Utsryo (Ullung) Island, Liancourt Rocks (Take Island) and Quelpart (Saishu or Cheju Island (b) the Ryukyu (Nansei) Islands south of 30°North Latitude (including Kuchinoshima Island), the Izu, Nanpo, Bonin (Ogasawara) and Volcano(Kazan or Iwo) Island Groups, and all the outlying Pacific Islands (including the Daito (Ohigashi or Oagari) Island Group, and Parece Vela (Okinotori), Marcus (Minami-tori) and Ganges Habomai (Hapomaze Island Group (including Suisho, Yuri, Akiyuri, Shibotsu and Taraku Islands) and Shikotan Island.


'대일평화조약' 제19조 (d)항의 규정에 의거하여 일본이 'SCAPIN 제677호'의 효력을 승인한 것은 한국의 독도 영유권을 승인한 것이다. 따라서 '대일평화조약' 제2조 (a)항에 일본이 포기하는 도서로 독도가 명시되어 있지 아니해도 독도는 일본이 승인한 한국영토로 해석된다.


## Ⅵ. 대일평화조약 제19조 (d)항에 관한 한국정부의 주장

한국정부가 한국의 독도 영토주권을 주장하면서 그 근거로 '대일평화조약' 제19조 (d)항을 제시한 것은 하나도 없다. 제19조 (d)항의 제시가 없는 한국정부의 주장은 다음과 같다.

( ⅰ ) 한국정부의 견해 1[31]

( ⅱ ) 한국정부의 견해 2[32]

( ⅲ ) 한국정부의 견해 3[33]

( ⅳ ) 일본 외무성 독도 홍보 팸플릿 반박문[34]

( ⅴ ) 일본 외무성 홍보자료에 대한 비판[35]

( ⅵ ) 『독도문제 개론』[36]

---

31) Korean Government's Refutation of the Japanese Government's Views concerning Dokdo(Takeshima) dated July 13, 1953.(September 9. 1953)

32) The Korean Government's View Refutation The Japanese Government's View of the Territorial Ownership of Dokdo(Takeshima), as taken in the Note verble Nol. 15/A2 of the Japanese Ministry of Foreign Affairs, dated February 10, 1954.(September 2. 1954)

33) The Korean Government's View Refutation The Japanese Government's View of the Territorial Ownership of Dokdo dated September 20. 1956.(January 7, 1959)

34) 동북아역사재단 독도연구소, 일본 외무성 독도 홍보 팸플릿 반박문, 2008.

35) 한국해양수산개발원 독도연구소, 일본 외무성 홍보자료에 대한 비판, 2008.

36) 외무부, 『독도문제 개론』(서울: 외무부 정부국), 1955.

(vii) 『영원한 우리 땅 독도』[37]

(viii) 『독도 바로 알기』[38]

(ix) 『우리 땅 독도를 만나다』[39]

( x ) 『대한민국의 아름다운 영토 독도』[40]


## VII. 제기되는 제 문제

‘대일평화조약’ 제19조 (d)항은 일본은 점령기간 중 점령당국 지시의 효력을 승인한다고 규정하고 있다. ‘대일평화조약’ 제2조 (a)항에 일본이 포기하는 도서의 하나로 독도가 명시되어 있지 아니하다. ‘조약법협약’ 제31호는 조약의 해석원칙의 하나로 ‘통합의 원칙’을 규정하고 있으며, 점령기간 중 연합국의 지시의 하나로 ‘SCAPIN 제677호’가 있으며 동 SCAPIN 제3항은 독도를 일본의 정의에서 제외되는 것으로 규정하고 있다. 일본은 ‘대일평화조약’ 제19조 (a)항의 규정에 의거하여 ‘SCAPIN 제677호’의 규정의 효력을 승인하여 독도 영유권이 한국에 귀속됨을 승인한 것이다. 따라서 독도는 한국영토로 해석된다. 그러나 다음과 같은 제 문제가 제기된다.

### 1. 한일합방조약의 유효 승인 문제

이상의 독도 영토주권이 한국에 귀속된다는 해석은 ‘대일평화조약’ 제2조 (a)항의 해석에 기초한 것이다. 그런데 동 조항의 ‘독립승인 규정’과 ‘권리포기 규정’은 모두 ‘한일합방조약’의 유효를 전제로 한 것이다. 독립승인 이전에는 한국이 비독립상태에 있음을 전제로 한 것이며 또한 권리포기 이전에는 일본이 권리를 갖고 있었음을 전제로 한 것이므로 이는 결국 ‘한일합방조약’의 유효를 전제로 한 것이다. 그러므로 독도 영유권이 한국에 귀속된다는 위의 해석은 ‘한일합방조약’이 유효했었음을 묵시적으로 승인하는 것으로 된다는 문제가 제기된다. 이에 대한 대책 방안은 후술하기로 한다.

### 2. 제2조 (a)항의 적용 또는 제19조 (d)항의 적용문제

이상의 해석은 ‘대일평화조약’ 제2조 (a)항의 적용 문제로 볼 것이냐 제19조 (d)항의 적용문제로 볼 것이냐의 문제가 제기된다. 즉, 권리로서 주장할 것이냐 반사적 이익으로 대할 것이냐의 문제가 제기된다. 이상의 독도 영토주권이 한국에 귀속된다는 해석을 ‘대일평화조약’ 제21조의 규정에 의한 제2조 (a)항의 적용문제로 볼 것인가, 제19조 (d)항의 적용문제로 볼 것인가의 문제가 제기된다.

전자로 본다면 ‘조약법협약’ 제36조 제1항에 의한 ‘대일평화조약’ 제2조 (a)항의 수락 추정의 문제가

---

37) 동북아역사재단, 『영원한 우리 땅 독도』(서울, 독도연구소), 2007.

38) 동북아역사재단, 『독도 바로 알기』(서울, 독도연구소), 2007.

39) 동북아역사재단, 『우리 땅 독도를 만나다』(서울, 독도연구소), 2012.

40) 외무부, 『대한민국의 아름다운 영토 독도』, 서울: 외무부, 연도 불표시.

제기된다. 후자로 본다면 제19조 (d)항은 한국에 대한 권리부여 규정이 아니므로 '조약법협약' 제36조 제1항에 의한 수락 추정의 문제가 제기되지 아니한다.

전자의 문제로 본다면 위 해석의 결과는 권리로 주장할 수 있으나 (제21조), '한일합방조약'의 유효했음이 추정되는 문제가 제기된다. 후자의 문제로 본다면 '한일합방조약'의 유효했음이 추정되는 문제는 제기되지 아니하나 위의 해석을 권리로 주장할(제21조) 수 없고 반사적 이익으로만 기대된다는 단점이 있다.

제2조 (a)항의 적용문제로 보고 '한일합방조약'이 유효했음으로 추정되는 효과를 배제하기 위해 '대일평화조약'의 어떠한 규정도 '한일합방조약'이 유효했다고 해석되지 아니한다는 해석선언을 하는 정책대안을 제의하기로 한다.

### 3. 한국의 독도 영토주권의 근거는 SCAPIN 제677호이냐 대일평화조약이냐의 문제

한국의 독도 영토주권의 근거가 'SCAPIN 제677호'이냐, '대일평화조약'이냐는 견해의 대립이 있다. 전자는 연합국의 일방적 조치이고 후자는 연합국과 일본이 합의한 조치인데, 전쟁이 종료된 후 영토의 귀속문제는 평화조약으로 규정하는 것이 일반관행이므로 전자보다 후자가 타당하다고 본다. 후자는 직접적인 근거이고 전자는 간접적인 근거로 봄이 타당하다고 본다. 다만 후자를 직접적 근거로 볼 때 이는 '한일합방조약'의 유효 승인문제가 제기되나 전자는 이 문제가 제기되지 아니한다.

결국 '대일평화조약' 중 어떠한 규정도 '한일합방조약'이 유효했다는 의미로 해석되지 아니한다는 해석선언을 할 것을 조건으로 후자가 타당하다고 본다.

## VIII. 결언

### 1. 요약·정리

전술한 바를 다음과 같이 요약·정리하기로 한다.

(i) '대일평화조약' 제19조 (d)항은 일본은 연합국점령당국이 점령기간에 발한 지령 등의 효력을 승인한다고 규정하고 있다.

(ii) '대일평화조약' 제19조 (d)항은 동 조약 제21조에 한국에 대해 적용되는 조항에 포함되어 있지 아니하다.

(iii) '대일평화조약' 제2조 (a)항을 해석함에 있어서 '통합의 원칙'에 의거하여 동 조약 제19조 (d)항은 제2조 (a)항의 문맥으로 된다.

(iv) '대일평화조약' 제19조 (d)항의 규정에 의거하여 일본이 승인한 지령에는 독도 영토주권을 일본에서 배제한 'SCAPIN 제677호'가 포함되어 있으므로 동 조항에 의거하여 연합국과 일본의 한국의 독도 영토주권을 승인한 것이다.

(v) 영토주권의 승인은 국가의 승인, 정부의 승인처럼 승인국과 피승인국, 승인국과 피승인정부와의 관계에서만 효력이 있는 상대적인 것이 아니라 모든 국제법의 주체와의 관계에서 효력이 있는 절대적인 것이라는 것이 *Eastern Greenland* Case (1933)에서 판시되었다.

(vi) 또한 영토주권의 승인은 금반언의 효력이 인정되며, 금반언의 효력은 일국의 승인·묵인·주장·표현 등을 신뢰한 모든 국가와의 관계에서 효력이 인정되므로 '대일평화조약' 제19조 (d)항의 규정에 의해 연합국과 일본이 한국의 독도 영토주권을 승인한 효력은 한국에 대해서도 발생한다.

## 2. 정책대안의 건의

이상의 결론에 대해 다음과 같은 정책대안을 제의하기로 한다.

(i) 한국정부에 지금까지 한 번도 일본에 대해 주장한 바 없는[41] '대일평화조약' 제19조 (d)항의 규정에 의한 연합국과 일본이 한국의 독도 영토주권을 승인한 바를 일본에 대한 독도정책에 추가한다.

(ii) 위 효과를 연합국에 대한 외교정책과 홍보에 반영한다.

(iii) 일본영토인 독도를 한국이 불법점거하고 있다는 일본의 주장에 대한 종래의 방어적 주장을, '대일평화조약' 제19조 (d)항의 규정에 의한 일본정부의 한국독도 영토주권을 부정하는 주장에 대해 이러한 주장은 '대일평화조약' 제19조 (d)항을 위반한 것이라는 공세적 정책으로 전환한다.

(iv) 국제정세에 따라 위와 같은 해석 선언을 대일평화조약의 당사국에게 통보한다.

## <참고문헌>

Aust Antony, *Handbook of International Law*, Cambridge: Cambridge University Press, 2010.

Bernhardt Rudolf, 'Interpretation in International Law', *EPIL*, Vol 7, 1984.

Boas Gideon, *Public International Law*, Cheltenham: Edward Elgar, 2012.

Elias E. T., *The Modern Law of Treaties,* Leiden: Sijhoff, 1972.

Fitzmaurice Gerald, 'The Law and Procedure of the international Court of Justice, 1951-4: Treaty Interpretation and Other Treaty Points', *BYIL*, Vol.33, 1957.

ICJ, 1950. *Reports,*

The Japanese Ministry of Foreign Affairs, Note Verbale dated August 27, 1954.

Koczorowska Alina, *Public International Law*, 4th ed. London: Routledge, 2010.

The Korean Ministry of Foreign Affairs, The Korean Government's Views concerning Dokdo (Takeshima) dated July 13, 1953 (September 9) (한국정부견해 1), 1953.

_____, The Korean Government's View Reacting the Japanese Governments View of the Territorial Ownership of Dokdo (Takeshima), as Taken in the Note Verbale No.15/ A2 Dated February 10, 1954 (September 25) (한국정부견해 2), 1954.

_____, The Korean Government's Views Reacting the Japanese Governments Version of the Ownership of Dokdo dated September 20, 1954 (January 7) (한국정부견해 3), 1959.

---

41) The Korean Ministry of Foreign Affairs, 1953;
   The Korean Ministry of Foreign Affairs, 1953; The Korean Ministry of Foreign Affairs, 1954;
   The Korean Ministry of Foreign Affairs, 1959.

McNair, *The Law of Treaties,* Oxford: Clardon, 1961.

Morvay Werner, 'Peace Treaty with Japan', *EPIL.*, Vol.4, 1982.

Orakheashivili Alexander and Sarah Williams(eds.), *40 Year of VCLOT* (British Institute of International Law and Comparative Law), 2010.

Parry Clire, 'The Law of Treaty', Max Sorensen(ed.), *A Manual of International Law,* New York: Macmillan.

PCU, 1922, *Series* B Nos.2 and 3, 1968.

Rosenne Shabtai, 'Vienna Convention on the Law of Treaties', *EPIL.*, Vol.7, 1984.

SCAPIN, File Room 600-1, 1946.

Sinclair Ian, *The Vienna Convention on the Law of Treaties,* 2nd ed., Manchester: Manchester University Press, 1984.

Thirlway Hugh, 'The Law and Procedure of the International Court of Justice, 190-1989', *BYIL*, Vol.62.

Wallace Rebecca M.M., 2005, *International Law*, 4th ed., London: Tomson, 1997.

Whiteman M.M., *Digest of International Law,* Vol.4, Washington, D.C.: USGPO, 1965.

# 제5절 | 대일평화조약 제2조 (a)항의 해석과 준비작업

## Ⅰ. 서언

1945년 8월 15일 일본의 라디오 방송을 통한 '항복선언(Declaration of Surrender)'이 있었고, 동년 9월 2일 이를 성문화하기 위한 '항복문서(Instrument of Surrender)'의 서명이 동경 만에 정박 중인 미 전함 미주리함상에서 있었다. 그 후 1951년 9월 8일에 샌프란시스코 평화회의에서 48개 연합국과 일본 간에 체결된 '일본과의 평화조약(Peace Treaty with Japan, 이하 '대일평화조약'이라 한다)' 제2조 (a)항은 한국에 관해 '일본은 한국의 독립을 승인하고, 제주도·거문도 및 울릉도를 포함하는 한국에 대한 모든 권리·권원 및 청구권을 포기한다.'라고 규정하고 있다.

동 조에는 독도에 관해서 아무런 규정이 없다. 즉, 독도는 한국영토라는 명문규정도, 독도는 일본영토라는 명문규정도 동 조에는 없다. 그러므로 동 조의 해석에 관해 한국정부와 일본정부의 해석이 대립되어 있다.

한국정부는 동 조에 일본이 포기하는 도서에는 독도가 열거되어 있지 않아도 독도는 울릉도의 속도로 울릉도와 같이 일본이 포기한 한국영토라고 해석하고, 일본정부는 동 조에 일본이 포기하는 도서로 독도가 열거되어 있지 않으므로 독도는 일본영토라고 해석한다.

'대일평화조약'의 체결작업은 주로 미국에 의해 수행되었으며, 1949년 11월 2일에 작성된 '제5차 미국초안'은 그 제6조에 독도를 한국영토로 규정하였다. 미 국무부는 1949년 11월 4일 동 초안을 맥아더(Douglas MacArthur) 장군과 미국의 일본 정치고문 시볼트(William J. Sebald)에게 검토를 위해 송부했다. 시볼트는 그의 검토의견에서 독도는 일본영토로 규정되어야 한다고 수정건의를 했다. 미 국무부는 시볼트의 의견에 따라 1949년 12월 19일 '제6차 미국초안'에서 독도를 일본영토로 규정했다(제3조). 친일적인 시볼트의 농간에 의해 '대일평화조약' 제2조 (a)항은 상술한 바와 같이 독도를 한국영토로 명시적으로 규정하지 아니하게 되어 오늘날 한일 간에 독도 영유권 문제가 첨예하게 대립되어 있다.

시볼트의 기망(欺罔)행위가 있기 이전의 '연합국의 일본의 구 영토 처리에 관한 합의서', '제1차 미국초안', '제2차 미국초안', '제3차 미국초안', '제4차 미국초안' 그리고 '제5차 미국초안'에는 독도가 일본의 포기의 대상으로 규정되어 있었다. 그러므로 이들 합의서와 제 초안은 조약해석의 보충적 수단인 '조약체결의 준비작업(supplementary means of interpretation)(*travaux preparatoires*)'을 구성한다.

이 연구는 이들 '조약체결의 준비작업'을 '대일평화조약' 제2조의 (a)항의 해석에 있어서 '조약법협약'

제32조에 규정된 '보충적 해석수단'으로 원용하여 독도는 연합국에 의해 한국영토로 분리, 승인된 것이라는 결론을 도출하기 위해 시도된 것이다.

이하 조약의 준비작업에 관한 일반적 고찰, 대일평화조약 제2조 (a)항의 규정과 조약의 준비작업, 대일평화조약 제2조 (a)항의 조약의 준비작업에 의한 해석순으로 기술하고 결론에서 대정부 건의를 제의하기로 한다.

이 연구는 자연법론을 극복한 '법실증주의'에 입각한 것임을 여기 밝혀 두기로 한다.


## II. 조약의 준비작업에 관한 일반적 고찰

### 1. 조약의 준비작업의 의의

조약의 준비작업(*travanx preparatories* of the treaty)은 조약 체결사정(circumstances of treaty conclusion)과 같이 조약해석의 보충적 수단(supplementary means of interpretation)의 내용을 따른다. 따라서 조약의 준비작업의 의미는 필연적으로 조약 해석의 보충적 수단의 의의로부터 도출되게 된다.

J. G. Starke에 의하면 해석의 보충적 수단이란 '조약의 문맥에 한정된 해석(interpretation limited to the context of the treaty) 즉 통상적 해석(normal interpretation)이 모순된(contradicted) 경우 의존할 수 있는 조약의 외부적 자료(extrinsic materials)'[1]를 뜻한다. 그러한 외부적 자료에는 '조약의 준비작업'과 '조약의 체결사정'이 포함된다고 한다.[2]

Peter Malanczuk에 의하면 해석의 보충적 수단이란 '조약 자체의 읽음에 의한(by reading the treaty itself) 해석을 보완하기 위해 의존할 수 있는 조약이 교섭된 역사적 문맥(historical context in which the treaty was negotiated)'이라고 하며,[3] 이에는 '조약의 준비작업'이 포함된다고 한다.[4]

Isagani A. Cruz는 해석의 보충적 수단을 '해석의 불합리를 피하고(absurdity is to be avoided) 보다 합리적인 결과를 선호하기 위해 (more rational result preferred) 조약의 내적 조력(intrinsic aids)이 가용하지 않은 경우 의존할 수 있는 외적 조력(extrinsic aids)의 수단'이라고 정의하고,[5] 그러한 보충적 수단으로 '조약의 준비작업'과 '조약의 체결사정'을 들고 있다.[6]

---

1) J. G. Starke, *Introduction to International Law*, 9th ed, London: Butterworth, 1984,. p.458.

2) *Ibid.*

3) Peter Malanczuk (ed), *Akehurst's Modern Introduction to international Law*, (London: Routledge, 1987), p.366.

4) *Ibid.*

5) Isagani A. Cruz, *International Law*, (Central Lawbook, 1992), p.181.

6) *Ibid.*

Robert Jennings와 Arthur Watts에 의하면 해석의 보충적 수단이란 '해석의 기초적 규칙(the basic rules of interpretation)에 의한 해석의 의미가 모호하거나 애매한 경우 또는 부조리하거나 불합리한 경우 의존할 수 있는 해석수단'을 뜻한다고 하며,[7] 그러한 해석수단으로 '조약의 체결사정', '조약의 준비작업' 등 11개의 수단을 제시하고 있다.[8]

Ian Sinclair는 해석의 보충적 수단을 '조약의 조약문의 설명(elucidation of the text of the treaty)에 출발점을 두고 있는 해석의 일반규칙(general rule of interpretation)에 대해 해석의 과정에서 제2차적 또는 보충적 역할(secondary or supplementary role in the process of interpretation)을 하는 수단'으로 보고,[9] 그 수단으로 '조약의 준비작업'과 '조약의 체결사정'을 제시하고 있다.[10]

'조약법에 관한 비엔나 협약(the Vienna Convention on the Law of Treaties, 이하 '조약법협약'이라 한다.)'[11] 제32조는 해석의 보충적 수단에 관해 다음과 같이 규정하고 있다.

> 제31조의 적용으로부터 나오는 의미를 확인하기 위하여 또는 의미를 결정하기 위하여 … 조약의 준비작업 및 조약의 체결사정을 포함한 해석의 보충적 수단에 의존할 수 있다.
> Recourse may be had to supplementary means of interpretation, including the preparatory work of the treaty and circumstances or its conclusion, in order to confirm the meaning resorting from the application of article 31, or to determine the meaning. …

위의 규정에 의하면 '해석의 보충적 수단'이란 '제31조의 적용', 즉 '해석의 일반규칙(general rule of interpretation)의 적용의 결과로부터 나오는 의미가 애매하거나 불합리할 경우, 그 의미를 확인하기 위하여 또는 결정하기 위하여 의존할 수 있는 해석수단'을 의미하며, 이에는 '조약의 준비작업'과 '조약의 체결사정'이 포함된다.

요컨대, 조약의 준비작업이란 조약해석의 보충적 수단으로 조약체결의 역사적 사실인 기록을 의미한다.

## 2. 조약의 준비작업의 내용

준비작업은 조약체결의 역사적 사실(historical facts)로,[12] 그 예로 다음과 같은 것을 들고 있다.

(i) 준비초안(preliminary draft), 회의토의록(record of conference discussion), 수정초안(draft amendments)[13]

---

7) R. Jennings and Watts(eds.), *Oppenheim's International Law*, Vol.1, 9th ed, London: Longman, 1992, p.1275-1276.

8) *Ibid.*. pp1277-82.

9) Ian Sinclair, *The Vienna Convention on the Law of Treaties*, 2nd ed., Manchester: Manchester University Press, 1984, p.141.

10) *Ibid.*

11) Shabtai Rosenn, 'Vienna Convention on the Law of Treaties', *EPIL*, Vol.7, 1984, p.525.

12) Georg Schwarzenberger, *International Law*, Vol.1, 3rd ed, (London: Stevens, 1957), p.514.

13) Starke, *supra* n. 1, p.458.

(ii) 교섭의 기록(record of negotiations), 전체회의 의사록(minutes of the plenary meetings), 조약을 체결한 회의의 위원회 의사록(minute of the conference which adopted a treaty), 조약의 연속적 초안(successive drafts of treaty)[14]

(iii) 교섭 시에 기록된 진술(statements recorded at the time of the negotiations), 사용된 준비자료(preliminary materials used)[15]

(iv) 특정 조의 초안(draft of particular articles), 회의의 준비문서와 의사록(preparatory documents & proceeding of meetings)[16]

(v) 의사록(minutes), 기록(records), 준비초안(preliminary draft), 교환각서(Exchanges of notes)[17]

(vi) 준비초안으로서의 자료(materials of preliminary draft), 교섭자의 통신(correspondence of the negotiators), 위원회 전체회기에서의 교섭자의 의견(remarks in committee of plenary sessions), 위원회 보고서(committee reports), 보고자의 보고서(reports of reporters), 교섭자 또는 대표정치인의 공적 성명(public statements of negotiators or representative statement)[18]

## 3. 조약의 준비작업에 의한 해석을 인정한 학설·판례·국제협약

### 가. 학설

Paul Reuter는 '국제법위원회의 주석과 준비작업이 실제에 있어서 얼마나 중요한 것인지를 보여주고 있다.'고 강조하고 있다는 점(the ILC's Commentary shows how Important preparatory works, is in practice) 그리고 '사법적 재판은 그렇지 아니하면 모순으로 남아있을 문제점을 명확히 하는데 도움을 준다(indicial decisions it mentions reveal that it does help to clarify points which would otherwise have remain obvious).'고 하여 준비작업의 중요성을 강조하고 있다.[19]

Fizmaurice는 '만일 준비작업 또는 둘러싼 사정이 검토된다면 그 검토는 조약문을 설명하거나 조약의 실질적인 대상과 목적을 수립할 기대로 동등하게 이루어져야 한다(the examination will equally have to made with a view to elucidating the text or establishing the real object and purpose of treaty).'라고 하여,[20] 조약의 준비작업과 조약의 체결과정을 해석의 보충적 수단으로 인정하고 이의 검토는 조약문의 해석과 동등하게 이루어져야 한다고 하여 해석의 보충적 수단을 적극적으로 긍정하고 있다.

---

14) Robert Jennings and Arthur Watts, *supra* n. 7, pp.1277~1278.

15) Cruz, *supra* n. 5, p.181.

16) Sinclair, *supra* n. 9, p.143.

17) Kurt von Schuschnigg, *International Law*, (Milwaukee: Bruce, 1959), p.265.

18) Harvard Draft Convention on the Law of Treaties Comment (Marjorie M. Whiteman, *Digest of International Law*, Vol.14(Washington D.C.: U.S.G.P.O., 1970), p.287.

19) Paul Reuter, *Introduction to the Law of Treaties,* (London: Porinter, 1989), p.76.

20) Gerald G. Fitzmaurice. 'The Law and Procedure of the International Court of Justice, 1951-4: Treaty Interpretation and Other Treaty Points', *BYIL*, Vol, 33, 1957, p.206.

Sinclair는 '조약의 준비작업과 조약의 체결사정은 해석의 과정에 있어서 하나의 제2차적 또는 보충적 역할(a secondary or supplementary role in the process of interpretation)을 한다.'라고 하여,[21] 해석의 보충적 수단의 역할을 긍정하고 있다.

Elias는 '조약의 준비작업을 포함하는 해석의 제2차적인 수단에 의존할 수 있다(may be recourse to secondary means of interpretation).'라고 하여,[22] 해석의 보충적 수단을 해석의 제2차적 수단으로 긍정하고 있다.

Jennings와 Watts는 '해석의 보충적 수단은 일반규칙에 포함되어 있는 원칙에 의해 지배되는 해석에 대한 하나의 원조이다(an aid to an interpretation governed by the principles contained in the general rule).'라고 하여,[23] 해석의 보충적 수단의 원조적 특성을 인정하고 있다.

Mark W. Janis는 '당사자의 의사는 조약의 준비작업으로부터 주관적으로 재구성 된다(the intention of the parties reconstructed subjectively from the preparatory work).'라고 하여,[24] 조약의 준비작업의 해석수단을 긍정하고 있다.

Shaw는 '조약의 준비작업과 조약의 체결사정은 조약의 해석과정을 원조하기 위해 의존될 수 있다(may be employed to aid the process of interpreting the treaty).'라고 하여,[25] 조약의 준비작업과 조약의 체결사정이 조약의 해석과정에 대한 해석의 보조적 수단으로서 원조적 기능을 함을 긍정하고 있다.

Cruz는 '조약의 체결사정과 조약의 준비작업과 같은 외적 조력에 의뢰할 수 있다(resort may be made to extrinsic aids).'라고 하여,[26] 해석의 보조적 수단을 긍정하고 있다.

Lauterpacht는 '조약의 준비작업에 의존하는 것은 당사자의 의도를 확인하기 위한 합법적인 방법으로 승인되어 있다(recourse to preparatory work is a acknowledged to be a legitimate means for ascertaining the intention of the parties).'라고 하여,[27] 해석의 보조적 수단을 긍정하고 있다.

Clive Parry,[28] Schuschnigg,[29] Bernhardt,[30] Malanczuk,[31] David H. Ott,[32] Starke,[33] Hugh Thirlway,[34]

---

21) Sinclair, *supra* n. 9, p.141.

22) T. O. Elias, *The Modern Law of Treaties,* (Leiden: Sijthoff, 1974), p.80.

23) Jennings and Watts, *supra* n. 7, p.1276.

24) Mark W. Janis, *An Introduction to international Law,* (Boston: Little Brown, 1988), p.27.

25) Malcolm N. Shaw, *International Law,* 4th ed., (Cambridge:Cambridge University Press, 1997), p.657.

26) Cruz, *supra* n. 5, p.181.

27) H. Lauterpach, 'Respective Interpretation of Treaties', *BYIL*, Vol.26, 1949, p.62.

28) Clive Parry, 'The Law of Treaties', in Max Sorensen(ed.), *Manual of Public International Law,* London: Macmillan, 1968, p.213.

29) Schuschnigg, *supra* n. 17, p.265.

C. F. Amerasinghe,[35] Brownlie,[36] Martin Dixon,[37] Kevin Banelier, Theodore Christakis and Sarah Healhcote,[38] Ducan B. Holis[39] 등도 조약의 준비작업과 조약의 체결사정을 해석의 보조적 수단으로 인정하고 있다.

이와 같이 학설은 조약의 준비작업과 조약의 체결사정을 해석의 보충적 수단으로 인정하는 것이 일반적이다. 따라서 이는 통설이라고 볼 수 있다.

### 나. 판례

Case *Concerning the competence of the ILO to Regulate Agricultural Labor*(1922)에서 상설국제사법재판소는 '재판소는 농업노동이 국제노동기구의 권능 내에 있다는 결론에 도달했고, 준비작업 내에 이 결론을 동요시키는 아무것도 확실히 없다(the court held the ⋯ the conclusion that agricultural labor is within the competence of the ILO, there is certainly nothing in the preparatory work to disturb this conclusion).'라고 판시하고,[40] 재판소는 동 사건에서 실제로 준비작업을 검토했다.

*Lotus* Case(1927)에서 상설국제사법재판소는 '협약의 문언이 그 자체로 충분히 명백한 경우에는 준비작업을 고려할 경우가 없다(there is no occasion to have regard to preparatory work, if the text of convention is sufficiently clear in itself).'라고 판시하고,[41] 그럼에도 불구하고 재판소는 실제로 준비작업을 검토했다.

Case *Concerning the Jurisdiction of European Commission of the Danube*(1927)에서 상설국제사법재판소는 '문제의 준비작업은 비밀이었고 권한 있는 당국에 의해 또는 동의에 따라 재판소에 제시되지 않았으므로 재판소는 준비작업에 대해 어떠한 고려도 제한적으로 거부했다(the court definitely refused to give any consideration to preparatory work because the preparatory work in question was confidential and place before the court by or with the consent of the competent authority).'고 판시하여,[42] 재판소는

---

30) Rudolf Bernhardt, 'Interpretation in International Law', *EPIL*, Vol.7, 1984, p.323.

31) Malanczuk, *supra* n. 2, p.366.

32) David H. Ott, *Public International Law in the Modern World,* (London: Pitman, 1989), p.197.

33) Starke, *supra* n. 1, p.458.

34) Hugh Thirlway, 'The Law and Procedure of the International Court of Justice 1960-1989', *BYIL*, Vol.67, 1996, pp.29-31.

35) C. F. Amerasinghe, 'Interpretation of Text in Open International Organizations', *BYIL*, Vol.64, 1996, pp.191-192.

36) Ian Brownlie, *Principles of Public International Law*, 5th ed., (Oxford: Oxford University Press, 1989), p.633.

37) Martin Dixon, *International Law,* (Oxford: Oxford University Press, 2013), p.77.; Stephen Allen, *International Law,* (London: Pearson, 2013), p. 50;

38) Kevin Banelier, Theodore Christakis and Sarah Healhcote, *The ICJ and Evolution of International Law,* (London: Routledge, 2013), p.204.

39) Ducan B. Holis (ed.) *The Oxford Guide to Treaties,* (Oxford: Oxford University Press, 2012), p. 476.

40) PCIJ, *Series B*, No.2., 1992, p.41.

41) PCIJ, *Series A*, No.10, 1927, pp.16~17.

42) PCIJ, *Series B*, No.14, 1927, p.32.

준비작업의 해석수단을 인정했다.

Case *Relative to the Treatment of Polish nationals in Danzig*(1932)에서 상설국제사법재판소는 '조약문이 절대적으로 명백하지 않으므로 이의 정확한 의미를 확보하기 위해 현재 유효한 조약문을 채택하기 이전에 존재한 여러 초안을 자세히 상기하는 것이 유용한 것이다(the text not being absolutely clear it may be useful, in order to ascertain its precise meanings, to recall here somewhat in detail the various drafts which existed prior to the adoption of the text now in force.).'라고 판시하여,[43] 재판소는 준비작업의 해석상 유용성 즉 해석상 수단성을 인정했다.

*Light Houses* Case(1934)에서 상설국제사법재판소는 '문맥이 분쟁당사자에게 정확한 의미를 보여주기에 충분하지 않을 경우 재판소는 관행에 따라 특별협정에 대한 준비문서에 의존하지 않으면 안 된다(where the context does not suffice to show the precise sense in which the parties to the dispute ⋯ the Court in accordance with its practice, has to Special Agreement).'라고 판시하여,[44] 재판소는 준비작업의 해석 보충성을 관행으로 인정했다.

Case *of Reservation to the Genocide Convention*(1951)에서 국제사법재판소는 '준비작업 기간에 유보를 위한 특별조항의 삽입을 결정한 바 없다 할지라도, 그럼에도 불구하고 협약초안의 계속적인 단계에서 특정대표들은 그들 정부가 협약의 특정유보에 따르는 협정에 서명 또는 비준할 것이라고 명백히 선언했다(Although it was decided during the preparatory work not to insert a special article on reservations, it is none the less true the ⋯ at successive stages of the drafting of the convention ⋯ certain delegates clearly announce that their government could only sign or ratify the convention subject to certain reservations).'라고 판시하고,[45] 재판소는 준비작업에 의존했다.

*Ambatielos* Case(1952)에서 국제사법재판소는 '여기에서처럼, 조약문이 명백히 해석되는 어느 경우에도 준비작업에 의존하는 경우는 없다(In any case where, as here, the text to be interpreted is clear, there is no occasion to resort to preparatory work).'고 판시하여,[46] 재판소는 조약문이 명백히 해석되지 않을 경우에는 준비작업에 의존할 수 있음을 인정했다.

*Iranian Oil* Case(1952)에서 국제사법재판소는 '두 해석은 문법적으로 가능하다. ⋯ 더구나 두 해석은 실질적으로 가능하다. 두 개의 해석의 효과가 아주 달라도 양자는 의미를 갖는다. 요컨대, 조약문에 실질적인 애매성이 있다. 그리고 그 때문에 조약문의 밖으로 나가는 그리고 둘러 싼 사정에 의해 어떤

---

43) PCIJ, *Series A/B*, No.44, 1932, p.33.
44) PCIJ, *Series A/B*, No.62, 1934, p.13.
45) ICJ, *Reports*, 1951, p.22.
46) ICJ, *Reports*, 1952, p.45.

빛을 발하는지를 보는 것은 정당하고 필요하다(Both interpretation are grammatically possible ⋯ more over both are possible as a matter of substance; Both make sense though the effects of the two interpretation are quite different, in short, there is a real ambiguity in the test, and, for that reason, it is both justible and necessary to go outside the text and see whether any light is shed by surrounding circumstances).'라고 판시하여,[47] 재판소는 보조적 수단에 의한 해석을 긍정했다.

*Minquiers* Case(1953)에서 국제사법재판소는 '조약문이 명백하지 않은 경우 조약이 서명된 사정은 ⋯ 이 사건에서 해석을 위한 건전한 기초를 보장한다. 그 해석은 또한 다른 사정에 기초될 수 있다(When the text is not clear, the circumstances in which a treaty was signed ⋯ provide a sound basis for the interpretation in the present case, the interpretation may also be based on the other circumstances).'라고 판시하여,[48] 재판소는 조약의 체결사정을 조약의 해석수단으로 인정했다.

이외에도 조약의 해석을 위해 조약의 준비작업 또는 조약의 체결사정을 검토한 사건을 보면 다음과 같다.

> *Rights of United Sates Nationals in Morocco* Case(1952)[49]
> *United Nations Administrative Tribunal* Case(1954)[50]
> *Italy v. Federal Republic of Germany* Case(1959)[51]
> *Certain Expenses* Case(1962)[52]
> *North Sea Continental Shelf* Case(1969)[53]
> *Fisheries Jurisdiction* Case(1973)[54]
> *Western Sahara* Case(1975)[55]
> *Young Loan Arbitration* Case(1980)[56]

이와 같이 국제사법재판소가 조약의 준비작업과 조약의 체결사정을 해석의 보충적 수단으로 인정하는 것은 국제 판례라고 할 수 있다. 그러나 *Second Admission* Case(1950)에서는 준비작업에의 의존이 거부되었다.[57]

---

47) ICJ, *Reports*, 1952, pp.117-18.

48) ICJ, *Reports*, 1952, p.87.

49) ICJ, *Reports*, 1952, p.176.

50) ICJ, *Reports*, 1954, p.47.

51) *ILR*, 29, pp.412, 459-460.

52) ICJ, *Reports*, 1962, p.156.

53) ICJ, *Reports*, 1969, p.33.

54) ICJ, *Reports*, 1973, pp.9-10.

55) ICJ, *Reports*, 1975, p.31.

56) *ILR*, 95, pp.544-45.

57) ICJ, *Reports*, 1950, p.18.

## 다. 국제협약

‘조약법협약’ 제32조는 다음과 같이 규정하고 있다.

제31조의 적용으로부터 나오는 의미를 확인하기 위하여 또는 의미를 결정하기 위하여 다음의 경우에는 조약의 준비작업 및 조약의 체결사정을 포함한 해석의 보충적 수단에 의존할 수 있다.

(a) 제31조에 의거하여 해석하면 의미가 모호해지거나 또는 애매해지는 경우

(b) 제31조에 의거하여 해석하면 부조리하거나 불합리한 결과를 가져오는 경우

Recourse may be had to supplementary means of interpretation, including the preparatory work of the treaty and the circumstances of its conclusion, in order to confirm the meaning resulting from application of article 31, of to determine the meaning when the interpretation according to article 31;

(a) Leaves the meaning ambiguous or obscure; or

(b) Leads to a result which is manifestly absurd of unreasonable)

이와 같이 ‘조약법협약’은 조약의 준비작업과 조약의 체결사정을 해석의 보충적 수단으로 인정하고 있으며, 동 협약은 국제관습법을 성문화한 것으로 보고 있다.[58] 따라서 조약의 당사자가 동 협약의 당사자이냐의 여부, 조약이 동 협약 발효 후에 체결되었느냐의 여부는 동 제32조의 적용에 무관한 것이다.

요컨대, 학설·판례·국제협약이 모두 조약의 준비작업과 조약의 체결사정을 해석의 보조적 수단으로 인정하고 있다.

## III. 대일평화조약 제2조 (a)항의 규정과 조약의 준비작업

### 1. 대일평화조약 제2조 (a)항의 규정

‘대일평화조약(the Peace Treaty with Japan)’ 제2조 (a)항은 한국에 관해 다음과 같이 규정하고 있다.

일본은 한국의 독립을 승인하고, 제주도·거문도 및 울릉도를 포함하는 한국에 대한 모든 권리·권원 및 청구권을 포기한다.

Japan recognizing the independence of Korea, renounces all right, title and claim to Korea, including the Islands of Quelpart, Port Hamilton and Dagelet.

---

58) Malanczuk, *supra* n.3, p.18.

## 2. 대일평화조약 제2조 (a)항의 해석

한국정부는 '대일평화조약' 제2조 (a)항에 일본이 포기하는 영토로 독도가 명시적으로 규정되어 있지 아니하나 독도는 한국영토라고 해석하며 그 근거로 ( i )독도는 울릉도의 속도이므로, (ii)'대일평화조약' 제19조 (d)항의 규정에 의해 'SCAPIN 제677호'에 의해 분리된 것이므로, (iii)*uti possidetis*의 원칙 등을 들고 있다. 여기서는 이들에 추가하여 '조약의 준비작업'에 의해 독도는 한국영토라고 그 근거를 제시해 보기로 한다.

## 3. 독도가 한국영토로 해석될 수 있는 '조약의 준비작업'을 열거해 보면 다음과 같다.

### 가. 연합국의 일본 구 영토 처리에 관한 합의서(Agreement Respecting the Disposition of Former Japanese Treaties)

1949년 12월 19일 '연합국의 일본 구 영토 처리에 관한 합의서'는 '대일평화조약' 체결에 앞서서 사전에 연합국이 일본 영토의 처리에 관해 합의한 문서이다. 동 합의서 제3조에 한국에 반환할 영토를 다음과 같이 규정하고 있다.

> 연합국은 다음과 같이 합의하였다. 대한민국의 본토와 제주도·거문도, 울릉도 및 독도를 포함하는 한국의 모든 도서에 대한 권리·권원은 대한민국에 처분되어야 한다고 합의했다.
> The allied and Associate Powers agreed that there shall be transferred in full sovereignty to the Republic of Korea all right and title to Korea Mainland territory and all offshore islands including Quelpart ⋯ Port Hamilton, Dagelet island Liancourt Rocks. ⋯[59]

이와 같이 동 합의서에 의하면 독도는 한국에 이전할 것으로 규정되어 있다.

### 나. 대일평화조약 제1차 미국초안

'제1차 미국초안(1947년 3월 20일)'은[60] 제1조에서 일본영토에 관해 규정하고, 제4조에서 한국영토에 관해 규정하고 있다.
제4조는 다음과 같이 규정하고 있다.

> 일본은 이에 한국과 제주도·거문도·울릉도 및 독도를 포함하는 한국의 모든 해안 제 소도에 대한 모든 권리와 권원을 포기한다.
> Japan hereby renounces all rights and titles to Korea and all minor offshore Korean islands including

---

59) US Department of State, Agreement Respecting the Disposition of Former Japanese Territory

60) US Department of State, from Dean G. Acheson(Under Secretary of State) to General MacArthur(The Supreme Commander for the Allied Powers), 'Memorandum: Outline and Various Sections of Draft Treaty(March 20, 1947)', Attached Draft(March 19, 1947); 신용하, 「독도 영유권 자료의 탐구」, 제3권, (서울: 독도연구보전협회, 2000), pp.284-87; 김병렬, 「독도」, (서울: 다다미디어, 1998), pp.418-22; 이석우, 「일본영토분쟁과 샌프란시스코 평화조약」, (인천: 인하대학출판부, 2003), pp.127-28.

Quelpart Island, Port Hamilton, Dagelet(Utsuriyo) Island and Liancourt Rock(Takeshima).

이와 같이 '제1차 미국초안'은 '일본영토조항(제1조)'에서 독도를 일본영토로 열거하지 않고, '한국 영 토조항(제4조)'에서 독도를 한국영토로 명시하는 규정을 두고 있다.

### 다. 대일평화조약 제2차 미국초안

'제2차 미국초안(1947년 8월 5일)'은[61] '제1차 미국초안'과 같이 제1조에서 일본영토를 규정하고, 제 4조에서 한국영토에 관해 규정하고 있다.

제4조는 '제1차 미국초안' 제4조를 자구 수정한 것으로 다음과 같이 규정하고 있다.

> 일본은 이에 한국과 제주도·거문도·울릉도 및 독도를 포함하는 한국의 모든 해안 제도에 대한 권 리와 권원을 포기한다.
> Japan hereby renounces all rights and titles to Korea(Chosen) and all offshore Korean islands, including Quelpart(Shishu To) … Liancourt Rocks(Takeshima).

### 라. 대일평화조약 제3차 미국초안

'제3차 미국초안(1948년 1월 2일)'은[62] '제2차 미국초안'과 같이 제1조에서 일본영토를 규정하고, 제 4조에서 한국영토에 관해 규정하고 있다. 제4조는 '제2차 미국초안' 제4조를 자구 수정한 것으로, 다음 과 같이 규정하고 있다.

> 일본은 이에 한국인을 위하여 한국과 제주도·거문도·울릉도 및 독도를 포함하는 한국의 모든 해 안 제도에 대한 모든 권리와 권원을 포기한다. …
> Japan hereby renounces in favor of the Korean people all rights and titles of Korea(Chosen) and all offshore Korean islands, including, Quelpart(Saishu To); the Nan How group(San To, or Kumun Do which forms port Hamilton(Tonakai); Dagelet Island(Utsuro To, of Matsu Shima); Liancourt Rocks (Takeshima);. …

### 마. 대일평화조약 제4차 미국초안

'제4차 미국초안(1949년 10월 13일)'은[63] '제3차 미국초안'과 같이 제1조에서 일본영토를 규정하고, 제4조에서 한국영토에 관해 규정하고 있다. 제4조는 '제3차 미국초안' 제4조와 완전히 동일하며 독도를 한국영토로 규정하고 있다.

---

61) US Department of State, from Hugh Borton(Acting Special Assistant to the Director, Office of Far Eastern Affairs) to Charles E. Bohlen(Counsellor of the Department of State), 'Office Memorandum: Draft Treaty of Peace for Japan(August 6, 1947)'; 신용하, 전주60, pp.287-290; 김병렬, 전주60, pp.442-426; 전주60, pp.128-129.

62) US Department of State, 'Office Memorandum: Background of Draft of Japanese Peace Treaty(January 30, 1948)'; 신용하, 전주60, pp.290-293; 김병렬, 전주60, pp.426-429; 이석우, 전주60, pp.50-54.

63) US Department of State, 'Office Memorandum: Attached Draft(August 14, 1949)'; 신용하, 전주60, pp.293-296; 김병렬, 전주60, pp.429-433.

바. 대일평화조약 제5차 미국초안

'제5차 미국초안(1949년 11월 2일)'은[64] 제3조에서 일본영토를 규정하고, 제6조에서 한국영토에 관해 규정하고 있다. 제3조는 '제4차 미국초안' 제1조와 완전히 동일하며, 제6조는 '제4차 미국초안' 제4조와 완전히 동일하다.

시볼트의 '제5차 미국초안'에 대한 '전문 검토의견(1949년 11월 14일)'[65]과 '서면 검토의견(1949년 11월 19일)'[66]에 의한 기망행위로 '제6차 미국초안'부터 독도가 한국영토라는 규정이 삭제되었으나 이 양 의견을 '조약의 체결사정'으로 볼 것이며 이 양 의견을 '조약의 준비작업'으로 볼 것은 아니라고 본다. 왜냐하면 이 양 의견은 시볼트의 기망행위에 의한 것으로 기망행위는 무효이기 때문이다(제49조).


# Ⅳ. 대일평화조약 제2조 (a)항의 조약의 준비 작업에 의한 해석

## 1. 해석의 보충적 수단 의존의 요건 검토

전술한 바와 같이 '조약법협약' 제32조는 해석의 보충적 수단에 의존하기 위한 요건으로 '제31조에 의거하여 해석하면 의미가 모호해지거나 또는 애매해지는 경우(제32조 (a)호)' 또는 '제31조에 의거하여 해석하면 명백히 부조리하거나 불합리한 결과를 가져오는 경우(제32조 (b)호)'를 규정하고 있다.

전술한 바와 같이 '대일평화조약' 제2조 (a)항에 일본이 권리·권원 및 청구권을 포기하는 도서로 제주도·거문도 및 울릉도를 열거하고 있으나 독도에 관해서는 아무런 규정이 없으므로 독도는 동 조약에 의해 일본으로부터 분리된 것이 아니라는 일본정부의 단순한 문리해석은 다음과 같은 점에서 '명백히 부조리하거나 불합리한 결과를 가져오는 경우'에 해당된다.

  ( i ) 한국의 모든 도서가 일본영토로 되는 부조리·불합리성
  (ii) '시마네현 고시 제40호'의 유효성 인정의 부조리·불합리성
  (iii) 'SCAPIN 제677호'의 부정의 부조리·불합리성


## 2. 조약의 준비작업에 의한 해석

상술한 바와 같이 일본정부의 해석은 부조리·불합리한 것이므로 이 부조리·불합리를 배제하기 위해 상기 조약의 준비작업인 '연합국의 구 일본영토 처리에 관한 합의서', '제1차 미국초안', '제2차 미국초안', '제3차 미국초안', '제4차 미국초안' 그리고 '제5차 미국초안'에 따라 독도는 한국영토인 것이며

---

64) US Department of State, 'Commentary on Ttreaty of Peace with Japan(November 2, 1949)'; 신용하, 전주60, pp.297-230; 김병렬, 전주60, pp.433-436; 이석우, 전주60, pp.130-132.

65) Us Department of State, 'Incoming Telegram by William J. Sebald to Secretary of State(November 4, 1949)'; 신용하, 전주60, p.302; 김병렬, 전주60, p.436; 이석우, 전주60, p.55.

66) Us Department of State, Office of US Political Adviser for Japan, Tokyo, 'Comment on Draft Treaty of Peace with Japan(November 19, 1949)'; 신용하, 전주60, pp.305-311; 김병렬, 전주60, pp.441-448; 이석우, 전주60, p.55.

'시볼트의 기망행위'는 '조약의 준비작업'이 아니라 '조약의 체결의 사정'으로 고려되어야 할 것이다. 시볼트의 기망행위와 그에 따른 미국의 오판행위에 의해 작성된 '제6차 미국초안'과 그 이후의 미국초안 등은 '조약법협약' 제48조와 제49조의 규정에 의해 무효이므로 이들은 '조약의 준비작업'으로 고려될 수 없다.

## V. 결언

상술한 바와 같이 '대일평화조약' 제2조 (a)항은 독도 영유권에 관해 명시적 규정을 두지 아니하고 있다. 즉, 독도가 한국영토라는 규정도 독도가 일본영토라는 규정도 동 조항에는 없다. 따라서 독도 영유권 귀속에 관해 한일 간에 첨예한 대립이 이어지고 있다.

이 연구는 이 문제의 해결을 위해 이른바 '해석의 보충적 수단'인 '준비작업(preparatory work, *travoux preparatories*)'에 대한 해석을 시도한 것이다. 비록 '준비작업'에 의한 해석이 제2차적인 것이기는 하지만 제1차적인 해석이 부조리하거나 불합리한 결과를 초래하는 경우(lead to a result which is manifestly absurd or unreasonable) 그 의미를 결정하기 위한(to determine the meaning) 것이므로(조약법협약 제32조) '대일평화조약' 제2조 (a)항에 대한 일본정부의 해석이 명백히 부조리하고 불합리한 것이므로 해석의 보충적 수단인 '준비작업'에 의한 해석으로 일본정부의 해석을 배제하기 위해 요구된다.

'준비작업'을 포함하는 '보충적 수단에 의한 해석'은 학설과 판례에 의해 승인되어 있으며 이는 또한 '조약법협약'에 의해 승인되어 있다.

독도가 한국영토라는 '준비작업' 중 중요한 것은 다음과 같다.

( i ) 연합국의 구 일본 영토의 처리에 관한 합의서(1947.3.20.) 제3조
(ii) 제1차 미국초안(1947.3.20.) 제4조
(iii) 제2차 미국초안(1947.8.5.) 제4조
(iv) 제3차 미국초안(1948.1.2.) 제4조
( v ) 제4차 미국초안(1949.10.13.) 제4조
(vi) 제5차 미국초안(1949.11.2.) 제6조

시볼트의 기망행위 이후에 성립된 초안 등은 독도를 일본영토로 규정하고 있으나 시볼트의 기망행위와 그에 따른 미국의 오판행위에 의거하여 작성된 '제6차 미국초안' 등은 기망행위와 오판행위가 무효이므로 무효인 것이다. 따라서 이들은 조약의 준비작업으로 고려될 수 없으며 이는 '조약의 준비작업'이 아니라 '조약의 체결사정'으로 고려되어야 한다.

요컨대, '대일평화조약' 제2조 (a)항을 해석의 보충적 수단인 '조약의 준비작업'에 따라 해석할 때 독도는 일본이 포기한 도서로 해석되며 따라서 독도 영유권은 한국에 귀속된다.

## <참고문헌>

신용하, 『독도 영유권 자료의 탐구』, 제3권, 독도연구보전협회, 2000.

김병렬, 『독도』, 다다미디어, 1998.

이석우, 『일본영토분쟁과 샌프란시스코 평화조약』, 인하대학출판부, 2003.


Amerasinghe C. F., 'Interpretation of Text in Open International Organizations', *BYIL*, Vol.64, 1996.

Banelier Kevin, Theodore Christakis and Sarah Healhcote, *The ICJ and Evolution of International Law*, Routledge, 2013.

Bernhardt Rudolf, 'Interpretation in International Law', *EPIL*, Vol.7, 1984.

Brownlie Ian, *Principles of Public International Law*, 5th ed., Oxford: Oxford Univ. Press, 1989.

Cruz Isagani A., *International Law*, Quezon: Central Lawbook, 1992.

Dixon Martin, *International La*w, Oxford: Oxford University Press. 2013.

Elias T. O., *The Modern Law of Treaties*, Sijthoff, 1974.

Fitzmaurice Gerald G.. 'The Law and Procedure of the International Court of Justice, 1951-4: Treaty Interpretation and Other Treaty Points', *BYIL*, Vol.33, 1957.

Holis Ducan B. (ed.), *The Oxford Guide to Treaties*, Oxford: Oxford University Press, 2012.

ICJ, *Reports*, 1950.

___, *Reports*, 1951.

___, *Reports*, 1952.

___, *Reports*, 1962.

___, *Reports*, 1969.

___, *Reports*, 1973.

___, *Reports*, 1975.

Janis Mark W., *An Introduction to international Law*, Boston: Little Brown, 1988.

Jennings Robert and Arthur Watts, *Oppenheim's International Law*, Vol.1, 9th ed, London: Longman, 1992.

Lauterpach H., 'Respective Interpretation of Treaties', *BYIL*, Vol.26, 1949.

Malanczuk Peter (ed.), *Akehurst's Moden Introduction to international Law*, London: Routledge, 1987.

Ott David H., *Public International Law in the Modern* World, London: Pitman, 1989.

Parry Clive, '*The Law of Treaties*', in Max Sorensen(ed.), Manual of Public International Law, London: Macmillan, 1968.

PCIJ, *Series A*, No.10, 1927.

____, *Series A/B*, No.44, 1932.

____, Series A/B, No.62, 1934.

____, *Series B*, No.2, 1992.

Renter Paul, *Introduction to the Law of Treaties*, London: Porinter, 1989.

Rosenn Shabtai, 'Vienna Convention on the Law of Treaties', *EPIL*, Vol.7, 1984.

Schuschnigg, Kurt von, *International Law*, Milwaukee:Bruce, 1959.

Schwarzenberger Georg, *International Law*, Vol.1, 3rd ed, London:Stevens, 1957.

Shaw Malcolm N., *International Law*, 4th ed., Cambridge: Cambridge Univ. Press, 1997.

Sinclair Ian, *The Vienna Convention on the Law of Treaties*, 2nd ed., Manchester: Manchester Univ. Press, 1984.

Starke J. G., *Introduction to International Law*, 9th ed, Butterworth, 1984.

Stephen Allen, *International Law*, London: Pearson, 2013.

Thirlway Hugh, 'The Law and Procedure of the international Court of Justice 1960-1989', *BYIL*, Vol.67, 1996.

Whiteman Marjorie M., *Digest of International Law*, Vol.14, U.S.G.P.O., 1970.

# 제6절 | 대일평화조약 제21조와 제25조의 저촉

## I. 서언

1951년 9월 8일의 '대일평화조약' 제21조는 '한국은 제2조 등의 이익을 향유할 권리가 있다.'고 규정하고 있다. 동 제21조의 규정에 의거하여 한국이 이익을 향유할 권리가 있는 조항 중 제2조 (a)항의 '일본은 한국의 독립을 승인하고 제주도·거문도 및 울릉도를 포함하는 한국에 대한 권리·권원 및 청구권을 포기한다.'라고 규정하고 있다. 동조에 규정된 울릉도에는 그의 속도인 독도가 포함되므로 독도는 일본이 포기한 한국영토라는 것이 우리정부의 입장이다. 그러나 '대일평화조약' 제25조는 동 조약의 규정에 의해 이익을 향유할 주체는 동 조약에 서명한 연합국에 한한다고 규정하고 있다. 따라서 제21조의 규정에 의하면 한국은 동 조약 제2조의 이익을 받을 권리가 인정되나 동 조약 제25조의 규정에 의하면 한국은 연합국이 아니므로 제2조의 이익을 받을 권리를 향유할 수 없다. 동 조약 제21조와 제25조는 상호 충돌된다.

이 연구는 동 조약 제21조와 동 조약 제25조의 저촉을 해결하여 한국에는 제25조의 규정에도 불구하고 제21조의 규정에 의거하여 동 조약 제2조의 이익을 향유할 권리가 있다는 법리를 제시하기 위해 시도된 것이다. 이하 '조약의 저촉에 관한 일반적 고찰', '조약의 저촉을 해결하는 원칙', '대일평화조약 제21조와 제25조의 저촉의 해결'순으로 논술하고 '결언'에서 몇 가지 정책 대안을 제시하기로 한다. 이 연구는 '법실증주의'를 법사상의 기초로 하고 '법해석론'을 연구의 방법으로 채택한 것임을 여기에 밝혀두기로 한다.

## II. 조약의 저촉에 관한 일반적 고찰

### 1. 개념

#### 가. 의의

국제법의 저촉(conflict of international)이란 한 국제법의 법원의 내용이 다른 국제법의 법원의 내용과 서로 충돌하는 상태를 말한다.[1] 일반국제법상 국제법의 법원은 조약과 관습법이므로 결국 국제법의 저촉은 조약과 조약, 조약과 관습법, 관습법과 관습법 간에 일어나게 된다.[2] 물론 조약과 국제관습법에 의해 '국제사법재판소규정' 제38조 제1항에 규정된 '법의 일반원칙'의 저촉문제도 제기되나 이는 조약과 관습법의 하위 규범이므로 여기서는 이를 논외로 하기로 한다.

## 나. 요소

국제법의 저촉은 다음과 같은 특성을 본질적 요소로 한다.

### (1) 불가양립성

국제법의 저촉은 저촉되는 두 국제법이 동시에 성립할 수 없는 불가양립성(incompatibility)을 본질적 요소로 한다.[3]

### (2) 불가능성

국제법의 저촉은 저촉되는 두 국제법이 사실상 동시에 적용할 수 없는 불가능성(impossibility)을 본질적 요소로 한다.[4]

## 다. 구별

### (1) 국제법과 국내법의 저촉

국제법의 저촉은 국제법과 국내법의 저촉과 구별된다. 국제법의 내용이 국내법의 내용과 상호 충돌하는 경우는 국제법과 국내법은 상호 별개의 법체계를 이루고 있으므로 저촉의 문제가 발생하지 아니한다는 '이원론'과 국제법과 국내법은 동일한 법체계를 이루고 있으므로 저촉의 문제가 발생한다는 '일원론'이 대립되어 있으며, 일원론은 국제법이 상위의 법이라는 '국제법 우위론'과 국내법이 상위의 법이라는 '국내법 우위론'으로 구분된다.[5]

국제법의 저촉의 경우는 이원론은 주장의 여지가 없다.

### (2) 국내법과 국내법의 저촉

국제법의 저촉은 국내법의 저촉과 구별된다. 국내법의 저촉은 동일 국가 내의 국내법 상호 간의 저촉과 일국가의 국내법과 타 국가의 국내법 상호 간의 저촉이 있으나 일반적으로 국제법상 국내법의 저촉이란 후자의 경우만을 말한다. 이 저촉을 해결하는 법을 '법의 저촉의 법(law of conflict of laws)'이라 한다.[6]

---

1) Hans Kelsen, *Principles of Internal Law*, Robert W. Tucker(ed.) 2nd ed.(New York: Holt, 1967), p.502; Georg Schwarzenberger and E.D. Brown, *A Manual of International Law*, 6th ed.(Milton: Professional Books, 1976), p.131; Wolfram Karl, 'Conflicts between Treaties', *EPIL*, Vol.7, 1984, pp.467-67. Jorg Kanmerthofer, *Uncertainly in International Law* (London:Routledge, 2011), p.139.

2) Karl, *supra* n.1, p.468.

3) *Ibid.*, p.142.

4) *Ibid.*, p.143.

5) Kelsen, *supra* n.1, pp.565-66.

### 라. 발생원인

국제법의 저촉의 발생원인은 국제사회에 중앙적 입법기관의 결여에 있다. 즉 국제법상 국제법을 정립하는 중앙적 입법기관이 없으므로 분권적 국제법의 입법에 의해 개별적으로 정립되는 국제법은 그 내용이 상호 충돌될 수밖에 없는 것이다.[7)

## 2. 유형

### 가. 법원 표준

국제법의 저촉은 국제법의 법원을 표준으로 다음과 같은 유형으로 구분된다.

(ⅰ) 조약과 조약의 저촉

(ⅱ) 조약과 관습법의 저촉

(ⅲ) 관습법과 관습법의 저촉[8)

### 나. 당사자 표준

국제법의 저촉은 국제법의 적용당사자를 표준으로 다음과 같은 유형으로 구분된다.

(ⅰ) 당사자가 동일한 국제법의 저촉

(ⅱ) 당사자가 상이한 국제법의 저촉

### 다. 체계 표준

국제법의 저촉은 국제법의 체계를 표준으로 다음과 같은 유형으로 구분된다.

(ⅰ) 구국제법과 신국제법의 저촉

(ⅱ) 일반국제법과 특별국제법의 저촉

(ⅲ) 강행국제법과 임의국제법의 저촉

(ⅳ) 상위국제법과 하위국제법의 저촉

## 3. 해결방법

국제법의 저촉을 해결하는 방법은 용이하지 않다.[9) 그 해결방법은 국제법의 저촉을 해결하기 위해

---

6) *Idid.,* pp.378-81; K. Lipstein, *Principals of Conflict of Laws National and International*(Hague: Martinus, 1981), pp.1, 13.

7) Karl, *supra* n.1, p.468; C. Wilfred Jenks, 'The Conflict of Law-Making Treaties', *BYIL.,* Vol.30, 1953, pp.402-403.

8) '법의 일반원칙'의 법원성을 인정해도 이는 조약과 관습법을 보충하는 효력밖에 없으므로 여기서 국제법의 법원의 충돌로 고려할 실익이 없다. '법의 일반원칙'의 법원성은 부인된다.(Michael Akehurst, 'The Hierachy of the Sources of International Law', *BYIL,* Vol.47, 1977, p.278).

9) Karl, *supra* n.1, p.468.

어떤 저촉유형을 택하느냐에 따라 달라질 것이다. 여기서는 당사자를 표준으로 한 저촉유형에 따라[10] 해결의 원칙과 예외를 보기로 한다.

## 가. 원칙

### (1) 당사자가 동일한 국제법의 저촉

#### (가) 의의

당사자가 동일한 국제법의 저촉이란 조약이든 관습법이든 대인적 적용범위가 동일한 국제법의 저촉을 말한다.

#### (나) 유형

당사자가 동일한 국제법의 저촉에는 다음과 같은 3개의 유형이 있다.

##### 1) 조약과 조약의 저촉

예컨대, A · B를 적용당사자로 하는 X조약(제1조약)과 A · B를 적용당사자로 하는 Y조약(제2조약)이 저촉되는 경우

##### 2) 조약과 관습법의 저촉

예컨대, A · B를 적용당사자로 하는 X조약(제1조약)과 A · B를 적용당사자로 하는 Y관습법(제2관습법)이 저촉되는 경우

##### 3) 관습법과 관습법의 저촉

예컨대, A · B를 적용당사자로 하는 X관습법(제1관습법)과 A · B를 적용당사자로 하는 Y관습법(제2관습법)이 저촉되는 경우

#### (다) 적용원칙

##### 1) 조약과 조약의 저촉

모든 조약은 그 명칭에 따라 법적 효력에 차이가 있는 것이 아니므로[11] 조약과 조약의 관계는 상위

---

10) Kelsen, *supra* n.1, p.502; Schwarzenberger and Brown, *supra* n.1, p.131.

11) D.P. O'Connell, *International Law*, 2nd ed. Vol.1(London: Stevens, 1970), p.195; Karl, *supra* n.1, p.455; T.O. Elias, *The Modern Law of Treaties*(Leyden; Sijthoff, 1974), pp.13-14; Rebecca M.M. Wallace, *International Law*(London; Sweet, 1986), p.197; PCIJ., *Ser.B*, No.1, 1922, p.20; *PCIJ.*, *Ser.B*, No.1, 1923, p.21; *ICJ.*, *Reports*, 1950, p.139.

법·하위법의 구별이 없는 동위법의 관계에 있다. 동위법 간의 저촉은 '후법 우선의 원칙(rule lex posterior derogat priori, rule of the subsequent law abrogates the proceeding law)'의 적용으로 해결된다.[12] 따라서 위 예의 X조약(제1조약)과 Y조약(제2조약)이 저촉될 경우 후법인 Y조약이 구법인 X조약에 우선하여 적용되게 된다.

### 2) 조약과 관습법의 저촉

조약과 관습법의 관계는 조약이 상위법이라는 주장과[13] 관습법이 상위법이라는 주장이[14] 있으나 조약과 관습법은 동위법이라는 주장이 일반적인 견해이다.[15] 이 일반적인 견해에 따라 조약과 관습법의 저촉의 경우도 조약과 조약의 저촉의 경우와 같이 '후법 우선의 원칙'이 적용되게 된다. 따라서 위 예에서 후법인 Y관습법이 구법인 X조약에 우선하여 적용되게 된다. 물론 관습법은 일반법이고 조약은 특별법으로 볼 경우 특별법 우선의 원칙에 따라 조약이 관습법에 우선한다는 견해가 없지 않다.

### 3) 관습법과 관습법의 저촉

관습법과 관습법의 관계도 조약과 조약의 관계와 같이 상위법·하위법의 구별이 없는 동위법의 관계에 있다. 그러므로 관습법과 관습법의 저촉도 '후법 우선의 원칙'의 적용으로 해결된다. 따라서 위 예에서 X관습법(제1관습법)과 Y관습법(제2관습법)이 저촉될 경우 후법인 Y관습법이 구법인 X관습법에 우선하여 적용되게 된다.

### (2) 당사자가 상이한 국제법의 저촉

### (가) 의의

당사자가 상이한 국제법의 저촉이란 조약이든 관습법이든 대인적 적용범위가 동일하지 아니한 국제법의 저촉을 말한다.

### (나) 유형

당사자가 상이한 국제법의 저촉에는 다음과 같은 3개의 유형이 있다.

---

12) Karl, *supra* n.1 p.469; Kelsen, *supra* n.1 p.502; Schwarzenberger and Brown, *supra* n.1 p.131.

13) G.I. Tunkin, *International Law*(Moscow; Progress, 1986), pp.63-64; Gerhard von Glahn, *Law Among Nations*, 4th ed.(New York; Macmillan, 1981), pp.17, 20.

14) O'Connell, *supra* n.11, pp.21-22; Robert Jennings and Arthur Watts(eds.), *Oppenheim's International Law*, 9th ed., Vol.1(London: Longman, 1993), pp.25-26; Charles G. Fenwick, *International Law*, 4th ed.(New York: Appleton-Century, 1965), pp.88, 94; David H. Ott, *Public International Law in the Modern World* (London: Pitman, 1987), p.13; J.G. Starke, 'Treaties as a Source of International Law', *BYIL*, Vol.23, 1946, p.346.

15) Michael Akehurst, *A Modern Introduction to International Law*, 4th ed.(London: George Allen, 1984), pp.39-40; Akehurst, *supra* n.8, pp.274-75.

1) 제1유형 저촉

제1유형은 2개의 저촉되는 조약·관습법에 공통된 1개의 적용당사자가 있는 저촉유형이다. 예컨대, A·B를 적용당사자로 하는 X조약·관습법(제1조약·관습법)과 A·C를 적용당사자로 하는 Y조약·관습법(제2조약·관습법)이 저촉되는 경우이다. 즉 X조약·관습법과 Y조약·관습법에 적용당사자 A는 공통이나 B와 C는 공통이 아닌 경우이다.[16]

2) 제2유형 저촉

제2유형은 2개의 저촉되는 조약·관습법에 공통된 2개 이상의 전부의 적용당사자와 공동되지 않은 일부의 적용당사자가 있는 저촉류이다. 예컨대, A·B를 적용당사자로 하는 X조약·관습법(제1조약·관습법)과 A·B·C를 적용당사자로 하는 Y조약·관습법(제2조약·관습법)이 저촉하는 경우이다. 즉 X조약·관습법의 적용당사자인 A·B 전부가 Y조약·관습법의 적용당사자 일부인 A·B와 일치하고, 그렇지 않는 적용당사자 일부인 C가 Y조약·관습법에 있는 경우이다.[17]

3) 제3유형 저촉

제3유형은 2개의 저촉되는 조약·관습법에 공통되는 적용당사자가 하나도 없는 저촉유형이다. 예컨대, A·B를 적용당사자로 하는 X조약·관습법(제1조약·관습법)과 C·D를 적용당사자로 하는 Y조약·관습법(제2조약·관습법)이 저촉하는 유형이다. 즉 X조약·관습법과 Y조약·관습법에 공통된 적용당사자가 하나도 없는 경우이다.[18]

## 다. 적용원칙

(1) 제1유형 저촉

(가) 학설

1) 제2조약·관습법 무효설

기존 국제법의 권위를 높이고 법체계의 단일성을 보장하기 위해 제2조약·관습법은 무효라고 한다.[19]

2) 제2조약·관습법 위법설

제2조약·관습법은 제1조약·관습법에 저촉되어 무효인 것이 아니라 위법한 것이라고 한다.[20]

---

16) Schwarzenberger and Brown, *supra* n.1, pp.131-32

17) Karl, *supra* n.1, p.468.

18) Kelsen, *supra* n.1, p.502.

19) Hersch Lauterpacht, 'The Convention as High Law', *BYIL*, Vol.17, 1936, pp.64-65; H. Lauterpacht(ed.), *International Law*(Cambridge University Press, 1970), p.361; Fischer William, *Grotius Society*, Vol.18, 1933, p.122.

3) 제2조약・관습법 유효설

제1조약・관습법과 제2조약・관습법은 어느 하나도 무효인 것이 아니라 모두 유효하며, 제1조약・관습법과 제2조약・관습법의 공통된 적용당사자가 아닌 제2조약・관습법의 적용당사자(C)가 제1조약・관습법과 제2조약・관습법이 저촉되는 것에 관해 악의인 경우는 공통된 적용당사자(A)에게 손해배상을 청구할 수 없으나 선의인 경우에는 이를 청구할 수 있을 뿐이라고 한다.[21]

(나) 판례

상설국제사법재판소는 *Austro-German Customs Regime* Case(1931)에서 1992년 10월 4일 오스트리아와 수 개국 간에 체결된 의정서와 1931년 3월 19일 오스트리아와 독일 간에 체결된 의정서는 상호 저촉되며, 후자는 무효이거나 위법한 것이라는 권고적 의견을[22] 표시한 바 있다. 이는 전술한 무효설・위헌설과 일치하는 것이다.

(다) 조약법협약

1969년의 '조약에 관한 비엔나 협약'은 이 점에 관해 명확한 규정을 두지 못하고 제30조 제2항에 다음과 같이 규정하고 있을 뿐이다.

> 조약이 그보다 전 조약 또는 후 조약에 따를 것을 조건으로 하거나 또는 그보다 전 조약 또는 후 조약과 양립되지 아니하는 것으로 간주되지 아니한다는 것이 동 조약에 명시되어 있을 때에는 다른 조약(전 조약 또는 후 조약)의 규정이 우선한다.

이는 '양립조항(compatibility clause)'이 있는 경우에 이에 따른다는 규정이며, '양립조항'이 없는 경우에 전 조약 또는 후 조약 중 어느 것이 무효로 되는가 또는 모두 유효인가에 관해 아무런 해결을 못하는 것이다.[23] 전술한 학설을 따르기로 한다.[24]

(2) 제2유형 저촉

제2유형의 경우는 공통된 적용당사자 상호 간의 관계와 공통된 적용당사자와 공통되지 않은 적용당사자 간의 관계로 구분하여 저촉의 해결원칙을 찾아야 한다.

(가) 공통된 적용당사자 간의 관계

공통된 적용당사자 간에 있어서 A・B를 적용당사자로 하는 X조약・관습법과 A・B・C를 적용당사

---

20) Wesley L. Gould, *An Introduction to International Law*(New York: Harper and Brothers, 1957), p.326.

21) Lord McNair, *Law of Treaties*(Oxford: Clarendon, 1961), pp.221-22.

22) PCIJ., *Ser. A/B*, No.41, 1931, p.37.

23) O'Connell, *supra* n.11, p.273.

24) Glahn, *supra* n.13, pp.502-503; Kelsen, *supra* n.1, pp.503-504.

자로 하는 Y조약·관습법의 관계는 전자가 '특별법'이고 후자가 '일반법'의 관계에 있다. 따라서 X조약·관습법의 적용당사자인 A·B와 Y조약·관습법의 적용당사자인 A·B 간에 '특별법 우선의 원칙(rule lex specidlis derogant lege generali)'이 적용되어 X조약·관습법이 Y조약·관습법에 우선하여 적용되게 된다.[25]

### (나) 공통된 적용당사자와 비공통 적용당사자 간의 관계

공통된 적용당사자 간에는 '특별법 우선의 원칙'이 적용되나, X조약·관습법의 공통된 적용당사자 A·B와 Y조약·관습법의 공통되지 아니한 적용당사자 C 간의 관계에서는 '특별법 우선의 원칙'이 적용되지 아니한다. 이 경우는 상술한 제1유형 저촉의 경우와 동일하다.[26]

### (3) 제3유형 저촉

제3유형 저촉의 경우는 2개의 저촉되는 조약·관습법의 적용당사자와 제2조약·관습법의 적용당사자는 상호조약·관습법의 제3자에 불과하다. 따라서 제3유형 저촉의 경우는 '조약은 제3자에게 해롭게도 이롭게도 아니한다는 원칙(rule pacta teriis nec nocent nec prosunt)'이 적용되게 되어 위의 예에서 X조약·관습법과 Y조약·관습법은 각각 유효하며 상호 아무런 영향을 주지 못한다.[27]

### 나. 예외

국제법의 저촉의 경우 이를 해결하기 위한 상술한 원칙에는 다음과 같은 예외가 인정되어 있다.

### (1) 강행법

강행법은 임의법에 우선한다. 이는 '상위법 우선의 원칙'이라 한다. 임의법의 저촉이 상술한 바와 같이 '후법 우선의 원칙' 또는 '특별법 우선의 원칙'의 적용에 의해 해결되나 이들 원칙에 우선하여 '상위법 우선의 원칙'이 적용되게 된다.[28] 따라서 구법인 강행법이 후법인 임의법에 우선하여 적용되게 되며 일반법인 강행법이 임의인 특별법에 우선하여 적용되게 된다.

강행법 상호 간의 저촉은 일반원칙에 따라 해결해야 할 것이다. 즉 적용당사자가 동일한 경우 '후법 우선의 원칙'에 따르고 적용당사자가 상이한 경우 '특별법 우선의 원칙' 등에 의해 따라야 할 것이다.

### (2) 국제조직의 기본법

국제사회의 기본구조를 결정하는 중요한 일반조약에서 그 자체의 규정 속에 그 일반조약의 규정은

---

25) G.G Fitzmaure, 'The Law and Procedure of International Court of Justice', *BYIL.*, Vol.33, 1957, pp.236-38; McNair, *supra* n.21, p.219; Schwarzenberger and Brown, *supra* n. 1, p.131.

26) *Ibid.*

27) *Ibid.*

28) Ott, *supra* n.14, pp.200-201; Jennings and Watts, *supra* n.14, pp.1292-93; Karl, *supra* n.1, pp.468-70.

그와 저촉되는 조약에 우선한다는 규정을 두는 경우가 있다. 예컨대 '국제연맹규약' 제20조는 '규약의 조항과 양립되지 않는 일체의 조약을 체결하지 않을 것을 약속하고' 또 '연맹국이 되기 이전에 규약과 양립되지 않는 의무를 부담한 연맹국은 즉시 그 의무의 해제를 위한 조치를 취하지 않으면 안 된다.'라고 규정하고 있었으며, '국제연합헌장' 제103조는 '국제연합가맹국의 이 헌장에 의거한 의무와 타의 어떠한 국제협정에 의거한 의무가 서로 저촉하는 경우에는 이 헌장에 의거한 의무가 우선한다.'고 규정하고 있다. 동 조의 '국제협정'에는 국제연합가맹국 상호 간의 협정, 국제연합가맹국과 비가맹국 간의 협정은 물론,[29] 가맹국과 국제연합과의 협정도[30] 포함된다.

(ⅰ) '국제연합헌장'의 당사자와 동일한 당사자가

① '국제연합헌장'의 당사자가 되기 이전에 체결한 조약에 대해서는 동 제103조 규정에 의해서가 아니라 '후법 우선의 원칙'에 따라 '국제연합헌장'의 우선적 효력이 인정되며, ② '국제연합헌장'의 당사자가 된 이후에 체결한 조약에 대해서는 동 제103조의 규정에 따라 '후법 우선의 원칙'이 배제되어 '국제연합헌장'의 우선적 효력이 인정된다.

(ⅱ) '국제연합헌장'의 당사자와 상이한 당사자가 체결한 조약의 경우

① '국제연합헌장'의 당사자 중 일부 당사자가 체결한 조약에 대해서는 동 제103조의 규정에 따라 '특별법 우선의 원칙'의 적용이 배제되어 '국제연합헌장'의 우선적 효력이 인정되며, ② '국제연합헌장'의 당사자의 일부와 타 당사자가 체결한 조약에 대해서는 '국제연합헌장'의 당사자 간에서는 동 제103조의 규정에 따라 '특별법 우선의 원칙'의 적용이 배제되어 '국제연합헌장'의 우선적 효력이 인정되며, '국제연합헌장'의 당사자와 그 이외의 당사자 간에는 동 제103조의 규정에 따라[31] 동 조약의 유효성이 배제되어 '국제연합헌장'의 우선적 효력이 인정된다.

③ '국제연합헌장'의 모든 당사자와 그 이외의 당사자를 포함한 당사자가 체결한 조약에 대해서도 상기 ②의 경우와 같다.

'국제연합'이 강행법과 저촉되는 경우는 상술한 일반원칙에[32] 의한다고 본다.[33]

(3) 시행조약

상술한 바와 같이 조약은 그 명칭을 불문하고 법적으로 동일한 효력이 있으며 조약 간에 효력의 우열이 없는 것이 원칙이다. 따라서 기본적인 조약을 체결하고 그의 시행을 위한 시행조약(executive treaty)을 체결할 경우 양자가 저촉되어도 '후법 우선의 원칙'에 따라 시행조약이 기본조약에 우선하여 적용되게 된다. 그러나 그 시행조약에 기본조약의 효력을 위한 것이라는 명시적 규정을 둔 경우는 '후

---

29) Glahn, *supra* n.13, p.502, n.49; McNair, *supra* n.21, p.218.

30) *Ibid.*, p.216.

31) 일반적 원칙에 의하면 양자는 모두 유효라는 주장이 있으나, 이러한 주장을 배제하는 의미가 있다.

32) IV.1.

33) '국제연합헌장'이 기타의 국제협정에 대해 상위법이라는 견해(Karl, *supra* n.1, p.470)와 상위법이 아니라는 견해(Schwarzenberger and Brown, *supra* n.1, p.132)의 대립이 있다. 후자의 견해를 따른다면 항상 강행법이 '국제연합헌장'에 우선하여 적용하게 된다.

법 우선의 원칙’이 배제되어 구법인 기본조약의 우선적 효력이 인정된다.

시행조약의 그러한 명시적 규정 그 자체를 후법으로 보면 ‘후법 우선의 원칙’의 배제가 아니라 그의 적용에 의해, 즉 기본조약은 ‘후법 우선의 원칙’에 의해서가 아니라 그 원칙의 적용에 의해 우선적 효력이 인정된다고 할 수 있다.[34]

보충적 성격(supplementary character) 또는 부수적 성격(ancillary character)의 합의는 당사자들 그들을 자율적인 것으로 의도하지 아니하는 한 기본적 합의에 대해 하위적인 것으로 된(are subordinated to the basic agreement unless parties intend them to be autonomous)[35] 보충조약(supplementary treaty)은 구조약인 경우 합의된 조건에 따라 전법인 기본적 조약에 우선한다. 그러나 합의된 조건이 없는 후법인 보충조약에 따라 전법인 기본조약이 우선한다.[36]

### (4) 양립조항

‘양립조항(comparative clause)’이란 특정 조약의 당사자가 타 당사자와 그 특정 조약을 체결하기 전에 각기 체결한 다른 조약의 효력이 특정 조약에 의하여 어떤 영향을 받지 아니한다는 내용의 규정을 둔 조항을 말한다.[37] 예컨대, A·B 당사자가 X조약을 체결하면서 X조약을 체결하기 전후에 A·C 당사자가 체결하거나 체결할 Y조약 또는 B·D 당사자가 체결하거나 체결할 Z조약의 효력이 X조약에 의하여 어떠한 영향을 받지 아니한다는 규정을 X조약 중에 둘 경우 그러한 X조약의 조항을 말한다.

위의 예는 전술한 제1유형 저촉의 경우로, X조약에 저촉되는 Y조약과 Z조약의 효력에 관해 무효설·위법설·유효설 등이 있으나 ‘양립조항’이 있는 경우는 무효설을 배제하고 X조약과 Y조약과 Z조약은 모두 유효한 것이 된다.[38]

### (5) 제3자에게 권리를 설정한 조약

일반조약·관습법이 인정하는 제3국의 권리를 제한·부인하거나 일반조약·관습법에 의해 부과하지 아니하는 의무를 부과하는 특별조약·관습법은 무효이다.[39] 이는 ‘특별법 우선의 원칙’에 대한 예외이다.

## 4. 효력

### 가. 우선적 효력

두 개의 국제법의 법원 간에 저촉이 있는 경우 상술한 해결방법에 따라 그중 어느 하나를 우선적으

---

34) ICL, *Yearbook*, Vol.Ⅱ, 1957, p.16, 52, 67-68; M. M. Whiteman, *Digest of International Law*, Vol.14, (Washington: USGPO. 1968), pp.410, 418.

35) US Department of State, Assistant Legal Advisor for Treaty (Bevans) to Rochard C.Allen, Letter I May, 1964: M.M.Whiteman, *Digest of International Law*, Vol14(Washington, D.C; D.C.:USGPO, 1970), p.410.

36) Paul Reuter, *Introduction to the Law of Treaties*(London; Pointer, 1989), p.100.

37) J.A Frowein, ‘Legal Problems of the German Ostpolitik, ’*ICIQ*, Vol.23, 1974, p.120.

38) ‘조약법에 관한 비엔나 협약’ 제30조 제2항 참조.

39) Gould, *supra* n.20, pp.325-26; Glahn, *supra* n.13, pp.501-502; Jennings and Watts, *supra* n.14, pp.1212-13.

로 적용하게 된다. 그 결과 적용이 배제되는 것은 조약·관습법 전체가 아니라 그중 저촉되는 부분에 한한다.

## 나. 비폐기적 효력

국제법의 저촉의 경우 그의 해결방법에 따라 우선적 효력이 있는 조약·관습법이 적용되게 되는 것은 그에 저촉되는 조약·관습법의 적용을 배제하는 데 그치며 그 조약·관습법 자체를 폐기하는 것이 아니라 강행법에 저촉되는 경우를 제외하고는[40] 그 조약·관습법은 그대로 효력을 존속해 갖는다.[41]

## 5. 국제규범 저촉의 해결원칙

### 가. 후법 우선의 원칙

후법 우선의 원칙(*lex poster or legi prlori derogat*)은 동일당사자 간에 체결된 전 조약(earlier the treaty)과 후 조약(later treaty)이 저촉될 경우 후 조약이 전 조약에 우선하는 원칙이다.[42] 즉 어떤 후법이 전법을 폐기할 수 있다는 원칙(any later norm can overrule on earlier one)이다.[43] 이는 시간적 간격을 두고 체결된 조약이 상호 저촉되는 경우 후 조약이 신조약에 우선하는 원칙이다. 조약이 순차적으로 수 개가 체결된 경우는 최후의 후 조약이 최우선적인 것으로 됨은 물론이다. 문제는 전 조약이 상위의 효력이 인정되는 조약이고 후 조약이 하위의 효력이 인정되는 조약인 경우도 후 조약이 우선적 효력이 인정되느냐인데 이 경우는 예외적으로 전 조약의 우선적 효력이 인정된다. 즉, '후법 우선의 원칙'과 '상위법 우선의 원칙'이 충돌하는 경우 '상위법 우선의 원칙'이 '후법 우선의 원칙'에 우선한다.[44] 이는 '후법 우선의 원칙'에 예외인 것이다.[45] '조약법협약'은 이 점에 관해 어떠한 규정도 두지 아니하고 있다.[46] '상위법 우선의 원칙'이 '후법 우선의 원칙'에 우선한다는 것은 후법으로 상위법을 배제할 수 없다는 의미이다. 문제는 '특별법 우선의 원칙'과 '후법 우선의 원칙'의 저촉문제인데, 즉 일반법인 후법이 특별법인 전법에 우선하느냐인데 특별법이 체결 뒤에 일반법이 체결되는 경우는 사실상 없는 것이므로 '특별법 우선의 원칙'과 '후법 우선의 원칙'의 충돌 문제는 사실상 없는 것이므로 문제는 성립의 여지가 없다고 할 것이다.

### 나. 특별법 우선의 원칙

특별법 우선의 원칙(*lex specialis lex generalis derogat*)은 일반법의 적용범위(spheres of application of lex

---

40) '조약법에 관한 비엔나 협약' 제53조 참조.

41) Jennings and Watts, suprd n, 14, pp.1212-15; Glahn *supra* n.13, pp.502-503; '조약법에 관한 비엔나 협약' 제30조 참조.

42) Karl, *supra* n.1, p.472.

43) Kanmerthofer, *supra* n.1, p.157.

44) Karl, *supra* n.1, p.410.

45) *Ibid.*

46) *Ibid.*

generalis)와 특별법의 적용범위(spheres of application of lex specialis)가 충돌할 경우 특별법이 우선하는 원칙을 뜻한다.[47] 즉, 시간적, 장소적, 대인적 또는 실질적으로 일반법에 저촉되는 특별법이 일반법에 우선하는 원칙이다. 특별법이 일반법의 예외(special norm is an exception from general norm)를 인정하는 원칙이다.[48] 조약에 따라 특별법 우선의 조항, 즉, 특별조약조항(special treaty clause)을 드는 경우도 있다.[49] 예컨대, '미주 간 상호원조에 관한 Rio de Janeiro 조약(Inter-American Treaty of Reciprocal Assistance of Rio de Janeiro)(1947)' 제10조, '영사관계에 관한 비엔나 협약(Vienna Convention on Consular Relations)(1963)' 제73조 제1항 등을 들 수 있다.

이에 관해 '조약법협약' 제30조 제2항은 특별법이 우선한다고 다음과 같이 규정하고 있다.

> 조약이 전 조약 또는 후 조약에 따를 것을 명시하고 있거나, 또는 전 조약 또는 후 조약과 양립하지 아니하는 것으로 간주되지 아니함을 명시하고 있는 경우에는 그 다른 조약의 규정이 우선한다.
> When a treaty specifies that it is subject to, or that It is not to be considered as incompatible with, an earlier or later treaty, the provisions of that other treaty prevail.

그러나 위의 규정은 언제 한 규범이 다른 규범에 더 이상 일반규범이 아니냐(when a norm is more general than other)[50]의 의문, 특별한 경우에 일반규범이 요구하는 것이 무엇인가(what a general rule requires in particular case),[51] 이는 상위법 우선의 원칙과 어떻게 구별되느냐[52]의 문제 등이 제기된다. 그러나 이 원칙은 '법의 일반원칙(general principle of law)'으로 인정되고 있다.[53]

상설국제재판소는 관습법에 저촉되는 조약을 적용했다.[54] 이는 관습법을 일반법으로 보고 조약을 특별법으로 본 것이다.[55] 그러나 후속적 관행, 즉, 관습법에 의해 조약이 개정될 수 있다는 것을 조약이 관습법의 특별법이 아니라 이들 간의 상위의 권위(higher authority)를 인정한 것으로 이들 간의 상위법 우선의 원칙이 적용되는 것이라고 볼 수 있다.[56]

이와 같이 '특별법 우선의 원칙'과 '상위법 우선의 원칙'은 그 구별이 난해한 것이다.

### 다. 상위법 우선의 원칙

상위법 우선의 원칙은 상위법과 하위법이 저촉되는 경우 상위법이 하위법에 우선하는 원칙이다. 상위법의 대표적인 예로 강행법(*ius cogen*)을 들 수 있다. 그리고 국제연맹규약 제20조와 국제연합헌장 제103조를 들 수 있다. 학자에 따라 상위법의 예로 강행법만을 들고 국제연맹규약 제20조와 국제연합헌

---

47) Woltram Rarl, 'Treaties, Conflict Between' *EPIL*. Vol.7, 1984, pp.471-72.

48) *Ibid.*, p.471.

49) Jorg Kanmerthofer, *supra* n.1, p.146.

50) *Ibid.*, p.146.

51) *Ibid.*, p.148.

52) *Ibid.*

53) *Ibid.*, p.157; Gideon Boas, *Public International Law* (Chaltenham:Edward, 2012), p.46.

54) *Acquisition of Polish Nationality* Case(1923):PCIJ, *Series B*, No.7, 1923, p.16; *Treatment of Polish Nationals* Case(1932):PCIJ, *Series A/B*, No.44, 1932, pp.23-24.

55) M. Akehurst, 'The hierarchy of Sources of *International law*', *BYIL*, Vol.47, 1974-1975, p.275.

56) *Ibid.*, p.277.

장 제103조는 별개의 법체계로 파악하기도 한다. 상위법의 근거는 Grundnorm에 두고 있다.[57]

## Ⅲ. 대일평화조약 제21조와 제25조의 규정

### 1. 제21조의 규정

'대일평화조약' 제21조는 제25조의 규정에 불구하고 한국은 동 조약 제21조 등의 이익을 향유할 권리가 있다고 다음과 같이 규정하고 있다.

> 본 조약 제25조의 규정에 관계없이 중국은 제10조 및 제14조 (a)2의 이익을 받을 권리를 가지며, 한국은 본 조약의 제2조, 제4조, 제9조 및 제12조의 이익을 받을 권리를 가진다.
> Notwithstanding the provisions of Article 25 of the present Treaty, China shall be entitled to the benefits of Articles 10 and 14(a)2; and Korea to the benefits of Articles 2, 4, 9 and 12 of the present Treaty.

### 2. 제25조의 규정

'대일평화조약' 제25조는 동 조약상 이익을 받을 권리는 연합국에 대해서만 인정된다고 다음과 같이 규정하고 있다.

> 본 조약의 적용상, 연합국이란 일본과 전쟁하고 있던 나라들이나, 이전 제23조에 명명된 나라의 영토의 일부를 이루고 있었던 어떤 나라를 말한다. 다만, 각 경우 관련된 나라가 본 조약에 서명하여, 본 조약을 비준하는 것으로 조건으로 한다. 본 조약은 제21조의 규정에 따라 여기에 정의된 연합국이 아닌 나라에 대해서는 어떠한 권리나, 소유권 또는 이익도 주지 않는다. 아울러 본 조약의 어떠한 규정에 의해 앞에서 정의된 연합국이 아닌 나라를 위해 일본의 어떠한 권리나, 소유권 또는 이익이 제한되거나 훼손되지 않는다.
> For the purposes of the present Treaty the Allied Powers shall be the States at war with Japan, or any State which previously formed a part of the territory of a State named in Article 23, provided that in each case the State concerned has signed and ratified the Treaty. Subject to the provisions of Article 21, the present Treaty shall not confer any rights, titles or benefits on any State which is not an Allied Power as herein defined; nor shall any right, title or interest of Japan be deemed to be diminished or prejudiced by any provision of the Treaty in favour of a State which is not an Allied Power as so defined.

### 3. 제21조와 제25조의 저촉

제21조는 중국과 한국에 대해 특정 조항을 열거하여 그 특정 조항의 이익을 받을 권리가 있다고 규정하고 있으나 제25조는 제21조를 적시하여 연합국이 아닌 국가에 대해서는 그러한 이익을 받을 권리

---

57) Kanmerthofer, *supra* n.1, p.178.

가 없다고 규정하고 있다. 특히 제21조는 '제25조의 규정에 관계없이'라고 규정하고 있다. 제21조의 규정에 의하면 한국과 중국은 각각 열거된 조항의 규정에 의해 이익을 받을 권리가 인정되지만, 제25조의 규정에 의하면 한국과 중국은 각각 열거된 조항의 규정에 의한 이익을 받을 권리가 부인된다.

## V. 대일평화조약 제21조와 제25조의 저촉의 해결

### 1. 해결 원칙

#### 가. 후법 우선의 원칙

후법 우선의 원칙의 적용여부에 관해서 보건대, 제21조의 규정과 제25조의 규정은 시간적인 선후관계에 있지 아니하다. 양조가 모두 1951년 9월 8일에 서명된 '대일평화조약'에 규정된 것으로 어느 조도 다른 조와 선후 관계에 있지 아니하고 동 조약 어느 조항에도 제21조와 제25조의 효력발생 시기에 관해 어느 조항이 우선 정립·발효·적용된다는 특별규정이 없으므로 제21조와 제25조는 시간적인 전후 관계에 있지 아니하므로 양조 간에 후법 우선의 원칙의 적용이 없음은 검토의 여지가 없다.

따라서 제21조와 제25조는 어느 것도 다른 조에 우선하여 적용되는 관계에 있지 아니하다.

#### 나. 특별법 우선의 원칙

특별법 우선의 원칙에 관해서 보건대, 제25조는 일반법이고 제21조는 특별법이라고 볼 수 있다. 그 근거는 다음과 같다.

첫째로, 제25조는 '··· 여기에 정의된 연합국이 아닌 나라에 대해서는 어떠한 권리나 소유권 또는 이익을 주지 아니한다.'라고 규정하고 '여기에 정의된 연합국'은 '일본과 전쟁하고 있던 나라들이나 이전 제23조에 명명된 나라의 영토의 일부를 이루고 있던 나라를 말한다.'라고 규정하고 있으며, 제23조는 '호주, 캐나다, 실론, 프랑스, 인도네시아, 네덜란드, 뉴질랜드, 필리핀, 영국과 북아일랜드, 미국'을 명명하고 있다. 따라서 제25조는 위에 열거된 '연합국이 아닌 모든 나라'에 대해서 적용된다. 그러므로 '연합국이 아닌 모든 나라'에 적용되는 제25조는 중국과 한국에 관해서만 적용되도록 규정한 제21조에 대해 일반법이며 제21조로는 특별법이다.

둘째로, 제21조는 명문으로 '본 조약 제25조의 규정과 관계없이'라고 규정하여 제21조는 제25조를 예외로 명문으로 규정하여 제25조는 원칙이 적용되는 일반법이고 제21조는 그 예외인 특별법으로 동 조약이 명시적으로 규정하고 있다.

셋째로, 제25조는 제23조에 규정된 모든 연합국에 적용되나 제21조는 한국과 중국에 한해 적용된다.

따라서 '특별법 우선의 원칙'에 따라 특별법인 제21조는 일반법인 제25조에 우선하게 된다.

### 다. 상위법 우선의 원칙

상위법 우선의 원칙에 관해 보건대, 제21조는 본 조약의 실체조항인 상위법이고 제25조는 본 조약의 시행조항인 하위법이라고 볼 수 있다. 그 근거는 다음과 같다.

첫째로, 제21조는 본 조약의 실체조항(substance clause)으로 제5장 청구권과 재산(clams and property)에 규정되어 있고 제25조는 본 조약이 시행조항(executive clause)으로 제7장 최종규정(final clause)에 규정되어 있다.

둘째로, 제25조는 그 서두에 '본 조약의 적용상'이라고 규정하여 제25조의 시행조항일을 명시하고 있으나 제21조에는 그러한 규정이 없다.

셋째로, 제25조는 '… 본 조약에 서명하여, 본 조약을 비준하는 …'이라는 조약의 실체와 관계없는 절차에 관한 규정이 있으나 제21조에는 그러한 조약의 실체와 관계없는 절차에 관한 규정이 없다.

실체조항은 보충적 합의 또는 부수적 합의인 시행조항에 우선하므로[58] 실체조항인 제21조는 시행조항인 제25조에 우선한다.

## 2. 해결원칙의 적용 결과

이상에서 검토해 본 바와 같이 제21조와 제25조의 저촉은 '특별법 우선의 원칙'에 의하든 '상위법 우선의 원칙'에 의하든 제21조가 제25조에 우선한다. 다만 문제가 되는 것은 제21조와 제25조의 저촉을 '특별법 우선의 원칙'에 의해 제21조가 제25조에 우선하는 것으로 볼 것인가 또는 '상위법 우선의 원칙'에 의해 제21조가 제25조에 우선하는 것으로 볼 것인가이다. 물론 '상위법 우선의 원칙'과 '특별법 우선의 원칙'이 경합되는 경우 '상위법 우선의 원칙'이 '특별법 우선의 원칙'에 우선한다는 주장이 있으나 이는 '상위법 우선의 원칙'에 의한 결과와 '특별법 우선의 원칙'에 의한 결과가 상이한 경우에 주장되는 것이고 양 원칙의 결과가 동일한 경우에는 이 주장이 성립될 수 없다고 본다.

# V. 결언

첫째로 다음과 같은 결론에 이르고자 한다.

'대일평화조약'은 한편 제21조에 '제25조의 규정에 관계없이 … 한국에 대해 동 조약 제2조, 제4조, 제9조 및 제12조의 이익을 받을 권리를 가진다.'라고 규정하고, 다른 한편 제25조는 일본과 전쟁을 하고 있었던 나라들이 본 조약에 서명하고 비준할 것을 조건으로 본 조약상 소유권과 이익을 주며 연합국이 아닌 나라에 대해서는 본 조약상 이익을 받을 권리가 없다고 규정하고 있다. 그러므로 동 조약 제21조와 제25조는 저촉된다.

조약의 저촉을 해결하는 원칙으로 '후법 우선의 원칙', '특별법 우선의 원칙' 그리고 '상위법 우선의

---

58) Reuter, *supra* n. 36, p.100.

원칙'이 있다.

( i ) '후법 우선의 원칙'에 의할 때 제21조와 제25조는 1951년 9월 8일에 체결된 '대일평화조약'의 규정이므로 제21조와 제25조는 선법과 후법의 관계에 있지 아니하다. 그러므로 '후법 우선의 원칙'을 제21조와 제25조에 적용할 수 없다. 따라서 '후법 우선의 원칙'에 의해 제21조와 제25조의 우열을 정할 수 없다.

(ii) '특별법 우선의 원칙'에 의할 때, 제25조는 모든 연합국에 적용되고 제21조는 한국과 중국에 대해서만 적용되므로 제25조는 일반법이고 제21조는 특별법이라 할 수 있으므로, '특별법 우선의 원칙'에 따라 특별법인 제21조가 일반법인 제25조에 우선한다.

(iii) '상위법 우선의 원칙'에 의할 때, 제21조는 실질조항(substance clause)이고 제25조는 시행조항 (executive clause, supplementary clause)이므로 '상위법 우선의 원칙'에 의할 때 실질조항인 제21조가 시행조항인 제25조에 우선하게 된다.

(iv) '특별법 우선의 원칙'과 '상위법 우선의 원칙'에 저촉되는 경우, '상위법 우선의 원칙'이 '특별법 우선의 원칙'에 우선하나, 여기서는 '상위법 우선의 원칙'에 의하든 '특별법 우선의 원칙'에 의하든 동일하게 제21조가 제25조에 우선하는 것이 되므로 제21조가 '상위법 우선의 원칙'에 의해 또는 '특별법 우선의 원칙'에 의해 제25조에 우선한다고 판별할 실익이 없다. 양 원칙은 제21조가 제25조에 우선한다는 효과를 인정하는데 상호배척관계에 있는 것이 아니라 상호보완관계에 있다고 본다.

둘째로, 정부의 정책당국에 대해 다음과 같은 정책대안을 제의하기로 한다.

동 제12조의 규정에 의해 한국에 이익을 받을 권리가 인정되는 제2조 (a)는 '일본은 한국의 독립을 승인하고 제주도·거문도 및 울릉도를 포함하는 한국에 대한 권리·권원 및 청구권을 포기한다.'라고 규정하고 있다. 독립을 승인한다는 것은 승인 이전에는 한국은 비독립국가였고, 한국이 비독립국가였다는 것은 '한일합방조약'이 유효했다는 것을 의미하므로 또한 '권리를 포기한다.'는 것은 일본이 권리를 포기하기 전까지는 권리를 갖고 있었다는 의미이고 권리를 갖고 있었다는 것은 '한일합방조약'이 유효했다는 것을 의미하므로 한국이 '대일평화조약' 제21조의 규정에 의해 동 조약 제2조의 이익을 받을 권리가 있다는 것은 한국이 '한일합방조약'이 유효했음을 승인하는 것이 되므로 이 효과를 배제하기 위해서는 한국정부는 '한국은 대일평화조약의 어떤 규정도 한일합방조약이 유효했다고 해석하지 아니한다.'는 내용의 해석선언을 함을 요한다는 정책대안을 제의하기로 한다.

<참고문헌>

Akehurst Michael, 'The Hierarchy of Sources of International law', *BYIL*, Vol.47, 1974-1975.
_____, *A Modern Introduction to International Law*, 4th ed., London: George Allen, 1984.
Boas Gideon, *Public International Law*, Chaltenham:Edward, 2012.

Elias T.O., *The Modern Law of Treaties*, Leyden; Sijthoff, 1974.

Fenwick Charles G., *International Law*, 4th ed., New York: Appleton-Century, 1965.

Fitzmaure G.G, 'The Law and Procedure of International Court of Justice', *BYIL.*, Vol.33, 1957.

Frowein J.A, 'Legal Problems of the German Ostpolitik, '*ICIQ*, Vol.23, 1974.

Glahn Gerhard von, *Law Among Nations*, 4th ed., New York; Macmillan, 1981.

Gould Wesley L., *An Introduction to International Law*, New York: Harper and Brothers, 1957.

ICJ, *Reports*, 1950.

ICL, *Yearbook*, Vol. Ⅱ, 1957.

Jenks C. Wilfred, 'The Conflict of Law-Making Treaties', *BYIL.*, Vol.30, 1953.

Jennings Robert and Arthur Watts(ed.), *Oppenheim's International Law*, 9th ed., Vol.1, London: Longman, 1993.

Kanmerthofer Jorg, *Uncertainly in International Law*, London:Routledge, 2011.

Karl Wolfram, 'Conflicts between Treaties', EPIL, Vol.7, 1984.

Kelsen Hans, *Principles of Internal Law*, Robert W. Tucker(ed.) 2nd ed., New York: Holt, 1967.

Lauterpacht Hersch. (ed.), *International Law*, Cambridge University Press, 1970.

_____, 'The Convention as High Law', *BYIL*, Vol.17, 1936.

Lipstein K., *Principals of Conflict of Laws National and International*, Hague: Martinus, 1981.

McNair Lord, *Law of Treaties*, Oxford: Clarendon, 1961.

O'Connell D.P., *International Law*, 2nd ed. Vol.1, London: Stevens, 1970.

Ott David H., *Public International Law in the Modern World*, London: Pitman, 1987.

PCIJ, *Series. A/B*, No.41, 1931.

____, *Series A/B*, No.44, 1932.

____, *Series B*, No.1, 1923.

Rarl Woltram, 'Treaties, Conflict Between', *EPIL.* Vol.7, 1984.

Reuter Paul, *Introduction to the Law of Treaties*, London; Pointer, 1989.

Schwarzenberger Georg and E.D. Brown, *A Manual of International Law*, 6th ed., Milton: Professional Books, 1976.

Starke J.G., 'Treaties as a Source of International Law', *BYIL*, Vol.23, 1946.

Tunkin G.I., International Law, Moscow; Progress, 1986.

Wallace Rebecca M. M., *International Law*, London; Sweet, 1986.

Whiteman M. M., *Digest of International Law*, Vol.14, Washington: USGPO. 1968.

William Fischer, *Grotius Society*, Vol.18, 1933.

# 제7절 | 심흥택 보고서

## I. 서언

1905년 2월 22일 '시마네현 고시 제40호'에 의한 일본정부가 '선점'이라고 주장하는 독도침탈행위가 있은 후 1년이 경과한 1906년 3월 28일 도근현(시마네현) 은기도사(隱岐島司) 동문보(東文輔, 마즈마 분스케)와 사무관 신전유태랑(神田由太郎, 긴다 요시타오) 일행이 울릉도 군수 심흥택(沈興澤)에게 '시마네현 고시 제40호'에 의해 독도가 일본영토로 편입되었다는 사실을 구두로 통보해 왔다. 이에 대해 울릉군수 심흥택은 다음날인 1906년 3월 29일 이 사실을 강원도 관찰사 서리 이명래(李明來)에게 보고했다.

이에 이명래는 즉시 이 사실을 내부대신 이지용(李址鎔)에게 보고했다. 심흥택 보고서에는 '독도'라는 명칭이 사용되었다. 이는 한국정부가 최초로 '독도'라는 명칭을 사용한 것이며, 동 보고서에는 독도가 울릉도의 속도라고 기술되어 있다. 이것도 한국정부가 독도는 울릉도의 속도라 공식적으로 표현한 최초의 것이다.

심흥택 보고서는 ( i ) 심흥택이 국가의 의사를 대외적으로 대표하는 대외기관이 아니었으므로 이는 국제법상 일본에 대한 '항의(protest)'의 성격을 가지지 아니한다.

그러나 ( ii ) 심흥택의 보고서는 심흥택이 대한제국의 국가기관인 울릉군수이었으므로 그것은 국제법상 대한제국에 의한 독도에 대한 실효적 지배의 효과를 갖는다.

그리고 ( iii ) 동 보고서는 독도는 울릉도의 속도라는 최초의 기술이며, 이에 의해 울릉도에 대한 실효적 지배는 독도에 대한 실효적 지배로 된다. 대한민국정부는 심흥택 보고서를 인용하여 독도는 울릉도의 속도로 한국영토주권에 속한다고 주장한다.

이 연구는 역사학자에 의해 일반적으로 논의되고 있지 아니한 심흥택의 보고서가 국제법상 독도에 대한 대한제국의 실효적 지배의 증거가 된다는 점과 독도가 울릉도의 속도라는 근거의 효과가 있다는 점을 제시하기 위해 기도되었다.

이하 '심흥택 보고서의 제출경위와 그 내용', '심흥택 보고서에 의한 독도의 실효적 지배의 효과', '심흥택 보고서에 의한 항의의 불성립 효과', '심흥택 보고서에 의한 독도의 울릉도 속도화 효과'순으로 논술하고, 결론에서 대정부 정책건의를 하기로 한다.

## II. 심흥택 보고서의 제출경위와 정부의 조치와 내용

### 1. 심흥택 보고서의 제출경위

#### 가. 시마네현 고시 제40호의 통고

##### (1) 통고의 의의

'시마네현 고시 제40호'의 통고는 동 고시에 의해 독도를 선점할 의사를 이해관계국에 통고하는 것을 말한다. 이 선점의사의 통고는 국제법상 선점의 한 요건이다. 여기 통고는 영토편입조치 그 자체인 고시와 구별된다. 동 고시의 '고시'에 관해 보기로 한다.

동 고시의 기관은 시마네현 지사 송영무길(訟永武吉, 미쓰나가 다케요시)이다. 시마네현 지사는 국가의 의사를 국제적으로 대표할 권한을 가진 국제법상 국가기관이 아니다.[1)]
동 고시의 방식은 현고시의 방식이다. 동 고시는 현청 내에 회람했다.
동 고시는 현청 내에 회람했을 뿐 관보에 게재한 바 없으며 또 정부 중앙신문에 게재한 바도 없다.[2)]

##### (2) 통고의 기관

통고 기관은 시마네현 은기도사(隱岐島司) 동문보(東文輔, 마즈마 분스케)와 사무관 신전유태랑(神田由太郎, 긴다 요시타로) 일행이다. 이들은 국가의 의사를 국제적으로 대표할 권한을 가진 국제법상 국가기관이 아니다.

대한제국 측의 통고 접수기관은 울릉군수 심흥택(沈興澤)이다. 그도 국가의 의사를 국제적으로 대표할 권한을 가진 국제법상 대외적 국가기관은 아니다.[3)]

##### (3) 통고의 시기

(가) 오끼도사(隱岐島司)가 울릉군수에게 통고해온 것은 '시마네현 고시 제40호'가 있은 후 1년이나

---

1) 김명기, 『독도강의』(서울; 독도조사연구학회, 2007), p.88. 따라서 시마네현 지사의 행위는 국제법상 부존재인것이다.
2) 김명기, 전주1, p.88. 따라서 현청에서 화합을 국제법상 고시로서 부존재인 것이다.
3) 김명기, 전주1, pp.88-89.
일본 측의 통고와 한국 측의 조치에 관하여는 다음 자료에 명시되어 있다.
신석호, '독도의 소속에 대하여', 「사해」, 창간호, 1948; 임명정·허영환, '심흥택 보고서', 한국해양수산개발원, 『독도사전』(서울: 한국해양수산개발원, 2011), pp.204-205; 신용하, 「독도의 민족영토사 연구」(서울: 지식산업사, 1996), pp.226-27; 김병렬, 「서울: 다다미디어, 1998), p.220; 김광원, '1905년 독도편입 주장의 허구성에 관한 고찰' 동북아역사재단, 「영토 해양 연구」, 제6호, 2013, p.67; 박병섭, '독도 영유권 문제', 영남대 독도연구소, 「독도 영유권 확립을 위한 연구」(서울: 선인, 2013), p.179, 김학준, 「독도는 우리 땅」(서울: 해맞이, 2003), pp.158-59; 김명기, 「독도 영유권의 역사적·국제법적 근거」(서울: 우리영토, 2009), p.103; 외무부 전무국, 「독도문제 개요」(서울: 외무부 정무국, 1955), pp.21-22; 이한기, 「한국의 영토」(서울: 서울대학교 출판부, 1969), p.251.
김명기·이동원, 「일본 외무성 다케시마 문제의 개요 비판」(서울: 독도조사연구학회, 2010), p.189; 김명기, 「독도와 국제법」(서울: 화학사, 1987), p.144; 이인우, '대한제국의 일제 독도침탈에 대한 항의', 김명기 편 「독도특수연구」(서울: 독도조사연구학회, 2001), p.155; 이행원 '독도와 일본의 침략에 대한 한국의 항의', 김명기 편 「독도특수연구」(서울: 독도조사연구학회, 2001), p.197; 동북아역사재단, 「우리 땅 독도를 만나다」(서울: 동북아역사재단, 2001), pp.82-84.
동북아역사재단, 『독도 바로 알기』(서울: 동북아역사재단, 2001), pp.52-53; Myung-Ki Kim, *Territorial Sovereignty over Dokdo and International Law* (Claremont, CA: Paige Press, 2000), pp.118-19; The Korean Ministry of Foreign Affairs, the Korean Government's Views Ruputation of the Japanese Governments Views Concerning Dokdo dated July 13, 1953(September 9, 1953, para.1.e.

경과한 1906년 3월 28일이었다.

(나) 오끼도사의 울릉군수에 대한 통고는 국제법상 통고로 볼 수 없으나, 이를 국제법상 통고로 본다 할지라도 이는 합리적인 통고기간을 경과한 후의 통고이므로 유효한 통고로 볼 수 없다.[4]

### (4) 통고의 상황

동 고시가 있기 이전에 1904년 8월 22일 '한일협약(제1차 한일협정서)'을 체결하여 일본은 대한제국의 외교권을 사실상 박탈했다.

동 고시가 있은 후인 1905년 11월 18일 '을사보호조약'을 체결하여 일본은 대한제국의 외교권을 완전히 박탈했다.

1906년 1월 17일 대한제국의 외부(外部)가 완전히 폐쇄되었다.

1906년 2월 1일 통감부가 서울에 설치되어 대한제국의 내정권과 외정권 모두가 일본에게 박탈되었다.[5]

### (5) 통고의 방식

동 고시의 통고는 울릉군수를 방문한 오끼도사 일행이 구두로 전달하는 방식으로 이루어졌다. 어떤 문서도 남긴 바 없다.

### 나. 통고에 대한 대한제국 정부가 취한 조치

#### (가) 통고를 접수한 이후의 정부의 조치

##### 1) 울릉군수의 조치

1906년 3월 28일 은기도사(隱岐島司)의 통고를 받은 울릉군수 심흥택은 다음날인 3월 29일 이 사실을 강원도 관찰사 서리 이명래에게 보고했다. 동 보고서에는 '… 독도가 이제부터 일본의 영지가 된다고 시찰차 나왔다고 했습니다. … 때문에 보고하오니 살펴주시기 바랍니다.'라고 기술되어 있다.[6]

##### 2) 강원도 관찰사 이명래의 조치

3월 29일 울릉군수의 보고를 받은 강원도 관찰사 이명래는 즉시 이 사실을 내부대신 이지용에게 보고했다. 동 보고서에는 울릉군수의 보고내용이 그대로 인용 기술되어 있다.

##### 3) 내부대신 이지용의 조치

강원도 관찰사의 보고를 받은 내부대신 이지용은 일본의 독도편입을 부정·항의하는 지령을 내렸다.

---

4) 김명기, 전주1, p.89.
5) 김명기, 전주1, p.89.
6) 김명기, 전주1, p.90.

동 지령에는 '독도를 일본의 속지라고 칭한 것은 전혀 이치가 없는 것이다.'라고 기술되어 있다.[7]

### 4) 참정대신 박제순(朴濟純)의 조치

강원도 관찰사의 보고를 받은 참정대신 박제순도 일본의 독도편입을 부정·항의하는 '지령 제3호'를 하달했다. 동 지령에는 '독도편입은 전혀 근거가 없는 것이며, 독도의 형편과 일본인들의 행동을 조사 보고할 것'이라고 기술되어 있다.[8]

### (나) 통고를 접한 이후의 언론의 항의

#### 1) 대한매일신보의 항의

1906년 5월 1일 매일신보는 항의기사를 기재했다. 동 기사에는 '변이 생겼다. … 독도를 일본의 속지 라고 한 것은 이치가 없는 것이니 … 아연할 수밖에 없다.'라고 표시되어 있다.[9]

#### 2) 황성신문의 항의

1906년 5월 9일 황성신문도 항의기사를 기재했다. 동 기사는 울릉군수의 보고서의 내용을 상세히 기록 항의하고 있다.[10]

### 다. 통고와 항의의 국제법상 효과

### (1) 통고의 효과

(가) 일본의 통고는 국제법상 통고로서의 효력이 없다. 그 이유는 다음과 같다.
  (ⅰ) 오끼도사는 국제법상 통고를 할 수 있는 국가의 대외기관이 아니다.
  (ⅱ) 상당한 통고기간을 경과한 통고로 통고로서의 효력이 부정된다.
  (ⅲ) 대한제국의 외교권을 박탈한 후 통고는 항의의 기회를 주지 않은 통고로 통고로서의 효력이 부정된다.
  (ⅳ) 구두에 의한 전언은 국제법상 통고로 볼 수 없다.

### (2) 독도가 한국영토임을 자인

일본이 상술한 간교한 통고는 독도가 한국영토임을 일본 스스로 알고 있었다는 증거에 불과하다.

---

7) 김명기, 전주1, pp.90-91.
8) 김명기, 전주1, p.91.
9) 김명기, 전주1, p.91.
10) 김명기, 전주1, p.91.

## 2. 정부에 의한 조치의 내용

### 가. 심흥택 보고서의 내용

報告書號外

本郡所屬 獨島가 在於外洋 百餘里外이살더니 本月 初四日 辰時量에 輪船一雙이 來泊 于郡內道洞浦
而日本官人一行이 到于官舍호야 自云 獨島가 今爲日本領地故로 視察次來到이다 이온바 其一行 則
日本島根縣 隱岐島司 東文輔 及 事務官 神西山太郎 稅務監督局長 吉田平吾 分署長 警部 影山巖八郎
巡査一人會議一人 醫師 技手 各一人 其外 隨員 十餘人이 先問 戶摠 人口 土地生産 多少하고 且問 人
員 及 經費 幾許 諸般事務를 以調査樣으로 錄去아웁기 玆에 報告호오니 照亮호시믈

光武十年 三月二十九日

울릉군수 심흥택
江原道觀察使署理 春川郡守 李明來 貴下[11]

심흥택 보고서에 최초로 '독도'라는 명칭이 사용되었고 또한 '독도는 울릉도의 속도'라는 한국정부의
최초의 표시가 기록되어 있다.

### 나. 강원도 관찰사 이명래 보고서

鬱島郡守 沈興澤 報告書 內開에 本郡所屬 獨島가 在於外洋 百餘里外이살더니 本月 初四日 辰時量에
輪船一雙이 來泊 于郡內道洞浦 而日本官人一行이 到于官舍호야 自云 獨島가 今爲日本領地故로 視
察次來到이다 이온바 其一行 則日本島根縣 隱岐島司 東文輔 及 事務官 神西山太郎 稅務監督局長 吉
田平吾 分署長 警部 影山巖八郎 巡査一人會議一人 醫師 技手 各一人 其外 隨員 十餘人이 先問 戶摠
人口 土地生産 多少하고 且問 人員 及 經費 幾許 諸般事務를 以調査樣으로 錄去아웁기 玆에 報告호
오니 照亮호시믈 伏望.
광무십년 사월이십구일
강원도관찰사서리 이명래
참정대신 각하.[12]

### 다. 내부대신 이지용의 지령내용

遊覽道次에 地界戶口之錄去난 容或無怪오니와 獨島之稱云 日本屬地는 必無其理니 今此所報가 甚
訝然이라.[13]

### 라. 의정부 참정대신 박제순 지령 내용

래보난 閱悉이고 獨島領地之設은 全屬無根하나 해도 형편과 일인 여하 행동을 경위사보할사[14]

---

11) 울릉군수 심흥택 보고서 광무10년 3월 29일.

12) 「각관찰도안」, 제1책, 광무 10년 4월 29일 (보고서 호외)

13) 「대한매일신보」, 제1책 (보고서 호외)

## III. 심흥택 보고서에 의한 독도의 실효적 지배의 효과

전술한 바와 같이 은기도사 동문보의 통고에 대해 울릉군수 심흥택이 그 사실을 강원도 관찰사 이명 래에게 보고했다. 이 보고는 그 자체로 대한제국에 의한 독도에 대한 실효적 지배의 의의를 갖는다.

### 1. 국제법상 영토에 대한 실효적 지배의 요건

국제법상 영토에 대한 실효적 지배(effective control on the territory), 즉 영토주권의 현시(display of territorial sovereignty)는 ( i )'권원의 대체(replacement of title)', 즉 역사적 권원(historical title)을 현대국 제법상 다른 권원으로 대체하기 위해,[15] ( ii )'권원의 취득(acquisition of title)', 즉 선점(occupation) 또 는 역사적 응고(historical consolidation) 취득을 위해[16] 또는 (iii)'권원의 유지(maintenance of title)', 즉 취득된 권원의 보전을 위해[17] 요구된다.

영토에 대한 실효적 지배, 즉 영토주권의 현시가 국제법상 효력을 갖기 위해서는 ( i )'국가기관(state organ)의 행위일 것',[18] ( ii )'공연한(open manifested) 행위일 것',[19] (iii)평화적(peaceful) 행위일 것,[20] 그리고 (iv)'관계국의 묵인(acquiescence)이 있을 것' 즉, '관계국의 항의(protest)가 없을 것'[21]이라는 요 건을 구비함을 요한다.

### 2. 심흥택 보고서의 독도에 대한 실효적 지배

상술한 바와 같이 영토에 대한 실효적 지배의 요건은 첫째로, '국가기관의 행위일 것'을 요한다. 울릉 군수 심흥택은 '울릉군수'라는 국가기관임은 검토의 여지가 없다. 물론 울릉군수는 지방국가기관이며, 또한 대내적 국가기관이고 대외적으로 국가를 대표할 수 있는 외무부장관, 대사, 국가원수는 아니다. 심흥택의 강원도 관찰사에 대한 보고서 제출행위는 대내적 행위이며 대외적 행위가 아니므로 심흥택의 외무부장관, 대사, 국가원수임을 요하지 아니하고 그 보고서 제출행위 자체가 독도에 대한 실효적 지배 의 요건인 '국가기관의 행위'의 요건을 충족한 것이다.

---

14) 「각관찰도안」, 제1책, 광무10년 4월 29일 (보고서 호외에 대한 지령 제3호)

15) David H. Ott, *Public International Law in the Modern World*(London: pitman, 1987), p.109; Santiago Terres Bernardez, 'Territory Acquisition', *EPIL*, Vol.10, 1987, p.499; Peter Malanczuk(ed.), *Akehurst's Modern Introduction to International Law*, 7th ed.(London: Routledge, 1987), p.155; *The Minquiers and Ecrehos* Case: ICJ, *Reports*, 1953, p, 56.

16) Malcolm N. Shaw, *International Law* 4th ed.(Cambridge: Cambridge University Press, 1997), p.346; George Schwarzenberger, 'Title to Territory; Response to Challenge, '*AJIL*, Vol.51, 1957, p.292; *Anglo-Norwegian Fisheries* Case; ICJ, *Reports*, 1951, pp.138-39.

17) D. H. N. Johnson, 'Consolidation as a Root of Title in International Law, '*Cambridge L. J.*, 1955, p.223; Malanczuk, *supra* n.12, p.156; A.L.W. Munkman, 'Adjudication and Adjustment International Judicial Decisions and Settlement of Territorial and Boundary Disoues', *BYIL*, Vol.46, 1972-73, pp.50, 103; *Island of Palmas* Case(UN, *RIAA*, Vol.2, 1949), p.845.

18) D.H.N. Johnson, 'Acquisitive Prescription in International Law', *BYIL*, Vol.27, 1950. p.344; Santiago Torres Bernardez, 'Territory, Acquisition', *EPIL*, Vol.10, 1987, p, 499.

19) J.G. Starke, *An Introduction to International Law*, 9th ed.(London; Butterworth, 1984), p.162; Bernardez, *supra* n.15, p.499.

20) Starke, *supra* n.19, p, 132; Geroge Schwarzenberger and E.D. Brown, A *Manual of International Law*, 6th ed.(Milton; Professional Books, 1976), p.98; Bernardez, *supra* n.15, p.499; *Palmas Island Arbitration:* UN, *RLAA*, Vol.2, 1949, p.839.

21) Johnson, *supra* n.17, p.349; L.C. MacGibbon, 'The Scope of Acquiescence in International Law', *BYIL*, Vol.31, 1954, pp.15-68; *Eastern Greenland* Case: PCIJ. *Series A/B*, No.53, 1933, p.12; *Minquers and Ecrehos* Case: ICJ, *Reports*, 1953, pp.66-67.

둘째로, '공연한 행위일 것'을 요한다. 울릉도사 심흥택이 강원도 관찰사 이명래에게 보고서를 제출한 행위는 공연하게 행하였고 비밀리에 한 것이 아니다. 1906년 5월 1일의 대한매일신보, 1905년 5월 9일의 황성신문에 은기도사의 통보와 울릉군수의 보고서에 관한 기사가 보도된 것으로 보아 심흥택 보고서가 공연히 행하여졌음으로 실효적 지배는 '공연한 행위일 것'이라는 요건을 구비하였음도 검토의 여지가 없다.

셋째로, '평화적 행위일 것'을 요한다. 울릉군수 심흥택이 보고서를 작성하여 이를 이명래 관찰사에게 제출하는 행위에 어떠한 폭력이나 위협을 행사한 바 전혀 없으므로 심흥택의 보고서 제출행위는 '평화적 행위일 것'이라는 요건을 충족한 것임도 검토의 여지가 없다.

넷째로, '관계국가의 묵인이 있을 것'을 요한다. 울릉군수 심흥택이 강원도 관찰사 이명래에게 보고서를 제출한 행위가 언론에 의해 보도되었음에도 불구하고 일본정부당국이 이에 대해 어떠한 항의도 한 바 없으므로 심흥택의 보고서 제출행위는 '관계국가의 묵인'이라는 요건을 구비한 것임도 논의의 여지가 없다.

이상과 같이 울릉군수 심흥택의 보고서 제출행위는 일본정부에 대한 항의의 요건을 구비하지 못했으나 독도에 대한 '실효적 지배'의 요건을 충족한 것이다. 이명래의 보고서 제출행위, 내부대신 이지용의 지령하달 행위, 참정대신 박제순의 지령하달 행위 등도 심흥택 보고서 제출행위와 마찬가지로 '실효적 지배'의 요건을 충족한 것이다. 이는 무인도인 독도를 선점한 것이라는 일본의 주장에 대해 독도는 대한제국의 실효적 지배하에 있는 도서로 무주지가 아니라는 증거로 된다.


## IV. 심흥택 보고서에 의한 항의의 불성립 효과

### 1. 국제법상 항의의 요건

국제법상 항의는 다음과 같은 요건을 구비하여야 한다.

( i ) 항의의 주체는 국제법의 주체(subject of international law)이다.[22] 능동적 국제법의 주체인 '국가'와 '국제조직'도 항의의 주체가 된다. 국제조직이 그의 구성국가를 위하여(on behalf of state) 항의하는 경우도 항의의 주체는 국제조직인 것이다.[23]

항의의 주체는 '국가'와 '국제조직'이므로, 사적 개인, 사적 단체, 정당, 신문사 등은 항의의 주체가 될 수 없다. 물론 이들의 항의가 고려할 만한 정치적 비중(considerable political weight)을 갖는다 할지라도 국제법상 법적 효력은 없는 것이다.[24]

항의의 주된 주체는 국가이므로 항의는 국가 또는 국가의 이름으로(state or on behalf of state) 행하여야 한다.[25]

---

22) Wilfram Karl, 'Protest', *EPIL*, Vol.9, 1986, pp.320-321.

23) *Ibid.* p.321.

24) *Ibid.*

(ii) 항의의 기관은 대외적 권한을 갖는 국가의 대표기관이다. 항의는 항의 주체의 권한 있는 기관에 의해 행하여져야 한다. 항의의 주체가 유효하게 항의를 발하고 수령하기 위해서는 항의가 항의 당사자의 외교적 수준의 공식대표(parties' official representatives at diplomatic level)에 의해 행하여져야 한다.[26] 따라서 항의는 국가원수, 정부수석, 외무부장관, 외교사절, 경우에 따라 군사대표(military representatives)에 의해 행하여져야 한다.[27]

(iii) 항의의 형식(formality)은 국제법상 규정되어 있는 바 없다. 따라서 항의의 특별한 형식이 요구되지는 아니한다.

항의는 구두의 형식으로 표시될 수 있으나, 이는 통상 문서의 형식으로 확인된다.[28] 구두의 형식으로 한 항의는 왜곡과 망각의 위험(dangers of distortion and oblivion)이 있기 때문이다.[29] 문서는 오해되지 아니할 용어(unmistakable terms)로 표시되어야 한다.[30]

항의는 통상 외교채널(diplomatic channels)을 통해 전달된다.[31] 외교관계(diplomatic relations)가 없는 경우에 한해 기자회견, 라디오방송, TV방송이 이용될 수 있다.[32]

침묵(silence)의 형식은 어떠한 경우에도 그 자체만으로 항의로 될 수 없다.[33]

## 2. 심흥택 보고서에 의한 항의 불성립

첫째로, '항의주체는 국제법의 주체이어야 한다.' 울릉군수가 대한제국이라는 국가의 기관이므로 울릉군수 보고서 제출의 주체는 대한제국이므로 울릉군수의 보고서 제출의 주체가 대한제국이라는 국가임은 검토의 여지가 없다.

둘째로, '항의의 기관은 대외적 대표권이 있는 기관이어야 한다.' 울릉군수는 대한제국이라는 국가의 기관이나 대외적 대표권이 있는 기관이 아니므로 울릉군수 심흥택의 보고서 제출행위는 그 내용에 일본에 대한 항의가 있다 할지라도 울릉군수는 항의를 할 수 있는 대외적 대표기관이 아니므로 그의 보고서 제출행위는 대외적 대표기관의 행위가 아니므로 이는 이 요건을 구비하지 못하며 국제법상 항의로 되지 못한다.

셋째로, '항의 형식은 외교채널을 통해 전달되어야 한다.' 심흥택 보고서는 그의 국내 상급기관인 강원도 관찰사 이명래에게 제출된 것이며 외교채널을 통해 일본에 전달된 것이 아니므로 심흥택 보고서는 이 요건을 구비하지 못했으므로 심흥택 보고서의 제출은 국제법상 항의가 아니다.

따라서 울릉군수 심흥택의 보고서는 국제법상 항의의 요건을 구비하지 못하여 국제법상 항의가 아

---

25) I.C. MacGibbon, 'Some Observations on the Part of Protest in International Law', *BYIL*, Vol.30, 1953, p.294.

26) Karl, *supra* n.22, p.321.

27) *Ibid.*

28) Karl, *supra* n.22, p.321.

29) MacGibbon, *supra* n.22, p.295.

30) Karl, *supra* n.22, p.321.

31) *Ibid.*

32) *Ibid.*

33) *Ibid.*

니다. 일반적으로 역사학자들은 심흥택 보고서, 이명래 보고서, 이지용의 지령, 박제순의 지령 등을 '항의'라고 기술하나 이는 국내법상 타당할지라도 국제법상 '항의'는 아니다.

## V. 심흥택 보고서에 의한 독도의 울릉도 속도화 효과

### 1. 심흥택 보고서에 독도는 울릉도의 속도라는 표시

한국정부가 독도를 울릉도의 속도라고 공식적으로 최초로 명시한 것은 울릉군수 심흥택의 보고서이다. 동 보고서는 서두에 '본군소속 독도(本郡所屬 獨島)'라고 표시되어 있다.

### 2. 대한민국정부의 인용

독도는 울릉도의 속도라고 주장하면서 그 근거로 울릉군수 심흥택의 보고서를 인용하고 있다.

#### 가. 한국정부의 견해1

1953년 7월 13일의 일본정부의 견해에 대한 한국정부의 비판 '한국정부의 견해1(1953년 9월 9일)'에는 독도가 울릉도의 속도라고 다음과 같이 주장되어 있다.

> 1906년에 울릉군수 심흥택에 의해 한국정부에 제출된 공식적인 보고서에 '이 군에 부속된 섬인 독도'라는 규정이 있다.
> In an official report to the Korean government submitted by Mr. Shim Heung Taik, the country master of Ulneungdo, in 1906, there is a passage which reads, 'Dokdo which is an island attached to this country…[34]

#### 나. 한국정부의 견해2

1945년 2월 10일 일본정부의 견해를 반박하는 한국정부의 견해(한국정부의 견해2)(1954년 9월 28일)는 독도는 울릉도의 속도라는 근거로 심흥택 보고서를 인용하고 있다. 그 내용은 다음과 같다.

> 독도를 울릉도의 속도라 한 울릉도군수 심흥택의 보고서에 관하여 일본정부는 한국 측에서 제시한 '인용의 출전을 제시하지 아니하였다.'라고 하여 이에 대한 견해를 회피하였으나 그 원본은 현재 아국정부의 공문서철 중에 보관하고 있다. 대한민국정부는 1954년 9월 9일자 대한민국정부의 견해에 지적한 바와 같이 독도는 울릉도군수의 관할하에 있다는 것을 되풀이하려 한다.[35]

---

34) The Korean Ministry of Foreign Affairs, The Korean Government's Refutation of the Japanese Government's Views concerning Dokdo ('Takeshima') dates July 13 1953. (September 9. 1953)

35) The Korean Ministry of Foreign Affairs, The Korean Government's View Refuting the Japanese Government's View of the Territorial Ownership of Dokdo (Takeshima), an Taken in the Note Verbale No.15/A2 of the Japanese Ministry of Foreign Affairs Dated February

## 다. 한국정부의 견해3

1956년 9월 20일자 독도에 대한 일본정부의 견해를 반박하는 한국정부의 견해(한국정부의 견해 3)(1959년 1월 7일)는 독도는 울릉도의 속도라고 다음과 같이 주장하고 있다.

> 요컨대 이미 신라 지증왕 당시에 우산국이 신라에 귀복하였다는 사실과 그 우산국은 이조 초기에 이르러서는 분명히 울릉 우산 양도를 포함한 것으로 인지되어 관찬지리지를 비롯한 기타 공사기록 에 수록되었고 따라서 울릉도의 속도인 우산도 즉 독도도 영역의 일부로 분명히 간주되어 있었다는 사실에 추호의 의문을 품을 여지가 없다.[36]

이와 같이 대한민국정부는 독도가 울릉도의 속도라는 근거로 심흥택 보고서를 제시하고 있다. 이명 래의 보고서도 '本郡所屬 獨島'라는 심흥택 보고서를 그대로 인용하고, 참정대신의 지령문 제3호도 '올 라온 보고서는 다 읽었고'라고 표시하여 심흥택 보고서 '本郡所屬 獨島'라고 인용하고 있다.


## VI. 결언

심흥택 보고서는 국제법상 대한제국의 독도에 대한 실효적 지배의 증거로 하고 실효적 지배의 효과 가 발생한다. 심흥택은 대한제국의 국가기관이나 대외적 대표기관이 아니므로 그의 보고서는 국제법상 일본에 대한 항의의 효과가 발생하지 아니한다. 심흥택 보고서에는 독도는 울릉도의 속도라고 기술되 어 있는 바 이는 독도의 울릉도 속도화의 효과가 인지된다.

정부 당국에 대해 다음과 같은 정책 건의를 하기로 한다.

(i) 심흥택 보고서에 의해 대한제국의 독도에 대한 실효적 지배의 증거가 되고 또 그 효과가 있으므 로 대한제국의 독도에 대한 실효적 지배의 증거로 심흥택 보고서를 제시·강조할 것을 권고한다. 특히 '시마네현 고시 제40호'가 무주지인 독도를 선점한 것이라는 일본의 주장에 대해 독도가 대 한제국의 실효적 지배하에 있는 도서이며 무주지가 아니라는 주장의 반박 근거로서 제시할 것을 권고한다.

(ii) 심흥택 보고서에 의해 독도가 울릉도의 속도임이 입증되었으므로 '대일평화조약' 제2조 (a)항에 일본이 포기한 도서인 울릉도에 그 속도인 독도가 당연히 포함된다고 심흥택 보고서를 인용, 강 력히 주장할 것을 권고한다.

---

10, 1954.(January 7, 1959)

36) The Korean Ministry of Foreign Affairs, Refuting the Japanese View Contained in the attachment to the Ministry's Note Verbale No. 102/A1 dated September 20, 1956.(Tokyo, January 7, 1959)

# &lt;참고문헌&gt;

## 국내참고문헌

김광원, '1905년 독도편입 주장의 허구성에 관한 고찰' 동북아역사재단, 『영토 해양 연구』, 제6호, 2013.
김명기, 『독도와 국제법』, 서울: 화학사, 1987.
_____, 『독도 영유권의 역사적·국제법적 근거』, 서울: 우리영토, 2009.
김명기·이동원, 『일본 외무성 다케시마 문제의 개요 비판』, 서울: 독도조사연구학회, 2010.
김학준, 『독도는 우리 땅』, 서울: 해말이, 2003.
동북아역사재단, 『독도 바로 알기』, 서울: 동북아역사재단, 2001.
_____, 『우리 땅 독도를 만나다』, 서울: 동북아역사재단, 2001.
박병섭, '독도 영유권 문제', 영남대 독도연구소, 『독도 영유권 확립을 위한 연구』, 서울: 선인, 2013.
신석호, '독도의 소속에 대하여', 『사해』, 창간호, 1948.
신용하, 『독도의 민족영토사 연구』, 서울, 지식산업사, 1996.
외무부 전무국, 『독도문제 개요』, 서울: 외무부 전무국, 1955.
이인우, '대한제국의 일제 독도침탈에 대한 항의', 김명기 편 『독도특수연구』, 서울: 독도조사연구학회, 2001.
이한기, 『한국의 영토』, 서울: 서울대학교 출판부, 1969.
이행원 '독도와 일본의 침략에 대한 한국의 항의', 김명기 편 『독도특수연구』, 서울: 독도조사연구학회, 2001.
임명정·허영환, '심흥택 보고서', 한국해양수산개발원, 『독도사전』. 서울: 한국해양수산개발원, 2011.

## 국외문헌

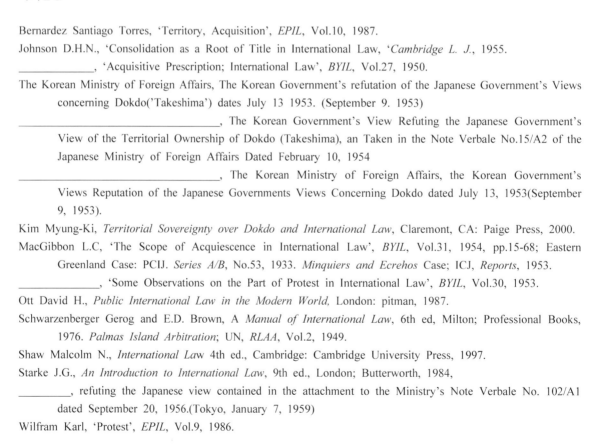

Bernardez Santiago Torres, 'Territory, Acquisition', *EPIL*, Vol.10, 1987.
Johnson D.H.N., 'Consolidation as a Root of Title in International Law, '*Cambridge L. J.*, 1955.
_____, 'Acquisitive Prescription; International Law', *BYIL*, Vol.27, 1950.
The Korean Ministry of Foreign Affairs, The Korean Government's refutation of the Japanese Government's Views concerning Dokdo('Takeshima') dates July 13 1953. (September 9. 1953)
_____, The Korean Government's View Refuting the Japanese Government's View of the Territorial Ownership of Dokdo (Takeshima), an Taken in the Note Verbale No.15/A2 of the Japanese Ministry of Foreign Affairs Dated February 10, 1954
_____, The Korean Ministry of Foreign Affairs, the Korean Government's Views Reputation of the Japanese Governments Views Concerning Dokdo dated July 13, 1953(September 9, 1953).
Kim Myung-Ki, *Territorial Sovereignty over Dokdo and International Law*, Claremont, CA: Paige Press, 2000.
MacGibbon L.C, 'The Scope of Acquiescence in International Law', *BYIL*, Vol.31, 1954, pp.15-68; Eastern Greenland Case: PCIJ. *Series A/B*, No.53, 1933. *Minquiers and Ecrehos* Case; ICJ, *Reports*, 1953.
_____, 'Some Observations on the Part of Protest in International Law', *BYIL*, Vol.30, 1953.
Ott David H., *Public International Law in the Modern World,* London: pitman, 1987.
Schwarzenberger Gerog and E.D. Brown, A *Manual of International Law*, 6th ed, Milton; Professional Books, 1976. *Palmas Island Arbitration*; UN, *RLAA*, Vol.2, 1949.
Shaw Malcolm N., *International Law* 4th ed., Cambridge: Cambridge University Press, 1997.
Starke J.G., *An Introduction to International Law*, 9th ed., London; Butterworth, 1984,
_____, refuting the Japanese view contained in the attachment to the Ministry's Note Verbale No. 102/A1 dated September 20, 1956.(Tokyo, January 7, 1959)
Wilfram Karl, 'Protest', *EPIL*, Vol.9, 1986.

# 제8절 | 한일합방조약의 부존재와 대일평화조약

## Ⅰ. 서언

오늘날 1910년에 체결된 '한일합방조약'의 무효를 논하는 것은 적어도 국제법상으로는 별 의미가 없다고 본다. 왜냐하면 1965년 한일국교정상화 시 국교정상화 기본조약으로 체결된 '한일기본관계에 관한 조약(이하 '한일기본관계조약'이라 한다)' 제2조는 '1910년 8월 22일 및 그 이전에 대한제국과 대일본제국 간에 체결된 조약 및 협정은 이미 무효임을 확인한다.'라고 규정하여(제2조) '한일합방조약'이 이미 무효임을 양국이 조약으로 합의하였기 때문이다.

다만, 동 조의 '이미 무효'를 일본정부는 '당초부터 무효'가 아니라 대한민국정부가 수립된 '1948년부터 무효'라고 주장하므로 이 일본정부의 해석을 반박하기 위한 근거 제시의 한도에서 '한일합방조약'의 무효론이 법적 의미를 가질 수 있을 뿐이다. 이 '한일합방조약'의 무효이론에 의해 자동적으로 동 조약은 '1948년부터 무효'라는 즉, 일본정부의 공식적 주장을 '당초부터 무효'라는 주장으로 변경시키는 법적 효과가 발생하는 것이 아니므로 '한일합방조약'의 무효론은 법적으로 별 의미를 가지지 못하고 '한일기본관계조약' 제2조의 '이미 무효'를 '당초부터 무효'로 해석하는 근거로서 법적으로 의미를 갖는 것이다.

그리고 지금까지의 '한일합방조약'의 주된 무효론은 동 조약의 성립을 전제로 한 것이다. 왜냐하면 '조약의 무효'는 '조약의 성립'을 전제로 효력이 없음을 의미하기 때문이다. 이 연구는 동 조약이 '성립요건'을 결하여 '조약의 불성립'으로 법적 효력이 없다는 법리를 정립하려 시도된 것이다. 이를 위해 전권위임장(fall powers)의 불성립과 비준(ratification)의 불성립을 중심으로 논하기로 한다. 그러나 이 연구는 종래의 무효론을 배척하거나 부정하려는 것이 아니라 이를 보완하려 기도된 것이다.

이 연구는 '한일합방조약'의 부존재에 관해서는 *lege lata*의 해석론적 접근이고, '한일기본조약'의 개정에 관해서는 *lege ferenda*의 입법론적 접근이다.

이하 '조약의 무효와 조약의 불성립', '한일합방조약의 체결과 전권위임장', '한일합방조약의 체결과 비준', '한일합방조약의 부존재와 대일평화조약'순으로 논하고, '결언'에서 몇 가지 대정부 정책대안을 제시하기로 한다.

## II. 한일합방조약의 부존재

### 1. 조약의 무효와 조약의 불성립

국제법상 조약은 다변적 법률행위(plurilateral transaction)로[1] 이는 '성립요건(condition for establishment of treaty)'과 '효력요건(condition for validity of treaty)'으로 구분하여 논급되어야 할 것이며, 따라서 성립요건을 결한 '조약의 부존재(non-existence of treaty)' 또는 '조약의 불성립(non-establishment of treaty)'과 효력요건을 결한 '조약의 무효(invalidity of treaty)'는 구별되어야 할 것이다.[2] 그러나 조약의 성립요건과 효력요건을 구별하지 아니하고 성립요건에 해당되는 것과 효력요건에 해당되는 것을 모두 포괄하여 성립요건 또는 효력요건으로 설명하는 것이 일반적인 견해이다.[3]

따라서 일반적인 견해에 의하면 성립요건을 결한 조약의 효력은 '조약의 불성립'의 효과를 가져오는 경우도 있고 '조약의 무효'의 효과를 가져오는 경우도 있게 된다. 조약이 법적 효력(legal effect)이 없다는 점에서 '조약의 불성립'과 '조약의 무효'는 동일하다.

'조약법에 관한 비엔나 협약(이하 '조약법협약'이라 한다)'은 제2부 제1절에 '조약의 체결(conclusion of treaties)'에 관해 규정을 두고, 제5부 제2절에 '조약의 무효(invalidity of treaties)'에 관해 규정을 두고 있다.

전자는 조약의 성립요건에 관한 규정이고, 후자는 조약의 효력요건에 관한 규정이다. 그러므로 동 협약은 조약의 성립요건과 효력요건을 구분하여 규정하고 있다. 그러나 전자의 요건을 결한 경우의 효과에 관해 '조약의 불성립' 또는 '조약의 부존재'라는 표현을 사용하지 아니하고, '기속적 동의(consent to be bound)'가 발생하지 아니하는 것으로 규정하거나 (제11조-제15조), '발효(enter into force)'하지 아니한다라고 규정하고(제24조) 있다. 그리고 후자의 요건을 결한 경우의 효과에 관해 '무효(void)'라고만 규정하지 아니하고 '무효(void)'라고 규정하기도 하고 (제52조, 제53조), '효력을 가지지 아니한다(without legal effect).'라고 규정하기도 하고(제51조), 그 원인을 '원용할 수 있다(may invoke).'라고 규정하고 있기도 하다(제48조, 제49조, 제50조). 이와 같이 동 협약은 효력요건을 명확히 규정하고 있지 못하다.[4] 다수학자들도[5] 그러하다.

---

1) Robert Jennings and Arthur Watts(eds.), *Oppenheim's International Law,* Vol.1, 9th ed.(London: Longman, 1992), p.1181.

2) 성립요건은 조약의 체결(conclusion)로 구성되어 조약은 존재(existence)하게 되며(Paul Reuter, *Introduction to the Law of Treaties*(London: Pinter, 1989), p.43), 효력요건은 무효의 원인(grounds of invalidity)의 부존재로 구비되어 조약은 적용(application) 되게 된다(*ibid.,* pp.127-28, 134).

3) G. G. Wilson은 조약의 효력요건(conditions essential to validity)으로 (ⅰ) 당사자의 체결능력, (ⅱ) 전권대표의 권한 내의 행위, (ⅲ) 동의의 자유, (ⅳ) 법에 일치를 열거하고 있다(G. G. Wilson, *International Law,* 9th ed. (New York: Silver, 1935), p.219). (ⅰ)과 (ⅱ)는 성립요건이고, (ⅲ)과 (ⅳ)는 효력요건이라 할 수 있다.
　　J. G. Starke는 조약의 유효(validity of treaties) 요건으로 (ⅰ) 조약체결능력, (ⅱ) 착오, (ⅲ) 기망, (ⅳ) 부패, (ⅴ) 강제, (ⅵ) 강행규범위반을 열거하고 있다(J. G. Starke, *Introduction to International Law,* 9th ed.(London: Butterworth, 1984), p.448). (ⅰ)은 성립요건이고, (ⅱ)~(ⅳ)는 효력요건이라 할 수 있다.
　　Meinhard Schroder는 조약의 유효요건(conditions to produce legal effect)으로 (ⅰ) 조약체결능력, (ⅱ) 당사자의 동의, (ⅲ) 조약의 합법성, (ⅳ) 조약의 등록을 열거하고 있다(Meinhard Schroder, 'Treaty, Validity', *EPIL,* Vol.7, 1984 p.511). (ⅰ)은 성립요건, (ⅱ)와 (ⅲ)은 효력요건, (ⅳ)는 대항요건이라 할 수 있다.
　　Isagani A. Cruz도 위와 유사한 입장을 표시하고 있으며(Isagan; A. Cruz, *International Law*(Quezon: Central Lawbook, 1985), p.170), Gerhard von Glahn도 위와 같다(Gerhard von Glahn, *Law Among Nations,* 4th ed. (New York: Macmillan, 1984), pp.498-505).

4) Schroder, *supra* n.3, p.512.

5) Ian Sinclair도 그 외 저서에서 동의(consent)에 의해 조약은 성립(establish)된다고 표시하고 있으나 성립요건과 효력요건에 관한 논리를 정립하고 있지 아니하고 있으며 (Ian Sinclair, *The Vienna Convention on the Law of Treaties,* 2nd ed. (Manchester: Manchester University Press, 1984), pp.29-44, 159), T. O. Elias도 위와 같다(T. O. Elias, *The Modern Law of Treaties*(Leiden: Sijthoff, 1974), pp.27-36, 135).

이 연구에서는 '조약법협약' 제2부 제1절의 '조약의 체결' 요건을 결한 경우를 '조약의 성립요건'을 결한 경우로 보고 이 요건을 결한 효과를 '조약의 불성립' 또는 '조약의 부존재'로 표기하기로 하고, 동 협약 제5부 제2절의 '조약의 무효'의 원인이 되는 경우를 '조약의 효력요건'을 결한 경우로 보고 이 요건을 결한 경우의 효과를 '조약의 무효'로 표기하기로 한다. 후자를 '협의의 무효', 전자와 후자를 합쳐 '광의의 무효'라 할 수 있다.

## 2. 한일합방조약의 체결과 전권위임장

'한일합방조약'은 한국 측의 내각총리대신 이완용(李完用)과 일본 측의 통감 자작 사내정의(寺內正毅, 데라우치 마사다게) 간에 서명되었다. 한국 측 서명권자 이완용은 '내각총리대신' 이완용으로 현명(顯名)하여 서명했다. 정부수석(Head of Government)인 내각총리대신이 국가원수(Head of State)인 황제의 전권위임장 없이 체결한 동 조약이 국제법상 조약으로 성립된 것인가의 문제가 제기된다.

### 가. 전권위임장 일반

#### (1) 전권위임장의 의의

국가가 조약을 체결하려 함에는 먼저 자국의 국내법상 절차에 따른 전권대표(plenipotentiary representative)를 임명하고, 전권대표에게 전권위임장(full powers)을 부여한다. '전(full)'은 조약에 관한 특정 또는 모든 행위(certain or all acts with respet to a treaty)를 의미한다.[6] '조약법협약'은 전권위임장이 '조약문을 교섭·채택 또는 정본인증을 위한 목적으로 또는 조약에 대한 국가의 기속적 동의를 표시하기 위한 목적으로 또는 조약에 관한 기타의 목적을 달성하기 위한 국가를 대표하기 위하여 국가의 권한 있는 당국이(the competent state authority) 1명 또는 수명을 지명하는 문서이다.'라고 규정하고 있다(제1조 제1항 c).

For negotiating, adopting or authenticating the text of a treaty for expressing the consent of the state to be bound by a treaty or for accomplishing any other act with respect to a treaty

#### (2) 전권위임장의 관행

교통·통신이 발달되지 아니한 19세기 이전의 전제군주국가에서 군주의 전권위임장은 오늘보다 중요한 것이었다.[7] 국제법상 협정은 '국가 간 협정(inter-state agreements)', '정부 간 협정(inter-governmental

---

H. W. A. Thirlway도 위와 같다(H. W. A. Thirlway, *International Customary Law and Codification* (Leiden: Sijthoff, 1972), pp.129-30, 133). Shabtai Rosenne 도 위와 같다(Shabtai; Rosenne, '*Treaties, Conclusion and Entry* into Force', *EPIL*, Vol.7, 1984, pp.464-67).
Clive Parry는 조약의 효력요건(validity)으로 (ⅰ) 당사자의 능력(capacity of parties), (ⅱ) 목적의 합법성(legality of object), (ⅲ) 동의의 진실성(reality of consent)을 열거하고 있다(Clive Parry, 'The Law of Treaties, 'in Max Sorensen (ed.), *Manual of Public International Law*(London: Macmillan, 1968, p.212). 성립요건으로 당사자, 목적, 동의를 열거하고, 그것들의 각기 효력요건으로 능력, 합법성, 현실성을 열거한 것이다.
Jennings와 Watts 또는 동의(consent)가 없으면 조약은 성립(constitute)되지 아니한다고 하여(Jennings and Watts, *supra* n.1, p.1224) 동의를 '효력요건'이 아니라 '성립요건'으로 보고 있다.

6) Jennings and Watts, *supra* n.1, p.1221.

agreements)' 그리고 '정부부처 간 협정(inter-departmental agreements)'으로 구분된다.[8] '국가 간 협정'의 체결은 국가원수(Head of State)가 직접 체결하는 경우에는 전권위임장을 요하지 아니하며 전권대표를 임명하여 체결하는 경우에는 그 전권대표는 국가원수의 전권위임장을 요한다.[9] 이것이 종래에 전통적인 조약체결의 방식이다.[10] 1844년 - 1860년 이후[11] 관행으로 들어온 '정부 간 협정'의 체결은 국가원수의 전권위임장을 요하지 아니하며 해당 정부의 장관 또는 외무부장관의 전권위임장을 요한다.[12] 다만, 정부수석이 직접 체결하는 경우는 1938년 이래 전권위임장을 요하지 아니한다.[13] '정부부처 간 협정'의 체결은 일정한 바 없으나 장관이 직접 체결하는 경우에는 전권위임장을 요하지 아니하나 전권대표를 임명하여 체결하는 경우에는 해당 장관 또는 외무부장관의 전권위임장이 수여되는 경우도 있다.[14]

어떤 협정이 '국가 간 협정'으로 체결되고 또 어떤 협정이 '정부 간 협정'으로 체결되느냐의 일반적 기준을 제시하기 어려우나 일반적으로 '국가 간 협정'은 '보다 중요한 종류의 조약(more solemn kind of treaties)'을 체결하는 형식이고, '정부 간 협정'은 기술적 또는 비정치적 협정(technical or non-political agreement)을 체결하는 형식이라 할 수 있다.[15] 잠정협정(modus vivendi)과 미국의 행정협정(executive agreements)은 '정부 간 협정'으로 체결된다.[16]

### (3) 전권위임장 없이 국가를 대표하는 자

조약을 체결하기 위해 국가를 대표하는 자는 전권위임장을 제시함을 요하나, '조약법협약'은 다음의 자는 전권위임장 없이 국가를 대표하는 것으로 간주된다고 규정하고 있다.

( i ) 국가원수(Heads of State), 정부수석(Heads of Government) 및 외무부장관(Ministers for Foreign Affairs)

(ii) 외교사절의 파견국과 접수국 간에 조약의 정문을 채택(adopting the text of treaty)할 경우 접수국에 파견된 외교사절의 장(heads of diplomatic missions)(제7조 제2항)

동 협약은 국제관습법을 성문화한 것이고,[17] 특히 제7조 제2항의 규정은 대부분의 다수국가의 관행과 일치되는 것이었음을 다음의 기록에서 확인될 수 있다.

---

7) Sinclair, *supra* n.5, p.30; Nascimeto E. Silva, 'Full Powers' *EPIL*, Vol.9, 1986, p.140.

8) Mervyn Jones, 'International Agreement', *BYIL*, Vol.27, 1944, pp.111-12; Starke, *supra* n.3, p.416; Parry, *supra* n.5, pp.186-87.

9) Jones, *supra* n.8, pp.111-12.

10) *Ibid.*

11) 1944년에 80년에서 100년 기간(a period of some eighty to hundred years)(*ibid*, p.111)

12) *Ibid.*, pp.112-13.

13) *Infra.* nn. 20-23.

14) Jones, *supra* n.8, p.114-15.

15) Starke, *supra* n.3, p.416.

16) Jones, *supra* n.8, p.113.

17) Shabta; Rosenne, 'Vienna Convention on the Law of Treaties', *EPIL*, Vol.7, 1984, p.528; Sinclair, *supra* n.5, p.258; Jennings and Watts, *supra* n.1, p.197; Peter Malanczuk(ed.), *Akehuvst's Modern Introduction to International Law*, 7th ed.(London; Routledge, 1987), p.40.

1968년 UN 조약법에 관한 비엔나 회의(UN Vienna Conference on the Law of Treaties) 제2차 회의에서 스위스 수석대표는 전권위임장에 관한 제7조의 규정에 관해 이는 대다수 국가의 관행에 일치하는 것이라고 다음과 같이 주장한 바 있다.

> 이는 대다수 국가의 관행에 일치하며 정확히 국제관습법을 반영한 것이다. 조약체결 권한의 문제에 관해 학술모임에서 상당한 토의가 있어 왔다. 그러나 동 회의가 이러한 이론적 토의를 고려할 필요가 없다.
>
> Text was in conformity with the practice of the vast majority of states and accurately reflected customary international law. There had been considerable discussion in academic circles on the question of the authority to conclude treaties, but there was no need for the conference to take those theoretical discussion into account.[18]

그리고 전술한 바와 같이 전권위임장은 군주국가 시대에 오늘보다 더 중요한 의미를 가진 것이었으므로,[19] 동 제7조 제2항의 규정 내용은 19세기 국제관습법을 형성하고 있었다.

그러나 정부수석(Head of Government)이 전권위임장 없이 조약을 체결할 수 있는 관행이 성립한 것은 1934년 이후의 일이다. 그 근거는 다음과 같다.

첫째로, 1934년에 개정된 '국제연맹총회 절차규칙(the League of Nations Rules of Procedure for the Assembly)' 제5조는 '대표의 전권위임장은 가능하면 회기 개회일로 정해진 날짜 1주 전에 사무총장에게 제출하여야 한다. 국가원수(Head of state) 또는 외무부장관(Minister for Foreign Affairs)에 의해 발부된 것이어야 한다.'라고 규정하여[20] 동 규정에 정부수석(Head of Government)은 열거되어 있지 않다. 이로 미루어 보아도 '정부수석'은 1934년까지도 전권위임장을 발부할 권한자로 인정되어 있지 아니했음을 알 수 있다.

둘째로, 정부수석이 전권위임장 없이 조약을 체결한 실례는 다음과 같이 1938년 이후에 발견된다.

( ⅰ ) 1938년 9월 9일의 '뮌헨 합의서(Munich Agreement)'는 독일·영국·프랑스·이탈리아의 정부수석이 서명했다.[21]

( ⅱ ) 1941년 8월 14일의 '대서양헌장(Atlantic Charter)'은 영국 수상과 미국 대통령이 서명했다.[22]

( ⅲ ) 1941년 3월 27일의 '해군과 공군의 기지의 사용과 작전에 관한 영미합의서(Agreement for the Use and Operation of Naval and Air Bases)'는 양국 정부수석이 서명했다.[23]

이로 미루어 보아 '정부수석'이 전권위임장 없이 조약을 체결하는 관행은 1938년 이후 성립된 것이다.

---

18) Elias, *supra* n.5, p.20.

19) *Supra* n.7.

20) League of Nations, Official Journal, Supp. No. 126, pp.49-55; Majorie M. Whiteman, *Digest of International Law,* Vol.14(Washington, D. C.: USGPO, 1970), p.38.

21) Jones, *supra* n.8, p.121.

22) *Ibid.*

23) *Ibid.*

## (4) 전권위임장의 형식과 제시

### (가) 전권위임장의 형식

전권위임장은 공식적 문서(formal instrument)이나,[24] 국제법 규칙상 조약체결에 일정한 형식을 요하는 것이 아니므로 전권위임장에 일정한 형식을 요하는 것이 아니다.[25] 그러나 전권위임장에는 교섭(negotiation)과 서명(signature)의 권한부여, 전권대표의 성명과 임명권자의 서명이 포함된다.[26]

### (나) 전권위임장의 제시

전권위임장은 교섭자에 의해 상호검토 된다.[27] 그 검토(심사)방법은 2변적 조약의 경우 상호 교환하거나 또는 상대방에게 제시한다.[28] '조약법협약회의'에서 전권위임장을 요구할 권리(right to require full powers)가 있다는 규정이 삭제되었다.[29]

## (5) 전권위임장 없이 체결한 조약의 효력

전권위임장 없는 자, 즉 국가로부터 정당한 권한의 부여를 받지 아니한 자가 체결한 조약의 효력에 관해 국제협약, 학설, 선례에 의하면 그 국가의 사후적 추인이 없는 한 법적 효력이 없는 것이다.

### (가) 국제협약

'조약법협약'은 정당한 권한의 부여를 받지 아니한 자의 행위는 그 국가의 사후적 추인이 없는 한 법적 효력이 없다고 다음과 같이 규정하고 있다.

> 제7조에 따라 조약의 체결목적으로 국가를 대표하기 위하여 권한을 부여받은 것으로 인정받을 수 없는 자가 수행한 조약의 체결에 관련된 행위는 그 국가에 의하여 사후적으로 추인되지 아니하는 한(unless afterwards confirmation) 법적 효력을 가지지 아니한다(without legal effect)(제8조).

'법적 효력을 가지지 아니한다.'는 의미는 '조약의 무효'를 뜻하는 것이 아니라 '조약의 불성립'을 뜻하는 것이다.[30]

'사후적 추인'은 그 국가의 의무가 아니며,[31] 그 국가는 사후적 추인을 거부하는 권리(right to disavow)가 있다.[32] 그리고 추인의 방법은 명시적 추인에 한한다는 견해,[33] 묵시적 추인을 포함한다는

---

24) Jennings and Watts, *supra* n.1, p.1221.

25) G. Schwarzenberger and E. D. Brown, *A Manual of International Law* 6th ed.(Milton; Protecsonal Books, 1976), p.124; U. S. Department of the Army, International Law, Vol.1.(Washington, D. C.: USGPO, 1964), p.51.

26) U. S. Department of State, *Foreign Affairs Manual* Vol.1(Washington D. C.: USGPO, 1964) para. 73.1; Whitman, *supra* n.20, p.40;

27) Ian Brownlie, *Principles of Public International Law,* 5th ed.(Oxford: Oxford University Pross, 1998), p.610.

28) Starke, *supra* n.3, p.425; Schwavzenberger and Brown, *supra* n.25, p.124; U. S. Department of State, *supra* n.26, para. 73. 1; Rosenne, *supra* n.5, p.464; Wilson, *supra* n.3, p.40.

29) U. N. Conference on the Law of Treaties, Doc. ALCONF 39/27, May 23, 1969; Whiteman, *supra* n.20, p.37.

30) *Supra* Ⅱ.

31) Rosenne, *supra* n.5, p.466.

견해,34) 그리고 문제는 해결된 것이 아니라는 견해35)의 대립이 있다.

### (나) 학설

오늘의 학설은 19세기의 학설은 아니지만 국제관습법을 성문화 한36) '조약법협약' 제8조를 인용하여 정당한 권한이 부여되지 아니한 자의 조약체결에 관한 행위는 그 국가의 사후적 추인이 없는 한 법적 효력이 없다는 것이 일반적인 통설이다.37) 다만, '사후적 추인'에 관해 추인은 명시적 추인에 한한다는 견해와, 명시적 추인과 묵시적 추인을 포함한다는 견해, 그리고 문제가 해결된 것이 아니라는 견해로 나누어져 있다는 점은 전술한 바와 같다.38)

### (다) 선례

국가로부터 정당한 권한을 부여받지 아니한 자의 조약체결에 관한 행위에 관해 그 국가의 사후적 추인이 있은 선례는 극히 희소하나39) 다음의 선례가 있다.

1908년 루마니아 주재 미국공사는 협약에 서명할 아무런 권한 없이 두 개의 협약에 서명했다. 그중 하나에 대해서는 본국 정부로부터 아무런 권한을 받은 바 없고 다른 하나에 대해서는 그와 완전히 다른 협약의 전권위임장을 부여 받았었다. 이들 협약은 비준의 대상이었고 실제로 비준이 행하여졌다. 이 비준은 사후적 추인의 의미를 갖는다.40)

이상에서 고찰해 본 바와 같이 국가로부터 조약체결의 전권위임장을 부여받지 아니한 자의 조약체결에 관한 행위는 그 국가에 의한 사후적 추인이 없는 한 법적 효력이 없다는 것이 적어도 1908년 이전에 성립된 국제관습법이라 할 수 있다.

### 나. 한일합방조약의 체결과 전권위임장의 검토

### (1) 내각총리대신의 조약체결권 유무

전술한 바와 같이 '한일합방조약'의 대한제국 측 서명은 '내각총리대신'으로 현명(顯名)하여 이완용이 서명(날인)했다. 정부수석(Head of Government)이 국가를 대표하여 '정부 간 협정(inter-governmental agreement)'을 체결할 수 있는 관행은 1938년 이후의 성립된 관행이므로41) '한일합방조약'을 체결할 당

---

32) Sinclair, *supra* n. p.33.

33) UN 조약법협약 제1차 회기에서 베네수엘라 대표의 주장(Silva, *supra* n.7, p.142)

34) Sinclair, *supra* n.5, p.33.

35) Silva, *supra* n. p.142.

36) *Supra* n. 7.

37) Malanczuk, *supra* n.17, p.139; Werner Levi, *Contemporary International Law*(Boulder; Westview, 1979), p. 219; Jennings and Watts, *supra* n.1, p.1222; Starke, *supra* n.3, p.426; Malcolm N. Shaw, *International Law*, 4th ed.(Cambridge; Cambridge University Press, 1997), p.637; Elias, *supra* n.5, p.20; Sinclair, *supra* n.5, p.33; David H. Ott, *Public International Law in the Modern World*(London; Pitman, 1987), p.191; Silva, *supra* n.7, p.142.

38) *Supra* nn. 33-35.

39) Elias, *supra* n5, pp.20-34.

40) *Ibid.*

시인 1910년에는 '정부수석'이 조약을 체결함에는 국가원수(Head of State)의 전권위임장을 요했다.[42] 따라서 정부수석인 '내각총리대신'이 동 조약을 체결함에는 대한제국의 국가원수인 황제(순종)의 전권위임장을 요하는 것이었다.

### (2) 조칙의 전권위임장 여부

국제법상 전권위임장은 일정한 형식을 요하는 것이 아니므로[43] 황제(순종)가 동 조약의 체결에 관한 전권을 내각총리대신에게 위임한 '통치권 양여에 관한 조칙(詔勅)'은 전권위임장으로 볼 수 있다. 다만, 양자 조약체결의 경우는 전권위임장을 상호 교환하거나 최소한 상대방대표에게 제시하는 것이 국제관행이므로,[44] (ⅰ) 동 위임장을 일본 측 대표의 전권위임장과 상호 교환하거나 일본 측 대표에게 제시하지 아니했으면 동 위임장은 국제법상 전권위임장으로 볼 수 없고 국내법상 대한제국의 내부문서에 불과한 것이다. 그러나 (ⅱ) 동 위임장을 일본 측 대표의 전권위임장과 상호 교환하거나 제시했다면 이는 국제법상 전권위임장으로 볼 수도 있다.

동 조칙은 일본 전권대표의 전권위임장과 상호 교환한 바 없다.

물론 동 위임장(조칙)은 일본 측의 강박 또는 기망행위에 의해 작성(서명)된 것이므로[45] 동 위임장은 무효인 것이다. 이는 동 위임장의 무효를 뜻하는 것이며 동 조약 자체의 무효를 의미하는 것은 아니다.

### (3) 전권위임장 없이 내각총리대신이 서명한 한일합방조약의 효력

전술한 바와 같이 전권위임장을 부여받지 아니한 자의 조약체결에 관한 행위는 그 국가의 사후적 추인이 없는 한 법적 효력이 없다.[46]

(ⅰ) 내각총리대신에게 수여된 전기 조칙은 국제법상 전권위임장이 아닌 것이나, 이를 전권위임장으로 보아도 그것이 강박 또는 기망행위로 작성되어 무효로 볼 경우 내각총리대신의 동 조약의 체결에 관한 행위, 특히 서명은 그 후 대한제국의 추후 확인이 없는 한 법적 효력이 없는 것이다. 한국이 이를 추인한 바 없으므로 동 조약은 법적 효력(legal effect)이 없는 것이다. 법적 효력이 없다는 뜻은 동 조약이 성립요건을 결하여 성립되지 아니했다는 의미, 즉 동 조약은 '부존재'라는 뜻이며 성립된 조약이 '무효'라는 뜻이 아닌 것이다.

(ⅱ) 내각총리대신에게 수여된 전기 조칙(위임장)을 국제법상 전권위임장으로 볼 경우, 그리고 동 위임장이 일본 측의 강박 또는 기망행위에 의해 작성된 것이 아닌 것으로 볼 경우 내각총리대신의 동 조약체결에 관해 행위, 특히 서명은 법적 효력이 있는 것이다. 이 경우 비준의 문제가 문제로 남는다.

---

41) *Supra* nn. 20-23.

42) *Supra* nn.20-23.

43) *Supra* n.25.

44) *Supra* nn.27-29.

45) 이는 일본의 강박에 의해 행하여 졌다. 이태진, '근대일본 소수 번벌의 한국침략, '동북아역사재단, 「일본의 한국병합과정」한일강제병합 100년 재조명 국제학술회의 2010년 8월 23-24일, p.911.

46) *Supra* Ⅲ. 1. 마.

요컨대, '통치권 양여에 관한 조칙'을 전권위임장으로 본다 할지라도 이는 일본의 강박에 의해 작성된 것이므로 무효이고, 설사 그것이 일본의 강박에 의해 작성된 것이 아니라 할지라도 이는 일본 대표의 전권위임장과 상호 교환하거나 제시한 바 없으므로 이는 전권위임장이 아니다. 그러므로 '한일합방조약'은 전권위임장에 의해 정당한 권한이 부여된 자에 의해 서명된 것이 아니므로 동 조약은 조약으로 성립되지 못한 것으로 '조약의 불성립' 즉 '조약의 부존재'로 법적 효력이 없는 것이다.

## 3. 한일합방조약의 체결과 비준

### 가. 비준 일반

#### (1) 비준의 의의

'조약법협약'은 '비준(ratification)이란 국가가 국제적 측면에서 조약에 대한 국가의 기속적 동의를 확정하는 국제적 행위(international act … a state establishes on the international plane its consent to be bound by a treaty)를 의미한다.'라고 규정하고 있다(제2조 제1항 b). 비준은 '정식으로 임명된 전권대표에 의한 조약에 대한 부과된 서명에 대한 국가원수 또는 그 정부에 의한 승인이다(the approval by the head of state or the government of the signature appended to the treaty by the duly appointed plenipotentiaries)'라고[47] 할 수 있다. 또는 '비준은 정식으로 임명된 전권대표가 서명한 조약의 내용을 조약체결권자가 최종적으로 확인・수락하는(final acceptance) 국제적 행위'라고[48] 할 수도 있다.

비준은 서명의 확인이 아니라 성문조약문의 확인이며,[49] 조약의 전체적 이익의 확인으로,[50] 조약체결의 한 절차이다.[51]

#### (2) 비준의 구분

비준은 '국제적 의미(international sense)의 비준'과 '국내적 의미(national sense)의 비준', 즉 '헌법적 의미(constitutional sense)의 비준'으로 구분된다.[52] 전자는 조약체결권 자가 비준서에 서명하며 조약문을 최종적으로 확인하는 국제법상 법률행위이며, 후자는 순수하게 국내적 헌법적(purely domestic constitutional) 행위로 이는 국제법상 조약의 효력발생과 무관하므로 엄격한 의미의 비준이 아니다.[53]

비준서의 교환・기탁도 비준이 아니다.[54]

---

47) Starke, *supra* n.3, p.431

48) Gerald Fitzmaurice, 'Do Treaties Need Ratification?', *BYIL*, Vol.15, 1934, p.114.

49) Starke, *supra* n.3, R 431.

50) U. S. Department of the Army, *supra* n.25, p.52.; C. C. Hyde, *International Law*, Vol.2, 2nd ed.(Boston: Little Brown, 1947), p.125.

51) Jennings and Watts, *supra* n.1, pp.112-27.

52) Fitzmaurice, *supra* n.49, p.114; G. G. Fitzmaurice, 'The Law and Procedure of the International Court of Justice', *BYIL*, Vol.33, 1957, p.267.

53) *Ibid.*

54) Jennings and Watts, *supra* n.1, pp.126-27.

## (3) 비준의 절차

### (가) 비준권자

비준권자는 서명국의 헌법으로 규정하며, 그것은 조약체결권을 행사하는 국가의 기관으로 국가원수인 것이 보통이며 의회는 이에 대한 동의를 주는 것이 일반적이다.[55] 조약 체결권자(organ of treaty making power)가 누구냐는 각각의 기본조직법(국가의 경우 헌법)에 의해 결정되도록 일반국제법은 일임하고 있다.[56]

### (나) 비준 방법

#### 1) 명시적 비준

비준의 형식에 관한 국제법상 규칙이 없다. 따라서 비준은 명시적으로 할 수도 있고 묵시적으로 할 수도 있다.[57] 명시적 비준은 조약체결권자가 조약을 확인한다는 의사를 문서에 표시하고 서명하는 것이 일반적이며, 이 문서를 비준서(instrument of ratification)라 하며 비준서의 형식은 일정한 바 없다.[58] 묵시적 비준은 비준서에 서명함이 없이 조약을 시행하는 방법으로 행하여진다.[59]

#### 2) 무조건 비준

조약의 내용은 조약문의 서명에 의해 확정되므로 비준 시 그 내용을 변경할 수 없다. 그러므로 조건부 비준이나 부분 비준에 대해 타방 당사자는 이를 수락하거나 아니할 자유가 있다.[60] 따라서 조건부 비준 또는 부분 비준에 대해 상대방이 이를 수락하면 새로운 조약이 체결될 수 있으며 본래의 조약은 무효로 되게 된다.

#### 3) 비준기간

조약문에 일정한 비준기간이 정하여져 있는 경우에는 그 기간 내에 비준하지 아니하면 비준의 거절이 되며, 조약문에 비준기간이 정하여져 있지 아니한 경우는 상당기간 내에 비준하지 아니하면 비준의 거절로 추정된다.[61]

---

55) Starke, *supra* n.3, p.433.

56) *Ibid.*, pp.432-33.

57) Jennings and Watts, *supra* n.1, p.1231.

58) Starke, *supra* n.3, p.433; Jennings and Watts, *supra* n.1, p.1231. 비준서에는 조약의 명칭, 서명일자, 서명장소, 서명된 조약물을 최종적으로 승인한다는 뜻을 표시하고 서명하는 것이 일반적이다(*ibid.*).

59) Sinclair, *supra* n.5, p.41.

60) *Ibid*; Jennings and Watts, *supra* n.1, pp.1232-34.

61) *Ibid.*, p.1230; Hans Kelsen, *Principles of International Law*, 2nd ed.(New York: Holt, 1967), p.468.

(라) 비준서의 교환, 기탁

두 당사자 간의 조약은 비준서를 상호 교환하고 다수당사자 간의 조약은 비준서를 일정한 장소에 기탁한다. 기탁의 장소는 조약이 체결된 장소의 외무부 당국인 것이 일반적이다.[62]

(다) 비준의 효력

1) 비준서의 교환·기탁에 의한 효력 발생

비준서의 작성에 의해 조약의 구속력이 발생하는 것이 아니라 비준서의 교환·기탁에 의해 조약은 효력을 발생하게 된다.[63]

2) 비소급적 효력

비준은 비준서의 교환·기탁에 의해 효력을 발생한다. 그 효력발생 시기는 그 조약의 서명 시로 소급된다는 주장이 있으나,[64] 서명 시로 소급되지 아니하고 비준서의 교환·기탁 시라는 주장이 통설[65]이고 판례[66]이다. 그리고 '조약법협약'은 비준의 소급효에 관해서는 아무런 규정을 두고 있지 아니하다.

3) 비준을 요하는 조약

모든 조약이 다 비준을 요하는 것은 아니다. ( i ) 비준을 요한다고 조약문 또는 전권위임장에 명시적 규정이 있는 경우 비준을 요함은 물론이다. (ii) 비준을 요하지 아니한다고 조약문 또는 전권위임장에 명시적 규정이 있는 경우, 비준을 요하지 아니함은 물론이다. (iii) 문제는 조약문 또는 전권위임장에 비준을 요한다는 규정도 비준을 요하지 아니한다는 규정도 없는 경우 비준을 요하느냐이다.

오늘의 학설과 관행은 일치되어 있지 아니하며 '조약법협약'도 위 (iii)의 경우 비준을 요하느냐에 관해 중립적 입장에서 어떠한 규정도 두고 있지 아니하다.[67]

이 연구에서 검토를 요하는 것은 시제법의 원칙상 오늘의 국제관습의 규칙이 아니라 '한일합방조약'이 체결된 1910년 당시의 그것이다. 이하 1910년 이전에 위 (iii)의 경우에 관한 학설과 판결에 표시된 규칙을 고찰하기로 한다.

---

62) Fitzmaurice, *supra* n.48, p.115; Jennings and Watts, *supra* n.1, p.1230; Shabta: Rosenne, 'Treaties, conclusion and Entry into Force', *EPIL*, Vol.7, 1984, p.466.

63) U. S. Department of the Army, *supra* n.25, p.52; Rosenne, *supra* n.62, p.466.

64) H. Lauterpacht(ed.), *Oppenheim's International Law*, Vol.1, 8th ed. (London: Longmans, 1955), p.917.

65) Jennings and Watts, *supra* n.1, pp.1234-35; Starke, *supra* n.3, p.431; Lord McNair, *The Law of Treaties*(Oxford; Clarendon, 1961), pp.193-98; Mervyn Jones, 'The Retroactive Effect of the Ratification of Treaties, '*AJIL*, Vol.29, 1935, p.65.

66) *Iloilo* Case(1925): *RLAA*, Vol.6, p.158; *Certain German Interests in Polish Upper Silesia* Case(1926): PCIJ, *Series A*, No.7, 1926, p.39; *Arbitral Awards made by the King of Spain*(1960): ICJ, *Reports*, 1960, pp.207-209; *Crime of Genocide*(Advisory Opinion)(1951): ICJ, *Reports*, 1951, p.28.

67) Jennings and Watts, *supra* n.1, pp.1230-31.

## (1) 학설

### (가) H. W. Halleck

Halleck는 조약 자체에 명시적으로 유보되어 있지 아니해도 비준이 요구되는 것이 관행이라고 다음과 같이 기술하고 있다.

> 조약 자체의 명시적 구절에 의해 이 선제조건이 유보되어 있지 아니하다 할지라도 그러한 비준이 요구되는 것이 이제 정착된 관행이다.
> It is now the settled usage to require such ratification, even where this pre-requisite is not reserved by the express terms of the treaty itself.[68]

### (나) S. B. Crandall

Crandall은 조약이나 전권위임장에 명시적으로 유보되어 있지 아니한 경우라도 비준권은 일반적으로 수락되어 있다고 다음과 같이 기술하고 있다.

> 조약이나 전권위임장 내에 명시적인 유보가 되어 있지 아니하다 할지라도 신뢰의 중요성은 최근의 학자들이 비준의 권리를 완전히 일반적으로 수락하도록 유도했다.
> This importance of the trust, have led recent writers quit generally to admit the right of ratification, even if no express reservation be made in the treaty or full powers.[69]

### (다) W. E. Hall

Hall은 반대의 특별합의가 없는 경우 비준은 관행에 의해 필수요건이 되었다고 다음과 같이 기술하고 있다.

> 반대의 특별한 합의가 없는 경우 비준은 관행에 의해 필수요건으로 되어 왔다. … 비준의 필요성은 실정국제법에 의해 승인되었다.
> Ratification, in the absence of special agreement to the contrary, has become requisite by usage … the necessity of ratification is recognized by the positive law of nations.[70]

### (라) L. Oppenheim

Oppenheim은 비준이 명시적으로 규정되어 있지 아니한 경우에도 요구되는 것이 보편적으로 승인된 국제법의 관습규칙으로 승인되어 있다고 다음과 같이 기술하고 있다.

---

68) H. W. Halleck, *Elements of International Law,* 4th ed.(G. Sh Baker)(London: Paul Trench, 1908), II, ch. viii, § 12; Fitzmaurice, *supra* n. 48, p.122.

69) S. B. Crandal, *Treaties, Their Making and Enforcement* 2nd ed. Washington, D.C.: John Byrne, 1916), p.3. Fitzmaurice, *supra* n.48, p.123.

70) W. E. Hall, *International Law,* 8th ed.(Higgins)(Oxford: Clarendon, 1890), p. 110; Fitzmaurice, *supra* n.4.48, p.123.

비록 비준이 명시적으로 규정되어 있지 아니하다 할지라도 조약은 정상적으로 비준을 요한다는 것이 오늘날 국제법의 관습규칙으로 보편적으로 승인되어 있다.

It is now a universally recognized customary rule of international law that treaties regularly ratification, even it this is not expressly stipulated.[71]

### (2) 판례

*Eliza Ann* Case(1813)

*Eliza Ann* Case(1813)에서 재판관 Stowell은 후속적인 비준은 필수적으로 요구된다고 다음과 같이 판시한 바 있다.

지금 지배적인 관행에 따르면 추후의 비준은 필수적으로 요구된다. 그리고 이 입장의 실제의 확고한 확인은 그와 같은 명시적 규정을 하지 아니하는 현재 조약이 거의 없다는 것이다. 따라서 전권대표의 권한이 추후의 비준의 조건에 의해 제한된다고 추정된다.

According to the practice now prevailing, a subsequent ratification is essentially necessary, and a strong conformation of the truth of this position is that there is hardly a modern treaty in which it is not expressly so stipulated; and therefore it is now to be presumed that the powers of plenipotentiaries are limited by the condition of a subsequent ratification.[72]

이 판결에서 H. Blix는 '소위 비준의 필요의 증거(evidence of the so-called necessity of ratification)'라고,[73] Hans Kelsen은 '조약이 반대의 규정을 포함하지 아니하는 경우 비준은 필요하다(if a treaty does not contain a provision of law).'라고,[74] J. G. Starke는 '비준은 필요한 것으로 간주되었기 때문에 비준 없는 조약은 무효력으로 인정되었다(ratification was regarded as so necessary that without it a treaty should be deemed ineffective).'라고,[75] Robert Jennings와 Arthur Watts는 '비준 전까지 국가는 그 조약에 의해 구속되는 동의를 했다고 말할 수 없다(until ratification, a state cannot be said to have consented to be bound by a treaty).'라고[76] 하여 각각 인용하고 있다.

요컨대, 동 판결은 Kelsen이 기술한 바와 같이 조약은 반대의 규정이 없는 한 비준을 요한다는 판결인 것이다.

이상에서 고찰한 바와 같이 1910년 그 이전 당시에 다수 학설과 판결은 반대의 규정이 없는 한 비준을 요한다는 것이 국제관습의 규칙이었다.

---

71) L. Oppenheim, *International Law*, 4th ed. (London: Longmans, 1905), I, pp. 511-12, Fitzmaurice, *supra* n.48, p.123.

72) *Dodson's Admiralty Reports*, Vol.1, 1813, p.248; Fitzmaurice, *supra* n.48, p.125.

73) H. Blix, 'The Requirement of Ratification', *BYIL*, Vol.30, 1953, p.360.

74) Kelsen, *supra* n.61, p.469.

75) Starke *supra* n.3, p.431.

76) Jennings and Watts, *supra* n.1, p.1234, n.2.

## 바. 비준을 요하는 조약의 예외

여기서 또 하나 검토를 요하는 것은 조약문이나 전권위임장에 조약은 비준을 요한다는 명시적 규정도, 비준을 요하지 아니한다는 명시적 규정도 없는 경우 조약은 비준을 요한다는 1910년 이전 당시의 국제관행의 규칙에 대해 두 개의 예외가 인정된다는 점이다. 이 예외는 일반국제관습법의 규칙(rule of general customary international law)에 의해 인정된 것이다.[77]

이는 Case *relating to the Territorial Jurisdiction of the International Commission of the River Oder*(1929)에서 상설중재재판소의 판결에 의해 확인되었다.[78] 그 예외는 다음과 같다.

### (1) 국가원수가 직접 체결하는 조약

조약의 체결권자인 국가원수가 직접 체결하는 조약은 비준을 요하지 아니한다.[79] 예컨대, ( i ) 1812년의 영국과 스웨덴 평화조약(Treaty of Peace between Great Britain and Sweden)은 영국과 스웨덴의 국왕이 직접 서명하고 비준서의 교환이 없었다.[80] (ii) 1815년 9월 26일에 서명된 신성동맹 조약(Holly alliance Final Act of the Congress of Vienna)은 오스트리아 황제, 러시아 황제, 페르시아 왕이 직접 서명했고 비준서의 교환이 없었다.[81]

### (2) 의정서, 교환공문 등 중요하지 아니한 조약

의정서, 교환공문 등 정치적 성격보다 기술적 경제적 문제를 규정한 조약은 비준을 요하지 아니한다.[82]

예컨대,

( i ) 1931년 11월 20일의 전쟁배상에 관한 벨기에와 프랑스 간의 합의서(Agreement between Belgium and France regarding the Reparation for War Damage)[83]

(ii) 1935년 1월 28일의 학생고용자의 입학허가에 관한 덴마크와 프랑스 간의 합의서(Agreement between Denmark and France for Facilitating the Admission of Student Employees)[84]

(iii) 1934년 4월 24일의 1923년 9월 8일의 협약에 의해 수립된 일반청구위원회에 관한 미국과 멕시코 간의 의정서(Protocol between the United States of America and Mexico Relative to the General Claims Commission Established by the Convention of September 1923).[85]

---

77) Kelsen, *supra* n.61, p.470.

78) PCIJ, *Series A,* No.23, 1929, p.20.

79) Jennings and Watts, *supra* n.1, p.1229; Fitzmaurice, *supra* n.48, p.127.

80) Parry, *supra* n.5, p.191.

81) Stephan Verosta, 'Holly Alliance', *EPIL,* Vol.7, 1984, p.273.

82) Fitzmaurice, *supra* n. 48, p.127; Jennings and Watts, *supra* n.1, p.1229, n.5, Blix, *supra* n.73, pp.366-67.

83) *Ibid,* p.367 Blix, *supra* n.73, p.367.

84) *Ibid.*

85) *Ibid.*

나. 한일합방조약과 비준

### (1) 한일합방조약의 비준을 요하는 조약 여부

전술한 바와 같이 19세기에 있어서 조약은 그 조약문 또는 전권위임장에 비준을 요한다는 명시적 규정이 없이도 비준을 요한다는 것이 당시의 국제관습법상 규칙이었다.[86] 따라서 '한일합방조약'의 조약문에 동 조약은 비준을 요한다는 명시적 규정이 없어도 동 조약은 비준을 요하는 조약이다.

또한 전술한 바와 같이 국가원수가 직접 체결한 조약이나 의정서 등 비교적 중요하지 아니한 비정치적 기술적 행정적 조약은 예외적으로 비준을 요하지 아니한다.[87] '한일합방조약'은 내각총리대신 이완용이 서명했고 국가를 병합하는 중요한 조약이므로 동 조약은 예외적으로 비준을 요하지 아니하는 조약이 아니므로 동 조약은 비준을 요하는 조약이다.

### (2) 재가의 비준 여부

'한일합방조약' 제8조는 동 조약은 황제의 '재가'를 받았다고 규정하고 있는 바, 동 '재가'를 비준으로 볼 수 있느냐의 검토가 요구된다. 다음과 같은 이유에서 동 '재가'는 비준으로 볼 수 없다.

( i ) 동 조약 제8조의 규정에 의하면 동 '재가'는 동 조약의 서명일(1910년 8월 22일) 이전에 있었고 비준은 서명 이후 서명된 조약문을 최종적으로 승인하는 것이므로[88] 서명 전의 재가는 비준의 본질적 성질에 반하므로 이는 비준서로 볼 수 없다.

( ii ) 재가서(재가)가 작성되었다 할지라도 비준서는 상호 교환됨을 요하는 바,[89] 재가서는 한일 간에 상호 교환된 바 없으므로 이는 비준서로 볼 수 없다.

( iii ) '재가'가 있었다는 어떠한 증거도 없다.

### (3) 칙유의 비준여부

1910년 8월 29일 서명일에 작성된 '칙유(勅諭)'는 다음과 같은 이유로 비준서로 볼 수 없다.

( i ) 비준서는 일정한 형식을 요한다는 국제법상 규칙이 정하여져 있는 것이 아니나, 최소한 조약의 명칭, 서명일시, 서명장소, 그리고 서명된 조약문을 승인한다는 내용이 포함됨을 요하는 바,[90] 동 '칙유'에는 이러한 내용이 포함되어 있지 아니하고 대국민 공포의 내용만이 포함되어 있다.

( ii ) 비준서는 상호 교환됨을 요하는 바,[91] 동 '칙유'는 한일 간에 상호 교환된 바 없다.

( iii ) 동 칙유에는 황제의 친필 서명이 없고 대한국새(大韓國璽)가 날인되지 아니하고 칙명지보(勅命之宝)라 새겨진 어새(御璽)가 날인되었다.[92] 따라서 이 칙유는 비준서라 할지라도 법적으로 '불

---

86) *Supra* nn.68-73; Blix, *supra* n.73, p.373.

87) *Supra* nn.77-85.

88) *Supra* nn.50-51.

89) *Supra* n.62.

90) *Supra* n.58.

91) *Supra* n.62.

성립' 즉 '부존재'인 것이다.

요컨대, '한일합방조약'은 동 조약문에 비준을 요한다는 명시적 규정이 없어도 1910년 당시의 국제관습법의 규칙에 따라 비준을 요하는 조약이다. 그러나 비준서의 작성도 상호 교환도 없었을 뿐만 아니라 동 조약은 조약체결의 최종 단계인 비준이 없었으므로 동 조약은 조약으로 '불성립'이고 따라서 조약으로 '부존재'인 것이므로 동 조약은 법적 효력이 없는 것이다.

## III. 한일합방조약의 부존재와 대일평화조약

### 1. 대일평화조약 제2조 (a)항의 규정

전술한 바와 같이 '한일합방조약'은 부존재이다. 그러나 '대일평화조약'은 '한일합방조약'의 존재·유효를 전제로 한 것이다. '대일평화조약 제2조 (a)항은 한일합방조약의 성립·유효를 전제로 다음과 같이 규정하고 있다.

일본은 한국의 독립을 승인하고 제주도·거문도 및 울릉도를 포함하는 한국에 대한 권리·권원 및 청구권을 포기한다.

위의 규정 중 '일본은 한국의 독립을 승인하고'는 동 조약이 효력을 발생하기 직전까지 한국은 독립국가가 아니었다는 것을 전제로 한 것이며 독립국가가 아니었다는 것을 전제로 한 것은 '한일합방조약'이 성립·유효했다는 것을 전제로 한 것으로 해석된다.

또한 위의 규정 중 '일본은…한국에 대한 권리·권원 및 청구권을 포기한다.'는 동 조약이 효력을 발생하기 직전까지 일본이 한국에 대한 권리·권원 및 청구권을 갖고 있었음을 전제로 한 것이며 일본의 한국에 대한 권리·권원 및 청구권을 갖고 있었음을 전제로 한 것은 '한일합방조약'이 성립·유효함을 전제로 한 것으로 해석된다.

상술한 '대일평화조약' 제2조 (a)항은 동 조약 제21조의 규정에 의해 한국이 이 일의 권리가 있는 조항이다.

### 2. 조약법협약 제36조 제1항의 규정

'조약법협약' 제36조 제1항은 제3국에게 권리를 부여하는 조항으로 제3국이 동의하는 경우에는 제3국에 대해 효력이 발생하며 제3국이 반대의 의사표시가 없는 동안 동의가 있는 것으로 추정된다고 다음과 같이 규정하고 있다.

---

92) 이태진, 전주 45, p.91.

제36조 (제3국에 대하여 권리를 규정하는 조약)

① 조약의 당사국이 제3국 또는 제3국이 속하는 국가의 그룹 또는 모든 국가에 대하여 권리를 부여하는 조약규정을 의도하며 또한 그 제3국이 이에 동의하는 경우에는, 그 조약의 규정으로부터 그 제3국에 대하여 권리가 발생한다. 조약이 달리 규정하지 아니하는 한 제3국의 동의는 반대의 표시가 없는 동안 있는 것으로 추정된다.

Article 36. Treaties providing for rights for third States

1. A right arises for a third State from a provision of a treaty if the parties to the treaty intend the provision to accord that right either to the third State, or to a group of States to which it belongs, or to all States, and the third State assents thereto. Its assent shall be presumed so long as the contrary is not indicated, unless the treaty otherwise provides.

위의 규정에 의거하여 제3국의 반대의 의사표시가 없는 동안 동의의 의사표시가 있는 것으로 추정된다.

한국정부는 '대일평화조약'이 서명된 1951년 9월 8일에는 물론 동 조약이 효력을 발생한 1952년 4월 28일에도, 그리고 '조약법협약'이 1969년 5월 23일 채택될 때는 물론 한국이 동 협약에 가입하며 동 협약이 한국에 대해 효력이 발생한 1986년 1월 27일에도 '대일평화조약' 제2조 (a)항의 규정에 대해 반대의 의사표시를 한 바 없으므로 '조약법협약' 제36조 제1항의 규정에 의거하여 '대일평화조약' 제2조 (a)항의 권리부여 규정에 한국의 동의는 있는 것으로 추정된다.

'한일합병조약'이 성립·유효한 것으로 추정되는 '대일평화조약' 제2조 (a)항에 한국이 동의한 것으로 추정되어 있는 것이 오늘의 상황이다.

## IV. 결언

1910년의 '한일합방조약'은 무효가 아니라 부존재인 것이다. '대일평화조약' 제21조의 규정에 의해 한국에 대해 효력이 있는 동 조약 제2조 (a)항의 독립승인 조항과 권리포기 조항은 모두 '한일합방조약'의 유효를 전제로 한 것이며, 이들 조항은 '조약법협약' 제36조 제1항의 규정에 의거하여 한국이 동의한 것으로 추정된다.

한국정부는 위의 추정의 효과를 배제하기 위한 어떠한 조치도 취한 바 없다. '한일기본관계조약' 제2조에서 1910년 8월 22일 및 그 이전에 대한제국과 대일본제국이 체결한 조약과 협약은 '이미 무효임을 확인한다.'고 규정하고 있다. 그러나 '이미 무효'의 의미에 관해 우리정부는 원초적으로 무효라고 해석하고 일본정부는 1945년부터 무효라고 해석한다.

상기 '대일평화조약' 제2조 (a)항의 추정되는 효과는 '한일기본조약' 제2조에 대한 한국의 해석에 반한다.

우리정부 당국은 조속히 '대일평화조약' 제2조 (a)항의 규정을 추정하는 것으로 해석되는 효과를 배제하기 위해 특별한 조치를 취하여야 할 것이다. 그러한 특별한 조치의 하나로 '대일평화조약의 어떠한 규정도 한일합방조약의 유효한 것으로 해석되지 아니한다.'는 내용의 '해석선언'을 하여야 할 것이다.
'한일합방조약'은 부존재이므로 동 조약과 '대일평화조약'의 저촉의 문제는 제기되지 아니한다.

## <참고문헌>

### 국내문헌

김명기, 『국제법원론 上』, 서울: 박영사, 1969.
대한민국정부, 『대한민국과 일본국 간의 조약 및 협정해석』, 서울: 대한민국정부, 1965.
대한민국정부, 『한일회담백서』, 서울: 대한민국정부, 1964.

### 외국문헌

Aduard, L. V., *Japan: From Surrender to People*, New York: Praeger, 1954.

Allen, Stepehn *International Law*, London: Pearson, 2013.

Dixon, Martin, *International Law*, Oxford: Oxford University Press, 2013.

Elias, E.T., *The Modern Law of Treaties*, Leiden: Sijithoff, 1974.

Grant, John P. and J. Craig Barker(eds.), *Encyclopedic Dictionary of International Law*; 3rd, Oxford: Oxford University Press, 2009.

Glah, Gerhard von, *Law among Nations*, 4th ed., New York: Macmillan, 1981.

Hollis, Andrew B.(ed.), *The Oxford Guide to Treaties*, (Oxford: Oxford University Press, 2012.

Jennings, Robert and Arthur Watts(ed.), *Oppenheim's International Law*, Vol.1, 9th ed., London: Longman, 1992.

Kelsen, Hans *Principles of International Law*, 2nd ed., New York: Holt, 1967.

Levi, Werner, *Contemporary International Law*: A Concise Introduction, Boulder, Colorado: Westview, 1979.

Morvay, Werner, 'Peace Treaty with Japan', *EPIL*, Vol.4, 1982.

Oda, 'The Normalization of Relation Between Japan and The Republic of Korea', *AJIL*, Vol.61, 1967.

Ott, David H., *Public International Law in the Modern World*, London: Pitman, 1987.

PCIJ, *Series A*, No.2(1924); *Marrommotis Concession* Case(1924).

PCIJ, *Series A/B* No.24(1938); *Phosphates in Morocco* Case(1938).

Reutev, Paul, *The Modern Law of Treaties*, London: Pinter, 1989.

Shaw, Malcolm, *International Law*, 4th ed., Cambridge: cambridge University Press, 1997.

Sinclair, Ian, *The Vienna Convention on The Law of Treaties*, Manchester: Manchester University Press, 1984.

Schwarzenberger, Gerog and E.D. Brown, *A Manual of International Law*, 6th ed., Milton: Professional Books, 1976.

US Department of State, Office Memorandum: Japanese Peace Settlement and State of War with Japan, June 20, 1949.

# 제9절 Ⅰ 독도의 역사적 권원의 현대적 의미

## Ⅰ. 서언

오늘날 한국의 독도 영유권은 신라의 우산국 정복에 의해 취득된 독도 영유권의 역사적 권원(historical title)으로부터 유래된다. 그간 한국의 역사학자에 의해 『삼국사기』에 기록된 이사부의 우산국 정복에 관해 심도 있는 연구를 수행해 왔고, 특히 우산국에 독도가 포함되지 아니한다는 일본 측의 주장에 대해 우산국에 독도가 포함된다는 반론을 확고히 정립했다고 본다.

그러나 국제법 측면에서 신라에 의해 취득된 한국의 독도 영유권의 역사적 권원이 오늘의 국제법상 어떠한 의미를 가지고 있는지에 관해서는 별반 연구가 없는 것으로 안다. 오늘날 우리는 512년의 신라시대에 사는 것이 아니라 2018년의 대한민국시대에 생존하고 있으므로 512년에 신라에 의해 취득된 독도의 역사적 권원이 아니라 오늘의 국제법에 의한 독도의 역사적 권원이 어떠한 의미를 갖는 것인가에 관한 이해와 인식이 현실적 의미를 갖는다. 역사적 권원은 현대국제법에 의한 권원으로 대체되지 아니하면 현대국제법상 법적 효력이 없다는 것이 즉, 역사적 권원의 대체(replacement of historical title)의 이론과 실재가 국제 판례와 학설에 의해 일반적으로 승인되어 있다.

이 연구는 신라에 의해 취득된 한국의 독도에 대한 역사적 권원이 1900년 10월 25일의 '대한제국 칙령 제41호'에 의해 현대국제법상의 권원으로 대체되게 되었다. 그 후 5년이 지난 1905년 2월 22일의 '시마네현 고시 제40호'에 의해 현대국제법상 권원으로 대체된 한국의 독도 영유권은 일본에 의해 침탈되고 말았다. 또 그로부터 5년이 경과한 1910년 8월 22일 일본의 강박에 의해 체결된 '한일합방조약'에 의해 한국의 독도 영유권은 한반도의 영유권과 함께 재차 일본에 의해 침탈되었으나 한국의 독도 영유권은 연합국의 일련의 조치에 의해 회복되게 되었다. 이 과정에서 신라에 의해 취득된 한국의 독도에 대한 역사적 권원은 어떠한 의미를 갖게 되었는지를 검토해 보려는 것이다.

그리고 이 연구는 역사적 권원의 대체에 관한 이론을 역사학계에 전하여 이 점에 관한 역사학자와 국제법학자 간에 학제연구를 제의하는 것을 목적으로 한다. 이하 '독도의 역사적 권원', '역사적 권원에 관한 일반적 고찰', '독도의 역사적 권원의 대체'순으로 기술하고 '결언'에서 역사학계와 국제법학계의 학제연구의 필요성에 관해 논급하기로 한다.

## II. 한국의 독도 영유권의 역사적 권원

### 1. 독도의 역사적 권원의 기록

한국의 독도 영유권의 역사적 권원은 신라 지증왕 13년(512년)의 이사부에 의한 우산국의 정복에 있다. 「삼국사기」에는 다음과 같이 기술되어 있다.

> 우산국이 항복하여 해마다 토산물을 조공으로 바쳤다. 우산국은 명주의 정동쪽에 있는 해도로서 혹은 울릉도라 한다. 사방이 100리로 지형이 험한 것을 믿고 복속하지 않았다. 이찬 이사부가 하슬라주 군주가 되어 말하기를 "우산국 사람들은 어리석고 사나워서 위협으로 복종시키기 어려우니 계략으로 항복시키는 것이 좋겠다."하고 목사자를 만들어 전선에 나누어 싣고서 우산국 해안에 이르러 속여서 이르기를 "너희가 만약 항복하지 않으면 이 맹수들을 풀어 너희를 밟아 죽이겠다."하니 우산국 사람들이 바로 항복했다.[1]

이 기록에 의하면 신라가 우산국을 정복하여 우산국의 영토(울릉도와 독도)가 신라의 영토로 부속된 것이므로 독도 영유권의 역사적 권원의 취득유형(mode of acquisition)은 정복(conquest)인 것이다.

### 2. 독도의 역사적 권원에 관한 정부의 공식적 견해

신라 이사부에 의한 우산국 정복에 의한 독도 영유권의 역사적 권원에 관해 우리 정부의 견해는 지극히 소극적이다.

1951년 1월 18일의 한국정부에 의한 '평화선 선언' 이후 한일 간의 독도 영유권문제에 관한 구술서를 통한 논쟁의 전개 이래 한국정부의 이사부에 의한 512년의 우산국 정복에 관한 공식적 표현이 없다. 즉, 1953년의 '한국정부의 견해(1)',[2] 1954년의 '한국정부의 견해(2)',[3] 2008년 2월의 일본 외무성의 '다케시마 문제를 이해하기 위한 10포인트'에 대한 2008년 4월의 한국해양수산개발원의 '독도는 과연 일본영토였는가'[4] 그리고 2012년의 외교통상부의 「독도홍보참고자료」[5] 등에 512년 신라 이사부의 우산국 정복에 관한 기술이 없다. 다만, 1959년의 '한국정부의 견해(3)[6]에 다음과 같은 반박 기술이 있다.

---

1) 「삼국사기」권4, 지증 마립간 6월 2월 초
  송승철 번역(송승철, '이사부 연구사 축제 그리고 '동해학'을 위한 시설', 동북아역사재단 독도연구소, 「제5회 정기 독도연구 콜로키움」, 2010.3.3-5.

2) The Korean Government, The Korean Government's Refutation of the Japanese Government's View Concerning Dokdo(Takeshima) dates July 13, 1953(September 9, 1953).

3) The Korean Government, The Korean Government's Refuting the Japanese Government's View of the Territorial Ownership of Dokdo (Takeshima) Taken in the Note Vervale N.15/A2 of the Japanese Ministry of Foreign Affairs dates February 10, 1954(September 25, 1954).

4) 한국해양수산개발원, 「독도는 과연 일본영토였는가? - 일본 외무성 독도홍보자료에 대한 비판」-2, 2008.4.16.

5) 외교통상부, 「독도홍보참고자료」, 서울: 영토해양과, 2012. 9. 27.

6) The Korean Government, The Korean Government's View Refuting the Japanese Government's Version of the Ownership of Dokdo dated September 10, 1956(January 1, 1959)

신라 지증왕 당시에 우산국이 신라에 귀속되었다는 사실과 그 우산국은 이조 초기에 이르러서는 분명히 울릉 우산 양도를 포함한 것으로 인지되어 관찬지리지를 비롯한 기타 공식기록에 수록되었다. 따라서 울릉도의 속도인 우산도 즉 독도도 영역의 일부로 분명히 간주되어 있었다는 사실에 추호의 의문을 품을 여지가 없다(제3항 2).

신라의 우산국 정복에 관한 정부의 유일한 기술인 상기 기술 중 '역사적 권원', '영토의 취득' 그리고 '정복'이라는 표현이 없다. 따라서 독도의 역사적 권원을 국가성립에 기초인 본원적 권원(original title)으로 보는 것인지 국가성립 이후 추후의 정복에 의한 취득권원(acquisitive title)으로 보는 것인지 명백하지 아니하다. 다만 '신라에 귀속되었다.'는 표현에 중점을 두어 보면 신라의 권원으로 보는 것 같이 추정된다.

우리 역사학자들은 신라의 우산국 귀복을 '정복'으로 보고 있는 것이 일반적이라 할 수 있다.[7] 여하간 신라의 우산국 정복으로 한국의 독도 영유권에 관한 역사적 권원은 수립 되었다.

## III. 역사적 권원에 관한 일반적 고찰

### 1. 역사적 권원의 개념

#### 가. 권원의 의의

영토주권의 권원(title to territorial sovereignty)이란 타 국가에 대한 영토주권의 주장 근거(the validity of claims to territorial sovereignty against other states)를 의미한다.[8]

#### 나. 역사적 권원의 의의

영토에 대한 주권의 현시(display of sovereignty), 즉 실효적 지배(effective control)가 요구되는 것은 '권원의 대체(replacement of title)', '권원의 취득(acquisition of title)' 또는 '권원의 유지(maintenance of title)'를 위해서이다.

영토주권의 권원은 시간 경과의 축에서 구분해 볼 때, '현대국제법상 권원'과 그 이전의 '역사적 권원'으로 구분된다. 그중 역사적 권원(historical title)은 고전적 권원(ancient title), 본원적 권원(original title), 봉건적 권원(feudal title) 등 현대국제법 이전의 영토주권의 타당 근거를 말한다. 역사적 권원은 전 법적 주권(pre-legal sovereignty)의 권원 즉, 국제법 이전의 권원을 뜻한다.[9] 따라서 역사적 권원은 엄격한

---

7) 송승철, '이사부 연구와 축제, 그리고 동해학을 위한 시설' 동북아역사재단 독도연구소, 『제5회 정기독도연구 콜로키움』(2013.3.3.-5).
　　윤명철, '이사부, 우산국 정복의 역사적 가치와 21세기적 의미', 강원일보·삼척시·강원개발연구원, 『이사부 그 다이나믹한 동해의 기억 -그리고 내일』, 2008.
　　강봉룡, '이사부 생애와 활동의 역사적 의의', 한국이사부학회, 『이사부와 동해』, 창간호, 2010.
　　한국근대사자료연구협의회, 『독도연구』(서울: 문광사, 1980).
　　박관숙, '독도의 지위' 독도학회, 『한국의 독도연구사』(서울: 독도보전협회, 2003).
　　해양수산부, 『독도생태계 등 기초조사연구』(서울: 한국해양연구소, 2000).
　　Kim Myung-Ki, *Territorial Sovereignty and Dokdo over International Law*, Claremont, California: Paige Press, 2000.

8) Brownlie Ian, *Principles of Public International Law*, 5th ed., Oxford: Oxford University Press, 1998.

의미에서 법적 권원이라 할 수 없다. 물론 역사적 권원이 성립할 당시에 타당한 현대국제법 이전의 규범으로 관념하면 역사적 권원도 법적 권원이라 할 수 있으나 그것은 현대국제법상 권원이라고는 할 수 없다. 현대국제법은 1648년의 웨스트파리아 조약(Treaty of Westphalia) 이후에 성립된 것으로 보는 것이 일반적인 견해이므로[10] 결국 역사적 권원은 1648년 이전 근대국가성립 이전의 권원을 의미한다고 할 수 있다. 이는 특정 국가가 국가로서 성립한 이후에 후속적으로 증가된(subsequent increase) 권원과 구별된다.[11]

## 2. 역사적 권원의 대체의 의의

시제법(時際法, intertemporal law)상 권리획득 시의 법과 권리존재 시의 법은 다른 것이 다. 권리의 취득에 관해서는 그 취득 당시에 타당한 법이 적용되는 것이며 권리의 존재에 관해서는 오늘날 평가 시에 타당한 법이 적용되는 것이다. '권원의 대체'란 역사적 권원을 현 대국제법에 의해 타당한 다른 권원(another title valid by modern International law)으로 대체(replacement)하는 것을 말한다.[12] 즉 역사적 권원이 그 후의 역사적 발전의 효과에 의 해 대체(superseded)되는 것을 뜻한다.[13] 요컨대, 고전적 권원, 본원적 권원, 봉건적 권원 등 역사적 권원을 현대국제법에 의해 타당한 새로운 권원으로 변경하는 것을 역사적 권원의 대체라 한다. 이를 '권원의 교체(supersede of title)', '권원의 변경(change of title)' 또는 '권원의 변형(transformation of title)'이라고도 한다.

권원의 대체는 새로운 권원을 취득하는 '권원의 취득'과 구별되고, 기 취득한 권원의 현 상을 유지하는 '권원의 유지'와 구별된다.

## 3. 역사적 권원의 대체의 필요성

권원의 대체는 '권원의 객체의 현대화', '권원의 주체의 현대화', 그리고 '권원의 시간의 현대화'를 위

---

9) Schwarzenberger G. and E. D. Brown, *A Manual of International Law*, 6th ed., Miton: Professional Book, 1972.

10) Verosta Stephan, 'History of Law of Nations, 1648 to 181' *EPIL*, Vol.7, 1984.
　　Chimni B. S., *International Law and World Order*, London: Sage, 1993.
　　Westlake John, *International Law*, Cambridge: Cambridge University Press, 1895.
　　Triggs, *International Law*, Austria: Butterworth, 2006.
　　O'connell D. P., 'A Cause Celebre in the History of Treaty Making', *BYIL*, Vol.42, 1967.
　　Cassesse Antonio, *International Law*, Oxford: Oxford University Press, 2001.
　　O'Brien John, *International Law*, London: Cavendish, 2001.
　　Kayaglu Turan, *Legal Imperialism*, Cambridge: Cambridge University Press, 2010.
　　Wheatley Steven, *The Democratic Legitimacy of International Law*, Oxford: Hart, 2010.
　　Gross Leo, 'The Peace of Westphalia 1648-1948, '*AIIL*, Vol.42, 1948.
　　Strayer J. R., *On the Medieval Origins of Modem State*, Princeton: Princeton University Press, 1979.
　　Zocher Mark W., 'The Territorial Integrity Norm, 'in B. A. Simmons and R. H. Steinberg(eds.), *International Law and International Relations*, Cambridge: Cambridge University Press, 2006.
　　Kaczorowska Alind, *Public International Law*, 4th ed., London: Routledge, 2011.
　　Joyce Rechard, 'Westphalia: Event, Memory, Myth, 'in F. Johns, R. Joyce and S. Papahuja (eds.), *Events: The Force of International La*, London: Routledge, 2011.
　　Diehl Paul F. and Charlatte Ku, *The Dynamic of International Law*, Cambridge: Cambridge University Press, 2012.

11) Bernordez Antonio Tores, 'Territory, Acquisition', *EPIL*, Vol.10, 1987.

12) ICJ, *Reports*, 1953.

13) Ott David H., *Public International Law in the Modem World*, (London: Pitman, 1987).

해 요구된다.

### 가. 권원의 객체의 현대화

권원의 대체의 필요성은 권원의 객체의 현대화를 위해 요구된다. 역사적 권원의 객체는 사법상의 토지 소유권이었다. 이를 현대국제법상의 객체로 변경하기 위해 권원의 대체가 요구된다. 주로 유럽에 있어서 왕(king) 또는 제후(prince)가 지배하는 영토에 대한 소유권으로 당시 로마법에 의해 인정된 사법상의 권원이 영토에 대한 국제법상 권원으로 인정될 수 있느냐의 문제이다.[14] 근대국가(modern state)의 형성에 의해 근대국제법이 성립되었으며, 근대국제법 사회는 1648년 10월의 웨스트파리아 회의(Conference of Westphalia)를 그 시발점으로 하여 형성되었다.[15] 이 회의는 중세 이래 존속하여온 유럽의 전통적인 봉건적 사회조직의 종말을 선언하고 근대국가로 형성되는 근대국제법 사회의 출발점을 제시했다. 이에 따라 근대국제법의 체계가 형성되게 되었다.[16] 그러므로 근대국제법 체계의 형성 이전에 성립된 봉건적 권원, 즉 로마법상 소유권은 국제법상 권원으로 인정될 수 있느냐의 문제가 제기되는 것이다. 이 문제를 해결하기 위해 권원의 대체가 요구되는 것이다.

### 나. 권원의 주체의 현대화

권원의 대체의 필요성은 권원의 주체의 현대화를 위해 요구된다. 역사적 권원의 주체는 왕 또는 제후였다. 이를 현대국제법의 주체인 국가로 변경하기 위해 권원의 대체가 요구된다. 봉건적 사회에서 왕 또는 제후가 지배하는 영토와 그 영토 내의 주민으로 구성된 공동체(community)의 로마법에 의한 법인격자가 국제법상 권원의 주체가 될 수 있는 국제법상 국가로 인정될 수 있느냐의 문제이다.[17] 전술한 바와 같이 봉건국가(feudal state)를 대체한 근대국가(modern state)의 형성으로 국제법 체계가 형성되었으므로 그 이전의 봉건적 권원의 주체가 국제법상 권원의 주체인 국가로 인정될 수 있느냐의 문제가 제기되는 것이다. 이 문제를 해결하기 위해 고전적 권원, 원시적 권원, 봉건적 권원 등 역사적 권원은 국제법상 권원으로 인정될 수 없는 것이다. 역사적 권원을 국제법상 권원으로 대체하기 위해, 즉 역사적 권원의 주체인 왕 또는 제후를 국가로 변경하기 위해 권원의 대체가 요구되었다.

### 다. 권원의 시간의 현대화

권원의 대체의 필요성은 권원의 적용시간의 현대화를 위해 요구된다. 역사적 권원에 적용되는 법은 그 권원이 창설될 당시의 법이며 오늘의 현대국제법이 아니다. 권원의 성립 당시의 법을 권원의 평가 당시의 오늘의 국제법으로 변경하기 위해 권원의 대체가 요구된다.

---

14) Peter Malanczuk, Akehurst's *Modern Introduction to International Law*, 7th ed., (London: Routledge, 1987).

15) Stephan Verosta, 'History of the Law of Nations 1648 to 1815', *EPIL*, Vol.7, 1984.

16) Gross Leo, 'The Peace of Westphalia', *AJIL*, Vol.42, 1948.

17) James Crawford, *The Creation of States in International Law*, (Oxford: Clarendon, 1979).

## 4. 역사적 권원의 대체의 효과

### 가. 대체된 권원의 발효

역사적 권원의 대체로 효력이 인정되지 않았던 역사적 권원은 대체된 당시의 법에 따라 새로운 권원이 성립·발효되게 된다.

### 나. 역사적 권원의 실효

역사적 권원의 대체로 역사적 권원은 법적으로 실효되게 된다. 그러므로 역사적 권원은 대체 이후 법적 권원으로 주장될 수 없게 된다.[18] 물론 역사적 권원이 존재하였다는 역사적 사실이 소멸되는 것은 아니다.


## IV. 독도의 역사적 권원의 대체

### 1. 독도의 역사적 권원의 변천과 대체

국가의 특정 영토의 영유권에 대한 권원은 시간의 발전축에서 볼 때 변화의 과정을 거치게 된다. 따라서 권원은 그 권원을 주장하는 시점에 따라 다를 수밖에 없는 상대적인 개념인 것이다. 한국의 독도 영유권의 권원도 그를 주장하는 시점에 따라 다를 수밖에 없는 상대적인 것이다.

(i) 신라시대에 독도 영유권의 권원은 지증왕 13년(512년) 이사부의 우산국 정복에 의해 취득된 역사적 권원이었다.

(ii) 고려시대에 독도 영유권의 권원은 신라로부터 승계된 독도 영유권의 권원의 유지를 위한 적극적인 통치권의 행사에 의해 유지된 역사적 권원과 실효적 지배에 의한 권원이었다.

(iii) 조선시대에 독도 영유권의 권원은 고려시대와 마찬가지로 고려로부터 승계한 역사적 권원의 유지를 위한 소극적인 통치권의 행사로 역사적 권원과 실효적 지배에 의한 권원 이었다.

(iv) 대한제국시대에는 1900년 10월 '대한제국 칙령 제41호'에 의해 역사적 권원을 현대국제법상의 권원으로 권원의 대체를 이루었다.[19] 따라서 대한제국시대에 독도 영유권의 권원은 '대한제국 칙령 제41호'였다.

이와 같이 독도의 역사적 권원은 대한제국시대에 이르러 현대국제법상의 권원으로 대체 되게 되었다.

---

18) ICJ, *Reports* 1953.
　　ICJ, *Reports* 1992.
　　ICJ, *Reports* 1975.
　　ICJ, *Reports* 2007.

19) 김명기, '대한제국 칙령 제41호에 의한 역사적 권원의 대체에 관한 연구', 독도 조사 연구학회, 『독도논총』, 제5권 제1·2 통합 호, 2010.

## 2. 독도의 역사적 권원의 대체의 효과

### 가. 역사적 권원의 실효

전술한 바와 같이 역사적 권원은 현대국제법상 권원으로 대체되게 되면 이는 법적 효력을 상실하게 된다.[20] 따라서 '대한제국 칙령 제41호'에 의해 대체된 역사적 권원은 1900년 10월 이전에는 독도 영유권의 권원으로 효력이 있었으나 1900년 10월 이후에는 그 효력을 상실하게 되었다. 그러므로 '오늘' 독도 영유권의 권원을 신라 이사부의 우산국 정복에 의한 역사적 권원에 있다고 주장할 수 없게 되고 만 것이다.

### 나. 대체 이후의 권원

(1) 대체된 권원과 그 중단 대체 이후의 권원은 말할 것도 없이 '대한제국 칙령 제41호'이다.

그러나 불행히도 1910년 8월 '한일합방조약'에 의해 이 권원은 사실상 중단되고 만다. 동 조약이 원초적으로 부존재 또는 무효이므로 '대한제국 칙령 제41호'에 의한 권원은 원초 적으로 중단되지 아니했다고 할 수 있으나 동 조약의 부존재는 광복 이후에 와서 1910년에 소급하여 인정되는 것이므로[21] 광복 이전에는 동 조약은 사실상 부존재 또는 무효로 취급된 것이 아니므로 이 권원의 중단은 사실상(*de facto*) 중단인 것이며, 법상(*de jure*) 중단이 아닌 것이다. 이 권원을 '소멸'이라 쓰지 아니하고 '중단'이라 표현하는 것은 이 권원은 연합국의 일련의 조치에 의해 회복되기 때문이다.

(2) 중단 권원의 회복

사실상 중단되었던 권원은 연합국의 일련의 조치에 의해 회복되게 된다. 그 회복된 권원은 '대한제국 칙령 제41호'이고, 그 회복의 권원의 근거(root)는 연합국의 일련의 조치인 '카이로 선언', '포츠담 선언', '항복 문서', 'SCAPIN 제677호', '대일평화조약'이다.

회복된 권원의 근거에 관해 '항복문서설',[22] 'SCAPIN 제677호설,[23] 그리고 '대일평 화조약설'[24] 등으로 학설이 나누어져 있다.

---

20) UN, *RIAA*, Vol.2, 1949, p839; ICJ, *Reports*, 1953, p.56; ICJ, *Reports*, 1975, p.39; ICJ, *Reports*, 1992, paras. 343-44; ICJ, *Reports*, 2007, para.259; ICJ, *Reports*, 2008, para. 48.

21) Myung-Ki Kim, *The Korean War and International Law*, (Claremont, CA: The Paige Press, 1991).
S.Oda., 'The Normalization of Relations between Japan and the Republic of Korea', *AJIL*, Vol.61, 1967.

22) P.B. Potter, 'Legal Aspects of the Situation in Korea', *AJIL*, Vol.44, 1950.
박관숙, '독도의 법적 지위에 관한 연구', 대한공론사, 『독도』, 서울: 대한공론사, 1905.
이한기, 『한국 영토』, 서울: 서울대 출판부, 1969.

23) 나홍주, 'SCAPIN 제677호의 국제특별법령의 자격, '독도보전협회, 『한국의 독도 영유권 증명과 일본의 독도 침탈정책 비판』, 2011년 학술 대토론회, 2011.10.15.
대한민국정부, 1952.2.12, 구술서

24) D.P. O'Connell, 'The Status of Formasa and the Chinese Recognition Problem', *AJIL*, Vol.50, 1956.
김명기, '독도 영유권과 제2차 대전의 종료', 대한국제법학회, 『대한국제법학회 논총』 제30권 제1호, 1985.6
김석현 '독도의 영유권과 SCAPIN 677', '대한국제법학회·한국해양수산개발원, 학술세미나, 『독도문제와국제법』, 2006.9.30.
이동원, '지정토론문', 한국독도연구원·국회독도지킴이, 『한국의 독도 어떻게 지킬 것인가』, 2011. 11. 4.

## 3. 역사적 권원의 오늘의 의미

상술한 '대일평화조약'의 해석에서 역사적 권원은 어떠한 의미를 갖는지를 검토해 보기로 한다. 여기서 '역사적 권원'이란 (ⅰ) 512년 우산국의 귀복에 의한 협의의 역사적 권원, (ⅱ) 512년부터 1900년 '대한제국 칙령 제41호'가 제정·공포되어 역사적 권원이 현대국제법상 권원으로 대체되기 전까지의 광의의 역사적 권원, 그리고 (ⅲ) 512년부터 1910년 한일합방 시까지의 광의의 역사적 권원 중 광의의 역사적 권원을 뜻하는 것으로 정의하기로 한다(물론 본래적 의미의 역사적 권원은 (ⅰ)만을 의미한다). 이러한 광의의 역사적 권원이 상술한 '대일평화조약'의 해석에 다음과 같은 중요한 기능을 한다.

첫째로, 통상적 의미의 해석에서, '제주도·거문도 및 울릉도'의 해석은 '열거적 규정'이 아니라 '예시적 규정'이며 따라서 독도는 동 조항에 열거되어 있지 아니한 4천여 도서 중에 포함된다는 해석은 독도의 역사적 권원이 한국에 있음을 전제로 한 것이다. 그리고 '제주도·거문도 및 울릉도' 중 울릉도는 그의 속도인 독도를 포함한 것이라는 해석도 울릉도와 독도의 역사적 권원이 한국에 있음을 전제로 한 것이다. 따라서 동 조항의 통상적 의미의 해석에서 독도의 역사적 권원은 그 자체로는 권원은 아니지만 동 조항의 해석에 중요한 기능을 한다.

둘째로, 목적론적 해석에서, '카이로 선언'의 '폭력과 탐욕에 의해 약취한 지역'에 독도가 포함되어 있으므로 독도는 한국영토라는 해석은 독도에 역사적 권원이 한국에 있음을 전제로 한 것이다. 따라서 동 조의 목적론적 해석에서 독도의 역사적 권원은 그 자체는 권원은 아니지만 동 조항의 해석에 중요한 기능을 한다.

셋째로, 보충적 수단에 의한 해석에서, '준비작업'에 독도를 한국영토로 규정한 제 초안, 연합국의 합의서 등의 원용에 의한 해석은 독도의 역사적 권원이 한국에 있음을 전제로 한 것이다. 따라서 동 조의 보충적 수단에 의한 해석에서 독도의 역사적 권원은 중요한 기능을 한다.

이와 같이 독도의 역사적 권원은 동 조의 국제법에 의한 해석에 의해 전혀 무의미한 것으로 되는 것이 아니라 동 조의 국제법적 해석의 기초인 전제의 사실(fact)로 되어 있는 것이다.


## Ⅴ. 결언

역사적 권원은 현대국제법상 권원으로 대체되지 아니하면 현대국제법상 효력이 없고, 현대국제법상 권원으로 대체되게 되면 그 이후 역사적 권원은 법적으로 실효되게 된다는 것이 국제 판례와 학설에 의해 일반적으로 수락되어 있다.

512년 신라 이사부의 우산국 정복에 의해 취득된 독도 영유권의 역사적 권원은 1900년 '대한제국 칙령 제41호'에 의해 현대국제법상 권원으로 대체되었고 이에 따라 역사적 권원은 '오늘' 법적으로 실효되게 되었다.

독도의 역사적 권원의 1900년 '대한제국 칙령 제41호'에 의해 현대국제법상 권원으로 대체되어 법적으로 실효되고 말았으나, 역사적 권원은 전혀 무의미한 것으로 된 것이 아니라 '대일평화조약' 제2조

(a)항을 목적론적으로 해석함에 있어서, 즉 독도가 일본에 의해 침탈되기 이전의 상태를 회복함에 있어서 '칙령 제41호'가 제정·공포되기 직전에 일본이 독도를 침탈하고 있었으므로 바로 그 당시의 상태로의 회복에 그 당시 타당했던 역사적 권원에 의해 독도는 한국영토로 해석된다. 따라서 1900년 대체 이후 실효된 역사적 권원을 '대일평화조약' 제2조 (a)항의 해석에 원용되어 독도는 한국영토라는 해석을 함에 있어서 중요한 역할을 한다.

따라서 독도 영유권의 연구는 실효된 역사적 권원에서 대체된 현대국제법상 권원으로 대 전환이 요구된다. 특히 '대한제국 칙령 제41호' 이후의 실효적 지배의 연구가 요구된다.

독도 영유권의 연구는 1910년 '한일합방조약'에 의한 권원의 중단과정에서 연합국에 의한 권원의 회복과정으로 전환이 요구된다. 특히 '대일평화조약'의 체결 과정에 관한 연구가 요구된다.

'오늘' 독도 영유권의 권원의 근거는 '대일평화조약'에 있으므로 동 조약의 해석의 폭 넓은 연구가 요구된다.


역사학계에 대해 다음과 같은 '권고'를 하기로 한다.

독도 영유권에 관해 국제법학계와의 친밀한 실천적 학제연구를 단계적으로 추진한다.

독도의 역사를 바로잡는 민족적 사업은 독도 영유권의 역사적 권원의 대체와 관계없이 지속적으로 추진한다.


정부 당국에 대해 다음과 같은 정책대안을 '제의'하기로 한다.

역사적 권원의 대체의 법리에 따라 상술한 독도 연구의 기본방향에 맞추어 독도정책의 방향을 과감히 전환한다. 즉 역사적 권원 주장[25]에서 대체된 권원 주장으로, 'SCAPIN 제677호'에 근거한 주장[26]에서 '대일평화조약'에 근거한 주장으로 정책전환을 한다.

역사학과 국제법학의 학제연구의 중장기 총괄계획을 수립하고 이를 주도적으로 추진·진원하고, 그 결과를 정책에 적극 반영한다.

학제연구의 활성화를 위해 관학 컨소시엄을 형성하여 연차적으로 발전을 도모한다.

학제연구의 중장기 총괄계획을 시민단체에 보급하여, 참여를 독려하고 기대효과를 증폭시킨다.

'대한제국 칙령 제41호'에 의해 독도 영유권의 권원은 독도의 역사적 권원을 현대국제법상 권원으로 대체하고 법적 효력을 상실한 독도의 역사적 권원은 '대일평화조약' 제2조 (a)항의 해석의 기초가 되었고 역사를 바로잡는 기능을 하는 것이다. 그러므로 독도의 역사적 권원은 오늘에도 그 존재의 의미를 갖는다.

---

25) 대한민국정부, 『한국정부구술서(한국정부견해1)』, 1953.7.13.
26) 대한민국정부, 『한국정부구술서(한국정부견해3)』, 1959.1.7.

# <참고문헌>

강봉룡, '이사부 생애와 활동의 역사적 의의, '한국이사부학회, 『이사부와 동해』, 창간호, 2010.

김명기, '대한제국 칙령 제41호에 의한 역사적 권원의 대체에 관한 연구', 독도조사연구학회, 『독도논총』, 제5권 제1
     ·2 통합 호, 2010.

_____, 『독도강의』, 서울: 독도조사연구학회, 2007.

_____, '독도 영유권과 제2차 대전의 종료', 대한국제법학회, 『대한국제법학회 논총』제30권 제1호, 1985.6

김석현 '독도의영유권과 SCAPIN 677, '대한국제법학회·한국해양수산개발원, 학술세미나, 『독도문제와 국제법』,
     2006.9.30.

나홍주, 'SCAPIN 제677호의 국제특별법령의 자격', 독도보전협회, 『한국의 독도 영유권 증명과 일본의 독도 침탈정
     책 비판』, 2011년 학술 대토론회, 2011.10.15.

대한민국정부, 1952.2.12, 『구술서』

_____, 『한국정부구술서(한국정부견해1)』, 1953.7.13.

_____, 『한국정부구술서(한국정부견해3)』, 1959.1.7.

박관숙, '독도의 지위', 독도학회, 『한국의 독도연구사』, 서울: 독도보전협회, 2003.

_____, '독도의 법적 지위에 관한 연구', 대한공론사, 『독도』, 서울: 대한공론사, 1905.

『삼국사기』권4, 지증 마립간 6월 2월 초

송승철 번역(송승철, '이사부 연구사 축제 그리고 '동해학'을 위한 시설', 동북아역사재단 독도연구소, 『제5회 정기
     독도연구 콜로키움』, 2010.3.3-5.

_____, '이사부 연구와 축제, 그리고 동해학을 위한 시설' 동북아역사재단 독도연구소, 『제5회 정기독도연구
     콜로키움』 (2013.3.3-5).

윤명철, '이사부, 우산국 정복의 역사적 가치와 21세기적 의미', 강원일보·삼척시·강원개발연구원, 『이사부 그 다
     이나믹한 동해의 기억 -그리고 내일』, 2008.

이동원, '지정토론문', 한국독도연구원·국회독도지킴이, 『한국의 독도 어떻게 지킬 것인가』2011. 11. 4.

이한기, 『한국영토』, 서울: 서울대 출판부, 1969.

외교통상부, 『독도홍보참고자료』, 서울: 영토해양과, 2012. 9. 27.

한국근대사자료연구협의회, 『독도연구』, 서울: 문광사, 1980.

한국해양수산개발원, 『독도는 과연 일본영토였는가? -일본 외무성 독도홍보자료에 대한 비판』-2, 2008.4.16.

해양수산부, 『독도생태계 등 기초조사연구』, 서울: 한국해양연구소, 2000.


Bernordez Antonio Tores, 'Territory, Acquisition', *EPIL*, Vol.10, 1987.

Brownlie Ian, *Principles of Public International Law*, 5th ed., Oxford: Oxford University Press, 1998.

Cassesse Antonio, *International Law*, Oxford: Oxford University Press, 2001.

Chimni B. S., *International Law and World Order,* London: Sage, 1993.

Crawford James, *The Creation of States in International Law*, Oxford: Clarendon, 1979.

Diehl Paul F. and Charlatte Ku, *The Dynamic of International Law,* Cambridge: Cambridge University Press, 2012.

Gross Leo, 'The Peace of Westphalia 1648-1948', *AIIL*, Vol.42, 1948.

_____, 'The Peace of Westphalia', *AJIL*, Vol.42, 1948.

ICJ, *Reports*, 1953.

___, *Reports* 1975.

___, *Reports* 1992.

___, *Reports* 2007.

Joyce Rechard, 'Westphalia: Event, Memory, Myth', in F. Johns, R. Joyce and S. Papahuja (eds.), *Events: The
     Force of International Law,* London: Routledge, 2011.

Kaczorowska Alind, *Public International Law*, 4th ed., London: Routledge, 2011.

Kayaglu Turan, *Legal Imperialism*, Cambridge: Cambridge University Press, 2010.

Kim Myung-Ki, *Territorial Sovereignty and Dokdo over International Law,* Claremont, California: Paige Press,
     2000.

_____, *The Korean War and International Law*, Claremont, CA: The Paige Press, 1991.

The Korean Government, The Korean Government's Refutation of the Japanese Government's View Concerning Dokdo(Takeshima) dates July 13, 1953(September 9, 1953).

_____, The Korean Government's Refuting the Japanese Government's View of the Territorial Ownership of Dokdo(Takeshima) Taken in the Note Vervale N.15/A2 of the Japanese

_____, The Korean Government's View Refuting the Japanese Government's Version of the Ownership of Dokdo dated September 10, 1956(January 1, 1959)

Korean Ministry of Foreign Affairs dates February 10, 1954(September 25, 1954).

Malanczuk Peter, Akehurst's *Modern Introduction to International Law*, 7th ed., London: Routledge, 1987.

O'Brien John, *International Law,* London: Cavendish, 2001.

O'connell D. P., 'A Cause Celebre in the History of Treaty Making', *BYIL*, Vol.42, 1967.

_____, 'The Status of Formasa and the Chinese Recognition Problem', *AJIL*, Vol.50, 1956.

Oda S., 'The Normalization of Relations between Japan and the Republic of Korea', *AJIL*, Vol.61, 1967.

Ott David H., *Public International Law in the Modem World,* London: Pitman, 1987.

Potter P.B., 'Legal Aspects of the Situation in Korea', *AJIL,* Vol.44, 1950.

Schwarzenberger G. and E. D. Brown, *A Manual of International Law*, 6th ed., Miton: Professional Book, 1972.

Strayer J. R., *On the Medieval Origins of Modem State,* Princeton: Princeton University Press, 1979.

Triggs,G.D., Inter*national Law*, Austria: Butterworth, 2006.

Verosta Stephan, 'History of Law of Nations, 1648 to 181' *EPIL*, Vol.7, 1984.

_____, 'History of the Law of Nations 1648 to 1815', *EPIL*, Vol.7, 1984.

Westlake John, *International Law,* Cambridge: Cambridge University Press, 1895.

Wheatley Steven, *The Democratic Legitimacy of International Law,* Oxford: Hart, 2010.

Whiteman M.M, *Digest of International Law*, Vol.3, Washington. DC: USGDO, 1964.

Zocher Mark W., 'The Territorial Integrity Norm', in B. A. Simmons and R. H. Steinberg(eds.), *International Law and International Relations,* Cambridge: Cambridge University Press, 2006.

# 제10절 I 시볼트의 기망행위와 신의성실의 원칙

## I. 서언

1951년 9월 8일에 서명되고 1952년 4월 28일에 발효된 '대일평화조약' 제2조 (a)항은 '일본은 한국의 독립을 승인하고, 제주도·거문도 및 울릉도를 포함하는 한국에 대한 모든 권리·권원 및 청구권을 포기한다.'라고 규정하여 독도는 일본이 포기하는 도서로 명시적으로 열거되어 있지 아니하다. 따라서 일본정부는 독도는 일본이 포기하는 영토로 동 조약에 규정되어 있지 아니하므로 독도는 일본영토라고 주장하고, 이에 대해 한국정부는 독도가 일본이 포기하는 영토로 명시적으로 규정되어 있지 아니하나 ( i ) 독도는 울릉도의 속도이므로 독도는 울릉도와 같이 일본이 포기한 도서이므로 독도는 한국영토라고 주장하기도 하고, (ii) 1946년 1월 29일의 'SCAPIN 제677호'에 의해 분리된 독도는 '대일평화조약' 제19조 (d)항의 규정에 의해 확인된 한국영토라고 주장하기도 한다.

이와 같이 독도 영유권에 관해 한일 양국정부가 각기 자국의 영토라고 주장하고 있는 것은 '대일평화조약' 제2조 (a)항에 독도가 일본이 포기하는 영토로 명시적으로 규정되어 있지 아니하기 때문이며, 동 조약 제2조 (a)항이 독도를 일본이 포기하는 도서로 명시적으로 규정되어 있지 아니하게 된 것은 '대일평화조약' 체결과정에서 미국의 일본 정치고문인 시볼트(William J. Sebald)의 기망행위에 의해 독도가 한국영토로 명시적으로 규정되지 아니하게 된 것이기 때문이다. '대일평화조약'의 체결은 일본이 항복 후 일본을 점령했던 미국이 주도적으로 추진했다. 1949년 11월 2일의 미국의 '제5차 미국초안'에는 독도는 한국영토로 명시되어 있었다. 미 국무부는 1949년 11월 4일 동 '제5차 미국초안'을 검토를 위해 연합군최고사령관 맥아더(Douglas MacArthur)장군과 미국의 일본정치고문인 시볼트에게 송부했다. 시볼트는 1949년 11월 14일의 '전문의견'과 1949년 11월 19일의 '서면의견'에서 독도는 일본영토라고 허위기망의 주장을 하여 1949년 12월 29일 '제6차 미국초안'에서 독도는 한국영토라는 규정이 삭제되게 되었다. 따라서 오늘날 독도 영유권에 관해 한일 양국정부 간에 대립이 있게 된 원인이 시볼트의 기망행위에 근거한 것임은 논의의 여지가 없다.

이 연구는 시볼트의 기망행위가 국제법상 '신의성실의 원칙(principle of good faith)'에 반하여 위법한 것으로 '대일평화조약' 제2조 (a)항은 무효라는 법리를 정리하기 위해 시도된 것이다.

이하 국제법상 '신의성실의 원칙'을 개관하고 시볼트의 기망행위를 입증하여 '대일평화조약' 제2조 (a)항은 무효이고 이에 대해 미국의 국가책임이 성립되고 해석의 보충적 수단에 의한 해석에 의해 독도는 한국영토로 해석된다는 결론에 이르려 한다.

이 연구는 법실증주의에 기초하고, 법해석론적 접근임을 여기에 밝혀두기로 한다.


## II. 신의성실의 원칙 일반

### 1. 신의성실의 원칙의 개념

#### 가. 신의성실의 원칙의 의의

'국제연합헌장' 전문과 제2조 제2항, '조약법협약' 전문과 제31조 제1항 그리고 '우호관계선언' 제7원칙에 각각 '신의성실의 원칙'을 규정하고 있으나 이들 규범은 '신의성실의 원칙'을 정의한 정의규정이 없다. 물론 이들 규범 이외의 어떠한 규범에도 '신의성실의 원칙'을 정의한 규정이 없다.

Anthony D'Amato는 '신의성실의 원칙'을 다음과 같이 정의하고 있다.

> 신의성실의 원칙은 법률행위의 당사자가 상호 간에 그들의 동기와 목적을 표시하기 위해 정직하고
> 공평하게 취급할 것을 요한다.
> Principle of good faith requires parties to a transaction to deal honestly and fairly with each other to
> represent their motives and purpose.

D'Amato는 '신의성실'의 요소로 정직(honest)과 공평(fair)을 들고 있다.

Georg Schwarzenberger는 신의성실은 국제법에 수용된 도덕이라고 다음과 같이 기술하고 있다.

> 신의성실은 국제법에 수용된 도덕의 최소한에 따른 법적 권리의 행사이다.
> Exercise or legal rights in accordance with moral minimum standards received into international law.

Schwarzenberger는 신의성실이란 국제법에 수용된 도덕의 최소한이라고 추상적으로 정의하고 있다.

Levi는 신의성실을 다음과 같이 정의하고 있다.

> 신의성실은 당사자가 정직하게 의무를 정신적인 유보나 기망 없이 수행하여야 하는 것을 일반적으
> 로 요구한다.
> Good faith requires that party must carry out obligations honestly without mental reservation or
> deceitfulness.

후술하는 신의성실의 원칙을 승인한 학설에서 신의성실 원칙의 의의를 보충하기로 한다.

### 나. 신의성실의 원칙의 국제법의 법원성

'신의성실의 원칙'은 그 자체로는 국제법의 법원이 아니다. '신의성실의 원칙'은 '국제연합헌장'과 불가분의 일부를 이르는 '국제사법재판소 규정' 제38조 제1항에 열거되어 있는 법원 중에 없기 때문이다. 그러나 '신의성실의 원칙'을 관습법으로 보는 견해에 의하면 동 원칙은 국제사법재판소 규정상 관습법으로 '법의 일반원칙'으로 보면 '신의성실의 원칙'은 '법의 일반원칙'으로 국제법의 법원이 된다. '신의성실의 원칙'은 국제관습법으로 보는 견해에 의하면 '신의성실의 원칙'은 '국제관습법'으로 국제법의 법원이 된다(국제사법재판소규정 제38조 제1항(b)호).

국제법의 법원을 '국제연합헌장상 법원'과 '일반국제법상 법원'으로 구분한다면 '신의성실의 원칙'은 전자의 법원이 되나 후자의 법원이 되지 못한다. '신의성실의 원칙'은 '법의 일반원칙'으로 국제법의 법원이 되나('국제사법재판소규정' 제38조 제1항) 일반국제법상 국제법의 법원은 국제조약과 국제관습법이며 '법의 일반원칙'은 일반국제법과 국제법의 법원이 아니기 때문이다.

요컨대, '신의성실의 원칙'은 그 자체로는 국제법의 법원이 아니다. 그것은 '법의 일반원칙'으로 '국제사법재판소규정'상 법원이 되나, 일반국제법상 법원이 아니다. 일반국제법상 법원은 국제조약과 국제관습법에 한정되기 때문이다.

## 2. 신의성실의 원칙의 법적 성격

'신의성실의 원칙'은 그 자체로는 국제법의 법원이 아니다. '신의성실의 원칙'은 '국제사법재판소규정' 제38조 제1항에 열거된 어떤 법원도 아니다. 그러나 이를 '관습법'으로 보는 견해와 '법의 일반원칙'으로 보는 견해대립이 있다. 이를 '관습법'으로 보든 '법의 일반원칙'으로 보든 이는 '국제사법재판소규정'상 국제법의 법원이 됨은 다름이 없다. '법의 일반원칙'으로 보는 것이 통설이라 할 수 있다. 따라서 통설에 의하면 '신의성실의 원칙'은 '국제사법재판소규정' 제38조 제1항 (c)호의 규정에 의거하여 국제법사법재판의 준거법, 즉 국제법의 법원이 된다.

국제법을 '국제연합헌장상 국제법'과 '일반국제법'으로 구분한다면 '신의성실의 원칙'은 전자의 법원이 되나 후자의 법원이 되지 못한다. '신의성실의 원칙'은 '법의 일반원칙'으로 국제법의 법원이 되나('국제사법재판소규정' 제38조 제1항) 일반국제법상 국제법의 법원은 국제조약과 국제관습법이며 '법의 일반원칙'은 일반국제법과 국제법의 법원이 아니기 때문이다.

요컨대 '신의성실의 원칙'은 '국제사법재판소규정'상 법의 일반원칙으로 국제법의 법원이 된다.

## 3. 신의성실의 원칙을 승인한 주요학설과 판례

### 가. 학설

#### (1) Anthony D'Amato

D'Amato는 신의성실을 국제법상 일반적으로 승인된 원칙이고 규칙이라고 다음과 같이 기술하고 있다.

신의성실은 다른 당사자에 대해 불공정하고 부정한 이익을 취득하는 당사자에 의해 귀결될 수 있다. … 동 원칙은 각 국가가 일반적으로 승인된 원칙과 규칙상 그의 의무를 신의성실로 이행할 의무를 갖는다고 선언했다.

Good faith might result in one of the parties gaining unfair or unjust advantage over other party … the principle is proclaimed that every state has the duty to fulfil in good faith its obligations under the generally recognized principles and rules of international law[1]

## (2) O. T. Elias

Elias는 신의성실을 조약의 체결이나 교섭과정에도 요구된다고 다음과 같이 기술하고 있다.

제18조는 조건을 표시함에 있어서 조약의 체결과 조약의 발효 전일지라도 교섭국가 간의 신의성실의 높은 수준의 유지가 요구된다.

Article 18 in express terms requires the maintenance of a high standard of good faith between negotiating states even before the conclusion and entry into force of the treaty.[2]

위와 같이 Elias는 신의성실은 '조약의 체결'은 물론 '조약의 교섭'에도 요구된다고 기술하고 있다. Elias는 신의성실을 '조약의 이행'에만 요구되는 것이 아니라 '조약의 교섭' 그리고 '조약의 체결'에도 요구된다고 표현하고 있다.

## (3) Robert Jennings와 Arthur Watts

Jennings와 Watts는 신의성실의 의무는 조약의 목표와 목적을 훼손하는 행위를 삼가 할 의무를 포함한다고 다음과 같이 기술하고 있다.

신의성실의 의무는 조약의 당사자가 조약의 목표와 목적의 훼손하는 행위를 삼가 할 의무를 포함한다.

The obligation of good faith includes the obligation party to a treaty to obtain from acts calculated to frustrate the object and purpose of the treaty.[3]

Jennings와 Watts는 신의성실이 조약의 준수에만 적용되는 것이 아니라 조약의 목표와 목적을 훼손하는 행위를 삼가야할 의무도 포함된다고 한다. 그러나 그 전 단계인 조약의 교섭·체결과정에서 신의성실이 요구되느냐에 관해서는 언급하지 아니하고 있다.

## (4) Shabtai Rosenne

Rosenne는 신의성실을 법적 개념이라기보다 도의적 개념이라고 다음과 같이 기술하고 있다.

---

1) Anthony D'Amato, 'good faith', *EPIL*, Vol.7, 1984, p.107.
2) O. T. Elias, *The Modern Law of Treaties*(Leiden: Sijthoff, 1974), p.42.
3) Robert Jennings and Arthur Watts(eds.), *Oppenheim's, International Law*, 9th ed., Vol.1, (London: Longman, 1992), p.1206.

Waldock는 신의성실의 개념도 법적 문제라기보다 도의적 개념이라고 제의했다. ···
신의성실은 조약법상 기본원칙의 하나이다. ··· 국가가 조약상의 의무를 이행하는 것만으로 충분하지 아니하다. 국가는 통상의 시행을 방해하는 것을 삼가 할 법적 의무가 있다.
Waldock suggested that the corner of good faith was a morale matter than legal than a legal one ···
good faith is a fundamental principle of the law of treaties). They were also under a legal obligations to refrain from doing anything which might impede its proper execution.[4]

Rosenne는 신의성실의 개념은 법적인 것이라기보다 도의적인 것이라고 보고, 국가는 조약상의 의무를 성실히 수행한 것으로 충분하지 아니하고 조약의 통상적인 시행을 방해하는 행위를 하지 아니할 의무가 있다고 논하고 있다.

## (5) Gerald Fitzmaurice

Fitzmaurice는 *The Norwegian Loans* Case(1957)에서 Hersch Lauterpact의 판시를 인용하여 신의성실을 '법의 일반원칙'이라고 다음과 같이 기술하고 있다.

> 의문의 여지없이 법적 일반원칙인 신의성실에 따라 의무를 이행하는 것은 또한 국제법의 한 부분이다.
> Unquestionably, the obligation to act in accordance with good faith, being a general principle of law, is also part of international Law.[5]

Fitzmaurice는 '신의성실의 원칙'을 '법의 일반원칙'이고, 또한 국제법의 일부라고 하여 '신의성실의 원칙'을 자연법적 개념으로 파악하는 입장을 소극적으로 배제하고 있다.

## (6) Ian Sinclair

Sinclair는 신의성실의 원칙을 모든 규범의 가장 기본이 되고, 조약의 해석에 있어서도 적용된다고 다음과 같이 기술하고 있다.

> 유효한 모든 조약은 당사자에게 신의성실에 따라 이행되어야 한다. ··· 만일 신의성실이 당사자에게 조약의 준수를 요구한다면 논리적으로 신의성실은 조약의 해석에 적용된다.
> Every treaty in force is binding upon the parties to it and must be performed by them in food faith. good faith is required or the parties in relation to the observance of treaties, logic demands that good faith be appled to the interpretation of treaties.[6]

이와 같이 Sinclair는 조약이 신의성실로 준수되어야 한다면 신의성실을 조약의 해석에도 적용되어야 한다고 하여 조약의 해석도 신의성실에 따라야 한다고 기술하여 조약의 해석이 신의성실에 따라야 하

---

4) Schabtai Rosenne, *Development's in the Law of Treaties 1945-1986*, (Cambridge: Cambridge University Press, 1989), p.140.

5) Gerald Fitzmaurice, 'The Law and Procedure of the International Court of Justice 1954-9 General Principles and Source of International Law', *BYIL*, Vol.35, 1959, p.208.

6) Ian Sinclair, *The Vienna Convention on Law of Treaties*, 2nd ed., (Manchester: Manchester University Press, 1984), p.119.

는 근거를 조약의 준수에서 찾고 있다. 여하간 Sinclair는 조약의 해석도 신의성실에 따라야 한다고 주장하고 있다.

### (7) John P. Grant and J. Craig Barker

Grant와 Barker는 신의성실 원칙은 법적 의무의 창설과 이행을 지배하는 원칙이라고 다음과 같이 기술하고 있다.

> 신의성실은 그 법원이 무엇이든 법적 의무의 창설과 이행을 지배하는 기본원칙의 하나이다. 신의성실은 의문의 여지없이 '국제사법재판소규정' 제38조 제1항에 규정된 바와 같이 법의 일반원칙의 하나이다.
> Good faith is one of the basic principles governing the creation and performance of legal obligation whatever their source is. It is without question one of general principles of law as specified in Article 38(1) of the statute of the ICJ.[7]

Grant와 Barker는 신의성실의 원칙은 '국제사법재판소규정' 제38조 제1항에 규정된 '법의 일반원칙' 이라고 그의 성격을 명시하고 있다.

### (8) Malcolm N. Shaw

Shaw는 신의성실을 조약법의 기본원칙이라고 다음과 같이 기술하고 있다.

> 조약법의 기본원칙은 의심의 여지없이 조약은 그 조약의 당사자를 구속하며 신의성실로 조약을 이행하여야 한다는 명제이다.
> The fundamental principle of treaty law is undoubtedly the proposition that treaties are binding upon the parties to them and must be perform in good faith.[8]

Shaw는 신의성실로 조약을 이행하여야 한다는 것이 조약법의 기본명제라고 논하고 있다.

### (9) Georg Schwarzenberger와 E.D.Brown

Schwarzenberger와 E.D.Brown은 신의성실을 도덕의 최소한이라고 다음과 같이 기술하고 있다.

> 신의성실은 국제법으로 수용된 도덕의 최소한의 기준에 따른 법적 권리의 행사이다.
> Good faith exercise of legal rights in accordance with moral minimum standards received into international law.[9]

---

7) John P. Grant and J. Craig Barker(eds.), *Encyclopedic Dictionary of International Law*, 3rd ed., (Oxford: Oxford University Pres, 2009), p.247.

8) Malcolm Shaw, *International Law*, 4th ed., (Cambridge: Cambridge University Press, 1997), p.633.

9) Gerog Schwarzenberger and E.D. Brown, *A Manual of International Law*, 6th ed., (Milton: Professional Books, 1976), p.97.

Schwarzenberger는 신의성실을 국제법의 영역에 수용된 도덕의 최소한이라고 정의했다. 이는 신의성실의 추상적 개념이다. 즉 신의성실의 절대적 기준을 제의하지 아니하고 '도덕의 최소한'이라는 추상적으로 개념을 제시했을 뿐이다.

## (10) Karl von Schuschnigg

Schuschnigg은 조약은 신의성실하게 체결되어야 한다고 다음과 같이 기술하고 있다.

> 조약은 신의성실하게 체결되어야 한다. 기망이나 조약의 실체나 목적에 관한 과오표현은 법률행위를 무효화 한다.
> Treaty must be concluded in good faith, fraud or mis-representation concerning the substance of the object of treaty invalidates the transaction.[10]

Schuschnigg은 조약은 신의성실하게 체결되어야 한다고 표시하고 있다. 이는 일반적으로 조약상 의무의 이행이 신의성실하게 되어야 한다는 것과 대조적이다.

## (11) Bin Cheng

Cheng은 신의성실은 당사자에 의한 공정, 진리, 정직 등의 준수라고 다음과 같이 기술하고 있다.

> 신의성실은 … 그들의 거래를 통하여 당사자에 의한 공정한 거래, 성실, 정직, 충실, 도덕의 준수를 의미한다. 요컨대 그들의 거래를 통한 도덕의 기준의 준수를 의미한다. 최소한 모든 보통사람이 수용할 수 있는 모든 이러한 특질의 준수를 의미한다.
> Good faith … thus implies the observances by the parties of a certain standard of fair dealing, sincerity, honest, loyalty, in short, all these qualities, in short, of morality in of at least perceptible to every common man.[11]

이와 같이 Cheng은 신의성실의 요소로 모든 보통사람이 수용할 수 있는 공정, 성실, 정직, 충실을 열거하고 있다. 신의성실의 구체적 특질을 열거한 점에서 특색이 있다.

## (12) Hans Kelsen

Kelsen은 '국제연합헌장' 제2조 제2항에 규정상 신의성실에 관해 다음과 같이 기술하고 있다.

> 그 의도는 도의적 요소를 헌장의 조약문에 삽입하려는 것이다. 이에 관한 토의에서 파나마 대표는 조약의 준수가 관련된 때 신의성실의 구절을 사용하는 것을 관습이라고 진술했다. 이는 사실이다. 그러나 이 구절이 법적으로 관련된 의미라는 그 입증이 없다.
> The intention was to insert a moral element into the text of the charter. In this discussion the

---

10) Karl von Schuschnigg, *International Law*, (Milwaukee: Bruce, 1959), p.261.

11) B. Cheng, *General Principles of Law Applied by International Court and Tribunals*, (London: Stevens, 1953), pp.119-122.

delegate of Panama stated that it is customary to use the phrase 'in good faith' when reference is made to the observance of treaties. This is true. But it does not prove that the phrase implies a legally relevant meaning.[12]

이와 같이, Kelsen은 신의성실의 원칙을 도의적 요소로 파악하고 법적 개념이 아닌 것으로 보고 있다.

## (13) Hermann Mosler

Mosler는 *Nuclear Tests* Case(1974)의 판결을 인용하여 '법의 일반원칙'을 논하면서 신의성실의 의무의 '창설'과 '이행'을 지배하는 기본원칙이라고 다음과 같이 논하고 있다.

> 법적 의무의 창설과 이행을 지배하는 기본원칙의 하나는 그 권원이 무엇이든 신의성실의 원칙이다.
> One of the basic principle governing the creation and performance of legal obligations, whatever their source, is the principle of good faith.[13]

Mosler는 '신의성실의 원칙'을 법의 일반원칙으로 보고, 의무의 '창설'에도 적용된다고 보고있다.

## 나. 판례

### (1) *Home Missionary Secretary* Case(1920)

*Home Missionary Secretary* Case(1920)에서 중재관은 신의성실의 결여에 의한 과오로 국가는 책임을 지지 아니한다고 다음과 같이 판시했다.

> 신의성실의 결여의 과오로 의무를 수행함에 있어서 과실도 없는 정부는 손해에 대한 책임이 없다.
> There was no responsibility for damage by the Government wich was neither guilty of a lack of good faith nor negligent in doing its duty.[14]

동 판정은 신의성실의 결여로 국가책임이 성립한다고 판시한 것이다. 즉 신의성실의 결여도 국제법상 위법한 것으로 국가책임이 성립한다고 판시한 것이다. '신의성실의 결여' 자체를 국제법상 위법한 것으로 보고 '신의성실의 결여'가 '법의 일반원칙'에 반하여 국제법상 위법한 것으로 국가책임이 성립한다고 본 것이 아니다. 이는 일반국제법상 법의 일반원칙을 국제법이 아니라는 것을 전제로 한 것이다.

### (2) *German Interestin Polich upper Sillesia* Case(1926)

German Interestin Polich upper Sillesia Case(1926)에서 상설주재재판소는 베르사유 조약에서 제기되는 의무에 반하는 것은 무효이거나 신의성실의 원칙에 반하는 것이라고 다음과 같이 판시한 바 있다.

---

12) Hans Kelsen, *The Law of the United Nations*(London: Institute of World Affairs, 2000), p.89.

13) Hermann Mosler, 'General Principle of Law' *EPIL*, Vol.7, 1984, p.103.

14) *AJIL*, Vol.15, 1921, pp.294-297

그러나 이 차이는 격리가 베르사유 조약에서 제기되는 의무에 반한다는 견해를 정당화하는 것을 만족시킬 수 없다. 그리고 그것은 무효이거나 신의성실의 원칙에 반한다.

This difference, however, cannot suffice to justify the view that the alienation was contradry to the obligations arising under the treaty of Versailles and then it was null and void or contrary to the principle of good faith.[15]

위 판결은 무효와 신의성실의 원칙에 반하는 것은 동위로 보고 있다. 즉 신의성실의 원칙에 반한 행위의 효과를 무효와 같이 보고 있다는 것이다. 환언하면 신의성실의 원칙에 반하는 행위는 무효로 본 것이다.

## (3) *Nanlilan Incident* Case(1928)

*Nanlilan Incident* Case(1928)에서 중재재판소는 조약의 체결은 인도와 신의성실의 원칙에 의해 제한받는다고 다음과 같이 판시한 바 있다.

그들은 인도와 국가 간에 적용될 수 있는 신의성실의 고려에 의해 제한을 받는다.

They are limited by considerations of humanity and the rules of good faith, applicable in the relations between states.[16]

동 판정의 특색은 신의성실의 원칙이 국가 간에 적용될 수 있다고 명시한 점이다.

## (4) Case *Concerning Right of Nationals of the United States*(1952)

Case *Concerning Right of Nationals of the United States*(1952)에서 국제사법재판소는 신의성실의 원칙은 '약속은 지켜야 한다.'는 전체 개념의 핵심이라고 다음과 같이 판시했다.

신의성실의 원칙은 약속은 지켜야 한다는 전체 개념의 중심이다는 것이 많은 중재판정과 사법재판에 의해 견지되어 왔다.

That the principle of good faith is central to the whole concept of *pacta sunt serbanda* has been so held in many arbitrate and judicial decisions.[17]

## (5) *Norwegian Loans* Case(1957)

*Norwegian Loans* Case(1957)에서 국제사법재판소는 신의성실하게 의무를 수행하는 것은 법의 일반원칙이고 국제법의 한 부분이라고 다음과 같이 판시한 바 있다.

의문의 여지없이 신의성실하게 의무를 이행하는 것은 법의 일반원칙이고 그것은 또한 국제법의 한

---

15) PCIJ, *Seriese A*, No 7, p.511
16) UN, *RIAA*, Vol.2, 1946, pp.1012, 1019.
17) ICJ, *Reports*, 1952, p.121.

부분이다.

Unquestionably, the obligation to dot in accordance with good faith, being a general principle of law, is also part of international law.[18)]

이 판결은 신의성실의 원칙을 '법의 일반원칙'이라 하면서 또 국제법이 부분이라고 판시한 것은 부정확한 표현이다. 왜냐하면 '법의 일반원칙'도 '국제사법재판소규정' 제36조 제1항 (c)호에 의해 국제법이기 때문이다. 그러니 '국제연합헌장'의 일부분인 '국제사법재판소규정'을 떠나 '일반국제법'상으로는 법의 일반원칙은 국제법이 아니기 때문에 동 판결에서 국제법이라고 보는 것은 국제사법재판소규정의 입장에서 본 것이다.

### (6) *Nuclear Tests* Cases(1974)

*Nuclear Tests* Cases(1974)에서 국제사법재판소는 법적 의무의 창설과 이행을 지배하는 기본원칙은 신의성실의 원칙이라고 다음과 같이 판시한 바 있다.

> 그의 법원이 무엇이든 간에 법적 의무의 창설과 이행을 지배하는 기본원칙의 하나는 신의성실의 원칙이다. 조약법에서 약속은 지켜야 한다는 규칙은 신의성실에 기초한 구 속적 성격이다.
>
> One of the basic principles governing the creation and performance of legal obligations whatever their source is the principle of good faith. ···very rule of *pacta sunt servanda* in the law of treaties is the binding character of an based on good faith···[19)]

이 판결은 다음 두 가지 점에서 특색이 있는 것이다. (i)신의성실의 원칙은 의무의 이행뿐만 아니라 창설도 지배하는 원칙이라는 점, (ii)약속을 지켜야 한다는 규칙도 신의성실에 기초한 것이라는 점이다.

### (7) *Border and Trans Border in Armed Actions* Case(1988)

**Border and Trans Border in Armed Actions** Case(1988)에서 국제사법재판소는 신의성실은 그 자체로는 법적 의무의 연원이 아니라 법적 의무의 창설과 이행을 지배하는 기본원칙의 하나라고 다음과 같이 판시한 바 있다.

> 신의성실은 아무도 달리 존재할 수 없는 의무의 연원이 아니나 법적 의무의 창설과 이 행을 지배하는 기본원칙의 하나이다.
>
> Good faith being one of the basic Principles governing the creation and performance of legal obligation but not in itself a source of obligation where none would other wise exist.[20)]

위 판결은 신의성실은 그 자체로는 법원이 아니라 법적 의무창설과 이행을 지배하는 기본원칙의 하나로 보고 있다. 특이한 것은 (i)신의성실은 의무의 이행뿐만 아니라 '창설'을 지배하는 원칙으로 보고,

---

18) ICJ, *Reports*, 1975. p.53.

19) ICJ, *Reports*, 1974. pp.253.267.

20) ICJ, *Reports*, 1988, p.105.

(ii)신의성실 그 자체는 법원이 아니라는 것이다. 이는 '국제연합헌장'의 일부인 '국제사법재판소 규정'의 입장에서 조약, 국제판례법, 법의 일반원칙 그리고 판례와 학설이 아니라는 것이다(국제사법재판소 규정 제38 제1항). 신의성실은 의무의 이행에만 요구되는 것이 아니라 의무의 창설에도 요구된다는 것 예컨대, 조약의 교섭이나 해결에도 요구된다는 것이다. 물론 신의성실은 법의 일반원칙으로는 법원이 되지만 신의성실 그 자체는 법원이 아니라는 것이다.

이상의 많은 학설, 판례의 내용에 대한 분석은 다음에서 보기로 한다.

### 다. 학설과 판례의 분석

상술한 학설과 판례를 '신의성실의 원칙'의 요소별로 개략적으로 분석해 보면 다음과 같다.

#### (1) 법적 성격

(가) 법의 일반원칙: Fitzmaurice, Grant and Barke, Mosler, Norwegian Loans Case
(나) 관습법: Shaw, Kelsen, Case Concerning Rights of United States.
(다) 도덕적 개념, 도덕의 최소한: Rosenne, Schwarzenberger, Kelsen

#### (2) 적용범위: 조약의 이행 이외의 범위

(가) 교약의 교섭, 체결 등 의무의 창설: Elias, Schuschigg, Mosler, Nuclear Test Case
(나) 조약의 해석: Sinclair

#### (3) 내용

(가) 공정, 정의: D'Amato
(나) 정직, 공정, 정의, 충실: Cheng
(다) 도의적 개념: Rosenne
(라) 조약의 목표와 목적을 훼손하는 행위: Jennings and Watts

## 4. 신의성실의 원칙의 실정법상 규정

'법의 일반원칙(general principle of law)'인 '신의성실의 원칙'을 실정법화한 규정을 보면 다음과 같다.

### 가. 국제연합헌장

#### (1) 전문

'국제연합헌장' 전문은 신의성실(good faith)이라는 용어를 표현하지 아니했으나 '국제법의 연원으로부터 발생하는 의무에 대한 존중(justice and respect for the obligation arising from treaties and other sources of international law)'이라는 표현으로 다음과 같이 '신의성실의 원칙'을 선언하고 있다.

> 정의와 조약 및 기타 국제법의 연원으로부터 발생하는 의무에 대한 존중이 계속 유지될 수 있는 조건을 확립하며
> To establish conditions under which justice and respect for the obligations arising from treaties and other sources of international law can be maintained.

### (2) 제2조 제2항

'국제연합헌장' 제2조 제2항은 국제연합의 원칙의 하나로 국제연합회원국의 지위에서 발생하는 회원국의 권리와 이익을 보장하기 위하여 헌장에 의해 부과되는 의무를 신의성실로 이행하여야 한다고 다음과 같이 규정하고 있다.

> 모든 회원국은 회원국의 지위에서 발생하는 권리와 이익을 그들 모두에게 보장하기 위하여 이 헌장에 따라 부과되는 의무를 신의성실로 이행한다.
> All members, in order to ensure to all of them the rights and benefits resulting from membership, shall fulfil in good faith the obligations assumed by them in accordance with the present Charter.

### 나. 조약법협약

### (1) 전문

'조약법협약' 전문은 다음과 같이 '신의성실의 원칙'에 유의한다고 선언하고 있다.

> 자유로운 동의와 신의성실의 원칙 및 약속을 준수하여야 한다는 규칙이 보편적으로 인정되어 있음에 유의하며
> Nothing that the principles of free consent and of good faith and the *pacta sunt servanda* rule are universally recognized.

### (2) 제26조

'조약법협약' 제26조는 조약은 신의성실의 원칙에 따라 이행하여야 한다고 다음과 같이 규정하고 있다.

> 유효한 모든 조약은 그 당사국을 구속하며 또한 당사국에 의하여 성실하게 이행되어야 한다.
> Every treaty in force is binding upon the parties to it and must be performed by them in good faith.

### (3) 제36조 제1항

'조약법협약' 제36조 제1항은 조약해석의 일반규칙의 하나로 '신의성실의 규칙'을 다음과 같이 규정하고 있다.

조약은 조약문의 문맥 및 조약의 대상과 목적으로 보아 그 조약의 문맥에 부여되는 통상적 의미에 따라 성실하게 해석되어야 한다.

A treaty shall be interpreted in good faith in accordance with the ordinary meaning to be given to the terms of the treaty in their context and in the light of its object and purpose.

이와 같이 조약은 당사국에 의하여 신의성실의 원칙에 따라 성실하게 이행되어야 한다고 규정하고 있다. 이는 조약체결 후 '이행과정'에 있어서 '신의성실의 원칙'을 규정한 것이다.

### (4) 제69조 제2항

'조약법협약' 제69조 제2항은 비록 부적법한 것이라도 그 부적법이 원용되기 이전에 성실히 이행된 행위는 부적법화되지 아니한다고 다음과 같이 규정하고 있다.

부적법이 원용되기 이전에 성실히 시행된 행위는 그 조약의 부적법만을 이유로 불법화되지 아니한다.

Acts performed in good faith before the invalidity was invoked are not rendered unlawful by reason only of the invalidity of the treaty.

### 다. 국가 간의 우호관계와 협조에 관한 국제법의 원칙 선언

1970년 10월 24일 국제연합총회에서 채택된 국가 간의 우호관계와 협조에 관한 국제법의 원칙선언 (Declaration on principle of international law concerning Friendly Relations and Cooperation among states) 제7원칙은 국가는 국제법상 의무를 신의성실하게 이행하여야 할 의무가 있다고 다음과 같이 규정하고 있다.

모든 국가는 일반적으로 승인된 국제법의 원칙과 규칙에 따라 그의 의무를 신의성실하게 이행하여야 할 의무를 갖는다.

Every state has the duty to fulfill in good faith its obligations under the generally recognized principle and rules of international law.

위의 결의 자체는 이른바 연성국제법(soft international law)으로 법적 구속력이 없으나 그 내용은 법의 일반원칙으로 '국제사법재판소규정' 제36조 제1항 (c)호의 규정에 따라 국제사법재판의 법원으로 법적 구속력을 갖는다.

제7원칙으로 규정된 의무의 성실한 이행(good faith fulfillment of obligation)은 '국제연합헌장' 제2조 제2항으로부터 유추되는 원칙이다. 이는 일반국제법 또는 조약법의 한 부분이다(a part of general international law or treaty law).[21]

---

21) R. Rosenstock, 'The Declaration of Principles of International Law', *AJIL*, Vol.65, 1971, pp.7133-735.
   Gaetano Arangio-Ruiz, 'Friendly Relations Resolution', *EPIL* Vol.9, 1986, p.139.

## 라. 국가의 권리 · 의무에 관한 선언 초안

1948년에 국제법위원회가 준비한 '국가의 권리 · 의무에 관한 선언 초안(Daft Declaration on Rights and Duties of States)'은 10개 원칙으로 되어있는 바, 그중 제9원칙인 '국가의 기초적 의무(Basic Duties of Sate)'는 국가는 의무를 성실히 수행하여야 한다고 다음과 같이 규정하고 있다.

> 조약이나 기타 국제법의 연원으로부터 제기되는 의무는 성실히 수행하여야 한다.
> Duty to carry out in good faith, obligations arising from treaties and other source of international law.

# III. 인간 시볼트

윌리엄 시볼트(William Joseph Sebald)는 1901년 11월 5일에 출생하여 1980년 8월 10일에 사망한 미국의 외교관이다. 미국 메릴랜드 주 볼티모어 출신으로 볼티모어 폴리테크닉 대학에서 수학했다.

1922년 미국 해군사관학교 졸업

1933년 메릴랜드주립대학 법대 졸업

1949년 법학박사

1925년 주일 미 대사관에 무관으로 배속

1925~1928년 일본 가루이자와 역에서 일본어 배울 때(미 해군 일본어 코스)

1927년 일본계 영국인(Edith Frances de Recker, 부: 영국인, 모: 일본인)과 결혼

1933~1941년 고베에서 변호사 생활

1942년 주일 미 대사관에 다시 무관으로 임명

1945년 12월 3일 연합군최고사령부(SCAP=GHQ) 임시 미 정치고문실(POLAD-Japan) 참 모 겸 외교 보조단 특별보좌 역.

1947년 7월 27일 도쿄 주재 외교관.

1947년 8월 11일 도쿄 주재 정치고문단 참사관

1947년 9월 2일 연합국 대일이사회 위원 겸 의장

1948년 10월 1일 공사

1949년 1월 7일 주일 미 정치고문 대리

1949년 '대일평화조약' 체결 시 무징벌 · 무배상의 원칙 주장

1949년 11월 14일 '대일평화조약 제5차 미국초안'에 대해 독도를 일본영토로 재고할 것을 권고하는 전문의견을 미 국무부에 제출했고, 1949년 11월 17일 서면의견을 제출했다

1950년 5월 23일 1급 외교관

1950년 10월 11일 대사급 도쿄 주재 연합군최고사령부 미 정치고문

1952년 4월 25일 미얀마 주재 전권대사

1954년 11월 1일 국무부 극동담당차관보

1956년 3월 7일 경력 공사

1957~1961년 주 호주대사

1965년 저서(자서전) *With MacArthur in Japan: a Personal History of the Occupation* 출간

시볼트는 친일적 외교관으로 태평양전쟁의 책임은 일본의 정치, 경제, 사상의 구조적 문제가 아니라 극소수 '군국주의자'들에게 있다고 생각했다. 자신의 친일적 입장을 일본의 공산주의화 저지, 즉 반공주의로 정당화하려고 했다.[22]

## Ⅳ. 대일평화조약 제5차 미국초안

시볼트의 기망행위가 있기 이전의 미국의 대일평화조약 초안과 시볼트의 기망행위가 있은 후의 미국의 대일평화조약 초안을 비교해보기 위해서 여기서 제5차 초안의 내용을 보기로 한다.

'제5차 미국초안(1949년 11월 2일)'은[23] 제3조에서 일본영토를 규정하고, 제6조에서 한국영토에 관해 규정하고 있다. 제3조는 '제4차 미국초안' 제1조와 완전히 동일하며, 제6조는 '제4차 미국초안' 제4조와 완전히 동일하다.

이와 같이 '제5차 미국초안'은 '일본영토조항(제3조)'에서 독도를 일본영토로 열거하지 않고, '한국영토조항(제6조)'에서 독도를 한국영토로 명시하고 있다.

제3조는 '일본영토조항'으로 다음과 같이 규정하고 있다.

1. 일본영토는 혼슈, 큐슈, 시코쿠 그리고 홋카이도의 4개의 주요 일본의 도서와 내해의 도서 … 를 포함하는 모든 부속 소도들로 구성된다.

The territory of Japan shall comprise the four principal Japanese islands of Honshu, Kyushu, Shikoku and Hokkaido and all adjacent minor islands, including the islands of the Inland Sea(Seto Naikai). …

제6조는 '한국영토조항'으로 다음과 같이 규정하고 있다.

일본은 이로써 한국을 위하여, 한국의 본토와 제주도·거문도·울릉도·독도를 포함한 한국의 모든

---

22) 위키백과; 정병준, '시볼트, 윌리엄', 한국해양수산개발원, 『독도사전』, (서울: 한국해양수산개발원, 2011), p.196; 정병준, '윌리암 시볼트 (William J. Sebald)와 '독도분쟁'의 시발,' 『역사비평』, 2005여름, p.140; 김병렬, 『독도』, (서울: 다다미디어, 1997), pp.440, 448, 451; 신용하, 『신용하 저작집 제38집: 독도 영유권에 대한 일본주장 비판』, (서울: 서울대학교 출판부, 2001), p.168; 김명기, 『독도 영유권과 대일평화조약』, 우리영토, 2007, p.54; US Department of State, Office of Public Affairs, Register of the Department of State, April 1, 1950, p.454; US Department of State, The Biographic Register 1956, (Revised as of May 1, 1956) pp.568-69; William J. Sebald, *With MacArthur in Japan: a Personal History of the Occupation,* (New York, W. W. Norton, 1965); Howard Schonberger, 'The Japan Lobby in American Diplomacy, 1947~1952', *Pacific Historical Review*, Vol.46, no.3, August 1977; John G. Roberts, 'The 'Japan Crowd' and the Zaibatsu Restoration', *Japan Interpreter*, Vol.12, Summer 1979, pp.384-415.

23) US Department of State, 'Commentary on Treaty of Peace with Japan(November 2, 1949)'; 신용하, 『독도 영유권 자료의 탐구』제3권(서울: 독도연구보전협회, 2000), pp.297-30; 김병렬, 전주 22, pp.433-36; 이석우, 『일본영토분쟁과 샌프란시스코 평화조약』(인천: 인하대학출판부, 2003), pp.130-32.

해안도서들 … 에 대한 모든 권리와 권원을 포기한다.

Japan hereby renounces in favor of Korea all rights and titles to the Korean mainland territory and all offshore Korean islands, including Quelpart(Saishu To), the Nan How group(san To, or Komun do) which forms Port Hamilton(Tonaikai), Dagelet Island(Utsuryo To, or Matsu Shima), Liancourt Rocks(Takeshima).


## V. 시볼트의 검토의견과 기망행위

### 1. 전문 검토의견

미 국무부는 1949년 11월 4일 '제5차 미국초안(1949년 11월 2일 초안)'을 맥아더(Douglas MacArthur) 장군과 시볼트에게 보내 동 초안에 대한 의견을 문의했다.[24] 이에 대해 시볼트는 11월 14일 국무부에 '비밀전문 검토의견'을[25] 보내 맥아더 장군에 의해 수락된 의견(관측)을 보내왔다. 동 의견에 표시된 동 초안 제6조에 관한 의견은 다음과 같다.

> 독도에 대한 재고를 권고한다. 이 섬에 대한 일본의 주장은 오래되고 타당한 것으로 보인다. 그 곳에 기상 및 레이더 기지를 설치하는 안보적 고려를 상정해 볼 수 있다.
> Recommend reconsideration Liancourt rocks(Takeshima) Japan's claim to these islands is old and appears valid. Security considerations might conceivably envisage weather and radar stations thereon.[26]

첫째로, '일본의 주장은 오래되고 타당한 것으로 보인다.'의 허위성

한국의 주장은 신라 지증왕 13년(510년) 6월의 우산국의 정복 시부터이고, 일본의 주장은 1905년 2월 22일의 '시마네현 고시 제40호'부터이므로 '일본의 주장이 오래되고'라는 기술은 명백히 객관적 사실에 반하는 것으로 이는 허위의 기술로 시볼트의 기망행위임이 명백하다. '일본의 정치고문'인 시볼트가 한국의 주장이 더 오래된 것이라는 사실을 몰랐을 리가 없으므로 이 기망행위는 시볼트의 '고의'에 의한 기망행위임은 논의의 여지가 없다.

둘째로, '타당한 것으로 보인다.'의 허위성

일본의 정치고문인 시볼트가 1946년 1월 29일의 'SCAPIN 제677호' 제3항의 규정에 의해 독도가 일본영토가 아니라는 사실을 몰랐을 리가 없으므로 이는 시볼트의 고의에 의한 기망행위임이 명백함은 논의의 여지가 없다할 것이다.

---

24) US Department of State, *Foreign Relations of the United States*, Vol.7(Washington D.C.: USGPO, 1949), p.899.

25) US Department of State, 'Incoming Telegram by William J. Sebald to Secretary of Sate(November 4, 1949)'; 신용하, 전주 22, p.302; 김병렬, 전주 22, p.436; 이석우, 전주 23, p.55.

26) US Department of State, 'Draft Treaty of Peace with Japan on December 29, 1949(December 29, 1949)', Article 6.

## 2. 서면 검토의견

시볼트는 1949년 11월 14일의 '전문 검토의견'에 뒤이어 1949년 11월 19일 국무부에 '비밀서면 검토의견'을[27] 보냈다. 동 의견 중 독도에 관한 의견은 다음과 같다.

> 한국의 방향에서 일본에 의해 전에 소유되었던 섬의 처리에 관해 독도는 우리의 제안 제3조에 일본에 속하는 것으로 규정되어야 한다고 제의한다.
> 이 점에 대한 일본의 주장은 오래되고 타당한 것으로 보인다. 그리고 이들 도서를 한국의 해안도서로 보기 어렵다. 또한 이 도서에 기상 및 레이더 기지를 설치하게 하는 안보적 고려를 미국의 이익으로 생각할 수 있다.
> With regard to the disposition of island formerly possessed by Japan in the direction of Korea it is suggested that Liancourt Rocks(Takeshima) be specified in our proposed Article 3 as belong to Japan. Japan's claim to these islands is old and appears valid, and it is difficult to regard them as islands off the shore of Korea. Security considerations might also conceivably ender the provision of weather and radar stations on these islands a matter or interest to the United States.[28]

이 '서면 검토의견'이 허위의 기망행위임은 전술한 '전문 검토의견'의 경우와 같다. 다만, '서면 검토의견'에는 '이들 도서를 한국의 해안도서로 보기 어렵다.'만이 추가되어 있으므로 이의 기망행위만에 관해 논급하기로 한다.

셋째로, '한국의 해안도서로 보기 어렵다.'의 허위성

'한국의 해안도서로 보기 어렵다.'는 표현은 '이들 도서는 일본의 해안도서'라는 주장을 우회적으로 표시한 것으로 독도가 일본의 해안도서가 아님은 명백하다. 또한 '한국의 해안도서로 보기 어렵다.'는 표현은 독도가 울릉도로부터 87.4km 떨어져 있고 오끼도로부터 157.5km 떨어져 있어서 일본영토보다 한국영토에 더 가깝다는 사실을 교묘하게 은폐하려는 의도를 가진 것으로 이도 기망행위임에 틀림이 없다.

넷째로, '그곳에 기상 및 레이더 기지를 설치하는 안보적 고려를 상정해 볼 수 있다.'의 허위성

이를 그 자체는 허위와는 무관한 진술이라 할 수 있으나 미국이 국익을 고려하도록 유인·유혹한 행위로 이도 허위의 사실의 진술은 아니나 기망행위인 것이다. 미국이 독도를 일본영토로 오판하도록 유인행위임에 틀림없으므로 이도 시볼트의 기망행위임이 명백하다.

---

27) US Department of State, Office of US Political Adviser for Japan, Tokyo, 'Comment on Draft Treaty of Peace with Japan(November 19, 1949)'; 신용하, 전주 22, pp.305-11; 김병렬, 전주 22, pp.441-48; 이석우, 전주 23, p.55.

28) Detailed Comment on November 2 Draft Treaty, Article 4 through 12.

## Ⅵ. 대일평화조약 제6차 미국초안과 제6차 미국초안 주석서

미 국무부는 위의 시볼트의 1949년 11월 14일의 '전문 검토의견'과 1949년 11월 19일의 '서면 검토의견'을 수용·검토하여 다음과 같은 '제6차 미국초안'과 '제6차 미국초안 주석서'를 준비했다.

### 1. 제6차 미국초안

'제6차 미국초안(1949년 12월 29일)'은[29] 제3조에서 일본영토를 규정하고, 제6조에서 한국영토에 관해 규정하고 있다.

### 가. 제3조

제3조는 독도를 일본영토로 규정하고 있다. 동 조의 규정은 다음과 같다.

> 일본영토는 혼슈, 큐슈, 시코쿠, 홋카이도의 4개의 주요 일본의 본도와 내해의 제 소도; 대마도, 독도 … 등 … 일본해에 위치한 모든 다른 제 소도를 포함하는 인접 제 소도로 구성된다.
> The territory of Japan shall comprise the four principal Japanese islands of Honshu, Kyushu, Shikoku and Hokkaido and all adjacent minor islands, including the islands of the Inland Sea(Seto Naikai); Tushima, Takeshima(Liamcourt Rocks), Oki Retto, Sado, Okujiri … and all other islands in the Japan Sea(Nippon Kai). …

이와 같이 제3조는 독도를 일본영토로 열거하고 있다.

### 나. 제6조

제6조는 한국영토로 독도를 열거하고 있지 않다. 동 조의 규정은 다음과 같다.

> 일본은 이에 한국을 위하여, 한국의 본토와 제주도·거문도·울릉도 그리고 일본이 권원을 취득했던 한국의 모든 해안 제도와 소도에 대한 모든 권리와 권원을 포기한다.
> Japan hereby renounces in favor of Korea all rights and titles to the Korean mainland territory and all offshore Korean islands, including Quelpart(Saishu To), the Nan How group(san To, or Komun do) which forms Port Hamilton(Tonaikai), Dagelet Island(Utsuryo To, or Matsu Shima), and all other offshore Korean islands and islets which Japan had acquired title.

이와 같이 제6조는 독도를 한국영토로 열거하고 있지 않다.

---

29) US Department of State, 'Draft Treaty of Peace with Japan on December 29, 1949(December 29, 1949)'; 신용하, 전주 22, pp.313-15; 김병렬, 전주 22, pp.448-51; 이석우, 전주 23, pp.134-35.

'제1차 미국초안'에서 '제5차 미국초안'까지 독도를 일본영토에서 배제하고 한국영토로 규정해 왔으나, '제6차 미국초안'에서는 '일본영토조항(제3조)'에서 독도를 일본영토에 포함시키고, '한국 영토조항(제6조)'에서 독도를 한국영토로 열거하지 않는 규정을 두고 있다.

## 2. 제6차 미국초안 주석서

'제6차 미국초안'에 부하여진 '대일평화조약 초안에 대한 주석(Commentary on Draft Treaty of Peace with Japan)'에는[30] 독도에 관해 다음과 같이 해설하고 있다.

> 다케시마(리앙끄르암)
>
> 일본해에 일본과 한국으로부터 거의 등거리에 있는 다케시마의 두 소도는 1905년에 일본에 의해 주장되었고, 한국에 의한 항의가 명백히 없었다. 그리고 시마네현 오기도사의 관할하에 있었다. 이는 물개의 서식지이고, 기록에 의하면 오랫동안 일본 어부들이 특정 계절 동안 거주해왔다. 서쪽에 근거리에 있는 울릉도와 달리 다케시마는 한국 이름이 없고, 한국에 의해 주장되어온 바가 없다. 이 도서는 점령기간 동안 미군에 의해 폭격연습장으로 사용되어 왔고 기상 또는 레이더 기지로서 가능한 가치를 갖고 있다.

> Takeshima(Liancourt Rocks)
>
> The two unhabited islets of Tekeshima, almost equidistant from Japan and Korea in the Japan Sea, were formally claimed by Japan in 1905, apparently without protest by Korea, and placed under the jurisdiction of the Oki Islands Branch Office shimane Prefecture. They are a breeding ground for sea Lions, and records show that for a long time Japanese fisherman migrate there during certain seasons. Unlike Dagelet Island a short distance to the west, Takeshima has no Korean name and does not appear ever to have been claimed by Korea. The islands have been used by U.S. forces during the occupation as a bombing range and have possible value as a weather or radar station site[31]

## VII. 시볼트의 기망행위의 신의성실의 원칙의 적용여부 검토

### 1. 조약의 교섭, 체결과 신의성실의 원칙의 적용여부

상술한 바와 같이[32] '신의성실의 원칙'은 조약상 의무의 시행에 적용되는 원칙이지만 조약의 교섭, 체결과정에서 적용된다.

시볼트의 기망행위는 '대일평화조약'의 교섭, 체결과정에 있었으므로 이에는 '신의성실의 원칙'이 적용된다. 따라서 시볼트의 기망행위는 '신의성실의 원칙'에 반하는 행위이다.

---

30) US Department of State, 'Commentary on Draft Treaty with Japan(December 12, 1949)'; 신용하, 전주 22, pp.315-16; 김병렬, 전주 22, pp.451-53; 이석우, 전주 23, pp.55, 135-37.

31) US Department of State, 'Commentary on Draft Treaty with Japan(December 12, 1949)', Article 3.　　　　Paragraph 1.

32) *Supra.* Ⅱ. 1. 다. (2) (가)

## 2. 시볼트의 기망행위의 신의성실의 원칙에 위반여부

상술한 바와 같이[33] 시볼트의 기망행위에는 '신의성실의 원칙'이 적용된다. '신의성실의 원칙'은 정직, 공정, 정의를 내용으로 한다. 상술의 시볼트의 기망행위는 허위로 이는 부정적, 불공정, 부정의한 행위이므로 이는 '신의성실의 원칙'에 반하는 행위이다.

## 3. 시볼트의 기망행위의 위법성 여부

상술한 바와 같이 신의성실의 의무는 '법의 일반원칙'상의 의무이다. '법의 일반원칙'은 '국제연합헌장'과 불가분의 일부를 이르는 '국제사법재판소 규정(제36조 제1항(c))'상 재판의 준칙, 즉 국제법의 연원이다. 따라서 시볼트의 기망행위는 국제법 위반행위이다. 물론 '국제연합헌장' 전문, '조약법협약' 전문을 위반한 국제법위반행위이다.

위에서 검토해 본 바와 같이 시볼트의 기망행위에는 '신의성실의 원칙'이 적용되고, '신의성실의 원칙'을 위반한 국제법상 위법 행위이다.

# VIII. 결언

상술한 바와 같이 다음과 같은 결론에 이르기로 한다.

## 1. 시볼트의 기망행위에 의한 '대일평화조약'의 무효

'조약법협약' 제49조는 기망행위(fraud)는 무효라고 다음과 같이 규정하고 있다.

국가가 다른 교섭국의 기만적 행위에 의하여 조약을 체결하도록 유인된 경우에 그 국가는 조약에 대한 자신의 기속적 동의를 부적법화하는 것으로 그 기망은 원용할 수 있다. 그러므로 시볼트의 기망행위에 의해 체결된 '대일평화조약' 제2조 (a)항은 무효 이다.

## 2. 시볼트의 기망행위와 미국의 국가책임

시볼트의 기망행위는 '신의성실의 원칙'에 반하여 미국의 국가책임이 성립한다.

국제법상 국가책임이 성립하기 위해서는 (i)국가기관의 직무상의 행위, (ii)고의 과실에 의한 행위, (iii)국제법 위반 행위, (iv)타국의 손해를 준 행위임을 요한다.

(i) 시볼트는 미국의 일본정치 고문이므로 그가 대일평화조약의 체결상 행한 행위 특히 '대일평화조

---

33) *Supra.* II. 1. 다. (1) (가)

약' 제5차 미국초안 (1949년 11월 2일)에 대해 전문 검토의견 (1949.11.14)과 서면 검토의견 (1949.11.19)을 제시한 행위는 그가 정치고문으로서 직무상 행위임은 검토의 여지가 없다.

(iii) 시볼트의 전문 검토의견과 서면 검토의견으로 보아 의견을 제시한 행위는 신의성실의 원칙으로 보아 고의에 의한 행위임이 명백하다.

(iv) 국제법을 위반한 행위임을 요하는 바 상술한 바와 같이 시볼트의 기망행위는 '신의성실의 원칙'에 위반하는 행위로 그것은 법의 일반원칙을 위반한 행위이며, 법의 일반원칙을 위반한 행위는 국제법을 위반한 행위이다(국제사법재판소규정 제36조 제1항). 그의 기망행위가 국제법을 위반한 것임은 물론이므로 그의 기망행위에 대해 미국의 국가책임이 성립한다.

## 3. 시볼트의 기망행위와 대일평화조약의 보충적 해석

'제5차 미국초안'에 대한 시볼트의 '전문 검토의견'이나 '서면 검토의견'에는 이들은 모두 일본에 의해 충동되고 시볼트에 의해 조작된 기망행위이다. 따라서 이는 '조약법협약' 제49조에 의거하여 무효인 것이며, 시볼트의 이러한 기망행위에 의해 유인된 '제6차 미국초안' 따라서 '대일평화조약'은 미국의 오판행위(착오행위)이다. 그러므로 이는 '조약법협약' 제48조의 규정에 의거하여 무효인 것이다. 따라서 이들 기망행위와 오판행위가 '조약법협약' 제32조에 규정된 해석의 보충적 수단의 내용인 '조약체결의 사정'에 해당된다. 그리고 이러한 경우 '조약법협약' 제31조에 규정된 해석의 제1원칙인 신의성실의 원칙(rule of good and faith)에 따라 해석할 때 이들의 무효는 결국 무효인 기망행위와 오판행위의 이전에 유효한 '제5차 미국초안'으로 돌아가 동 초안 제6조의 규정에 따라 독도는 한국영토로 해석된다.

### <참고문헌>

김명기, 『독도 영유권과 대일평화조약』, 서울: 우리영토, 2007.
김병렬, 『독도』, 서울: 다다미디어, 1997.
신용하, 『독도 영유권 자료의 탐구』제3권, 서울: 독도연구보전협회, 2000.
_____, 『신용하 저작집 제38집: 독도 영유권에 대한 일본주장 비판』, 서울: 서울대학교 출판부, 2001.
이석우, 『일본영토분쟁과 샌프란시스코 평화조약』, 인천: 인하대학출판부, 2003.
정병준, '시볼트, 윌리엄', 한국해양수산개발원, 『독도사전』, 서울: 한국해양수산개발원, 2011.
_____, '윌리암 시볼트(William J. Sebald)와 '독도분쟁'의 시발; 『역사비평』, 2005여름.

ASIL, *AJIL*, Vol.15, 1921.
Arangio-Ruiz Gaetano, 'Friendly Relations Resolution', *EPIL* Vol.9, 1986.
Cheng B., *General Principles of Law Applied by International Court and Tribunals*, London: Stevens, 1953.
D'Amato Anthony, 'good faith', *EPIL*, Vol.7, 1984.
Elias O. T., *The Modern Law of Treaties*, Leiden: Sijthoff, 1974.
Fitzmaurice Gerald, 'The Law and Procedure of the International Court of Justice 1954-9 General Principles and source of International Law', *BYIL*, Vol.35, 1959.
Grant John P. and J. Craig Barker(eds.), *Encyclopedic Dictionary of International Law*, 3rd ed., Oxford: Oxford University Pres, 2009.

ICJ, *Reports*, 1952.

___, *Reports*, 1974.

___, *Reports*, 1975.

___, *Reports*, 1988.

Jennings Robert and Arthur Watts(eds.), *Oppenheim's, International Law*, 9th ed., Vol.1, London: Longman, 1992.

John G. Roberts, 'The 'Japan Crowd' and the Zaibatsu Restoration', *Japan Interpret er*, Vol.12, Summer 1979.

Kelsen Hans, *The Law of the United Nations*, London: Institute of World Affairs, 2000.

Mosler Hermann, 'General Principle of Law', *EPIL*, Vol.7, 1984.

PCIJ, *Seriese A*, No 7.

Rosenne Schabtai, *Development's in the Law of Treaties 1945-1986*, Cambridge: Cambridge University Press, 1989.

Rosenstock R., 'The Declaration of Principles of International Law', *AJIL* Vol.65 1971.

Schonberger Howard, 'The Japan Lobby in American Diplomacy, 1947~1952', *Pacific Historical Review*, Vol.46, no.3, August 1977.

Schuschnigg Karl von, *International Law*, Milwaukee: Bruce, 1959.

Schwarzenberger Gerog and E.D. Brown, *A Manual of International Law*, 6th ed., Milton: Professional Books, 1976.

Sebald William J., *With MacArthur in Japan: a Personal History of the Occupation*, New York, W. W. Norton, 1965.

Shaw Malcolm, *International Law*, 4th ed., Cambridge: Cambridge University Press, 1997.

Sinclair Ian, *The Vienna Convention on Law of Treaties*, 2nd ed., Manchester: Manchester University Press, 1984.

UN, *RIAA*, Vol.2, 1946.

US Department of State, Office of Public Affairs, Register of the Department of State, April 1, 1950.

_____, The Biographic Register 1956, (Revised as of May 1, 1956).

_____, 'Commentary on Treaty of Peace with Japan', November 2, 1949.

_____, *Foreign Relations of the United States*, 1949, Vol.7, Washington D.C.: USGPO, 1949.

_____, 'Incoming Telegram by William J. Sebald to Secretary of Sate', November 4, 1949.

_____, Office of US Political Adviser for Japan, Tokyo, 'Comment on Draft Treaty of Peace with Japan', November 19, 1949.

_____, 'Draft Treaty of Peace with Japan on December 29, 1949', December 29, 1949.

_____, 'Commentary on Draft Treaty with Japan', December 12.

# 제11절 ┃ 울릉도의 속도인 독도의 법적 지위

## I. 서언

독도는 울릉도의 속도이다. 울릉도가 일본정부의 영토라는 일본의 주장은 없으나 독도가 일본영토라는 일본의 주장을 반박하기 위해 울릉도와 독도의 관계에 관한 국내 역사학자의 많은 연구가 축적되어 있다. 그러나 국제법학자에 의한 연구는 유감스럽게도 전무한 것이 현실이다.

이에 역사학자의 연구를 보조하기 위해 국제법상 주도인 울릉도와 속도인 독도는 어떠한 법적 지위에 있는지를 검토해 보기로 한다. 주도와 속도의 법적 지위 동일의 원칙에 관한 협약 국제법은 없다. 그러므로 이에 관한 학설과 판례로부터 이들 원칙을 도출하기로 한다. 학설과 판례는 '국제사법재판소 규정(Statute of the International Court of Justice)' 제38조 제1항 (d)의 규정에 의해 법칙결정의 보조적 수단(subsidiary means for the determination of rules of law)으로 인정되어 있기 때문이다. 주도와 속도의 법적 지위 동일의 원칙에 관한 학설과 판례에 의해 인정된 원칙이 국제법상 원칙으로 승인되어 있다.

이하 ( i ) 학설과 판례로부터 주도와 속도의 법적 지위 동일의 원칙을 도출하고, (ii) 이 도출된 원칙을 독도에 적용해 보기로 한다. (iii) 끝으로 '결언'에서 정부당국에 대한 몇 가지 정책대안을 건의해 보기로 한다.

## II. 주 도와 속도의 법적 지위의 동일성의 원칙을 인정한 학설과 판례

### 1. 학설

#### 가. Gerald Fitzmaurice

Fitzmaurice는 '하나의 전체로서의 실체 또는 자연적 단위(an entity or natural unity as a whole)'의 개념을 설정하고, 이에 대한 주권은 이를 구성하는 모든 부분에 확대적용 된다고 하여, 결국 주도의 주권이 속도에 확대됨을 다음과 같이 인정하고 있다.

하나의 전체로서의 실체 또는 자연적 단위에 관해 일찍이 존재를 보여준 주권은 반대의 증거가 없는 경우 그 전체로서의 실체 또는 단위의 모든 부분에 확대되는 것으로 여겨질 수 있다는 원칙의 명백한 실례가 간혹 있을 수 있다.

There could be scarcely be a clearer illustration of the principle that sovereignty, once shown to exist in the respect of an entity or natural unity as a whole may be deemed, in the absence of any evidence to the contrary, to extend to all parts of that entity or unity.[1]

Fitzmaurice는 주도와 속도라는 용어를 사용하지는 아니했지만 '하나의 전체로서의 실체 또는 자연적 단위'의 '모든 부분'에 주권이 확대된다고 하여 주 도와 속도의 모든 부분에 주권이 확대됨을 인정하고 있다.

## 나. C. H. M. Waldock

Waldook은 *Palmas Island* Case(1928)에서 Huber 중재관의 지리적 단위의 주요 부분의 주권은 잔여 부분을 포함한다는 취지의 판정을 수용하면서 영토를 통한 주권의 표명이 요구된다고 다음과 같이 기술하고 있다.

하나의 지리적 단위를 형성하는 영토의 부분의 첫 병합에 관해 그 병합은 추정에 의해 그 전체 단위에 확대된다는 견해에 관한 Huber 재판관을 포함한 확실한 대가가 있다. … 권원이 주권의 계속적이고 오랜 현시에 의해 주장될 경우 주장된 영토를 통한 주권의 표명이 있어야 한다.

There as certainly some authority, including that of Judge Huber for the view that, on first annexation of part of territories which form a geographical unit, the annexation extends by presumption to whole unit. … when title is claimed by a continious and prolonged display of sovereignty, there must be some manifestation of sovereignty throughout the territory claimed.[2]

Waldock은 주도와 속도라는 용어를 사용하지 아니했지만 '지리적 단위'를 형성하는 영토의 부분(주도)과 전체단위(속도포함)의 개념을 인정하고 전자가 후자에 확대된다고 인정하고 있다. 다만 차후에 주권의 현시에 의한 주장에 대해서는 주권의 표명이 요구된다고 보고 있다.

## 다. H. Lanterpacht

Lauterpacht는 *Palmas Island* Case(1928)의 판정을 인용하여 도서의 그룹이 법적으로 한 단위(in law a unit)를 구성할 경우 주요 부분의 운명은 잔여 부분을 포함한다고 다음과 같이 기술하고 있다.

중재관은 도의 한 그룹이 법적으로 한 단위를 구성할 수 있고 주요 부분의 운명은 잔여 부분을 포함한다는 것을 용인한 것이다.

The arbitrator admitted that a group of islands may form in law a unit, and that the fate of the principal part may involve the rest.[3]

---

1) G. Fitzmaurice, 'The Law and Procedure of the International Court of Justice, 1951-54', *BYIL*, Vol.32, 1955-56, p.75.

2) C. H. M. Waldock, 'Disputed Sovereignty in the Falkland Islands Dependencies', *BYIL*, Vol.25, 1948, pp.344-45.

이와 같이 Lauterpacht는 도의 그룹이 법적으로 한 단위를 구성할 수 있고, 그중 주요 부문의 운명은 잔여 부분을 포함한다고 하여 주도(주요 부분)의 운명은 속도(잔여 부분)의 운명을 포함한다는 것을 인정하고 있다.

### 라. Santiago Torres Bernardez

Bernardez는 '조직적 또는 개별화된 전체(organic or individualized whole)'로서의 지역의 개념을 설정하고, 그의 중요성이 있다고 다음과 같이 기술하고 있다.

> 연속성은 문제의 지역이 하나의 '조직적' 또는 '개별화된' 전체를 형성할 경우 일반적으로 더욱 중요성을 수행한다.
> Contiguity will generally carry more weight when the area in question constitutes an 'organic' or 'individualized' whole (*Guyana Boundary* Case; *RLAA*, Vol.11, 1961, pp.21-22).[4]

Bernardez는 하나의 조직적 또는 개별화된 지역은 중요성을 갖는다고 기술하고 *Guyana Boundary* Case를 그의 근거로 제시하고 있다. *Guyana Boundary* Case에서 중재관은 유기적 전체(organic whole)를 구성하는 지역의 주권은 그 지역의 부분에 미친다고 판시했다. 그는 '하나의 조직적 또는 개별화된 지역'의 주권은 그 지역의 부분에 미친다고 하여 주 도와 속도라는 용어를 사용하지는 아니했지만, 결국 '조직적' 또는 '개별화된' 지역의 주권은 그 지역 내의 주도와 속도에 미친다고 기술한 것이다.

## 2. 판례

### 가. *British Guiana Boundary* Case(1904)

*British Guiana Boundary* Case(1904)에서 중재관은 '유기적 전체(organic whole)'라는 개념을 설정하고 유기적 전체의 부분의 점유는 전체에 대해 주권이 미친다고 다음과 같이 판시한 바 있다.

> 지역의 부분의 실효적 점유는 … 단순한 유기적 전체를 구성하는 지역의 주권에 대한 권리의 수여를 유지해올 수 있었다.
> The effective possession of part of region … may be held to confer a right to the sovereignty of the whole region which constitute a simple organic whole.[5]

위의 판시내용에 주도와 속도라는 용어를 사용하지 아니했지만 주도와 속도가 유기적 전체의 개념에 포섭될 수 있음은 승인한 것이다.

---

3) H. Lauterpacht, 'Sovereignt over Submarine Area', *BYIL*, Vol.27, 1950), p.428.

4) Santiago Tores Bernardez, 'Territory Acquisition', *EPIL*, Vol.10, 1987, pp.501-502.

5) British and Foreign State Paper, Vol.99, 1904, p.930; Fitzmaurice, *supra* n. 1, p.75, n. 1.

나. *Palmas Island* Case(1928)

*Palmas Island* Case(1928)에서 중재관 Huber는 도의 한 그룹이 법상 한 단위(an unit)를 구성할 수 있음을 인정하고 주도의 운명은 잔여 도를 포함한다고 다음과 같이 판시한 바 있다.

> 도의 한 그룹이 특수한 사정하에서 법상 한 단위로 간주될 수 있고, 주도의 운명이 잔여 도를 포함 할 수 있는 것이 가능하다.
> It is possible that a group of islands may under certain circumstances be regarded a in law an unit, and that the fate of the principal may involve the rest.[6]

상기 판정은 주도(the principal)와 잔여 도(the rest)의 용어를 사용하고 주도와 잔여 도, 즉 주도와 속도가 한 단위(an unit)를 구성할 경우 주도의 운명에 속도는 따른다는 것을 명시했다.

다. *Minquier and Ecrehos* Case(1953)

*Minquiers and Ecrehos* Case(1953)에서 Levi Carneiro 재판관은 그의 개인적 의견에서 도의 '자연적 단위(natural unity)'라는 개념을 설정하고 분쟁의 대상인 Minquiers와 Ecrehos는 '자연적 단위'의 부분으로 Jersey의 속도라고 다음과 같이 그의 의견을 표시한 바 있다.

> Minquiers와 Ecrehos는 본토보다 Jersey에 가깝다. 그들은 본토보다 Jersey에 소속된 것으로 간주되어야 한다. 이들 도서는 Jersey의 자연적 단위의 부분이었고 그렇게 연속되고 있다. 이러한 이유로 그들은 그들 자신 군도하에 영국에 보유되어 있다.
> The Minquiers and Ecrehos are closer to Jersey then the mainland. They must be regarded as attached to Jersey rather than to the mainland. These islets were, and continue to be part of the 'natural unity'. It is for this reason that they remained English under the archipelago itself.[7]

Carneiro 판사는 도의 '자연적 단위'의 개념을 설정하고 Jorsey를 주도로 보고 Minquiers와 Ecrehos를 속도로 보아, 주도인 영국의 영토 Jersey에 속도인 Minquiers와 Ecrehos는 귀속된다고 보았다.

라. *Land, Island and Maritime Frontier Dispute* Case(1992)

*Land, Island and Maritime Frontier Dispute* Case(1992)에서 국제사법재판소는 한 도의 법적 지위와 다른 도의 법적 지위가 일치될 수 있음을 인정하는 경우가 있음을 다음과 같이 판시했다.

> 재판부는 Meanguerra에 관해 이전에 있어서 증거의 부존재로 그 도의 법적 지위가 다름 아닌 Meanguerra의 법적 지위와 일치되어올 수 있었다는 것이 가능하다고 생각하지 아니한다.
> As regards Meanguerra the Chamber does not consider it possible, in the absence of evidence on the point, that legal position of that island could have been other than identical with that of Meanguerra.[8]

---

6) UN, *RLAA.* Vol.2, 1949, p.855; Fitzmanrice, *supra* note 1, p.74.

7) ICJ, *Reports*, 1953, p.102.

상기 판시내용에 한 도의 법적 지위와 다른 도의 법적 지위가 일치되는 경우가 있음을 인정했다. 이는 단일 그룹(single group) 또는 단일의 물리적 단위(single physical unit)의 존재를 긍정한 것으로 이러한 경우 주도와 속도의 법적 지위가 일치함을 인정한 것이다.

### 마. Case *Concerning Sovereignty over Pedra Branca*(2008)

Case *concerning Sovereignty over Pedra Branca*(2008)에서 싱가포르는 Pedra Branca, Middle Rocks와 South Ledge는 지리적으로 단일 그룹(single group)을 형성하고, 하나의 단일한 물리적 단위(a single physical unit)를 형성한다고 주장하고, *Palmas Island* and *Maritime Frontier* Case(1992)에서 주 도의 운명은 잔여 도의 운명을 포함한다는 판정을 인용하고,[9] 또한 *Land, Island and Maritime Frontier* Case(1992)에서 한 도의 법적 지위와 다른 도의 법적 지위가 일치되는 경우가 있다는 판결을 인용했다.[10] 이러한 싱가포르의 주장에 대해 국제사법재판소는 이를 거부하지 아니하고 도의 단일 그룹(single group), 도의 그룹(groups of islands)을 인정하는 내용의 다음과 같은 판결을 했다.

> Middle Rocks는 Pedra Branca의 법적 지위와 같은 법적 지위를 가져 왔다고 이해되므로 … Middle Rocks에 대한 본원적 권원은 달리 증명되지 아니하는 한 … 말레이시아에 보유되어야 한다. 재판소는 싱가포르가 그러한 증명을 한 바 없음을 발견했다.
> Since Middle Rooks should be understood to have the same legal status as Pedra Branca … original title to Middle Rocks should remain with Malaysia … unless proven otherwise, which the Court finds Singapore has not done.[11]

상기 판결은 Pedra Branca와 Middle Rocks를 '하나의 단일한 물리적 단위(a single physical unit)'로 보고 전자를 주 도, 후자를 속도로 보아 양자의 동일한 법적 지위를 인정한 것이다.

이상에서 고찰해 본 바와 같이 학설과 판례는 도의 한 그룹이 법적으로 하나의 실체를 형성할 경우 특수한 사정하에 반대의 증거가 없는 한 그 실체의 모든 부분의 법적 지위의 동일성을 인정하고 있다. 즉, 주도와 속도의 법적 지위의 동일성을 인정하고 있다.


## III. 독도를 울릉도의 속도로 보는 한국정부의 견해

### 1. 한국정부의 견해1

1953년 7월 13일의 일본정부의 견해에 대한 한국정부의 비판 '한국정부의 견해1(1953년 9월 9일)'에

---

8) ICJ, *Reports*, 1992, p.281.
9) ICJ, *Reports*, 2008, p.280.
10) ICJ, *Reports*, 2008, p.281.
11) ICJ, *Reports*, 2008, p.290.

는 독도가 울릉도의 속도라고 다음과 같이 주장되어 있다.

> 1906년에 울릉군수 심흥택에 의해 한국정부에 제출된 공식적인 보고서에 '이 군에 부속된 섬인 독도'라는 규정이 있다.
> In an official report to the Korean government submitted by Mr. Shim Heung Taik, the country master of Ulneungdo, in 1906, there is a passage which reads, 'Dokdo which is an island attached to this country…12)

## 2. 한국정부의 견해2

1945년 2월 10일 일본정부의 견해를 반박하는 한국정부의 견해(한국정부의 견해2)(1954년 9월 28일)는 독도는 울릉도의 속도라는 근거로 심흥택 보고서를 인용하고 있다. 그 내용은 다음과 같다.

> 독도를 울릉도의 속도라 한 울릉도군수 심흥택의 보고서에 관하여 일본정부는 한국 측에서 제시한 '인용의 출전을 제시하지 아니하였다.'라고 하여 이에 대한 견해를 회피하였으나 그 원본은 현재 아국정부의 공문서철 중에 보관하고 있다. 대한민국정부는 1954년 9월 9일자 대한민국정부의 견해에 지적한 바와 같이 독도는 울릉도군수의 관할하에 있다는 것을 되풀이하려 한다.13)

## 3. 한국정부의 견해3

1956년 9월 20일자 독도에 대한 일본정부의 견해를 반박하는 한국정부의 견해(한국정부의 견해3)(1959년 1월 7일)는 독도는 울릉도의 속도라고 다음과 같이 주장하고 있다.

> 요컨대 이미 신라 지증왕 당시에 우산국이 신라에 귀복하였다는 사실과 그 우산국은 조선 초기에 이르러서는 분명히 울릉 우산 양도를 포함한 것으로 인지되어 관찬지리지를 비롯한 기타 공사기록에 수록되었고 따라서 울릉도의 속도인 우산도 즉 독도도 영역의 일부로 분명히 간주되어 있었다는 사실에 추호의 의문을 품을 여지가 없다.14)

이와 같이 한국정부는 '심흥택 보고서'를 원용하여 독도는 울릉도의 속도라고 주장하나, '심흥택 보고서' 이외의 독도가 울릉도의 속도라는 역사적 근거의 제시가 요구된다. 이는 역사학자에게 부과된 임무이다.

---

12) The Korean Ministry of Foreign Affairs, The Korean Government's Refutation of the Japanese Government's Views concerning Dokdo ('Takeshima') dates July 13 1953. (September 9. 1953)

13) The Korean Ministry of Forng Affairs, The Korean Government's View Refuting the Japanese Government's View of the Territorial Ownership of Dokdo (Takeshima), an Taken in the Note Verbale No.15/A2 of the Japanese Ministry of Foreign Affairs Dated February 10, 1954.

14) The Korean Ministry of Forng Affairs, Refuting the Japanese View contained in the attachment to the Ministry's Note Verbale No. 102/A1 dated September 20, 1956.(Tokyo, January 7, 1959)

## IV. 역사상 독도를 울릉도의 속도로 인정한 근거

독도는 울릉도의 속도이므로 울릉도의 법적 효과는 독도에도 동일하게 미친다는 주장을 하기 위해서는 독도는 울릉도의 속도라는 역사적인 근거, 즉 역사상 독도는 울릉도의 속도로 취급되어 왔다는 근거를 제시함을 요한다.

상술한 바와 같이 한국정부는 그 근거로 '심흥택 보고서'만을 제시하고 있으나 이를 보완하기 위해 또 다른 근거를 제시해 보기로 한다. 법학자의 이 시도에 역사학적으로 큰 과오가 없기를 기대한다.

### 1. 세종의 우산무릉등처 안무사로 김인우 임명·파견

태종의 쇄환정책은 세종에 의해서 승계되었다. 세종은 태종이 임명했던 무릉등처 안무사(武陵等處按撫使)를 '우산·무릉등처 안무사(于山武陵等處按撫使)'로 개칭하여 임명하여 쇄환정책을 추진했다. 세종은 세종 7년(1425년) 8월에 김인우(金麟雨)를 우산무릉등처 안무사로 임명하여 군인 50명, 병기, 3개월분의 식량을 준비하여 울릉도에 도망하여 거주하고 있는 남녀 28명을 쇄환하여 오도록 명하였다.[15]

『세종실록』에는 우산무릉등처 안무사 김인우가 부역을 피해 본도(本島)에 피해간 남녀 20인을 수색하여 잡아 왔다고 다음과 같이 복명하였다는 기록이 있다.

> 우산무릉등처 안무사 김인우가 본토의 부역을 피해 간 남녀 20명을 수색하여 잡아와 복명하였다(于山武陵等處按撫使金麟雨 搜捕本島避役男婦 二十人 來復命)[16]

태종이 수토사로 임명한 '무릉등처 안무사'를 '우산무릉등처 안무사'로 개칭한 것은 안무사의 관할 구역이 울릉도에서 무릉도 및 우산도(독도)로 확대된 것을 의미하며, 또한 『세종실록』에 울릉도를 본도(本島)라고 기록하고 있는 것은 울릉도를 주 도로 보고 우산도를 그에 부속된 속도로 본 것이다.

따라서 세종대왕은 울릉도를 본도(주 도)로 보고 우산도를 주 도인 울릉도에 부속된 속도로 본 것이다. 이 이외에도 『세종실록』에는 울릉도를 '본도'로 기록한 곳이 여럿 있다.[17]

요컨대, 세종이 '무릉등처 안무사'를 '우산·무릉등처 안무사'로 개칭하여 임명·파견하고 울릉도를 '본도'라고 『세종실록』에 기록되어 있는 것은 울릉도를 주 도로 보고 우산도(독도)를 속도로 본 것이며 이는 조선이 울릉도와 그 속도인 우산도를 실효적으로 지배한 것을 의미한다.

### 2. 세종실록지리지(1454년)

『세종실록 지리지』는 「세종의 명으로 맹사성(孟思誠), 권진(權軫), 윤회(尹淮) 등이 완성한 『신찬팔

---

15) 신용하, 『독도의 민족영토사연구』(서울:지식산업사, 1996), pp.77, 79; 임영정·김호동, '김인우', 한국해양수산개발원, 『독도사전』(서울: 한국해양수산개발원, 2011), p.51; 김명기, 『독도강의』(서울: 독도조사연구학회, 2007), pp.59-60.

16) 『세종실록』, 세종 7년(1425년), 10월 을류조.

17) 『세종실록』, 세종 7년(1425년), 12월 계사조.

도지리지(新撰八道地理志)』를 수정, 보완하여 1454년(단종2년)『세종실록』을 편찬할 때 부록으로 편입한 것이다. 모두 8책으로 전국 328개의 군현(郡縣)에 관한 인문 지리적 내용을 담고 있다.

『세종실록지리지』에는 우산과 무릉 2도에 관해 다음과 같이 기록되어 있다.

> 「于山・武陵二島 在縣正東海中 二島相距不遠 風日淸明 則可望見 親羅時稱于山國一云鬱陵島 地方百里
> (于山과 武陵의 2島가 縣[울진현]의 正東의 바다 가운데 있다. 2도가 서로 거리가 멀지 아니하며 날씨가 청명하면 가히 바라볼 수 있다. 신라시대에서는 우산국이라고 칭하였다. 一云(혹은)하여 울릉도라고도 한다. 地의 方은 100리이다.)」[18]

위의 기록 중 '우산 무릉 2도가 … 신라시대는 우산국이라고 칭하였다.'는 우산・무릉 2도를 우산국이라는 '하나의 전체로서의 실체 또는 자연적 단위(one entity or natural unity as a whole)'[19] 또는 '하나의 지리적 단위(one geographical unity)'[20]로 본 것이며, '일운 울릉도라고도 한다.'는 이 지리적 단위를 이루고 있는 그 도서 중 울릉도를 주 도로 본 것이며, 그러므로 우산도는 울릉도의 속도로 본 것이다.

따라서, 이는 또한 세종이 주도인 무릉(울릉도)과 그 속도인 우산(독도)을 실효적으로 지배했다는 근거로 된다.

## 3. 고종이 검찰사 이규원에 대한 지시

태종에 의해 수립되고 세종에 의해 추진된 쇄환정책과 수토정책은 고종에 이르러 폐기되게 된다. 고종이 울릉도에 대한 수토정책을 폐지하고, 울릉도를 재개척하기 위해 울릉도 검찰사 이규원(李奎遠)에게 다음과 같이 지시한 바 있다.

> 왕께서 가로되 혹은 칭하기를 우산도라 하고 혹은 칭하기를 송죽도라 하는 것은 모두 동국여지승람이 만든 바이다. 또한 송죽도라고 칭하는데 우산도와 더불어 3도가 되고, 모두 울릉도라고 통칭하기도 한다. 그 형편을 모두 검찰하라.
> (上曰 或稱芋山島 或稱松竹島 皆輿地勝覽所製他 而又稱松竹島 與芋山島爲三島 通稱鬱陵島矣 其形便一體檢察)[21]

이와 같이 고종이 우산도, 송도 그리고 울릉도를 모두 통칭하여 울릉도라고 한다고 했다. 즉 고종은 광의의 울릉도에 울릉도, 우산도 그리고 송도가 있고 이를 모두 합쳐서 울릉도라고 통칭(通稱)한다고 했다. 그 뜻은 우산도(독도)가 넓은 의미의 울릉도에 속한다는 것이므로, 환언하면 고종은 넓은 의미의 울릉도에는 주도인 울릉도와 그 속도인 우산도가 있다는 것으로 해석된다.

그러므로 고종은 울릉도검찰사 이규원에게 울릉도와 울릉도의 속도인 우산도(독도)의 검찰을 지시한

---

18) 『세종실록』, 권153, 지리지, 강원도 울진현 조.

19) Fitzmaurice, *supra* n.1, p.75.

20) Waldock. *supra* n.2, p.344.

21) 『승정원일기』, 고종 19년(1882년) 4월 초7일조; 이태은, '울릉도검찰일기', 『독도사전』(전주 15), p.246; 김명기, 전주 15, pp.62-63.

것이다. 따라서 이는 우산도(독도)를 울릉도의 속도로 본 중요한 근거가 되고 또한 이는 고종이 주 도인 울릉도와 그의 속도인 독도에 대한 실효적 지배를 한 근거가 된다.

## 4. 순조의 만기요람(1808)

『만기요람』은 국왕이 정부에 참고할 수 있도록 재정과 군정에 관한 지침서이다. 이는 순조의 명에 따라 순조 8년(1808년) 서영보(徐榮輔)와 심상규(沈象奎) 등이 편찬한 것으로 동 요람은 '재정 편'과 '군정 편'으로 구성되어 있다.

동 요람 군정 편에는 '鬱陵于山 皆于山國地(울릉도와 우산도는 모두 우산국의 땅이다) 우산도는 왜인들이 말하는 송도(松島)이다.'라고 기록되어 있다.[22] 여기 '울릉도와 우산도는 우산국의 땅이다.'라는 것은 우산국이라는 하나의 전체로서의 실체 또는 자연적 단위(one entity or natural unity as a whole) 또는 '지리적 단위(geographical unit)'를[23] 뜻하는 것이며 이 실체 내에는 울릉도와 우산도만이 있으므로 지리적으로 양자 중 울릉도가 우산도 보다 넓고 높으므로 울릉도가 주도이고 우산도가 울릉도의 속도인 것이다.

그러므로 순조의 명에 의해 편찬된 『만기요람』의 기록에 의해 울릉도는 주도이고 우산도는 울릉도의 속도인 것이다.

## 5. 고종의 동남제도 개척사로 김인우 임명 · 파견

고종은 울릉도에 대한 쇄한정책을 폐지하고 울릉도를 재개척하였다. 적극적으로 울릉도를 개척하기 위해서 1883년 3월 16일 개화파의 영수 김옥균(金玉均)을 '동남제도 개척사 겸 관포경사(東南諸島開拓使兼官捕鯨事)'에 임명하였다.[24]

여기서 주목할 것은 김옥균의 직함을 '울릉도 개척사(鬱陵島開拓使)'라고 하지 않고 '동남제도 개척사(東南諸島開拓使)'라고 한 사실이다. 직함에 '제도(諸島)'를 넣은 것은 국왕 고종이 울릉도뿐만 아니라 울릉도 · 죽도 · 우산도 3도 개척에 큰 관심을 가지고 있음을 나타낸 것으로 해석된다.

김옥균의 직함인 '동남제도 개척사'의 '동남제도'에는 울릉도, 죽도, 독도가 포함되는 것으로 이 3개 도를 하나로 묶어 '동남제도'라 한 것은 이 3도를 포함하는 '동남제도'를 '하나의 전체로서의 실체 또는 자연적 단위(one entity or natural unity as a whole)' 또는 '지리적 단위(geographical unit)'로[25] 본 것이며, 그중 지리적으로 가장 넓고 높은 울릉도가 주 도이므로 죽도와 독도는 울릉도의 속도인 것이다. 이렇게 보면 '동남제도 개척사'는 주 도인 울릉도와 그의 속도인 독도에 대한 개척사인 것이다.

---

22) 신동하, 전주 15, p.28; 김명기, 전주 15, p55; 유미림, 『만기요람』, 『독도사전』(전주 15), p.146.

23) Fitzmaurice, *supra* n.1, p.75. Waldock, *supra* n.2, p.344

24) 『고종실록』, 고종 20년(1883년) 3월 16일 조; 신용하, 전주 15, p.183; 임영정, '동남제도개척사', 『독도사전』(전주 15), p.125.

25) Fitzmaurice, *supra* n.1, p.75; Waldock, *supra* n.2, p.344.

고종이 김옥균을 '동남제도 개척사'로 임명한 것은 고종이 독도를 울릉도의 속도로 본 것이고 또한 이는 조선이 울릉도와 그의 속도인 독도에 대한 실효적 지배를 한 증거로 된다.


## 6. 고종의 대한제국 칙령 제41호

조선왕조의 국호가 1897년 대한제국(大韓帝國)으로 개칭된 후 일본인들의 불법침입과 삼림벌채가 심각한 문제가 되자, 대한제국정부는 1899년 10월 우용정(禹用鼎)을 책임자로 한 조사단을 울릉도에 파견하여 일본인 침입문제에 대한 대책을 수립하기로 하였다.

우용정이 울릉도에 도착해 보니 70여 명에 달하는 일본인들의 집단도래와 불법적 삼림도벌은 심각한데, 도감은 군대도 없이 적수공권(赤手空拳)이므로 이를 막을 힘이 없어 중앙정부의 대책이 시급했다.[26] 이에 대한제국정부는 적극적인 대책의 일환으로 1900년 10월 25일 '칙령 제41호'로 '울릉도를 울도로 개칭하고 도감을 군수로 개정하는 건'을 공포하여 종래 강원도 울진현에 속해 있던 울릉도와 그 부속도서를 묶어 하나의 독립된 군을 설치했다.[27]

내부대신 이건하(李乾夏)의 설군(設郡)청의서가 1900년 10월 24일 의정부회의(내각회의)에서 8대 0의 만장일치로 통과되자 이에 대한제국정부는 1900년 10월 25일자 '칙령 제41호'로 전문 6조로 된 '울릉도를 울도로 개칭하고 도감을 군수로 개정한 건'을 다음과 같이 관보(官報)에 게재하고 전국에 반포하였다.[28]


동 칙령 제1조와 제2조는 다음과 같이 규정하고 있다.


칙령 제41호
울릉도를 울도로 개칭하고 도감을 군수로 개정한 건
제1조 울릉도를 울도로 개칭하여 강원도에 부속하고 도감을 군수로 개정하여 관제에 편입하고 군의 등급은 5등으로 한다.
제2조 군청위치는 태하동으로 정하고 구역은 울릉전도와 죽도·석도를 관할한다.[29]


제2조의 울도군은 '구역은 울릉전도와 죽도·석도를 관할할 事'라고 한 부분이다. 여기서 죽도는 울릉도 바로 옆의 죽서도(竹嶼島)를 가리키는 것으로 이규원의 「울릉도검찰일기」에서 확인된다. 그리고 석도는 독도를 가리키는 것이 틀림없다.

요컨대 동 칙령에 의해 독도(석도)와 울도(울릉도)가 울릉군수의 관할하에 있는 관할도서 임이 명백하게 규정되었다.

동 칙령에 의해 울릉전도와 독도(석도)가 울릉군수의 관할하에 있다. 울릉군수가 관할하는 구역은

---

26) 우용정, 『울릉기』.
27) 허영란, '칙령 제41호', 『독도사전』(전주 15), pp.321-22; 김명기, 전주 15, pp.69-71; 신용하, 전주 15, pp.192-93.
28) 「관보」, 제1716호, 광무 4년 10월 27일자.
29) 「관보」, 제1716호, 광무 4년 10월 27일자.

울릉군의 구역이며 이 울릉군의 구역은 '하나의 전체로서의 실체 또는 자연적 단위(on entity or natural unity as a whole)' 또는 '지리적 단위(geographical unit)'이다. 이 실체에 포함되어 있는 울릉도와 독도 중 울릉도가 가장 넓고 높으므로 울릉도가 주 도이고 독도(석도)는 그 명칭에 관계없이 울릉도의 속도인 것이다.

요컨대 '대한제국 칙령 제41호'에 의해 울릉군은 울릉도(울릉전도)와 독도(석도)를 포함하므로 그중 가장 넓고 높은 울릉도가 주도이고 석도(독도)는 그의 속도인 것이며, 이는 대한제국이 주 도인 울릉도와 그의 속도인 독도(석도)에 대해 실효적 지배를 한 증거로 된다.

## 7. 심흥택 보고서

1905년 2월 22일 '시마네현 고시 제40호'에 의한 일본정부가 '선점'이라고 주장하는 독도 침탈행위가 있은 후 1년이 경과한 1906년 3월 28일 시마네현 은기도사 동문보(東文輔, 마즈마 분스케)와 사무관 신전유태랑(神田由太郎, 긴다 요시타오) 일행이 울릉도군수 심흥택(沈興澤)에게 '시마네현 고시 제40호'에 의해 독도가 일본영토로 편입되었다는 사실을 구두로 통보해 왔다. 이에 대해 울릉군수 심흥택은 다음날인 1906년 3월 29일 이 사실을 강원도 관찰사 서리 이명래(李明來)에게 보고했다. 이에 이명래는 즉시 이 사실을 내부대신 이지용(李址鎔)에게 보고했다.[30]

심흥택 보고서의 내용은 다음과 같다.

> 本郡所屬 獨島가 在於本部外洋百餘里外이삽더니 本月初四日辰時量에 輪船一雙이 來泊于郡內道洞浦而 日本官人一行이 到于官舍ᄒ야 自云獨島가 今爲日本領地故로 視察次來到이다 이온바 其一行則 日本島根縣隱岐島司東文輔及 事務官神西山太郎 稅務監督局長占田平吾 分署長警部 影山巖八郎 巡査一人 會議員一人 醫師技手各一人 其外隨員十餘人이 先問戶摠人口土地生産多少ᄒ고 且問人員及經費幾許 諸般事務를 以調査樣으로 錄去이옵기 玆에 報告ᄒ오니 照亮ᄒ시믈 伏望等서로 准此報告ᄒ오니 照亮ᄒ시믈 伏望.
>
> 光武十年 四月二十九日
>
> 江原道觀察使署理春川郡守 李明來
> 議政府參政大臣 閣下[31]

위 보고서에 '本郡所屬 獨島'라고 기술되어 있는 바 '本郡'은 울릉군 즉 울릉도이므로 '본군소속'은 울릉도 소속을 뜻한다. 그러므로 이는 울릉군수라는 대한제국의 국가기관이 독도는 울릉도의 속도임을 표현한 것이다. 이는 독도는 울릉도의 속도이고 또한 울릉군수의 실효적 지배하에 있음을 명시한 것이다.

요컨대, '심흥택 보고서'는 독도를 울릉도의 속도로 인정한 것이며, 또한 이는 대한제국에 의한 울릉도와 독도에 대한 실효적 지배의 증거로 된다.

---

30) 김명기, 전주 15, pp.88-89; 신용하, 전주 15, pp. 225-27; 임영정·허영란, '심흥택 보고서', 『독도사전』(전주 15), pp.204-205.
31) 심흥택 보고서 「각 관할 도안」, 제1책, 보고서 호외

## 8. 이명래 보고서

강원도 관찰사 이명래의 보고서 내용은 울릉군수 심흥택의 보고서를 그대로 인용하고 있다. 다음과 같다.

> 鬱島郡守 沈興澤 報告書 內開에 本郡所屬 獨島가 在於外洋 百餘里外이살더니 本月初四日 辰時量에 輪船一雙이 來泊 丁郡內道洞浦 而日本官人一行이 到丁官舍ᄒ야 自云 獨島가 今爲日本領地故로 視察次來到이다 이온바 其一行 則日本島根縣 隱岐島司 東文輔 及 事務官 神西田太郎 稅務監督局長 吉田平吾 分署長 警部 影山巖八郎 巡査一人會議一人 醫師 技手各一人 其外 隨員 十餘人이 先問 戶摠 人口 土地生産 多少하고 且問 人員 及 經費 幾許 諸般事務를 以調査樣으로 錄去아옵기 玆에 報告ᄒ오니 照亮ᄒ시믈 伏望.
>
> 광무십년 사월이십구일
> 강원도관찰서리 이명래
> 참정대신 각하32)

위 이명래 보고서는 전기한 '심흥택 보고서'를 그대로 인용하고 있다. 물론 '本郡所屬 獨島'라는 기술도 심흥택 보고서와 동일하다. 따라서 이것도 강원도관찰사라는 대한제국의 국가기관이 독도는 울릉도의 속도로 인정한 것이고 또한 이는 독도는 울릉도와 같이 대한제국의 실효적 지배하에 있음을 명시한 것이다.

# V. 주 도와 속도의 법적 지위 동일의 원칙의 독도에의 적용

## 1. 우산국의 귀복에의 적용

『삼국사기』에 신라 지증왕 13년(512년)에 우산국(于山國)이 신라에 귀복(歸服)해 왔다는 기록이 있다.33) 「삼국사기」에는 우산국으로만 기록되어 있고 우산국은 울릉도라고 한다는 기록이 있을 뿐34) 독도가 우산국의 영토에 포함되는지에 관해 아무런 논급이 없다.35)

따라서 일본 측은 우산국의 영토에 울릉도만 포함되고 독도는 이에 포함되지 아니한다고 주장한다.36) 이에 대해 한국 측은 다음과 같이 주장하고 있다.37)

---

32) 이명래 보고서 「각 관할 도안」, 제1책, 광무 10년 4월 29일 조, 보고서 호외(동북아 역사 재단, 「우리 땅 독도를 만나다」, 2012, p.83.)

33) 신라본기 지증마립간조(新羅本紀 智證麻立干條), 열전 이사부조(列傳異斯夫條); 김명기·이동원, 「일본 외무성 다케시마 문제의 개요」 (서울: 책과 사람들, 2010), p.14.

34) 신라본기 지증미립간조

35) 김명기, 『독도강의』(서울: 독도조사연구학회/책과사람들, 2007), p.54.

36) The Japanese Government, View of the Japanese Government in Reputation of the Position taken by the Korean Government in the Note Verbate of the Korean Mission in Japan September 9, 1953, concerning Territoriality over Takeshima(일본정부 견해(2))(February 10, 1954), para. Ⅱ (1); The Japanese Government, Japanese Government's Views on the Korean Government's Version of Problem of Takeshima, dated September 25, 1954(일본정부견해(3))(September 20, 1956), para. Ⅲ (1).

37) The Korean Government, The Korean Government's Refutation of the Japanese Government's Views Concerning Dokdo('Takeshima') dated July 13, 1953(한국정부 견해(1)) (September 9, 1953), para. I, a.b;

( ⅰ ) 『세종실록지리지』에 '우산도(독도)와 무릉도(울릉도)라는 두 섬이 날씨가 청명하면 서로 바라볼 수 있다. … 신라시대는 우산국이라 칭했다.'

( ⅱ ) 『만기요람(萬機要覽)』 군정 편(軍政編)에는 '울릉도와 우산도는 모두 우산국의 땅이며, 우산도는 왜인들이 말하는 송도이다.'라고 기록되어 있다.

그러나 '주도와 속도의 법적 지위 동일의 원칙'을 우산국에 적용하면 주 도인 울릉도의 속도인 독도는 당연히 주도와 같이 신라의 영토로 인정되게 된다. 따라서 일본의 우산국은 울릉도만이고 독도는 이에 포함되지 아니한다는 주장은 주 도와 속도의 법적 지위 동일의 원칙에 반해 성립의 여지가 없다.

## 2. 대한제국 칙령 제41호에의 적용

1900년 10월 25일 대한제국은 '울릉도를 울도로 개칭하고 도감을 군수로 개정하는 건'을 '칙령 제41호'로 제정하고, 동 칙령을 1900년 10월 27일 '관보 제1710호'에 게재하여 공포했다.[38]

동 칙령 제1조는 '울릉도를 울도로 개칭하여 강원도에 부속하고 도감을 군수로 개칭하여 관제에 편입하고 군의 등급을 5등으로 한다.'라고 규정하고, 제2조는 '군청 위치는 대하동으로 정하고 구역은 울릉 전도와 죽도 석도(石島)를 관할한다.'라고 규정하고 있다. 동 제2조에 규정된 '석도'는 독도를 뜻한다는 것이 한국정부의 주장이고,[39] '석도'는 독도를 뜻하는 것이 아니라는 것이 일본정부의 주장이다.[40]

그러나 '주도와 속도의 법적 지위 동일의 원칙'을 울도에 적용하면 석도가 죽서도를 뜻한다는 일본정부의 주장을 수용해도 주 도인 울도와 속도인 독도의 법적 지위는 동일한 것이다. 따라서 독도는 동 칙령의 규정 외에 있는 것이라는 일본정부의 주장은 동 원칙상 성립의 여지가 없다.

## 3. 대일평화조약에의 적용

1951년 9월 8일 샌프란시스코에서 48개 연합국과 일본 간에 체결된 '대일평화조약(The Peace Treaty with Japan)' 제2조 (a)항은 '일본은 한국의 독립을 승인하고 제주도·거문도 및 울릉도를 포함한 한국에 대한 모든 권리·권원 및 청구권을 포기한다.'라고 규정하고 있다. 동 조항에 독도에 관해 아무런 규정이 없다. 즉 포기(분리)의 대상에 독도가 포함된다는 규정도 포함되지 아니한다는 규정도 없다.

이에 관해 일본정부는 독도가 분리된다는 명시적 규정이 없으므로 독도는 분리된 것이 아니고 따라서 독도는 일본영토라고 주장한다.[41] 이에 대해 한국정부는 동 조항에 독도가 분리된다는 명시적 규정

The Korean Government, The Korean Government's View Refuting the Japanese Government's View of the Territorial Ownership of Dokdo(Takeshima) taken in the Note Verbale No. 15/A2 of the Japanese Ministry of Foreign Affairs dated February 10; 1954(한국정부견해(2)) (September 25, 1954), para. Ⅰ(1);

The Korean Government, The Korean Government's Views Refuting the Japanese Government's Version of the Ownership of Dokdo dated September 20, 1956(한국정부견해(3))(January 7, 1950), para. Ⅰ(1), (2); Myung-Ki Kim, *Territorial Sovereignty over Dokdo and International Law*(Claremont, California: Paige Press, 2000), pp.40-41; 김명기, 전주 15, pp.54-55; 김명기·이동원, 전주 33, pp.10-15, 54-65.

38) 김명기, 전주 15, p.71.

39) The Korean Government, *supra* n. 12(September 9, 1953), para. Ⅰ(a).

40) 일본 외무성, 「다케시마 문제의 개요」, 2009, 제Ⅳ, 제5항.

41) Japanese Government, Japanese Government's Views Concerning Takeshima(일본정부견해(1)) dated July 13, 1953, para.7; 일본 외무성,

이 없어도 독도는 분리된 것이라고 주장하면서 그 이유 중의 하나로 독도는 울릉도의 속도이므로 동 조에 명시적 규정이 없어도 울릉도와 함께 분리된 것이라고 주장한다.[42]

동 조에 '주 도와 속도의 법적 지위 동일의 원칙'을 적용하면 울릉도의 속도인 독도는 당연히 울릉도와 함께 포기된 것이 되므로 일본정부의 주장은 성립의 여지가 없다.

## VI. 결언

결론으로 상술한 바를 요약하고 몇 가지 정책건의를 하기로 한다.

첫째로, 상술한 바를 다음과 같이 요약해본다.

( i ) 주도의 법적 지위는 속도의 법적 지위를 포함한다. 즉 주도의 법적 지위와 속도의 법적 지위는 동일하다는 것이 학설과 판례에 의해 승인되어 있다.

(ii) '주도와 속도의 법적 지위 동일의 원칙'은 학설과 판례에 의해 승인된 것이므로 이는 '국제사법재판소 규정(Statute of the International Court of Justice)' 제38조 제1항 (d)에 의해 법칙결정의 보조적 수단(subsidiary means for the determination of rules of law)으로 인정되어 있다. 즉 주도와 속도의 법적 지위 동일의 원칙은 법칙 결정의 보조적 수단이다.

(iii) 역사상 독도는 울릉도의 속도로 인정되어 왔다. 이는 1952년의 '인접해양주권에 관한 대통령 선언', 1965년의 '한일어업협정'에 의해 유지되어 왔다. 그러나 1998년의 '신한일어업협정' 제9조에 의해 독도만을 중간수역에 넣었다. 따라서 독도와 울릉도는 분리되게 되고 독도가 울릉도의 속도라는 주장은 더 이상 할 수 없게 되었다.

둘째로, 정부의 대일 독도정책 결정당국에 대해 다음 몇 가지 정책대안을 검토 결정할 것을 권고한다.

( i ) 대일 독도정책 당국은 우산국의 귀복에 관한 『삼국사기』의 기록에 관해 독도가 우산국 영토에 포함된다는 역사적 근거의 제시에 추가하여 '주도와 속도의 법적 지위 동일의 원칙'에 따라 울릉도의 속도인 독도는 당연히 우산국에 포함되어 신라의 영토로 되었다는 주장을 대일 독도정책에 반영한다.

(ii) 대일 독도정책 당국은 '대한제국 칙령 제41호' 제2조에 규정된 '석도'가 독도를 의미한다는 역사적 근거의 제시에 추가하여 '주도와 속도의 법적 지위 동일의 원칙'에 따라 동 조의 석도가 독도가 아니라 할지라도 울릉도의 속도인 독도에 동 칙령의 효력이 미친다는 주장을 대일 독도정책에 반영한다.

(iii) 대일 독도정책 당국은 '대일평화조약' 제2조 (a)항에 독도가 포기의 대상으로 명시적으로 규정이 없어도 독도는 포기된 것이라는 여러 근거의 제시에 추가하여 학설과 판례의 근거를 일일이 명

---

전주 13, 제 Ⅵ, 제3항.

42) The Korean Government, *supra* n.12 (September 9, 1953), para. Ⅶ.

시하여 '주도와 속도의 법적 지위 동일의 원칙'에 따라 독도는 울릉도와 함께 포기된 것이라는 주장을 대일 독도정책에 반영한다.

(iv) 대일 독도정책 당국은 독도는 울릉도의 속도라는, 특히 울릉도와 독도가 '유기적 전체(organic whole)', '한 단위(an unit)', '자연적 단위(natural unity)', '단일 물리적 단위(single physical unit)', '하나의 실체(an entity)' 등을 구성한다는 지리학적, 지질학적, 생태학적, 해양학적, 역사학적, 사회과학적 학제연구의 심도 있는 추진을 학계에 촉구하고, 연구를 적극 지원한다.


## <참고문헌>

『고종실록』, 고종 20년(1883년) 3월 16일 조.
『관보』, 제1716호, 광무 4년 10월 27일자.
김명기, 『독도강의』, 서울: 독도조사연구학회, 2007.
김명기·이동원, 『일본 외무성 다케시마 문제의 개요』, 서울: 책과 사람들, 2010.
『세종실록』, 세종 7년(1425년), 10월 을류조.
_____, 세종 7년(1425년), 12월 계사조.
_____, 권153, 지리지, 강원도 울진현 조.
『승정원일기』, 고종 19년(1882년) 4월 초7일조.
신라본기 지증마립간조(新羅本紀 智證麻立干條), 열전 이사부조(列傳異斯夫條)
신용하, 『독도의 민족영토사연구』, 서울: 지식산업사, 1996.
유미림, 『만기요람』, 『독도사전』, 서울: 한국해양수산개발원, 2011.
이태은, '울릉도검찰일기', 『독도사전』, 서울: 한국해양수산개발원, 2011.
이명래 보고서『각 관할 도안』, 제1책, 광무 10년 4월 29일 조, 보고서 호외, 동북아 역사재단, 『우리 땅 독도를 만나다』, 2012.
우용정, 『울릉기』.
임영정, '동남제도개척사', 『독도사전』, 서울: 한국해양수산개발원, 2011.
임영정·김호동, '김인우', 『독도사전』, 서울: 한국해양수산개발원, 2011.
임영정·허영란, '심흥택 보고서', 『독도사전』, 서울: 한국해양수산개발원, 2011.
일본 외무성, 『다케시마 문제의 개요』, 2009.
허영란, '칙령 제41호', 『독도사전』, 서울: 한국해양수산개발원, 2011.

Bernardez, Santiago Tores, 'Territory Acquisition', *EPIL*, Vol.10, 1987.
British and Foreign State Paper, Vol.99, 1904.
Fitzmaurice, G., 'The Law and Procedure of the International Court of Justice, 1951-54', *BYIL*, Vol.32.
ICJ, *Reports*, 1953.
___, *Reports*, 1992.
___, *Reports*, 2008.
Kim, Myung-Ki, *Territorial Sovereignty over Dokdo and International Law*(Claremont, California: Paige Press, 2000.
Lauterpacht, H., 'Sovereignt over Submarine Area', *BYIL*, Vol.27, 1950.
The Korean Ministry of Foreign Affairs, The Korean Government's Refutation of the Japanese Government's Views concerning Dokdo('akeshima') dates July 13 1953. (September 9. 1953)
_____, The Korean Government's View Refuting the Japanese Government's View of the Territorial Ownership of Dokdo (Takeshima), an Taken in the Note Verbale No.15/A2 of the Japanese Ministry of Foreign Affairs Dated February 10, 1954 refuting the Japanese view contained in th

attachment to the Ministry's Note Verbale No. 102/A1 dated September 20, 1956.(Tokyo, January 7, 1959)

The Japanese Government, Japanese Government's Views Concerning Takeshima((1)) dated July 13, 1953.

_____, View of the Japanese Government in Refutation of the Position taken by the Korean Government in the Note Verbale of the Korean Mission in Japan September 9, 1953, concerning Territoriality over Takeshima((2))(February 10, 1954).

_____, Japanese Government's Views on the Korean Government's Version of Problem of Takeshima, dated September 25, 1954((3))(September 20, 1956).

The Korean Government, The Korean Government's Refutation of the Japanese Government's Views Concerning Dokdo('Takeshima') dated July 13, 1953((1)) (September 9, 1953).

_____, The Korean Government's View Refuting the Japanes Government's View of the Territorial Ownership of Dokdo(Takeshima) taken in the Note Verbale No. 15/A2 of the Japanese Ministry of Foreign Affairs dated February 10, 1954((2)) (September 25, 1954).

_____, The Korean Government's Views Refuting the Japanese Government's Version of the Ownership of Dokdo dated September 20, 1956((3))(January 7, 1950).

UN, *RLAA*. Vol.2, 1949.

Waldock, C. H. M., 'Disputed Sovereignty in the Falkland Islands Dependencies', *BYIL*, Vol.25, 1948.

# 제12절 | 대일평화조약 체결·교섭에 대한민국의 참가문제

## I. 서언

일찍이 대한민국임시정부는 1941년 12월 10일에 일본에 대해 전쟁을 선포했었다. 대한민국임시정부는 1945년 3월 1일에 대일평화교섭에 참가할 수 있도록 초청해 줄 것을 미국 국무부에 요청한 바 있다. 그리고 대한민국정부는 1951년 7월 한국전쟁 기간에도 대일평화교섭과 서명에 참가하여야 한다고 미 국무부에 요청했으나 모두 거절당하고, 1951년 9월 8일에 샌프란시스코에서 48개 연합국과 일본 간에 '대일평화조약'이 체결되어 대한민국은 '대일평화조약'의 체약당사자의 지위를 잃고 동 조약의 제3자의 지위에 머물게 되고 말았다. 그러나 일본은 동 조약의 체결절차에 참여하고 또 서명했으나 대한민국은 동 조약의 체결절차에 참여할 수 없었으므로 독도 영유권에 관해 일본과 달리 동 조약의 체결과정에 능동적으로 참여할 수 없었다. 따라서 독도가 대한민국의 영토라는 명시적인 규정을 동 조약에 규정할 수 없었다.

'대일평화조약' 제2조 (a)항은 '일본은 한국의 독립을 승인하고, 제주도·거문도 및 울릉도를 포함한 한국에 대한 모든 권리·권원 및 청구권을 포기한다.'라고 규정하여 동 조항의 해석에 관해 한일 간에 첨예한 대립이 있다.

한편, '조약법에 관한 비엔나협약(the Vienna Convention on the Law on Treaties, 이하 '조약법협약'이라 한다) 제32조는 조약의 해석의 보충적 수단으로 … 의미를 결정하기 위해 조약의 교섭기록 및 그 체결 시의 사정을 포함한 해석의 보충적 수단에 의할 수 있다. … (recourse may be had to supplementary means of interpretation, including the preparatory work of the treaty and the circumstances of its conclusion…)'라고 규정하고 있다. 한국이 '대일평화조약' 체결에 참여할 수 없었던 것은 해석의 보충적 수단인 조약체결의 사정을 구성한다.

이 연구는 '대일평화조약' 제2조 (a)항을 해석함에 있어서 보충적 수단으로 '동 조약의 체결사정'의 하나로 대한민국은 동 조약 제2조 (a)항의 규정작업에 참여할 수 없었던 사정을 제시하기 위해 시도된 것이다.

이하 '대일평화조약의 체결과정', '대일평화조약 체결교섭에서 대한민국정부의 참가논의', 그리고 '조약의 보충적 해석수단으로서 조약체결사정'순으로 기술하기로 한다.

이 연구는 자연법론을 극복한 법실증주의에 입각하여 *lex lata*를 대상으로 한 것임을 여기 밝혀 두기로 한다. '대일평화조약' 제2조 (a)항을 해석의 보충적 수단인 조약의 체결사정에 따라 동 조항을 해석할 때 독도는 일본이 포기한 영토에 포함되며 일본으로부터 분리된 한국영토인 것이다.


## Ⅱ. 대일평화조약의 체결과정

다른 전쟁의 경우 평화조약의 체결과 달리 '대일평화조약'은 그에 앞서 '항복선언'과 '항복문서'의 서명이라는 과정을 거쳤다. 무조건 항복이라는 과정을 거쳤으나 제2차 대전도 평화조약의 체결로 최종적 정리를 하게 되었다. 제2차 대전의 적대행위가 종료된 후 그 적대국과의 평화조약이 성립하기까지는 상당한 시간을 요했다. 이탈리아의 경우는 1943년 9월에 무조건 항복을 한 후 1947년 2월 평화조약이 정식으로 서명되기까지는 3년 반이라는 시간을 요했으며, 일본의 경우는 1945년 8월 15일 '무조건 항복'에서 1951년 9월까지 6년이란 세월을 요했으며, 서독의 경우는 1955년 '파리협정'에 의하여 서독의 주권이 회복되기 위해서 10년이란 시간을 요했다.


### 1. 미국의 역할

1945년 9월 2일 일본이 '포츠담 선언'을 수락하여 연합국에 항복한 이후 미국은 사실상 단독으로 일본을 관리하고 있었으므로 대일관계에 있어서 소련에 비해 유리한 입장에 있었다.[1]

1947년 3월 17일 맥아더 최고사령관은 '우리가 일본과 평화회담을 해야 할 시기가 지금 도래했다.'고 발표함으로써 평화조약 체결의 필요성을 제의했다.


### 2. 영국의 역할

1947년 5월 영국 외상은 일본과의 평화조약은 극동위원회(Far Eastern Commission)의 11개국에 의해 논의되어야 한다고 공식으로 설명했으며, 미국은 영국의 주장에 따라 극동위원회 구성국에게 조약안을 기초하도록 했다.[2]

1947년 7월 11일 미국은 극동위원회의 구성국인 11개국 대표에 대하여 대일평화 예비회의의 개최를 제의했으나 7월 14일 소련 외상은 미국·영국·소련·중국의 외상회의를 개최할 것을 제의하여 미국의 제의를 반대했다.[3] 이와 같이 미국과 소련의 대립에 대해 중국은 극동위원회를 구성하는 11개국이 평화조약 안을 기초하되 회의의 표결은 미국·영국·소련·중국의 일치를 포함하는 다수결제로 하자는 절충안을 제의했으나 미국과 소련은 모두 이를 수락하지 않았다.[4] 이리하여 대일평화문제는 공산진영과 비공산진영의 대결로 좌초되고 말았다. 따라서 영국은 큰 역할을 할 수 없었다. 이에 미국은 전면 평화의 방법을 포기하고 분리 평화의 방법을 강구하게 되었다.[5]

---

1) L. V. Aduard, *Japan: From Surrender to Peace*(New York: Praegar, 1954), pp.103-104.

2) *Ibid.*, p. 66.

3) *Ibid.*, p. 68.

4) *Ibid.*

## 3. 영연방 외상회담

1950년 1월 콜롬보 영연방 외상회담과 방콕의 극동주재 미 외교관 회담에서 대일평화의 조기체결 문제가 의논되었고, 6월 미 국무부장관 덜레스(John Foster Dulles)가 일본을 방문하여 대일평화 촉진의 움직임을 보였다.[6]

이러한 미국의 분리 평화조약 체결의 일방적 움직임에 대한 대응 조치로서 크렘린은 한국동란을 계획하고 수행한 것이다.[7]

한국동란의 발발로 미·소의 대결은 더욱 심화되고 태평양에서의 일본의 전략적 지위의 중요성이 재인식되었다.

1951년 1월 미국은 덜레스 특사를 일본에 파견하여 조야 인사들과 회견하게 했으며 3월에 미국 측 평화조약 초안이 극동위원회구성 11개국 외에 한국·세이론·인도네시아에 배부되었다.[8]

## 4. 소련의 역할

1951년 5월 7일 소련은 미국의 평화조약 초안에 반대한다는 문서를 미국에 보내왔으며 그 반대 이유로 1945년 8월 2일의 미국·영국·중국·소련·프랑스의 5개국 외상이 참가한 '포츠담 협정'에 의거하여 외상회의가 설치되었으며 또 1945년 9월의 항복문서에 서명한 미국·영국·중국·소련의 대일평화조약 초안은 이들의 참여로 이루어져야 한다는 것이었다.[9]

7월 20일에 미국과 영국의 공동 명의로 샌프란시스코 평화회의 초청장이 소련을 포함한 49개국에 발송되었다.[10] 1951년 9월 4일에서 8일까지 샌프란시스코에서 평화회의가 열렸으며, 8일에 '대일평화조약'이 48개 연합국과 일본에 의해 서명되었다.[11] 그러나 태국·중국·체코슬로바키아·인도·폴란드·소련은 동 평화조약에 서명하지 않았다.[12]

## III. 대일평화조약 체결교섭에서 대한민국정부의 참가논의

### 1. 대한민국정부의 요청

대한민국은 '대한민국임시정부'시절부터 '대한민국정부'시절까지 '대일평화조약'의 교섭과정 및 서명

---

5) *Ibid., p.149.*

6) *Ibid., pp.144-45, 152.*

7) A. S. Whiting, *China Crosses the Yalu: The Decision to Enter the Korean War*(New York: Macmillan, 1960), pp.37-40.

8) Aduard, *supra* n.1, pp.177-820.

9) D. Folliot, *Documents on International Affairs*, 1951(London: Oxford University. Press, 1954), pp.579-80.

10) Aduard, *supra* n.1, pp.199-200.

11) Marjorie M. Whiteman, *Digest of International Law* Vol.3(Washington, D.C.: USGPO. 1964), pp.555-56.

12) *Ibid.*

과정에 공식적으로 참여의 의사를 표시해 왔다.

## 가. 대한민국임시정부의 요청

대한민국임시정부는 1945년 3월 1일 이승만 박사가 미 국무장관에게 보낸 공한에서 대한민국임시정부가 일본에 대해 1941년 12월 10일 공식적으로 전쟁을 선포했으므로 대한민국은 '대일평화조약'의 교섭과 서명에 참가하여야 한다고 다음과 같이 주장했다.

> 대한민국임시정부는 1941년 12월 10일 일본에 대해 공식적으로 전쟁을 선포했다.
> The Korean Provisional Government formally declared war on Japan on December.[13]

대한민국임시정부는 일본에 대해 전쟁을 선포했으나 이는 미국에 의해 승인되지 아니했다.

## 나. 대한민국정부의 요청

### (1) 장면대사

대한민국임시정부의 요청에 뒤이어 대한민국정부도 대한민국이 '대일평화조약'의 교섭과정과 서명에 참가하기를 원한다고 미 국무부에 요청했다. 1951년 1월 4일 장면 주미한국대사가 미 국무부장관에게 보낸 서한을 통해 대한민국은 대일평화조약의 교섭과 서명에 참가하도록 초청받기를 희망한다고 다음과 같이 요청했다.

> 우리정부의 훈령에 따라 대한민국은 대일평화조약의 교섭과 서명에 참가하도록 초대받고자 하는 바이다. … 제2차 대전 기간 동안 대한민국은 교전자의 지위는 공식적으로 승인되지 아니했으나 대한민국의 대일교전상태는 사실상 존재했다.
> At the instruction of my Government, I have the honor to convey to your Excellency a request that the Republic of Korea be invited to participate in negotiations and the signing of the peace treaty with Japan … the belligerent status of Korea was not formally recognized during World War Ⅱ, Korean's anti-Japan belligerency did exist *de facto*.[14]

### (2) 양유찬 대사

1951년 7월 9일 11시 30분에 양유찬 대사가 덜레스(John Foster Dulles) 대사에게 전화 했을 때 덜레스 대사는 양 대사에게 일본과 전쟁상태에 있는 국가와 유엔선언의 서명국만이 대일평화조약에 서명하는 것이기 때문에 대한민국정부는 동 조약서 서명국이 될 수 없다고 다음과 같이 지적했다.

---

13) US Department of State, Office Memorandum: Japanese Peace Settlement and States of War with Japan, June 20, 1949, Ⅰ.3.; letter form Dr. Syngman Rhee to the Secretary of State dated March 1, 1945.

14) Korean Embassy in Washington D.C, A Letter to Dean Acheson(Secretary of State from John M. Chang(Korean Ambassador), dated January 4, 1951.

오직 일본과 전쟁상태에 있는 국가와 1942년 1월 유엔선언의 서명국만이 동 조약에 서명하기 때문에 대한민국정부는 동 조약의 한 서명국이 될 수 없을 것이다.

The ROK Government would not be a signatory to the treaty, since only those nations in a state of war with Japan and which were signatories of the United Nations Declarations of January 1942 would sign the treaty.[15]

이에 대해 양 대사는 대한민국임시정부는 일본과 전쟁상태에 있었다고 다음과 같이 항의했다.

대한민국임시정부는 제2차 대전 수 년 동안 일본과 실제로 전쟁상태에 있었다.

The Korean Provisional Government had, in fact, been in a state of war with Japan even for many years prior to would War Ⅱ.[16]

그러나 덜레스 대사는 한국은 조약의 규정으로부터 이익을 향유하게 될 것이라고 다음과 같이 지적했다.

한국은 다른 국가들과 같이 평등하게 조약의 모든 일반 규정으로부터 이익을 향유할 것이다.

Korea would benefit from all of the general provisions of the treaty equally with other nations.[17]

## 나. 미 국무부의 입장

1949년 12월 12일 미 국무부 '극동연구과(Division of Research for Far East)'가 연구 작성한 '일본 평화해결의 대한민국의 참가(participation of the Republic of Korea)'라는 연구문서에 대일평화조약에 있어서 대한민국의 참가문제에 관한 폭넓고 심도 있는 연구결과가 다음과 같이 제시 보고되었다.

'일본 평화해결에 있어서 대한민국의 참가(Participation of the Republic of Korea in the Japanese Peace Settlement)'의 목차와 내용은 다음과 같이 구성되어 있다.

I. 참가를 위한 대한민국의 청구(Claim of the Republic of Korea for participation)

II. 평화회의에 있어서 대한민국의 이익의 본질(Nature of the Korean interest in the peace settlement)

III. 평화회의에 있어서 대한민국의 참가 또는 불참가 결과(consequences of participation or non-articipation of the Republic of the Korea in the peace conference)[18]

위의 연구에서 대한민국의 참가를 부정하는 미 국무부의 이유는 다음과 같이 요약된다.

---

15) US Department of State, Memorandum of Conversation: Japanese Peace Treaty, dated July 9, 1951, para.2.

16) US Department of State, *supra* n.15, para.3.

17) US Department of State, *supra* n.15, para.2.

18) US Department of State, Division of Research for Far East, 'Participation of the Republic of Korea in the Japanese Peace Settlement, Table of Contents, dated December 12, 1949.

첫째로, 북한의 참가 요청과 소련의 지지

이 보고서는 대한민국의 참가요청은 북한의 참가요청을 유발하게 하며 북한의 참가요청은 소련의 지지를 얻을 것이라고 다음과 같이 기술하고 있다.

> 대한민국의 참가를 위한 요청은 즉시 조선민주주의인민공화국에 의해 유사한 참가에 대한 요구가 즉시 처리될 것이고, 소련이 이 조치에 있어서 중요한 역할을 아마도 거의 모든 위성국가들로부터 뿐만 아니라 인도와 같은 극동국가로부터의 지지를 획득할 것이며
> An invitation to the Republic of the Korea to the participation would also immediately draw demands for similar participation by the Democratic people's Republic of the Korea. The Soviet Union would take the initiative in this action and would probably gain support not only from its satellites but also from Far Eastern countries such as India[19]

동 보고서는 한국의 참가 초청은 북한의 참가 초청문제를 제기하게 됨으로 한국의 참가요청을 거부하여야 한다고 기술하고 있다.

이와 같이 미 국무부가 대한민국의 대일평화조약의 교섭과 서명에 한국이 참가 하는 것을 거부한 이유 중의 하나는 소련 측에서 북한의 참가를 지지할 것에 대비하기 위한 것이었다.

둘째로, 대한민국정부의 불승인

미 국무부는 대한민국의 불승인을 대한민국의 대일평화조약의 교섭을 거부하는 이유 중의 하나로 다음과 같이 들고 있다.

> 1910년 조약에 의한 일본의 한일합방은 미국을 포함한 거의 모든 국가에 의해 승인되었고, 1948년 까지 한국국가 또는 한국정부로 일반적으로 승인되지 아니했다. 한국에서 일본규칙에 대한 저항은 지방화 또는 단기내란으로 금지되었다. … 한국의 법적 지위를 고려하지 아니하고 일본의 평화해결에 있어서 한국의 제2차 대전에 있어서 일본에 대한 교전자로부터 주요 유도되지 아니 한다. 반대로 한국에서의 이익은 거의 1910년에서 1945년까지의 기간 동안 한국에 대한 일본제국주의의 규칙으로부터 주로 유도되는 것이다.
> The Japanese annexation of Korea by treaty in 1910 was recognized by all most all countries, including the US, and no general recognition was given by Korean state or government until 1948. Resistance to Japanese rule within Korea was restricted to localized or brief disorders.[20]

이와 같이 미국이 한국의 참가요청을 거부한 이유 중 첫째는 한국의 참가를 허용하면 북한이 참가를 요청하게 될 것이고, 이 요청은 소련에 의해서 강력히 지지될 것이라는 우려에 의한 것이었다. 그리고 둘째는 한국은 미국이 승인하지 않은 국가 또는 정부였다는 것이었다.

---

19) *Ibid.*

20) US Department of State, *supra* n.13, Ⅰ (Claim of the Republic of Korea for Participation)

## Ⅳ. 조약의 보충적 해석수단으로서 조약체결사정

### 1. 해석의 보충적 수단의 의의

조약법상 해석의 보충적 수단(supplementary means of interpretation)은 여러 가지로 정의되고 있다.

Gerald G. Fitzmaurice는 해석의 보충적 수단을 해석의 주요 원칙(major principles of interpretation), 즉 해석의 주된 원칙(main principles of interpretation)을 보조하는 해석수단이라고 한다.[21] 그에 의하면 해석의 주요 원칙은 다음과 같다.[22]

( ⅰ ) 실제의 원칙(principles of actuality): 실제적 조약문에 기초한(on the basis of actual text) 해석의 원칙

( ⅱ ) 자연적 의미의 원칙(principle of natural meaning): 통상적, 자연적, 비곡해적 의미(normal, natural, unstrained meaning)의 해석의 원칙

( ⅲ ) 통합의 원칙(principle of integration): 조약 전체로(treaty as a whole)의 해석의 원칙

( ⅳ ) 실효성의 원칙(principle of effectiveness): 충분한 비중을 주는(give the fullest weight) 해석의 원칙

( ⅴ ) 후속적 관행의 원칙(principle of subsequent practice): 당사자의 후속적 관행에 의존하는(recourse to the subsequent practice of the parties) 해석의 원칙

Fitzmaurice에 의하면 해석의 보충적 수단에는 '조약의 준비작업(*travaux preparatoires* of the treaty)'과 '조약의 체결사정(circumstances of treaty conclusion)'이 포함된다.[23]

J. G. Starke에 의하면 해석의 보충적 수단이란 '조약의 문맥에 한정된 해석(interpretating limited to the context of the treaty), 즉 통상적 해석(normal interpretation)이 모순된(contradicted) 경우 의존할 수 있는 조약의 외부적 자료(extrinsic materials)'[24]를 뜻한다. 그러한 외부적 자료에는 '조약의 준비작업'과 '조약의 체결사정'이 포함된다고 한다.[25]

Isagani A. Cruz는 해석의 보충적 수단을 '해석의 불합리를 피하고(absurdity is to be avoided) 보다 합리적인 결과를 선호하기 위해(more rational result preferred) 조약의 내적 조력(intrinsic aids)이 가용하지 않은 경우 의존할 수 있는 외적 조력(extrinsic aids)의 수단'이라고 정의하고,[26] 그러한 보충적 수단으로 '조약의 준비작업'과 '조약의 체결사정'을 들고 있다.[27]

---

21) Gerald G. Fitzmaurice, 'The Law and Procedure of the International Court of Justice: Treaty Interpretation and Certain other Treaty Points', *BYIL*, Vol.28, 1951, p.9.

22) *Ibid.*

23) *Ibid.*, pp.10-12, 14-17, 22-25.

24) J. G. Starke, *Introduction to International Law*, 9th ed.(London: Butterworth, 1984), p.458.

25) *Ibid.*

26) Isagani A. Cruz, *International Law*(Quezon: Central Lawbook, 1992), p.181.

Robert Jennings와 Arthur Watts에 의하면 해석의 보충적 수단이란 '해석의 기초적 규칙(the basic rules of interpretation)에 의한 해석의 의미가 모호하거나 애매한 경우 또는 부조리하거나 불합리한 경우 의존할 수 있는 해석수단'을 뜻한다고 하며,[28] 그러한 해석수단으로 '조약의 체결사정', '조약의 준비작업' 등 11개의 수단을 제시하고 있다.[29]

Ian Sinclair는 해석의 보충적 수단을 '조약의 조약문의 설명(elucidation of the text of the treaty)에 출발점을 두고 있는 해석의 일반규칙(general rule of interpretation)에 대해 해석의 과정에서 제2차적 또는 보충적 역할(secondary or supplementary role in the process of interpretation)을 하는 수단'으로 보고,[30] 그 수단으로 '조약의 준비작업'과 '조약의 체결사정'을 제시하고 있다.[31]

'조약법에 관한 비엔나 협약(the Vienna Convention on the Law of Treaties, 이하 '조약법협약'이라 한다)'[32] 제32조는 해석의 보충적 수단에 관해 다음과 같이 규정하고 있다.

> 제31조의 적용으로부터 나오는 의미를 확인하기 위하여 또는 의미를 결정하기 위하여 … 조약의 준비작업 및 조약의 체결사정을 포함한 해석의 보충적 수단에 의존할 수 있다.
> Recourse may be had to supplementary means of interpretation, including the preparatory work of the treaty and the circumstances or its conclusion, in order to confirm the meaning resorting from the application of article 31, or to determine the meaning. …

위의 규정에 의하면 '해석의 보충적 수단'이란 '제31조의 적용', 즉 '해석의 일반규칙(general rule of interpretation)의 적용의 결과로부터 나오는 의미가 애매하거나 불합리할 경우, 그 의미를 확인하기 위하여 또는 결정하기 위하여 의존할 수 있는 해석수단'을 의미하며, 이에는 '조약의 준비작업'과 '조약의 체결사정'이 포함된다.

위 제31조의 정의는 전술한 여러 학자의 정의를 모두 포괄하므로, 이 연구에서는 이 정의를 따르기로 한다. 이와 같이 언어의 문법적 통상적 의미(grammatical and ordinary sense of word)의 불합리성과 모순성(absurdity and inconsistency)을 피하기 위하여 해석의 보충적 수단으로 이 해석을 수정하는 규칙을 '황금의 규칙(golden rule)'이라 한다.[33] 그리고 이러한 '해석의 보충적 수단'에 의한 해석을 '역사적 해석(historical interpretation)'이라 한다.[34] '우리 인간사에 있어서 어떤 현재의 사태를 이해하려는 의미

---

27) *Ibid.*

28) Robert Jennings and Arthur Watts(eds.), *Oppenheim's International Law*, Vol.1, 9th ed.(London: Longman, 1992), p.1275-76.

29) *Ibid.,* pp.1275-76.

30) Ian Sinclair, *The Vienna Convention on the Law of Treaties,* 2nd ed.(Manchester: Manchester University. Press, 1984), p.141.

31) *Ibid.*

32) Shabtai Rosenn, 'Vienna Convention on the Law of Treaties', *EPIL,* Vol.7, 1984, p.525.

33) H. Lauterpacht, 'Restrictive Interpretation of Treaties', *BYIL*, Vol.26, 1949, p, 53,

34) Georg Schwarzenberger and E. D. Brown, *A Manual of International Law,* 6th ed.(Milton: Professional Books, 1976), p.134; Rudolf Bernhardt, 'Interpretation in International Law', *EPIL,* Vol.7, 1984, pp.322-23.

를 역사적으로 고려하는 것은 우리 문화에 있어서 자연스러운 것이다(It is natural in our civilization to think historically in the sense that we seek to understand any present situation in human affairs).'[35]

## 2. 해석의 보조적 수단의 내용

### 가. 조약의 준비작업

조약의 준비작업은 조약체결의 역사적 사실로, 준비초안, 회의토의록, 교섭기록 등이 포함된다.[36]

### 나. 조약의 체결사정

조약은 하나의 고립된 행위로(as a isolated act) 체결되는 것이 아니라 조약은 다른 사정을 형성하고 있는 제한적인 국제적 행위의 연속적인 시리즈의 부분으로(as a part of a continuing series of international acts) 체결된다.[37] 문서가 성립되게 된 역사적, 즉 정치적 경제적 사정이 고려될 수 있다 (Historical, that is, political and economic circumstances under which the instrument was established may be taken into consideration).[38] 가용한 회의록 등을 조약이 교섭된 때에 존재한 사태를 재구성하는(reconstruct the situation existing at the treaty was negotiated) 것이 가능하고 또 그 의미를 결정하는 것이 가능하다.[39]

조약의 체결사정이란 조약 체결을 '둘러싼 사정(surrounding circumstance)'을 말한다.[40] 즉, '조약이 교섭되어온 데 대한 존재한 사태(situation existing at the time of the treaty was negotiated)'[41] 또는 '조약이 교섭되어온 데 대한 역사적 배경(the historical background against which the treaty has been negotiated)'[42]을 뜻한다. 다시 말해 조약의 의미를 결정하는 사태(situation existing at the time or the treaty was negotiated, and thus determine its meaning)[43]를 의미한다. 또는 '조약의 체결을 유도한 교섭 (negotiation led to treaty conditions)'이라고[44] 표현할 수도 있다.

조약의 체결 사정으로 '당사자의 경제적, 정치적, 사회적 조건(economic, political and social conditions)',[45] '당사자가 조약에 의해 규율되기를 원하는 사태의 현실(reality of the situation which the

35) M. S. McDougal, H. D. Lasswell and J. C. Miller, *The interpretation of Agreements and World Public Order*(New Haven: Yale University. Press, 1967). p.67.

36) Georg Schwarzenberger, *International Law*, Vol.1, 3rd ed.(London: Stevens, 1957), p.514.

37) Jennigns and Watts, *supra* n.28, p.1278.

38) Han Kelsen. *Principle of International Law*. 2nd ed.(New York: Holt, 1967). p.419.

39) Kurt von Schuschingg, *International Law*(Millwaukee: Bruce, 1959), p.265.

40) Geralk G. Fitzmaurice. 'The Law and Procedure of the International Court of Justice, 1951~4: Treaty Interpretation and Other Treaty Points', *BYIL*, Vol.33, 1957. p.206.

41) Ian Sinclair, *Vienna Convention Law of Treaties*, 2 ed.(Manchester: Manchester university Press, 1984), p.141.

42) *Ibid.*

43) Schuschnigg, *supra* n.39, p.141.

44) H. Kelsen, *supra* n.38, p.469.

45) Sinclair. *supra* n.41, p.141.

parties wished to regulate by means of treaty)',[46] '그 시간에 있었던 사태(situation as it was that time)',[47] '역사적 문맥(historical context)',[48] '사태와 우연성(situation)',[49] '정치적 경제적 사정(political and economic circulations)'[50] 등을 들 수 있다.

### 3. 대일평화조약의 해석의 보충적 수단

#### 가. 조약체결의 사정

'대일평화조약'이 한국의 참여 없이 체결되었다는 사정, 한국은 6.25전쟁 중에 있었으므로 대일평화조약 체결에 외교력을 행사할 수 없었다는 사정, 친일적인 시볼트의 기망행위와 미국의 오판에 의해 '제6차 미국초안'이 작성되었다는 사정 등의 '조약체결의 사정'을 해석의 보충적 수단으로 하여 '대일평화조약' 제2조 (a)항을 해석할 때, '조약법협약' 제31조의 규정에 의거하여 '신의성실의 원칙'에 따라 시볼트의 기망행위가 없이 작성된 '제5차 미국초안'으로 돌아가 동 초안 제6조의 규정에 따라 독도는 한국영토로 해석된다.

#### 나. 조약체결의 준비작업

'조약체결의 사정'에 추가하여 '조약체결의 준비작업'으로 '제1차 미국초안', '제2차 미국초안', '제3차 미국초안', '제4차 미국초안' 그리고 '제5차 미국초안'을 해석의 보충적 수단으로 해석할 때도 '조약법협약' 제31조의 규정에 의거하여 '신의성설의 원칙'에 따라 독도는 한국영토로 해석된다.

## V. 결언

대한민국임시정부는 1941년 3월 1일 일본과의 전쟁상태에 있음을 공식적으로 선언한 바 있으며 어려운 여건하에서도 대일평화교섭과 서명에 참가할 수 있도록 초청해 줄 것을 미 국무부에 요청한 바 있다.

대한민국정부도 한국전쟁 기간에도 대일평화교섭과 서명에 참여할 수 있도록 초청해 줄 것을 미 국무부에 요청한 바 있다.

미 국무부가 대한민국임시정부의 요청과 대한민국정부의 요청을 거부하는 이유는 1910년 '한일합방조약' 체결 이후 한국은 일본과 부분적인 내란상태에 있었으며 일본과 전쟁상태에 있지 아니했고, 대한민국의 참여는 북한의 참여를 거부할 수 없게 될 뿐만 아니라 북한의 참여요청은 소련을 비롯한 그의

---

46) M. S. McDougal, H. D. Lasswell and J. C. Miller, *The interpretation of Agreements and World Public Order*(New Haven: Yale University. Press, 1967). p.67.

47) *Ibid.*

48) *The South ~West Africa* Case(1966); ICJ, *Reports*. 1066, para 12.

49) *Certain Express of the United Nations* Case(1962); ICJ *Reports*, 1962, p.186.

50) Kelsen, *supra* n.38, p.459.

위성국가가 북한의 참여를 지지할 것이라는 것이었다.

결국 대한민국은 '대일평화조약'의 체결교섭과 서명에 참여할 수 없게 되고 다만 동 조약 제21조의 규정에 따라 제2조, 제4조, 제9조 및 제12조의 이익을 향유할 권리를 갖게 되었다. 그러나 대한민국은 '대일평화조약'의 체약당사자로 되지 못하고 동 조약의 제3자로 머물러있게 되고 말았다.

한편 '조약법협약' 제32조는 조약의 보충적 해석 수단으로 '조약의 체결사정'을 규정하고 있다. '대일 평화조약' 제2조 (a)항을 해석함에 있어서 한국은 '대일평화조약'의 교섭에 참여하도록 요청했으나 이는 거부되고 말았다는 사정과 일본은 동 조약의 당사자로 연합국과 교섭할 수 있었다는 사정은 동 조약 제2조 (a)항을 해석함에 있어서 해석의 보충적 수단이 될 수 있다.

그러므로 독도관련 정책당국은 '대일평화조약' 제2조를 해석함에 있어서 대한민국임시정부와 대한민국정부가 대일평화교섭에 참여할 수 있도록 초청해 줄 것을 미 국무성에 요청했으나 이는 거부되어 일본의 연합국과의 교섭에 의해 동 조약 제2조 (a)항이 독도는 한국영토라고 규정하지 못한 '조약의 체결사정'을 고려하여 제2조 (a)항을 해석하는 정책을 대일정책에 적극적으로 반영하여[51] 독도는 일본이 포기한 한국영토라고 주장하여야 할 것이다.

## <참고문헌>

Aduard, L. V., *Japan: From Surrender to Peace*, New York, Praegar, 1954.

Bernhardt, Rudolf, 'Interpretation in International Law', *EPIL*, Vol.7, 1984.

Cruz, Isagami, A., *International Law*, Quezon, Central Lawbook, 1992.

Fitzmaurice, Gerald G., 'The Law and Procedure of the International Court of Justice, Treaty Interpretation and Certain other Treaty Points', *BYIL*, Vol.28, 1951.

Folliot, D., *Documents on International Affairs, 1951*, London, Oxford University. Press, 1954.

ICJ, *Reports*. 1066.

___, *Reports*, 1962.

Jennings Robert and Arthur, Watts(eds.), *Oppenheim's International Law*, Vol.9th ed., London, Longman, 1992.

Kelsen, Han, *Principle of International Law*. 2nd ed., New York, Holt, 1967.

Lauterpacht, H., 'Restrictive Interpretation of Treaties', *BYIL*, Vol.26, 1949.

McDougal, M. S., Lasswell, H. D., and Miller J. C., *The Interpretation of Agreements and world Public Order*, New Haven, Yale University. Press, 1967.

Rosenn, Shabtai, 'Vienna Convention on the Law of Treaties', *EPIL*, Vol.7, 1984.

Schwarzenberger, Georg and Brown, E. D., A Manual of International Law, 6th ed., Milton, Professional Books, 1976.

Sinclair, Ian, *The Vienna Convention on the Law of Treaties*, 2nd ed., Manchester: Manchester Univ. Press, 1984.

Starke, J. G., *Introduction to International Law*, 9th ed., London, Butterworth, 1984.

US Department of State, Office memorandum: Japanese Peace Settlement and States of War with Japan, June 20, 1949, I.3.; letter from Dr. Syngman Rhee to the secretary of State dated March 1, 1945.

US Department of State, Official Memorandum, March 1, 1945.

Whiting, A. S., *China Crosses the Yalu: The Decision to Enter the Korean War*, New York, Macmillan, 1960.

---

51) 일본은 동 조약의 체결당사자로서 미국의 정치고문 sebold의 연합국과의 적극적인 교섭으로 '제6차 미국초안'에 독도는 일본이 포기하는 것으로 규정되지 못했다는 '조약의 체결사정'을 보충적 수단으로 하여 동 조약 제2조 (a)항을 해석하여야 한다는 정책을 수립하여야 할 것이다.

# 제13절 ㅣ 대일평화조약의 한국에의 적용

## I. 서언

1951년 9월 8일 48개 연합국과 일본 간에 샌프란시스코에서 체결된 '대일평화조약(the Peace Treaty with Japan)'에 한국은 체약당사국이 아니나 동 조약 제21조의 규정에 의해 동 조약 제2조, 제4조, 제9조 그리고 제12조는 한국에 적용된다.

그중 제2조 (a)항은 '일본은 한국의 독립을 승인하고, 제주도·거문도 및 울릉도를 포함하는 한국에 대한 모든 권리·권원 및 청구권을 포기한다.'라고 규정하고 있다. 따라서 동 조약 제2조 (a)항은 한국에 적용된다.

문제는 동 조약 제2조 (a)항에 규정된 '한국의 독립을 승인하고'와 '한국에 대한 모든 권리를 포기한다.'는 규정이 1910년의 '한일합방조약(the Annexation Treaty between Korea and Japan)'의 유효를 묵시적으로 승인한 것이 아니냐에 있다. '한국의 독립을 승인한다.'는 '대일평화조약'이 체결될 당시 한국은 비독립상태에 있었음을 의미하며, 한국이 비독립의 상태에 있었다는 것은 '한일합방조약'이 유효함을 전제로 한 것이 되며, 또한 '일본은 한국에 대한 권리 등을 포기한다.'는 것은 일본이 한국에 대한 권리 등을 갖고 있었음을 전제로 한 것이며, 이는 '한일합방조약'이 유효함을 전제로 한 것이다.

요컨대 '대일평화조약'은 '한일합방조약'이 유효함을 전제로 한 것이다. 따라서 한국이 '대일평화조약'이 부여하는 제2조 (a)항의 이익을 받기로 수락하는 것은 '한일합방조약'이 유효함을 묵시적으로 승인하는 것으로 된다. 한국은 '대일평화조약'이 부여하는 권리를 받기로 동의하는 의사표시를 하지 아니했으나 '조약법협약' 제36조는 제3국에 권리를 부여하는 조약에 제3국이 동의의 의사표시를 하지 아니해도 동의는 추정된다고 규정하고 있으므로 '대일평화조약' 제2조 (a)항은 한국이 동의의 의사표시를 하지 아니해도 이는 한국에 적용된다. 따라서 한국은 '대일평화조약' 제2조 (a)항의 규정에 의한 '한일합방조약'의 유효를 묵시적으로 승인한 것으로 된다.

이 연구는 이 문제를 제기하고 이에 대한 대처방안을 정부당국에 제의하기 위해 시도된 것이다. 이하 '대일평화조약의 한국에 대한 효력규정과 조약법협약의 제3자에 대한 권리부여규정', '조약법협약의 적용범위와 조약법협약의 대일평화조약에의 적용', '동 조약이 한국에 적용되면 제기되는 법적 제 문제'를 논하고 그리고 '결언에서 한국정부에 대한 정책 대안을 제의하기로 한다.'

이 연구의 법사상적 기초는 법실증주의이고 연구의 방법은 법해석론적 방법을 따른다. 따라서 이 연구의 대상은 *Lex Lata*이다.

## II. 대일평화조약의 한국에의 적용규정과 조약법협약의 제3자에 대한 권리부여 규정

### 1. 대일평화조약의 한국에의 적용규정

'대일평화조약'은 동 조약의 제3자에 대한 효력에 관해 다음과 같이 규정하고 있다.

> 본 조약 제25조의 규정에도 불구하고 중국은 제16조 및 제24조 (가) 2의 이익을 향유할 권리를 가지며, 한국은 본 조약의 제2조・제4조・제9조 및 제12조의 이익을 향유할 권리를 가진다. Notwithstanding the provisions of Article 25 of the present Treaty, China shall be entitled to the benefits of Articles 10 and 14(a)2; and Korea to the benefits of Articles 2, 4, 9 and 12 of the present treaty(제21조).

위의 규정에 따라 한국은 특히 제2조의 '일본은 한국의 독립[1]'을 승인하고, 제주도・거문도 및 울릉도를 포함한 한국에 대한 권리・권원 및 청구권을 포기한다.'의 이익을 향유할 권리를 가진다.[2] 동 조에 의거하여 한국이 향유할 '권리'의 법적 성격은 '권리'가 아니라 '반사적 이익'이다.[3]

### 2. 조약법협약의 조약의 제3자에 대한 권리부여에 관한 규정

'조약법협약'은 제3자에 권리부여에 관해 다음과 같이 규정하고 있다.

> ① 조약의 당사국이 제3국 또는 제3국이 속하는 국가의 그룹 또는 모든 국가에 대하여 권리를 부여하는 조약규정을 의도하며 또한 그 제3국이 이에 동의하는 경우에는 그 조약의 규정으로부터 제3국에 권리가 발생한다. 조약이 달리 규정하지 아니하는 한 제3국의 동의는 반대의 의사표시가 없는 동안 있는 것으로 추정된다.
> A right arises for a third State from a provision of a treaty if the parties to the treaty intend the provision to accord that right either to the third state, or to a group of States which it begins, or to all states, and the third State assents thereto. Its assent shall be presumed so long as the contrary is not indicated, unless the treaty otherwise provides(제36조 제1항).

위의 규정에 따라 권리를 부여 받은 국가의 동의는 조약에 달리 규정하지 아니하는 한 제3국의 동의는 반대의 의사표시가 없는 동안 있는 것으로 추정된다. 동 조의 규정에 의한 제3국의 권리는 조건부 권리(conditional right)이다.[4]

---

1) 한국은 '대일평화조약'의 당사자로서의 지위에서 배제되고, 제3자로서 제21조의 권리가 부여되었다. 동 조약상 의무가 부과되는 규정은 없다.

2) 조약은 제3자에게 그의 동의 없이 권리도 의무도 창설하지 아니한다는 것은 일반적인 법의 원칙(general legal principle)이고 동시에 상식(common sense)이다(Ian Sinclair, *The Vienna Convention on the Law of Treaties*, 2nd ed.(Manchester: Manchester University Press, 1984), p.98). 조약에 규정된 제3국의 권리는 그 제3국이 동의함을 조건으로 하는 조건부 권리(conditional right)이다. (*ibid*, p.102). 따라서 '대일평화조약' 제21조에 규정된 권리는 조건부 권리이다.

3) 김명기, 『독도 영유권과 대일평화조약』(서울:우리영토, 2007), pp.18-19.

4) Werner Morvay, 'Peace Treaty with Japan', *EPIL*, Vol.4, 1982, p128.

## III. 조약법협약의 적용범위와 대일평화조약에의 조약법협약 적용

### 1. 조약법협약의 적용범위

#### 가. 시간적 적용범위

#### (1) 규정

'조약법협약'은 그의 시간적 적용범위에 관해 불소급의 원칙을 다음과 같이 규정하고 있다.

> 협약은 그 발효 후에 국가에 의하여 체결된 조약에 대해서만 그 국가에 대하여 적용된다.
> The Convention applies only to treaties which are concluded by States after the entry into force of the present Convention with regard to such states(제4조).

이와 같이 동 협약 제4조는 동 협약이 발효된 이후에 체결된 조약에 관하여서는 즉, 1980년 1월 27일 이후에 체결된 조약에만 동 협약이 적용된다고 불소급의 원칙을 규정하고 있다. 그러나 학설은 동 조에 의한 '불소급의 원칙'을 부정하고 있다.

#### (2) 학설

'조약법협약' 제4조의 불소급의 원칙의 규정에도 불구하고 대부분의 학자는 동 협약 발효 전에 즉 1980년 1월 27일 전에 체결된 조약에도 동 협약이 적용된다고 논하고 있다.

#### (가) Shabtai Rosenne

Rosenne는 '조약법협약'의 대부분은 현존 국제관습법을 성문화한 것이므로 불소급 규정의 법적 효과는 별 것이 아니라고 다음과 같이 기술하고 있다.

> 협약의 대부분은 아마도 현존하는 관습국제법을 법전화한 것이므로 이 불소급의 규정의 효과는 별 것이 아니다.
> Since most of the convention probably codification of existing customary International Law, the effect of this non-retroactivity provision may not be great.[5]

Rosenne은 동 협약 제4조의 규정에도 불구하고 동 협약이 효력을 발생한 1980년 1월 27일 이전에 체결된 조약에도 동 협약이 적용된다고 보고 있다.

#### (나) Ian Sinclair

Sinclair는 '조약법협약'은 현존하는 관습법을 성문화한 것이므로 협약은 협약의 규정에도 불구하고

---

5) Shabtai Rosenne, 'Vienna Convention on the Law of Treaties' *EPIL*, Vol.7, 1984, p.528.

협약 발효일 이전에 소급하여 적용될 수 있다고 다음과 같이 논하고 있다.

> 협약은 현존하는 관습법의 선언으로 간주되므로 협약은 협약과 독립하에 적용될 수 있다.
> Convention may be regarded as declaratory of pre-existing customary law and therefore applicable independently of the Convention.[6]

Sinclair도 동 협약이 발효한 1980년 1월 27일 이전에 체결된 조약에도 동 협약이 적용된다고 논하고 있다. 즉, 불소급의 원칙을 부정하고 있다.

### (다) Alina Koczorowska

Koczorowska도 '조약법협약'에 규정된 관습법은 동 협약이 발효되기 이전에 체결된 조약에 동 협약이 적용된다고 다음과 같이 논하고 있다.

> 관습법을 규정한 조약법협약의 규정은 조약법협약이 발효되기 이전에 체결된 조약에 적용된다.
> The provisions of the VCLT which embody customary law will apply to treaties concluded before the entry into force of the VCLT.[7]

### (라) Sarah Williams

Williams도 '조약법협약'은 소급적 적용을 허용하지 아니하나 국제사법재판소는 소급적 적용을 해오고 있다고 다음과 같이 논하고 있다.

> 조약법협약의 시간적 적용범위에 관한 조항에 있어서 조약법협약은 소급적 적용을 허용하지 아니한다. 그러나 국제사법재판소는 조약법협약이 발효 이전에 채택된 조약에 대해 협약의 규정을 적용해 왔다.
> In terms of its temporal application, the VCLT does not allow for retrospective application, although the International Court of Justice has applied its provisions to treaties adopted before its entry into force.[8]

Williams는 '조약법협약'이 발효 이전에 체결된 조약에 대해 국제사법재판소가 '조약법협약'의 규정을 적용해 왔다고 하여 동 협약은 동 협약이 발효 이전에 체결된 조약에 적용된다고 논하고 있다.

### (마) Anthony Aust

Aust는 국제재판소가 '조약법협약'을 국제관습으로 보고 있다는 것을 근거로 소급효 금지의 규정에도 불구하고 동 협약은 협약 이전의 조약에 적용된다고 다음과 같이 논하고 있다.

---

6) Sinclair, *supra* n.2, p.12.

7) Alina Koczorowska, *Public International Law*, 4th ed. (London: Routledge, 2010), p.89.

8) Alexander Orakheashivili and Sarah Williams(eds.), *40 Year of VCLOT* (British Institute of International Law and Comparative Law, 2010), p. xiv.

조약법협약은 국제사법재판소(그리고 국제 및 국내재판소와 법정)에 의해 거의 모든 점에 관습국제법을 기술하는 문안으로 인정된다. 협약은 소급적 효력을 가지지 아니함에도 불구하고(제4조) 실제적인 목적을 위하여 협약은 조약에 관한 국제관습법의 권위적 서술이다. 그러므로 수년간 협약 이전의 조약을 포함하는 조약에 적용될 수 있다.

The Convention is regarded by the International Court of Justice(and other international and national courts and tribunals) as in almost all respects stating customary international law, Despite the Convention not having retroactive effect(Article4), for practical purposes the convention is nevertheless an authoritative statement of customary international law on treaties and so can be applied to treaties including those which pre-date the Convention by many years.[9]

이와 같이 Aust는 '조약법협약'은 국제관습법의 기술이므로 동 협약의 효력 발생 이전의 조약에 적용된다고 한다.

### (바) Rebeca M. M. Wallace

Wallace는 '조약법협약'은 확립된 규칙을 규정하고 있으므로 동 협약은 동 협약 이전의 합의에 적용될 수 있다고 다음과 같이 기술하고 있다.

조약법협약은 하나의 협약으로서 소급적 효력을 가지지 아니한다. 그러나 동 협약은 확립된 규칙을 규정하고 있으므로 동 협약 이전의 합의에 적용될 수 있다.

The Convention as a Convention, does not have retroactive effect. However, because it spells out established rules, the Convention may be applied to agreements pre-dating the Convention.[10]

이와 같이 Wallace는 '조약법협약'은 기 확립된 규칙을 규정하고 있으므로 동 협약은 동 협약을 소급하여 적용된다고 한다.

### 나. 당사자적 적용범위

#### (1) 규정

'조약법협약'은 동 협약의 당사자적 적용범위에 관해 '국가'가 체결한 조약에 적용된다고 다음과 같이 규정하고 있다.

#### (가) 제1조

이 협약은 국가와 국가 간의 조약에 적용된다.

The present convention applies to treaties between States.

---

9) Antony Aust, *Handbook of International Law* (Cambridge: Cambridge University Press, 2010), p.50.

10) Rebeca M. M. Wallace, *International Law*, 4th ed.(London: Tomson, 2005), pp.253-54.

(나) 제4조

협약은 그 발효 후에 국가에 의하여 체결된 조약에 대해서만 그 국가에 대하여 적용된다.
The Convention applies only to treaties which are concluded by States.

(다) 제3조

'조약법협약' 제1조와 동 제4조로는 '국가(States)'가 체결한 조약에만 적용된다고 명시적으로 규정하고 있다. 그리고 동 협약은 제3조에서 일방은 국가이나 타방은 국가가 아닌 국제법 주체 간에 체결된 조약에는 동 협약이 적용되지 아니한다고 다음과 같이 규정하고 있다.

> 국가와 국제법의 다른 주체 간 또는 국제법의 그러한 다른 주체 간에 체결되는 … 국제적 합의에 대하여 이 협약이 적용되지 아니한다. …
> The present Convention does not apply to international agreements concluded between States and other subject of international law or between such other subjects of international law, …

(2) 학설

제4조에 규정된 '그러한 국가(such states)'는 '모든 그러한 국가(all such states)'를 의미하느냐에 관해 즉, 동 조는 총가입조항(general participation clause)을 의미하느냐에 관해 견해가 나누어져 있다.

(가) Ian Sinclair

Sinclair는 동 협약이 적용되는 '그러한 국가'는 '모든 그러한 국가'를 의미하는 것이 아니라고 다음과 같이 논하고 있다.

> 동 협약이 발효된 이후에 국가에 의해 체결된 조약에 대해서만 동 협약이 적용된다는 규정이 의미하는 것은 무엇인가? 양자조약의 경우 그 답은 비교적 단순하다. 동 협약은 동 협약이 발효된 이후에 A국가와 B국가 간에 체결된 조약에 A국가와 B국가에 대해서만 적용된다. 그러나 다자조약의 경우는 만일 '그러한 국가'라는 의미를 '모든 그러한 국가'라는 의미로 해석해야 된다면 제4조는 총가입조항으로 작용하게 된다. … 만일 동 협약의 당사자가 아닌 D국가가 후에 그 조약에 가입하게 되면 총가입조항은 무용한 것으로 되고 만다. … 제4조는 총가입조항으로 인정되어야 하나? 대답은 부정적이라는 것이다. …
> What is meant by the phase 'the Convention applies only to treaties which are concluded by States offer the entry into force of the present Convention with regard to such State? in the case of a bilateral treaty, the answer appears relatively simple; the Convention as such will apply only to treaties concluded between State A and B. But what of multilateral treaty? if the phrase 'such States' has to be interpreted.[11]

---

11) Sinclair, *supra* n.2, p.8.

(나) Hugh Thirlway

Thirlyway는 제4조에 규정된 '그러한 국가(such states)'를 '모든 그러한 국가(all such states)'로 해석한다. 즉, 제4조는 총가입조항으로 해석한다. 다시 말해 '조약법협약'의 모든 당사국이 체결한 조약에 적용된다. '모든 그러한 국가'는 결국 양자 혹은 전부(both or all)를 뜻한다. Thirlway는 다음과 같이 기술하고 있다.

> 효과적으로 작용하고 있는 현존 조약의 대다수는 1969년의 비엔나 협약의 당사자인 둘 또는 모든 국가 간에 체결된 조약이다.
> The majority of existing treaties in effective operation will be treaties concluded between States both or all of which are parties to the Vienna Convention of 1969.[12]

Thirlway는 요컨대 '조약법협약' 제4조를 총가입조항으로 보고 있다.

요컨대, 동 협약 제1조, 제3조 그리고 제4조로는 '국가'와 '국가' 간에 체결된 조약에만 동 협약이 적용된다고 명시적으로 규정하고 있다. 그러나 이는 총가입조항을 의미하는 것은 아니다.

### 다. 실질적 적용범위

### (1) 규정

'조약법협약'은 동 협약이 적용되는 실질적 적용범위에 관해 그것은 조약에 한정하는 것으로 다음과 같이 규정하고 있다.

> 협약은 그 발효 후에 국가에 의하여 체결되는 조약에 대해서만 그 국가에 대하여 적용된다.
> The Convention applies only to treaties which are concluded by States offer the present Convention with regard to such States(제4조).

이와 같이 동 협약 제4조는 국가가 체결한 '조약'에 대해서만 적용된다고 명시적으로 규정하고 있다. '조약법협약' 제1조는 동 협약은 '조약'에 적용된다고 다음과 같이 규정하고 있다.

> 이 협약은 국가 간의 조약에 적용된다.
> The present convention applies to treaties between States.

그리고 동 협약 제2조 제1항(a)은 조약을 다음과 같이 정의하고 있다.

'조약'이라 함은 단일의 문서에 또는 2 또는 그 이상의 관련문서에 구현되고 있는가에 관계없이 또한

---

12) Hugh Thirlway, *International Customary Law and Codification* (Lediden: Sijhoff, 1972), p.108. 동일한 견해, D. P. O'Connell, *International Law*, Vol.1, 2nd ed. (London: Stevens, 1970) p.205.

그 문서의 특징에 관계없이, 서면형식으로 국가 간에 체결되며 또한 국제법에 의하여 규율되는 국제적 합의를 의미한다.

'Treaty' means an international agreement concluded between States in written form and governed by international law, whether embodied in a single instrument or in two or more related instruments and whatever its particular designation.

요컨대, '조약법협약'은 그 명칭을 불문하고 국가와 국가 간에 체결한 '조약'에 적용된다.


## Ⅳ. 대일평화조약 체결교섭 과정에서 대한민국정부의 참가거부

'대일평화조약'의 한국에의 적용상 제기되는 법적 제 문제는 한국의 '대일평화조약'의 체결당사자로 되지 아니하는 데서 유래되는 것이므로 '대일평화조약'에 체결 교섭과정에서 한국정부의 참가논의를 고찰해 볼 필요가 있다.


### 1. 대한민국정부의 요청

대한민국은 '대한민국임시정부' 시절부터 '대한민국정부' 시절까지 '대일평화조약'의 교섭과정 및 서명 과정에 공식적으로 참여의 의사를 표시해 왔다.


#### 가. 대한민국임시정부의 요청

대한민국임시정부는 1945년 3월 1일 이승만 박사가 미 국무장관에게 보낸 공한에서 대한민국임시정부가 일본에 대해 1941년 12월 10일 공식적으로 전쟁을 선포했으므로 대한민국은 '대일평화조약'의 교섭과 서명에 참가하여야 한다고 다음과 같이 주장했다.

> 대한민국임시정부는 1941년 12월 10일 일본에 대해 공식적으로 전쟁을 선포했다.[13]
> 대한민국임시정부는 일본에 대해 전쟁을 선포했으나 이는 미국에 의해 승인되지 아니했다.


#### 나. 대한민국정부의 요청

#### (1) 장면대사

대한민국임시정부의 요청에 뒤이어 대한민국정부도 대한민국이 '대일평화조약'의 교섭과정과 서명에 참가하기를 원한다고 미 국무부에 요청했다. 1951년 1월 4일 장면 주미한국대사가 미 국무부장관에게

---

13) the Korean Provisional Government formally declared war on Japan on December.
　　US Department of State, Office Memorandum: Japanese Peace Settlement and States of War with Japan, June 20, 1949, Ⅰ.3.; letter form Dr. Syngman Rhee to the Secretary of State dated March 1, 1945.

보낸 서한을 통해 대한민국은 '대일평화조약'의 교섭과 서명에 참가하도록 초청받기를 희망한다고 다음과 같이 요청했다.

> 우리정부의 훈령에 따라 대한민국은 대일평화조약의 교섭과 서명에 참가하도록 초대받고자 하는 바이다. ⋯ 제2차 대전 기간 동안 대한민국은 교전자의 지위는 공식적으로 승인되지 아니했으나 대한민국의 대일교전상태는 사실상 존재했다.
>
> At the instruction of my Government, I have the honor to convey to your Excellency a request that the Republic of Korea be invited to participate in negotiations and the signing of the peace treaty with Japan ⋯ the belligerent status of Korea was not formally recognized during World War Ⅱ, Korean's anti-Japan belligerency did exist *de facto*.[14]

### (2) 양유찬 대사

1951년 7월 9일 11시 30분에 양유찬 대사가 덜레스(John Foster Dulles) 대사에게 전화 했을 때 덜레스 대사는 양 대사에게 일본과 전쟁상태에 있는 국가와 유엔선언의 서명국만이 대일평화조약에 서명하는 것이기 때문에 대한민국정부는 동 조약서 서명국이 될 수 없다고 다음과 같이 지적했다.

> 오직 일본과 전쟁상태에 있는 국가와 1942년 1월 유엔선언의 서명국만이 동 조약에 서명하기 때문에 대한민국정부는 동 조약의 한 서명국이 될 수 없을 것이다.
>
> The ROK Government would not be a signatory to the treaty, since only those nations in a state of war with Japan and which were signatories of the United Nations Declarations of January 1942 would sign the treaty.[15]

이에 대해 양 대사는 대한민국임시정부는 일본과 전쟁상태에 있었다고 다음과 같이 항의했다.

> 대한민국임시정부는 제2차 대전 수년 동안 일본과 실제로 전쟁상태에 있었다.
>
> The Korean Provisional Government had, in fact, been in a state of war with Japan even for many years prior to would War Ⅱ.[16]

그러나 덜레스대사는 한국은 조약의 규정으로부터 이익을 향유하게 될 것이라고 다음과 같이 지적했다.

> 한국은 다른 국가들과 같이 평등하게 조약의 모든 일반 규정으로부터 이익을 향유할 것이다.
>
> Korea would benefit from all of the general provisions of the treaty equally with other nations.[17]

---

14) Korean Embassy in Washington D.C, A Letter to Dean Acheson(secretary of State from John M. Chang(Korean Ambassador), dated January 4, 1951.

15) US Department of State, Memorandum of conversation: Japanese Peace Treat, dated July 9, 1951, para.2.

16) *Ibid.,* para.3.

17) *Ibid.,* para.2.

## 다. 미 국무부의 입장

1949년 12월 12일 미 국무부 '극동연구과(Division of Research for Far East)'가 연구 작성한 '일본 평화 해결의 대한민국의 참가(participation of the Republic of Korea)'라는 연구문서에 대일평화조약에 있어서 대한민국의 참가문제에 관한 폭넓고 심도 있는 연구결과가 다음과 같이 제시 보고되었다.

'일본 평화해결에 있어서 대한민국의 참가(Participation of the Republic of Korea in the Japanese Peace Settlement)'의 목차와 내용은 다음과 같이 구성되어 있다.

I. 참가를 위한 대한민국의 청구(Claim of the Republic of Korea for participation)

II. 평화회의에 있어서 대한민국의 이익의 본질(Nature of the Korean interest in the peace settlement)

III. 평화회의에 있어서 대한민국의 참가 또는 불참가 결과(Consequences of participation or non-participation of the Republic of the Korea in the peace conference)[18]

위의 연구에서 대한민국의 참가를 부정하는 미 국무부의 이유는 다음과 같이 요약된다.

첫째로, 북한의 참가 요청과 소련의 지지

이 보고서는 대한민국의 참가요청은 북한의 참가요청을 유발하게 하며 북한의 참가요청은 소련의 지지를 얻을 것이라고 다음과 같이 기술하고 있다.

> 대한민국의 참가를 위한 요청은 즉시 조선민주주의인민공화국에 의해 유사한 참가에 대한 요구가 즉시 처리될 것이고, 소련이 이 조치에 있어서 중요한 역할을 아마도 거의 모든 위성국가들로부터 뿐만 아니라 인도와 같은 극동국가로부터의 지지를 획득할 것이며
> An invitation to the Republic of the Korea to the participation would also immediately draw demands for similar participation by the Democratic people's Republic of the Korea. The Soviet Union would take the initiative in this action and would probably gain support not only from its satellites but also from Far Eastern countries such as India.[19]

동 보고서는 한국의 참가 초청은 북한의 참가 초청문제를 제기하게 됨으로 한국의 참가요청을 거부하여야 한다고 기술하고 있다.

이와 같이 미 국무부가 대한민국의 대일평화조약의 교섭과 서명에 한국이 참가 하는 것을 거부한 이유 중의 하나는 소련 측에서 북한의 참가를 지지할 것에 대비하기 위한 것이었다.

---

18) US Department of State, Division of Research for Far East, 'Participation of the Republic of Korea in the Japanese Peace Settlement, Table of Contents, dated December 12, 1949.

19) *Ibid.*

둘째로, 대한민국정부의 불승인

미 국무부는 대한민국의 불승인을 대한민국의 대일평화조약의 교섭을 거부하는 이유 중의 하나로 다음과 같이 들고 있다.

> 1910년 조약에 의한 일본의 한일합방은 미국을 포함한 거의 모든 국가에 의해 승인되었고, 1948년 까지 한국국가 또는 한국정부로 일반적으로 승인되지 아니했다. 한국에서 일본규칙에 대한 저항은 지방화 또는 단기내란으로 금지되었다. … 한국의 법적 지위를 고려하지 아니하고 일본의 평화해결 에 있어서 한국의 제2차 대전에 있어서 일본에 대한 교전자로부터 주요 유도되지 아니 한다. 반대 로 한국에서의 이익은 거의 1910년에서 1945년까지의 기간 동안 한국에 대한 일본제국주의의 규칙 으로부터 주로 유도되는 것이다.
> The Japanese annexation of Korea by treaty in 1910 was recognized by all most all countries, including the US, and no general recognition was given by Korean state or government until 1948. Resistance to Japanese rule within Korea was restricted to localized or brief disorders.[20]

이와 같이 미국이 한국의 참가요청을 거부한 이유 중 첫째는 한국의 참가를 허용하면 북한이 참가를 요청하게 될 것이고, 이 요청은 소련에 의해서 강력히 지지될 것이라는 우려에 의한 것이었다. 그리고 둘째는 1948년까지 한국은 미국이 승인하지 않은 국가 또는 정부였다는 것이었다.

# V. 미일안전보장조약과 대일평화조약 제14조

미국이 한국영토인 독도를 미국의 안보적 고려에 의거하여 '대일평화조약'에서 한국영토로 규정하지 아니한 것은 미국이 남진하려는 소련의 세력을 견제하기 위해 일본을 패전국, 침략국으로 보지 아니하 고 소련의 세력을 견제하기 위한 안보동맹국으로 보는 미국의 전략에 기초한 것임을 '미일안전보장조 약' 제1조와 '대일평화조약' 제14조의 규정에 의거하여 확인된다.

즉 '미일안보조약' 제1조의 규정과 '대일평화조약' 제14조의 규정으로 보아 당시 미국의 친일적 외교 안보정책을 확인할 수 있고, 이 미국의 친일적 안보정책에 독도의 안보가치를 위해 미국이 독도를 한 국영토로보다는 일본영토로 규정하려 했던 것으로 확인된다.

## 1. 미일안전보장조약

샌프란시스코 평화회의에서 '대일평화조약'이 서명된 1951년 9월 8일 미국과 일본은 '미일 안전보장 조약(The Security Treaty between the United States of America and Japan)'을 체결했다. 이로써 미국이 소련의 남진세력을 견제하기 위해 일본을 패전국·침략국이라기보다 안보적 동반자로 관념하고 있었 다는 사실이 현실적으로 입증·확신되었다. 또한 이는 미국의 극동정책이 친한적인 것이 아니라 친일

---

20) US Department of State, *supra* n.13, I (Claim of the Republic of Korea for Participation)

적인 것이었다는 사실을 실증하고 더 남음이 있다.

동 조약은 다음과 같이 규정하고 있다.

## 가. 전문

일본은 무장이 해제되고 있는 까닭에 평화조약의 효력 발생 시에 있어서 고유의 자위권을 행사하는 유효한 수단은 갖지 아니한다.

전기 상태에 있어서 일본을 위협한다.

## 나. 제1조

평화조약 및 본 조약의 효력 발생과 동시에 미합중국의 육공해군을 일본 국내 및 그 부근에 배치하는 권리를 일본은 허락하며 미합중국은 이를 수락한다. 이 군대는 극동에 있어서의 국제의 평화와 안전의 유지에 기여하고 아울러 1 또는 2 이상의 외부의 국가에 의한 교사 또는 간섭에 의해서 야기되는 일본 국에 있어서의 대규모 내란 및 소요를 진압하기 위하여 일본국정부의 명시의 요청에 의하여 제공되는 원군을 포함하여 외부로부터의 무력공격에 대한 일본국의 안전에 기여하기 위하여 사용할 수 있다.

Japan will not have effective means to exercise its inherent right of self-defence because it has been disarmed. There is danger to Japan in this situation.

Art.1 Japan grants, and the United States of America accepts, the right up on the coming into force of the Treaty of Peace and of this treaty, to dispose United States land, air and sea forces in and about Japan. such forces may be utilized to contribute to the maintenance of international peace and security in the Far East and in the security of Japan against armed attack from with out including assistance given at the express request of the Japanese Government to put down large scale internal roots and disturbance in Japan caused through instigation or in Japan caused through instigation or intervention by an outside power or powers.[21]

동 조약의 체결로 미루어 보아 미국이 일본을 적국·패전국·침략국으로 보기보다 소련 세력의 남진을 제지하기 위한 안보동맹국으로 관념하여 미국의 극동정책이 친한적인 정책보다 친일적인 정책을 선호했다는 증거로 충분하다. 이러한 미국의 친일적 정책에 기초하여 '대일 평화조약'이 규정되게 되었다.

## 2. 대일평화조약 제14조

'대일평화조약 제14조'는 일본의 배상책임을 면제하는 다음과 같은 내용의 규정을 두고 있다.

---

21) UN, *UNTS*, Vol.136, p.215.

일본이 전쟁 중 일본에 의해 발생된 피해와 고통에 대해 연합국에 배상을 해야 한다는 것은 주지의 사실이다. 그럼에도 불구하고, 일본이 생존 가능한 경제를 유지하면서, 그러한 모든 피해와 고통에 대한 완전한 배상을 하는 동시에, 다른 의무들을 이행하기에는 일본의 자원이 현재 충분하지 않다는 것 또한 익히 알고 있는 사실이다. 따라서,

1. 일본은 즉각 현재의 영토가 일본군에 의해 점령당한, 그리고 일본에 의해 피해를 입은 연합국들에게 그들의 생산, 복구 및 다른 작업에 일본의 역무를 제공하는 등, 피해복구 비용의 보상을 지원하기 위한 협상을 시작한다. 그러한 협상은 다른 연합국들에게 추가적인 부담을 부과하지 않아야 한다. 그리고 원자재의 제조가 필요하게 되는 경우, 일본에게 어떤 외환 부담이 돌아가지 않도록 원자재는 해당 연합국들이 공급한다.

It is recognized that Japan should pay reparations to the Allied Powers for the damage and suffering caused by it during the war. Nevertheless it is also recognized that the resources of Japan are not presently sufficient, if it is to maintain a viable economy, to make complete reparation for all such damage and suffering and at the same time meet its other obligations.

Therefore,

1. Japan will promptly enter into negotiations with Allied Powers so desiring, whose present territories were occupied by Japanese forces and damaged by Japan, with a view to assisting to compensate those countries for the cost of repairing the damage done, by making available the services of the Japanese people in production, salvaging and other work for the Allied Powers in question. Such arrangements shall avoid the imposition of additional liabilities on other Allied Powers, and, where the manufacturing of raw materials is called for, they shall be supplied by the Allied Powers in question, so as not to throw any foreign exchange burden upon Japan.


위의 규정으로 보아 미국이 일본을 적국·침략국·패전국으로 보지 아니하고 미국이 일본을 극동에 있어서 미국 안보의 동반자로 보았다는 실정법적 증거로 인정할 수 있다. 따라서 미국이 친한적인 외교정책보다 친일적인 외교정책을 수행해 왔음을 쉽게 인정할 수 있다.


# VI. 대일평화조약이 한국에의 적용상 제기되는 법적 제 문제

## 1. 대한제국의 광복군 선전포고 부인 문제

대한민국임시정부는 1941년 12월 10일 일본에 대해 선전포고를 하여 당시 일본과 대한민국은 국제법상 전쟁상태에 있었다. 그럼에도 불구하고 연합국 특히 미국이 이를 부정하여 한국은 '대일평화조약'의 체약당사국이 되지 못하고 제3자의 지위에 머물러 있다. 한국이 체약당사국으로 되어있지 아니한 '대일평화조약' 제21조의 규정의 의거하여 '대일평화조약'의 적용을 수락하는 것은 한국이 일본과 전쟁상태에 있었다는 국제법상 사실을 부인하는 것 즉, 당시 한국과 일본의 관계는 국제법상 전쟁상태가 아니라 내란상태에 있었음에 불과하다는 것을 한국 스스로가 묵시적으로 승인하는 것이 된다. 그것은 한걸음 더 나아가 '한일합방조약'이 유효했다는 것을 묵시적으로 승인하는 것이 된다.

한국정부는 '대일평화조약' 제21조의 한국에의 적용을 명시적으로 승인한 바 없다. 그러나 저술한 바

와 같이 '조약법협약' 제36조 제1항은 조약상 제3국에 권리를 부여하는 규정을 의도하며 제3국의 동의가 있어야 효력이 있으니 그 동의는 제3국이 반대의 의사표시가 없는 한 있는 것으로 추정한다라고 규정하고 있으므로 결국 한국은 '대일평화조약' 제21조의 규정에 동의한다는 명시적 의사표시를 하지 아니했으나, '조약법협약' 제36조 제1항의 규정에 의거하여 한국이 동의한 것으로 추정되므로 오늘의 상태에서 한국은 일본과의 전쟁상태에 있지 아니하고 내란상태에 있었으므로 따라서 '한일합방조약'의 유효는 승인한 것으로 되어 있다.

## 2. 독립승인 조항의 문제

'대일평화조약' 제2조 (a)항 전단은 '일본은 한국의 독립을 승인하고… (Japan recognizing independence of Korea…)'라고 규정하고 있다. '한일합방조약은 무효…'라고 규정하지 아니하고 '한국의 독립을 승인하고…'라고 규정하고 있다. 이는 '한일합방조약'은 유효했고 따라서 한국은 비독립상태에 있었음을 의미한다. 즉, '대일평화조약'의 규정에 의해 일본이 한국의 독립을 승인하기 전까지 한국은 비독립국가의 상태에 있었고 그것은 그때까지 '한일합방조약'이 유효했음을 의미한다.

'대일평화조약' 제2조 (a)항 전단에 '조약법협약' 제36조 제1항의 '…제3국의 반대의 의사표시가 없는 한 제3국의 동의 의사표시는 추정된다.'는 규정을 적용하면 한국은 동 조항의 적용에 동의의사 표시를 한 것으로 추정되고 또한 그 추정의 결과 '한일합방조약'은 '대일평화조약'이 체결될 당시 유효한 것으로 추정되게 된다. 그러므로 이 추정의 효과는 '조약법협약' 제36조 제1항의 규정에 의거하여 한국이 반대의 의사표시를 할 때까지 지속된다. 한국은 '대일평화조약' 제21조의 규정에 의한 동 조약 제2조 (a)항의 적용에 관해 지금까지 반대의 의사표시를 한 바 없으므로 결국 '한일합방조약'은 지금까지 유효한 것으로 추정되게 된다.

## 3. 영토병합조항의 승인

'대일평화조약' 제2조 (a)항 후단은 '일본은 … 제주도·거문도 및 울릉도를 포함하는 한국에 대한 모든 권리·권원 및 청구권을 포기한다.'라고 규정하고 있다.

이 규정도 일본이 '대일평화조약'에서 '한국의 … 권리 등을 포기하기 이전에 일본이 한국에 대한 권리 등'을 보유하고 있었음을 전제로 하는 것이다. 일본이 보유하고 있지 아니한 권리 등을 포기할 수 없기 때문이다. 따라서 이 규정도 결국 '한일합방조약'이 '대일평화조약'을 체결할 당시 유효한 것이었음을 의미한다. 요컨대, '대일평화조약'은 '한일합방조약'이 유효한 것을 전제로 하고 있다.

'대일평화조약' 제2조 (a)항 후단에 '조약법협약' 제36조 제1항의 '제3국의 반대 의사표시가 없는 한 제3국의 동의 의사표시는 있는 것으로 추정된다.'는 규정을 적용하면 한국은 동 조항의 적용에 동의 의사표시를 한 것으로 추정되고 또한 그 추정의 결과로 '한일합방조약'은 '대일평화조약'이 유효한 것으로 추정되게 된다. 그리고 이 추정의 효과는 '조약법협약' 제36조 제1항의 규정에 의거하여 한국이 이에 대해 반대 의사표시를 할 때까지 지속된다. 그리고 이 추정의 효과는 '조약법협약' 제36조 제1항의 규정에 의거하여 한국이 이에 대해 반대의 의사표시를 할 때까지 지속된다. 한국은 '대일평화조약' 제21조의 규정에 의한 동 조약 제2조 (a)항의 적용에 관해 지금까지 반대 의사표시를 한 바 없으므로 결국 '한일합방조약'은 지금까지 유효한 것으로 추정되게 된다.

## Ⅶ. 결언

1951년의 '대일평화조약' 제21조의 규정에 의거하여 동 조약 제2조 (a)항의 규정은 한국에 적용된다. 그리고 '조약법협약' 제36조 제1항의 제3자에게 권리를 부여하는 조약은 제3자의 동의가 있어야 그 조약으로부터 제3자에게 권리가 부여된다고 규정하고 제3자의 동의의 의사표시는 있는 것으로 추정된다라고 규정하고 있다. 따라서 '대일평화조약'의 체약당사국이 아닌 한국에 '대일평화조약'이 적용되게 된다. 이 효과는 한국이 반대의 의사표시를 할 때까지 지속된다.

한편 '조약법협약'은 동 조약 제4조에 규정된 바와 같이 소급하여 적용되지 아니한다라고 규정하고 있으나 학설과 판례는 동 협약은 국제관습법을 성문화한 것이므로 소급하여 적용된다고 보고 있다. 따라서 1951년 체결된 '대일평화조약'에는 1969년에 체결된 '조약법협약'이 적용되게 된다.

한국은 '대일평화조약'의 체약당사국의 지위에 있지 못하고 동 조약의 제3자의 지위에 있는 경우 대한민국임시정부가 대일선전포고를 했음에도 불구하고 미국이 이를 승인하지 아니하여 광복군은 내란의 주체이고 일본과의 교전자의 지위에 있지 아니하다. 이는 '한일합병조약'의 유효함을 전제로 한 것이다. 따라서 '대일평화조약'을 한국에 적용하는 것은 '한일합병조약'의 유효를 승인한다는 문제가 제기된다.

'대일평화조약' 제2조 (a)항은 '일본은 한국의 독립을 승인한다.'와 '일본은 한국에 대한 권리를 포기한다.'라고 규정하고 있다. 동 조약 어느 조항에도 '한일합방조약은 무효이다.'라고 규정하고 있지 아니하다. '독립을 승인한다.'는 것은 승인 이전에 한국은 비독립국가이었음을 의미한다. 따라서 '한일합방조약'은 유효한 것임을 의미하며, '포기한다.'라는 것은 갖고 있는 것을 전제로 한 것으로 그것은 '한일합방조약'이 유효한 것을 전제로 한 것이다. 따라서 '대일평화조약' 제2조 (a)항은 묵시적으로 '한일합방조약'이 유효한 것임을 승인한 것이다. 이러한 법적 효과를 배제하기 위해서 동 조약의 어떠한 규정도 '한일합방조약'이 유효한 것으로 해석되지 아니한다는 내용의 해석선언(interpretive declaration) 또는 해석유보(interpretive reservation) 또는 동 조약의 권리부여규정을 부인하는 의사표시를 함을 요한다.

'해석선언'은 해석유보와 구별되며,[22] 해석선언은 조약의 규정의미를 명백히 하는 것이고 이에 대해서는 제3국이나 재판소가 이를 무시할 수 있다.[23] 해석선언은 일방적인 선언으로, 조약의 의미나 범위를 명백히 하는 것으로, 국가의 조약상의 의무를 변경하거나 수정하지 못한다. 국가가 이해하고 있는 바를 다른 당사자에게 설명하는 것이다.[24]

---

22) Oxford University. *Digest of United States Practice in International Law,* 2009(Oxford: Oxford University Press, 2009), p.116.

23) Stephen Allen, *International Law*(London: Pearson, 2013), p.46.

24) Duncan A. Hullis, *Oxford Guide to Treaties* (Oxford: Oxford University Press, 2012), p.279.

이상의 3개 방안 중 한국에 가장 유리한 최적 방안이 어떤 방안인지에 관해서는 별도의 연구를 요하는 과정이다.


## <참고문헌>

김명기, 『독도 영유권과 대일평화조약』, 서울:우리영토, 2007.

김병렬, 『독도』, 서울: 다다미디어, 1998.

신용하, 『독도 영유권 자료의 탐구』, 제3권.서울: 독도연구보전협회, 2000.

이석우, 『일본영토분쟁과 샌프란시스코 평화조약』. 인천:인하대학출판부, 2003.


Allen, Stephen, *International Law*. London: Pearson, 2013.

Bernhardt, 'Interpretation in International Law', *E.P.I.L.*, Vol.7, 1984.

Brownlie, Ian, *Principles of Public International Law,* 5th ed., Oxford: Oxford University Press, 1998.

Elias, T. O., *The Modem Law of Treaties,* Leiden: Sijthoff, 1974.

Fiedler, Wilfried, 'Surrender', *EPIL.*, Vol.4, 1982.

*German Interests in Polish Uper Silesia* Case, 1926, PCIJ, *Series A*, No.7, 1926.

*German Settlers in Poland* Case, 1923, PCIJ., *Series B*, No.6, 1923.

Hullis, Duncan A., *Oxford Guide to Treaties*, Oxford: Oxford University Press, 2012.

Jenning and Watts, L. *Oppenheim, International Law*, Vol.1, 8th ed., London: Longman, 1992.

Jones, F. C., H. Borton and B. R. Pearn, U. S Department of State, *In Quest of Peace and Security, Selected Documents on American Foreign Policy, 1941-1951,* Washington, D. C.: U. S. Government Printing Office, 1951.

_____, *Survey of International Affairs, The Far East 1924-1946*, London: Oxford University Press, 1955.

Langsam, Walter L., *Historic Documents of World War II,* Westpoint: Green wood, 1985.

Levi, *Contemporary International Law: A Concise Introduction*, Boulder: Westview Press 1979.

*Libyalchad* Case(1994), ICJ, *Reports*, 1994.

Koczorowska, Alina, *Public International Law*, 4th ed., London iRoutledge, 2010.

Myung-Ki Kim, *The Korean War and International Law,* Claremont, CA: Paige Press, 1991.

_____, *Territorial Sovereignty over Dokdo and International Law,* Claremont, CA: Paige Press, 2000.

Morvay, Werner, 'Peace Treaty with Japan', *EPIL*, Vol.4, 1982.

O'Connell, D. P., *International Law*, Vol.1, 2nd ed. 1970.

_____, 'Legal Aspects of the Peace Treaty with Japan', *BYIL*, Vol.29, 1952.

_____, 'The Status of Formosa and the Chinese Recognition Problem' *AJIL*, Vol.50, 1956.

Orakheashivili, Alexander and Sarah Williams(eds.), *40 Year of VCLOT,* British Institute of International Law and Comparative Law, 2010.

Ott, David H., *Public International Law in the Modem World,* London: Pitman, 1987.

Oxford University. *Digest of United States Practice in International Law* Washington D.C.: USGPO, 2009.

*Qater Ⅴ. Bahrain* Case, 1994: ICJ, *Reports*, 1994.

Reuter, Paul, *Introduction to the Law of Treaties,* London: Pointer, 1989.

Rosenne, Shabtai, 'The Effect of Sovereignty upon Municipal Law', *BYIL*, Vol.27, 1950.

_____, 'Vienna Convention on the Law of Treaties', *EPIL*, Vol.7, 1984.

_____, 'Vienna Convention on the Law of Treaties', *EPIL*, Vol.7, 1986.

Schwarzenberger, Georg, *International Law: The Law of Armed Conflict*, Vol.2, London : Stevens, 1968.

Shaw, Malcolm N., *International Law,* 4th ed., Cambridge: Cambridge University Press, 1997.

Sinclair, Ian, *The Vienna Convention on the Law of Treaties*, 2nd ed., Manchester: Manchester University Press,

1984.

Starke, J. G., *Introduction to International Law*, 9th ed., London: Butterworth, 1984.

Thirlway, Hugh, *International Customary Law and Codification,* Lediden: Sijhoff, 1972.

United States, Department of State *Bulletin* Vol., Washington, D. C.: USGPO, 1943, U. S. Department of State.

UN, *UNTS* Vol.136.

___, *UNTS* Vol.163.

US Department of State, Division of Research Far East, Participation of the Republic of Korea in Japanese Peace Settlement, 12 December 1949.

_____, Office Memorandum Jan. 20, 1949, The Japanese Peace Settlement and States at War with Japan.

U. S., Senate Committee on Foreign Relations, *A Decade of American Policy; Basic Documents, 1941-1949*, Washington, D. C.: USGPO, 1950.

Wallace, Rebeca M. M., *International Law*, 4th ed., London: Tomson, 2005.

Warburg, J. P., *The United State in the Postwar World,* New York; Atheneum, 1966.

Whiteman, Marjorie M., *Digest of International Law*, Vol.3, Washington, D.C.: USGPO, 1964.

## 제14절 | 일본정부의 독도왜곡 교과서 조치

## I. 서언

한국정부는 신라 지증왕 13년(512년) 우산국의 신라에의 귀복 이래 독도에 대한 본원적 권원(original title)에 근거하여 현재 독도를 점유에 의한 실효적 지배를 하고 있는 한국영토라고 주장하고, 반면 일본정부도 또한 독도에 대한 본원적 권원을 갖고 있으며 한국이 일본영토인 독도를 불법적으로 검거하고 있다고 주장하고 있는 것이 오늘의 현실적 상황이다.

이러한 상황하에 일본 문부과학성이 교과서 '학습지도요령(문부성고시)', '학습지도요령 해설'과 '검정결과 발표' 등의 조치를 통해 '독도는 한일 간 분쟁지역이다.' 또는 '독도는 일본영토이다.'라는 내용의 교과서 기술을 요구하여 다음과 같은 왜곡사실이 교과서에 기재되게 되었다.

| | 검정통과 일본 중학교 교과서 독도기술 내용 |
|---|---|---|---|
| 구분 | 출판사 | 현행본(2011년 검정통과) | 검정 통과본(2015년) |
| 지리 | 동경서적 | '일본 고유의 영토' | '일본 고유의 영토', '불법점거' |
| 지리 | 일본문교출판 | '한국이 영유권 주장' | '일본 고유의 영토', '불법점거' |
| 지리 | 제국서원 | '일본 고유의 영토' | '일본 고유의 영토', '불법점거' |
| 지리 | 교육출판 | '일본 고유의 영토', '불법점거' | '일본 고유의 영토', '불법점거' |
| 공민 | 시미즈서원 | '일본 고유의 영토' | '일본 고유의 영토' |
| 공민 | 제국서원 | (지도만 표기) | '일본 고유의 영토', '불법점거' |
| 공민 | 일본문교출판 | '한국이 영유권 주장' | '일본 고유의 영토', '불법점거' |
| 공민 | 교육출판 | '일본 고유의 영토' | '일본 고유의 영토', '불법점거' |
| 공민 | 동경서적 | '일본 고유의 영토', '불법점거' | '일본 고유의 영토', '불법점거' |
| 공민 | 이쿠호샤 | '일본 고유의 영토', '불법점거' | '일본 고유의 영토', '불법점거' |
| 공민 | 지유샤 | '일본 고유의 영토', '불법점거' | (감정 미신청) |
| 역사 | 일본문교출판 | (지도만 표기) | '한국이 영유권 주장' |
| 역사 | 제국서원 | (지도만 표기) | '일본 고유의 영토', '불법점거' |
| 역사 | 교육출판 | '일본 고유의 영토' | '일본 고유의 영토', '불법점거' |
| 역사 | 동경서적 | - | '일본 고유의 영토', '불법점거' |
| 역사 | 이쿠호샤 | - | '일본 고유의 영토', '불법점거' |
| 역사 | 지유샤 | - | '일본 고유의 영토' |
| 역사 | 시미즈서원 | - | '일본이 영유권 확립' |
| 역사 | 미나비샤(신규) | - | '일본영토로 편집' |
| 계 | | 총 18종 중 11종 | 총 18종 중 18종 |

* 출처: 아시아경제/2015.04.06: 위상복, 일본교과서에서의 독도기술의 변화(토론문)

또한, 자세한 내용은 다음 표에 게재되어 있다.

교과서 검정·채택·사용주기
중학교 공민교과서의 변화
중학교 지리교과서의 변화
중학교 지도교과서의 변화
중학교 역사교과서의 변화
소학교 사회교과서의 변화
소학교 지도교과서의 변화

* 출처: 박병섭, '일본의 사회과 교과서와 독도문제', 『독도연구』, 제11호, 2011.

위와 같이 일본은 한일 간의 독도 영유권 문제에 관해 또 다른 새로운 분쟁을 제기하려 기도하고 있다. 이 연구는 일본정부의 교과서에 관한 이러한 조치는 국제법상 어떠한 규범을 위반한 행위인 것인가를 검토해 보려는 것이다. 이하 (ⅰ) 1970년의 UN 총회의 '우호관계 선언결의'의 위반, (ⅱ) 1974년의 UNESCO 총회의 '교과서수정 권고결의' 및 1995년의 UNESCO 총회의 '교과서수정 선언결의'의 위반, (ⅲ) 1965년의 '한일기본관계조약'의 위반, (ⅳ) 일본정부의 독도에 관한 교과서 조치의 국제법상 위법성에 대한 구제 방안 검토순으로 논하고, (ⅴ) 결언에서 몇 가지 대정부 정책대안을 제의하기로 한다.

이 연구는 자연법론이 아니라 '법실증주의'에 입각한 것이며, '해석론적 접근 방법'에 기초한 것이지만 결언에서 입법론적 접근방법을 일부 가미한 것임을, 즉 *lex lata*의 접근 방법을 통해 *lex ferenda*에 귀결한 것임을 여기 밝혀 두기로 한다.


## II. UN 총회의 우호관계 선언결의의 위반

### 1. 우호관계 선언결의의 채택

'UN헌장' 제1조는 UN의 목적(purposes)으로 4개항을 규정하고 있으며, 그중 제2항은 '사람들의 평등권 및 자결의 원칙의 존중에 기초하여 국가 간의 우호관계를 발전시키며 세계평화를 강화하기 위한 기타의 적절한 조치를 취한다.'라고 규정하여 '국가 간의 우호관계의 발전(to develop friendly relations)'과 '세계평화의 강화(to strengthen universal peace)'를 UN의 목적의 하나로 규정하고 있다.

그리고 제2조는 UN과 회원국이 제1조에 규정된 목적을 추구함에 있어서 행동하여야 할 원칙(principles)으로 7개 항을 규정하고 있다. 이 7개 항의 원칙 중 '국가 간의 우호관계의 발전의 원칙'에 관한 규정은 없다. 즉, 회원국의 의무의 하나로 '국가 간의 우호관계의 발전'의 의무에 관해서 동 조에 직접적인 규정이 없다.

그러나 제56조는 '모든 회원국은 제55조에 규정된 목적을 달성하기 위하여 기구와 협력하여 공동의 조치 및 개별적 조치를 취할 것을 약속한다.'라고 규정하고 있으며, 제55조는 '사람의 평등권 및 자결원칙의 존중에 기초하여 국가 간의 평화롭고 우호적인 관계에 필요한 안정과 복지의 조건을 창조하기 위하여(to the creation of conditions of stability and well-being which are necessary for peaceful and friendly relations among nation) UN은 다음을 촉진한다.'라고 규정하고 있다. 그러므로 제56조의 규정은 회원국 국가 간의 평화롭고 우호적인 관계에 필요한 안정과 복지의 조건을 창조할 의무, 즉 '국가 간 우호관계의 발전'의 의무를 규정한 것이다.[1] 특히 제55조 b호는 '문화 및 교육상의 국제협력(international cultural and educational cooperation)'의 의무를 규정하고 있다.

'UN헌장'상 회원국의 '국가 간 우호관계의 발전' 의무를 법적 규칙(legal rules)으로 규정할 필요성이 제기된다. 이에 UN 총회는 국가 간의 우호관계와 협력에 관한 국제법의 원칙(the principles of international law concerning friendly relations and cooperation among states)의 점진적 발전과 법전화를 위해 1962년 12월 20일의 '결의 제2103호(XX)', 1966년 12월 12일의 '결의 제2181호(XVII)', 1963년 12월 16일의 '결의 제1966호(XVII)', 1965년 12월 20일의 '결의 제2103호(XX)', 1966년 12월 12일의 '결의 제2181호(XXI)', 1967년 12월 18일의 '결의 제2327호(XXII)', 1968년 12월 20일의 '결의 제2463호(XXIII)', 1969년 12월 8일의 '결의 제2533호(XXIV)' 그리고 1970년 10월 24일의 '결의 제2625호(XXV)'를 채택해 왔다.[2]

1963년 12월 16일 UN 총회는 '결의 제1966호(XVIII)'로 '국가 간의 우호관계와 협력에 관한 국제법 원칙에 관한 특별위원회(a Special Committee on Principles of International Law Concerning Friendly Relations and Co-operation among States)'를 설치했다. 동 위원회는 31개 국가의 정부대표로 구성되었으며, 7년간의 연구 끝에 'UN헌장에 따른 국가 간의 우호관계와 협력에 관한 국제법원칙의 선언 초안(Draft Declaration on Principles of International Law Concerning Friendly Relations and Co-operation among States in accordance with the Charter of the United Nations)'을 준비했다. 1970년 10월 24일 UN 총회는 '결의 제2625호(XXV)'로 동 초안을 만장일치로 채택했다. 동 결의를 통상 '우호관계 선언(Friendly Relations Declaration)'이라 부른다.[3]

'결의 제2625호(XXV)'의 정식 명칭은 '국제연합 헌장에 따라 국가 간의 우호관계와 협력에 관한 국제법 원칙의 선언(Declaration on Principles of International Law Concerning Friendly Relations and Co-operation among States in accordance with the Charter of the United Nations, 이하 '1970 UN 총회의 우호관계 선언결의'라 한다)'이다.

## 2. 우호관계 선언결의의 내용

'우호관계 선언결의'는 부록으로 제 원칙을 규정하고 있으며, 동 부록은 (ⅰ) '전문', (ⅱ) '헌장에 따

1) Bogdan Babovic, 'The Duty of States to Cooperate with One Another to Accordance with the Charter, 'in Milan Sabovic(ed.). *Principles of International Law Concerning Friendly Relation and Cooperation* (New York: Oceana, 1972), p.284.

2) Milan Sahovic, 'Codification of the Legal Principles of Coexistence and the Development of Contemporary International Law, 'in Sahovic *supra* n.1, pp.15-25; V. Lowe, *International Law*(Oxford: Oxford University Press, 2009), p.118.

3) Gaetano Arangio-Ruiz, 'Friendly Relations Resolution', *EPIL,* Vol.9, 1986, p.135.
1970년의 UN 총회의 우호관계선언(GA/XXV)이라 부른다. Tom Ruys, *Armed Attack and Article 51 of the UN Charter* (Cambridge: Cambridge University Press, 2010), p.16; Oliver Corten, *The Law Against War*(Oxford: Hart, 2010), p.191.

라 타 국가와 협력할 국가의 의무(the duty of states to co-operate with the another in accordance with the Charter)', (iii) '국가가 신의성실하게 헌장의 조항에 따라 추론되는 의무를 이행하여야 할 원칙(the principles that states shall fulfil in good faith the obligations assumed by the term in accordance with the Charter)', 그리고 (iv) '일반부(general part)'로 편성되어 있다.

동 선언은 다음과 같은 7개의 원칙으로 구성되어 있다.

( i ) 무력의 위협 또는 행사의 금지 원칙

(ii) 국제분쟁의 평화적 해결 원칙

(iii) 국내문제에의 불간섭 원칙

(iv) 헌장에 따라 타 국가와 협력할 의무 원칙

( v ) 평등권과 자결 원칙

(vi) 국가의 주권평등 원칙

(vii) 헌장에 따라 신의성실에 의한 의무의 이행 원칙[4]

상기 (iv)의 '타국과 협력할 의무'에 '국가는 … 국제적인 문화적 교육적 진보의 조장을 위해 협력하여야 한다(States should co-operate … for the promotion of international cultural and educational progress).' 라고 규정하고 있다.

동 선언의 'UN헌장에 따라 타 국가와 협력'은 '선량한 이웃으로서 상호 간 평화롭게 같이 생활하며 (live together in peace with one another as good neighbours)'를 의미하며,[5] 이는 상호의존의 원칙 (principle of mutually interdependent)을 뜻한다.[6]

## 3. 우호관계 선언결의의 법적 효력

UN 총회의 결의의 효력에 관해 'UN헌장'에는 아무런 규정이 없다. 그러나 UN의 기관과 전문기관에 대한 결의는 법적 구속력이 있고,[7] UN 회원국에 대한 결의는 법적 구속력이 없다는 것이 일반적인 견해이다.[8]

그러나 '우호관계 선언결의' 등 총회의 결의는 컨센서스, 헌장의 규칙 또는 원칙의 유권해석, 국제관습법의 확인, 법적 확신의 승인, 사후적 동의·묵인·금반언 등을 근거로 법적 효력이 인정된다는 것이

---

4) *Ibid.,* pp.136-39.

5) Babovic, *supra* n.1, p.303.

6) *Ibid.,* p.304.

7) Jarge Castaneda, *Legal Effects of United Nations Resolutions*(New York: Columbia University Press, 1969), p.27; Stepen G. Xydis, 'The General Assembly, 'in James Bairos(ed.), *The United Nations, Past, Present and Future*(New York: The Free Press, 1972), p.90.

8) Castaneda, *supra* n.7, p.8; Bliane Sloan, 'The Binding Force of a Recommendation of the General Assembly of the United Nations', *BYIL,* Vol 25, 1948, p.10.; Tom Ruys, *Armed Attack and Article 51 of the UN Charter* (Cambridge: Cambridge University Press, 2010), pp.16-17; Gideon Boas, *Public International Law* (Cheltenham: Edward Elger, 2012), p.213; G.D. Triggs, *International Law* (New York: Lexis, 2006), p.70; John O'brien, *International Law* (London: Cavendish, 2001), p.99; A. Kaczorowska, *Public International Law*, 4th ed.(London: Routledge, 2010), p.748; Anthony Aust, *Handbook of International Law*, 2nd ed.(Cambridge: Cambridge University Press, 2010), p.190.

학설과 판례에 의해 일반적으로 승인되어 있다. 이들 학설과 판례를 보면 다음과 같다.

## 가. 학설

### (1) Robert Jennings와 Arthur Watts

Jennings와 Watts는 총회의 선언 특히 '우호관계 선언결의'는 헌장 속의 약속을 반복하거나 또는 해설하는 것으로서가 아니라 선언된 규칙의 타당성의 수락으로서 동의의 효과를 인정하는 것이라고, 즉 '동의'를 근거로 법적 구속력이 인정되는 것이라고 다음과 같이 기술하고 있다.

> 국제사법재판소는 총회의 결의, 특히 우호관계결의선언에 대해 동의의 효과를 인정해 왔다. 헌장 속에 약속된 협정공약의 단순한 반복이나 해설로서가 아니라 결의에 의해 선언된 규칙의 타당성의 수락으로서 그리고 그러한 규칙을 존중하는 법적 확신의 표현으로서이다.
> ICJ has regarded the effect of consent to such resolution of the General Assembly, and particularly the Friendly Resolutions' Declaration, as not being merely that of reiteration or elucidation of the treaty commitment undertaken in the Charter, but as an acceptance of the validity of the rules declared by the resolution by themselves, and as an expression of an *opinio juris* respecting such rules.[9]

### (2) Milan Sahovic

Sahovic은 '우호관계 선언결의'는 UN의 모든 회원국의 컨센서스로 채택되었으므로, 즉 '컨센서스'를 근거로 법적 구속력이 있다고 다음과 같이 논하고 있다.

> 선언의 만장일치의 채택은 총회의 다른 결의보다 법적 효력이 큰 조치로 취급하는 것이 가능하도록 한 것이다. … '우호관계선언'의 구속력은 국제연합의 모든 회원국의 컨센서스로부터 획득된다.
> The unanimous adoption of the Declaration made it possible to treat it as an act whose legal force is greater than of the other resolutions of the General Assembly … binding force derives from consensus of all the members of the United Nations.[10]

### (3) Olga Sukovic

Sukovic은 '우호관계 선언결의'는 국제공동체 구성원의 압도적 다수 견해의 표현이므로, 즉 '컨센서스'의 표현을 근거로 이는 법적 구속력을 갖는다고 다음과 같이 논급하고 있다.

> 우호관계선언이 현존 국제공동체 구성원의 압도적 다수 견해의 표현이므로, 이는 이 행위 속에 선언되어 있는 원칙의 구속력 특성에 대한 일반적인 법적 신념의 결과를 획득할 수 있다.
> Since the Declaration is an expression of the views of an overwhelming majority of the members of the contemporary international community, it can be taken to reflect the general legal conviction on the binding nature of the principles proclaimed in this act.[11]

---

9) Robert Jennings and Arthur Watts(eds.), *Oppenheim's International Law,* Vol.1, 9th ed.(London: Longman, 1992), p.334, n.3.
10) Sahovic, *supra* n. 2, p.49.

### (4) D.H.N. Johnson

Johnson은 권고에 찬성투표를 한 국가는 그 권고에 구속된다고 즉 '동의'를 근거로 법적 효력이 있다고 다음과 같이 기술하고 있다.

> 권고에 찬성투표를 한 국가가 찬성투표를 함으로써 그들 자신을 구속하지 아니한다는 이유가 없다. … 이들 결의는 그전에 존재하지 아니했던 의무와 법적 사태를 창조한다.
>
> There is no reason why states vote in favour of a recommendation should not bind themselves by so doing … these resolutions create obligations and legal situations which did not exist before.[12]

### (5) Ian Brownlie

Brownlie는 '우호관계 선언결의'와 같은 총회의 결의는 헌장상 원칙의 유권적 해석과 적용으로서, 즉 헌장의 '유권적 해석'을 근거로 법적 효과를 갖는다고 다음과 같이 기술하고 있다.

> 약간의 경우에 있어서 결의는 헌장의 원칙의 유권적 해석과 적용으로서 직접적인 법적 효과를 가질 수 있다.
>
> In some cases a resolution may have direct legal effect as an authoritative interpretation and application of the principles of the Charter.[13]

### (6) F. Blain Sloan

Sloan은 총회는 국제공동체의 대리인이므로 구속력 있는 결의를 할 수 있다고 다음과 같이 논급하고 있다.

> 국제공동체의 대리인으로 행동하는 총회는 법적 진공 속으로 들어갈 권한을 주장할 수 있고 구속력 있는 결정을 취할 수 있다. … 총회의 권고는 다수국가의 의사를 표시하는 세계 의견의 표현이다. … 권고의 효력은 세계공동체 기관의 판단으로부터 유도되는 것이다.
>
> The General Assembly acting as the agent of the international community may assert the right to enter the legal vacuum and take a binding decision. … the recommendation represents the will of the majority of nations and is an expression of world opinion. … the force of a recommendation derived from a judgement made by an organ of the world community.[14]

### (7) Michel Virally

Virally는 총회의 결의는 헌장상의 규칙 또는 원칙의 유권적 해석으로 이는 관습법의 존재의 증거로, 즉 '유권적 해석'과 '관습법'을 근거로 법적 효력이 있다고 다음과 같이 기술하고 있다.

> 총회의 결의는 어떤 경우에는 헌장이 이미 포함하고 있고 그 결과로 회원국을 구속하고 있는 규칙

---

11) Olga Sukovic, 'Principle of Equal Rights and Self-Determination of Peoples, 'in Sahovic, *supra* n.1, p.338.

12) D. H. N. Johnson, 'The Effect of Resolutions of the General Assembly of the United Nations', *BYIL*, Vol.32, 1955-56, pp.108, 121.

13) Ian Brownlie, *Principles of Public International Law*, 5th ed.(Oxford: Oxford University Press, 1998), p.15.

14) Sloan, *supra* n. 8, pp.24, 32.

이나 원칙에 대한 UN의 지위의 근거에 의한 유권적 해석이나 다름이 없다. ⋯ 결의는 결의채택을 위해 투표하는 회원국에 의한 특정 법적 원칙의 승인의 표명이 될 수 있다. ⋯ 결의는 관습 규칙의 형성에 기여할 수 있거나 이미 형성된 증거로 될 수 있다.

They amount in some cases, to an interpretation of the rules or principles which the Charter already contains and which are in consequence binding upon the member states, authoritative by reason of the standing of the United Nations ⋯ may manifest a recognition of contained legal principles by the member states voting for their adoption ⋯ they may contribute to the formation of customary rule or be evident that it is already formed.[15]

## (8) Peter Malanczuk

Malanczuk는 총회의 결의는 관습법의 증거로 될 수 있고 'UN 헌장'의 올바른 해석이 될 수 있다고, 즉 '관습법'과 '헌장의 정확한 해석'이라고 다음과 같이 기술하고 있다.

> 비록 총회의 결의는 법적 구속력이 없다 할지라도 이들은 중요한 법적 효과를 가질 수 있다. 이들은 관습법의 증거로 될 수 있고 또는 UN 헌장의 정확한 해석의 증거로 될 수 있다.
>
> Although General Assembly resolutions are not binding, they can have important legal effect. They may be evidence of customary law or of the correct interpretation of the United Nations Charter.[16]

I. B. Sohn은 국가는 총회의 결의에 정당한 고려를 해야 하며, 결의의 승복을 거부할 재량이 헌장 제2조 제2항에 의거하여 없으므로 총의의 결의는 법적 효력이 있다고 한다.[17]

J.G. Starke는 총회의 결의는 헌장의 유권적 해석이고 관습법의 선언으로 법적 효력이 있다고 한다.[18]

그리고 Malcolum N. Shaw는 총회의 결의는 관습법의 존재 근거로 법적 효력이 있다고 한다.[19]

## 나. 판례

### (1) *Fisheries* Case(1951)

*Fisheries* Case(1951)에서 국제사법재판소의 Alvarez 재판관은 그의 개별적 의견에서 UN 총회의 결의는 사람들의 법적 확신의 표현으로 '법의 원칙'이라고 다음과 같이 표시한 바 있다.

> 어떠한 가치를 갖기 위해 사람들의 법적 확신으로부터 귀결되는 법의 원칙을 위해 그 원칙들은 유형적 표현을 가져야 한다. 즉 그들은 유권적 실체에 의해 표시되어야 한다. ⋯ 최근에는 사람의 법적 확신을 주로 외교적 총회의 의결, 특히 UN의 외교적 총회의 결의에 반영되어 왔다.
>
> For the principles of law resulting from the judicial conscience of peoples to have any value, they must have a tangible manifestation, that is to say. they must be expressed by authorized bodies. ⋯ up

---

15) Michel Virally, 'The Sources of International Law, 'in Max Sorensen(ed.), *Manual of Public International Law*(New York; Macmillan, 1968), p.162.

16) Peter Malanczuk, *Akehurst's Modern Introduction to International Law,* 7th ed. (London: Routledge, 1987), p.379.

17) L. B. Sohn, 'The Authority of the United Nations to Establish and Maintain a Permanent UN Forces, '*AJIL*, Vol.52, 1958, p.231, n.11.

18) J. G. Starke, *Introduction to International Law*, 9th ed.(London: Butterworths, 1984), p.51.

19) Malcolm N. Shaw, *International Law,* 4th ed.(Cambridge: Cambridge University Press, 1997), p.92.

to the present, this judicial conscience of peoples has been reflected the resolutions of diplomatic assemblies, particularly those of the United Nations.[20]

## (2) *Reservation to the Genocide Convention* Case(1951)

*Reservation to the Genocide Convention* Case(1951)에서 국제사법재판소는 UN 총회는 국제입법기관으로 되는 경향이 있으며, 즉 총회의 입법권을 근거로 총회의 결의는 법적 효력이 있다고 다음과 같이 판시한 바 있다.

> 요컨대, UN 총회는 실제적인 국제입법기관으로 되어가는 경향이 있다.
> To short, the Assembly of the United Nations is tending to become a actual international legislative power.[21]

## (3) *South West Africa* Case(1955)

*South West Africa* Case(1955)에서 국제사법재판소는 총회의 결의는 관습국제법의 새로운 규칙을 창설하거나 존재하는 관습법의 규칙을 수립하고, 'UN 헌장'의 유권적 해석이라고, 즉 관습법을 근거로, 유권 해석을 근거로, 그리고 금반언을 근거로 법적 효력이 있다고 다음과 같이 판시했다.

> 총회의 결의는 국가 관행의 증거를 제시함으로써 국제관습법의 새로운 규칙을 창설하는데 도움이 될 수 있고 또는 국제관습법의 현존 규칙을 수립하는데 도움이 될 수 있다. 총회의 결의는 헌장 규정의 유권적 해석이 될 수 있다. 총회의 결의는 그 결의에 찬성투표를 한 국가에 대해 금반언이 될 수 있다.
> They may help to create new rules of customary international law or to establish an existing rule of customary international law by providing evidence of state practice. They may constitute an authoritative interpretation of a provision of the Charter, they may constitute an estoppel for states voting in favour of them.[22]

## (4) *Military and Paramilitar Activities* Case(1986)

*Military and Paramilitary Activities* Case(1986)에서 국제사법재판소는 총회의 결의는 결의에 의해 선언된 규칙의 타당성을 수락한 동의로 인정해왔다고 다음과 같이 판시했다.

> 재판소는 총회의 결의, 특히 우호관계선언에 대해 헌장 속에 약속된 협정공약의 단순한 반복이나 해설로서가 아니라, 결의에 의해 선언된 규칙의 타당성의 수락으로서 그리고 그러한 규칙을 존중하는 법적 확신의 표현으로서 동의의 효과를 인정해 왔다.
> The Court has regarded the effect of consent to such resolution of the General Assembly, and particularly the Friendly Relations' Declaration, as not being merely that of reiteration or elucidation of the treaty commitment undertaken in the Charter, but as an acceptance of the validity of the rules

---

20) ICJ, *Reports,* 1951, pp.148-49.

21) ICJ, *Reports* 1951, p.52.

22) ICJ, *Reports,* 1955, p.115.

declared by the resolution by themselves, and as an expression of an *opinio Juris*.[23]

## (5) *Legality of the Threat or Use of Nuclear Weapons Advisory Opinion*(1996)

*Legality of the Threat or Use of Nuclear Weapon Advisory Opinion*(1996)에서 국제사법재판소는 총회의 결의는 규범적 가치를 가질 수 있다고, 즉 규칙의 존재 또는 법적 확신을 근거로 법적 효력을 가질 수 있다고 다음과 같은 권고적 의견을 표시한 바 있다.

> 재판소는 총회의 결의가 구속력이 없다 할지라도 때로는 규범적 가치를 가질 수 있다고 주목한다. 결의는 특수 사정하에서 규칙의 존재 또는 법적 확신의 출현의 수립을 위한 중요한 증거를 규정할 수 있다.
> The Court notes that General Assembly resolutions, even if they are not binding, may sometimes have normative value. They can in circumstances, provide evidence important for establishing the existence of as rule or the emergence of an *opinio juris*.[24]

이상의 학설과 판례에 의해 총회의 결의가 법적 효력이 있다는 근거로 제시된 것을 정리해 보면 다음과 같다.

( i ) 총회의 결의는 국제관습법의 존재 확인이다.[25]

( ii ) 총회의 결의는 헌장의 유권적 해석이다.[26]

( iii ) 총회의 결의는 법적 확신이다.[27]

( iv ) 총회의 결의는 법적 양심이다.[28]

( v ) 총회의 결의는 법의 일반원칙의 확인이다.[29]

( vi ) 총회의 결의는 회원국의 동의이다.[30]

( vii ) 총회의 컨센서스는 국제공동체의 의사이다.[31]

( viii ) 총회의 결의에 동의는 금반언의 효과가 있다.[32]

요컨대, '우호관계 선언결의'의 법적 효력은 학설과 국제 판례에 의해 일반적으로 승인되어 있다.

---

23) ICJ, *Reports*, 1986, pp.89-90.

24) ICJ, *Reports*, 1996, para.70.

25) Jennings and Watts, *supra* n.9, p.334, n.3; Johnson, *supra* n.12, p.121; Virally, *supra* n.15, p.233; Burns H. Weston Richard A, Falk and Authony A D'Amato, *International Law and World Order*(St. Paul: West, 1980), p.95.

26) Starke, *supra* n.19, p.51; Virally, *supra* n.15, p.162; Brownlie, *supra* n.13, p.15; Arangio-Ruis, *supra* n.3, p.136.

27) Jennings and Watts, *supra* n. 9, p.334, n.3; Sloan, *supra* n.8, p.32; ICJ, *Reports*, 1986, p.98.

28) ICJ, *Reprts*, 1951, p.149.

29) Henry G. Schermers, 'International Organizations, Resolutions', *EPIL*, Vol.5, 1983, p.160.

30) G Schwarzenberger and E. D. Brown, *A Manual of International Law*, 6th ed.(Milton: Professional Buoks, 1976), p.233; Weston, Falk and D'Amato, *supra* n.25, p.95; Jennings and Watts, *supra* n.9, p.334, n.3; Johnson, *supra* n.12, p.121.

31) Sukovic, *supra* n.2, p.49; Sukovic, *supra* n.11, p.338.

32) Schwavzenberger and Brown, *supra* n.30, p.233; ICJ, *Reports*, 1955, p.115; ICJ, *Reports*, 1996, para.70.

## 4. 1970년 UN 총회의 우호관계 선언결의 위반

상술한 바와 같이 (V.1.가) 일본 문부과학성이 각 급 학교의 교과서에 관해 '학습지도요령 해설', '검정결과 발표' 등의 조치를 통해 '독도가 일본영토라는 것을 명확히 알 수 있도록 정부의 견해에 따라 기술할 것',[33] '북방영토와 마찬가지로 우리나라의 영토·영해의 관한 이해를 심화시킬 것',[34] '북방영토 등 … 당연한 영토문제에 대해서 … 학습을 통해 …'[35] 등으로 표시하여 독도 영유권이 일본에 있다는 것을 표시하도록 요구한 것은 '1970년 UN 총회의 우호관계선언결의'에 표시된 '헌장에 따라 타 국가와 협력할 의무',[36] '국가가 신의성실하게 헌장의 조항에 따라 의무를 이행할 원칙',[37] '국가는 국제적인 문화적 교육적 진보의 조장을 위해 협력할 의무[38] 등을 위반한 것으로 이는 (ⅰ) 동 선언의 위반이고, (ⅱ) 동 선언은 헌장의 유권적 해석이므로 동 선언의 위반은 헌장의 위반이며, (ⅲ) 동 선언은 국제관습법의 선언이므로 국제관습법의 위반이다. 그리고 (ⅳ) 동 선언은 법적 확신의 표현이므로 이는 법적 확신의 위반인 것이다.

따라서 이에 의해 일본정부에 의한 국제법상 국가책임이 성립되게 된다.


# III. UNESCO 총회의 교과서개선 권고결의와 선언결의 위반

## 1. UNESCO 권고결의와 선언결의의 채택

교과서의 개선을 통해 국제적 이해를 증진시키려는 UNESCO의 사업은 그 이전의 선구적 노력으로부터 승계되어온 것이다. 이들 선구적 노력은 다음과 같다.

1933년 12월 26일 제7차 국제미주국가회의(International Conference of American States)는 '역사교육에 관한 협약(Convention on the Teaching of History)'을 채택했다.[39]

1936년 12월 미주국가 간 회의(The Inter-American Conference)는 '공교육의 평화지향에 관한 협약(Convention Concerning Peaceful Orientation of Public Institution)'을 채택했다.[40]

1937년 10월 20일 국제연맹 총회는 '역사교육에 관한 선언: 학교 교과서의 개정(Declaration on the Teaching of History: Revision of School Textbooks)'을 채택했다.[41]

이상의 교과서에 관한 노력에 뒤이어 1946년 제1차 UNESCO 총회는 '국제적 이해에 도움을 주는

---

33) *Supra* n. 49.

34) *Supra* n. 50.

35) *Supra* n. 51.

36) *Supra* nn. 3-4.

37) *Ibid.*

38) *Ibid.*

39) Falk Pingel(ed.), *UNESCO Guidebook on Textbook Research and Textbook* Revision 2nd ed.(Paris: UNESCO), 한운석 역, 「교과서 연구와 수정에 관한 유네스코 안내서」(서울: 동북아역사재단, 2010), pp.13-14.

40) Edmund J. Osmanczyk, *Encyclopedia of the United Nations*(New York: Taylor and Francis, 1990), pp.385, 801.

41) *Ibid.*

교과서와 교수자료의 개선을 위한 프로그램 결의(Resolution Concerning the Programme for the Implement of Textbooks and Teaching Materials as Aids to International Understanding)'를 채택했다.[42]

1949년 UNESCO는 「국제적 이해에 도움을 주는 교과서와 교수자료의 개선을 위한 편람서」(A Handbook for the Implement of Textbooks and Teaching Materials as Aids to International Understanding)를 출간했다.[43]

1974년 11월 19일 파리에서 개최된 제18회 UNESCO 총회는 '국제적 이해, 협력 그리고 평화를 위한 교육과 인권 및 기본적 자유를 위한 교육에 관한 권고(Recommendation concerning Education for International Understanding, Co-operation and Peace and Education relating to Human Rights and Fundamental Freedom, 이하 '1974 UNESCO 권고결의'라 한다)'를 채택했다.[44]

1995년 11월 파리에서 개최된 제28차 UNESCO 총회는 '평화, 인권 및 민주주의를 위한 교육에 관한 선언 및 실천 행동의 통합체계(Declaration and Integrated Framework of Action on Education for Peace, Human Rights and Democracy, 이하 '1995 UNESCO 선언결의'라 한다)'를 채택했다.[45]

## 2. 권고결의와 선언결의의 내용

### 가. 1974년 UNESCO 권고결의 내용

'1974년 UNESCO 권고결의'는 회원국에게 다음과 같이 권고하고 있다.

> 회원국은 교과서, 특히 역사와 지리 교과서의 폭 넓은 교환을 촉진하여야 하며, 만일 가능하다면 양자 및 다자 합의서의 체결에 의한 교과서가 정확하고 균형되고 최선의 그리고 편견 없는 것을 확보하기 위해 서로 다른 국민들 사이에 상호인식과 이해가 향상될 수 있도록 교과서 및 기타 교재의 상호연구와 개정을 위해 적절한 조치를 취해야 한다.
> Member states should encourage wider exchanges of textbooks, especially history and geography textbooks, and should, where appropriate, take measures, by concluding, it possible bilateral and multilateral agreements, for the reciprocal study and revision of textbook, and other educational materials in order to ensure that they are acurate, balanced, up-to-date and unprejudiced and will enhance mutual knowledge understanding between different peoples.[46]

이 권고의 내용은 다음과 같이 요약된다.

( i ) 교과서의 폭 넓은 교환의 추진

(ii) 양자 또는 다자협정을 통해

　　① 정확·균형·비편견 교과서의 확보를 위한 상호인식과 이해의 향상,

---

42) Pingel, *supra* n.33, p.31.

43) *Ibid.,* pp.15, 31.

44) *Ibid.,* pp.15. 33; 유하영, '교과서기록의 국제법상 의미, '독도조사연구학회, 『독도논총』, 제1권 제2호, 2006, p.101.

45) 교육인적 자원부, '독일과 폴란드 역사 및 지리 교과서 편찬을 위한 권고안 외', 2001, p.263; 유하영, 전주 38, pp.101-102.

46) Para.45.

② 교과서와 교보재의 상호연구와 개정을 위한 적절한 조치

## 나. 1995년 UNESCO 선언결의의 내용

'1995년 UNESCO 선언결의'는 다음과 같은 행동지침(line of action)을 규정하고 있다.

> 교육활동에 종사하는 모든 사람은 그들의 재량으로 교육자료와 자원을 가져야 한다. 따라서 부정적인 고정관념과 '타인에 대한' 왜곡된 시각을 고치는데 교과서의 필요한 개정이 요구된다. 교과서의 제작을 위한 국제적 협력을 장려할 수도 있다. … 교과서는 주어진 주제에 관한 다른 관점을 제시하여야 하며, 그들이 써진 것에 대한 민족적 문화적 배경을 솔직히 보여 주어야 한다.
>
> All people engaged in educational action must have adequate teaching materials and resources at their disposal. In this conection, it is necessary to make the necessary revisions to textbooks to get rid of negative stereotypes and distorted views of 'the other'. International co-operation in producing textbooks could be encouraged. … the textbooks should offer different perspectives on a given subject and make transparent the national or cultural background against which they are written.[47]

이 선언의 내용은 다음과 같이 요약된다.

( i ) 부정적 고정관념과 왜곡된 시각의 개정
(ii) 교과서의 제작을 위한 국제적 협력의 장려
(iii) 주어진 주제에 대한 다른 견해의 제시
(iv) 민족적·문화적 배경의 솔직한 제시

## 3. 권고결의와 선언결의의 법적 효력

1945년 11월 16일 런던에서 개최된 UNESCO 회의에서 채택되고 1946년 11월 4일 효력을 발생하고 1976년에 개정된 'UNESCO 헌장(The Constitution of the UNESCO)'은 총회(General Confererce)는 권고(recommendations)와 국제협약(international conventions)을 채택한다고 규정하고 있다(제4조 제4항). 이는 총회의 권한을 규정한 것이다.[48] 이들의 법적 효력에 관해서는 헌장상 아무런 규정이 없다. 권고(recommendations)와 선언(declarations)의 구별에 관해서도 헌장상 아무런 규정이 없다.

첫째로, '권고'에 관해 보건대, 회원국은 권고된 정책을 따를 것인가 아닌가의 완전한 자유를 갖는다 (have complete freedom to follow for recommended policy or not).[49] 따라서 권고는 법적 구속력이 없는 것이다.

둘째로, '협약'에 관해 보건대, 협약은 회원국의 비준에 의해 법적 구속력을 갖는다.[50] 그러므로 회원국은 채택되는 협약자체에 의해 법적 구속력을 받지 아니한다.

---

47) Para.18.
48) Daniel G. Partan, 'UNESCO', *EPIL*, Vol.5, 1983, p.316.
49) Henry G. Schermers, 'International Organizations, Resolution', *EPIL*, Vol.5, 1983. p.160.
50) *Ibid.*

셋째로, '선언'에 관해 보건대, 헌장상 총회는 '권고'와 '협약'을 채택할 수 있음을 규정하고 있으므로 '선언'은 '협약'에 포함될 수 없고 '권고'에 포함될 수 있을 뿐이다. 전문기관의 행위에 의해 국제적 의무의 창설은 의도되는 것이 아니다(creation of international obligation is not intended by these acts).[51] '권고'인 '선언'은 조직의 결정의 중요성을 강조하는 조직의 단순한 바람일 뿐(solely the organizations desire to underline the importance of its decision)이다.[52] 그리고 권고 및 선언은 관습법의 형성을 유도할 수도 없는 것이다(can never lead to the creation of customary law).[53]

그러므로 '1974년 UNESCO 권고결의'와 '1995년 UNESCO 선언결의' 모두 '권고'이고 '협약'이 아니며, UNESCO 비회원국에 대해서는 물론이고 회원국에 대해서 법적 구속력이 없는 것이다. 다만 후자는 UNESCO의 결의의 중요성을 강조하는 바람일 뿐인 것이다.

### 4. 일본 문부성의 독도에 관한 교과서의 허위·왜곡조치의 1974년 UNESCO 총회의 교과서개선 권고결의 및 1995년 UNESCO 총회의 교과서개선 선언결의 위반

전술한 바와 같이(V.1.가) 일본 문부과학성이 각 급 학교의 교과서에 관해 '학습지도요령해설', '검정결과 발표' 등의 조치를 통해 교과서에 독도 영유권이 일본에 귀속된다는 것을 표시하도록 요구한 것은 '1974년 UNESCO 총회의 교과서개선 권고결의'의 "교과서가 … 편견 없는 것을 확보하기 위해 서로 다른 국민들 사이에 상호인식과 이해가 향상될 수 있도록 … 적절한 조치를 취하여야 한다."는 규정을[54] 위반한 것이고, '1975년 UNESCO 총회의 교과서개선 선언결의'의 "왜곡된 시각을 고치는데 교과서의 필요한 개정이 요구된다. … 주어진 주제에 대한 다른 관점은 제시하여야 하며 그들이 써진 것에 대한 국가적 문화적 배경을 솔직히 보여 주어야 한다."는 규정을[55] 위반한 것이다. 그러나 이들 UNESCO 총회의 결의는 법적 구속력이 있는 것이 아니므로[56] 상술한 일본 문부과학성의 조치는 UNESCO 총회의 결의의 위반일 뿐 국제법위반은 아닌 것이다.

## IV. 한일기본관계조약의 위반

### 1. 한일기본관계조약의 체결

1965년 한국과 일본은 양국관계의 정상화를 위해 1965년 6월 22일 '대한민국과 일본국 간의 기본관계에 관한 조약(Treaty on Basic Relations between the Republic of Korea and Japan; 이하 '한일기본관

---

51) Eckart Klein, 'United Nations, Special Agencies', *EPIL*, Vol.5, 1983, p.364.
52) Schermers, *supra* n.43, p.160.
53) Klein, *supra* n.51, p.365.
54) *Supra* III. 2. 가.
55) *Supra* III. 2. 나.
56) *Supra* III. 3.

계조약'이라 한다)'을 체결하고, 동일에 '대한민국과 일본국 간의 재산 및 청구권에 관한 문제의 경제협력에 관한 협정', '대한민국과 일본국 간의 문화재 및 문화협력에 관한 협정', 그리고 '대한민국과 일본국 간의 일본에 거주하는 대한민국 국민의 법적 지위와 대우에 관한 협정'을 체결했다. 이들 조약과 협정의 체결로 대한민국과 일본은 어두웠던 과거를 청산하고, 관계를 정상화했다.

## 2. 한일기본관계조약의 내용

'한일기본관계조약' 전문은 동 조약체결의 기본 입장과 기본원칙을 다음과 같이 선언하고 있다.

> 대한민국과 일본국은 양국 국민관계의 역사적 배경과 선린 우호관계와 주권 상호존중의 원칙에 입각한 양국관계의 정상화에 대한 상호희망을 고려하며, 양국의 상호복지와 공동이익을 증진하고, … 양국이 국제연합의 원칙에 합당하게 긴밀히 협력함이 중요하다는 것을 인정하며, …[57]

이 전문의 내용은 다음과 같이 요약된다.

( i ) 선린 우호관계와 주권 상호존중의 원칙

(ii) 상호복지와 공동이익의 증진

(iii) 국제연합 원칙에 따른 긴밀한 협의

## 3. 한일기본관계조약의 법적 효력

'한일기본관계조약'이 대한민국과 일본국에 대해 법적 구속력이 있음은 논의의 여지가 없다.

## 4. 일본문부성의 독도에 관한 교과서의 허위·왜곡조치의 한일기본관계조약의 위반

전술한 바와 같이(V. 1. 가) 일본 문부과학성이 각 급 학교의 교과서에 관해 '학습지도요령 해설', '검정결과 발표' 등의 조치를 통해 교과서에 독도 영유권이 일본에 귀속된다는 것을 표시하도록 요구한 것은 '한일기본관계조약'에 규정된 '양 국민 관계의 역사적 배경'[58] '선린관계와 주권 상호존중'[59] 그리고 '상호복지와 공동이익의 증진'의 원칙을[60] 위반한 것으로 이는 동 조약을 위반한 것이다. 따라서 이에 의해 일본정부에 의한 국제법상 국가책임이 성립되게 된다.

---

57) 동 조약 제2조의 '이미 무효'에 관해서는 김명기, '한일합방조약서 부존재에 관한 연구, '법조협회, 『법조』. 통권 제655호, 2011.1.4, p.7; 김명기, 『독도강의』(서울: 독도조사연구학회, 2007), pp.132-33참조.

58) *Supra* Ⅳ. 2.

59) *Supra* Ⅳ. 2.

60) *Supra* Ⅳ. 2.

## V. 일본정부의 독도왜곡 교과서 조치의 국제법상 위법성 및 그에 대한 구제방안 |검토

### 1. 일본정부의 독도에 관한 교과서 조치

2006년 3월 일본 문부과학성은 2007년부터 사용되는 '고교 교과서에 대한 검정결과'를 발표하면서 역사·공민·지리 교과서에서 '독도와 센카쿠 제도가 일본영토라는 것을 명확히 알 수 있도록 일본정부의 견해의 따라 기술하도록' 요구했다.[61]

2008년 7월 일본 문부과학성은 '중학교 학습지도 요령해설 사회 편'을 발표했다. 이에는 "한국과의 사이에 다케시마를 둘러싸고 주장이 서로 다른 점이 있다는 것 등에 대해서도 언급하여 북방영토와 마찬가지로 우리나라의 영토, 영역에 관한 이해를 심화시키는 것도 필요하다."라고 명시하고 있다.[62]

2009년 12월에 일본 문부과학성이 '고등학교 신학습지도 요령 해설 지리역사 편'을 발표했다. 이에는 "북방영토 등 우리나라가 당면한 영토문제에 대해서는 중학교에서의 학습을 토대로 … "라고 표시되어 있다.[63]

2010년 3월에 일본 문부과학성이 '소학교용 교과서 검정결과 발표'를 통해 사회과 교과서 지도에 독도 부근에 국경선이 들어 있지 아니한 것에 대해 "이해하기 어렵다.", "부정확하다."라는 의견을 표시했다.[64]

2011년 3월 일본 문부과학성은 2012년에 사용할 중학교 사회과 '교과서에 대한 검정결과'를 발표했다. 이에 18종 사회과(역사, 지리, 공인) 교과서 중 12종에 독도와 관련된 내용이 포함되어 있다.[65]

### 2. 교과서의 기술

일본 문부과학성의 '학습지도 요령 해설'과 '교과서 검정결과 발표' 등의 조치에 따라 출판사가 실제로 발행한 교과서의 기술내용은 다음과 같다.

> 도쿄의 중학교용 『공민교과서』에는 "시마네현 오끼제도의 서북에 위치한 다케시마 … 는 일본의 고유영토입니다."[66]
> 요사카서적의 중학교용 『공인교과서』에는 "시마네현 앞바다의 다케시마는 한국도 영유권을 주장하고 있습니다."[67]
> 후소사의 중학교용 『공인교과서』에는 "한국과 우리나라가 영유권을 둘러싸고 대립하고 있는 다케시마 … 역사적으로도 국제법상으로도 우리나라의 고유영토다."[68]

---

61) 현대송, '일본 중학교교과서의 독도, '『독도연구저널』 제13호, 2011, p.21.

62) 상계논문, p.20.

63) 상계논문, p.21.

64) 상계논문, P.20; 나홍주, '독도왜곡 일본초등학교 교과서 일률적 사용의 문제점 고찰, '독도조사연구학회, 『독도논총』, 제5권 제1·2호, 2010.12, p.31.

65) 홍성근, '한일독도교육실태와 일본교과서의 독도관련 내용비판, '『자유마당』, 제22권 제5호, 2011. 5, p.11.

66) 현대송, 전주 49, p.22.

67) 현대송 전주 49, p.22.

68) 현대송 전주 49, p.22.

### 3. 일본정부의 독도에 관한 교과서 조치에 대한 구제방안

상술한 바와 같이 일본정부의 독도에 관한 교과서 관련 조치는 국제법상 국가책임이 성립된다. 그러므로 이에 대한 국제법상 구제방안은 국제법상 일반적인 책임해제의 방법이 적용되게 된다.

따라서 한국정부는 관계자처벌, 진상조사, 손해배상 등의 구제방법을 일본정부에 요청할 수 있으나, 일본정부가 이에 불응할 것이 명백하고 이에 대해 국제재판소에 제소하게 되면 본안에 앞서 선결문제로 독도 영유권 문제가 다뤄지게 되므로 가장 현실적인 방안은 복구권(復仇權, right of reprisa)의 행사라고 본다.

그러므로 한국도 교과서에 독도가 한국영토라는 것을 표기하고 특히 일본이 독도를 포함한 한국을 침략해온 역사를 명백히 표기하는 것이다.

그러나 복구는 그의 대상인 상대방의 위법행위와 대등한 것임을 요하며 그를 초과한 복구 이른바 '과잉복구'는 위법성을 조각하지 아니하므로[69] 일본정부의 교과서 왜곡조치에 대한 한국정부의 복구로서의 교과서에 대한 조치는 일본정부의 교과서 왜곡 정도와 같거나 그보다 낮은 것임을 요한다.

한국의 복구권의 행사에 대해 일본이 반복구(counter reprisals)를 행사할 것이므로[70] 궁극적인 대책은 한일정부 당국 간 교과서에 관한 협정을 체결하는 방안이[71] 최선의 방안일 수밖에 없다고 본다. 이는 '1974년 UNESCO 권고결의'에도 합치되는 것이다.


## VI. 결언

상술한 바를 요약정리하고, 정부 정책당국에 대해 몇 가지 정책대안을 제시하기로 한다.

첫째로, 상술한 바를 다음과 같이 요약정리하기로 한다.

( i ) '1970년 UN 총회의 우호관계 선언결의'는 헌장의 유권적 해석, 동의, 관습법 존재의 확인, 법적 확실, 그리고 금반언 등의 효과로 법적 구속력이 있음은 학설과 판례에 의해 일반적으로 승인되어 있다.

---

69) H. Lauterpncht(ed.), *Oppenheim's International Law*, 7th ed., Vol. II (London: Longmans, 1952), p.141; Karl J. Partsch, 'Reprisals', *EPIL*, Vol.9, 1986, p.332; G. G. Fitzmaurice, 'Arbitration between Portugal and Germany', *BYIL*, Vol.13, 1932, p.156; Remigiusz Rierzanek, 'Reprisals as a Means of Enforcing the Law of Warfare: the Old and the New', in Antonio Cassese(ed.), *The New Humanitarian Law of Armed Conflict*(Nopoli: Editionale Scientifica, 1979), p.156.

70) 반복구는 복구에 대한 복구를 뜻한다. 반복구도 복구와 마찬가지로 복구의 요건이 구비되어야 하므로 전자의 복구가 그 정도를 초과한 경우에만 허용된다. 즉 복구가 과잉복구로 위법성을 지니고 있는 때에만 그에 대한 반복이 적법한 행위로 될 수 있다(H. Lauterpacht(ed.), *supra* n.69, p.562.). 그러므로 일본의 독도 영유권 왜곡의 정도가 10일 경우 이에 대한 한국의 복구의 정도는 10과 같거나 그보다 낮은 것이어야 한국의 복구는 합법적으로 인정되고, 또한 이는 일본의 반복구의 대상이 되지 아니하는 것이다. 따라서 일본의 교과서 왜곡에 대한 복구로서 한국의 교과서 기술은 일본의 왜곡의 정도와 같거나 또는 그보다 낮게 하여야 함에 유의하여야 한다. 한국 교육과학기술부가 2011년 2월에 각 급 학교에 시달한 '독도교육 내용 체계(안)'와 같은 해 4월에 동북아역사재단이 제작하여 배포한 「초등학교 독도교수·학습보완지도자료」의 내용이 일본 문무과학성의 학습지도 요령 해설의 내용을 초과하는 수준 여부는 검토를 요한다.

71) 교과서에 관해 양자 간 또는 다자 간 협정을 체결한 사례에 관해서는 교육인적자원부, 전주 39; 한국교육개발원, 「독일·폴란드 교과서 협의의 사례연구」(연구보고 CR 2002-32); Pingel, *supra* n.39; 유하영, 전주 38 참조.

(ii) '1974년 UNESCO 총회의 교과서수정 권고결의'와 '1995년 UNESCO 총회의 교과서수정 선언 결의'는 권고적 성질을 가질 뿐 법적 구속력이 없다.

(iii) 1965년의 '한일기본관계조약'은 당연히 한국과 일본에 대해 법적 구속력이 있다.

(iv) 일본 문부과학성의 각 급 학교 교과서에 관해 '학습지도 요령 해설', '검정결과의 발표' 등의 조치를 통해 독도가 일본영토라는 것을 표시하도록 요구한 것은 '1970년 UN 총회의 우호관계 선언결의' 위반 즉 'UN 헌장' 위반이고, 1965년의 '한일기본관계조약'의 위반으로 국제법상 위법행위를 구성한다. 그러나 '1974년 UNESCO 총회의 교과서수정 권고결의'와 '1995년 UNESCO 총회의 교과서수정 선언결의'의 위반이나 이는 국제법위반은 아니다.

(ⅴ) 상기 일본정부의 국제법위반행위에 대한 현실적인 구제방안은 한국정부의 복구권의 행사이다.

둘째로, 정부 관계당국에 다음과 같은 정책대안을 제의하기로 한다.

(ⅰ) 일본정부 당국의 '학습지도 요령 해설'과 '검정결과의 발표' 등 조치에 대해 국제법상 '복구권의 행사'의 구제방법을 강구한다.

(ii) 상기 (ⅰ)의 복구권의 행사는 과잉복구권의 행사로 일본의 반복구권의 행사를 유도하지 아니하는 정도에서 행사한다.

(iii) 일본정부에 대해 교과서 문제의 해결을 위한 협정의 체결을 제의하여 한일 간 협정을 체결한다.

(iv) 일본정부가 상기 (iii)의 제의를 거부할 경우 한·중·일 간 협정을 체결한다.

(ⅴ) 일본정부가 상기 (iv)의 제의를 거부할 경우 차선책으로 민간차원의 한·중·일 간 협정을 체결하도록 주선·촉구한다.

## <참고문헌>

교육인적자원부, 『독일과 폴란드 역사 및 지리 교과서 편찬을 위한 권고안』 서울: 교육인적자원부, 2001.
김명기, '한일합방조약서 부존재의 관한 연구', 법조협회, 『법조』. 통권 제655호, 2011.
김명기, 『독도강의』, 서울: 독도조사연구학회, 2007.
나홍주, '독도왜곡 일본초등학교 교과서 일률적 사용의 문제점 고찰', 독도조사연구학회, 『독도논총』, 제5권 제1·2호, 2010.
유하영, '교과서 기록의 국제법상 의미', 독도조사연구학회, 『독도논총』, 제1권 제2호, 2006.
위상복, '일본교과서에서의 독도기술의 변화(토론문)', 『아시아경제』2015.04.06.
박병성, '일본의 사회과 교과서와 독도문제', 『독도연구』, 제11호, 2011.
한운석 역, 『교과서 연구와 수정에 관한 유네스코 안내서』 (서울: 동북아역사재단, 2010.
현대송, '일본 중학교 교과서의 독도', 『독도연구저널』제13호, 2011.
홍성근, '한일 독도교육실태와 일본교과서의 독도관련 내용비판', 『자유마당』, 제22권 제5호, 2011.

Gaetano Arangio-Ruis, 'Friendly Relations Resolution', *EPIL*, Vol.9, 1986.
Anthony Aust, *Handbook of International Law*, 2nd ed.(Cambridge: Cambridge University Press, 2010.

Bogdan Babovic, 'The Duty of States to Cooperate with One Another to Accordance with the Charter', in Milan Sahovic(ed.), *Principles of International Law Concerning Friendly Relations and Cooperation,* New York: Oceana, 1972.

Brownlie, Ian., *Principles of Public International Law,* 5th ed., Oxford: Oxford University Press 1998.

Schwarzenberger G and E. D.Brown, *A Manual of International Law,* 6th ed., Milton: Professional Buoks, 1976.

Bliane Sloan, 'The Binding Force of a Recommendation of the General Assembly of the United Nations', *BYIL,* Vol 25, 1948.

Boas Gideon, '*Public International Law',* Cheltenham: Edward Elger, 2012.

Castaneda, Jarge, *Legal Effects of the United Nations Resolution,* New York: Colombia University Press, 1969.

Corten Oliver, '*The Law Against War',* Oxford: Hart, 2010.

Falk Pingel(ed.), '*UNESCO Guidebook on Textbook Research and Textbook* Revision 2nd ed'., Paris: UNESCO.

Gaetano Arangio-Ruiz, 'Friendly Relations Resolution', *EPIL,* Vol.9, 1986.

ICJ, *Reports,* 1951.

___, *Reports,* 1955.

___, *Reports,* 1986.

___, *Reports,* 1996.


Jennings, Robert and Arthur Watts(eds.). Oppenbeim's *International Law,* Vol.9th ed., London: Lonpman, 1992.

Jarge Castaneda, '*Legal Effects of United Nations Resolutions',* New York: Columbia University Press, 1969.

Johnson D. H. N., 'The Effect of Resolutions of the General Assembly of the United Nations', *BYIL,* Vol.32, 1955-56.

Klein, Eckart, 'United Nations, Special Agencies', *EPIL,* Vol.5, 1983.

Lowe, Vo, *International Law,* Oxford: Oxford University Press, 2009.

Malanczuk Peter, '*Akehurst's Modern Introduction to International Law* 7th ed.', London: Routledge, 1987.

Osmanczyk Edmund J., *Encyclopedia of the United Nations,* New York: Taylor and Francis, 1990.

Partan Daniel G., 'UNESCO', *EPIL,* Vol.5, 1983.

Ruys Tom, *Armed Attack and Article 51 of the UN Charter,* Cambridge: Cambridge University Press, 2010.

Richard A Weston, Falk and Authony A D'Amato, *International Law and World Order,* St. Paul: West, 1980.

Shaw, M. N., *International Law,* 4th ed., Cambridge: Cambridge University Press, 1997.

Sahovic, Milan, 'Codification of the Legal Principles of Coexistence and Development of Contemporary International Law', in Sahovic(ed.), *Friendly Relations,* New York: Oceana, 1972.

Sohn, L. B., 'The Authority of the United Nations', *AJIL,* Vol.52., 1958.

Sukovic Olga, 'Principle of Equal Rights and Self-Determination of Peoples', in Sahovic(ed.), *Friendly Relations,* New York: Oceana, 1972.

Sorensen Max(ed.), '*Manual of Public International Law',* New York; Macmillan, 1968.

Sohn L. B., 'The Authority of the United Nations to Establish and Maintain a Permanent UN Forces', *AJIL,* Vol.52, 1958.

Starke J. G., '*Introduction to International Law* 9th ed.', London: Butterworths, 1984.

Schermers Henry G., 'International Organizations, Resolutions', *EPIL,* Vol.5, 1983.

Tohnson, D. H. N., 'The Effect of Resolutions of the General Assembly of the United Nations', *BYIL,* Vol.32, 1955-56.

Triggs G.D., '*International Law',* New York: Lexis, 2006.

Virally Michel, 'The Sources of International Law, in Max Sorensen, '*Manual of Public International Law',* New York; Macmillan, 1968.

# 제15절 | 기죽도약도의 법적 효력

## I. 서언

'죽도 외 1도(竹島外一島)'는 일본영토가 아니라고 지령한 '태정관 지령문(太政官指令文)'이 소개된 것은 지금부터 약 30년 전인 1987년 호리가즈오(堀和生) 교수가 발표한 「1905년 일본의 죽도영토편입」 이라는 논문에서[1]이다.

동 논문에 의해 최초로 발견된 '태정관 지령문'은 한일 양국 역사학자에 의해 독도 영유권에 관한 새로운 연구의 전기가 되었다. 특히 '태정관 지령문'의 '죽도 외 1도'의 의미에 관해 한일 학자 간의 심도 있는 연구와 격렬한 논쟁이 전개되어 왔다.[2]

그러던 중 지금부터 10년 전인 2005년에 우르시자키 히데유키(漆崎英之) 목사가 '죽도 외 1도'를 송도(松島, 독도)로 표시한 '기죽도약도(磯竹島略圖)'를 발견·발표하여[3] '죽도 외 1도'의 해석에 관한 한일 학자 간의 논쟁은 일단 소강상태를 맞게 되었다고 볼 수 있다. 그 결과 독도는 일본영토가 아니라는 것이 일본 메이지 정부당국에 의해 공식적으로 표명된 것이 확인되어 일본정부는 더 이상 독도가 일본 영토라고 주장할 수 없게 되고 말았다.

그럼에도 불구하고 '기죽도약도' 발견 후에도 '죽도 외 1도'는 송도(松島, 독도)가 아니라는 일부 일본학자의 주장[4]이 더러 제기되고 있다.

'기죽도약도'에 관한 국내 역사학자의 심도 있는 연구에도 불구하고 이에 관한 국제법학자의 연구는 부진한 상태에 있는 것이 현실이다. 국제법상으로 '기죽도약도'가 어떠한 법적 효력을 갖는 것인가는 독도를 연구하는 역사학자는 물론이고 국제법학자에게도 그리고 독도에 관한 대내외 정책을 입안·결정하는 정부 당국자에게도 연구를 요하는 관심 과제의 하나이다.

이 연구는 이 과제에 대한 개략적 해답을 제시하고자 시도된 것이다. 국제법상 이에 관한 선행연구가 전혀 없으므로 이 연구는 기초적인 것일 수밖에 없다고 본다.

국제법학자가 이 과제에 대해 쉽게 접근하지 못하는 이유 중의 하나는 '기죽도약도'의 사실의 실체에

---

1) 堀和生, 1987, 「一九○五年日本の 竹島領土編入」『朝鮮史 研究會論文集』, 第24号.

2) 김호동, 1012, 「태정관 지령 죽도 외 1도 건에 관하여 본방과 관계없다를 둘러싼 제 문제의 비판」, 『독도연구』 제12호, p. 35.

3) 漆崎英之, 2013, 「태정관 지령 부속 지도 기죽도약도(磯竹島略圖) 발견 경위와 그 의의」, 『獨島研究』 제14호; 연합뉴스 2006.9.13.

4) 시마네현 다케시마연구소의 스기하라 다가시(杉原隆)는 1881년 송도 개간원에 관한 일연의 문서를 인용하여 '태정관 지령문'의 '죽도 외 1도'는 죽도로도 송도로도 불린 울릉도를 의미한다고 주장하고 있다. 杉原隆, 2012, 島根県竹島問題研究會, 『第二期 「竹島問題에 관한 조사연구』 중간보고서』, p. 11. 그러한 주장은 쓰카모토 다카시(塚本孝)에 의해 승계되어 있다. 塚本孝, 「죽도영유권문제의 정의」, 제3판. 이성환, 2016, 「태정관과 태정관 지령문은 무엇인가」, 『독도연구』, 제20호, p. 97.

쉽게 접근하지 못하고 또 그것을 쉽게 이해하지 못하는 데 있다고 본다. 필자도 '기죽도약도'의 사실적 실체는 물론이고 그것의 역사적 의미를 이해하지 못한 채 이 연구를 시작함을 자인한다. 국제법학자에게는 이 연구를 기초로 심도 있고 폭넓은 후속적 연구가 이어지기를 기대해 본다.

이하 (ⅰ) 기죽도약도의 개관, (ⅱ)기죽도약도의 인증지도 여부 검토, (ⅲ)기죽도약도의 공식지도 여부 검토, (ⅳ)기죽도약도와 역사적 권원의 대체순으로 기술하고, (ⅴ)결론에서 정부당국에 정책대안을 제의하기로 한다.

이 연구의 법사상적 기초는 '법실증주의'이며, 연구의 방법은 '법해석론'적 접근이다. 따라서 연구의 대상은 *lex lata* 이다.


## II. 기죽도약도의 개관

### 1. 기죽도약도의 제작

1876년 10월 16일 일본 내무성은 지적조사와 지도편찬 작업을 진행 중이던 시마네현으로부터 죽도(竹島,울릉도)와 송도(松島,독도)를 시마네현의 관할에 포함시킬 것인가의 여부의 질의서를 받았다. 내무성은 동 질의서의 부속 문서와 17세기 말 조일 간의 왕복문서를 검토하고 죽도(竹島, 울릉도)와 송도(松島,독도)는 조선의 영토라는 결론을 내렸다. 1877년 3월 17일 내무성은 태정관(太政官)에게 죽도의 지적편찬에 관한 질의서를 제출했다. 1877년 3월 29일 태정관은 이에 관한 지령문을 내무성에 하달했다.[5]

'태정관 지령문' 결재 품의서에는 태정관 우대신 이와쿠라 도모미(岩倉具視) 이외에도 성경(省卿)을 겸직하는 3명의 참의(參議)가 날인하였다. 이 3명의 참의는 대장경(大藏卿) 겸직 오오쿠마 시게노부(大隈重信), 사법경 겸직 오오키 다카토(大木喬任) 그리고 외무경 겸직 테라시마 무네노리(寺島宗則)이다. 당시 태정관에 상신한 것은 내무성이므로, '태정관 지령문'은 내무성, 대장성, 사법성, 외무성의 4개성과 최고 국가기관인 태정관이 총체적으로 참여하여 의사결정을 한 것이다.[6]

'기죽도약도'는 세 가지 지도의 통칭이다. 그중 하나는 1876년 10월 16일 시마네현 참사 사카이 지로(境二郎)가 내무성에 제출한 품의서 '일본해 내 다케시마 외 1도 지적편찬방사(日本海內竹島外一島地籍編纂方伺)'에 첨부된 '기죽도약도(이를 이하 '시마네현 기죽도약도'라 한다)'이고, 다른 하나는 일본 내무성이 1877년 3월 1일에 태정관에 제출한 일본해 내 다케시마(竹島) 외 1도 지적편찬방사에 첨부된 '기죽도약도(이하 이를 '내무성 기죽도약도'라 한다)'이다. 그리고 또 다른 하나는 1877년 3월 29일 태정관이 '다케시마 외 1도는 일본과 관계없음을 명심할 것'이라는 지령에 부속된 '기죽도약도(이를 이하

---

5) 동북아역사재단 독도연구소, 2008, 『일본 외무성 독도 홍보 팸플릿 반박문』, 제4항; North-East Asian History Foundation, 2006, *Dokdo, Korean Territory since 6th Century*, p.26; 대한민국외교부, 발행, 연도 불표시, 『대한민국의 아름다운 영토 독도』, p. 21; 김병렬, 1998, 『독도』, 다다미디어, pp. 344-45; 신용하, 1996, 『독도의 민국영토사연구』, 지식산업사, 164쪽; 정태만, 2014, 「조선국교제시발내탐서 및 태정관 지령과 독도」, 『독도연구』, 제17호, pp. 14-15; 김명기, 2007, 『독도강의』, 독도조사연구학회, p. 75, 일본국립공문서관 디지털 아카이브(http://www.digital.archives.go.jp).

6) 太政官編, 1877, 『公文錄』, 內務省之部, 1877년 3월 17일 조 '日本海內竹島外一島地籍編纂方伺', 일본국립공문서관 디지털 아카이브(http://www.digital.archives.go.jp).

'태정관 지령문 기죽도약도' 또는 '기죽도약도'라 한다)'이다.

'시마네현 기죽도약도'는 시마네현 참사 사카이 지로(境二郎)가 제작한 것이고 '내무성 기죽도약도와' '태정관 지령문 기죽도약도'는 내무성과 태정관이 각각 새로 제작한 것이 아니라 시마네현 지적편찬방사에 첨부된 '기죽도약도'를 그대로 내무성의 지적편찬방사에 첨부되고 태정관 지령에 첨부한 것으로 본다. 당시는 오늘과 같이 복사기술이 발달되어 있지 아니했기 때문이다. 따라서 '시마네현 기죽도약도'와 '태정관 지령문 기죽도약도'는 동일한 것으로 본다. 양자가 별개의 지도라는 어떠한 논술·주장도 접할 수 없다.

## 2. 기죽도약도의 공시

'기죽도약도'는 '태정관 지령문'의 14개 부속문과 같이 '태정관 지령문'에 부속되어 『태정유전(太政類典)』과 『공문록(公文錄)』에 수록되어 있다. 다만 『태정유전』에는 '기죽도약도'가 수록되어 있지 아니하다. 이는 아마도 당시에는 '기죽도약도'를 그대로 재생 복제할 과학적 기술이 부족하여 '기죽도약도'를 『공문록』에 그대로 수록하고 『태정유전』에는 수록하지 아니한 것으로 본다.[7] 요컨대, '기죽도약도'는 『공문록』에 등재되어 일본 국내적으로뿐만 아니라 국제적으로 공시되었다. 따라서 '기죽도약도'는 일본의 대내문서에 불과한 것이 아니다. 『공문록』은 메이지 전기의 정부 공문서 원부를 수록한 것으로 일본의 관보제도가 창설된 메이지 16년(1883년)까지 관보의 기능을 했다.[8] 관보(official gazettes)는 공식적인 정부 정기간행물로 국제법 연구의 기본 연원이다(a primary source for research in international law). 그러므로 『공문록』에 등재되는 것은 일본국내에 한정된 고시가 아니라 국제적 공시의 의미를 갖는다.

공시는 국제법상 통고(notification)의 효과가 인정되는 것으로, 통고는 일방적 법률행위로 통고의 내용에 따른 국제법상 효력이 발생하는 바, '기죽도약도'의 공시는 그 내용에 따라 즉, 후술하는 '기죽도약도의 내용'에 따라 국제법상 효력이 인정된다. 공시는 특별한 형식은 없다(there is no specific form).[9] 따라서 공시는 'public announcement, joint declaration, publication, recognition, exchange of note' 등 여러 가지 용어가 사용되고 있다. 공시는 문제의 공시의 성격에 의존하는 통고를 요한다(declaration requires notification depend upon the nature of the declaration).[10] 따라서 공시는 요구되는 통고의 효과가 인정되며, 일방적 법률행위로 법적 구속력을 갖는다(declaration has binding force).[11]

『공문록』은 오늘 현재 일본 국립공문서관에 소장되어 있으며 일본 국립공문서관 디지털 아카이브(http:www.digital.archives.go.jp)에 접속하면 누구나 열람할 수 있도록 공개되어 있다.

---

7) 정태만, '조선국교제시말내탐서 및 태정관 지령과 독도', 『독도연구』 제17호, 2014, p. 18.

8) 정태만 전주 7, p. 19.

9) Carl-August Fleischauer, 1984, 'Declaration', *EPIL*, Vol.7, p.67.

10) *Ibid.*

11) *Ibid*; Mary F. Domineck, 'Notification' *EPIL* Vol.9, 1986, p.290; Schwarzenberger G. and E. D. Brown, *A Manual of International Law*, 6th ed., (Miton: Professional Book, 1972), p.141.

## 3. 기죽도약도의 내용

'태정관 지령문 기죽도약도'는 가로 58cm, 세로 38cm의 크기로, 다음과 같은 도와 거리를 가리키는 문자로 구성되어 있다.

( i ) 지도 우측상단에 종으로 '磯竹島略島(기죽도약도)'라고 도명이 표기되어 있다.

(ii) 지도에는 두 개의 도가 그려져 있으며, 그중 하나는 도의 중앙상부에 위치하고, 다른 하나는 그 도의 우측하단에 위치하고 있다. 지도의 중앙 상부에 위치한 도는 그 도 위에 '磯竹島(기죽도)' 라고 표기하고 기죽도 동남방에 위치한 도는 그 도 위에 '松島(송도,마쓰시마)'라고 표기되어 있다. 기죽도는 울릉도이고 송도는 독도인 것이다.

(iii) 기죽도 좌측에 종으로 '磯竹島(기죽도)에서 조선을 바라보면 서북해안이 되며 해상으로 약 50리 정도'라고 표기되어 있다.

(iv) 기죽도와 송도 사이에 사선으로 '松島(송도,마쓰시마)에서 磯竹島(기죽도)까지 서북쪽 40리 정도'라고 표기되어 있다.

( v ) 오끼도고 후쿠우라(隱岐 福浦)에서 마쓰시마(松島) 간 사선으로 '오끼도고 후쿠우라(隱岐 福浦)에서 마쓰시마(松島)까지 서북쪽 80리 정도'라고 문자로 표기되어 있다.

이상이 '기죽도약도'에 표시된 도와 문자의 전부이다.

'기죽도약도'의 난 내·외를 불문하고 기죽도(磯竹島) 또는 마쓰시마(松島)가 조선의 영토이다 또는 일본영토이다는 표현은 그림으로나 문자로나 명시된 바 없다.

'기죽도약도'상에 기죽도(磯竹島)와 마쓰시마(松島) 두 도가 있으므로 죽도 외 1도(竹島外一島)는 마쓰시마(松島,독도)를 뜻하는 것으로 된다.

'기죽도에서 마쓰시마(松島)까지는 약 40리 정도'이고, '오끼도에서 마쓰시마(松島)까지 80리 정도'라는 기술은 송도(松島,독도)는 기죽도에 소속되며 오끼도에 소속되는 것이 아니다라는 의미라면 '기죽도약도'는 松島(독도)가 조선의 영토라는 영토에 관한 지도라고 볼 수 있을 것이나 국제법상 영토취득의 원칙으로 근거리원칙은 인정되어 있지 아니하므로 이러한 추정은 인정될 수 있는지 검토를 요한다. 물론 '기죽도약도'로 보아 松島(독도)가 기죽도에 가깝고 오끼도에 가까운 것이 아니므로 이를 보고 시마네현, 내무성 그리고 태정관이 松島(독도)를 일본과 관계가 없다고 판단했을 것으로 추정될 수 있지만 '기죽도약도'상으로는 그러한 근거가 없다.

## 4. 기죽도약도와 태정관 지령문과의 관계

### 가. 태정관 지령문의 부속도(附屬圖) 관계

'태정관 지령문'은 1쪽의 문서인 것이 아니라 수 개의 문서의 복합체로 구성되어 있다. 이 복합체로 구성된 '태정관 지령문'은 크게 (i) 태정관 지령문 '본문'과 (ii) 태정관 지령문 '부속문'으로 구분해 볼

수 있다. 지령은 질의를 받은 상급기관이 하급기관에 대한 확정적 지시를 말한다.[12]

태정관 지령문 본문은 '태정관 지령문'의 핵심인 (i) 지령안(指令按)과 지령안을 도출한 근거인 지령안근거(指令按根據)로 구성되어 있다.

'태정관 지령문' 부속문은 14개 문서로 구성되어 있으며, 이를 시마네현이 수집·작성한 6개의 문서와 내무성이 수집·작성한 6개의 문서 그리고 태정관이 작성한 2개의 문서, 도합 14개의 자료·문서로 구성되어 있다. 이 14개의 문서는 『공문록』에 수록되어 있는 바, 이를 열거해 보면 다음과 같다.

(i) 「태정관 지령」 결재 품의서
(ii) 시마네현에서 내무성에 올린 질의서
(iii) 내무성 지리국에서 시마네현에 내려 보낸 지리요청서(을 제218호)
(iv) '죽도 외 1도(竹島外一島)'에 대한 정의
(v) 도해 유래 및 도해 허가서
(vi) 도해금지 경위 및 도해 금지령
(vii) 도해금지 결정의 이유(제1호 구정부형의지지의)
(viii) 일본 어민의 도해금지를 조선에 통보한 외교문서
(ix) 조선에서 받은 외교문서
(x) 조선에서 받은 외교문서를 에도막부에 전달했다는 대마도의 회신(제4호 본방회답)
(xi) 외교교섭 창구인 대마도 실무자가 조선에 보낸 문서(제21호 구상지람)
(xii) 내무성에서 태정관에 올린 질의서(일본해 내 '죽도 외 1도' 지적편찬방사)
(xiii) 기죽도약도
(xiv) 태정관의 문서목록(울릉도와 독도를 편도 외로 정함과 내무성 질의 및 태정관의 지령)[13]

이와 같이 '기죽도약도'는 태정관 지령문의 14개 부속문 중 하나이다. 그러므로 '기죽도약도'는 태정관 지령의 한 구성 부분이다. 태정관 지령문의 공시와 같이 '기죽도약도'도 공문록(公文錄)에 등재되어 있다.[14]

## 나. 태정관 지령문의 정의도(定義圖) 관계

태정관 지령문의 핵심인 지령안은 다음과 같이 지시되어 있다.

御指令按
伺之趣竹島外一島之義本邦關係無之義ト 可相心得事

---

12) 이성환, 전주 4, p. 108.
13) 일본국립공문서관 디지털 아카이브(http://www.digital.archives.go.jp);정태만. 전주 7, p. 17.
14) 일본국립공문서관 디지털 아카이브(http://www.digital.archives.go.jp);정태만. 전주 7, p. 17.

어지령안

품의한 취지의 죽도 외 1도의 건에 대하여 본방은 관계가 없다는 것을 심득할 것.

위의 기술 중 '죽도(竹島)'는 울릉도를 지칭하는 것이고, '외 1도(外一島)'는 松島(독도)를 지칭하는 것이다. 그리고 '본방(本邦)'은 일본을 뜻하는 것이다. 즉, 독도는 일본과 관계가 없다는 뜻이다.

이러한 해석은 동 지령에 부속된 '기죽도약도'가 지령안의 해석의 근거가 되다. 즉 '기죽도약도'는 지령안의 '죽도(竹島) 외 1도'의 정의규정이 된다고 할 수 있다. '기죽도약도'에는 2개의 도가 그려져 있으며 그중 하나는 도 위에 '磯竹島(기죽도)'라고 문자로 표기되어 있고 그 도의 동남쪽 40리 정도에 있는 다른 도 위에는 '松島(송도)'라고 문자로 표기되어 있기 때문이다.

'기죽도약도'가 태정관 지령문의 부속문이므로 이는 태정관 지령문의 '竹島外一島'의 정의규정(定義規定), 즉, 정의도(定義圖)라고 할 수 있다.

시마네현에서 내무성에 제출한 질의서, 즉 '일본해 내 죽도 외 1도 지적편찬방사', 내무성에서 태정관에 제출한 질의서 '일본해 내 죽도 외 1도 지적편찬방사', 그리고 태정관의 지령문에는 모두 각각 '기죽도약도'가 첨부되어 있다. 이는 시마네현, 내무성 그리고 태정관이 모두 각기 '기죽도약도'를 보고 '죽도 외 1도'의 의미를 '기죽도약도'로 정의한 것이며 '기죽도약도'는 '죽도 외 1도'를 죽도 동남방 40리 정도에 위치한 松島(독도)로 정의한 것이다. 내무성이 태정관에 제출한 일본해 내 '죽도 외 1도의 지적편찬방사'에는 '죽도 외 1도'의 정의 규정이 없으나 다만, 원유의 대략(原由ノ大略)에 '죽도 외 1도'에 관해 기술하고 있다.[15] 이를 좀 더 시각적으로 명료하게 표시하기 위해 '기죽도약도'를 첨부한 것으로 본다.

요컨대 '기죽도약도'는 '태정관 지령문'에 표시된 '죽도(竹島) 외 1도'의 의미를 松島(독도)로 표시한 정의규정인 것이다.


## 5. 기죽도약도에 대한 대일본 공개 질의

'기죽도약도'의 발견·발표는 한국의 언론계에서도 큰 관심을 갖고 이를 내외에 보도했을 뿐만 아니라 특히, 연합뉴스는 2006년 9월에 일본 외상과 각 정당의 대표에게 '태정관 지령문'과 '기죽도약도'에 관해 공개질의를 한 바 있다. 이에 관한 참신하고 창조적인 연구가 요구된다.[16]

---

15) 태정관, 『공문록』, 내무성지부1, 메이지 10년 3월(국립공문서관, 서가번호 2A10公2032)

16) 1) 공개질의의 내용
　　공개질의의 내용은 다음과 같다.
　　( i ) 시마네현이 내무성에 제출한 질의서 「일본해 내 다케시마(竹島) 외 1도 지적 편찬 질의(日本海内竹島外一島 地籍編纂方伺)」의 본문 중에 기재된 「마쓰시마(松島)」는 오늘날 다케시마(竹島)/독도인가?
　　(ii) 위의 시마네현 질의서의 제목 「일본해 내 다케시마(竹島) 외 1도 지적 편찬 질의서」의 「다케시마(竹島)」는 오늘날 한국령·울릉도인가? 또한 「외 1도」는 「유래의 개략」과 「이소다케시마약도」에 기재되고 있는 「마쓰시마(松島)」인가?
　　(iii) 내무성에서 태정관에 제출한 질의서의 제목 「일본해 내 다케시마(竹島) 외 1도 지적 편찬 질의서」, 그리고 태정유전 지령서의 제목 「일본해 내 다케시마(竹島) 외 1도를 版圖(판도=영토) 외라고 정한다」, 태정관 지령 결정문 「질의한 취지 다케시마(竹島) 외 1도의 건 本邦(본방)과 관계없음을 명심할 것」에 있는 「다케시마(竹島) 외 1도」라는 것은 시마네현 질의서의 제목 「일본해 내 다케시마(竹島) 외 1도 지적 편찬 질의서」에 있는 「다케시마(竹島) 외 1도」와 같은 것인가, 다른 것인가?
　　2) 공개질의에 대한 일본 외무성의 답변
　　위 공개질문에 대해 일본 외무성은 다음과 같이 답변한 바 있다.
　　　'태정관 지령문'과 '기죽도약도'의 존재를 인정하지만 「역사적 사실 등에 대하여는 현재 조사, 분석 중으로 현시점에서는 일본정

## III. 기죽도약도의 인증지도 여부 검토

국제법상 지도의 증명력은 극히 제한적이다. 국제법상 직접적 증명력이 인정되는 지도는 인증지도 (authenticated map)에 한하므로 '기죽도약도'가 인증지도인가부터 검토하기로 한다.

### 1. 지도의 인증성

조약(treaties)과 재판(decisions)과 같은 법적 문서(legal instruments)에 부속되어 그 법적 문서의 불가분의 일부를 구성하는 지도는 직접적 증명력이 인정되고 그 이외의 지도는 간접적 증명력만이 인정되는데 불과하다. 이와 같이 법적 문서에 부속된 지도를 '인증지도(authenticated maps)'라 하고,[17] 이러한 지도의 특성을 '인증성(authenticity, authentic character)'이라 한다.[18] 이 '인증지도'에는 법적 문서의 불가분의 일부를 구성하는 지도뿐만 아니라 서명된 지도와 같이 지도 그 자체가 법적 문서인 지도도 포함된다.[19]

'인증지도'는 국가기관이 발행한 지도인 '공식지도(official maps)'와 구별된다. '공식지도'는 '국가기관'이 발행한 지도 이외에 국가의 찬조(auspices) 또는 취지(purporting)로 발행한 지도를 의미한다.[20] '인증지도'는 직접적 증명력이 인정되나 '공식지도'는 간접적 증명력이 인정되는데 불과하다. 그러나 '공식지도'는 승인, 묵인, 금반언의 효과가 인정되는 점에 특색이 있다.[21]

공식지도는 그를 발행한 국가가 생각하는 영역의 한계를 표시하는 것으로 인정되기(represented what that state deemed the limits of its domain) 때문이다.[22]

인증지도만이 직접적 증명력, 즉 제1차적 증명력이 있다는 학설과 판례를 보면 다음과 같다. 법적 사실은 그 사실과 같이 이는 현재의 법의 관점에서 평가되어야 한다. … 권리의 창조행위가 권리가 발생되는 때에 효력이 있는 법을 따라야 한다는 동일한 원칙은 권리의 존속, 다시 말해 권리의 계속적인 현시는 법의 발전에 의해 요구되는 요건을 따라야 한다는 것을 요구한다.[23] 그러므로 이 연구에서는 현재의 국제법을 기준으로 하기로 한다.

---

부의 입장에서 코멘트할 수 없다.」(岡田 卓己, 2012, 「1877년 태정관 지령 太政官指令 日本海内竹島外 一 島ヲ 版圖外ㅏ定ㅿ解 説」, 『독도연구』, 제12호, pp. 200~201.)

17) *Opinion and Award of Guatemala-Honduras Special Boundary Tribunal*, January 23, 1933. Hyde Charles Cheney, 1933, 'Maps as Evidence in International Boundary Disputes. Guenter Weissberg *A.J.IL*, Vol.27. 1963, 'Maps as Evidence in International Boundary Disputes: A Reappraisal, '*AJIL*, Vol.57.

18) *Monastery of Sant-Naum Advisory Opinion*,: PCIJ, *Series B*, No.9, 1924, p.21; A. O. Cukwurah, *The Settlement of Boundary Disputes in International Law* (Manchester: Manchester University Press), 1967, p.219.

19) PCIJ, *Series B*, No.9, 1924, p.21; Weissberg, *supra* n.17 p.784.

20) Hyde, *supra* n.17 p.315.

21) Weissberg, *supra* n.17 p.803.

22) Hyde, *supra* n.17 p.315.

23) Hans Kelsen, *Principles of international Law*, 2nd ed.(New York: Holt, 1967), p, 179, n.1.
J.P. Grant and J.C. Barker, *Encyclopediac dictionary of international law*, 2nd ed.(Oxford: Oxford University Press, 2001), p.341.
Malcolm N. Shaw, *International law*, 4th end. (Cambridge: Cambridge University Press 1997), pp.346-47.

*The Island of Palmas* Case (1928):UN, *RIAA*, Vol.2, 1949, p.839.
*Minquiers and Ecrehos* Case (1953):ICJ, *Reports*, 1953, p.56.
*Western Sahara* Case (1975):ICJ, *Reports*, 1975, p. 39.

## 가. 학설

### (1) Durward Sandifer

Sandifer는 지도는 대부분의 경우 전문증거로서 제2차적 증거라고 하여, 그와 반대로 대부분의 경우가 아닌 특수한 경우, 즉 법적 문서에 부속된 경우에만 제1차적 증거로 될 수 있다고 다음과 같이 암시적 기술을 하고 있다.

> 대부분의 경우에 있어서 지도는 기껏해야 제2차적 증거이고, 흔히 성격상 전문증거이다. …
> Maps are in most instances, at best, secondary evidence, and frequently hearsay in character. …[24]

> 지도는 경계의 위치에 관해 야기될 수 있는 분쟁의 결정에 있어서 분쟁의 결정적 증거로 거의 채택되지 아니한다.
> Maps can seldom be taken as conclusive evidence in the determination of disputes which may arise concerning the location of boundary.[25]

이와 같이 Sandifer는 지도는 '대부분의 경우에 제2차적 증거'라고만 기술하고 있다. 그러나 대부분의 경우가 아닌 경우, 즉 특수한 경우는 제1차적 증거로 인정된다는 의미로 반대 해석되며, 또 대부분의 경우가 아닌 경우가 어떤 경우인지 명시하고 있지 아니하나 지도가 결정적 증거로 인정되는 경우는 '인증지도'의 경우이므로 이는 인증지도의 경우로 해석된다.

### (2) Charles Cheney Hyde

Hyde는 상설국제재판소의 폴란드·체코슬로바키아 간 국경에 관한 권고적 의견(Advisory Opinion, Polish-Czechoslovakia Frontier)을 인용하여 다음과 같이 조약과 재판의 문본의 일부인 인증지도만이 제1차적 증거로 될 수 있다고 논하고 있다

> 지도와 지도의 범례표는 조약이나 재판의 문본과 독립하여 결정적 증거로 인정될 수 없다는 것은 진실이다.
> It is true that maps and their tables of explanatory signs cannot be regarded as conclusive proof, independently of the text of the treaties and decisions.[26]

이와 같이 Hyde가 폴란드와 체코슬로바키아 간 국경에 관한 상설국제사법재판소의 권고적 의견을 인용한 것은 그가 조약이나 재판의 문본에 부속된 지도는 인증지도로서 이는 결정적 증거, 즉 직접적 증거로 인정되나, 그 이외의 지도는 간접적 증거, 즉 제2차적 증거로 됨에 불과하다고 논하는 것이다.

---

24) D.V. Sandifer, *Evidence before International Tribunals*, revised ed., Chicago: Chicago University. Press, 1975, p.157.

25) *Ibid.*, p.157.

26) Hyde, *supra n.*17, p.316.

### (3) Guenter Weisberger

Weisberger는 지도는 조약과 재판의 문본에서 독립하여 증거로 될 수 없다고 하여, 인증지도만이 증거로 될 수 있다고 다음과 같이 기술하고 있다.

> 상설국제사법재판소는 '지도와 지도의 범례표는 조약과 재판의 문본으로부터 독립하여 결정적 증명으로 인정될 수 없다.'는 것을 덧붙임으로서 재판소의 지도의 상대적 가치의 인식을 표시한 바 있다. …
> The Permanent Court expressed of their relative value by adding that 'maps and their tables of explanatory signs cannot be regarded as conclusive proof, independently of the treaties and decisions'. …[27]

> 여러 사건과 성명은 Sandifer 박사가 표시해온 바와 같이 지도는 제1차적 증거가 아니라 흔히 전문 증거의 성격을 지닌 제2차적 증거로 기술하고 있다.
> Case and statements, such as these have led Dr. Durward Sandifer to describe maps not as primary, but as secondary evidence.[28]

이와 같이 Weisberger는 지도는 조약과 재판의 일부분을 구성하는 지도, 즉 인증지도만이 결정적 증명력, 즉 직접적 증명력을 갖는다고 논하고 있다.

### (4) A. O. Cukwurah

Cukwurah는 팔마스섬 사건(*the Palmas Island* Caes)에서 지도는 법적 문서에 부속된 경우를 제외하고 권리의 승인 또는 포기의 증거로 될 수 없다는 판정을 인용하여, 인증지도만을 제1차적 증거로 보는 의견을 다음과 같이 표시하고 있다.

> 지도의 고유한 한계로부터 야기되는 일반적인 접근은 지도 그 자체에 관해서 지도를 결정적인 가치로서가 아니라 상대적인 가치로서 취급된다. 따라서 팔마스섬 사건에서의 중재관은 지도는 하나의 표시만을 제공할 뿐이며 -그리고 바로 간접적 표시- 그리고 법적 문서에 부속된 경우를 제외하고 권리의 승인 또는 포기를 의미하는 문서로서의 가치를 가지지 아니한다.
> With regard to maps as such, the popular approach, arising from their inherent limitations, is not to treat them as conclusive but relative value.
> Thus, the arbitrator in the Palmas Island case, observed that 'a map affords only an indication-and that a very indirect one-and, except when annexed to a legal instrument, has not the value of such an instrument, involving recognition or abandonment of rights'.[29]

이와 같이 Cukwurah는 법적 문서에 부속된 지도, 즉 인증지도만이 결정적 증명력, 즉 직접적 증명력을 갖는다고 논하고 있다.

---

27) Weissberg, *supra n.*17, p.784.
28) Weissberg, *supra n.*17, pp.784-85.
29) Cukwurah, *supra n.*18, pp.224-25.

나. 판례

### (1) 1923년의 자워르지나 사건

1923년 자워르지나 사건(*Jaworzina Advisory Opinion, Polish-Czechoslovakian Frontier Advisory Opinion*)에서 상설국제사법재판소는 지도는 조약 및 재판의 문본과 독립하여 직접적 증거가 될 수 없다고 다음과 같은 권고적 의견을 표시했다.

> 지도 및 지도상의 해설기호는 조약 및 재판의 문본과 독립하여 결정적 증거로 인정될 수 없다.
> Maps and their tables of explanatory signs cannot be regarded as conclusive proof, independently of the text of treaties and decisions.[30]

위의 권고적 의견 중 ( i ) '조약 및 재판의 문본과 독립하여'란 '조약 및 재판의 문본과 별도로' 즉 '그 자체만으로'의 의미이므로 '조약 및 재판의 문본의 일부를 이루고 있지 아니하는 경우에는 그 자체만으로'라는 뜻이며, ( ii ) '결정적 증거로 인정될 수 없다.'에서 '결정적 증거'란 '제1차적 증거', 즉 '직접적 증거'를 뜻하는 것이다.

따라서 위의 견해는 '인증지도'만이 '직접적 증거'로 인정된다는 의미인 것이다.

### (2) 1924년의 성 나오음 수도원 사건

1924년의 성 나오음 수도원 사건(*Monastery of Saint-Naoum, Advisory Opinion*)에서 상설국제사법재판소는 그의 권고적 의견에서 동 재판소에 제출된 지도에 대해 다음과 같이 '인증성'이 없는 지도의 증명력을 부인하는 권고적 의견을 표시했다.

> 그 지도가 런던의 재판을 표시한다고 주장된다. 그러나 이 지도에 표시된 경계선이 1913년 8월 11일의 재판의 제1항 말미에 관한 것이라는 것을 수락한다 할지라도 … 더 나아가 문제의 지도는 서명되지 아니하여 이의 인증성이 성립되지 아니하였다.
> It is alleged that the map represents the decision of London, Even admitting however, that the line marked on this map is that refereed to at the end of the first paragraph of the decision of August 11th 1913, … Moreover the map in question is unsigned and its authentic character is not established.[31]

위의 권고적 의견이 '공식성(official character)'이란 표현을 사용하지 아니하고 '인증성(authentic character)'이란 표현을 사용하여 문제의 지도가 인증지도가 아니므로 직접증거로 될 수 없다는 것이다. 특히 이 의견은 지도가 조약이나 재판에 부속되어 그 일부를 구성하는 경우만이 아니라 지도 자체에 서명이 있으면 그 지도는 인증지도로 된다는 것을 인정하고 있다는 점에 특색이 있다.

---

30) *Jawerzina, Advisory Opinion*: PCIJ, *Series B*, 1923, No.8, pp.32-33.
31) *Monastery of Saint-Naum, Advisory Opinion*: PCIJ, *Series B*, 1924, No.9, p.21.

### (3) 1928년의 팔마스섬 중재사건

1928년의 팔마스섬 중재사건(*Palmas Island Arbitration*)에서 미국은 1000여 매의 지도를 팔마스섬의 영유권의 증거로 제출했으나 중재관(Max Hurber)은 지도는 법적 문서에 부속된 경우 이외에는 영유권의 증거로 인정될 수 없다고 다음과 같이 판시한 바 있다.

> 지도는 오직 하나의 방증 - 즉 바로 간접적 방증 - 을 제공할 뿐이며, 법적 문서에 부속된 경우 이외에는 권리의 승인 또는 포기로 인정하는 문서로서 가치를 가지지 아니한다.
> A map affords only an indication-and that a very indirect one-and, except when annexed to a legal instrument, has not value of such an instrument involving recognition or abandonment of rights.[32]

위의 판정은 지도는 법적문서에 부속되지 아니한 지도, 즉 인증지도 이외의 지도는 제2차적 증거에 불과하며, 인증지도만이 권원의 제1차적 증거, 즉 직접적 증거로 됨을 인정한 것이다.

### (4) 1933년의 과테말라·온두라스 경계 중재사건

1933년의 과테말라·온두라스 경계 중재사건(*Guatemala-Honduras Boundary Arbitration*)에서 특별경계재판소(Special Boundary Tribunal)는 다음과 같이 인증지도의 증명력을 인정하는 판결을 했다.

> 인증지도는 고려되어야 한다. 그러나 그러한 기술적인 자료일지라도 알려지지도 아니하고 행정력도 실질적으로 행사되지 아니하는 영토에 관계되었을 경우에는 거의 가치가 없다.
> Authenticated maps are also to be considered, although such descriptive material is of slight value when it relates to territory of which little or nothing was known and in which it does not appear that any administrative control was actually exercised.[33]

위의 판결에는 '인증지도는 고려되어야 한다.'라고 간결하게 표시되어 있고 '고려되어야 한다.'는 의미가 무엇을 뜻하는지 명백하지 아니하나 '인증지도'라는 용어를 사용하고 있는 것으로 보아 직접증거로 인정하여야 한다는 의미로 해석된다.

### (5) 1986년의 국경분쟁사건

1986년의 국경분쟁사건(Case *Concerning the Frontier Dispute-Burkina Faso/Republic of Mali*-)에서 국제사법재판소는 지도는 공적 문본에 부속되어 그 일부를 구성하는 경우 이 외에는 부수적 증거(extrinsic evidence)로 이용될 수 있음에 불과하다고 다음과 같이 판시했다

> 지도는 단순한 정보일 뿐이다. … 지도는 영토권원일 수 없다. … 지도가 공적 문본에 부속되어 그 문본의 불가분의 일부를 형성하는 경우를 제외하고 지도는 단순한 부수적 증거일 뿐이다.

---

32) *Palmas Island Arbitration;* UN, *RIAA*, VOL.2, 1949, pp.829-890.

33) *Guatemala-Honduras Boundary Arbitration, Opinion and Award of Guatemala-Honduras Special Boundary Tribunal*, January 23, 1933.9.8.

Maps merely constitute information, ··· they cannot constitute a territorial title, ···when maps are annexed to an official text of which they form on integral part. Except in this clearly defined case, maps are only extrinsic evidence.[34]

위의 판결은 공식문본에 부속되어 그 문본의 불가분의 일부를 구성하는 지도, 즉 인증지도 이외의 지도는 간접적 증거일 뿐이라고 표시하여 인증지도만이 직접적 증거로 인정된다는 점을 명시한 것이다.

## (6) 2002년의 리기탄섬 및 시파단섬 영유권 사건

2002년 리기탄섬 및 시파단섬 영유권 사건(Case *Concerning Sovereignty over Pulau Ligitan and Pulau Sipadan*)에서 국제사법재판소는 1986년 국경분쟁사건(*Frontier Dispute-Burkina Faso / Republic of Mali-*)에서 국제사법재판소가 판시한 '지도는 공적 문본(official text)에 부속된 경우를 제외하고는 부수적 증거(extrinsic evidence)로 이용될 수 있음에 불과하다.'는 내용을 인용하고[35] 다음과 같이 판시했다

요컨대, 1915년의 협정에 부속된 지도를 제외하고 당사자에 의해 제출된 지도 자료는 결정적인 것이 아니다.
In sum, with the exception of the map annexed to the 1915 Agreement, the cartographic material submitted by the parties is inconclusive.[36]

위의 판결 중 '협정에 부속된 지도'란 인증지도를 의미하는 것이며 '결정적'이란 '직접적', '제1차적' 증거를 뜻하는 것이므로 결국 '인증지도'만이 직접적 증거, 제1차적 증거로 된다는 의미를 표시한 것이다.

## (7) 2008년의 페드라 브랑카 영유권 사건

2008년의 페드라 브랑카 영유권 사건(Case *Concerning Sovereignty over Pedra Branca*)에서 당사자에 의해 근 100매의 지도가 제출되었다. 말레이시아는 지도는 권원을 창출할 수 없으며(maps do not create title), 지도가 조약 내에 구체화되거나 국가 간 교섭에 사용된 경우(when incorporated in treaty or used in inter-state negotiation)를 제외하고는 인정될 수 있는 것이 아니라고 주장했다.[37] 이에 대해 국제사법재판소는 이를 부정하는 어떠한 판단도 표시한 바 없고, 말레이시아 측량단장(Surveyor-General)이 제작한 지도와 싱가포르 정부(Government)가 제작한 지도는 '도서가 싱가포르의 관할하에 있음을 확인하는 데 도움이 된다(tend to confirm)'라고 결론지었다.[38] '확인하는데 도움이 된다.'라고 표현하고 '확인된다.'라고 표현하지 아니한 것은 이들 정부기관이 제작한 지도를 '인증지도'로 보지 아니하고 따라서 제2차적 증명력을 인정한 것으로 보인다. 이는 말레이시아가 '지도가 조약 내에 구체화되거나 국가 간 교섭에 사용된 경우를 제외하고는 권원을 창출할 수 없다.'고 주장한 데 대해 재판소가 반대의 판단을

---

34) Case *Concerning the Frontier Dispute-Burkina Faso/Republic Hali-*; ICJ, *Reports*, 1986, para.54.
35) Case *Concerning Sovereignty over Pulau Ligitan and Pulau Sipadan*: ICJ, *Reports*, 2002, para.88.
36) ICJ, *Reports*, 2002, para.272.
37) Case *Concerning Sovereignty over Pedra Branca*: ICJ, *Reports*, 2008, para.270.
38) *Ibid.*, para.272.

표시한 바 없는 것으로 보아 명백하다.

요컨대, 동 사건에서 국제사법재판소는 인증지도 이외의 지도는 제2차적 증명력을 갖는데 불과하다는 종래의 판례를 재확인하는 뜻을 판시한 것이다.

## 2. 기죽도약도의 인증성

'기죽도약도'는 조약(treaties)이나 재판(decisions)과 같은 법적 문서(legal instrument)에 부속된 것이 아니므로 이는 인증지도가 아니다. 또한 태정관 지령문도 국제법상 조약이나 재판이 아니므로 이에 부속된 '기죽도약도' 역시 인증지도가 아니므로 '기죽도약도'는 제1차적 증명력이 있는 지도가 아니다.

## IV. 기죽도약도의 공식지도 여부 검토

인증지도가 아니라도 공식지도(official map)는 묵인, 승인 및 금반언의 효과가 인정되므로 '기죽도약도'가 공식지도인가를 검토해보기로 한다.

### 1. 공식지도

#### 가. 공식지도의 개념

공식지도(official maps)는 국가가 발행한 지도 이외에 국가기관의 찬조(auspice) 또는 취지(purporting)로 발행한 지도를 말한다.[39] 그리고 국가기관의 찬조 또는 취지뿐만 아니라 승인(approve)에 의해 발행한 지도도 공식지도이다.[40]

공식지도에 대한 반대개념은 사적 지도(private maps)이다.[41] 공식지도와 사적 지도는 동일한 법적 지위(sane legal status)에 있는 것이 아니다.[42]

#### 나. 공식지도에 관한 판례

1914년의 티모르섬 중재사건(*Timor Island Arbitration*)에서 포르투갈은 사적 지도를 재판부에 제출했다. 이에 대해 중재관은 '그러한 지도는 공식지도와 가치에 있어서 동일한 비중일 수 없다(could not be weighed in value with official maps).'라고 판시했다.[43] 이와 동일한 취지의 판결이 1927년의 라브라도르 경계 사건(*Labrador Boundary* Case)에서도 재확인 반복되었다.[44]

---

39) Hyde, *supra n.* 17, p.315.

40) Weissberg, *supra n.* 17, p.781.

41) Cukwurah, *supra n.* 18, p.222.

42) *Ibid.*

43) *Timor Island Arbitration*: *AJIL*, Vol.9, 1915, p.259.

### 다. 공식지도의 효력

공식지도는 당사국을 구속한다.[45] 공식지도는 그것이 발행된 때에 '국가가 생각하는 영역의 한계를 표시하는 것으로(represented what that state deemed the Limits of its domain)' 인정되기[46] 때문이다. 공식지도는 그것을 발행한 당사자의 내심의 상태를 잘 표시하는 것(well indicate the state of mind of party publishing it)이라 할 수 있다.[47]

'볼리비아와 페루 간의 국경에 관한 중재조약'은 공식지도에 한해 증거로 인정한다는 규정을 두고 있었다(제3조).[48] 이런 경우 공식지도 이외의 사적 지도는 증거로 인정될 수 없는 것임은 물론이다.

공식지도는 그 지도의 발행국의 영유의 한계를 표시하는 것이므로 사적 지도와 달리 다음과 같은 두 가지 영토의 권원에 영향을 준다.

### (1) 묵인·승인의 효과

공식지도의 발행국이 그 지도상에 특정 영토를 자국의 영토로 표시할 경우 그 특정 영토의 이해관계국이 이에 관해 아무런 항의를 하지 아니하면 그 후 그 특정 영토는 그 지도의 발행국의 영토로 인정되게 된다. 이는 공식지도 발행국의 행위에 대한 이해관계국의 묵인(acquiescence) 또는 승인(recognition)의 효과이다.

1962년 프레아 비하르 사원 사건(*Temple of Preah Vihear* Case)에서 국제사법재판소는 동 사원을 캄보디아의 영토로 표시한 1907년의 지도에 대해 태국이 1925년 및 1937년의 프랑스·시암 조약 협상 당시 침묵을 지켰고,[49] 또한 1958년까지 이 지도에 대해 문제를 제기하지 아니하였다고 하여[50] 동 사원은 캄보디아의 영토에 속한다고 판시하였다.[51] 이는 1907년의 지도에 대한 태국의 묵인 또는 승인의 효과라 할 수 있다.

### (2) 금반언의 효과

공식지도의 발행국이 그 지도상에 특정 영토를 자국의 영토가 아닌 것으로 표시할 경우, 즉 특정 영토를 자국의 영토로 표시하지 아니한 경우 이 특정 영토의 이해관계국이 이를 신뢰한 때에[52] 그 공식지도의 발행국은 차후 그 특정 지역을 자국의 영토라고 주장할 수 없게 된다. 이는 공식지도의 발행국의 행위에 대한 금반언(estoppel)의 효과인 것이다.

1962년의 프레아 비하르 사원 사건에서 태국은 1937년에 동 사원을 캄보디아 영토 내에 표시한 지

---

44) *Labrador Boundary* Case: *Dominion Law Reports*, Vol.2, 1927, p.425; Cukwurah, *supra n.* 18, p.222.

45) Hyde, *supra n.* 17, p.315: Cukwurah, 1967, *supra n.* 18, p.223.

46) Hyde, *supra n.* 17, p.315.

47) Cukwurah, *supra n.* 18, p.224.

48) UN, *RIAA*: Vol.11, 1961, p.128.

49) *Temple of Preah Vihear* Case: ICJ, *Reports*, 1962 pp.27-28.

50) *Ibid*, p.29.

51) *Ibid*, p.36.

52) 금반언은 선의의 신뢰성을 요구한다. *The Grisbardarna* Case(1902): *AJIL*, Vol.4, 1940, pp.233; *Serbian Bonds* Case(1929): PCIJ, *Series A*, Nos. 20/21, 1929, p.39; *Eastern Greenland* Case(1932): PCIJ, *Serises A/B*, No.53, 1933, p.37.

도를 발행한 바 있다.[53] 이 점에 착안해 보면 동 사원이 캄보디아의 영토에 속한다는 국제사법재판소의 판결은[54] 태국의 행위에 대한 금반언의 효과라 할 수 있다.

묵인·승인·금반언의 원칙은 상호 연계되어 있으며, 이들을 엄격히 구별하는 것은 용이하지 아니하다.[55] 동 사건에서 국제사법재판소는 묵인과 금반언의 원칙을 적용한 것이다.[56]

## 2. 기죽도약도의 공식성

'기죽도약도'는 일본정부의 최고 국가기관인 태정관의 지령에 첨부된 것이므로 이는 '태정관 지령문'의 주문과 같이 일본이라는 국가기관이 제정하고 「공문록」에 등재되어 국제적으로 공시된 것이므로 '기죽도약도'의 공식성은 검토의 여지가 없다.

공식지도는 발행국이 기 발행한 지도의 내용과 저촉·위배되는 주장을 할 수 없는 것이다. 즉 일본정부는 태정관 지령문 주문의 죽도 외 1도는 독도를 뜻하는 것이 아니라는 주장을 할 수 없는 것이다. 따라서 일본정부는 독도는 일본영토이고 한국영토가 아니라는 주장을 할 수 없는 것이다.

# V. 기죽도약도와 역사적 권원의 대체 요부(要否) 검토

일본 메이지 정부의 '태정관 지령문'과 '기죽도약도'에 의한 조선의 송도(독도) 영토주권의 승인에 의해 성립된 권원이 '권원의 대체(substitution of title)'을 요하는가를 검토해 보기로 한다.

## 1. 역사적 권원의 대체의 의의

영토주권의 권원(title to territorial sovereignty)이란 타 국가에 대한 영토주권의 주장 근거(the validity of claims to territorial sovereignty against other states)를 의미한다.[57]

영토주권의 권원은 시간 경과의 축에서 구분해 볼 때, '현대국제법상 권원'과 그 이전의 '역사적 권원'으로 구분된다. 그중 역사적 권원(historical title)은 고전적 권원(ancient title), 본원적 권원(original title), 봉건적 권원(feudal title) 등 현대국제법 이전의 영토주권의 타당 근거를 말한다. 역사적 권원은 전 법적 주권(pre-legal sovereignty)의 권원 즉, 국제법 이전의 권원을 뜻한다.[58] 따라서 역사적 권원은

---

53) ICJ *supra n.*49, p.28.

54) *Ibid.*, p.36.

55) D. W. Bowett, 'Estoppel before International Tribunals and its Relations to Acquiescence', *BYIL*, Vol.33, 1957, p.176; I. C. MacGibbon, 'The Scope of Acquiescence in International Law', *BYIL*, Vol.31, 1954, p.148; Jorg Paul Muller and Thomas Cottier, 'Estoppel', *EPIL*, Vol.7, 1984, p.79; Anne M. Trebilcok, 'Waiver', *EPIL.*, Vol.7, 1984, pp.533-36; Malcolm N. Shaw, *International Law*, 4th ed.: Cambridge University Press, 1997), p.352; Peter Malanczuk(ed.), *Akehurst's Modern Introduction to International Law*, 7th ed.(London Routledge, 1997), p.155.

56) An Rustemeyer, 'Temple of Preah Vihear Case', *EPIL*, Vol.2, 1981, p.274; 그러나 Shaw는 동 사건에서 '묵인'을 적용한 것인지 '금반언의 원칙'을 적용한 것인지 불확실하고(uncertainty) 또 애매하다고(ambiguity)고 논하고 있다(shaw, *supra n.* 23, p.352).

57) Ian Brownlie, *Principles of Public International Law*, 5th ed. (Oxford: Oxford University Press, 1998), p.121.

58) Schwarzenberger and Brown, *supra n.* 11, 1972, p.96.

엄격한 의미에서 법적 권원이라 할 수 없다. 물론 역사적 권원이 성립할 당시에 타당한 현대국제법 이전의 규범도 국제규범으로 관념하면 역사적 권원도 법적 권원이라 할 수 있으나 그것은 현대국제법상 권원이라고는 할 수 없다. 현대국제법은 1648년의 웨스트파리아 조약(Treaty of Westphalia) 이후에 성립된 것으로 보는 것이 일반적인 견해이므로[59] 결국 역사적 권원은 1648년 이전 근대국가성립 이전의 권원을 의미한다고 할 수 있다. 이는 특정 국가가 국가로서 성립한 이후에 후속적으로 증가된(subsequent increase) 권원과 구별된다.[60]

시제법(時際法, intertemporal law)상 권리획득 시의 법과 권리존재 시의 법은 다른 것이 다. 권리의 취득에 관해서는 그 취득 당시에 타당한 법이 적용되는 것이며 권리의 존재에 관해서는 오늘날 평가 시에 타당한 법이 적용되는 것이다. '권원의 대체'란 역사적 권원을 현대국제법에 의해 타당한 다른 권원(another title valid by modern International law)으로 대체(replacement)하는 것을 말한다.[61] 즉 역사적 권원이 그 후의 역사적 발전의 효과에 의해 대체(superseded)되는 것을 뜻한다.[62]

## 2. 역사적 권원의 대체를 인정한 학설과 판례

### 가. 학설

역사적 권원의 대체를 인정한 대표적 학설은 다음과 같다.

### (1) Hans Kelsen

Kelsen은 국제법의 시간적 타당범위(Temporal Validity)를 논하면서 시제법(intertemporal international Law)에 관해 *Palmas Island* Case(1928)에서 Max Huber 중재관의 판정을 다음과 같이 인용하여 계속적인 주권의 현시에는 발전된 법의 조건에 따라야 한다고 기술하여 역사적 권원은 발전된 법에 따라 대체되어야 한다고 논급하고 있다.

시제법으로 불리는 법적 규범의 시간적 타당범위에 관한 원칙은 *Island of Palmas* Case에서 중재관은 그의 의견에서 다음과 같이 선언했다. 권리의 창조와 권리의 존재 간의 차이는 구별되어야 한다. ···

59) Stephan Verosta, 'History of Law of Nations, 1648 to 181' *EPIL*, Vol.7, 1984, B. S. Chimni, 1993. *International Law and World Order*, Sage. ; Westlake John, *International Law* (Cambridge: Cambridge University Press, 1895), Triggs, D. Triggs Gillan, *International Law*, Butterworth, 2006, p.10; D. P. O'Connell, 'A Cause Celebre in the History of Treaty Making', *BYIL*, Vol.42, 1967 ; Cassesse Antonio, *International Law* Oxford University Press, 2001. O'Brien John, 2001, *International Law*, Cavendish, Kayaglu Turan, *Legal Imperialism*, Cambridge University Press, Wheatley Steven, 2010, *The Democratic Legitimacy of International Law*, Hart, Gross Leo, 'The Peace of Westphalia 1648-1948, '*AIIL*, Vol.42, 1948. Strayer J. R., 1979, *On the Medieval Origins of Modem State* Princenton University Pres. Zocher Mark W., 'The Territorial Integrity Norm, 'in B. A. Simmons and R. H. Steinberg(eds.), *International Law and International Relations* Cambridge University Press, 2006. Kaczorowska Alind, *Public International Law*, 4th ed., Routledge,). Joyce Rechard, 2011, 'Westphalia: Event, Memory, Myth, 'in F. Johns, R. Joyce and S. Papahuja (eds.), *Events: The Force of International Law*, Routledge. Diehl Paul F. and Charlatte Ku, *The Dynamic of International Law*, Cambridge University Press, 2012.

60) Antonio Tores Bernordez, 'Territory, Acquisition', *EPIL*, Vol.10. 1987, p.498.

61) ICJ, *Reports*, 1953.

62) David H. Ott, *Public International Law in the Modem World*, (London: Pitman, 1987), p.109.

계속적인 주권의 현시는 발전돼 법에 의해 요구되는 조건을 따라야 한다.

The Principles regulating the temporal sphere of validity of legal norm called intertemporal law: *Island of Palmas* Case the arbitrator declared in his opinion 'a distinction must be made between the creation of rights and the existence of the rights… its continued manifestation shall follow the conditions required by the evolution of law.[63]

'계속적인 주권의 현시에는 발전된 법이 요구하는 조건을 따라야 한다.'는 것은 역사적 권원은 대체 당시의 법에 따라 대체되어야 한다는 뜻이다.

## (2) J.P. Grant와 J.C. Barker

Grant와 Barker는 시제법(intertemporal law)의 기술에서 *Island of Palmas* Case(1928)의 판정 중 "법적 사실은 그 법적 사실과 동시에 있는 법에 의해 평가되어야 한다(a judicial fact must be appreciated in the light of the law contemporality with it)."를 인용하고 또한 다음의 판정을 인용하여 역사적 권원의 대체라는 용어를 사용하지 아니했으나 다음과 같이 역사적 권원의 대체를 승인하고 있다.

권리의 창조와 권리의 존재 간의 차이는 구별되어야 한다. … 계속적인 주권의 현시는 발전돼 법에 의해 요구되는 조건을 따라야 한다.

The Principles regulating the temporal sphere of validity of legal norm called intertemporal law: *Island of Palmas* Case the arbitrator declared in his opinion 'a distinction must be made between the creation of rights and the existence of the rights… its continued manifestation shall follow the conditions required by the evolution of law.[64]

## (3) Malcolm N. Shaw

Shaw는 특정의 권리는 그 권리의 시기에 국제법에 의해 계속적으로 존재하는 그러한 권리는 발전적인 법제도에 의존한다고 하여 역사적 권원의 발전적인 법제도에 의해 대체되어야 한다고 다음과 같이 기술하여 실질적으로 역사적 권원의 대체를 승인하고 있다.

특정의 권리의 창조는 그 시기의 국제법에 의존하는 반면에 그러한 권리의 계속적 존재는 발전적인 법제도의 조건에 의존한다.

While the creation of particular rights was dependent upon the international law of the time, the continued existence of such rights depend upon their according with the envoling conditions of developing legal system.[65]

## (4) Gillian D. Triggs

Triggs는 *The Island of Palmas* Case에서 Max Huber 중재관의 판정을 인용하여 본원적 봉건적 권원

---

63) Hans kelsen, *Principles of international Law*, 2nd ed.(New York: Holt, 1967), p.179, n.1.

64) J.P. Grant and J.C. Barker, *Encyclopediac dictionary of international law*, 2nd ed.(Oxford: Oxford University Press, 2001), p.371.

65) Malcolm N. Shaw, *International law*, 4th end. (Cambridge: Cambridge University Press, 1997), pp.346-47.

은 그 후에 발전된 실효적 선점의 법에 따라 취득되게 된다고 하여 역사적 권원의 대체를 다음과 같이 기술하고 있다.

> 후속적인 국제재판소는 시제법에 관한 후버의 접근을 채택해왔다. *Palmas Island* Case에서 후버 판사는 발견에 기초한 스페인 선행자의 권원은 네덜란드에 의한 실효적인 선점의 추후 행위에 우선할 수 없다는 것을 발견했다. 국제사법재판소는 *Minguiers and Ecrehos* Case에서 어떠한 본원적 봉건적 권원은 1204년 이후의 사건의 결과로서 소멸되었다. 그리고 그 권원은 실효적 선점의 관습법의 발전에 따라 후속적으로 취득되었다.
>
> Subsequent international tribunals have adopted the Huber approach to intertemporal law. In *Island of Palmas* Case, Judge Huber found that the prior Spanish title based on discovery could not prevail over the late acts of effective occupation by the dutch. The ICJ in the *Minquiers and Ecrehos* Case also Found that any original feudal title had lapsed as a consequence of events of after 1204 and that title was subsequently acquired in accordance with the developing customary law of effective occupation.[66]

'개발된 관습법에 따라 취득되었다(acquired in accordance with the develop in customary law).'는 것은 역사적 권원이 대체 당시의 국제법에 따라 대체되었다는 의미이므로 Triggs는 역사적 권원의 대체를 승인한 것이다.

### (5) Richard K. Gardiner

Gardiner는 *Island of Palmas* Case에서 Huber 중재관의 판정을 인용하고 권리의 창조와 권리의 존재 간에 기본적인 차이가 있다고 하면서 국제법 규칙의 발전을 배경으로 한 사건의 연속적 고리의 문제는 시제법의 원칙으로 해결할 수 없으며 본원적 권원을 귀속시키는 계속적인 실효적 주장에 주목하여야 한다고 하며 다음과 같이 역사적 권원의 대체를 승인하고 있다.

> 이 원칙(시제법의)은 의미 있는 법적 효과를 갖는 행위는 그 행위가 야기된 때의 국제법의 관점에서 판단되어야 한다고 한다. … 시제법은 한 특정 시간에 있어서 권리의 식별을 가능하게 하는 반면, 국제법의 발전적 규칙의 배경에 대해 주장되어온 계속적 사건의 연쇄가 있는 경우 문제를 해결하지 아니한다. … 본원적 권원이 계속적인 선점자에게 정확히 귀속될 수 있을 경우에 법적 지위는 안정적으로 보여줄 수 있다.
>
> This principle states that acts which have a significant legal effect must be judged in the light of international law at the time that they occurred while the intertemporal law may enable identification of rights at one particular time, it does not resolve the problem where there is a continuous chain of event to be asserted against a background of developing rules of international law. … where the original title can be correctly ascribed to the continuous occupant the legal position can be seen as secure.[67]

### (6) David H. Ott

Ott는 고전적 권원은 그 후의 역사적 발전에 의해 대체되게 될 경우 그 대체 전의 고전적 권원은

---

66) Triggs, *supra n.* 59, p.225.

67) Richard K. Gardiner, *International Law* (London Longman, 2003), p.177.

거의 의미가 없다고 하여 고전적 권원의 대체의 필요성을 다음과 같이 논하고 있다.

> 고전적 권원과 그와 유사한 개념은 그들이 그 후의 역사적 발전의 효과에 의해 사실상 오랜 기간 대체되어온 영토에 대한 역사적 관련을 소홀히 한 청구의 기초를 의미할 경우 이는 거의 의미가 없다는 것이다.
> Ancient title and similar concept are, however, less significant when they purport to base a claim on some distant historic connection with the territory which has in fact long been superseded by the effects of later historical developments.[68]

이와 같이 Ott는 고전적 권원이 그 후의 역사적 발전에 의해 대체되게 된 경우 이는 의미 가 없는 것으로 되며, 대체된 권원이 의미를 갖게 된다고 하여, 고전적 권원은 역사적 발전에 따라 새로운 권원으로 대체되어야 권원으로 인정될 수 있다고 논하고 있다. 즉, 고전적 권원의 대체의 필요성을 강조하고 있다.

## (7) Santiago Terres Bernardez

Bernardez는 역사적 권원의 평가는 그 권원이 발단된 때의 국제법에 의해 평가되어 왔다 고 주장한다. 그러나 그는 다음과 같이 불소급의 원칙은 *Island of Palmas* Case (1928) 이후 제한되게 되었다고 하여, 즉 역사적 권원은 그 '권원의 발생 당시의 법'이 아니라 그 권원의 '대체된 평가 당시의 법'에 의해 평가되게 된다고 하여 역사적 권원의 변경의 필요성을 제의하고 있다.

> 역사적 권원에 대해 사례법은 시제법의 원칙을 적절히 고려할 필요성을 강조하고 있다. 이에 따르면 관계 권원의 평가는 권원이 주장된 발단의 시기에 효력이 있는 국제법의 기초 위에 이루어져야 한다. 그러나 이 불소급의 원칙은 *Island of Palmas* Case에서 Max Huber의 중재 판정에 의해 제한되게 되었다.
> For historic titles, case-law emphasizes the heed to take due account of the intertemporal law principle, according to which the evolution or the title concerned should be made on the basis or international law in force. But this principle of non-retro active was qualified by may Huber, in has arbitral award concerning the Island of Palmas as follows:[69]

이와 같이 Bernardez는 역사적 권원의 평가는 그 권원이 발생할 당시의 국제법이라는 원칙이 변경되어, 역사적 권원은 평가 당시의 국제법상 권원으로 변경되어야 함을 제의하고 있다.

## (8) Peter Malanczuk

Peter Malanczuk는 영토의 권원의 타당성을 결정하는 법은 취득의 순간에 효력이 있는 법이라고 하면서도, 이는 *Island of Palmas* Case 이후 훼손되고 말았다고 하여, 고전적 권원은 발전된 법의 요건을

---

68) David H. Ott, *Public International Law in the Modern World* (London: Pitman, 1987), p.109.
69) Bernordez, *supra n.* 60, p.499.

구비하여야 한다고 다음과 같이 논하고 있다.

> 영토의 취득을 지배하는 규칙은 세기를 거쳐 변화되어 왔다. 어느 시기의 법이 영토권원의 타당성을 결정하는 데 적용되어야 하는가? 그것은 주장되는 취득의 순간에 효력이 있는 법이다. 이는 법은 소급해서 적용될 수 없다는 일반원칙의 한 예에 불과하다. 그러나 이러한 견해는 *Island of Palmas Case*에 의해 훼손되었다.
>
> The rules governing requisition of territory have changed over the century. This produces a problem of intertemporal law when century's law is to be applied to determine the validity of an acquisition of territory? The generally accepted view is that the validity of an acquisition of territory depended on the law in force at the moment of the alleged acquisition, this solution is really nothing more than an example of general principal that law should not be applied retro activity. But the generally accept view has to some extent been undermined by the Island of Palms case.
>
> The historical startings point of titles to territory is pre-legal sovereignty, that is, effective control of a territory by a price in his own name and with power to defend it.[70]

### (9) Georg Schwarzenberger

**Schwarzenberger**는 역사적 권원은 법 이전의 권원이라고 다음과 같이 논하고 있다.

> 영토권원의 역사적 출발점은 전(前) 법적 주권이다. 즉 제후가 그 자신의 이름으로 영토를 방위할 권한을 갖고 영토에 대한 실효적 지배를 한 것이다.
>
> The historical starting point of titles to territory is pre-legal sovereignty, that is effective control of a territory by a prince in his own name and with power to defend it.[71]

위의 기술 중 '전(前) 법적'이란 '전(前) 국제법적'이라는 의미임은 물론이다. 위의 기술은 봉건적 권원(feudal title)은 '국제법 이전의 권원'이라는 것이다. 이는 '국제법 이전의 권원'인 봉건적 권원은 국제법으로 평가할 수 없는 권원이라는 것을 의미하며, 이는 봉건적 권원은 '국제법 이후의 권원'으로 대체되지 않으면 국제법으로 평가될 수 없다는 것을 당연히 전제로 한 설명인 것이다. 요컨대, Schwarzenberger는 봉건적 권원은 국제법적 권원으로 대체되어야 국제법상 효력이 있는 것으로 보고 있다.

### (10) Ian Brownlie

**Brownlie**는 역사적 권원에 적용될 법에 관해 시제법의 원칙에 따라 역사적 권원이 성립한 당시에 존재한 법이라는 원칙은 더 이상 유지될 수 없게 되었다고 다음과 같이 기술하고 있다.

> 많은 경우에 있어서 이 원칙은 작용할 수 없다. 즉, 그의 이론적 한계는 승인, 묵인, 금반언, 시효의 효과에 의해 감소하게 되었다.
>
> In any case the principle cannot operate in a vacuum: its theoretical extent will in practice be reduced

---

70) Malanczuk, *supra n.* 55, p.155.

71) Schwarzenberger and Brown, *supra n.* 11, p.96.

by the effect of recognition, acquiescence, estopper, prescription, the rule that abandonment is not to be presumed, and to general condition of the pleadings and evidence.[72]

이와 같이 Brownlie는 역사적 권원에 적용되어야 할 법은 그 권원이 성립할 당시의 법이 라는 원칙은 승인, 묵인, 금반언에 의해 새로운 권원으로 변경된다는 것을 인정한 것이다. 즉, 역사적 권원은 승인, 묵인, 금반언 등의 권원의 근거(root)에 의해 오늘의 국제법상 다른 권원으로 대체되어야 법적 효력이 있음을 승인하고 있다.

이상의 주장 이외에 역사적 권원의 대체 필요성은 P. C. Jessup,[73] F.C. Wade,[74] R. Y. Jennings,[75] M. N. Shaw,[76] D. H. N. Johnson[77] 등에 의해 주장되고 있다.

### 나. 판례

역사적 권원의 대체를 인정한 대표적인 판례를 보면 다음과 같다.

#### (1) *The Island of Palmas* Case (1928)

*The Island of Palmas* Case (1928)에서 Huber 중재관은 권리의 창조와 권리의 존속에 적용되는 법은 각기 다르다고 전제한 다음, 권리의 존재에 적용되는 법은 법의 발전에 의해 요구되는 조건에 따라야 한다고 하여 역사적 권원의 대체라는 용어는 사용하지 아니했으나 다음과 같이 간접적으로 역사적 권원의 대체 필요성을 판시했다.

> 법적 사실은 그 사실과 같이 이는 현재의 법의 관점에서 평가되어야 한다. … 권리의 창조행위가 권리가 발생되는 때에 효력이 있는 법을 따라야 한다는 동일한 원칙은 권리의 존속, 다시 말해 권리의 계속적인 현시는 법의 발전에 의해 요구되는 요건을 따라야 한다는 것을 요구한다.
> A judicial fact must be appreciated in the right of the law contemporary with it, …the same principle which subjects the act creative of a right to the law in force at the time the right arises, demands that existence of the right, in other words its continued manifestation, shall follow the conditions required by the evolution of law.[78]

#### (2) *Minquiers and Ecrehos* Case (1953)

*Minquiers and Ecrehos* Case (1953)에서 국제사법재판소는 봉건적 권원은 대체 당시의 법에 따라 유효한 권원으로 변경되지 않으면 효력이 없다고 다음과 같이 판시하였다.

---

72) Brownlie, *supra n.* 57, p.129.

73) P. C. Jessup, 'The Palmas Island Arbitration', *AJIL*, Vol.22, 1928, pp.739-40.

74) E. C. Wade, *The Minquiers and Ecrehos* Case, Grotius Society transactions for year, Vol.40, 1954, pp.98-99.

75) Robert Y. Jennings, *The Acquisition of Territory in International Law* (Dobbs Ferry: Oceana, 1963), pp.28-31.

76) Malcolm N. Shaw, *International Law*, 4th ed. (Cambridge: Cambridge University Press, 1997), p.347.

77) D. H. N. Johnson, 'Acquisitive Prescription in International Law', *BYIL*, Vol.27, 1950, p332.

78) UN, *RIAA*, Vol.2, 1949, p.839.

재판소의 의견으로는 본 건을 재판하기 위하여 그러한 역사적 논쟁을 해결할 필요가 없다(···not necessary to solve these historical controversies). ··· 프랑스 왕이 Channel Island에도 고유의 봉건적 권원을 가졌었다 할지라도 그러한 권원은 1204년 및 그 이후의 사건의 결과 실효(失效)되었음이 분명하다.

그렇게 주장된 고유의 봉건적 권원은 대체 당시의 법에 따라 다른 유효한 권원으로 대체된 것이 아니면 오늘에 어떤 법적 효과도 발생하지 아니한다. 그 대체의 입증 책임은 프랑스정부에 있다.

Such an alleged original feudal title could today produce no legal effect, unless it had been replaced by another title valid according to the law of the time of replacement. It is for the French Government to establish that il was so replaced.[79]

### (3) *Western Sahara* Case (1975)

*Western Sahara* Case (1975)의 권고적 의견에서 국제사법재판소는 권원의 전환 (transforming title)에 있어서 합의서의 기능을 다음과 같이 승인했다. 종전까지는 '권원의 대체'에 있어서 '실효적 지배'의 기능을 인정해온 것에 비해 특별한 의미를 갖는다. 동 권고적 의견은 다음과 같다.

그러한 영토의 사건에 있어서 주권의 취득은 무주지의 본원적 권원에 의한 무주지의 선점을 통해 일방적으로 영향을 받는 것으로 일반적으로 생각되지 아니했다. 그러나 지방적 지배자와 체결된 합의서를 통해 ··· 그러한 합의서는 권원의 파생적 근거로서 인정되었고 무주지의 선점에 의해 취득된 본원적 권원이 아닌 것으로 인정되었다.

In the case of such territories the acquisition of sovereignty was not generally considered as effected unilaterally through the occupation of terra nullius by original title but through agreements concluded with local readers ··· such agreements ··· were regarded as derivative roots of title, and not original titles obtained by occupation of terra nullius.[80]

### (4) *Land, Island and Maritime Frontier Dispute* Case (1992)

*Land, Island and Maritime Frontier Dispute* Case (1992)에서 국제사법재판소는 *Minquiers and Ecrehos Case* (1953)의 판결을 인용하여 동 판결은 모든 고전적 권원이 단순히 무시되는 것이 아니라 대체되지 아니한 권원이 무시되고 대체된 최근의 권원에 기초하여 재판한 것이라고 다음과 같이 판시한 바 있다.

이 사건에서 재판소는 고전적 권원을 단순히 무시하지 아니했고, 더 최근의 주권의 현시에 기초하여 재판한 것이다.

The Court in this case did not simply disregard the ancient titles and decide on a basis of more recent display of sovereignty.[81]

### (5) *Territorial and Maritime Dispute in the Caribbean Sea* Case (2007)

*Territorial and Maritime Dispute in the Caribbean Sea* Case (2007)에서 온두라스는 역사적 기초

---

79) ICJ, *Reports*, 1953, p.56.

80) ICJ, *Reports*, 1975, p. 39.

81) ICJ, *Reports*, paras. 1992, pp. 343-44.

(historical basis)에 근거한 전통적 경계선(traditional boundary line)의 확인을 요구했다. 재판소는 전통적 경계선을 용인하지 아니했다.[82] 전통적 경계선은 역사적 권원에 근거한 것이다.

### (6) *Pedra Branca* Case (2008)

*Pedra Branca* Case (2008)에서 말레이시아는 '태고로부터(forme time immemorial)' Pedra Branca는 조오르 왕국의 주권하에 있었다고 주장했고,[83] 재판소는 역사적 권원 (historical title)은 말레이시아에 귀속되나 실효적 지배를 해온 싱가포르에 권원이 이전되었다고 판시했다. 재판소는 판결문에서 역사적 권원(historical title)이란 용어를 사용했다. 국제사법재판소는 다음과 같이 말레이시아가 역사적 권원을 대체한 바 없다고 판시했다.

> 말레이시아는 동 도시들에 대한 역사적 권원을 어떻게 해서든지 제시할 수 있다. … 그러나 아무것도 하지 아니했다. 말레이시아는 그의 역사적 권원을 분명히 하지 아니했다.
> Malaysia could somehow shaw an historic title over the island, … whole Malaysia has done nothing … Malaysia had not made out its historic title.[84]

위의 판결에서 역사적 권원을 분명히 하지 아니했다는 것은 현대국제법상 권원으로 대체하지 아니했다는 의미이다. 이상 이외에 역사적 권원은 *Rann of Kuch Arbitration* (1968)호 판결에서 인정되었다.[85]

이와 같이 국제사법재판소는 역사적 권원은 대체 당시에 유효한 법에 의해 대체되지 아니 하면 효력이 없고, 대체된 이후에는 역사적 권원은 법적으로 실효되게 된다고 판시했다.

## 3. 태정관 지령문과 기죽도약도에 의한 역사적 권원의 대체

일본 메이지 정부가 '태정관 지령'과 '기죽도약도'에 의한 조선의 송도(독도) 영토주권의 승인에 의한 조선의 송도영토주권의 권원은 1877년 행하여진 것이며 그것은 1648년 이후에 성립된 권원이므로 이는 역사적 권원이 아니고 따라서 '권원의 대체'를 요하지 아니하는 것이다.

# VI. 결언

## 1. 요약·정리

( i ) 시마네현 참사 사카이 지로(境二郎)가 내무성에 제출한 품의서 '일본해 내 다케시마 외 1도 지

---

82) ICJ, *Reports*, 2007, para.259.
83) ICJ, *Reports*, 2008, para.48.
84) *Ibid.*, para.123.
85) *ILR*, Vol.50, P.494.

적편찬방사(日本海內竹島外一島地籍編纂方伺)', 그리고 내무성에서 태정관에 제출한 '일본해 내 죽도 외 1도 지적편찬방사(日本海內竹島外一島地籍編纂方伺)'와 태정관 지령문에는 '기죽도약도'가 첨부되어 있다. '기죽도약도'에는 기죽도(울릉도)와 송도(독도) 두 섬이 그려져 있으며 그 두 섬 위에 전자는 '磯竹島(기죽도)'로 표기되어 있으며 후자는 '松島(송도)'로 각각 표기되어 있다.

(ii) '기죽도 동남방 40리 정도에 송도'가 위치하고 있음과 그 거리를 문자로 표시하고 있다. 이로 보아 송도가 독도임이 명백하다. 그러므로 '기죽도약도상' 기죽도 외 1도가 송도인 것(磯竹島外 一島의 一島는 松島인 것)이 명백하다.

(iii) '기죽도약도'는 1877년에 제작된 것이므로 이는 현대국제법이 성립된 이후에 성립된 것이므로 '기죽도약도'에 의한 권원은 역사적 권원이 아니므로 권원의 대체 문제가 제기되지 아니한다.

(iv) 국제법상 인증지도는 제1차적 증명력을 가지나 그 이외의 지도는 제2차적 증명력을 갖는 데 불과하다. '기죽도약도'는 인증지도가 아니므로 제1차적 증명력을 가지지 아니한다.

(v) 공식지도는 금반언의 효과가 인정되나 비공식지도는 금반언의 효과가 인정되지 아니한다. '기죽도약도'는 일본 메이지 시대 국가기관인 태정관이 그의 지령인 '태정관 지령문'에 부속시킨 지도이므로 이는 공식지도이다. 따라서 '기죽도약도'는 이를 제작한 일본정부에 대해 금반언의 효과가 인정된다. 따라서 일본정부는 '태정관 지령문' 중 竹島(죽도) 외 一島는 松島(독도)가 아니라는 주장을 할 수 없다. 요컨대 '태정관 지령문'의 '죽도 외 1도'는 '태정관 지령문'의 부속문인 '기죽도약도'에 의해 송도(독도)인 것이 명백히 확인되었으므로 '태정관 지령문'의 '죽도 외 1도는 본방과 관계없다.'는 지령에 의해 송도(독도)는 일본영토가 아닌 것으로 확인·선언된 것이므로 일본정부는 이에 반해 송도(독도)가 일본영토라는 주장을 할 수 없는 것이다.

## 2. 정책대안의 제의

정부 당국에 대해 다음과 같은 정책대안을 제의하기로 한다.

(i) 일본정부의 독도 영토주권 주장에 대해 일본정부는 태정관 지령문에 의해 독도가 조선의 영토임을 스스로 승인했다는 것을 정책에 적극 반영한다. 특히 그 근거로 '기죽도약도'에 의해 竹島 外一島는 松島(독도)임이 확인되었다는 점을 강조한다.

(ii) 종래에 일본정부의 독도 영토주권 주장에 대한 한국정부의 수세적, 방어적 정책으로부터 독도는 '태정관 지령문'과 '기죽도약도'에 의해 이미 일본이 한국영토로 승인한 것이라는 능동적·공세적 정책으로 정책의 방향을 전환한다.

<참고문헌>

岡田 卓己, 2012, 「1877년 태정관 지령 太政官指令 日本海內竹島外 一 島ヲ 版圖外卜定ム解說」, 『독도연구』 제12호.
김명기, 2007, 『독도강의』, 독도조사연구학회.

김병렬, 1998, 『독도』 다다미디어.

대한민국외교부, 연도 불표시, 『대한민국의 아름다운 영토 독도』.

동북아역사재단 독도연구소, 2008, 『일본 외무성 독도 홍보 팸플릿 반박문』.

杉原隆, 2012, 島根県竹島問題研究會, 『第二期「竹島問題에 관한 조사연구」 중간보고서』.

신용하, 1996, 『독도의 민국영토사연구』, 지식산업사.

일본국립공문서관 디지털 아카이브.

정태만, 2014, 「조선국교제시말내탐서 및 태정관 지령과 독도」, 『독도연구』, 제17호.

堀和生, 1987, 「一九〇五年日本의 竹島領土編入」 『朝鮮史 研究會論文集』 제24号.

漆崎英之, 2013, 「태정관 지령 부속 지도 기죽도약도(磯竹島略圖) 발견 경위와 그 의의」, 『獨島研究』 제14호.

太政官編, 1877, 『公文錄』, 內務省之部, 1877년 3월 17일 조 '日本海內竹島外一島地籍編纂方伺(국립공문서관, 서가번호 2A10公2032)'.

ASIL, 1915. *AJIL*, Vol.9.

ASIL, 1928. *AJIL*, Vol.22.

Bowett D. W., 1957. 'Estoppel before International Tribunals and its Relations to Acquiescence', *BYIL*, Vol.33.

British MOFA, 1904. *British and Foreign State Paper*, Vol.99.

Brownlie Ian, 1998. *Principles of Public International Law*, 5th ed. (Oxford: Oxford University Press)

Cukwurah A. O., 1967, *The Settlement of Boundary Disputes in International Law*, Manchester: Manchester University Press.

*Dominion Law Reports*, 1927, Vol.2.

Fitzmaurice Gerald, 1955-6 'The Law and procedure of the International Court of Justice, 1951-4', *BYIL*, Vol.32.

*Guatemala-Honduras Boundary Arbitration, Opinion and Award of Guatemala-Honduras Special Boundary Tribunal*, January 23, 1933.9.8.

Grant, J.P. and J.C. Barker, 2001, *Encyclopediac dictionary of international law*, 2nd ed., Oxford: Oxford University Press.

Hyde Charles Cheney 1933. 'Maps as Evidence in International Boundary Disputes', *A.J.IL*, Vol.27.

ICJ, 1962. *Reports*.

___, 1986. *Reports*.

___, 2002. *Reports*.

___, 2008. *Reports*.

Jennings Robert, 1963. *Acquisition of Territory in International Law*(Dobbs Ferry: Oceana)

Kaiser Joseph H., 1981. 'Timor Island Arbitration', *EPIL*, Vol.2.

kelsen, Hans, 1966, *Principles of international Law*, 2nd ed., New York: Holt.

Lauterpacht H., 1956. 'Sovereignty over submarine Area', *BYIL*, Vol.27.

MacGibbon I. C., 1954. 'The Scope of Acquiescence in International Law', *BYIL*, Vol.31.

Malanczuk Peter (ed.), *Akehurst's Modern Introduction to International Law*, 7th ed., London: Routledge, 1997.

Moore John Bassett, 1898. *International Arbitration*, Vol.2, Washington, D. C.: USGPO.

Muller Jorg Paul and Thomas Cottier, 1984. 'Estoppel', *EPIL*, Vol.7.

Narayana Rao K., 1996. 'The Problem of Goa', *Indian Yearbook of International Affairs*.

North-East Asian History Foundation, 2006, *Dokdo, Korean Territory since 6th Century*

PCIJ, 1923. *Series B*, No.8.

___, 1924. *Series B*, No.9.

Rustemeyer An, 1981. 'Temple of Preah Vihear Case', *EPIL, Vol.2*.

Sandifer D.V., 1975. *Evidence before International Tribunals*, revised ed., Chicago: Chicago University Press.

Schwarzenberger G. and E. D. Brown, 1972, *A Manual of International Law*, 6th ed., Miton: Professional Book. p.96

Shaw Malcolm N., 1997. *International Law*, 4th ed., Cambridge: Cambridge University Press.

Torres Bernardez Santiago, 1987. 'Territory, Acquisition', *EPIL*, Vol.10.

Trebilcok Anne M., 1984. 'Waiver', *EPIL*, Vol.7.

UN, *RIAA*, Vol.11.

Waldock C.H.M., 1948. 'Disputed Sovereignty in the Falkland Islands Dependencies', *BYIL*, Vol.25.

Weissberg Guenter, 1963. 'Maps as Evidence in International Boundary Disputes: A Reappraisal', *AJIL*, Vol.57.

# PART 4

## 결론

한국정부의 독도정책을 국제법의 관점에서 조명해 보았다. 국가의 정책은 어느 분야의 정책을 불문하고 그것이 대외적인 경우라 할지라도 국제법에 의거해서만 결정되는 것은 물론 아니다. 그러나 독도에 관한 정책은 성질상 어느 분야보다 국제법에 기초한 것이어야 함은 췌언을 요치 아니한다. 영토의 영유권은 본질적으로 국제법의 영역에 속하는 것이기 때문이다. 독도 영유권 문제는 물론 국제법의 영역에 속하는 문제이다.

위에서 우리정부의 독도정책 중 국제법의 궤를 이탈한 몇 가지 문제를 제시하고 이에 대한 정부당국의 취하여야 할 조치에 관해 간략한 정책대안을 제시해 보았다.

국제법의 궤를 이탈한 우리정부의 독도정책에 대한 책임은 물론 독도정책을 입안 결정하는 정부당국에 있지만, 제2차적으로는 이러한 국제법의 궤를 이탈한 독도정책에 대한 어떠한 비판도 가하지 아니한 국제법 학계의 책임이 더더욱 크다고 본다. 국제법의 궤를 이탈한 우리정부의 독도정책을 바로잡는 일에는 너와 나가 없고 오로지 우리가 있을 뿐이다.

한국정부가 국제법의 궤를 이탈한 독도정책을 수정하기 위해서는 다음과 같은 국제법상 원칙을 고려하여야 한다. '금반언의 원칙', '묵시적 승인의 원칙' 그리고 '묵인의 원칙'이 고려되어야 한다.

정책의 변경에 관한 조치는 과감히 실천되어야 한다고 본다. 예컨대 독도를 기점으로 하지 아니하고 울릉도를 기점으로 하여 1998년의 '한일어업협정'을 체결한 한국정부는 2006년 9월 서울에서 개최된 제6차 한일 배타적 경제협정 회의에서 독도를 기점으로 한일 배타적 경제수역의 범위를 정하여야 한다고 선언하여 정책의 변경을 선언했다.

이 변경된 정책은 분명히 1998년의 '한일어업협정'에 저촉된다. 이 저촉의 해결을 위해 '한일어업협정'은 폐기되거나 또는 개정되어야 함은 췌언을 요하지 아니한다. '한일어업협정'을 폐기하거나 개정하지 아니하고 장기간 시간이 경과하게 되면 한국의 변경된 정책은 국제법상 실효성의 원칙에 따라 법적 효력을 상실하게 되고 말 것이기 때문이다.

상기 제2장에서 한국정부의 작위 독도정책이 국제법의 관점에서 보아 국제법의 궤를 벗어나거나 국제법상 한국의 이익에 반하는 제 정책을 대관하고 이들에 대한 정책대안을 정부당국에 제의해 보았다. 그리고 제3장에서 한국정부의 부작위 독도정책이 한국의 국익에 반하는 제 정책을 검토하고 이들에 대한 정책대안을 정부 당국에 제의해 보았다. 이 연구가 한국의 독도 영토주권을 연구하는 학자와 전문가 그리고 정부 관계당국의 검토를 거쳐 이들 제안이 한국의 독도정책에 수용되기를 기대해 본다.

국가의 대외정책이 모두 국제법의 틀에 의해서만 결정되는 것이 아니라 국제정치, 국제경제, 외교안보, 국방 그리고 국제 여론 등에 의거하여 결정된다. 그러나 그중 영토에 대한 정책은 영토 자체가 국제법의 개념이므로 주로 국제법에 의해 결정되므로 한국의 독도정책도 주로 국제법에 의해 결정되어야 함은 논의의 여지가 없다.

이 작은 책의 제의가 독도 정책당국에 수용되는 계기가 되어 한국의 독도 영토주권의 권원의 유지에 다소나마 참고가 될 수 있기를 기대해 본다.

이상 제2장에서 한국정부의 작위 독도정책 15개 항목과 제3장에서 한국정부의 부작위 독도정책 15개 항목에 관해 국제법의 관점에서 검토해 보았다. 이 연구는 이들 30개 항목에 대한 한국정부의 독도 정책의 평가를 제의해 보았다. 아직까지 일본정부의 독도 영유권 주장에 대한 비판에 역점을 두어 우리정부는 독도정책에 관해 이를 검토·평가해 볼 여유가 없었다. 이 연구는 상위 30개 항목에 대한 평가를 제의한 것이다. 이 연구에서의 제의는 한국의 독도연구 한계와 관계에 대해 한 평가를 검토해 볼 것을 제의하는 것이며 이 연구 자체가 상위 30개 항목에 관해 관학공동으로 검토·평가할 것을 제안하는 것이다. 앞만 보고 달려온 우리 독도학계가 이제는 뒤돌아볼 여유를 가진 것이므로 이 검토·평가 제의는 역사적 의미를 갖는다고 본다. 국제법은 우리 편에 있다.


## 저자의 독도연구 목록


### I. 독도연구 저서목록

1. 『독도와 국제법』, 서울: 화학사, 1987.

2. 『독도연구』(편), 서울: 법률출판사, 1997.

3. 『독도의용수비대와 국제법』, 서울: 다물, 1998.

4. 『독도 영유권과 국제법』, 안산: 투어웨이사, 1999.

5. Territorial Sovereignty over Dokdo, Claremont, California: Paige Press, 2000.

6. 『독도특수연구』(편), 서울: 법서출판사, 2001.

7. 『독도 영유권과 신한일어업협정』, 서울: 우리영토, 2007.

8. 『독도 영유권과 실효적 지배』, 서울: 우리영토, 2007.

9. 『독도 영유권과 대일평화조약』, 서울: 우리영토, 2007.

10. 『독도강의』, 서울: 독도조사연구학회 / 책과사람들, 2009.

11. 『독도 100문 100답집』, 서울: 우리영토, 2008.

12. 『독도 영유권의 역사적·국제법적근거』, 서울: 우리영토, 2009.

13. 『일본 외무성 다케시마 문제의 개요 비판』(공저), 서울: 독도조사연구학회 / 책과사람들, 2010.

14. 『안용복의 도일활동과 국제법』, 서울: 독도조사연구학회 / 책과사람들, 2011.

15. 『독도 영유권과 국제재판』, 서울: 한국학술정보, 2012.

16. 『독도 영유권과 권원의 변천』, 서울: 독도조사연구학회 / 책과사람들, 2012.

17. 『독도 객관식문제연습』, 서울: 한국학술정보, 2013.

18. 『간도의 영유권과 국제법』, 서울: 한국학술정보, 2013.

19. 『독도 영유권 확립을 위한 연구Ⅴ』(공저)(영남대 독도연구소 독도연구총서9), 서울: 선인, 2014.

20. 『독도총람』, 서울: 선인, 2014.

21. 『독도 영유권과 국제해양법』(공저), 서울: 선인, 2015.

22. 『독도 영유권 확립을 위한 연구Ⅵ』(공저)(영남대 독도연구소 독도연구총서10), 서울: 선인, 2015.

23. 『독도 영유권 확립을 위한 연구Ⅶ』(공저)(영남대 독도연구소 독도연구총서11), 서울: 선인, 2015.

24. 『한국의 독도 영토주권의 국제적 승인』, 서울: 선인, 2016.

25. 『대일평화조약상 독도의 법적 지위』, 서울: 선인, 2016.

26 『독도 영유권 확립을 위한 연구』, Ⅶ, 영남대 독도연구소, 서울 선인, 2015.


## II. 독도연구 논문목록

1. '독도 영유권 귀속', 육군사관학교, 『육사신보』 제185호, 1978.6.30.

2. '국제법상 독도 영유권', 국가고시학회, 『고시계上』 제23권 제9호, 1978.9.

3. 'The Minquiers and Ecrehos Case의 분석과 독도문제', 지학사, 『월간고시』 제6권 제3호, 1979.3.

4. '독도 영유권문제에 관한국제사법재판소의 관할권(상)', 국가고시학회, 『고시계』 제6권 제3호, 1979.3.

5. '독도 영유권문제에 관한 국제사법재판소의 관할권(하)', 국가고시학회, 『고시계』 제24권 제11호, 1979.11.

6. '독도문제에 관한 국제사법재판소의 관할권에 관한 연구', 대한국제법학회, 『국제법학회논총』 제27권 제2호, 1982.12.

7. '독도에 대한 일본의 선점 주장과 통고 의무', 국가고시학회, 『고시계』 제28권 제8호, 1983.8.

8. '국제법상 시마네현 고시 제40호의 법적 성격', 법지사, 『월간고시』 제10권 제11호, 1983.11.

9. '독도 영유권과 제2차 대전의 종료', 대한국제법학회, 『국제법학회논총』 제30권 제1호, 1985.6.

10. '국제법상 일본으로부터 한국의 분리에 관한 연구', 대한국제법학회, 『국제법학회논총』 제33권 제1호, 1988.6.

11. '한일 간 영토분쟁(독도): 독도 영유권에 관한 일본정부 주방에 대한 법적 비판', 광복 50주년 기념사업회, 『청산하지 못한 일제시기의 문제』, 서울: 광복 50주년기념사업회, 1995.6.30.

12. '한일 간 영토분쟁', 광복50주년기념사업회 · 학술진흥재단, 『일제식민정책 연구논문』, 서울: 학술진흥재단, 1995.8.

13. '자존의 땅-독도는 우리의 것', 경인일보사, 『메트로포리스탄』 제26호, 1996.2.

14. '한일 배타적 경제수역 설정과 독도 영유권', 자유총연맹, 『자유 공론』 제348호, 1996.3.

15. '국제법상독도 영유권과 한일 경제수역', 국제문제연구소, 『국제문제』 제27권 제4호, 1996.4.

16. '독도 영유권에 관한 한국과 일본의 주장 근거', 독도학회, 『독도 영유권과 독도정책』, 독도학회 창립기념 학술심포지움, 1996.4.

17. '독도에 대한 일본의 영유권 주장의 부당성', 도서출판 소화, 『지성의 현장』 제6권, 제7호, 1996.7.

18. '독도에 대한 일본의 무력행사시 제기되는 국제법상 제 문제', 한국군사학회, 『군사논단』 제7호, 1996.7.

19. '한국의 독도 영유권 주장 이론', 한국군사문제연구소, 『한국군사』 제3호, 1996.8.

20. '독도 영유권 문제와 민족의식', 한국독립운동사연구소·독도학회, 제10회 독립운동사 학술심포 지움, 1996.8.8.

21. '국제법 측면에서 본독도문제', 국제교과서연구소, 국제역사교과서 학술회의, 프레스센타, 1996.10.23-24.

22. '국제법으로 본 독도 영유권', 한국독립운동연구소, 『한국독립운동사연구』 제10집, 1996.

23. '독도 영유권과 한일합방 조약의 무효', 한국외교협회, 『외교』 제38호, 1996.

24. '독도와 대일 강화조약 제2조', 김명기 편, 『독도연구』, 서울: 법률출판사, 1996.

25. '대일 강화조약 제2조에 관한 연구', 대한국제법학회, 『국제법학회논총』 제41권 제2호, 1996.12.

26. '독도와 조어도의 비교 고찰', 국제문제연구소, 『국제문제』 제28권 제1호, 1997.1.

27. '독도에 대한 일본의 영유권 주장에 대한 소고', 명지대학교, 『명대신문』 제652호, 1997.11.7.

28. 'A Study on Legal of Japan's Claim to Dokdo', The Institute of Korean Studies, *Korea Observer*, Vol.28, No.3, 1997.

29. '독도 영유권에 관한 연구: 독도에 대한 일본의 무력행사의 위법성', 대한국제법학회, 『국제법학 회논총上』 제42권 제2호, 1997.6.

30. '독도에 대한 일본의 무력행사시 국제연합의 제재', 아세아 사회과학연구원 『연구논총』 『한일 간 의 국제법 현안문제』 제7권, 1998.4.

31. '*The Island of Palmas* Case(1928)의 판결요지의 독도문제에의 적용', 판례월보사, 『판례월보』 제 336호, 1998.9.

32. '독도문제 해결을 위한 새 제언', 한국외교협회, 『외교』 제47호, 1998. 10.

33. '독도문제와 조어도 문제의 비교고찰', 강원대학교 비교법학연구소, 『강원법학』 제10권(김정후교 수 회갑기념 논문집), 1998.10.

34. '*The Clipperton Island* Case(1931) 판결요지의 독도문제에의 적용', 판례월보사, 『판례월보』 제346 호, 1999.7.

35. '독도에 대한 일본정부의 주장과 국제사법재판소의 관할권에 관한 연구', 명지대학교 사회과학연 구소, 『사회과학논총』 제15집, 1999.12.

36. '독도 영유권과신한일어업협정', 독도학회, 한일어업협정의 재개정준비와 독도 EEZ 기선문제 세 미나, 2000.9.

37. '한일 간 독도 영유권 시비의 문제점과 대책', 한국군사학회, 『한국의 해양안보와 당면 과제』(국 방·군사세미나논문집), 2000.10.

38. '독도 영유권과 신한일어업협정 개정의 필요성', 독도학회, 『독도 영유권연구논집』, 서울: 독도연 구보전협회, 2002.

39. 'A Study an Territorial Sovereignty over Dokdo in International Law-Refutation to the Japanese Government's 'Assertions of the Occupied Territory', 독도학회, 『독도 영유권 연구논집』, 서울: 독도연구보전협회, 2002.

40. '헌법재판소의 신한일어업협정의 위헌확인 청구에 대한 기각 이유 비판', 판례월보사, 『쥬리스트』, 2002.3.

41. '독도 영유권에 관한 일본정부 주장에 대한 법적 비판', 독도학회, 『한국의 독도 영유권 연구사』, 서울: 독도연구보전협회, 2003.

42. '독도개발 특별법에 관한 공청회를 위한 의견서', 국회농림해양수산위원회, 『독도개발특별법안에 관한공청회』 2004.2. 2. 국회의원회관.

43. '한일어업협정 폐기의 법리', 『한겨레신문』, 2005.5.13.

44. '독도의 실효적 지배강화와 신한일어업협정의 폐기', 국제문제연구소, 『국제문제』 제36권 제6호, 2005.6.

45. '한일어업협정과 독도 영유권 수호정책', 한국영토학회, 『독도 영유권수호의 정책방안』, 한국영토 학회주최학술토론회, 국회헌정기념관별관 대회의실, 2005.11.

46. '독도문제와 국제재판/국제재판소의 기능과 영향력', 자유총연맹, 『자유공론』 제464호, 2005.11.

47. '독도의 실효적 지배강화와 역사적 응고취득의 법리', 국제문제연구소, 『국제문제』 제36권 제11 호, 2005.11.

48. '독도 영유권문제에 대한국제사법재판소의 관할권', 국제문제연구소, 『국제문제』 제37권 제1호, 2006.1.

49. '독도와 연합군 최고사령부 훈령 제677호에 관한 연구', 한국 외교협회, 『외교』 제76호, 2006.1.

50. '신한일어업협정과 금반언의 효과', 독도조사 연구학회, 『독도논총』 제1권 제1호, 2006.4.

51. '제2차 대전 이후 한국의 독도에 대한 실효적 지배의 증거', 독도조사 연구학회, 『독도논총』 제1 권 제1호, 2006.4.

52. '맥아더 라인과 독도', 국제문제연구소, 『국제문제』 제37권 제5호, 2006.5.

53. '대일 평화조약 제2조 (a)항과 한국의 독도 영유권에 관한 연구', 한국외교협회, 『외교』 제78호, 2006.7.

54. '독도 영유권에 관한 대일 평화조약 제2조에 대한 일본정부의 해석 비판', 국제문제연구소, 『국제 문제』 제37권 제7호, 2006.7.

55. 'Sovereignty over Dokdo Island and Interpretation of Article 2 of the Peace Treaty with Japan', The Institute for East Asian Studies, *East Asian Review*, Vol.18, No.2, 2006.

56. '독도를 기점으로 하지 아니한 신한일어업협정 비판', 독도조사연구학회, 『독도논총』 제1권 제2호, 2006.9.

57. '대일 평화조약 제2조의 해석과 Critical Date', 독도조사연구학회, 『독도논총』 제1권 제2호, 2006.9.

58. '독도의 실효적 지배강화와 Critical Date', 법조협회, 『법조』, 통권 제602호, 2006.11.

59. '국제연합에 의한 한국의 독도 영유권승인', 한국외교협회, 『외교』 제81호, 2007.4.

60. '한일어업협정 제9조 제2항과 합의의사록의 위법성. 유효성', 독도본부, 제15회 학술토론회(토론), 2007.1.16.

61. '한일공동관리수역의 추적권 배제는 독도 영유권 침해행위', 독도본부, 제16회 학술토론회, 2007.2.24.

62. '한일어업협정 폐기해도 금반언의 원칙에 의한 일본의 권리는 그대로 남는다.', 독도본부, 제17회 학술토론회, 2007.3.31.

63. '한일어업협정은 어업협정인가?', 독도본부, 제18회 학술토론회, 2007.4.18.

64. '대일평화조약상 독도 영유권과 uti possidetis 원칙', 한국외교협회, 『외교』 제81호, 2007.5.

65. '국제법학자 41인의 '독도 영유권과 신한일어업협정에 대한 우리의 견해(2005. 4.5)'에 대한 의견', 독도본부, 제19회 학술토론회, 2007.5.23.

66. '한일어업협정 폐기 후 이에 국제법상 대책방안 모색', 독도본부, 제20회 학술토론회, 2007.6.20.

67. '한일어업협정 폐기 후 대안 협정 초안 주석', 독도본부, 제21회 학술토론회, 2007.7.18.

68. '한일어업협정 폐기 후 대안 협정 초안 주석(I)', 독도본부, 제22회 학술토론회, 2007.8.21.

69. '국제연합과 독도 영유권', 국제문제연구원, 『국제문제』 제38권 제10호, 2007.10.

70. '독도연구의 회고와 전망', 동북아역사재단주최, 주제강연(2007.11.7, 아카데미 하우스).

71. '국제연합에 의한 한국독도 영유권의 승인에 관한 연구', 외교협회, 『외교』 제85호, 2005.4.

72. '대한민국국가지도집중 영토와 해양의 동측 경계의 오류', 독도조사연구학회, 2008년도 정기학술세미나(2008.6.28, 독도본부 강당).

73. 'The Territorial Sovereignty over Dokdo in The Peace Treaty with Japan and the Principle of uti possidetis', *Korean Observation of Foreign Relations*, Vol.10, No. 1, August 2008.

74. 『독도 100문 100답집』, 서울: 우리영토, 2008.8.

75. '독도 연구의 회고와 전망', 동북아역사재단, 『독도시민사회백서 2006-2007』, 2008.4.

76. '국제법상 일본의 독도 영유권 주장에 대한 대일항의에 관한 연구', 영남대학교 독도연구소, 『독도연구』 제5호, 2008.12.

77. '일본의 기망행위에 의해 대일평화조약 제2조에서 누락된 독도 영유권', 외교통상부, 『국제법 동향과 실무』 제7권 제3.4호, 2008.12.

78. '패드라 브랑카 사건(2008) 판결과 독도 영유권', 법률신문사, 『법률신문』 제3714호, 2009.1.15.

79. '페드라 브랑카 사건과 중간수역 내의 독도(상)', 한국국제문화연구원, 『국제문제』 제40권 제3호,

2009.3.

80. '독도 영유권문제와 국제법상묵인의 법적 효과', 한국외교협회,『외교』제89호, 2009.4.

81. '페드라 브랑카 사건과 중간수역 내의 독도(하)', 한국 국제문화연구원,『국제문제』제40권 제4호, 2009.4.

82. 『독도 영유권의 역사적・국제법적 근거』, 서울: 우리영토, 2009.6.

83. '독도의 실효적 지배강화 입법정책 검토', 동북아역사재단발표, 2009.6.5.

84. '독도의 실효적 지배강화 입법정책의 국제법상 검토', 법률신문사,『법률신문』제3757호, 2009.6.25.

85. '페드라 브랑카 사건(2008)의 판결취지와 독도 영유권문제에 주는 시사점', 영남대학교 독도연구소,『독도연구』제6호, 2009.6.

86. '한일 해양수색 및 구조훈련과 독도 영유권', 법률신문사,『법률신문』제3778호, 2009.9.17.

87. '정부의 독도시책과 학자의 독도연구 성찰', 동북아역사재단 독도연구소 콜로키움, 제천, 2009.10.15.

88. '다케시마 10포인트 대일평화조약 관련조항 제3항 비판', 한국해양수산개발원,『독도연구저널』제17권, 2009.가을.

89. '국제법상지도의 증명력', 독도보전협회, 서울역사박물관, 토론발표, 2009.10.11.

90. '간도영유권회복, 대책 시급', 자유총연맹,『자유공론』제7호, 2008.8.

91. '조중국경조약과 간도', 북한연구소,『북한』제441호, 2008.9.

92. '간도영유권 100년 시효실의 긍정적 수용제의(상)', 천지일보사,『천지일보』제11호, 2009.11.18.

93. '안용복의 도일활동의 국제법싱; 효과에 관한 연구' 동북아역사재단 위촉연구, 2009.12.20.

94. '안용복의 도일활동과 국제법',『독도저널』, (08-09) 2009.9.

95. '국제법상 대한제국 칙령 제41호에 의한 역사적 권원의 대체', 한국해양수산개발원,『독도연구저널』제9권, 2010.3.

96. '독도 영유권과 porum progatum', 외교협회,『외교』제94호, 2010.7.

97. '독도를 일본영토가 아닌 것으로 규정한 일본법령 연구', 동북아역사재단 독도연구소,『제6회 독도연구 골로키움』, 2010.7.6-8.

98. '한국의 대응전략은 어떻게 세울 것인가?', 한국독도연구원,『한국독도 어떻게 지킬 것인가?』, 2010.6.17. 전쟁기념관.

99. '한일합방조약의 부존재와 독도 영유권', 독도조사연구학회, 2010년 정기학술토론회의,『독도 영유권의 새로운 논리개발』, 2010.10.28, 서울역사박물관.

100. '한일기본조약 제2조의 해석', 법률신문 제3863호, 2010.8.12.

101. '일본총리부령 제24호와 대장성령 제4호에 의한 한국의 독도 영토주권의 승인', 영남대 독도연구소,『독도연구』제9호, 2010.12.

102. '국제법상 한국의 독도 영유권의 근거', 독도문화 심기운동본부,『한민족의 구심점』, 서울: 독도문화심기운동본부, 2010.12.

103. '국제법상 신라이사부의 우산국 정복의 합법성에 관한 연구', 이사부학회,『이사부와 동해』제2

호, 2010.12.

104. '국제법상독도 영유권의 법적 근거', 『법률신문』 제3899호, 2010.12.28.

105. '한일합방조약 체결 100년, 성찰의 해', 『천지 일보』 제99호, 2010.12.29.

106. '국제법상 신라 이사부의 우산국 정복의 합법성에 관한 연구', 강원일보·강원도·삼척시, 『이사부총서(Ⅲ)』, 2010.12.

107. '대한제국 칙령 제41호에 의한 역사적 권원의 대체에 관한 연구', 독도조사연구학회, 『독도논총』 제5권 제1-2 통합호, 2010.12.

108. '한일합방조약의 부존재에 관한 연구', 법조협회, 『법조』 통권 제655호, 2011.4.

109. '대일민족소송 기각결정의 국제법상효과에 관한 연구', 대한변호사협회, 『인권과 정의』 제417호, 2011.5.

110. '국제법상 쇄환정책에 의한 독도 영토주권의 포기여부 검토', 영남대학교 독도연구소, 『독도연구』 제10호, 2011.6.

111. '이사부의 우산국 부속에 의한 독도의 고유영토론 검토', 한국이사부학회, 『2011년 전국해양문화 학자대회』 주제발표, 2011.8.4.

112. '폐드라 브랑카 사건판결과 중간수역 내에 위치한 독도의 법적 지위', 동북아역사재단 독도연구소, 『제17회 정기 독도연구 콜로키움』, 2011.8.4.

113. '통일 이후 한국의 국경문제와 조중국경조약의 처리문제', 법제처, 『2011년 남북법제연구 보고서』, 2011.8.

114. '독도 영유권 강화사업의 필요성 검토', 법률신문사, 『법률신문』 제3639호, 2011. 8.29.

115. '일본 자위대의 독도 상륙의 국제법상 문제점과 법적 대처방안', 한국독도연구원, 국회 독도 지킴이, 『한국독도 어떻게 지킬 것인가』, 국회도서관 회의실, 2011.10.4.

116. '독도의 역사적 연구의 기본방향', 세계국제법협회 한국본부 독도 조사연구학회, 『독도 영유권과 해양주권에 관한 심포지엄』, 코리아나 호텔, 2001.12.13.

117. '일본 자위대 독도 상륙 시 국제법상 문제점과 법적 대처 방안', 해병대 전략연구소, 『전략논단』 제14호, 2011. 가을.

118. '국제법상 독도의용수비대의 법적 지위에 관한 연구', 대한적십자사인도법연구소, 『인도법논총』 제31호, 2011.

119. '국제법상 지리적 근접성의 원칙과독도' 영남대 독도연구소, 『독도연구』 제11호, 2011.12.

120. '대마도 영유권 주장의 국제법적 근거는 무엇인가?', 독도연구원, 『대마도를 어떻게 찾을 것인가?』, 2012.9.18, 국회의원회관.

121. '국제법상 이어도의 법적 지위에 관한 기초적연구', 해양문화연구원, 『제3회 전국 해양문화학과 대회』, 2012.8.2~4, 여수세계박물관회의장.

122. '독도 영유권의 중단권원의 회복에 관한 연구', 독도조사연구학회, 『독도논총』 제6권 제1호, 2012.

123. '사법적 판결의 사실상 법원성과 독도 영유권의 역사적 권원의 대체', 영남대 독도연구소, 『독도연구』 제12호, 2012.6.

124. '독도의 배타적 경제수역', 해양문화연구원, 『제4회 전국해양문화학자대회』, 2013.8.22~24, 여수 리져트.

125. '대일평화조약 제2조의 해석과 Critical Date', 이사부학회, 『이사부와 동해』 제6호, 2013.

126. '독도 영유권 문제/분쟁에 대한 국제사법재판소의 강제적 관할권', 독도시민연대, 『국제사법재판소의 강제적 관할권 어떻게 대항할 것인가?』, 독도시민연대, 2013.10. 국회의원회관.

127. '시마네현 고시 제40호의 무효확인소송의 국제법상 효과에 관한 연구', 독도연, 『소위 시마네현 고시 제40호에 의한 독도편입의 허구성 검토 학술대회』, 독도연, 2013.12.01, 서울역사박물관.

128. '국제법상 독도 영유권 강화사업의 법적 타당성 검토', 독도조사연구학회, 『독도논총』 제7권 제1호, 2013.11.

129. '맥아더라인의 독도 영토주권에 미치는 법적 효과, 영남대 독도연구소, 『독도연구』 제15호, 2013.12.

130. '국제법에서 본 한국의 독도 영유권', 이사부학회, 『동해와 이사부』 제7호, 2014.

131. '한일어업협정 폐기 후 이에 대한 국제법상 대책방안 모색', 『동해와 이사부』 제8권, 2014.8.

132. '국제법상 국군에 대한 작전지휘권 환수에 따라 제기되는 법적 문제에 관한 연구', 『인도법논총』 제34호, 2014.12.

133. '일본자위대의 독도상륙작전의 전쟁법상 위법성과 한국의 독도방위능력의 강화방안', 『군사논단』 제82호, 2015.여름.

134. '국제법상 국제연합에 의한 한국의 독도 영토주권 승인의 효과', 『국제법학회논총』 제60권 제1호, 2015.3.

135. '대일평화조약 제23조 (a)항에 규정된 울릉도에 독도의 포함여부 검토', 『독도연구』 제18호, 2015.6.

136. '대일평화조약 제19조 (b)항과 일본정부에 대한 한국의 독도 영토주권의 승인', 독도조사연구학회, 2015.

137. 정기 학술토론회, 『국제법상 독도연구의 정책 및 연구의 당면 과제』, 2015.9.19, 동북아역사재단 대강당.

138. '콜프해협사건과 안보리에 의한 독도 영유권분쟁의 평화적 해결', 『독도논총』 제8권 제1·2호, 2015.8.

139. '밴프리트 귀국보고서의 조약의 준비작업여부 및 후속적 관행여부 검토', 『독도연구』 제19호, 2015.12.

140. '국제법상작전통제권 환수에 따라 제기되는 법적제문제와 그에 대한 대책방안', 『입법과 정책』 제9권 제2호, 2015.12.

141. '대일평화조약 제21조와 제25조의 저촉에 관한 연구', 독도군사연구학회 2016년 학술토론회,

2016.6.16., 동북아역사재단 대회의실

142. '윌리엄 시볼트의 기망행위에 의해 규정된 대일평화조약 제2조 (a)항의 효력과 보충적 수단에 의한 해석'『독도논총』통권 제10호, 2016.

143. '대일평화조약 제19조 (d)항과 일본정부에 의한 한국의 독도 영토주권의 승인', 독도조사연구학회, 2015.9.19., 동북아재단회의실, 2015년 정기학술토론회

144. '독도연구의 기본방향제외', 『독도연구』, 제22호, 2017.

145. '기죽도약도', 『영토와 해양』

146. '국제법상 태정관 지령문의 법적 효적에 관한 연구', 『영토해양연구』제11호, 2016 여름

147. '일본자위대의 독도상륙은 국제인도법상 허용되는가', 『인도법논총』, 제36호, 2016

148. '남중국해 중재판정을 총해 본 독도문제, 독도조사연구학회, 창립 제20주년 기념 학술토론회, 2017. 6. 23. 동북아역사재단 대회의실

# 부록

# 1. 대일 평화조약

　　연합국과 일본은 앞으로의 관계는 동등한 주권국가로서 그들의 공동 복지를 증진시키고, 국제 평화 및 안보를 유지하기 위해 우호적으로 협력하는 관계가 될 것이라고 결의하거니와, 그들 간에 전쟁 상태가 지속됨으로서 여전히 미해결 중인 여러 문제들을 해결할 평화조약을 체결하기를 바라는 까닭에 일본은 유엔에 가입하여, 어떤 상황하에서도 유엔 헌장의 원칙들을 준수하고, 세계인권선언의 취지를 실현하기 위해 힘을 쓰고, 일본 내에서 유엔 헌장 55조 및 56조에 규정된, 그리고 일본이 항복한 이후 이미 일본의 입법에 의해 시작된 안정과 복지에 관한 조건들을 조성하기 위해 노력하며, 공적 및 사적 무역 및 통상에서 국제적으로 인정된 공정한 관행들을 준수할 의향이 있으므로, 연합국들이 위에서 언급된 일본의 의향을 환영하므로, 연합국들과 일본은 현재 평화조약을 체결하기로 결정하며, 그에 따라 서명자인 전권대사들을 임명했다. 그들은 자신들의 전권 위임장을 제시하여, 그것이 적절하고 타당하다는 것이 확인된 후 다음 조항들에 동의했다.

## 제1장 평화

### 제1조

(a) 일본과 각 연합국들과의 전쟁 상태는 제23조에 규정된 바와 같이, 일본과 관련된 연합국 사이에서 현 조약이 시행되는 날부터 중지된다.

(b) 연합국들은 일본과 그 영해에 대한 일본 국민들의 완전한 주권을 인정한다.

## 제2장 영토

### 제2조

(a) 일본은 한국의 독립을 인정하고, 제주도·거문도 및 울릉도를 비롯한 한국에 대한 모든 권리와 소유권 및 청구권을 포기한다.

(b) 일본은 타이완과 펑후제도에 대한 모든 권리와 소유권 및 청구권을 포기한다.

(c) 일본은 쿠릴 열도에 대한, 그리고 일본이 1905년 9월 5일의 포츠머스 조약에 의해 주권을 획득한 사할린의 일부와 그것에 인접한 도서에 대한 모든 권리와 소유권 및 청구권을 포기한다.

(d) 일본은 국제연맹의 위임통치제도와 관련된 모든 권리와 소유권 및 청구권을 포기하고, 신탁통

치를 이전에 일본의 위임통치권하에 있었던 태평양 제도에 이르기까지 확대하는 1947년 4월 2일의 유엔안전보장이사회의 조치를 수용한다.

(e) 일본은 일본 국민의 활동으로부터 비롯된 건이건, 아니면 그 밖의 활동으로부터 비롯된 건이건 간에, 남극 지역의 어떤 부분과 관련된 어떤 권리나, 소유권 또는 이익에 대한 모든 권리를 포기한다.

(f) 일본은 남사군도와 서사군도에 대한 모든 권리와 소유권 및 청구권을 포기한다.

## 제3조

일본은 [남서제도와 대동제도를 비롯한] 북위 29도 남쪽의 남서제도와 (보닌제도, Rosario섬 및 화산열도를 비롯한) 소후칸 남쪽의 남방제도, 그리고 오키노토리 섬과 미나미토리 섬을 유일한 통치 당국인 미국의 신탁통치하에 두려는 미국이 유엔에 제시한 어떤 제안도 동의한다. 그러한 제안과 그에 대한 긍정적인 조치가 있을 때까지 미국은 그 영해를 포함한 그 섬들의 영토와 주민들에 대한 모든 행정, 입법, 사법권을 행사할 권리를 가지게 될 것이다.

## 제4조

(a) 이 조항의 (b)의 규정에 따라, 일본의 부동산 및 제2조에 언급된 지역의 일본 국민들의 부동산의 처분 문제와, 현재 그 지역들을 통치하고 있는 당국자들과 그곳의 (법인을 비롯한) 주민들에 대한 (채무를 비롯한) 그들의 청구권들, 그리고 그러한 당국자들과 주민들의 부동산의 처분과 일본과 그 국민들에 대한 그러한 당국자들과 주민들의 채무를 비롯한 청구권들의 처분은 일본과 그 당국자들 간에 특별한 협의의 대상이 된다. 그리고 일본에 있는, 그 당국이나 거류민의 재산의 처분과, 일본과 일본국민을 상대로 하는 그 당국과 거류민의 청구권(부채를 포함한)의 처분은 일본과 그 당국 간의 별도 협정의 주제가 될 것이다. 제2조에서 언급된 지역에서의 어떤 연합국이나 그 국민의 재산은, 현재까지 반환되지 않았다면, 현존하는 그 상태로 행정당국에 의해 반환될 것이다.

(b) 일본은 제2조와 제3조에 언급된 지역에 있는 일본과 일본국민 재산에 대해, 미 군정청 지침이나 이에 준해서 제정된 처분권의 적법성을 인정한다.

(c) 본 조약에 의해서 일본의 지배에서 벗어난 지역과 일본을 연결하는, 일본소유의 해저 케이블은 균등하게 분할될 것이다. 일본은 일본 측 터미널과 그에 접하는 절반의 케이블을 갖고, 분리된 지역은 나머지 케이블과 터미널 시설을 갖는다.

## 제3장 보장

## 제5조

(a) 일본은 유엔헌장 제2조에서 설명한 의무를 수락한다. 특별히 다음과 같은 의무이다.

( i ) 국제평화와 안전, 정의가 위협받지 않는 평화적인 방법으로 국제적 논쟁을 해결해야 할 의무

( ii ) 일본의 국제적인 관계에서, 어떤 나라의 영토보전이나 정치적인 독립을 해하건, 어떤 식으로

든 유엔의 목적에 상반되는 위협이나 군사력의 행사를 금하는(자제하는) 의무

(iii) 유엔이 헌장에 따라 하는 활동이라면 어떤 것이든 유엔을 지원하고, 유엔이 예방적이거나 제재하는 활동을 하는 어떤 나라도 지원하지 말아야 할 의무

(b) 연합국은, 그들과 일본과의 관계는 유엔헌장 제2조의 원칙에 의거해서 정해질 것임을 확인한다.

(c) 일본은 주권국가로서, 유엔헌장 제51조에 언급된 개별적 혹은 집단적 고유자위권을 소유하며 자발적으로 집단안보 조약에 가입할 수 있음을 연합국 입장에서 인정한다.

## 제6조

(a) 본 조약이 시행되고 난 후 가능한 빠른 시일 내에, 그리고 어떤 경우라도 시행 후 90일 이전에, 연합국의 모든 점령군은 일본에서 철수할 것이다. 그러나 이 조항의 어떤 내용도, 1개 혹은 그 이상의 연합국을 일방으로 하고 일본을 다른 일방으로 해서 체결되었거나 체결될 상호간, 혹은 다자간협정에 의해서 외국군을 일본영토 내에 주둔시키거나 유지하는 것을 막을 수는 없다.

(b) 일본군의 귀환과 관련한, 1945년 7월 26일 포츠담 선언 제9조의 조항은, 아직 (귀환이) 완료되지 않은 범위에서는, 실행될 것이다.

(c) 그 보상비가 아직 지급되지 않았으며, 점령군의 사용을 위해 제공되어, 본 조약이 시행되는 시점까지 점령군이 소유하고 있는 일본의 모든 부동산은 상호 합의에 의해 다른 약정이 만들어지지 않는 한, 90일 이내에 일본정부에 반환된다.

## 제4장 정치적 및 경제적 조항들

### 제7조

(a) 각 연합국은 본 조약이 시행된 지 1년 안에 일본에게 전쟁 전에 체결된 일본과의 양자 간 조약이나, 협약에 대해, 그것을 계속 유지 또는 부활시킬 의사가 있는지를 통지한다. 그와 같이 통지된 어떤 조약이나 협약은 본 조약의 이행에 필요할 수 있는 것과 같은 그러한 변경사항들을 준수하기만 한다면, 계속 유지되거나, 부활된다. 그와 같이 통지된 조약 및 협약은 통지된 지 3개월 후에 계속 효력을 발생하거나, 재개되며, 국제연합 사무국에 등록된다. 일본에게 그와 같이 통지되지 않은 모든 조약들과 협약들은 폐기된 것으로 간주된다.

(b) 이 조의 (a)항에 의해 실시되는 모든 통지는 어떤 조약이나 협약을 실행하거나, 재개하면서 통지하는 나라가 책임이 있는 국제관계를 위해 어떤 영토를 제외시킬 수 있다. 일본에게 그러한 통지를 한 날로부터 3개월 뒤에는 그러한 예외는 중단될 것이다.

### 제8조

(a) 일본은 연합국에 의한 또는 평화 회복과 관련한 다른 협정들뿐 아니라, 1939년 9월 1일에 시작된 전쟁 상태를 종료하기 위해 현재 또는 앞으로 연합국에 의해 체결되는 모든 조약들의 완전한 효력을 인정한다. 일본은 또한 종전의 국제연맹과 상설 국제사법재판소를 폐지하기 위해 행해

진 협약들을 수용한다.

(b) 일본은 1919년 9월 10일의 생 제르메넹 라이 협약과 1936년 7월 20일의 몽트뢰 조약의 서명국 신분으로부터 유래될 수 있는, 그리고 1923년 7월 24일 로잔에서 터키와 체결한 평화조약 제16조에 의해 발생될 수 있는 모든 권리와 이익들을 포기한다.

(c) 일본은 1930년 1월 20일에 독일과 채권국들 간에 체결한 협정과, 1930년 5월 17일자 신탁협정을 비롯한 그 부속 협정들인 1930년 1월 20일의 국제결재은행에 관한 조약 및 국제결재은행의 정관들에 의해 획득한 모든 권리와 소유권 및 이익들을 포기하는 동시에, 그러한 협정 등으로부터 비롯되는 모든 의무로부터 해방된다. 일본은 본 조약이 최초로 효력을 발생한 뒤 6개월 이내에 이 항과 관련된 권리와 소유권 및 이익들의 포기를 프랑스 외무성에 통지한다.

## 제9조

일본은 공해상의 어업의 규제나 제한, 그리고 어업의 보존 및 발전을 규정하는 양자 간 및 다자 간 협정을 체결하기를 바라는 연합국들과 즉각 협상을 시작한다.

## 제10조

일본은 1901년 9월 7일에 베이징에서 서명된 최종 의정서의 규정들로부터 발생되는 모든 이익과 특권을 비롯하여, 중국에 대한 모든 특별한 권리와 이익을 포기한다. 그리고 모든 조항들과 문안 그리고 보충 서류들은 이로써, 이른바 요령, 조항, 문구, 서류들을 폐기하기로 일본과 합의한다.

## 제11조

일본은 일본 안팎의 극동 및 기타국가 연합의 전범 재판소의 국제 군사재판 판결을 수용하고 이로써 일본 내 일본인에게 선고된 형량을 수행한다. 형량감경이나 가석방 같은 관용은 정부로부터 또는 사안별로 형량을 선고한 연합정부의 결정이 있을 경우 또는 일본심사결과가 있을 경우 이외에는 적용하지 않는다.

극동지역에 대한 국제 군사재판에서 선고받은 피고인 경우 재판소를 대표하는 정부 구성원이나 일본심사결과상 과반수의 결정이 있을 경우 이외에는 적용하지 않는다.

## 제12조

(a) 일본은 안정적이고 호혜적 관계를 바탕으로 한 거래와 해상무역을 위하여 연합국과 조약을 맺거나 협상결과를 이끌어 내기 위하여 신속한 협정에 임할 준비가 되어있음을 선언한다.

(b) 관련 조약이나 협정상 합의사항 보류 시 현행 협정사항이 효력을 얻는 초년도부터 4년 기간 동안 일본은,

(1) 연합군의 권력과 구성국가들, 생산물자와 선박들을 수용한다.

( i ) 최혜국 협정을 수용하여 관세율 적용과 부과, 제한사항 그리고 기타 물자수출입과 연관해

서는 관련규정을 따른다.

(ii) 해운, 항해 및 수입상품에 대한 내국민 대우와, 자연인, 법인 및 그들의 이익에 대한 내국민 대우, 다시 말해 그러한 대우는 세금의 부과 및 징수, 재판을 받는 것, 계약의 체결 및 이행, (유, 무형) 재산권, 일본법에 따라 구성된 자치단체에의 참여 및 일반적으로 모든 종류의 사업활동 및 직업활동의 수행에 관한 모든 사항들을 포함한다.

(2) 일본 공기업들의 대외적인 매매는 오로지 상업적 고려만을 기준으로 하고 있다는 것을 보장한다.

(c) 하지만, 어떤 문제에 대해 일본은 관련된 연합국이 같은 문제에 대해 일본에게 경우에 따라 내국민 대우나, 최혜국 대우를 주는 범위 내에서만, 그 연합국에게 내국민 대우나, 최혜국 대우를 주어야 한다.

앞에서 말한 상호주의는 연합국의 어떤 비수도권 지역의 생산품, 선박 및 자치단체, 그리고 그 지역에 거주하는 사람들의 경우에, 그리고 연방정부를 가지고 있는 어떤 연합국의 준, 지방의 자치단체와 그 주나 지방에 거주하는 사람들의 경우에, 그러한 지역이나, 주 또는 지방에서 일본에게 제공하는 대우를 참조하여 결정된다.

(d) 이 조를 적용함에 있어서, 차별적 조치는 그것을 적용하는 당사국의 통상조약에서 통상적으로 규정하고 있는 예외에 근거를 둔 것이라면, 또는 그 당사국의 대외적 재정 상태나, (해운 및 항해에 관한 부분을 제외한) 국제수지를 보호해야 할 필요에 근거를 둔 것이라면, 또는 긴요한 안보상의 이익을 유지해야 할 필요성에 근거를 둔 것이라면, 그리고 그러한 조치가 주변상황과 조화를 이루면서, 자의적이거나, 비합리적으로 적용되지 않는다면, 경우에 따라서 내국민 대우나 최혜국 대우를 허용하는 것과 상충하는 것으로 간주되지는 않는다.

(e) 이 조에 의한 일본의 의무는 본 조약의 제14조에 의한 연합국의 어떤 권리 행사에 의해서도 영향을 받지 않는다. 아울러 이 조의 규정들은 본 조약의 제15조에 따라 일본이 감수해야 할 약속들을 제한하는 것으로 해석되어서는 안 된다.


제13조

(a) 일본은 국제 민간항공운송에 관한 양자간, 또는 다자간 협정을 체결하자는 어떤 연합국의 요구가 있을 때에는 즉시 해당 연합국들과 협상을 시작한다.

(b) 일본은 그러한 협정들이 체결될 때까지, 본 조약이 최초로 발효된 때부터 4년간, 항공 교통권에 대해 그 효력이 발생하는 날에 어떤 해당 연합국이 행사하는 것에 못지않은 대우를 해당 연합국에 제공하는 한편, 항공업무의 운영 및 개발에 관한 완전한 기회균등을 제공한다.

(c) 일본은 국제민간항공조약 제93조에 따라 동 조약의 당사국이 될 때까지, 항공기의 국제 운항에 적용할 수 있는 동 조약의 규정들을 준수하는 동시에, 동 조약의 규정에 따라 동 조약의 부속서로 채택된 표준과 관행 및 절차들을 준수한다.

## 제5장 청구권과 재산

### 제14조

(a) 일본이 전쟁 중 일본에 의해 발생된 피해와 고통에 대해 연합국에 배상을 해야 한다는 것은 주지의 사실이다. 그럼에도 불구하고, 일본이 생존 가능한 경제를 유지하면서, 그러한 모든 피해와 고통에 대한 완전한 배상을 하는 동시에, 다른 의무들을 이행하기에는 일본의 자원이 현재 충분하지 않다는 것 또한 익히 알고 있는 사실이다.

따라서,

1. 일본은 즉각 현재의 영토가 일본군에 의해 점령당한, 그리고 일본에 의해 피해를 입은 연합국들에게 그들의 생산, 복구 및 다른 작업에 일본의 역무를 제공하는 등, 피해 복구 비용의 보상을 지원하기 위한 협상을 시작한다. 그러한 협상은 다른 연합국들에게 추가적인 부담을 부과하지 않아야 한다. 그리고 원자재의 제조가 필요하게 되는 경우, 일본에게 어떤 외환 부담이 돌아가지 않도록 원자재는 해당 연합국들이 공급한다.

2. (I), 아래 (II)호의 규정에 따라, 각 연합국은 본 조약의 최초의 효력 발생 시에 각 연합국의 관할하에 있는 다음의 모든 재산과 권리 및 이익을 압수하거나, 보유하건, 또는 처분할 권리를 가진다.

(a) 일본 및 일본 국민,

(b) 일본 또는 일본 국민의 대리자 또는 대행자,

(c) 일본 또는 일본 국민이 소유하건, 지배하는 단체,

이 (I)호에서 명시하는 재산, 권리 및 이익은 현재 동결되었거나, 귀속되었거나, 연합국 적산관리 당국이 소유하건, 관리하고 있는 것들을 포함하는데, 그것들은 앞의 (a)나, (b) 또는 (c)에 언급된 사람이나, 단체에 속하거나, 그들을 대신해서 보유했거나, 관리했던 것들인 동시에 그러한 당국의 관리하에 있던 것들이었다.

(II) 다음은 위의 (I)호에 명기된 권리로부터 제외된다.

(i) 전쟁 중, 일본이 점령한 영토가 아닌, 어떤 연합국의 영토에 해당 정부의 허가를 얻어 거주한 일본의 자연인 재산. 다만, 전쟁 중에 제한 조치를 받고서, 본 조약이 최초로 효력을 발생하는 날에 그러한 제한 조치로부터 해제되지 않은 재산은 제외한다.

(ii) 일본정부 소유로 외교 및 영사 목적으로 사용한 모든 부동산과 가구 및 비품, 그리고 일본의 대사관 및 영사관 직원들이 소유한 것으로 통상적으로 대사관 및 영사관 업무를 수행하는데 필요한 모든 개인용 가구와 용구 및 투자 목적이 아닌 다른 개인 재산

(iii) 종교단체나, 민간 자선단체에 속하는 재산으로 종교적 또는 자선적 목적으로만 사용한 재산

(iv) 관련 국가와 일본 간에 1945년 9월 2일 이후에 재개된 무역 및 금융 관계에 의해 일본이 관할하게 된 재산과 권리 및 이익. 다만 관련 연합국의 법에 위반되는 거래로부터 발생한 것은 제외된다.

(v) 일본 또는 일본 국민의 채무, 일본에 소재하는 유형 재산에 관한 권리나, 소유권 또는 이익,

일본의 법률에 따라 조직된 기업에 관한 이익 또는 그것들에 대한 증서, 다만, 이 예외는, 일본의 통화로 표시된 일본 및 일본 국민의 채무에게만 적용한다.

(Ⅲ) 앞에서 언급된 예외 (ⅰ)로부터 (ⅴ)까지의 재산은 그 보존 및 관리를 위한 합리적인 비용의 지불을 조건으로 반환된다. 그러한 재산이 청산되었다면, 그 재산을 반환하는 대신에 그 매각대금을 반환한다.

(Ⅳ) 앞에 나온 (Ⅰ)호에 규정된 일본 재산을 압류하고, 유치하고, 청산하거나, 그 외 어떠한 방법으로 처분할 권리는 해당 연합국의 법률에 따라 행사되며, 그 소유자는 그러한 법률에 의해 본인에게 주어질 권리만을 가진다.

(Ⅴ) 연합국은 일본의 상표권과 문학 및 예술 재산권을 각 국의 일반적 사정이 허용하는 한, 일본에 유리하게 취급하는 것에 동의한다.

(b) 연합국은 본 조약에 특별한 규정이 있는 경우를 제외하고, 연합국의 모든 배상 청구권과 전쟁 수행과정에서 일본 및 그 국민이 자행한 어떤 행동으로부터 발생된 연합국 및 그 국민의 다른 청구권, 그리고 점령에 따른 직접적인 군사적 비용에 관한 연합국의 청구권을 포기한다.

## 제15조

(a) 본 조약이 일본과 해당 연합국 간에 효력이 발생된 지 9개월 이내에 신청이 있을 경우, 일본은 그 신청일로부터 6개월 이내에, 1941년 12월 7일부터 1945년 9월 2일까지 일본에 있던 각 연합국과 그 국민의 유형 및 무형 재산과, 종류의 여하를 불문한 모든 권리 또는 이익을 반환한다. 다만, 그 소유주가 강박이나, 사기를 당하지 않고 자유로이 처분한 것은 제외한다. 그러한 재산은 전쟁으로 말미암아 부과될 수 있는 모든 부담금 및 과금을 지불하지 않는 동시에, 그 반환을 위한 어떤 과금도 지불하지 않고서 반환된다. 소유자나 그 소유자를 대신하여, 또는 그 소유자의 정부가 소장기간 내에 반환을 신청하지 않는 재산은 일본정부가 임의로 처분할 수 있다. 그러한 재산이 1941년 12월 7일에 일본 내에 존재하고 있었으나, 반환될 수 없거나, 전쟁의 결과로 손상이나 피해를 입은 경우, 1951년 7월 13일에 일본 내각에서 승인된 연합국 재산보상법안이 정하는 조건보다 불리하지 않은 조건으로 보상된다.

(b) 전쟁 중에 침해된 공업 재산권에 대해서, 일본은 현재 모두 수정되었지만, 1949년 9월 1일 시행 각령 제309호, 1950년 1월 28일 시행 각령 제12호 및 1950년 2월 1일 시행 각령 제9호에 의해 지금까지 주어진 것보다 불리하지 않은 이익을 계속해서 연합국 및 그 국민에게 제공한다. 다만, 그 연합국의 국민들이 각령에 정해진 기한까지 그러한 이익을 제공해주도록 신청한 경우에만 그러하다.

(c) (ⅰ) 1941년 12월 6일에 일본에 존재했던, 출판여부를 불문하고, 연합국과 그 국민들의 작품들에 대해서, 문학과 예술의 지적재산권이 그 날짜 이후로 계속해서 유효했음을 인정하고, 전쟁의 발발로 인해서 일본 국내법이나 관련 연합국의 법률에 의해서 어떤 회의나 협정이 폐기 혹은 중지 되었거나 상관없이, 그 날짜에 일본이 한 쪽 당사자였던 그런 회의나 협정의 시행으로, 그

날짜 이후로 일본에서 발생했거나, 전쟁이 없었다면 발생했을 권리를 승인한다.

(ii) 그 권리의 소유자 신청할 필요도 없이, 또 어떤 수수료의 지불이나 다른 어떤 형식에 구애 됨이 없이, 1941년 12월 7일부터, 일본과 관련 연합국 간의 본 협정이 시행되는 날까지의 기간은 그런 권리의 정상적인 사용기간에서 제외될 것이다. 그리고 그 기간은, 추가 6개월 의 기간을 더해서, 일본에서 번역판권을 얻기 위해서 일본어로 번역되어야 한다고 정해진 시간에서 제외될 것이다.

## 제16조

일본의 전쟁포로로서 부당하게 고통을 겪은 연합국 군인들을 배상하는 한 가지 방식으로, 일본은 전쟁기간 동안 중립국이었던 나라나, 연합국과 같이 참전했던 나라에 있는 연합국과 그 국민의 재 산, 혹은 선택사항으로 그것과 동등한 가치를, 국제적십자 위원회에 이전해 줄 것이고, 국제적십자 위원회는 그 재산을 청산해서 적절한 국제기관에 협력기금으로 분배하게 될 것이다. 공정하다고 판단될 수 있는 논리로, 과거 전쟁포로와 그 가족들의 권익을 위해서 (앞문장의 일부분) 본 협정의 제14조 (a)2(Ⅱ)(ii)부터 (Ⅴ)까지에 규정된 범위의 재산은, 본 협정이 시행되는 첫 날, 일본에 거주 하지 않는 일본국민들의 재산과 마찬가지로 이전대상에서 제외될 것이다. 이 항의 이전조항은 현 재 일본 재정기관이 보유한 국제결재은행의 주식 19,770주에 대해서는 적용되지 않는다는 것도 동시에 양해한다.

## 제17조

(a) 어떤 연합국이든지 요청하면, 연합국 국민의 소유권과 관련된 사건에서, 일본정부는 국제법에 따라서 일본 상벌위원회의 결정이나 명령을 재검토하거나 수정해야 하고, 결정이나 명령을 포 함해서, 이런 사건들의 기록을 포함한 모든 문서의 사본을 제공해야 한다. 원상복구가 옳다는 재검토나 수정이 나온 사건에서는, 제15조의 조항이 관련 소유권에 적용되어야 할 것이다.

(b) 일본정부는 필요한 조치를 취해서, 일본과 관련 연합국 간의 본 협정이 시행되는 첫날로부터 1년 이내에 언제라도, 어떤 연합국 국민이든지 1941년 12월 7일과 시행되는 날 사이에 일본법 정으로부터 받은 어떤 판결에 대해서도, 일본 관계당국에 재심을 신청할 수 있도록 해야 하며, 이것은 그 국민이 원고나 피고로서 적절한 제청을 할 수 있는 어떤 소추에서라도 적용되어야 한다. 일본정부는 해당 국민이 그러한 어떤 재판에 의해 손해를 입었을 경우에는, 그 사람을 그 재판을 하기 전의 상태로 원상복구시켜 주도록 하거나, 그 사람이 공정하고 정당한 구제를 받 을 수 있도록 조치해야 한다.

## 제18조

(a) 전쟁상태의 개입은, (채권에 관한 것을 포함한)기존의 의무 및 계약으로부터 금전상의 채무를 상환할 의무, 그리고 전쟁상태 이전에 취득된 권리로서, 일본정부나 그 국민들이 연합국의 한

나라의 정부나 그 국민들에게 또는 연합국의 한 나라의 정부나 그 국민들이 일본정부나 그 국민들에게 주어야 하는 권리에 영향을 미치지 않는다는 것을 인정한다. 그와 마찬가지로 전쟁상태의 개입은 전쟁상태 이전에 발생한 것으로, 연합국의 한 나라의 정부가 일본정부에 대해, 또는 일본정부가 연합국의 한나라의 정부에 대해 제기하건, 재제기할 수 있는 재산의 멸실이나, 손해 또는 개인적 상해나, 사망으로 인한 청구권을 검토할 의무에 영향을 미치는 것으로 간주되지 않는다. 이 항의 규정은 제41조에 의해 부여되는 권리를 침해하지 않는다.

(b) 일본은 일본의 전쟁 전의 대외채무에 관한 책임과, 뒤에 일본의 책임이라고 선언된 단체들의 채무에 관한 책임을 질 것을 천명하면서, 빠른 시일 내에 그러한 채무의 지불 재개에 대해 채권자들과 협상을 시작하고, 전쟁 전의 다른 청구권들과 의무들에 대한 협상을 촉진하며, 그에 따라 상환을 용이하게 하겠다는 의향을 표명한다.

## 제19조

(a) 일본은 전쟁으로부터 발생했건, 전쟁상태의 존재로 말미암아 취해진 조치들로부터 발생한 연합국들과 그 국민들에 대한 일본 및 일본 국민들의 모든 청구권을 포기하는 한편, 본 조약이 발효되기 전에 일본영토 내에서 연합국 군대나 당국의 존재, 직무수행 또는 행동들로부터 생긴 모든 청구권을 포기한다.

(b) 앞에서 언급한 포기에는 1939년 9월 1일부터 본 조약의 효력발생 시까지의 사이에 일본의 선박에 관해서 연합국이 취한 조치로부터 생긴 청구권은 물론 연합국의 수중에 있는 일본전쟁포로와 민간인 피억류자에 관해서 생긴 모든 청구권 및 채권이 포함된다. 다만, 1945년 9월 2일 이후 어떤 연합국이 제정한 법률로 특별히 인정된 일본인의 청구권은 포함되지 않는다.

(c) 일본정부는 또한 상호포기를 조건으로 정부 간의 청구권 및 전쟁 중에 입은 멸실 또는 손해에 관한 청구권을 포함한 독일과 독일 국민에 대한 (채권을 포함한) 모든 청구권을 일본정부와 일본국민을 위해서 포기한다. 다만, (a)1939녀 9월 1일 이전에 체결된 계약 및 취득된 권리에 관한 청구권과, (b)1945년 9월 2일 후에 일본과 독일 간의 무역 및 금융의 관계로부터 생긴 청구권은 제외한다. 그러한 포기는 본 조약 제16조 및 제20조에 따라 취해진 조치들에 저촉되지 않는다.

(d) 일본은 점령기간 동안, 점령당국의 지시에 따라 또는 그 지시의 결과로 행해졌거나 당시의 일본법에 의해 인정된 모든 작위 또는 부작위 행위의 효력을 인정하며, 연합국 국민들에게 그러한 작위 또는 부작위 행위로부터 발생하는 민사 또는 형사책임을 묻는 어떤 조치도 취하지 않는다.

## 제20조

일본은 1945년 베를린 회의의 협약의정서에 따라 일본 내의 독일재산을 처분할 권리를 가지게 되는 제국이 그러한 재산의 처분을 결정하거나 결정할 수 있도록 보장하기 위한 필요한 모든 조치를 취한다. 그리고 그러한 재산이 최종적으로 처분될 때까지 그 보존 및 관리에 대한 책임을 진다.

## 제21조

중국은 본 조약 제25조의 규정에 관계없이, 제10조 및 제14조 (a)2의 이익을 받을 권리를 가지며, 한국은 본 조약의 제2조, 제4조, 제9조 및 제12조의 이익을 받을 권리를 가진다.

## 제6장 분쟁의 해결

### 제22조

본 조약의 어떤 당사국이 볼 때, 특별청구권재판소나 다른 합의된 방법으로 해결되지 않는 본 조약의 해석 또는 실행에 관한 분쟁이 발생한 경우, 그러한 분쟁은 어떤 분쟁 당사국의 요청에 의해 그러한 분쟁에 대한 결정을 얻기 위해 국제사법재판소로 회부된다. 일본과, 아직 국제사법재판소 규정상의 당사국이 아닌 연합국은 각각 본 조약을 비준할 때, 그리고 1946년 10월 15일의 국제연합안전보장이사회의 결의에 따라, 특별한 합의 없이, 이 조항에서 말하는 모든 분쟁에 대한 국제사법재판소의 전반적인 관할권을 수락하는 일반선언서를 동 재판소 서기에 기탁한다.

## 제7장 최종조항

### 제23조

(a) 본 조약은 일본을 포함하여 본 조약에 서명하는 나라에 의해 비준된다. 본 조약은 비준서가 일본에 의해, 그리고 호주, 캐나다, 실론, 프랑스, 인도네시아, 네덜란드, 뉴질랜드, 필리핀, 영국과 북아일랜드, 미국 중, 가장 중요한 점령국인 미국을 포함한 과반수에 의해 기탁되었을 때, 그것을 비준한 모든 나라들에게 효력을 발한다.

(b) 일본이 비준서를 기탁한 후 9개월 이내에 본 조약이 발효되지 않는다면, 본 조약을 비준한 나라는 모두 일본이 비준서를 기탁한 후 3년 이내에 일본정부 및 미국정부에 그러한 취지를 통고함으로써 자국과 일본 사이에 본 조약을 발효시키게 할 수 있다.

### 제24조

모든 비준서는 미국정부에 기탁해야 한다. 미국정부는 제23조 (a)에 의거한 본 조약의 효력발생일과 제23조 (b)에 따라 행해지는 어떤 통고를 모든 서명국에 통지한다.

### 제25조

본 조약의 적용상, 연합국이란 일본과 전쟁하고 있던 나라들이나, 이전 제23조에 명명된 나라의 영토의 일부를 이루고 있었던 어떤 나라를 말한다. 다만, 각 경우 관련된 나라가 본 조약에 서명하여, 본 조약을 비준하는 것으로 조건으로 한다. 본 조약은 제21조의 규정에 따라 여기에 정의된 연합국이 아닌 나라에 대해서는 어떠한 권리나, 소유권 또는 이익도 주지 않는다. 아울러 본 조약의 어떠한 규정에 의해 앞에서 정의된 연합국이 아닌 나라를 위해 일본의 어떠한 권리나, 소유권 또는 이익이 제한되건, 훼손되지 않는다.

## 제26조

일본은 1942년 1월 1일 국제연합선언문에 서명하건, 동의하는 어떤 국가와, 일본과 전쟁상태에 있는 어떤 국가, 또는 이전에 본 조약의 서명국이 아닌 제23조에 명명된 어떤 국가의 영토의 일부를 이루고 있던 어떤 나라와 본 조약에 규정된 것과 동일하거나, 실질적으로 동일한 조건으로 양자 간의 평화조약을 체결할 준비를 해야 한다. 다만, 이러한 일본의 의무는 본 조약이 최초로 발효된 지 3년 뒤에 소멸된다. 일본이 조약이 체결할 준비를 해야 한다. 다만, 이러한 의무는 본 조약이 최초로 발효된 지 3년 뒤에 소멸된다. 일본이 본 조약이 제공하는 것보다 더 많은 이익을 주는 어떤 국가와 평화적인 해결을 하건, 전쟁청구권을 처리할 경우, 그러한 이익은 본 조약의 당사국들에게도 적용되어야 한다.

## 제27조

본 조약은 미국정부의 기록보관소에 저장된다. 미국정부는 인증된 등본을 각 서명국에 교부한다. 이상으로 서명의 전권대표는 본 조약에 서명했다.

1951년 9월 8일, 샌프란시스코 시에서 동일한 자격의 정문인 영어, 프랑스어 및 스페인어로, 그리고 일본어로 작성되었다.


# 2. 한일기본관계에 관한 조약

대한민국과 일본국 간의 기본관계에 관한 조약

대한민국과 일본국은,

양국 국민관계의 역사적 배경과, 선린관계와 주권상호존중의 원칙에 입각한 양국 관계의 정상화에 대한 상호 희망을 고려하며, 양국의 상호 복지와 공통 이익을 증진하고 국제평화와 안전을 유지하는데 있어서 양국이 국제연합 헌장의 원칙에 합당하게 긴밀히 협력함이 중요하다는 것을 인정하며, 또한 1951.9.8 샌프란시스코 시에서 서명된 일본국과의 평화조약의 관계규정과 1948.12.12 국제연합총회에서 채택된 결의 제195호(Ⅲ)를 상기하며, 본 기본관계에 관한 조약을 체결하기로 결정하여, 이에 다음과 같이 양국 간의 전권위원을 임명하였다.


대한민국
대한민국 외무부장관 이동원
대한민국 특명전권대사 김동조

일본국
일본국 외무대신 시이나 에쓰사부로(椎名悅三郞))
다카스끼 신이치(高杉晋一)

이들 전권위원은 그들의 전권위임장을 상호 제시하고 그것이 상호 타당하다고 인정한 후 다음의 제 조항에 합의하였다.

第1조 양 체약 당사국 간에 외교 및 영사관계를 수립한다. 양 체약 당사국은 대사급 외교사절을 지체 없이 교환한다. 양 체약 당사국은 또한 양국 정부에 의하여 합의되는 장소에 영사관을 설치한다.

第2조 1910년 8월 22일 및 그 이전에 대한제국과 대일본제국 간에 체결된 모든 조약 및 협정이 이미 무효임을 확인한다.

第3조 대한민국정부가 국제연합총회의 결정 제195호(Ⅲ)에 명시된 바와 같이 한반도에 있어서의 유일한 합법정부임을 확인한다.

第4조
(가) 양 체약 당사국은 양국 상호 간의 관계에 있어서 국제연합 헌장의 원칙을 지침으로 한다.
(나) 양 체약 당사국은 양국의 상호의 복지와 공통의 이익을 증진함에 있어서 국제연합 헌장의 원칙에 합당하게 협력한다.

第5조 양 체약 당사국은 양국의 무역, 해운 및 기타 통상상의 관계를 안정되고 우호적인 기초 위에 두기 위하여 조약 또는 협정을 체결하기 위한 교섭을 실행 가능한 한 조속히 시작한다.

第6조 양 체약 당사국은 민간항공 운수에 관한 협정을 체결하기 위하여 실행 가능한 한 조속히 교섭을 시작한다.

第7조 본 조약은 비준되어야 한다. 비준서는 가능한 한 조속히 서울에서 교환한다.

본 조약은 비준서가 교환된 날로부터 효력을 발생한다.

이상의 증거로써 각 전권위원은 본 조약에 서명 날인한다.
1965년 6월 22일 동경에서 동등하게 정본인 한국어, 일본어 및 영어로 2통을 작성하였다. 해석에 상위가 있을 경우에는 영어본에 따른다.

대한민국을 위하여 이동원 김동조
일본국을 위하여 椎名悦三郎 高杉晋一

# 3. 조약법에 관한 비엔나 협약

조약법에 관한 비엔나협약 (조약법)

이 협약의 당사국은, 국제관계의 역사에 있어서 조약의 근본적 역할을 고려하고, 제국가의 헌법상 및 사회적 제도에 관계없이 국제법의 법원으로서 또한 제 국가 간의 평화적 협력을 발전시키는 수단으로서의 조약의 점증하는 중요성을 인정하며, 자유로운 동의와 신의성실의 원칙 및 약속은 준수하여야 한다는 규칙이 보편적으로 인정되고 있음에 유의하며, 다른 국제분쟁과 같이 조약에 관한 분쟁은 평화적 수단에 의하여 또한 정의와 국제법의 원칙에 의거하여 해결되어야 함을 확인하며, 정의가 유지되며 또한 조약으로부터 발생하는 의무에 대한 존중이 유지될 수 있는 조건을 확립하고자 하는 국제연합의 제 국민의 결의를 상기하며, 제국민의 평등권과 자결, 모든 국가의 주권 평등과 독립, 제국가의 국내문제에 대한 불간섭, 힘의 위협 또는 사용의 금지 및 모든 자의 인권과 기본적 자유에 대한 보편적 존중과 그 준수의 제 원칙 등 국제연합 헌장에 구현된 국제법의 제 원칙에 유념하며, 이 협약 속에 성취된 조약법의 법전화와 점진적 발전은 국제연합헌장에 규정된 국제연합의 제 목적, 즉 국제평화와 안전의 유지, 국가 간의 우호관계의 발전 및 협력의 달성을 촉진할 것임을 확신하며, 관습국제법의 제 규칙은 이 협약의 제 규정에 의하여 규제되지 아니하는 제 문제를 계속 규율할 것임을 확인하여 다음과 같이 합의하였다.

## 제1부 총강

제1조 (협약의 범위)

이 협약은 국가 간의 조약에 적용된다.

제2조 (용어의 사용)

① 이 협약의 목적상,

(a) '조약'이라 함은 단일의 문서에 또는 2 또는 그 이상의 관련문서에 구현되고 있는가에 관계없이 또한 그 특정의 명칭에 관계없이, 서면형식으로 국가 간에 체결되며 또한 국제법에 의하여 규율되는 국제적 합의를 의미한다.

(b) '비준' '수락' '승인' 및 '가입'이라 함은, 국가가 국제적 측면에서 조약에 대한 국가의 기속적 동의를 확정하는 경우에, 각 경우마다 그렇게 불리는 국제적 행위를 의미한다.

(c) '전권위임장'이라 함은, 조약문을 교섭·채택 또는 정본인증하기 위한 목적으로 또는 조약에 대한 국가의 기속적 동의를 표시하기 위한 목적으로 또는 조약에 관한 기타의 행위를 달성하기 위한 목적으로, 국가를 대표하기 위하여 국가의 권한 있는 당국이 1 또는 수명을 지정하는 문서를 의미한다.

(d) '유보'라 함은, 자구 또는 명칭에 관계없이, 조약의 서명·비준·수락·승인 또는 가입 시에, 국가가 그 조약의 일부 규정을 자국에 적용함에 있어서 그 조약의 일부 규정의 법적효과를 배제하거나 또는 변경시키고자 의도하는 경우에, 그 국가가 행하는 일방적 성명을 의미한다.

(e) '교섭국'이라 함은 조약문의 작성 및 채택에 참가한 국가를 의미한다.

(f) '체약국'이라 함은, 조약이 효력을 발생하였는지의 여부에 관계없이, 그 조약에 대한 기속적 동의를 부여한 국가를 의미한다.

(g) '당사국'이라 함은 조약에 대한 기속적 동의를 부여하였으며 또한 그에 대하여 그 조약이 발효하고 있는 국가를 의미한다.

(h) '제3국'이라 함은 조약의 당사국이 아닌 국가를 의미한다.

(i) '국제기구'라 함은 정부 간 기구를 의미한다.

② 이 협약에 있어서 용어의 사용에 관한 상기 1항의 규정은 어느 국가의 국내법상 그러한 용어의 사용 또는 그러한 용어에 부여될 수 있는 의미를 침해하지 아니한다.


제3조 (이 협약의 범위에 속하지 아니하는 국제적 합의)

국가와 국제법의 다른 주체 간 또는 국제법의 그러한 다른 주체 간에 체결되는 국제적 합의, 또는 서면형식에 의하지 아니한 국제적 합의에 대하여, 이 협약이 적용되지 아니한다는 사실은 다음의 것에 영향을 주지 아니한다.

(a) 그러한 합의의 법적 효력.

(b) 이 협약과는 별도로 국제법에 따라 그러한 합의가 복종해야 하는 이 협약상의 규칙을 그러한 합의에 적용하는 것.

(c) 다른 국제법 주체도 당사자인 국제적 합의에 따라 그러한 국가 간에서 그들의 관계에 이 협약을 적용하는 것.


제4조 (협약의 불소급)

이 협약과는 별도로 국제법에 따라 조약이 복종해야 하는 이 협약상의 규칙의 적용을 침해함이 없이, 이 협약은 그 발효 후에 국가에 의하여 체결되는 조약에 대해서만 그 국가에 대하여 적용된다.


제5조 (국제기구를 성립시키는 조약 및 국제기구 내에서 채택되는 조약)

이 협약은, 국제기구의 관계규칙을 침해함이 없이, 국제기구의 성립 문서가 되는 조약과 국제기구 내에서 채택되는 조약에 적용된다.

# 제2부 조약의 체결 및 발효

## 제1절 조약의 체결

### 제6조 (국가의 조약체결능력)

모든 국가는 조약을 체결하는 능력을 가진다.

### 제7조 (전권위임장)

① 누구나, 다음의 경우에는, 조약문의 채택 또는 정본인증을 위한 목적으로 또는 조약에 대한 국가의 기속적 동의를 표시하기 위한 목적으로 국가를 대표하는 것으로 간주된다.

 (a) 적절한 전권위임장을 제시하는 경우, 또는

 (b) 관계 국가의 관행 또는 기타의 사정으로 보아, 상기의 목적을 위하여 그 자가 그 국가를 대표하는 것으로 간주되었으며 또한 전권위임장을 필요로 하지 아니하였던 것이 관계 국가의 의사에서 나타나는 경우

② 다음의 자는, 그의 직무상 또한 전권 위임장을 제시하지 않아도, 자국을 대표하는 것으로 간주된다.

 (a) 조약의 체결에 관련된 모든 행위를 수행할 목적으로서는 국가원수·정부수반 및 외무부장관

 (b) 파견국과 접수국 간의 조약문을 채택할 목적으로서는 외교공관장

 (c) 국제회의·국제기구 또는 그 국제기구의 어느 한 기관 내에서 조약문을 채택할 목적으로서는, 국가에 의하여 그 국제회의 그 국제기구 또는 그 기구의 그 기관에 파견된 대표

### 제8조 (권한 없이 행한 행위의 추인)

 제7조에 따라 조약체결의 목적으로 국가를 대표하기 위하여 권한을 부여받은 것으로 간주될 수 없는 자가 행한 조약체결에 관한 행위는, 그 국가에 의하여 추후 확인되지 아니하는 한, 법적 효과를 가지지 아니한다.

### 제9조 (조약문의 채택)

① 조약문의 채택은, 하기 2항에 규정된 경우를 제외하고, 그 작성에 참가한 모든 국가의 동의에 의하여 이루어진다.

② 국제회의에서의 조약문의 채택은, 출석하여 투표하는 국가의 3분의 2의 찬성에 의하여 그 국가들이 다른 규칙을 적용하기로 결정하지 아니하는 한, 3분의 2의 다수결에 의하여 이루어진다.

### 제10조 (조약문의 정본인증)

 조약문은 다음의 것에 의하여 정본으로 또한 최종적으로 확정된다.

 (a) 조약문에 규정되어 있거나 또는 조약문의 작성에 참가한 국가가 합의하는 절차, 또는

(b) 그러한 절차가 없는 경우에는, 조약문의 작성에 참가한 국가의 대표에 의한 조약문 또는 조약문을 포함하는 회의의 최종의정서에의 서명·조건부서명 또는 가서명

## 제11조 (조약에 대한 기속적 동의의 표시방법)

조약에 대한 국가의 기속적 동의는 서명, 조약을 구성하는 문서의 교환, 비준·수락·승인 또는 가입에 의하여 또는, 기타의 방법에 관하여 합의하는 경우에, 그러한 기타의 방법으로 표시된다.

## 제12조 (서명에 의하여 표시되는 조약에 대한 기속적 동의)

① 조약에 대한 국가의 기속적 동의는, 다음의 경우에, 국가 대표에 의한 서명에 의하여 표시된다.
  (a) 서명의 그러한 효과를 가지는 것으로 그 조약이 규정하고 있는 경우
  (b) 서명이 그러한 효과를 가져야 하는 것으로 교섭국 간에 합의되었음이 달리 확정되는 경우, 또는
  (c) 서명에 그러한 효과를 부여하고자 하는 국가의 의사가 그 대표의 전권위임장으로부터 나타나는 경우 또는 교섭 중에 표시된 경우
② 상기 1항의 목적상
  (a) 조약문의 가서명이 그 조약의 서명을 구성하는 것으로 교섭국 간에 합의되었음이 확정되는 경우에 그 가서명은 그 조약문의 서명을 구성한다.
  (b) 대표에 의한 조약의 조건부서명은 대표의 본국에 의하여 확인되는 경우에 그 조약의 완전한 서명을 구성한다.

## 제13조 (조약을 구성하는 문서의 교환에 의하여 표시되는 조약에 대한 기속적 동의)

국가 간에 교환된 문서에 의하여 구성되는 조약에 대한 국가의 기속적 동의는, 다음의 경우에 그 교환에 의하여 표시된다.
  (a) 그 교환이 그러한 효과를 가지는 것으로 그 문서가 규정하고 있는 경우 또는
  (b) 문서의 그러한 교환이 그러한 효과를 가져야 하는 것으로 관계국 간에 합의되었음이 달리 확정되는 경우

## 제14조 (비준·수락 또는 승인에 의하여 표시되는 조약에 대한 기속적동의)

① 조약에 대한 국가의 기속적 동의는 다음의 경우에 비준에 의하여 표시된다.
  (a) 그러한 동의가 비준에 의하여 표시될 것을 그 조약이 규정하고 있는 경우
  (b) 비준이 필요한 것으로 교섭국 간에 합의되었음이 달리 확정되는 경우
  (c) 그 국가의 대표가 비준되어야 할 것으로 하여, 그 조약에 서명한 경우, 또는
  (d) 비준되어야 할 것으로 하여 그 조약에 서명하고자 하는 그 국가의 의사가 그 대표의 전권위임장으로부터 나타나거나 또는 교섭 중에 표시된 경우

② 조약에 대한 국가의 기속적 동의는 비준에 적용되는 것과 유사한 조건으로 수락 또는 승인에 의하여 표시된다.

제15조 (가입에 의하여 표시되는 조약에 대한 기속적 동의)

조약에 대한 국가의 기속적 동의는 다음의 경우에 가입에 의하여 표시된다.
  (a) 그러한 동의가 가입의 방법으로 그 국가에 의하여 표시될 수 있음을 그 조약이 규정하고 있는 경우
  (b) 그러한 동의가 가입의 방법으로 그 국가에 의하여 표시될 수 있음을 교섭국 간에 합의하였음이 달리 확정되는 경우
  (c) 그러한 동의가 가입의 방법으로 그 국가에 의하여 표시될 수 있음을 모든 당사국이 추후 동의한 경우

제16조 (비준서·수락서·승인서 또는 가입서의 교환 또는 기탁)

조약이 달리 규정하지 아니하는, 한 비준서·수락서·승인서 또는 가입서는, 다음의 경우에, 조약에 대한 국가의 기속적 동의를 확정한다.
  (a) 체약국 간의 그 교환
  (b) 수탁자에의 그 기탁, 또는
  (c) 합의되는 경우 체약국 또는 수탁자에의 그 통고

제17조 (조약의 일부에 대한 기속적 동의 및 상이한 제 규정의 선택)

① 제19조 내지 제23조를 침해함이 없이, 조약의 일부에 대한 국가의 기속적 동의는 그 조약이 이를 인정하거나 또는 다른 체약국이 이에 동의하는 경우에만 유효하다.
② 상이한 제 규정의 선택을 허용하는 조약에 대한 국가의 기속적 동의는 그 동의가 어느 규정에 관련되는 것인가에 관하여 명백해지는 경우에만 유효하다.

제18조 (조약의 발효 전에 그 조약의 대상과 목적을 저해하지 아니한 의무)

국가는 다음의 경우에, 조약의 대상과 목적을 저해하게 되는 행위를 삼가야 하는 의무를 진다.
  (a) 비준·수락 또는 승인되어야 하는 조약에 서명하였거나 또는 그 조약을 구성하는 문서를 교환한 경우에는, 그 조약의 당사국이 되지 아니하고자 하는 의사를 명백히 표시할 때까지, 또는
  (b) 그 조약에 대한 그 국가의 기속적 동의를 표시한 경우에는, 그 조약이 발효 시까지 그리고 그 발효가 부당하게 지연되지 아니할 것을 조건으로 함.

## 제2절 유보

### 제19조 (유보의 형성)

국가는, 다음의 경우에 해당하지 아니하는 한, 조약에 서명·비준·수락승인 또는 가입할 때에 유보를 형성할 수 있다.

(a) 그 조약에 의하여 유보가 금지된 경우

(b) 문제의 유보를 포함하지 아니하는 특정의 유보만을 행할 수 있음을 그 조약이 규정하는 경우, 또는

(c) 상기 세항 (a) 및 (b)에 해당되지 아니하는 경우에는 그 유보가 그 조약의 대상 및 목적과 양립하지 아니하는 경우

### 제20조 (유보의 수락 및 유보에 대한 이의)

① 조약에 의하여 명시적으로 인정된 유보는, 다른 체약국에 의한 추후의 수락이 필요한 것으로 그 조약이 규정하지 아니하는 한, 그러한 추후의 수락을 필요로 하지 아니한다.

② 교섭국의 한정된 수와 또한 조약의 대상과 목적으로 보아, 그 조약의 전체를 모든 당사국 간에 적용하는 것이 조약에 대한 각 당사국의 기속적 동의의 필수적 조건으로 보이는 경우에, 유보는 모든 당사국에 의한 수락을 필요로 한다.

③ 조약이 국제기구의 성립문서인 경우로서 그 조약이 달리 규정하지 아니하는 한, 유보는 그 기구의 권한 있는 기관에 의한 수락을 필요로 한다.

④ 상기 제 조항에 해당되지 아니하는 경우로서 조약이 달리 규정하지 아니하는 한, 다음의 규칙이 적용된다.

(a) 다른 체약국에 의한 유보의 수락은, 그 조약이 유보국과 다른 유보 수락국에 대하여 유효한 경우에 또한 유효한 기간 동안, 유보국이 그 다른 유보 수락국과의 관계에 있어서 조약의 당사국이 되도록 한다.

(b) 유보에 다른 체약국의 이의는 이의 제기국이 확정적으로 반대의사를 표시하지 아니하는 한, 이의제기국과 유보국 간에 있어서의 조약의 발효를 배제하지 아니한다.

(c) 조약에 대한 국가의 기속적 동의를 표시하며 또한 유보를 포함하는 행위는 적어도 하나의 다른 체약국이 그 유보를 수락한 경우에 유효하다.

⑤ 상기 2항 및 4항의 목적상 또는 조약이 달리 규정하지 아니하는 한, 국가가 유보의 통고를 받은 후 12개월의 기간이 끝날 때까지나 또는 그 조약에 대한 그 국가의 기속적 동의를 표시한 일자까지 중 어느 것이든 나중의 시기까지 그 유보에 대하여 이의를 제기하지 아니한 경우에는, 유보가 그 국가에 의하여 수락된 것으로 간주된다.

### 제21조 (유보 및 유보에 대한 이의의 법적 효과)

① 제19조, 제20조 및 제23조에 따라 다른 당사국에 대하여 성립된 유보는 다음의 법적효과를 가진다.

(a) 유보국과 그 다른 당사국과의 관계에 있어서, 유보국에 대해서는, 그 유보에 관련되는 조약규정을 그 유보의 범위 내에서 변경한다.

(b) 다른 당사국과 유보국과의 관계에 있어서, 그 다른 당사국에 대해서는, 그러한 조약규정을 동일한 범위 내에서 변경한다.

② 유보는 일정 국가 간의 조약에 대한 다른 당사국에 대하여 그 조약규정을 수정하지 아니한다.

③ 유보에 대하여 이의를 제기하는 국가가 동 이의제기국과 유보국 간의 조약의 발효에 반대하지 아니하는 경우에, 유보에 관련되는 규정은 그 유보의 범위 내에서 양국 간에 적용되지 아니한다.


제22조 (유보 및 유보에 대한 이의의 철회)

① 조약이 달리 규정하지 아니하는 한, 유보는 언제든지 철회될 수 있으며 또한 그 철회를 위해서는 동 유보를 수락한 국가의 동의가 필요하지 아니하다.

② 조약이 달리 규정하지 아니하는 한, 유보에 대한 이의는 언제든지 철회될 수 있다.

③ 조약이 달리 규정하지 아니하는 한 또는 달리 합의되지 아니하는 한, 다음의 규칙이 적용된다.

(a) 유보의 철회는 다른 체약국이 그 통고를 접수한 때에만 그 체약국에 관하여 시행된다.

(b) 유보에 대한 이의의 철회는 동 유보를 형성한 국가가 그 통고를 접수한 때에만 시행된다.


제23조 (유보에 관한 절차)

① 유보, 유보의 명시적 수락 및 유보에 대한 이의는 서면으로 형성되어야 하며 또한 체약국 및 조약의 당사국이 될 수 있는 권리를 가진 국가에 통고되어야 한다.

② 유보가, 비준·수락 또는 승인에 따를 것으로 하여 조약에 서명한 때에 형성된 경우에는, 유보국이 그 조약에 대한 기속적 동의를 표시하는 때에 유보국에 의하여 정식으로 확인되어야 한다. 그러한 경우에 유보는 그 확인일자에 형성된 것으로 간주된다.

③ 유보의 확인 이전에 형성된 유보의 명시적 수락 또는 유보에 대한 이의는 그 자체로는 확인을 필요로 하지 아니한다.

④ 유보 또는 유보에 대한 이의의 철회는 서면으로 형성되어야 한다.


제3절 조약의 발효 및 잠정적적용

제24조 (발효)

① 조약은 그 조약이 규정하거나 또는 교섭국이 협의하는 방법으로 또한 그 일자에 발효한다.

② 그러한 규정 또는 합의가 없는 경우에는, 조약에 대한 기속적 동의가 모든 교섭국에 대하여 확정되는 대로 그 조약이 발효한다.

③ 조약에 대한 국가의 기속적 동의가 그 조약이 발효한 후의 일자에 확정되는 경우에는, 그 조약이 달리 규정하지 아니하는 한, 그 동의가 확정되는 일자에 그 조약은 그 국가에 대하여 발효한다.

④ 조약문의 정본인증, 조약에 대한 국가의 기속적 동의의 확정, 조약의 발효방법 또는 일자, 유보, 수탁자의 기능 및 조약의 발효 전에 필연적으로 발생하는 기타의 사항을 규율하는 조약규정은 조약문의 채택 시로부터 적용된다.

## 제25조 (잠정적 적용)

① 다음의 경우에 조약 또는 조약의 일부는 그 발효 시까지 잠정적으로 적용된다.
  (a) 조약자체가 그렇게 규정하는 경우, 또는
  (b) 교섭국이 다른 방법으로 그렇게 합의한 경우
② 조약이 달리 규정하지 아니하거나 또는 교섭국이 달리 합의하지 아니한 경우에는, 어느 국가가 조약이 잠정적으로 적용되고 있는 다른 국가에 대하여, 그 조약의 당사국이 되지 아니하고자 하는 의사를 통고한 경우에 그 국가에 대한 그 조약 또는 그 조약의 일부의 잠정적 적용이 종료된다.


# 제3부 조약의 준수·적용 및 해석

## 제1절 조약의 준수

### 제26조 (약속은 준수하여야 한다.)

유효한 모든 조약은 그 당사국을 구속하며 또한 당사국에 의하여 성실하게 이행되어야 한다.

### 제27조 (국내법과 조약의 준수)

어느 당사국도 조약의 불이행에 대한 정당화의 방법으로 그 국내법규정을 원용해서는 아니 된다. 이 규칙은 제46조를 침해하지 아니한다.

## 제2절 조약의 적용

### 제28조 (조약의 불소급)

별도의 의사가 조약으로부터 나타나지 아니하거나 또는 달리 확정되지 아니하는 한, 그 조약 규정은 그 발효 이전에 당사국에 관련하여 발생한 행위나 사실 또는 없어진 사태에 관하여 그 당사국을 구속하지 아니한다.

### 제29조 (조약의 영토적 범위)

별도의 의사가 조약으로부터 나타나지 아니하거나 또는 달리 확정되지 아니하는 한, 조약은 각 당사국의 전체 영역에 관하여 각 당사국을 구속한다.

제30조 (동일한 주제에 관한 계승적 조약의 적용)

① 국제연합헌장 제103조에 따를 것으로 하여 동일한 주제에 관한 계승적 조약의 당사국의 권리와 의무는 아래의 조항에 의거하여 결정된다.

② 조약이전 조약 또는 후 조약에 따를 것을 명시하고 있거나, 또는 전 조약 또는 후 조약과 양립하지 아니하는 것으로 간주되지 아니함을 명시하고 있는 경우에는 그 다른 조약의 규정이 우선한다.

③ 전 조약의 모든 당사국이 동시에 후 조약의 당사국이나, 전 조약이 제59조에 따라 종료되지 아니하거나 또는 시행 정지되지 아니하는 경우에, 전 조약은 그 규정이 후 조약의 규정과 양립하는 범위 내에서만 적용된다.

④ 후 조약의 당사국이 전 조약의 모든 당사국을 포함하지 아니하는 경우에는, 다음의 규칙이 적용된다.

 (a) 양 조약의 당사국 간에는 상기 3항과 같은 동일한 규칙이 적용된다.

 (b) 양 조약의 당사국과 어느 한 조약의 당사국 간에는, 그 양국이 다 같이 당사국인 조약이 그들 상호 간의 권리와 의무를 규율한다.

⑤ 상기 4항은 제41조에 대하여, 또는 제60조의 규정에 따른 조약의 종료 또는 시행정지에 관한 문제에 대하여, 또는 다른 조약에 따른 다른 국가에 대한 어느 국가의 의무와 조약규정이 양립하지 아니하는 조약의 체결 또는 적용으로부터 그 어느 국가에 대하여 야기될 수 있는 책임문제를 침해하지 아니한다.


## 제3절 조약의 해석

제31조 (해석의 일반규칙)

① 조약은 조약문의 문맥 및 조약의 대상과 목적으로 보아, 그 조약의 문맥에 부여되는 통상적 의미에 따라 성실하게 해석되어야 한다.

② 조약의 해석 목적상 문맥은 조약문에 추가하여 조약의 전문 및 부속서와 함께 다음의 것을 포함한다.

 (a) 조약의 체결에 관련하여 모든 당사국 간에 이루어진 그 조약에 관한 합의

 (b) 조약의 체결에 관련하여, 1 또는 그 이상의 당사국이 작성하고 또한 다른 당사국이 그 조약에 관련되는 문서로서 수락한 문서

③ 문맥과 함께 다음의 것이 참작되어야 한다.

 (a) 조약의 해석 또는 그 조약규정의 적용에 관한 당사국 간의 추후의 합의

 (b) 조약의 해석에 관한 당사국의 합의를 확정하는 그 조약 적용에 있어서의 추후의 관행

 (c) 당사국 간의 관계에 적용될 수 있는 국제법의 관계규칙

④ 당사국의 특별한 의미를 특정용어에 부여하기로 의도하였음이 확정되는 경우에는 그러한 의미가 부여된다.

제32조 (해석의 보충적 수단)

제31조의 적용으로부터 나오는 의미를 확인하기 위하여, 또는 제31조에 따라 해석하면 다음과 같이 되는 경우에 그 의미를 결정하기 위하여, 조약의 교섭 기록 및 그 체결시의 사정을 포함한 해석의 보충적 수단에 의존할 수 있다.

(a) 의미가 모호해지거나 또는 애매하게 되는 경우, 또는

(b) 명백히 불투명하거나 또는 불합리한 결과를 초래하는 경우

제33조 (2 또는 그 이상의 언어가 정본인 조약의 해석)

① 조약이 2 또는 그 이상의 언어에 의하여 정본으로 확정된 때에는, 상위가 있을 경우에 특정의 조약문이 우선함을 그 조약이 규정하지 아니하거나 또는 당사국이 합의하지 아니하는 한, 각 언어로 작성된 조약문은 동등하게 유효하다.

② 조약의 정본으로 사용된 언어중의 어느 하나 이외의 다른 언어로 작성된 조약의 번역문은 이를 정본으로 간주함을 조약이 규정하거나 또는 당사국이 이에 합의하는 경우에만 정본으로 간주된다.

③ 조약의 용어는 각 정본상 동일한 의미를 가지는 것으로 추정된다.

④ 상기 1항에 의거하여 특정의 조약문이 우선하는 경우를 제외하고, 제31조 및 제32조의 적용으로 제거되지 아니하는 의미의 차이가 정본의 비교에서 노정되는 경우에는, 조약의 대상과 목적을 고려하여 최선으로 조약문과 조화되는 의미를 채택한다.

## 제4절 조약과 제3국

제34조 (제3국에 관한 일반 규칙)

조약은 제3국에 대하여 그 동의 없이는 의무 또는 권리를 창설하지 아니한다.

제35조 (제3국에 대하여 의무를 규정하는 조약)

조약의 당사국이, 조약규정을 제3국에 대하여 의무를 설정하는 수단으로 의도하며 또한 그 제3국이 서면으로 그 의무를 명시적으로 수락하는 경우에는, 그 조약의 규정으로부터 그 제3국에 대하여 의무가 발생한다.

제36조 (제3국에 대하여 권리를 규정하는 조약)

① 조약의 당사국이 제3국 또는 제3국이 속하는 국가의 그룹 또는 모든 국가에 대하여 권리를 부여하는 조약규정을 의도하며 또한 그 제3국이 이에 동의하는 경우에는, 그 조약의 규정으로부터 그 제3국에 대하여 권리가 발생한다. 조약이 달리 규정하지 아니하는 한 제3국의 동의는 반대의 표시가 없는 동안 있은 것으로 추정된다.

② 상기 1항에 의거하여 권리를 행사하는 국가는 조약에 규정되어 있거나 또는 조약에 의거하여

확정되는 그 권리행사의 조건에 따라야 한다.

제37조 (제3국의 의무 또는 권리의 취소 또는 변경)

① 제35조에 따라 제3국에 대하여 의무가 발생한 때에는 조약의 당사국과 제3국이 달리 합의하였음이 확정되지 아니하는 한, 그 의무는 조약의 당사국과 제3국의 동의를 얻는 경우에만 취소 또는 변경될 수 있다.

② 제36조에 따라 제3국에 대하여 권리가 발생한 때에는, 그 권리가 제3국의 동의 없이 취소 또는 변경되어서는 아니 되는 것으로 의도되었음이 확정되는 경우에 그 권리는 당사국에 의하여 취소 또는 변경될 수 없다.

제38조 (국제 관습을 통하여 제3국을 구속하게 되는 조약상의 규칙)

제34조 내지 제37조의 어느 규정도 조약에 규정된 규칙이 관습국제법의 규칙으로 인정된 그러한 규칙으로서 제3국을 구속하게 되는 것을 배제하지 아니한다.


# 제4부 조약의 개정 및 변경

제39조 (조약의 개정에 관한 일반규칙)

조약은 당사국 간의 합의에 의하여 개정될 수 있다. 제2부에 규정된 규칙은 조약이 달리 규정하는 경우를 제외하고 그러한 합의에 적용된다.

제40조 (다자조약의 개정)

① 조약이 달리 규정하지 아니하는 한, 다자조약의 개정은 아래의 조항에 의하여 규율된다.

② 모든 당사국 간에서 다자조약을 개정하기 위한 제의는 모든 체약국에 통고되어야 하며, 각 체약국은 다음의 것에 참여할 권리를 가진다.

  (a) 그러한 제의에 관하여 취하여질 조치에 관한 결정

  (b) 그 조약의 개정을 위한 합의의 교섭 및 성립

③ 조약의 당사국이 될 수 있는 권리를 가진 모든 국가는 개정되는 조약의 당사국이 될 수 있는 권리를 또한 가진다.

④ 개정하는 합의는 개정하는 합의의 당사국이 되지 아니하는 조약의 기존 당사국인 어느 국가도 구속하지 아니한다. 그러한 국가에 관해서는 제30조 4항 (b)가 적용된다.

⑤ 개정하는 합의의 발효 후에 조약의 당사국이 되는 국가는 그 국가에 의한 별도 의사의 표시가 없는 경우에 다음과 같이 간주된다.

  (a) 개정되는 조약의 당사국으로 간주된다.

(b) 개정하는 합의에 의하여 구속되지 아니하는 조약의 당사국과의 관계에 있어서는 개정되지 아니한 조약의 당사국으로 간주된다.

제41조 (일부 당사국에서만 다자조약을 변경하는 합의)

① 다자조약의 2 또는 그 이상의 당사국은 다음의 경우에 그 당사국 간에서만 조약을 변경하는 합의를 성립시킬 수 있다.

　(a) 그러한 변경의 가능성이 그 조약에 의하여 규정된 경우 또는

　(b) 문제의 변경이 그 조약에 의하여 금지되지 아니하고 또한

　(i) 다른 당사국이 그 조약에 따라 권리를 향유하며 또는 의무를 이행하는 것에 영향을 주지 아니하며

　(ii) 전체로서의 그 조약의 대상과 목적의 효과적 수행과 일부 변경이 양립하지 아니하는 규정에 관련되지 아니하는 경우

② 상기 1항 (a)에 해당하는 경우에 조약이 달리 규정하지 아니하는 한 문제의 당사국은 그 합의를 성립시키고자 하는 의사와 그 합의가 규정하는 그 조약의 변경을 타방 당사국에 통고하여야 한다.


## 제5부 조약의 부적법·종료 또는 시행정지

### 제1절 일반 규정

제42조 (조약의 적법성 및 효력의 계속)

① 조약의 적법성 또는 조약에 대한 국가의 기속적 동의의 적법성은 이 협약의 적용을 통해서만 부정될 수 있다.

② 조약의 종료, 그 폐기 또는 당사국의 탈퇴는 그 조약의 규정 또는 이 협약의 적용의 결과로서만 행하여질 수 있다. 동일한 규칙이 조약의 시행정지에 적용된다.


제43조 (조약과는 별도로 국제법에 의하여 부과되는 의무)

이 협약 또는 조약규정의 적용의 결과로서, 조약의 부적법·종료 또는 폐기, 조약으로부터의 당사국의 탈퇴 또는 그 시행정지는 그 조약과는 별도로 국제법에 따라 복종해야 하는 의무로서 그 조약에 구현된 것을 이행해야 하는 국가의 책무를 어떠한 방법으로도 경감시키지 아니한다.


제44조 (조약 규정의 가분성)

① 조약에 규정되어 있거나 또는 제56조에 따라 발생하는 조약의 폐기·탈퇴 또는 시행 정지시킬 수 있는 당사국의 권리는, 조약이 달리 규정하지 아니하거나 또는 당사국이 달리 합의하지 아니하는 한, 조약 전체에 관해서만 행사될 수 있다.

② 이 협약에서 인정되는 조약의 부적법화·종료·탈퇴 또는 시행정지의 사유는, 아래의 제 조항 또는 제60조에 규정되어 있는 것을 제외하고, 조약 전체에 관해서만 원용될 수 있다.

③ 그 사유가 특정의 조항에만 관련되는 경우에는, 다음의 경우에, 그러한 조항에 관해서만 원용될 수 있다.

    (a) 당해 조항이 그 적용에 관련하여 그 조약의 잔여 부분으로부터 분리될 수 있으며

    (b) 당해 조항의 수락이 전체로서의 조약에 대한 1 또는 그 이상의 다른 당사국의 기속적 동의의 필수적 기초가 아니었던 것이 그 조약으로부터 나타나거나 또는 달리 확정되며, 또한

    (c) 그 조약의 잔여 부분의 계속적 이행이 부당하지 아니한 경우

④ 제49조 및 제50조에 해당하는 경우에 기만 또는 부정을 원용하는 권리를 가진 국가는, 조약 전체에 관하여 또는 상기 3항에 따를 것으로 하여, 특정의 조항에 관해서만 그렇게 원용할 수 있다.

⑤ 제50조, 제52조 및 제53조에 해당하는 경우에는 조약규정의 분리가 허용되지 아니한다.


제45조 (조약의 부적법화·종료·탈퇴 또는 그 시행정지의 사유를 원용하는 권리의 상실)

  국가는, 다음의 경우에, 사실을 알게 된 후에는, 제46조 내지 제50조 또는 제60조 및 제62조에 따라 조약의 부적법화·종료·탈퇴 또는 시행정지의 사유를 원용할 수 없다.

    (a) 경우에 따라, 그 조약이 적법하다는 것 또는 계속 유효하다는 것 또는 계속 시행된다는 것에 그 국가가 명시적으로 동의한 경우, 또는

    (b) 그 국가의 행동으로 보아 조약의 적법성 또는 그 효력이나 시행의 존속을 묵인한 것으로 간주되어야 하는 경우


## 제2절 조약의 부적법

제46조 (조약 체결권에 관한 국내법 규정)

① 조약체결권에 관한 국내법 규정의 위반이 명백하며 또한 근본적으로 중요한 국내법 규칙에 관련되지 아니하는 한, 국가는 조약에 대한 그 기속적 동의를 부적법화하기 위한 것으로 그 동의가 그 국내법 규정에 위반하여 표시되었다는 사실을 원용할 수 없다.

② 통상의 관행에 의거하고 또한 성실하게 행동하는 어느 국가에 대해서도 위반이 객관적으로 분명한 경우에는 그 위반은 명백한 것이 된다.


제47조 (국가의 동의 표시 권한에 대한 특정의 제한)

  어느 조약에 대한 국가의 기속적 동의를 표시하는 대표의 권한이 특정의 제한에 따를 것으로 하여 부여된 경우에, 그 대표가 그 제한을 준수하지 아니한 것은, 그러한 동의를 표시하기 전에 그 제한을 다른 교섭국에 통고하지 아니한 한, 그 대표가 표시한 동의를 부적법화하는 것으로 원용될 수 없다.

제48조 (착오)

① 조약상의 착오는, 그 조약이 체결된 당시에 존재한 것으로 국가가 추정한 사실 또는 사태로서, 그 조약에 대한 국가의 기속적 동의의 본질적 기초를 구성한 것에 관한 경우에, 국가는 그 조약에 대한 그 기속적 동의를 부적법화하는 것으로 그 착오를 원용할 수 있다.

② 문제의 국가가 자신의 행동에 의하여 착오를 유발하였거나 또는 그 국가가 있을 수 있는 착오를 감지할 수 있는 등의 사정하에 있는 경우에는 상기 1항이 적용되지 아니한다.

③ 조약문의 자구에만 관련되는 착오는 조약의 적법성에 영향을 주지 아니한다. 그 경우에는 제79조가 적용된다.

제49조 (기만)

국가가 다른 교섭국의 기만적 행위에 의하여 조약을 체결하도록 유인된 경우에 그 국가는 조약에 대한 자신의 기속적 동의를 부적법화하는 것으로 그 기만을 원용할 수 있다.

제50조 (국가 대표의 부정)

조약에 대한 국가의 기속적 동의의 표시가 직접적으로 또는 간접적으로 다른 교섭국에 의한 그 대표의 부정을 통하여 감행된 경우에, 그 국가는 조약에 대한 자신의 기속적 동의를 부적법화하는 것으로 그 부정을 원용할 수 있다.

제51조 (국가 대표의 강제)

국가 대표에게 정면으로 향한 행동 또는 위협을 통하여 그 대표에 대한 강제에 의하여 감행된 조약에 대한 국가의 기속적 동의 표시는 법적효력을 가지지 아니한다.

제52조 (힘의 위협 또는 사용에 의한 국가의 강제)

국제연합 헌장에 구현된 국제법의 제 원칙을 위반하여 힘의 위협 또는 사용에 의하여 조약의 체결이 감행된 경우에 그 조약은 무효이다.

제53조 (일반국제법의 절대규범(강행규범)과 충돌하는 조약)

조약은 그 체결당시에 일반국제법의 절대규범과 충돌하는 경우에 무효이다. 이 협약의 목적상 일반국제법의 절대규범은, 그 이탈이 허용되지 아니하며 또한 동일한 성질을 가진 일반 국제법의 추후의 규범에 의해서만 변경될 수 있는 규범으로, 전체로서의 국제 공동사회가 수락하며 또한 인정하는 규범이다.

제3절 조약의 종료 및 시행정지

제54조 (조약규정 또는 당사국의 동의에 따른 조약의 종료 또는 조약으로부터의 탈퇴)

　조약의 종료 또는 당사국의 탈퇴는 다음의 경우에 행하여 질 수 있다.

　(a) 그 조약의 규정에 의거하는 경우, 또는

　(b) 다른 체약국과 협의한 후에 언제든지 모든 당사국의 동의를 얻는 경우


제55조 (다자조약의 발효에 필요한 수 이하로의 그 당사국수의 감소)

　조약이 달리 규정하지 아니하는 한, 다자조약은 그 당사국수가 그 발효에 필요한 수 이하로 감소
하는 사실만을 이유로 종료하지 아니한다.


제56조 (종료·폐기 또는 탈퇴에 관한 규정을 포함하지 아니하는 조약의 폐기 또는 탈퇴)

　① 종료에 관한 규정을 포함하지 아니하며 또한 폐기 또는 탈퇴를 규정하고 있지 아니하는 조약은,
　　다음의 경우에 해당되지 아니하는 한, 폐기 또는 탈퇴가 인정되지 아니한다.

　(a) 당사국이 폐기 또는 탈퇴의 가능성을 인정하고자 하였음이 확정되는 경우, 또는

　(b) 폐기 또는 탈퇴의 권리가 조약의 성질상 묵시되는 경우

　② 당사국은 상기 1항에 따라 조약의 폐기 또는 탈퇴 의사를 적어도 12개월 전에 통고하여야 한다.


제57조 (조약 규정 또는 당사국의 동의에 의한 조약의 시행정지)

　모든 당사국 또는 특정의 당사국에 대하여 조약의 시행이 다음의 경우에 정지될 수 있다.

　(a) 그 조약의 규정에 의거하는 경우, 또는

　(b) 다른 체약국과 협의한 후에 언제든지 모든 당사국의 동의를 얻는 경우


제58조 (일부 당사국간만의 합의에 의한 다자조약의 시행정지)

　① 다자조약의 2 또는 그 이상의 당사국은, 다음의 경우에, 일시적으로 또한 그 당사국 간에서만
　　조약 규정의 시행을 정지시키기 위한 합의를 성립시킬 수 있다.

　(a) 그러한 정지의 가능성이 그 조약에 의하여 규정되어 있는 경우, 또는

　(b) 문제의 정지가 조약에 의하여 금지되지 아니하고 또한,

　(i) 다른 당사국에 의한 조약상의 권리 향유 또는 의무의 이행에 영향을 주지 아니하며,

　(ii) 그 조약의 대상 및 목적과 양립할 수 없는 것이 아닌 경우

　② 상기 1항(a)에 해당하는 경우에 조약이 달리 규정하지 아니하는 한 문제의 당사국은 합의를 성립
　　시키고자 하는 그 의사 및 시행을 정지시키고자 하는 조약규정을 타방 당사국에 통고하여야 한다.


제59조 (후 조약의 체결에 의하여 묵시되는 조약의 종료 또는 시행정지)

　① 조약의 모든 당사국이 동일한 사항에 관한 후 조약을 체결하고, 또한 아래의 것에 해당하는 경

우에, 그 조약은 종료한 것으로 간주된다.

   (a) 후 조약에 의하여 그 사항이 규율되어야 함을 당사국이 의도하였음이 그 후 조약으로부터 나타나거나 또는 달리 확정되는 경우, 또는

   (b) 후 조약의 규정이 전 조약의 규정과 근본적으로 양립하지 아니하여 양 조약이 동시에 적용될 수 없는 경우

② 전 조약을 시행 정지시킨 것만이 당사국의 의사이었음이 후 조약으로부터 나타나거나 또는 달리 확정되는 경우에, 전 조약은 그 시행이 정지된 것만으로 간주된다.


제60조 (조약 위반의 결과로서의 조약의 종료 또는 시행정지)

① 양자조약의 일방당사국에 의한 실질적 위반은 그 조약의 종료 또는 그 시행의 전부 또는 일부의 정지를 위한 사유로서 그 위반을 원용하는 권리를 타방 당사국에 부여한다.

② 다자조약의 어느 당사국에 의한 실질적 위반은 관계 당사국이 다음의 조치를 취할 수 있는 권리를 부여한다.

   (a) 다른 당사국이 전원일치의 협의에 의하여,

   (i) 그 다른 당사국과 위반국 간의 관계에서, 또는

   (ii) 모든 당사국 간에서, 그 조약의 전부 또는 일부를 시행정지시키거나 또는 그 조약을 종료시키는 권리

   (b) 위반에 의하여 특별히 영향을 받는 당사국이, 그 자신과 위반국 간의 관계에 있어서 그 조약의 전부 또는 일부의 시행을 정지시키기 위한 사유로서 그 위반을 원용하는 권리

   (c) 어느 당사국에 의한 조약규정의 실질적 위반으로 그 조약상의 의무의 추후의 이행에 관한 모든 당사국의 입장을 근본적으로 변경시키는 성질의 조약인 경우에, 위반국 이외의 다른 당사국에 관하여 그 조약의 전부 또는 일부의 시행정지를 위한 사유로서 그 다른 당사국에 그 위반을 원용하는 권리

③ 본 조의 목적상, 조약의 실질적 위반은 다음의 경우에 해당한다.

   (a) 이 협약에 의하여 용인되지 아니하는 조약의 이행 거부 또는

   (b) 조약의 대상과 목적의 달성에 필수적인 규정의 위반

④ 상기의 제 규정은 위반의 경우에 적용할 수 있는 조약상의 규정을 침해하지 아니한다.

⑤ 상기 1항 내지 3항은 인도적 성질의 조약에 포함된 인신의 보호에 관한 규정 특히 그러한 조약에 의하여 보호를 받는 자에 대한 여하한 형태의 복구를 금지하는 규정에 적용되지 아니한다.


제61조 (후발적 이행불능)

① 조약의 이행불능이 그 조약의 시행에 불가결한 대상의 영구적 소멸 또는 파괴로 인한 경우에, 당사국은 그 조약을 종료시키거나 또는 탈퇴하기 위한 사유로서 그 이행불능을 원용할 수 있다. 그 이행불능이 일시적인 경우에는 조약의 시행정지를 위한 사유로서만 원용될 수 있다.

② 이행불능이 이를 원용하는 당사국에 의한 조약상의 의무나 또는 그 조약의 다른 당사국에 대하여 지고 있는 기타의 국제적 의무의 위반의 결과인 경우에 그 이행 불능은 그 조약을 종료시키거나 또는 탈퇴하거나 또는 그 시행을 정지시키기 위한 사유로서 그 당사국에 의하여 원용될 수 없다.

제62조 (사정의 근본적 변경)

① 조약의 체결 당시에 존재한 사정에 관하여 발생하였으며 또한 당사국에 의하여 예견되지 아니한 사정의 근본적 변경은, 다음 경우에 해당되지 아니하는 한, 조약을 종료시키거나 또는 탈퇴하기 위한 사유로서 원용될 수 없다.

    (a) 그러한 사정의 존재가 그 조약에 대한 당사국의 기속적 동의의 본질적 기초를 구성하였으며, 또한

    (b) 그 조약에 따라 계속 이행되어야 할 의무의 범위를 그 변경의 효과가 급격하게 변환시키는 경우

② 사정의 근본적 변경은, 다음의 경우에는, 조약을 종료시키거나 또는 탈퇴하는 사유로서 원용될 수 없다.

    (a) 그 조약이 경계선을 확정하는 경우, 또는

    (b) 근본적 변경이 이를 원용하는 당사국에 의한 조약상의 의무나 또는 그 조약의 다른 당사국에 대하여 지고 있는 기타의 국제적 의무의 위반의 결과인 경우

③ 상기의 제 조항에 따라 당사국이 조약을 종료시키거나 또는 탈퇴하기 위한 사유로서 사정의 근본적 변경을 원용할 수 있는 경우에, 그 당사국은 그 조약의 시행을 정지시키기 위한 사유로서 그 변경을 또한 원용할 수 있다.

제63조 (외교 또는 영사 관계의 단절)

조약 당사국 간의 외교 또는 영사 관계의 단절은, 외교 또는 영사관계의 존재가 그 조약의 적용에 불가결한 경우를 제외하고, 그 조약에 의하여 그 당사국 간에 확립된 법적 관계에 영향을 주지 아니한다.

제64조 (일반 국제법의 새 절대규범(강행규범)의 출현)

일반 국제법의 새 절대 규범이 출현하는 경우에, 그 규범과 충돌하는 현행 조약은 무효로 되어 종료한다.

제4절 절차

제65조 (조약의 부적법·종료·탈퇴 또는 시행정지에 관하여 취해지는 절차)

① 이 협약의 규정에 따라, 조약에 대한 국가의 기속적 동의상의 허가를 원용하거나 또는 조약의 적법성을 부정하거나 조약을 종료시키거나 조약으로부터 탈퇴하거나 또는 그 시행을 정지시키

기 위한 사유를 원용하는 당사국은, 다른 당사국에 대하여 그 주장을 통고하여야 한다. 그 통고에는 그 조약에 관하여 취하고자 제의하는 조치 및 그 이유를 표시하여야 한다.

② 특별히 긴급한 경우를 제외하고, 그 통고의 접수 후 3개월 이상의 기간이 경과한 후에 어느 당사국도 이의를 제기하지 아니한 경우에는, 그 통고를 행한 당사국은 제67조에 규정된 방법으로 그 당사국이 제의한 조치를 실행할 수 있다.

③ 다만, 다른 당사국에 의하여 이의가 제기된 경우에, 당사국은 국제연합헌장 제33조에 열거되어 있는 수단을 통한 해결을 도모하여야 한다.

④ 상기 제 조항의 어느 규정도 분쟁의 해결에 관하여 당사국을 구속하는 유효한 규정에 따른 당사국의 권리 또는 의무에 영향을 주지 아니한다.

⑤ 제45조를 침해함이 없이, 어느 국가가 상기 1항에 규정된 통고를 사전에 행하지 아니한 사실은, 조약의 이행을 요구하거나 또는 조약의 위반을 주장하는 다른 당사국에 대한 회답으로서 그 국가가 그러한 통고를 행하는 것을 막지 아니한다.

제66조(사법적 해결·중재 재판 및 조정을 위한 절차)

이의가 제기된 일자로부터 12개월의 기간 내에 제65조 3항에 따라 해결에 도달하지 못한 경우에는, 다음의 절차를 진행하여야 한다.

(a) 제53조 또는 제64조의 적용 또는 해석에 관한 분쟁의 어느 한 당사국은, 제 당사국이 공동의 동의에 의하여 분쟁을 중재 재판에 부탁하기로 합의하지 아니하는 한, 분쟁을 국제사법재판소에, 결정을 위하여, 서면 신청으로써 부탁할 수 있다.

(b) 이 협약 제5부의 다른 제조항의 적용 또는 해석에 관한 분쟁의 어느 한 당사국은 협약의 부속서에 명시된 절차의 취지로 요구서를 국제연합 사무총장에게 제출함으로써 그러한 절차를 개시할 수 있다.

제67조 (조약의 부적법선언·종료·탈퇴 또는 시행정지를 위한 문서)

① 제65조 1항에 따라 규정된 통고는 서면으로 행하여져야 한다.

② 조약의 규정 또는 제65조 2항 또는 3항의 규정에 따른 그 조약의 부적법선언·종료·탈퇴 또는 시행정지에 관한 행위는 다른 당사국에 전달되는 문서를 통하여 이행하여야 한다. 동 문서가 국가원수·정부수반 또는 외무부장관에 의하여 서명되지 아니한 경우에는 이를 전달하는 국가의 대표에게 전권위임장을 제시하도록 요구할 수 있다.

제68조 (제65조 및 제67조에 규정된 통고와 문서의 철회)

제65조 또는 제67조에 규정된 통고 또는 문서는 그 효력을 발생하기 전에 언제든지 철회될 수 있다.

## 제5절 조약의 부적법·종료 또는 시행정지의 효과

### 제69조(조약의 부적법의 효과)

① 이 협약에 의거하여 그 부적법이 확정되는 조약은 무효이다. 무효인 조약의 규정은 법적 효력을 가지지 아니한다.

② 다만, 그러한 조약에 의존하여 행위가 실행된 경우에는 다음의 규칙이 적용된다.

　(a) 각 당사국은, 그 행위가 실행되지 아니하였더라면 존재하였을 상태를, 당사국의 상호관계에 있어서, 가능한 한 확립하도록 다른 당사국에 요구할 수 있다.

　(b) 부적법이 원용되기 전에 성실히 실행된 행위는 그 조약의 부적법만을 이유로 불법화되지 아니한다.

③ 제49조, 제50조, 제51조 또는 제52조에 해당하는 경우에는 기만·부정행위 또는 강제의 책임이 귀속되는 당사국에 관하여 상기 2항이 적용되지 아니한다.

④ 다자조약에 대한 특정 국가의 기속적 동의의 부적법의 경우에 상기의 제 규칙은 그 국가와 그 조약의 당사국 간의 관계에 있어서 적용된다.


### 제70조 (조약의 종료 효과)

① 조약이 달리 규정하지 아니하거나 또는 당사국이 달리 합의하지 아니하는 한, 조약의 규정에 따르거나 또는 이 협약에 의거한 그 조약의 종료는 다음의 효과를 가져온다.

　(a) 당사국에 대하여 추후 그 조약을 이행할 의무를 해제한다.

　(b) 조약의 종료 전에 그 조약의 시행을 통하여 생긴 당사국의 권리·의무 또는 법적 상태에 영향을 주지 아니한다.

② 국가가 다자조약을 폐기하거나 또는 탈퇴하는 경우에는 그 폐기 또는 탈퇴가 효력을 발생하는 일자로부터 그 국가와 그 조약의 다른 각 당사국 간의 관계에 있어서 상기 1항이 적용된다.


### 제71조 (일반국제법의 절대규범과 충돌하는 조약의 부적법의 효과)

① 제53조에 따라 무효인 조약의 경우에 당사국은 다음의 조치를 취한다.

　(a) 일반 국제법의 절대규범과 충돌하는 규정에 의존하여 행하여진 행위의 결과를 가능한한 제거하며, 또한

　(b) 당사국의 상호관계를 일반국제법의 절대규범과 일치시키도록 한다.

② 제64조에 따라 무효로 되어 종료하는 조약의 경우에 그 조약의 종료는 다음의 효과를 가져온다.

　(a) 당사국에 대하여 추후 그 조약을 이행할 의무를 해제한다.

　(b) 조약의 종료 전에 그 조약의 시행을 통하여 생긴 당사국의 권리·의무 또는 법적 상태에 영향을 주지 아니한다. 다만, 그러한 권리·의무 또는 상태는 그 유지 자체가 일반 국제법의 새 절대 규범과 충돌하지 아니하는 범위 내에서만 그 이후 유지될 수 있을 것을 조건으로 한다.

제72조 (조약의 시행정지 효과)

① 조약이 달리 규정하지 아니하거나 또는 당사국이 달리 합의하지 아니하는 한, 조약의 규정에 따르거나 또는 이 협약에 의거한 그 조약의 시행정지는 다음의 효과를 가져온다.

  (a) 조약의 시행이 정지되어 있는 당사국에 대해서는 동 정지기간 동안 그 상호관계에 있어서 그 조약을 이행할 의무를 해제한다.

  (b) 그 조약에 의하여 확립된 당사국 간의 법적 관계에 달리 영향을 주지 아니한다.

② 시행 정지기간 동안 당사국은 그 조약의 시행 재개를 방해하게 되는 행위를 삼가야 한다.


# 제6부 잡칙

## 제73조 (국가의 계승 · 국가 책임 및 적대행위 발발의 경우)

이 협약의 규정은 국가의 계승 · 국가의 국제 책임 또는 국가 간의 적대 행위의 발발로부터 조약에 관하여 발생될 수 있는 문제를 예단하지 아니한다.


## 제74조 (외교 및 영사관계와 조약의 체결)

2 또는 그 이상의 국가 간의 외교 또는 영사관계의 단절 또는 부재는 그러한 국가 간의 조약체결을 막지 아니한다. 조약의 체결은 그 자체로는 외교 또는 영사관계에 관련된 상태에 영향을 주지 아니한다.


## 제75조(침략국의 경우)

이 협약의 규정은 국제연합헌장에 의거하여 침략국의 침략에 관하여 취해진 조치의 결과로서 그 침략국에 대하여 발생될 수 있는 조약상의 의무를 침해하지 아니한다.


# 제7부 수탁자 · 통고 · 정정 및 등록

## 제76조 (조약의 수탁자)

① 조약의 수탁자는 조약 그 자체 속에 또는 기타의 방법으로 교섭국에 의하여 지정될 수 있다. 수탁자는 1 또는 그 이상의 국가 · 국제기구 또는 국제기구의 수석 행정관이 될 수 있다.

② 조약의 수탁자의 기능은 성질상 국제적이며 또한 수탁자는 그 기능을 수행함에 있어서 공평하게 행동할 의무를 진다. 특히, 조약이 일부 당사국 간에 발효하지 아니하였거나 또는 수탁자의 기능의 수행에 관하여 국가와 수탁자 간에 의견의 차이가 발생한 사실은 그러한 의무에 영향을 주지 아니한다.

제77조 (수탁자의 기능)

① 달리 조약에 규정되어 있지 아니하거나 또는 체약국이 합의하지 아니하는 한, 수탁자의 기능은 특히 다음의 것을 포함한다.

  (a) 수탁자에 송달된 조약 및 전권위임장의 원본 보관

  (b) 원본의 인증등본 작성, 조약에 의하여 요구될 수 있는 추가의 언어에 의한 조약문 작성 및 조약의 당사국과 당사국이 될 수 있는 권리를 가진 국가에의 그 전달

  (c) 조약에 대한 서명의 접수 및 조약에 관련된 문서·통고 및 통첩의 접수와 보관

  (d) 서명 또는 조약에 관련된 문서·통고 또는 통첩이 정당하고 또한 적절한 형식으로 된 것인가의 검토 및 필요한 경우에 문제점에 대하여 당해 국가의 주의 환기

  (e) 조약의 당사국 및 당사국이 될 수 있는 권리를 가진 국가에 대한 그 조약에 관련된 행위의 통고 및 통첩의 통보

  (f) 조약의 발효에 필요한 수의 서명, 또는 비준서·수락서·승인서 또는 가입서가 접수되거나 또는 기탁되는 경우에 조약의 당사국이 될 수 있는 권리를 가진 국가에의 통보

  (g) 국제연합 사무국에의 조약의 등록

  (h) 이 협약의 다른 규정에 명시된 기능의 수행

② 수탁자의 기능의 수행에 관하여 국가와 수탁자 간에 발생하는 의견의 차이의 경우에, 수탁자는 그 문제에 대하여 서명국과 체약국 또는, 적절한 경우에는 관계 국제기구의 권한 있는 기관의 주의를 환기시킨다.


제78조 (통고 및 통첩)

조약 또는 이 협약이 달리 규정하는 경우를 제외하고, 이 협약에 따라 국가가 행하는 통고 또는 통첩은 다음과 같이 취급된다.

  (a) 수탁자가 없는 경우에는 통고 또는 통첩을 받을 국가에 직접 전달되며 수탁자가 있는 경우에는 수탁자에게 전달된다.

  (b) 전달 대상 국가가 통고 또는 통첩을 접수한 때에만 또는 경우에 따라 수탁자가 접수한 때에만 문제의 국가가 그 통고 또는 통첩을 행한 것으로 간주된다.

  (c) 수탁자에게 전달된 경우에는, 전달 대상국가가 제77조 1항 (e)에 의거하여 수탁자로부터 통보받은 경우에만 그 국가가 접수한 것으로 간주된다.


제79조 (조약문 또는 인증등본상의 착오 정정)

① 조약문의 정본인증 후 그 속에 착오가 있다는 것에 서명국 및 체약국이 합의하는 경우에는, 그들이 다른 정정방법에 관하여 결정하지 아니하는 한, 그 착오는 다음과 같이 정정된다.

  (a) 착오문에 적당한 정정을 가하고, 정당히 권한을 위임받은 대표가 그 정정에 가서명하는 것

  (b) 합의된 정정을 기재한 1 또는 그 이상의 문서에 효력을 부여하거나 또는 이를 교환하는 것

(c) 원본의 경우와 동일한 절차에 의하여 조약 전체의 정정본을 작성하는 것

② 수탁자가 있는 조약의 경우에, 수탁자는 서명국 및 체약국에 대하여 착오와 그 정정 제안을 통보하며 또한 제안된 정정에 대하여 이의를 제기할 수 있는 적절한 기한을 명시한다. 그 기한이 만료되면 다음의 조치가 취하여 진다.

(a) 이의가 제기되지 아니한 경우에, 수탁자는 착오문에 정정을 가하고 이에 가서명하며 또한 착오문의 정정「경위서」를 작성하여 그 사본을 조약의 당사국 및 조약의 당사국이 될 수 있는 권리를 가진 국가에 송부한다.

(b) 이의가 제기된 경우에 수탁자는 그 이의를 서명국 및 체약국에 송부한다.

③ 조약문이 2 또는 그 이상의 언어로 정본인증되고 또한 서명국 및 체약국 간의 합의로써 정정되어야 할 합치의 결여가 있다고 보이는 경우에는 상기 1항 및 2항의 규칙이 또한 적용된다.

④ 정정본은 서명국 및 체약국이 달리 결정하지 아니하는 한, 처음부터 흠결본을 대치한다.

⑤ 등록된 조약문의 정정은 국제연합 사무국에 통고된다.

⑥ 조약의 인증등본에서 착오가 발견되는 경우에, 수탁자는 정정을 명시하는「경위서」를 작성하며 또한 그 사본을 서명국 및 체약국에 송부한다.


제80조 (조약의 등록 및 발간)

① 조약은 그 발효 후에, 경우에 따라, 등록 또는 편철과 기록을 위하여 또한 발간을 위하여 국제연합사무국에 송부된다.

② 수탁자의 지정은 상기 전항에 명시된 행위를 수탁자가 수행할 수 있는 권한을 부여하게 된다.


# 제8부 최종조항

제81조 (서명)

이 협약은 국제연합 또는 전문기구 중의 어느 하나 또는 국제원자력기구의 모든 회원국 또는 국제사법재판소 규정의 당사국 및 국제연합총회에 의하여 이 협약의 당사국이 되도록 초청된 기타의 국가에 의한 서명을 위하여 다음과 같이 개방된다. 즉 1969년 11월 30일까지는 오스트리아 공화국의 연방외무부에서 개방되며 또한 그 이후 1970년 4월 30일까지는 뉴욕의 국제연합 본부에서 개방된다.


제82조 (비준)

이 협약은 비준되어야 한다. 비준서는 국제연합 사무총장에게 기탁된다.


제83조 (가입)

이 협약은 제81조에 언급된 카테고리의 어느 하나에 속하는 국가에 의한 가입을 위하여 계속 개

방된다. 가입서는 국제연합 사무총장에게 기탁된다.

## 제84조 (발효)

① 이 협약은 35번째의 비준서 또는 가입서가 기탁된 날로부터 30일 후에 발효한다.

② 35번째의 비준서 또는 가입서가 기탁된 후 이 협약에 비준하거나 또는 가입하는 각 국가에 대하여, 이 협약은 그 국가에 의한 비준서 또는 가입서의 기탁으로부터 30일 후에 발효한다.

## 제85조 (정본)

중국어·영어·불어·노어 및 서반아어본이 동등하게 정본인 이 협약의 원본은 국제연합 사무총장에게 기탁된다.

이상의 증거로, 하기 전권대표는 각자의 정부에 의하여 정당히 권한을 위임받아 이 협약에 서명하였다.

일천구백육십구년 오월 이십삼일 비엔나에서 작성되었다.


## 부속서

1. 국제연합 사무총장은 자격 있는 법률가로 구성되는 조정관의 명부를 작성하여 유지한다. 이러한 목적으로 국제연합의 회원국 또는 이 협약의 당사국인 모든 국가는 2명의 조정관을 지명하도록 요청되며 또한 이렇게 지명된 자의 명단은 상기명부에 포함된다. 불시의 공석을 보충하기 위하여 지명된 조정관의 임기를 포함하여, 조정관의 임기는 5년이며 또한 연임될 수 있다. 임기가 만료되는 조정관은 하기 2항에 따라 그가 선임된 목적상의 직무를 계속 수행하여야 한다.

2. 제66조에 따라 국제연합 사무총장에게 요청이 제기된 경우에, 사무총장은 다음과 같이 구성되는 조정위원회에 분쟁을 부탁한다.

분쟁당사국의 일방을 구성하는 1 또는 그 이상의 국가는 다음과 같이 조정관을 임명한다.

(a) 상기 1항에 언급된 명부 또는 동 명부 외에서 선임될 수 있는 자로서 당해국의 또는 당해 2이상의 국가 중 어느 하나의 국가의 국적을 가진 1명의 조정관을 임명하며, 또한

(b) 상기 명부에서 선임되는 자로서 당해국 또는 당해 2이상의 국가 중 어느 하나의 국가의 국적을 가지지 아니한 1명의 조정관을 임명한다.

분쟁 당사국의 타방을 구성하는 1 또는 그 이상의 국가는 동일한 방법으로 2명의 조정관을 임명한다. 분쟁당사국에 의하여 선임되는 4명의 조정관은 사무총장이 요청을 받는 날로부터 60일 이내에 임명되어야 한다. 4명의 조정관은 그들 중 최후에 임명을 받는 자의 임명일자로부터 60일 이내에, 상기명부로부터 선임되는 자로서 조정위원장이 될 제5조의 조정관을 임명한다.

위원장 또는 다른 조정관의 임명을 위하여 상기에 지정한 기간 내에 그러한 임명이 행하여 지지

아니한 경우에는 동 기간이 만료한 후 60일 이내에 사무총장이 임명을 행한다. 위원장의 임명은 명부 중에서 또는 국제법위원회의 위원 중에서 사무총장이 행할 수 있다. 임명이 행하여져야 하는 기간은 분쟁당사국의 합의에 의하여 연장될 수 있다. 공석은 처음의 임명에 관하여 지정된 방법으로 보충된다.

3. 조정위원회는 자체의 절차를 결정한다. 위원회는, 분쟁당사국의 동의를 얻어, 조약의 어느 당사국에 대하여 그 견해를 구두 또는 서면으로 동 위원회에 제출하도록 요청할 수 있다. 위원회의 결정 및 권고는 5명의 구성원의 다수결에 의한다.

4. 위원회는 우호적 해결을 촉진할 수 있는 조치에 대하여 분쟁당사국의 주의를 환기할 수 있다.

5. 위원회는 분쟁당사국의 의견을 청취하고, 청구와 이의를 심사하며 또한 분쟁의 우호적 해결에 도달할 목적으로 당사국에 대한 제안을 작성한다.

6. 위원회는 그 구성 후 12개월 이내에 보고하여야 한다. 그 보고서는 사무총장에게 기탁되며 또한 분쟁당사국에 송부된다. 사실 또는 법적문제에 관하여 위원회의 보고서에 기술된 결론을 포함한 위원회의 보고서는 분쟁당사국을 구속하지 아니하며, 또한 분쟁의 우호적 해결을 촉진하기 위하여, 분쟁당사국에 의한 고려의 목적으로 제출된 권고 이외의 다른 성질을 가지지 아니한다.

7. 사무총장은 위원회가 필요로 하는 협조와 편의를 위원회에 제공한다. 위원회의 경비는 국제연합이 부담한다.


## 4. 한일어업협정

대한민국과 일본국 간의 어업에 관한 협정

대한민국과 일본국은,

해양생물자원의 합리적인 보존·관리 및 최적이용의 중요성을 인식하고, 1965년 6월 22일 도쿄에서 서명된 '대한민국과 일본국 간의 어업에 관한 협정'을 기초로 유지되어 왔던 양국 간 어업분야에 있어서의 협력관계의 전통을 상기하고, 양국이 1982년 12월 10일 작성된 '해양법에 관한 국제연합 협약(이하 '국제연합해양법협약'이라고 한다.)'의 당사국임을 유념하고, 국제연합 해양법협약에 기초하여, 양국 간 새로운 어업질서를 확립하고, 양국 간에 어업분야에서의 협력관계를 더욱 발전시킬 것을 희망하여, 다음과 같이 합의하였다.


제1조

이 협정은 대한민국의 배타적 경제수역과 일본국의 배타적 경제수역(이하 '협정수역'이라 한다.)에 적용한다.


제2조

각 체약국은 호혜의 원칙에 입각하여 이 협정 및 자국의 관계법령에 따라 자국의 배타적 경제수역에서 타방 체약국 국민 및 어선이 어획하는 것을 허가한다.

제3조

1. 각 체약국은 자국의 배타적 경제수역에서의 타방 체약국 국민 및 어선의 어획이 인정되는 어종·어획할당량·조업구역 및 기타 조업에 관한 구체적인 조건을 매년 결정하고, 이 결정을 타방 체약국에 서면으로 통보한다.
2. 각 체약국은 제1항의 결정을 함에 있어서, 제12조의 규정에 의하여 설치되는 한·일어업공동위원회의 협의결과를 존중하고, 자국의 배타적 경제수역에서의 해양생물자원의 상태, 자국의 어획능력, 상호입어의 상황 및 기타 관련요소를 고려한다.

제4조

1. 각 체약국의 권한 있는 당국은 타방 체약국으로부터 제3조에서 규정하는 결정에 관하여 서면에 의한 통보를 받은 후, 타방 체약국의 배타적 경제수역에서 어획하는 것을 희망하는 자국의 국민 및 어선에 대한 허가증 발급을 타방 체약국의 권한 있는 당국에 신청한다. 해당 타방 체약국의 권한 있는 당국은 이 협정 및 어업에 관한 자국의 관계법령에 따라 이 허가증을 발급한다.
2. 허가를 받은 어선은 허가증을 조타실의 보이기 쉬운 장소에 게시하고 어선의 표지를 명확히 표시하여 조업한다.
3. 각 체약국의 권한 있는 당국은 허가증의 신청 및 발급, 어획실적에 관한 보고, 어선의 표지 및 조업일지의 기재에 관한 규칙을 포함한 절차규칙을 타방 체약국의 권한 있는 당국에 서면으로 통보한다.
4. 각 체약국의 권한 있는 당국은 입어료 및 허가증 발급에 관한 타당한 요금을 징수할 수 있다.

제5조

1. 각 체약국의 구민 및 어선이 타방 체약국의 배타적 경제수역에서 어획할 때에는 이 협정 및 어업에 관한 타방 체약국의 관계법령을 준수한다.
2. 각 체약국은 자국의 국민 및 어선이 타방 체약국의 배타적 경제수역에서 어획할 때에는 제3조의 규정에 따라 타방 체약국이 결정하는 타방 체약국의 배타적 경제수역에서의 조업에 관한 구체적인 조건과 이 협정의 규정을 준수하도록 필요한 조치를 취한다. 이 조치는 타방 체약국의 배타적 경제수역에서의 자국의 국민 및 어선에 대한 임검·정선 및 기타의 단속을 포함하지 아니한다.

제6조

1. 각 체약국은 타방 체약국의 국민 및 어선이 자국의 배타적 경제수역에서 어획할 때에는 제3조의 규정에 따라 자국이 결정하는 자국의 배타적 경제수역에서의 조업에 관한 구체적인 조건과 이

협정의 규정을 준수하도록 국제법에 따라 자국의 배타적 경제수역에서 필요한 조치를 취할 수 있다.

2. 각 체약국의 권한 있는 당국은 제1항의 조치로서 타방 체약국의 어선 및 그 승무원을 나포 또는 억류한 경우에는 취하여진 조치 및 그 후 부과된 벌에 관하여 외교경로를 통하여 타방 체약국에 신속히 통보한다.

3. 나포 또는 억류된 어선 및 그 승무원은 적절한 담보금 또는 그 제공을 보증하는 서류를 제출한 후에는 신속히 석방한다.

4. 각 체약국은 어업에 관한 자국의 관계법령에서 정하는 해양생물자원의 보존조치 및 기타 조건을 타방 체약국에 지체 없이 통보한다.

제7조

1. 각 체약국은 다음 각목의 점을 순차적으로 직선으로 연결하는 선에 의한 자국 측의 협정수역에서 어업에 관한 주권적 권리를 행사하며, 제2조 내지 제6조의 규정의 적용상도 이 수역을 자국의 배타적 경제수역으로 간주한다.

가. 북위 32도 57.0분, 동경 127도 41.1분의 점

나. 북위 32도 57.5분, 동경 127도 41.9분의 점

다. 북위 33도 01.3분, 동경 127도 44.0분의 점

라. 북위 33도 08.7분, 동경 127도 48.3분의 점

마. 북위 33도 13.7분, 동경 127도 51.6분의 점

바. 북위 33도 16.2분, 동경 127도 52.3분의 점

사. 북위 33도 45.1분, 동경 128도 21.7분의 점

아. 북위 33도 47.4분, 동경 128도 25.5분의 점

자. 북위 33도 50.4분, 동경 128도 26.1분의 점

차. 북위 34도 08.2분, 동경 128도 41.3분의 점

카. 북위 34도 13.0분, 동경 128도 47.6분의 점

타. 북위 34도 18.0분, 동경 128도 52.8분의 점

파. 북위 34도 18.5분, 동경 128도 53.3분의 점

하. 북위 34도 24.5분, 동경 128도 57.3분의 점

거. 북위 34도 27.6분, 동경 128도 59.4분의 점

너. 북위 34도 29.2분, 동경 129도 00.2분의 점

더. 북위 34도 32.1분, 동경 129도 00.8분의 점

러. 북위 34도 32.6분, 동경 129도 00.8분의 점

머. 북위 34도 40.3분, 동경 129도 03.1분의 점

버. 북위 34도 49.7분, 동경 129도 12.1분의 점

서. 북위 34도 50.6분, 동경 129도 13.0분의 점

어. 북위 34도 52.4분, 동경 129도 15.8분의 점

저. 북위 34도 54.3분, 동경 129도 18.4분의 점

처. 북위 34도 57.0분, 동경 129도 21.7분의 점

커. 북위 34도 57.6분, 동경 129도 22.6분의 점

터. 북위 34도 58.6분, 동경 129도 25.3분의 점

퍼. 북위 35도 01.2분, 동경 129도 25.3분의 점

허. 북위 35도 04.1분, 동경 129도 40.7분의 점

고. 북위 35도 06.8분, 동경 130도 07.5분의 점

노. 북위 35도 07.0분, 동경 130도 16.4분의 점

도. 북위 35도 18.2분, 동경 130도 23.3분의 점

로. 북위 35도 33.7분, 동경 130도 34.1분의 점

모. 북위 35도 42.3분, 동경 130도 42.7분의 점

보. 북위 36도 03.8분, 동경 131도 08.3분의 점

소. 북위 36도 10.0분, 동경 131도 15.9분의 점

2. 각 체약국은 제1항의 선에 의한 타방 체약국 측의 협정수역에서 어업에 관한 주권적 권리를 행사하지 아니하며, 제2조 내지 제6조의 규정에 적용상도 이 수역을 타방 체약국의 배타적 경제수역으로 간주한다.

제8조

제2조 내지 제6조의 규정은 협정수역 중 다음 가목 및 나목의 수역에는 적용하지 아니한다.

가. 제9조 제1항에서 정하는 수역

나. 제9조 제2항에서 정하는 수역

제9조

1. 다음 각 목의 점을 순차적으로 직선으로 연결하는 선에 의하여 둘러싸이는 수역에 있어서는 부속서I의 제2항의 규정을 적용한다.

가. 북위 36도 10.1분, 동경 131도 15.9분의 점

나. 북위 35도 33.75분, 동경 131도 46.5분의 점

다. 북위 35도 59.5분, 동경 132도 13.7분의 점

라. 북위 36도 18.5분, 동경 132도 13.7분의 점

마. 북위 36도 56.2분, 동경 132도 55.8분의 점

바. 북위 36도 56.2분, 동경 135도 30.0분의 점

사. 북위 38도 37.0분, 동경 135도 30.0분의 점

아. 북위 39도 51.75분, 동경 134도 11.5분의 점

자. 북위 38도 37.0분, 동경 132도 59.8분의 점

차. 북위 38도 37.0분, 동경 131도 40.0분의 점

카. 북위 37도 25.5분, 동경 131도 40.0분의 점

타. 북위 37도 08.0분, 동경 131도 34.0분의 점

파. 북위 36도 52.0분, 동경 131도 10.0분의 점

하. 북위 36도 52.0분, 동경 130도 22.5분의 점

거. 북위 36도 10.0분, 동경 130도 22.5분의 점

너. 북위 36도 10.0분, 동경 131도 15.9분의 점

2. 다음 각 목의 선에 의하여 둘러싸이는 수역중 대한민국의 배타적 경제수역의 최남단의 위도선 이북의 수역에 있어서는 부속서I의 제3항의 규정을 적용한다.

가. 북위 32도 57.0분, 동경 127도 41.1분의 점과 북위 32도 34.0분, 동경 127도 9.0분의 점을 연결하는 직선

나. 북위 32도 34.0분, 동경 127도 9.0분의 점과 북위 31도 0.0분, 동경 125도 51.5분의 점을 연결하는 직선

다. 북위 31도 0.0분, 동경 125도 51.50분의 점에서 시작하여 북위 30도 56.0분, 동경 125도 52.0분의 점을 통과하는 직선

라. 북위 32도 57.0분, 동경 127도 41.1분의 점과 북위 31도 20.0분, 동경 127도 13.0분의 점을 연결하는 직선

마. 북위 31도 20.0분, 동경 127도 13.0분의 점에서 시작하여 북위 31도 0.0분, 동경 127도 5.0분의 점을 통과하는 직선

제10조

양 체약국은 협정수역에서의 해양생물자원의 합리적인 보전·관리 및 최적 이용에 관하여 상호 협력한다. 이 협력은 해당 해양생물자원의 통계학적 정보와 수산업 자료의 교환을 포함한다.

제11조

1. 양 체약국은 각각 자국의 국민과 어선에 대하여 항행에 관한 국제법규의 준수, 양 체약국 어선 간 조업의 안전과 질서의 유지 및 해상에서의 양 체약국 어선 간 사고의 원활하고 신속한 해결을 위하여 적절한 조치를 취한다.

2. 제1항에 열거한 목적을 위하여 양 체약국의 관계당국은 가능한 한 긴밀하게 상호 연락하고 협력한다.

제12조

1. 양 체약국은 이 협정의 목적을 효율적으로 달성하기 위하여 한·일 어업공동위원회(이하 '위원회'라 한다.)를 설치한다.

2. 위원회는 양 체약국 정부가 각각 임명하는 1인의 대표 및 1인의 위원으로 구성되며, 필요한 경우 전문가로 구성되는 하부기구를 설치할 수 있다.

3. 위원회는 매년 1회 양국에서 교대로 개최하고 양 체약국이 합의할 경우에는 임시로 개최할 수 있다. 제2항의 하부기구가 설치되는 경우에는 해당 하부기구는 위원회의 양 체약국 정부대표의 합의에 의하여 언제라도 개최할 수 있다.

4. 위원회는 다음 사항에 관하여 협의하고, 협의결과를 양 체약국에 권고한다. 양 체약국은 위원회의 권고를 존중한다.

   가. 제3조에 규정하는 조업에 대한 구체적인 조건에 관한 사항

   나. 조업질서유지에 관한 사항

   다. 해양생물자원의 실태에 관한 사항

   라. 양국 간 어업분야에서의 협력에 관한 사항

   마. 제9조 제1항에서 정하는 수역에서의 해양생물자원의 보존·관리에 관한 사항

   바. 기타 이 협정의 실시와 관련되는 사항

5. 위원회는 제9조 제2항에서 정하는 수역에서의 해양생물자원의 보존·관리에 관한 사항에 관하여 협의하고 결정한다.

6. 위원회의 모든 권고 및 결정은 양 체약국 정부의 대표 간의 합의에 의하여서면 이를 한다.


제13조

1. 이 협정의 해석이나 적용에 관한 양 체약국 간의 분쟁은 먼저 협의에 의하여 해결한다.

2. 제1항에서 언급하는 분쟁이 협의에 의하여 해결되지 아니하는 경우에는 그러한 분쟁은 양 체약국의 동의에 의하며 다음에 정하는 절차에 따라 해결한다.

   가. 어느 일방체약국의 정부가 타방 체약국의 정부로부터 분쟁의 원인이 기재된 당해 분쟁의 중재를 요청하는 공문을 받은 경우에 있어서 그 요청에 응하는 통보를 타방 체약국 정부에 대하여 행할 때에는 그 분쟁은 그 통보를 받은 날부터 30일의 기간 내에 각 체약국 정부가 임명하는 각 1인의 중재위원과 이와 같이 선정된 2인의 중재위원이 기 기간 후 30일 이내에 합의하는 제3의 중재위원 또는 그 기간 후 30일 이내에 그 2인의 중재위원이 합의하는 제3국의 정부가 지명하는 제3의 중재위원과의 3인의 중재위원으로 구성된 중재위원회에 결정을 위하여 회부된다. 다만, 제3의 중재위원은 어느 일방체약국의 국민이어서는 아니 된다.

   나. 어느 일방체약국의 정부가 가.에서 정하고 있는 기간 내에 중재위원을 임명하지 못한 경우, 또는 제3의 중재위원 또는 제3국에 대하여 가.에서 정하고 있는 기간 내에 합의되지 아니하는 경우, 중재위원회는 각 경우에 있어서의 가.에서 정하고 있는 기간 후 30일 이내에 각 체

약국 정부가 선정하는 국가의 정부가 지명하는 각 1인의 중재위원과 이들 정부가 협의에 의하여 결정하는 제3국 정부가 지명하는 제3의 중재위원으로 구성된다.

다. 각 체약국은 자국의 정부가 임명한 중재위원 또는 자국의 정부가 선정하는 국가의 정부가 지명하는 중재위원에 관한 비용 및 자국의 정부가 중재에 참가하는 비용을 각각 부담한다. 제3의 중재위원이 그 직무를 수행하기 위한 비용은 양 체약국이 절반씩 부담한다.

라. 양 체약국의 정부는 이 조의 규정에 의한 중재위원회의 다수결에 의한 결정에 따른다.

## 제14조

이 협정의 부속서 I 및 부속서 II는 이 협정의 불가분의 일부를 이룬다.

## 제15조

이 협정의 어떠한 규정도 어업에 관한 사항 외에 국제법상 문제에 관한 각 체약국의 입장을 해하는 것으로 간주되어서는 아니 된다.

## 제16조

1. 이 협정은 비준되어야 한다. 비준서는 가능한 한 신속히 서울에서 교환한다. 이 협정은 비준서를 교환하는 날부터 효력을 발생한다.

2. 이 협정은 효력이 발생하는 날부터 3년간 효력을 가진다. 그 이후에는 어떤 일방체약국도 이 협정을 종료시킬 의사를 타방 체약국에 서면으로 통고할 수 있으며, 이 협정은 그러한 통고가 있는 날로부터 6월 후에 종료하며, 그와 같이 종료하지 아니하는 한 계속 효력을 가진다.

## 제17조

1965년 6월 22일 도쿄에서 서명된 '대한민국과 일본국 간의 어업에 관한 협정'은 이 협정이 발효하는 날에 그 효력을 상실한다.

이상의 증거로 아래 대표는 각자의 정부로부터 정당한 위임을 받아 이 협정에 서명하였다.

1998년 11월 28일 가고시마에서 동등하게 정본인 한국어 및 일본어로 각 2부를 작성하였다.

대한민국을 위하여 일본국을 위하여

## 부속서 I

1. 양 체약국은 배타적 경제수역의 조속한 경계획정을 위하여 성의를 가지고 계속 교섭한다.

2. 양 체약국은 이 협정 제9조 제1항에서 정하는 수역에서 해양 생물자원의 유지가 과도한 개발에 의하여 위협받지 아니하도록 하기 위하여 다음 각 목의 규정에 따라 협력한다.

가. 각 체약국은 이 수역에서 타방 체약국 국민 및 어선에 대하여 어업에 관한 자국의 관계법령을

적용하지 아니한다.

나. 각 체약국은 이 협정 제12의 규정에 의하여 설치되는 한·일 어업공동위원회(이하 '위원회'라 한다.)의 협의결과에 따른 권고를 존중하며, 이 수역에서의 해양생물자원의 보존 및 어업종류별 어선의 최고 조업척수를 포함하는 적절한 관리에 필요한 조치를 자국 국민 및 어선에 대하여 취한다.

다. 각 체약국은 이 수역에서 각각 자국 국민 및 어선에 대하여 실시하고 있는 조치를 타방 체약국에 통보하고, 양 체약국은 위원회의 자국 정부대표를 나 목의 권고를 위한 협의에 참가시킴에 있어서 그 통보내역을 충분히 배려하도록 한다.

라. 각 체약국은 이 수역에서 어획하는 자국의 국민 및 어선에 의한 어업 종류별 및 어종별 어획량 기타 관련정보를 타방 체약국에 제공한다.

마. 일방체약국은 타방 체약국의 국민 및 어선이 이 수역에서 타방 체약국이 나 목의 규정에 따라 실시하는 조치를 위반하고 있는 것을 발견한 경우, 그 사실 및 관련 상황을 타방 체약국에 통보할 수 있다. 해당 타방 체약국은 자국의 국민 및 어선을 단속함에 있어서 그 통보와 관련된 사실을 확인하고 필요한 조치를 취한 후 그 결과를 해당 일방체약국에 통보한다.

3. 양 체약국은 이 협정 제9조 제2항에서 정하는 수역에서 해양 생물자원의 유지가 과도한 개발에 의하여 위협받지 아니하도록 하기 위하여 다음 각 목의 규정에 따라 협력한다.

가. 각 체약국은 이 수역에서 타방 체약국 국민 및 어선에 대하여 어업에 관한 자국의 관계법령을 적용하지 아니한다.

나. 각 체약국은 위원회의 결정에 따라, 이 수역에서의 해양생물자원의 보존 및 어업종류별 어선의 최고 조업척수를 포함하는 적절한 권리에 필요한 조치를 자국 국민 및 어선에 대하여 취한다.

다. 각 체약국은 이 수역에서 각각 자국 국민 및 어선에 대하여 실시하고 있는 조치를 타방 체약국에 통보하고, 양 체약국은 위원회의 자국 정부대표를 나목의 결정을 위한 협의에 참가시킴에 있어서 그 통보내용을 충분히 배려하도록 한다.

라. 각 체약국은 이 수역에서 어획하는 자국의 국민 및 어선에 의한 어업 종류별 및 어종별 어획량 기타 관련정보를 타방 체약국에 제공한다.

마. 일방체약국은 타방 체약국의 국민 및 어선이 이 수역에서 타방 체약국이 나 못의 규정에 따라 실시하는 조치를 위반하고 있는 것을 발견한 경우, 그 사실 및 관련 상황을 타방 체약국에 통보할 수 있다. 해당 타방 체약국은 자국의 국민 및 어선을 단속함에 있어서 그 통보와 관련된 사실을 확인하고 필요한 조치를 취한 후 그 결과를 해당 일방체약국에 통보한다.

## 부속서 Ⅱ

1. 각 체약국은 이 협정 제9조 제1항 및 제2항에서 정하는 수역을 기준으로 자국 측의 협정수역에서 어업에 관한 주권적 권리를 행사하며, 이 협정 제2조 내지 제6조의 규정의 적용상도 이 수역을 자국의 배타적 경제수역으로 간주한다.

2. 각 체약국은 이 협정 제9조 제1항 및 제2항에서 정하는 수역을 기준으로 타방 체약국 측의 협정 수역에서 어업에 관한 주권적 권리를 행사하지 아니하며, 이 협정 제2조 내지 제6조의 규정의 적 용상도 이 수역을 타방 체약국의 배타적 경제수역으로 간주한다.

3. 제1항 및 제2항의 규정은 다음 각목 의 점을 순차적으로 직선으로 연결하는 선의 북서쪽 수역의 일부 협정수역에는 적용되지 아니한다. 또한 각 체약국은 이 수역에 있어서는 어업에 관한 자국 의 관계법령을 타방 체약국의 국민 및 어선에 대하여 적용하지 아니한다.

  가. 북위 38도 37.0분, 동경 131도 40.0분의 점

  나. 북위 38도 37.0분, 동경 132도 59.8분의 점

  다. 북위 39도 51.75분, 동경 134도 11.5분의 점

## 합의의사록

대한민국정부 대표 및 일본국정부 대표는 금일 서명된 대한민국과 일본국 간의 어업에 관한 협정(이 하 '협정'이라 한다.)의 관계 조항과 관련하여 다음 사항을 기록하는 것을 합의하였다.

1. 양국 정부는 동중국해에 있어서 원활한 어업질서를 유지하가 위하여 긴밀히 협력한다.

2. 대한민국정부는 협정 제9조 제2항에서 정하는 수역의 설정과 관련하여, 동중국해의 일부 수역에 있어서 일본국이 제3국과 구축한 어업관계가 손상되지 않도록 일본국정부에 대하여 협력할 의향 을 가진다. 다만 이는 일본국이 당해 제3국과 체결한 어업협정에 관한 대한민국의 입장을 해하는 것으로 간주되어서는 아니 된다.

3. 일본국정부는 협정 제9조 제2항에서 정하는 수역의 설정과 관련하여, 대한민국의 국민 및 어선이 동중국해의 다른 일부 수역에 있어서 일본국이 제3국과 구축한 어업관계하에서 일정 어업활동이 가능하도록 당해 제3국 정부에 대하여 협력을 구할 의향을 가진다.

4. 양국 정부는 협정 및 양국이 각각 제3국과 체결하였거나 또는 체결할 어업협정에 기초하여 동중 국해에 있어서 원활한 어업질서를 유지하기 위한 구체적인 방안을 협정 제12조에 의거하여 설치 되는 한·일 어업공동위원회 및 당해 제3국과의 어업협정에 의거하여 설치되는 유사한 공동위원 회를 통하여 협의할 의향을 가진다.

가고시마, 1998년 11월 28일

대한민국정부를 위하여 일본국정부를 위하여

# 색인

## [ 사항색인 ]

# [ 판례색인 ]

## 김명기

배재고등학교 졸업
서울대학교 법과대학 졸업
육군보병학교졸업(갑종간부 제149기)
단국대학교 대학원 졸업(법학박사)
영국 옥스퍼드대학교 연구교수
미국 캘리포니아대학교 객원교수
중국 길림대학교 객원교수
대한국제법학회 회장
세계국제법협회 한국본부 회장
화랑교수회 회장
행정고시·외무고시·사법시험위원
외무부·국방부·통일원 정책 자문위원
주월한국군사령부 대외정책관
명지대학교 법정대학장·대학원장
육군사관학교 교수(육군대령)
강원대학교 교수
천안대학교 석좌교수
영남대학교 독도연구소 공동연구위원
대한적십자사 인도법 자문위원장
현) 독도조사연구학회 명예회장
명지대학교 명예교수
상사중재위원
영남대학교 독도연구소 공동연구위원

## 한국정부의
## 독도정책과 국제법

초판인쇄  2018년 5월 21일
초판발행  2018년 5월 21일

지은이  김명기
펴낸이  채종준
펴낸곳  한국학술정보㈜
주소  경기도 파주시 회동길 230(문발동)
전화  031) 908-3181(대표)
팩스  031) 908-3189
홈페이지  http://ebook.kstudy.com
전자우편  출판사업부  publish@kstudy.com
등록  제일산-115호(2000. 6. 19)

ISBN  978-89-268-8444-7 93340